国家出版基金项目
NATIONAL PUBLICATION FOUNDATION

中国抗战大后方分省研究丛书

总主编：潘洵　周勇

抗战大后方的广西

唐　凌　主编

西南大學出版社
SWUP
国家一级出版社　全国百佳图书出版单位

图书在版编目(CIP)数据

抗战大后方的广西 / 唐凌主编. -- 重庆 : 西南大学出版社, 2024.1
(中国抗战大后方分省研究丛书)
ISBN 978-7-5697-1613-9

Ⅰ. ①抗… Ⅱ. ①唐… Ⅲ. ①抗日战争－史料－广西
Ⅳ. ①K265.06

中国国家版本馆CIP数据核字(2024)第046638号

中国抗战大后方分省研究丛书
总主编　潘洵　周勇

抗战大后方的广西
KANGZHAN DAHOUFANG DE GUANGXI
唐凌　主编

责任编辑：李晓瑞
责任校对：畅　洁
排　　版：张　祥
书籍设计：观止堂__未氓
出版发行：西南大学出版社(原西南师范大学出版社)
地址:重庆市北碚区天生路2号
邮编:400715
http://www.xdcbs.com
经　　销：全国新华书店
印　　刷：重庆美惠彩色印刷有限公司
成品尺寸：170mm×240mm
印　　张：37.75
字　　数：630千字
版　　次：2024年1月　第1版
印　　次：2024年1月　第1次
书　　号：ISBN 978-7-5697-1613-9

定　　价：198.00元

《中国抗战大后方分省研究丛书》

编纂委员会

总 主 编: 潘　洵　西南大学教授、博士生导师

中国现代史学会副会长

重庆市历史学会会长

周　勇　中国抗日战争史学会副会长

重庆市地方史研究会会长

西南大学中国抗战大后方研究协同创新中心主任、教授

副总主编: 赵国壮　西南大学历史文化学院院长、教授

黄晓东　重庆市地方史研究会副会长、秘书长

编　委(按姓氏拼音排序):

陈廷湘　四川大学历史文化学院教授

建红英　西南民族大学马克思主义学院副教授

刘志英　西南大学历史文化学院教授

尚季芳　西北师范大学历史文化学院教授

谭　刚　西南大学历史文化学院教授

唐　凌　广西师范大学历史文化与旅游学院教授

唐润明　重庆市档案馆副馆长、研究馆员

田　牛　贵州省社会科学院副研究员

肖　雄　云南师范大学历史与行政学院教授

张守广　西南大学历史文化学院教授

张天政　宁波工程学院马克思主义学院教授

本卷编委会

主 编: 唐　凌

著 者: 潘济华　杨光芬　张晓明　光新伟　唐　凌
高蓉芳　李晓幸　韦升鸿　张旭杨

作者简介

唐凌，广西桂林市人，现任广西师范大学历史文化与旅游学院教授（二级），博士研究生导师；兼任广西历史学会会长、广西师范大学学术委员会副主任等职。主要从事中国近现代史、广西地方史的教学与研究。出版《开发与掠夺——抗战时期的中国矿业》《全面抗战期间桂林损失调查研究》《战时农都——外来旱地粮食作物的引进、改良与传播》等著作。获广西优秀专家、全国模范教师等称号，享受国务院政府特殊津贴。

总 序[①]

潘 洵

战略后方是“赖以执行自己的战略任务，达到保存和发展自己、消灭和驱逐敌人之目的的战略基地。没有这种战略基地，一切战略任务的执行和战略目的的实现就失掉了依托”[②]。“抗战大后方”是抗日战争时期与根据地、沦陷区相对应的战时中国的三大政治版图之一，是支持和支援前方对日作战的战略保障基地，为抗日战争的最终胜利做出了巨大的历史贡献。当前，随着抗日战争研究备受国家重视，特别是西南大学中国抗战大后方研究中心成立以来，在学界同仁持之以恒的关心、支持和参与下，有关抗战大后方的研究越来越受到学界关注，已成为抗日战争史研究的一个新热点，无论是史料整理还是专题研究，均已取得相当可观的研究成果，在海内外产生了良好反响。

① 总序参考《论抗战大后方战略地位的形成与演变——兼论“抗战大后方”的内涵和外延》(《西南大学学报》2012年第2期)、《抗战大后方研究的新进展及新趋向》(《光明日报》2020年8月13日)。

② 毛泽东:《抗日游击战争的战略问题》,《毛泽东选集》第2卷,北京:人民出版社,1991年,第418页。

一、关于"抗战大后方"的内涵与外延

任何研究首先必须要有明确的研究对象。如果一项研究工作没有对其研究对象的明确界定,往往会导致"越界"研究或出现研究"盲区",不仅不能达到深化研究的初衷,而且也容易造成不良的学术和社会影响。长期以来,虽然涉及抗战大后方史研究的论著甚多,但对其内涵、外延并没有形成共识,主要是从"国统区"的政治性视角或"西南""西北"等区域性视角进行研究,而很少将抗战大后方作为一个特定的研究对象来开展研究。

所谓"大后方"或"后方",是与"前线"或"前方"相对应的一个概念,专指远离战区的地区,包括后方地域及其区域内的军事、政治、经济、文化、科技等的建设与发展和对战争的支持、支援力量。因此,"抗战大后方"或"抗战后方"便主要是指抗日战争时期支持和支援对日作战的战略基地。

"抗战大后方"是抗战时期中国各派政治势力和社会各界普遍使用的概念,在抗战时期的文献及后来的学术研究中,"抗战大后方"与"抗战后方"的表述基本同义,"大后方"只是强调其后方地域的广大而已。关于"抗战大后方"或"大后方"这个概念,是何时由何人最先提出的,已难以考证。就笔者目力所及,蒋介石最早提及"大后方"是在1936年5月4日,在前往芜湖的军舰上修正《峨眉训练集》时谈及四川"能否作为大后方之根据,尚当煞费心力也"。[①]而作为抵抗日本侵略之根据地的"后方"一词,蒋介石则是在《国府迁渝与抗战前途》一文中正式提出的:"到了二十四年进入四川,这才找到了真正可以持久抗战的后方。"[②]

① 蒋介石:《蒋中正总统档案:事略稿本》,卷36,"国史馆"印行,2008年10月,第514页。

② 蒋介石:《总统蒋公思想言论总集》卷14演讲,中国国民党中央委员会党史委员会1984年印,第653页。

“大后方”比较多地出现在报刊文献中，是在1940年以后，如《建国月刊》1940年第2期发表署名“子明”的文章《今日中国的西南大后方》，《经济周报》1941年第11期发表署名“孟宪章”的文章《迅速跃进中之大后方采金业》，《大众生活》1941年第22期发表的《大后方民主运动的信号》，等等。在正式的官方讲话和文件中，较多使用的是“后方”，而较少使用“大后方”的表述。

与“抗战大后方”或“抗战后方”表述相关的概念还有“西部”“华西”“内地”“国统区”“民族复兴根据地”“民族复兴的基础”等。在抗战以前蒋介石或国民政府对后方的经营，均没有使用“大后方”或“后方”的概念，更多的是使用“根据地”的概念。而在抗战时期，虽然“后方”的表述使用频繁，但“西部”“华西”“内地”等概念也同样流行，如翁文灏《开发内地》、简贯三《开发华西产业与产业革命》、胡焕庸《我国西部地理大势与公路交通建设》，均谈及大后方的建设问题，但“西部”“华西”和“内地”完全属于地理概念。“民族复兴根据地”“民族复兴的基础”的表述则主要强调了国防上的意义。另外，“国统区”的表述是在抗战胜利以后才逐步使用的，主要是一个政治概念。“抗战大后方”或“抗战后方”与抗战时期地域性的“西部”“华西”“内地”和政治性的“国统区”等概念虽有联系，但内涵具有本质区别。

“抗战大后方”也是中国共产党话语体系中的重要概念。1938年5月，中共驻共产国际负责人任弼时向共产国际提交的报告中正式出现了“大后方”的提法。[1]1938年10月，毛泽东在中共六届六中全会的政治报告，首次明确提出了中共的抗战“大后方”概念，强调大后方是“敌无

① 任弼时：《中国抗日战争的形势与中国共产党的工作和任务》（1938年5月17日），中共中央文献研究室，中央档案馆：《建党以来重要文献选编（1921—1949）》第15册，北京：中央文献出版社，2011年，第333页。

法占领”的云、贵、川等地，指出“在云、贵、川等省大后方中，尚有许多城市与许多工业，尚可与外国联络，尚可建设”。[①]1939年3月，周恩来在分析全国形势时，表示“西北、西南可以成为我们的大后方”。[②]周恩来1941年在《“七七”四年》一文中讲道：“抗战的后方——中国的整个西部和各战区的后方，成为全中国人民所重视的国防生产和战争动员的根据地。”[③]这里的“后方”包括了整个西部地区和未被敌人占领的战区。特别是在抗战后期，中共大量文献涉及抗战大后方，如1943年八路军留守兵团政治部摘录编印的《大后方生活相》，1944年抗战日报社编印的《大后方舆论》，1944年12月8日董必武应约在陕甘宁边区参议会上做的报告《大后方的一般概况》。中共中央大量的文件也使用“大后方”概念，如《关于大后方文化人整风问题的意见》（1945年1月18日），《中共中央关于开展大后方农村工作给周恩来的指示》（1945年1月28日），《王若飞关于目前大后方民主运动概况及今后方针给毛泽东等的电报》（1945年5月30日）。1945年4月，在延安召开的中共七大上还设置了专门的“大后方代表团”，叶剑英、陈铁铮（即孔原）任代表团正副主任。包括周恩来、叶剑英、邓颖超、吴玉章等南方局领导人和大后方各省负责人，正式代表58人，候补代表26人。[④]

综合各方面的论述，关于“抗战大后方”的内涵与外延，大致可以从三个方面进行界定。

---

① 毛泽东：《论新阶段——抗日民族战争与抗日民族统一战线发展的新阶段》（1938年10月12日—14日），中共中央文献研究室，中央档案馆：《建党以来重要文献选编（1921—1949）》第15册，北京：中央文献出版社，2011年，第599—600页。

② 周恩来：《目前形势和新四军的任务》（1939年3月），中共中央文献编辑委员会，《周恩来选集》（上卷），北京：人民出版社，1980年，第102页。

③ 周恩来：《“七七”四年》（1941年7月7日），中共中央文献研究室、中国人民解放军军事科学院：《周恩来军事文选》第2卷，北京：人民出版社，1997年，第351页。

④ 中共中央党史研究室第一研究部：《中国共产党第七次全国代表大会代表名录》（下），北京：中共党史出版社，上海：上海人民出版社，2005年，第727页。

首先是价值边界。“抗战大后方”或“抗战后方”的核心价值属于国防战略的范畴，是抗日战争时期支持和支援前线战争的战略基地。从严格意义上讲，没有战争，就没有战略后方。从这个意义上讲，抗战大后方是与沦陷区、战区相对应的一个概念，是战区、沦陷区以外的地区，是战争时期的“民族复兴的根据地”或“民族复兴的基础”。

其次是空间边界。关于“抗战大后方”的空间地域众说纷纭，有讲四川为“大后方”的，有讲西南为“大后方”的，有讲西南西北为“大后方”的，还有讲国民政府控制区域为“大后方”的。作为战略后方基地，根据国民政府战略考虑的差异，“抗战大后方”空间地域大致可以分为三个层次，即核心地区，重庆、四川①；拓展地区，包括西南的云南、贵州、广西和西康，西北地区的陕西、甘肃、宁夏、青海；②外围地区，包括上述地区以外的国民政府控制的地区。在抗战时期国民政府的相关文献中，有后方15省（川滇黔湘粤桂闽浙赣鄂豫陕甘宁青）③、20省（川康滇黔桂粤闽湘赣浙苏皖陕甘青宁绥鄂豫晋）④等多种说法。

最后是时间边界。“抗战大后方”还是一个动态的时间范畴，其战略地位随抗战的兴起而确立，随抗战的发展而演变，也随抗战的结束而结束。在不同的历史时期，其地域空间重心也在随着局势的变化而发生变动。

---

① 1939年重庆从四川行政区划中独立出来，成为行政院直辖市。

② 关于抗战大后方的空间地域，当时即没有统一的认识，有学者认为后方大致即指西南的川、黔、滇、康、藏和西北的陕、甘、宁、青、疆共10省区（陈长蘅：《论战时人口变动与后方建设》，《财政评论》1940年第3卷第1期）。

③《中国战后之粮食问题》，《中华民国史档案资料汇编》第五辑第二编，财政经济（八），南京：江苏古籍出版社，1997年，第284页。

④《经济部统计处关于战时后方工业统计报告》（1943年5月），《中华民国史档案资料汇编》第五辑第二编，财政经济（六），南京：江苏古籍出版社，1994年，第340页。

二、关于抗战大后方战略地位的形成与演变

毋庸讳言，抗战大后方战略地位的形成、演变与日本侵华造成的民族危机密不可分，也与国民政府对日本侵略、中国抗战实力与形势的认识和判断有密切关系，其形成和演变大致可以划分为四个阶段。

第一阶段，西北后方根据地的筹划。1931年“九一八”事变后，鉴于日本的局部侵华和中国首都南京的危险境地，国民政府开始筹划在中国内陆地区寻求一个安全的战略基地，并初步打算以西北为长期抵抗之后方根据地。1932年“一·二八”事变爆发后，面对日本的步步紧逼，蒋介石和国民政府开始酝酿迁都，并加强了对西北根据地的经营。在1932年“一·二八”事变的次日，蒋介石在日记中表示，“余决心迁移政府于洛阳与之决战……否则随时受其威胁，必作城下之盟也”。①1932年1月29日，国民党政府主席林森和行政院长汪精卫联合发表《国民政府移驻洛阳办公宣言》，谓：“兹者政府为完全自由行使职权，不受暴力胁迫起见，已决定移驻洛阳办公。”②国民党中央在洛阳召开四届二中全会，决议：一、以长安为陪都，定名西京。二、以洛阳为行都。三、关于陪都之筹备事宜，应组织筹备委员会，交政治会议决定。③为此，很快成立了西京筹备委员会，加紧对陪都长安（即西安）的筹划与建设，并先后讨论通过了蒋介石提议的《切实进行长安陪都及洛阳行都之建设事宜案》和行政院秘书长褚民谊等人提出的《开发西北案》，决定设立行政院直辖的西北拓殖委员会，负责陕、甘、绥、宁、青、新各行省全境及外蒙西部等处的开发建设。国民政府对西北根据地的重视直接引发了“开发西北”

① 蒋介石：《蒋介石日记》（手稿本），1932年1月29日。

② 军事科学院军事历史研究部：《中国抗日战争史》（上卷），北京：解放军出版社，1991年，第215页。

③ 荣孟源：《中国国民党历次代表大会及中央全会资料》（下册），北京：光明日报出版社，1985年，第156页。

的热潮，并取得了一定成绩，为后来抗战时期成为支持支援前线的战略基地奠定了重要的基础。

由此可见，在“一·二八”事变后，当时的南京国民政府是以西安为陪都、以西北为战略后方准备对日作战的。然而，国民政府选择西北地区，只是根据当时具体的历史情况和政治经济环境进行的战略考虑。西北地区经济落后，自然条件较差，文教相对落后，人力资源不足；在地理上，西安靠近华北，一旦华北沦陷，西安和西北地区容易受到威胁；加之西北地区接近社会主义国家苏联，对于坚持反苏、反共的国民政府来说，其感受到的威胁并不小于日本；再者，西北地方军阀一直未被国民政府完全控制，也是一块不小的心病。因此，将西安作为未来的战时首都，将西北作为未来抗战的核心后方基地并不是一个理想的选择。

第二阶段，西南政局变动与抗日后方根据地的调整。由于西北地区条件所限，国民政府一直谋求新的战略大后方。不少有识之士鉴于日本扩大对华侵略的不可避免和中国当时的政治、经济、军事状况，逐渐认识到四川及西南地区在未来战争中的重要地位及其与国家治乱、民族复兴的关系。于是以四川为中心的西南地区成为国民政府的又一重要选择。

实际上，自1935年起，以蒋介石为首的国民党中央势力即利用追剿长征中的红军的机会进入并逐步掌控西南地区，使西南政局发生了重大变化：四川的防区制趋于解体，川政归于统一，川军整编也渐次推进；与此同时，国民党又加强了对贵州、云南的直接控制，这种政局的变化成为抗日大后方发生转移的重要前提条件。

1935年，蒋介石先后两度入川，遍历西南诸省，其理想中的抗日后方根据地随之由西北地区转向西南地区。自3月2日蒋介石由武汉飞抵重庆，到10月7日离开成都前往西安，在长达7个多月的时间里，蒋介石围绕抗战根据地问题形成了较为明确的思路，提出了“对倭应以长江以南与平汉线以西地区为主要阵线，而以川黔陕三省为核心，甘滇为后方”。[①]10月6日，蒋介石在成都行辕对四川各高级将领讲演《四川治乱为国家兴亡之关键》时提出：“今后的外患，一定日益严重，在大战爆发以前，华北一定多事，甚至要树立伪政府都不一定。但是我们可以自信，只要四川能够安定，长江果能统一，腹地能够建设起来，国家一定不会灭亡，而且定可以复兴！日本人无论在东四省或者将来再在华北弄什么伪组织，都不相干，都不足以致我们的死命。我们今后不必因为在华北或长江下游出什么乱子了，就以为不得了，其实没有什么！只要我们四川能够稳定，国家必可复兴！”[②]很明显，此时蒋介石已经明确将日本侵略与四川及西南之地位联系起来，完全形成了以四川及西南作为抗战重要根据地的思想，这充分表明了国民政府的抗战后方基地的重心逐渐由过去的西北地区转向西南地区。此后，蒋加紧了对抗战后方基地的筹建，开始把将西南地区建成抗战大后方的思想付诸行动，重点经营西南抗战根据地。

第三阶段，西南地区大后方战略地位的确立。1937年全面抗战爆发后，随着平津等重要城市的陷落与华东局势的日益紧张，首都南京的安全引起国民党高层的关注，迁都是亟须直面的问题。此时，位于西南后方的重庆成为国民政府迁都的不二之选。

重庆是一座具有悠久历史的文化名城，是西南地区最大的工商业

① 薛光前：《八年对日战争之国民政府》，台北：台湾商务印书馆，1978年，第59页。
② 蒋介石：《总统蒋公思想言论总集》卷13演讲，中国国民党中央委员会党史委员会1984年印，第480页。

城市和经济中心，与西南各省联系密切，具有丰富的人力、物力资源；两江环抱，三面临山，具有绝佳的天然屏障；且有西南、西北两大国际交通线为依托，加之此时四川省主席刘湘大力支持国府迁渝抗战，可以说国府迁渝的基本条件业已具备。

1937年8月13日，日军大举进攻上海，淞沪会战爆发。10月下旬，淞沪战事急转直下，首都南京危在旦夕，政府已不能正常办公，转移国都已迫在眉睫。1937年10月29日，蒋介石在南京召开国防最高会议，正式决议国民政府迁往重庆办公。11月20日，国民政府公开发布《国民政府移驻重庆宣言》，宣布移驻重庆。12月8日，蒋介石率军事委员会办公厅、委员长侍从室及其他有关军事人员迁驻重庆办公，其他各军事机关也相继迁抵重庆。直至此时，国民政府迁都重庆的过程才得以最终完成，重庆也成为名副其实的中国战时首都。

国民政府迁都重庆，意义重大而深远，表明了以四川为中心的大后方的战略地位得以正式确立。“长江南北各省既多数沦为战区，则今后长期抗战之坚持不懈，必有赖于西南、西北各省之迅速开发，以为支持抗战之后方。”[①]此后，以四川为中心，以西南其他省区为重点，包括西南与西北的抗战大后方，成为支持抗日战争的战略基地。国民政府的西迁，带动了中国沿海和中部地区工厂、企业、高校、文化机构等大规模内迁，给抗战大后方经济、科技、文化的发展创造了一个特殊的、前所未有的机遇。通过对西南、西北的建设，建立了一个长期抗战的战略后方基地，为支撑长期抗战，争取抗战最后胜利奠定了坚实的基础。

第四阶段，太平洋战争爆发后抗战大后方战略地位的变化。西迁

① 荣孟源：《中国国民党历次代表大会及中央全会资料》（下册），北京：光明日报出版社，1985年，第556页。

后，国民政府抗战大后方的重心一直放在以战时首都重庆为中心的西南地区，当地军民亦为支援抗战做出了重大的历史贡献。然而，随着国内外形势的发展，特别是太平洋战争的爆发，抗战大后方的战略地位又发生了重要变化：一方面，国民政府由此前注重后方建设、自力更生为主，逐步转变为重点依靠外援争取抗战胜利；另一方面，由相持阶段前期重点加强西南大后方建设逐步转向关注西北地区的建设。

在太平洋战争爆发以前，国民政府的主要注意力集中在后方根据地的建设上，尽可能动员后方人力、物力、财力，以苦撑待变。但由于国民政府对后方准备本不充分，战时建设又受种种限制，战争消耗巨大，加之国民政府的政策失误，到太平洋战争爆发前，西南大后方的种种危机开始暴露：通货膨胀、物价高涨已严重影响经济的发展和民众的生活，田赋征实、征借已使后方民众不堪重负，各项生产能力也难以满足战时的需要。若单纯只是依靠西南大后方则难以继续维持国民政府的抗战。因此，在太平洋战争爆发后，中国终由单独抗战进入与同盟国联合作战阶段，国际形势对中国越来越有利。在蒋介石看来，"中国抗战与世界反侵略战争业已联成一片，此诚我中国转危为安，转败为胜重要之时机"。①"今后我国之处世之道，反形简单，即对内建设根据地，对倭更作持久抗战到底，以待世界战争之结果而已。"②在此形势下，蒋介石和国民政府的内外政策均有调整，其大后方战略也在此背景下发生了变化。

太平洋战争爆发前后，日本迫使法国、英国先后封锁了滇越铁路、越桂公路和滇缅公路，而香港沦陷，缅甸被占，致使西南国际援华陆路交通线完全断绝。西北的资源开发、拓殖增产、文化再发扬，都足以补

① 蒋介石：《总统蒋公思想言论总集》卷18演讲，中国国民党中央委员会党史委员会1984年印，第438页。
② 张其昀：《党史概要》第5册，台北：中央文物供应社，1979年，第1759页。

助抗战根据地西南的不足。[1]尤其是在抗战胜利已成定局的情况下，西北的“共产党问题”已成为蒋介石和国民政府的“一大隐忧”。[2]于是西北的战略地位变得更加重要。

1942年冬，蒋介石巡视西北，8月17日，蒋介石出席甘肃各界扩大纪念周时，发表了《开发西北的方针》的演讲。回到重庆后曾大力宣扬“西南是抗战的根据地”“西北是建国的根据地”，引起了强烈反响。在蒋介石的倡导下，“开发西北”的声势再次高涨了起来，时人称“自总裁于去冬巡视西北归来后，‘开发西北’‘建设西北’等口号风起云涌，颇有雨后春笋之势”[3]。从表面上看，蒋介石似乎是对大后方的西南和西北进行了重新的定位，而实际上此时蒋介石关心的重点已经由如何争取抗战的胜利，转向了如何在抗战中完成“建国”的任务，无疑表明西南抗战大后方的战略地位开始弱化，这种趋势一直持续到抗战的最终胜利。1945年8月15日，日本宣布无条件投降后，虽然在抗战中确立的重庆战时首都之地位仍在，虽然蒋介石对四川、贵州等地建设依旧寄予很大希望，但无可否认的是，抗战大后方的战略地位从日本投降的那一刻起就已正式宣告结束了。

三、关于抗战大后方研究的新进展与新趋向

抗战大后方研究是中国抗日战争史研究的重要组成部分。十余年来，抗战大后方的研究取得了一系列重要学术进展，主要体现在如下方面：

---

① 徐旭：《西北建设论》，上海：中华书局，1944年，第21页。
② 赵宏宇：《如何巩固西北》，《西北论衡》1941年第9卷第6期。
③ 蔡鼎：《从国防观点泛论西北工业建设》，《军事与政治》1943年第4卷第5期。

深化了对抗战大后方的新认识。首先，厘定了“抗战大后方”概念的内涵及外延。长期以来，对抗战大后方概念的内涵、外延并未形成共识，学界很少将抗战大后方作为一个特定的研究对象进行探讨。抗战大后方是抗日战争时期国民政府和后方民众支持和支援前线对日作战的后方战略基地，有着特定的战略价值。其次，形塑了中共的大后方话语体系，充分彰显了共产党在大后方的作用。中国共产党是中国人民抗日战争的中流砥柱，在大后方也发挥了重要作用：努力维系国共合作，争取中间势力，为抗战胜利奠定政治基础；贯彻统一战线经济政策，团结工商界，为抗战胜利壮大进步力量；实践持久战军事战略，联络协调两个战场，为赢得对日作战胜利尽心竭力；推动和领导大后方文化繁荣发展，保存民族文化精英，为抗战胜利凝聚万众一心的精神力量；开展民间外交，推动建立国际反法西斯统一战线，营造有利于中国抗战胜利的国际环境。最后，深化了对抗战大后方战略地位及作用的认识，突破了“抗战大后方是国民党或国民政府的大后方”的认识误区，客观地分析和评价其地位及作用。大后方不仅是中国正面战场的指挥枢纽和战略保障基地，而且是中国共产党领导的抗日民族统一战线的前沿阵地，战时中国与世界的联结点，中国参与世界反法西斯战争指令的发出地，战后代表同盟国接受日本投降命令的下达地，台湾光复的决策地和收复台湾的中国使团组建地与出发地，中国参加联合国制宪会议的代表团的组建地和出发地，以及战时废除中国与英国等西方国家不平等条约及签订新约的地方。

形成了抗战大后方研究的新格局。第一，近十年来，得力于重庆中国抗战大后方历史文化研究与建设工程的推动，抗战大后方研究走向活跃，由传统的侧重于地方史或区域史的研究发展成为国际国内学术界关注的热点话题，成为抗战史研究的重要板块。第二，构建了西南西北大后方研究的学术联盟。2016年以来，西南大学中国抗战大后方研究中心发起成立“中国抗战大后方研究高端论坛”，每年举办一次学术论坛，在推动西南、西北乃至全国的抗战大后方研究、打造西部高校抗战研究学术联盟等方面发挥了积极作用。第三，研究并非局限于西南、西北地区，而是逐渐与根据地研究、沦陷区研究形成有效互动。第四，形成中日战争国际共同研究机制。在重庆先后举办了两届中日战争国际共同研究会议。

取得了抗战大后方研究的新成果。出版100余卷的《中国抗战大后方历史文化丛书》，入选《国家哲学社会科学成果文库》并在日本翻译出版产生积极影响的《抗日战争时期重庆大轰炸研究》；出版涉及众多领域的《中国共产党抗战大后方历史》《抗战大后方金融研究》《抗战大后方工业研究》《抗战时期西南大后方城市发展变迁研究》等学术著作，以及《中共中央南方局历史文献选编》《中国共产党关于抗战大后方工作文献选编》《抗战大后方工业史资料丛刊》等档案文献资料。

抗战大后方研究在不断取得新进展的同时，也呈现出一些新的发展趋向，这主要体现在：

在研究视角上，更加注重宏观视野与本体突破。其一，多向多维视角。在横向上，把抗战大后方置于世界反法西斯战争的总体背景和中国抗日战争的发展进程中进行考察；在纵向上，从近代以来中华民族复兴的曲折变迁中来探讨和分析抗战大后方的历史。其二，超时空视域。在空间上，突破大后方的地域范围，更加注重大后方与根据地、沦陷区的互动；在时间上，突破大后方的时间范围，注重战前、战后同一区域发展变迁的联结，深入探讨大后方的变迁及其影响。其三，跨学科聚焦。在学科上，除历史学外，马克思主义理论、经济学、社会学、教育学、艺术学等学科纷纷聚焦抗战大后方研究，多学科、跨学科的研究必将推动抗战大后方研究不断走向深化。

在研究资料上，更加注重新史料的发掘和深度解读。其一，发掘、征集、整理新资料。学界已在抗战大后方党的文献、抗战损失、抗战大后方经济、抗战大后方文学等方面的资料整理上取得了较大成就，但仍有相当数量的地方档案馆、图书馆，海外学术机构典藏的档案文献资料，以及个人传记（口述）资料并未被学界所关注，亟待整理。其二，系统发掘整理专题史料。根据战时后方的实际情况，设定专题史料整理方案，比如侵华日军轰炸、后方国际交通线、大后方科技、大后方艺术等史料，通过专题史料的归类发掘和整理，推进相关专题的深化研究。其三，海量数字资源的处理及利用。建设大后方文献资料数据库，利用大数据技术手段，处理海量数字资源，提高研究整体分析的可能性。

在研究取向上，更加注重在地化的现实关怀。服务国家和地方发展战略，是抗战大后方研究的重要趋向。其一，旨在增进国际社会和海峡两岸的历史认同、构筑政治互信、探索构建人类命运共同体及推动国家统一大业，有关战时反法西斯战争的国际合作以及国共合作等方面的研究必将持续推进。其二，紧扣“一带一路”、西部大开发、成渝双城经济圈及中国（西部）科学城的建设等，抗战大后方的资源调查、经济开发、科技创新等方面的研究仍是热点话题。其三，形塑共同历史记忆、引导公众社会认知的抗战大后方历史文化遗产的研究将持续受到关注，并与区域文化与文明建设形成同频共振。其四，弘扬以爱国主义为核心的伟大民族精神的抗战大后方红色文化、大后方民众抗战及抗战精神等研究将成为新的学术增长点。

显而易见，抗战大后方研究越来越受到社会重视，并且已经取得了丰硕的研究成果。而《中国抗战大后方分省研究丛书》正是在相关研究工作欣欣向荣、蓬勃开展的背景下酝酿、策划、研究、编写而成的。丛书在编写过程中始终坚持以唯物史观为指导，以习近平总书记关于历史研究和抗日战争研究的重要论述为指引，以还原历史真实，彰显抗战地位，弘扬抗战精神为宗旨，坚持国际视野、中国立场和学术标准。

本丛书的重要研究特色为，丛书对抗战时期大后方各省政治、经济、文化、社会等领域的重大问题进行深入系统的研究，特别是把抗战大后方各省历史文化研究放在中国共产党领导的新民主主义革命历史的大背景中去探讨，放在中华民族由衰败走向振兴的重大转折历史进程中去研究，放在世界反法西斯战争的大背景中去审视，从而全面反映抗战时期大后方各省的历史文化面貌，探讨抗日战争给大后方各省带来的重大影响和变化，彰显大后方各省对抗日战争最终胜利的重大贡献。

《中国抗战大后方分省研究丛书》是重庆市社科规划抗战文化重大专项“西部省区市抗战大后方历史系列研究”的最终成果，同时也得到国家社科基金抗日战争研究专项重大项目“中国抗战大后方文献资料整理与研究”和国家出版基金项目的资助，丛书包括《抗战大后方的四川》《抗战大后方的贵州》《抗战大后方的云南》《抗战大后方的广西》《抗战大后方的甘肃》《抗战大后方的宁夏》《抗战大后方的陕西》等，编著者们皆系长期从事中国近代史、抗战大后方历史研究的专家学者。丛书自2012年立项以来，历经近10年的研究、撰写、评审和修改完善，力图全面系统呈现抗战大后方各省区波澜壮阔的历史画卷，对四川、贵州、云南、广西、甘肃、宁夏、陕西等西部7省区进行深入精细的个案研究，对拓展抗战大后方研究领域、改变大后方研究区域失衡、加深中国抗战大后方历史文化研究有重要意义，也是抗战大后方研究突破学术弱项瓶颈、实现“可持续发展”的一次学术创新。

丛书最终得以顺利出版，除了要感谢各卷编著者辛苦耕耘、精诚协作之外，还要感谢西南大学出版社的鼎力支持。同时，也要由衷感谢各位评阅专家提出的真知灼见，编著者们在学习吸收专家们宝贵意见的基础上，不断修改打磨，使丛书以当前更为完善的面貌呈现，顺利付梓。

是为序。

目　录

第一章

桂系对广西的统治及抗日民族统一战线的形成

第一节　新桂系集团的崛起与广西的统一

辛亥革命是在内忧外患的形势下，中华民族救国图强的又一次探索。它最终推翻了腐朽的清政府，结束了两千多年的封建帝制，改变了中国的历史进程，让中国人民看到了希望，民族意识进一步觉醒。辛亥革命后的广西，与全国各省一样，出现了一些新的气象，但同时也面临许多新的社会问题。

桂系集团作为地方军政实力派，是近现代中国半殖民地半封建社会的产物，是由近代中国社会发展不平衡的特点所造就的。从发展的阶段上看，有旧桂系集团和新桂系集团之分。旧桂系集团的统治从1911年至1921年，新桂系集团的统治从1925年至1949年。[①]其势力范围以广西为中心，曾扩展到湖南、广东和安徽，显示出较强大的实力。为了巩固与发展其势力，旧桂系和新桂系都采取了一些积极的举措，对广西的社会经济、政治和文化的发展，产生了重要的影响。但是，随着人民的觉醒，时代的进步，社会的发展，加上自身的阶级局限性，桂系集团最终也没有逃脱覆灭的命运。

一、旧桂系集团对广西的统治

旧桂系是从左右江壮族地区开始发迹的。在中法战争中，大批壮族、汉族人民参军参战。后来成为旧桂系集团首领的陆荣廷，就曾在这场战争中投入清军，参加了抗法斗争。

中法战争结束后，清政府将抗法部队就地大量裁减。很多被裁减的士兵失去生计，遂持械上山，落草为寇，被称为“游勇”。其中，陆荣廷被广西提督苏元春招抚，后又得到两广总督岑春煊的重用和扶持。他聚合右江地区各路会党游勇，势力迅速扩

①张声震:《壮族史》，广东人民出版社2002年版，第459页。

大，称雄于左右江地区。①

1906年，陆荣廷借赴日本考察军事之便，经广西留学生引荐，见到了孙中山，并由曾彦介绍加入同盟会。1911年6月，清政府诏令原广西提督龙济光调任广东陆军提督，陆荣廷接任广西提督，并从龙州移驻南宁。

辛亥革命爆发后，广西宣布独立，并形成了革命派、立宪派、封建官僚派三股势力错综复杂的斗争局面。在“桂人治桂”的呼声中，陆荣廷被推举为广西都督。1911年11月28日，他在南宁通电全省，“全省政、学、绅、商、农各界不以荣廷为不肖，俱举继任。荣廷一介武夫，智虑短浅，何足肩此重任？惟迫于大义，不敢固辞”，并指出“各属抢劫、截饷、攻城、踞卡之案”，皆为“暴动之举”。②这份通电还附有“应行照办者十四条”“应行禁止者六条”。3天后，又加上“应行改革者八条”。其中，应行“照办”和“改革”的有二十余条，主要内容有：继续派军北伐；一律剪去发辫；采用黄帝纪年；各属押犯除刑事外一律开释；出门不乘舆；禁止差役需索；从前法章除于党人各命令一律作废外，余均继续有效；学堂照常上课；不得拥兵自卫；商民照章纳税；各属须办公事捐款一律照办等。③这些对于稳定辛亥革命后的广西社会起到了一定的积极作用。

陆荣廷在通电各省，宣布就任广西都督后，接受革命党的建议，成立军政府，派革命党人分赴各地联络响应北伐的民军。④与此同时，陆荣廷派军分赴广西各地，清剿山贼水匪，以安定地方。

1912年2月8日，陆荣廷在桂林正式上任广西都督，改军政府为都督府，下设军政、财政、教育等司，并在各地设府，任命各府主要官员。在原桂林陆军小学堂的基础上，创办桂林陆军速成学堂，在南宁开设中学校。至此，陆荣廷终于掌握了广西的军、政、财、文大权，标志着以陆荣廷为首的旧桂系军阀集团的正式形成。⑤

陆荣廷出任广西都督以后，为了巩固自己的统治，强化自己的地位，迫使广西反对派同意将省城由桂林迁至南宁。

一省的省会多设在辖区内位置适中，交通便利，经济、文化发达的中心城市，

---

①张声震：《壮族史》，广东人民出版社2002年版，第460页。

②钟文典：《广西通史》（第二卷），广西人民出版社1999年版，第606页。

③钟文典：《广西通史》（第二卷），广西人民出版社1999年版，第606页。

④张声震：《壮族史》，广东人民出版社2002年版，第461页。

⑤张声震：《壮族史》，广东人民出版社2002年版，第461页。

政府居此发号施令，联系四方，对全省实行有效的统治，所以省会的选择对政权的巩固、政令的施行，加强社会向心力和凝聚力，都关系重大。清朝因袭明制，仍以桂林为广西省会。到了清朝后期，形势发生了重大变化，南宁的政治、军事和经济地位都有所提升，省会设在南宁比桂林具有更大的优越性。正是基于以上原因，1906年，岑春煊出任两广总督时，即以“广西省城僻在东北，控制不便”为由，奏请“移巡抚驻扎南宁，即南宁府治建为省会”①。因当时政局动荡，并未实施。辛亥革命后，同盟会会员多数主张把省会迁往南宁，以摆脱旧势力的影响，而立宪派则极力予以阻挠。这场斗争表面上是桂南派与桂北派之争，实际上是同盟会与立宪派、陆荣廷势力和袁世凯势力争夺广西控制权的斗争，是当时国内政治斗争在广西的反映。②1912年10月15日，省议会在南宁召开，决定由南宁府议会、南宁城议会及商业界合力负责，筹款10万元，作为迁省会的经费。17日，最后表决迁省会案。到会代表83人，赞成迁省会者70人，迁省会案获多数通过。至此，延续八个月的“迁省之争”宣告结束。陆荣廷通过这场斗争进一步巩固了自己的政权。从斗争的结果可以看出，省会由桂林迁往南宁，政治和经济因素固然发挥了作用，但更重要的还是军事因素。迁省之争，陆荣廷获胜，改变了广西的政治格局，对广西以后的发展产生了深远的影响。

陆荣廷出任广西都督夺取广西军政大权后，广西的民主革命派通过议院召集了一批法政界人士，参照1912年初南京临时政府颁布的《中华民国临时约法》，草拟了《广西临时约法》（共7章58条），并于1912年2月25日用广西军政府“第一号法令”予以公布。

《广西临时约法》规定了都督等职的权限。都督由民选产生，任期不超过两届，每届任期三年。其规定议会掌立法、监督，政务司掌行政，法院独立执法，等等，并规定“人民一律平等”“人民于法律范围内得自由言论、著作刊行及集会结社”③，还规定了人民在法律范围内享有人身、居住、言论、著作、通信、信仰、集会、结社、财产保有等权利和应尽的各种义务。

《广西临时约法》虽然没有突出的新意，却体现了资产阶级天赋人权学说和三权分立的原则。陆荣廷上台初期，由于其统治地位还不太稳固，在与其他军阀的

①《清德宗实录》（卷560），光绪三十二年五月十九日，岑春煊等奏。

②钟文典：《广西通史》（第二卷），广西人民出版社1999年版，第598—603页。

③《广西公报》第1期（1912年2月25日），“法令”，第1—6页。

斗争中需要争取社会各界的支持，因而这一时期他在广西的统治还比较“开明”，带有某些民主色彩。“虽然这些只是纸上的东西，而且是有限度的，但属于资产阶级民主的东西至少得到了陆荣廷表面上的承认，且在客观上多少有利于民主思想的生长。”①

为了在全国选举中获胜，使同盟会在选举后成为多数党而组织责任内阁，在中国实行政党政治，1912年8月，在宋教仁、黄兴等人的积极活动下，同盟会改组为国民党。广西都督陆荣廷、山西都督阎锡山、湖南都督谭延闿等有名的军阀和立宪派头目等，都被拉入了国民党。同年12月第一次国会选举，国民党获得了压倒多数的议席。广西的参议员选举，马君武、黄宏宪、曾彦、卢汝翼、郭春森等十人当选。但袁世凯对于即将成立的责任内阁的分权是绝不容许的。因此，正当宋教仁在中国实行“政党统治”的美梦方酣之际，1913年3月，袁世凯派人在上海把他刺杀了。这就是轰动中外的“刺宋案”。

宋教仁的被害，使孙中山等革命党人看清了袁世凯的反动面目。4月，袁世凯又非法签订善后大借款，准备发动内战，消灭南方革命力量。孙中山从日本赶回国内，号召国民党人与全国人民坚决以武力讨伐袁世凯。袁世凯看到罪行被揭露以后，决心用武力消灭国民党。

陆荣廷及旧桂系集团对于二次革命可谓是见风使舵。孙中山派遣时任广东都督府参议潘乃德专程赶赴南宁，劝说陆荣廷赞同革命。对此，陆荣廷直言“这事不好办”，并将二次革命说成多此一举，说道：“现在北军大批南下，这些军队多是久经训练之师，势力雄厚，而且江西、江苏、安徽、广东等省，内部不稳，湖南谭延闿的态度不明，这次革命必然失败，我们不宜多此一举。我能维持广西治安，使广西得假以时日从事建设，就好了。”②同时向孙中山的特使提出警告：“闻得刘古香等在柳州将有所举动，你与刘认识，请你告知他，不可妄动，否则我是不客气的。”10月9日，革命党人刘古香因在柳州起兵讨袁失败而被陆荣廷杀害。此外，因二次革命失败，秘密潜入广西继续策动反袁的“开国元勋”蒋翊武等一批革命志士也被杀害。

①谢本书：《西南十军阀》，上海人民出版社1993年版，第51页。

②中国人民政治协商会议广西壮族自治区委员会文史资料研究委员会：《辛亥革命在广西》（下集），广西人民出版社1962年版，第32页。

在镇压国民党发动的“二次革命”时，陆荣廷和袁世凯虽然通力合作，但是彼此之间的疑忌早已存在。因为陆荣廷并非北洋嫡系，对袁世凯吞并异己、实行独裁常怀戒心。而袁世凯则害怕陆荣廷在南方坐大，不利于他建立个人的独裁统治。他们之间钩心斗角，貌合神离。

袁世凯篡夺辛亥革命胜利果实之后，使用各种手段，在英、日等帝国主义支持下，纠集帮派，迫不及待地要在中国复辟帝制。1915年初，他利用总统府美国顾问古德诺和日本顾问有贺长雄发表文章，宣扬共和国体不合中国国情。同年5月，为取得日本政府对复辟的支持，与其签订卖国的“二十一条”。8月，由杨度、严复等六人组织筹安会，公开鼓吹复辟帝制。12月12日，袁世凯申令接受“推戴”为中华帝国皇帝，下令改次年为洪宪元年。在这种情况下，反对袁世凯复辟封建帝制的斗争，在全国范围内轰轰烈烈地开展起来。

由于陆荣廷是当时的地方实力派，所以，反袁派和袁世凯对他都十分重视。前者拉他，后者是既拉又防。一方面，早在云南宣布独立之前，蔡锷、黄兴、岑春煊、梁启超等反袁派或派人或亲自劝陆荣廷合作反袁。另一方面，袁世凯复辟帝制目的自从公开以后，也极力拉拢陆荣廷，一再电请他前往北京共商国是。陆荣廷采取装病的办法，静观形势变化。后来看到北洋军阀内部的裂痕不断扩大，逐渐转向反袁阵线。1916年3月13日，陆荣廷、梁启超、陈炳焜三人联合致电袁世凯，“请其辞职”。3月15日，广西正式宣布独立，并宣称“广西认云贵两省维持共和之主张为正当，北京政府既拒绝云贵之请，广西省用即宣告与云贵取向同一行动，与北京政府断绝关系”①。

在这种情况下，袁世凯被迫于3月22日宣布取消帝制，6月6日在全国人民的讨伐声中病逝。陆荣廷被当时舆论称为“共和神”②。陆荣廷利用护国战争之机，控制了两广，成了盘踞西南地区的一大军阀。1917年4月，黎元洪委任他为两广巡阅使。至此，旧桂系成为中国南方最大的军事集团。

袁世凯死后，北京政府由皖系段祺瑞控制。段祺瑞企图武力统一中国，这引起西南实力派的反感和恐惧。为求自保，陆荣廷欢迎正开展“护法运动”(恢复《中华民国临时约法》)的孙中山南下以两广为根据地。1917年7月6日，孙中山与廖

①游悔原:《中华民国再造史》，民权出版社1917年版，第77页。

②姜素:《欢迎共和神陆荣廷》，《通俗周报》，1917年第2期，第28—29页。

仲恺、朱执信等南下广州，联合陆荣廷，宣布维护《中华民国临时约法》，反对段祺瑞之皖系军阀。

8月25日，非常国会在广州召开，通过了《中华民国军政府组织大纲》，成立护法军政府，推举孙中山为大元帅，发起护法战争。其间，陆荣廷派兵入湖南同北洋军作战，所部在湘、粤护法部队协同下，相继占领株洲、长沙、岳阳等地。桂系部队控制湖南后，拒不执行孙中山继续北伐的指示，拥兵不前。陆荣廷的心思，是把湖南建为广西和北洋势力之间的“缓冲带”，以巩固自己的后方。

1918年5月20日，非常国会再次召开，选举唐绍仪、唐继尧、孙中山、伍廷芳、林葆怿、陆荣廷和岑春煊七人为总裁。6月5日，军政府政务会议推举岑春煊为主席总裁，主要权力却被以陆荣廷为代表的桂系操纵。第二天，孙中山毅然离开广州。历时一年的护法运动宣告失败。

孙中山希望借陆荣廷的力量护法，而陆荣廷的盘算是借孙中山的护法抵制北洋政府对其“广西王”地位的削弱。这场运动最后以失败告终。看到各地军阀都只维护自己的利益，孙中山伤心地说：“南与北为一丘之貉。”

旧桂系的崛起与扩张，引起了广东军民的强烈不满，“粤人治粤”的呼声迭起。1920年7月，旧桂系马济、林虎、沈鸿英等部共10万余人，在莫荣新的统帅下，分三路向漳州进军，第一次粤桂战争爆发。被孙中山委任为“援闽粤军总司令”的陈炯明率大元帅府警卫军20营奋起迎战。沈鸿英部在河源首战失利，接着，旧桂系中的粤籍官兵纷纷倒戈，桂军大败。陈炯明在海外华侨及广东军民的声援下，挥师回粤，形成讨桂大势。旧桂系因将帅不和、军心离散而分崩离析。统帅莫荣新自走上海，马济、林虎收容败兵五六万人退回广西。第一次粤桂战争以桂系失败而告结束，这也标志着旧桂系从鼎盛走向衰落。

1921年4月，非常国会在广州举行，会上选举孙中山为中华民国大总统。陆荣廷、谭浩明等联名通电，与北洋政府共同反对广东另立政府。孙中山命陈炯明率军进击肇庆，直趋梧州，又命许崇智部由北江直指桂林。湘军赵垣惕、黔军谷正伦、滇军朱培德、赣军彭程万等响应孙中山的号召出兵桂北，配合陈炯明合击旧桂系。6月23日，桂军刘震寰部在梧州倒戈附粤，粤军进入广西，桂军全线失利，梧州、浔州、南宁相继被粤军占领。陆荣廷偕谭浩明率余部退守龙州。粤军乘胜追击，沿左、右江攻占龙州、靖西，陆荣廷残部遁入越南。统治广西10年的旧桂系集团终告瓦解。

辛亥革命后的一段时间，陆荣廷及旧桂系集团曾经顺应时代潮流，促成广西独立，推行了南京临时政府的一些改革法令，曾标榜革命，并强调要维护共和，也做过一些看起来符合国家和民族利益的事情。然而，他们对资产阶级民主共和国缺乏深刻的理解，没有树立起真正的资产阶级民主政治信念。所颁布的《广西临时约法》，只不过是走形式，很快便被他们置诸脑后，成为一纸空文。“旧桂系在处理有关的政治军事事务时，总是习惯于依据利益的原则和感情的原则来进行决策，而很少用政治理念来进行审视。他们所参加的讨袁护国战争、护法战争等等，尽管也有一定的政治理念在起作用，但他们所首先考虑的还是自己集团的生存和发展问题。这一点，从他们对孙中山的态度中可以看得很清楚。”①

以陆荣廷为首的旧桂系集团在广西的统治是短暂的。受阶级及时代局限性的制约，他们采取的措施不可能促进广西的富强。虽然如后来在新桂系担任广西省政府主席的黄旭初所言：“陆掌桂政，虽无建设，却少扰民，省内九年间无兵祸、无纸币祸。”②但是，由于此时正值中国社会的转型时期，在时代潮流的作用之下，广西旧的社会基础不断崩溃，进步的社会因素不断滋长，亦与全国一样，从旧体制中不断更新出新体制，社会面貌总的来看是有一定变化的，毕竟“这是时代的演进所使然”③。

二、新桂系集团的崛起

新桂系集团前期（1925—1930年）的主要领导人是李宗仁、黄绍竑、白崇禧，俗称李、黄、白时期；中后期（1931—1949年）的主要领导人是李宗仁、白崇禧、黄旭初，俗称李、白、黄时期。新桂系集团从1925年到1949年统治广西25年，还一度统治过湖北、安徽等省，长期活跃在中国政治舞台上。

1921年6月，旧桂系崩溃后，粤军总司令陈炯明率部驻南宁，控制广西。孙中

①《陆荣廷新论》编委会：《陆荣廷新论》，广西民族出版社1996年版，第295页。

②黄旭初：《黄旭初回忆录：李宗仁、白崇禧与蒋介石的离合》，独立作家出版社2015年版，第12页。

③黄旭初：《黄旭初回忆录：李宗仁、白崇禧与蒋介石的离合》，独立作家出版社2015年版，第11页。

山借助陈炯明的粤军势力，任命广西老革命党人马君武为广西省省长，随军开府于南宁。陈炯明意在封建割据，因此他与孙中山及马君武貌合神离。原先被击溃的旧桂系陆荣廷仍保留有一部分力量，伺机卷土重来。

1922年5月，陈炯明令驻桂粤军撤回广东。溃散各地的旧桂系各部纷纷揭竿而起，打着“自治军”的旗帜，占地割据，称王称霸。“自治军”到处打家劫舍，烧杀抢掠，广西人民饱受兵匪作乱之苦。这时，曾为旧桂系下级军官的李宗仁、黄绍竑、白崇禧等悄然崛起，成为一股新兴军事力量。李、黄、白审时度势，投靠广东革命政府，在广东革命阵营的支持下日益发展壮大，与重返广西图谋东山再起的陆荣廷和从旧桂系分裂出来的野心勃勃的沈鸿英，形成三雄并立之势。当时，就三强而言，陆荣廷力量最强，有兵力两万多人，李、黄、白最弱。三强各有所恃，都想重新统一广西。广西三强“鼎立的格局，只是一种暂时现象。三大军事首领均各怀异志，并都在寻机把对立的两方吃掉。特别是陆荣廷和沈鸿英，一个想重温‘广西王’的旧梦，一个想取他人而代之，争斗尤为激烈”[①]。

1923年4月，旧桂系将领沈鸿英发兵广州。支持广东革命政府的黄绍竑挫败沈鸿英的军事行动，并乘机夺取梧州。7月18日，在孙中山的支持和粤军的援助下，黄绍竑、白崇禧举行戎圩起义，与讨沈粤军会师梧州。1924年3月，黄绍竑在李济深、邓演达等粤军将领的协助下，肃清了藤县的“自治军”卢德洋、黄超武部，又与李宗仁合力攻取了旧桂系将领陆云高盘踞的桂平、平南等地，还全歼了企图西上夺梧的驻粤桂军陈天泰部。经过一年多的经营和扩张，李、黄、白军事力量发展到一万多人，“在地盘上，李辖九个县，黄辖六个县，整个西江上游，亦即广西当时最富庶的玉、梧、浔三府，已完全为他们所控制”[②]。

李、黄、白得到了广东革命政府的支持，在政治上具有进步性。1923年6月，白崇禧在广州拜访孙中山。同时，在孙中山的支持下，黄绍竑以“广西讨贼军总指挥”的名义攻克桂东重镇梧州。新桂系在政治上正式与旧桂系脱钩后，开始在广西壮大。10月，李、黄、白加入改组的中国国民党，其部队改名为“广西定桂讨贼联军”。1924年初，孙中山委任李宗仁为广西省绥靖督办，黄绍竑为绥靖会办，白崇禧为军参谋长。

---

①黄宗炎，韦春景：《论新桂系的形成及其统一广西的历史意义》，《近代史研究》，1985年第3期，第104页。
②黄宗炎，韦春景：《论新桂系的形成及其统一广西的历史意义》，《近代史研究》，1985年第3期，第103页。

三、广西统一局面的形成

1924年1月，陆荣廷以出巡名义，率主力从南宁北上，强占桂林、全县、平乐等地。沈、陆矛盾激化。沈鸿英决定与陆荣廷决战，夺回失去的地盘。陆、沈相争，给李、黄、白提供了难得的机会。经过商议，李、黄、白确定了“联沈倒陆、各个击破”的战略方针。3月，他们向沈鸿英表示了“合作倒陆”的态度，同时积极准备，待机而动。

1924年5月23日，李宗仁发表《统一广西宣言》，开始逐步武力统一广西。为了保证在敌强我弱的情况下取得战争的胜利，他们决定采取各个击破的策略。在“联沈”成功后，李、黄、白趁陆、沈在桂林相持之机，于1924年5月发动了讨陆战争，乘虚袭击陆的后方，由李宗仁率定桂军李石愚部和讨贼军伍廷飏、夏威、蔡振云部，乘船溯江而上，直迫南宁。另一路由白崇禧指挥，率定桂军何武、钟祖培和讨贼军俞作柏各部，自贵县出宾阳，转向武鸣，[①]同李宗仁会攻南宁[②]。6月26日，李、黄联军占领南宁，旋即成立“定桂讨贼联军”指挥部，两军再次公开合作。接着，他们又与沈鸿英合作南北夹击陆荣廷，在柳州一带消灭陆部主力。9月，陆荣廷眼看大势已去，再次通电下野，离开广西。至此，统治广西十多年的旧桂系集团彻底垮台。

此时，广西形成了李、黄、白与沈鸿英两大势力对峙的局面。沈鸿英因大量收编陆氏残部，兵力陡增到三万余人。他自恃兵多势众，企图消灭李、黄联军，拿下广西全省。而李、黄、白先前联沈讨陆，不过是权宜之计，现在陆氏既倒，也必向沈氏开刀。因此，李、黄、白跟沈鸿英间的决战在所难免。1925年1月下旬，沈鸿英出动大批军队偷袭李、黄、白的后方基地桂平。李、黄、白窥破了沈的阴谋，派兵截击沈军于行途，战争爆发。由于李、黄、白得到粤军第一师师长李济深派兵支援，很快获胜。2月中旬，沈军主力被歼，沈鸿英只身逃往香港。

正当李、黄节节胜利，广西眼看就要统一之际，滇系军阀唐继尧的军队六七万人（号称十万）闯进了广西。唐继尧进兵广西的目的是想趁孙中山在北京病危、广

①李宗仁口述，唐德刚撰写：《李宗仁回忆录》（上），广西师范大学出版社2015年版，第156页。
②钟文典：《广西通史》（第三卷），广西人民出版社1999年版，第44页。

东革命政府群龙无首之机，推翻国共合作的广东革命政府，吞并两广，以遂其“西南盟主”的美梦。唐军先头部队于1925年2月上旬进入广西，当时，李、黄、白的讨沈战事尚未结束，局势非常危急。广东革命政府鉴于事关重大，令李、黄力拒唐军东下，并派驻粤滇军范石生部万余人入桂支援。李、黄、白消灭沈军主力后，即刻回师驱唐，与唐军在南宁昆仑关及柳州大埔、沙埔一带展开血战，最后战胜了唐军。7月7日，唐军主力龙云部被迫退出最后一个据点——南宁市。7月底，唐军残部全部离开广西，逃回云南。于是，广西完全统一。

广西全境统一后，李、黄、白着手建立新的省政府机构，他们在8月间决定设立“广西省民政公署”作为全省最高行政机关，并推举黄绍竑为民政长。8月15日，黄绍竑通电就职。黄绍竑在南宁就任民政长一职，正式掌握广西政权。至此，以李宗仁、黄绍竑、白崇禧为核心的新桂系正式形成。

第二节　新桂系统治初期的“四大建设”

1929年蒋桂战争以前，新桂系集团并无独立、完整和系统的政治理论和主张。蒋桂战争失败的创巨痛深，迫使新桂系代表深刻反思，奋发图强。他们意识到，要巩固在广西的统治，必须有自己的一套理论主张，以资号召。“三自政策”是20世纪30年代新桂系在广西治省的最重要的政治理论，它被称为“实践三民主义”的“革命策略”，是新桂系据桂治省的指导方针和原则，在相当长的时期内，广西的各项建设都是根据这个理论运作的。①

①谭肇毅：《新桂系的“三自政策”》，《广西地方志》，2010年第1期，第47—51页。

一、新桂系的“三自政策”和《广西建设纲领》

（一）新桂系“三自政策”的提出

“三自政策”是新桂系在整军经武、举办民团的实践中逐步酝酿形成的。1929年的蒋桂战争中，新桂系遭到惨重失败，在省外的第四集团军全军覆没，李宗仁、白崇禧只身逃回广西。新桂系不甘心失败，组织“护党救国军”，以省内剩余力量进攻广东，企图扭转不利的局面。但攻粤军事很快失败，拥蒋军四面合围广西，李、黄、白被迫流亡海外。

蒋桂战争结束后不久，国民党又爆发一连串内战，局势更加混乱，李、黄、白乘机潜回广西，收拾残部，联合入桂的反蒋将领张发奎，再次攻粤。结果又告失败，退回广西。

1930年3月，阎锡山、冯玉祥等联合反蒋，新桂系响应并出兵北上，参加中原大战。新桂系在湘南与拥蒋粤军激战，又遭惨败，再次退回广西。连年征战屡挫，新桂系实力几乎丧失殆尽，陷入山穷水尽的困境。这时，国民党又爆发了新的内战。

1931年，蒋介石与胡汉民发生“约法之争”，胡被蒋拘押。此事件激起国民党内轩然大波。胡的亲信古应芬跑回广东，策动陈济棠反蒋。陈济棠派人到广西联络李、白，要求团结反蒋。同年5月，李、白和反蒋各派云集广州，召开中国国民党中央执监委员非常会议，成立与南京抗衡的国民政府，形成宁粤对峙的局面。桂粤联盟反蒋，使濒临绝境的新桂系有了转机。6月9日，广州国民政府根据李宗仁的建议，任命黄旭初为广西省主席，黄于7月1日就职。黄旭初进入新桂系集团最高领导层，广西开启了由李、白、黄长期统治，并以广西为基地，同蒋介石国民党中央相对抗的时期。

宁粤对峙形成后不久，九一八事变发生。面对日本入侵的压力，中国共产党在中央根据地领导的红军日益壮大，蒋介石一时无力解决粤局。在这种形势下，广西局势逐渐稳定，蒋桂关系出现暂时的缓和。连年战乱后的广西，残破不堪，满目疮痍，民不聊生。新桂系仍坚持反蒋，决心“反对独裁政治，护党救国”，“做拨云雾而见青天的伟大工作”，“肩负起复兴中国国民党的使命”[①]。局势甫定，新桂系抓住有利时机，调整对外关系，集中精力整顿内部，治理省政。

桂粤联盟使广西获得一时相安，但新桂系认为蒋介石消灭异己之心不死，迟早会对广西用兵，维持广西割据得靠实力，首先是军事实力。而治理省政首先是整军经武，加强军事力量。但广西是穷省，连年战乱已使全省百业凋敝，民穷财尽，大量扩充军队是办不到的。经过一番谋划，新桂系决定效仿古代“寓兵于农”“寓兵于政”“兵民合一”的办法，举办民团。白崇禧说，中国古代是军政、军民不分的，如周朝的“寓兵于农，管子治齐寓兵于政，都是通国皆兵”。只是到了宋朝重文轻武，文武分途，相沿成风，结果积弱不振，被蒙古灭国。鸦片战争后，接二连三对外战争的失败，主权丧失不计其数，我们要吸取这个教训。举办民团就是从历史教训中总结出来的，“故说现在办民团是复古，也未尝不可”[②]。新桂系举办民团主要是为解决扩军困难的问题，认为“寓兵于团”可以解决财力不足和无力供养大量正规军的困难，又能保持防御外部势力入侵的武装力量。这样，从20世纪30年代初开始，新桂系大张旗鼓、雷厉风行举办民团。

举办民团使新桂系得到不少启示，逐步总结出治理省政、巩固割据的方略。这就是“三自政策”的由来。“三自政策”是在推行民团制度的过程中逐步酝酿形成的。首先，举办民团，组织民众开展军事训练，养成“民众武力”，民众有了“自卫能力”，平时可以维持治安，战时可以改编为正规军，抵御外敌入侵，于是形成“自卫政策”。其次，新桂系看到经过民团训练，民众“形成一个有组织有训练的集体力量”，认为施以“政治训练”又有“自治”的能力，可促进“地方自治”，这样又形成“自治政策”。新桂系还认为，可以组织民团去从事各种生产建设，如修路、垦荒，开展“公耕”等，实现经济“自给”，又形成了“自给政策”[③]。这样，从“自卫”到“自治”再到“自给”，形成了“三自政策”。经过几年的实践，1935年新桂系正式将“三自政策”确定为治理广西的基本方针和原则。

“三自政策”并不是一次性完整地提出来的，而是逐步形成的，它有一个发展

①国民革命军第四集团军总政训处：《白崇禧先生最近言论集》，创进月刊社，1936年，第92页。

②国民革命军第四集团军总政训处：《白副总司令演讲集（文集）》，1935年，第119—120页。

③国民革命军第四集团军总政训处：《白副总司令演讲集（文集）》，1935年，第129页。

的过程。民团虽然最早创办于1930年秋，但那时局势动荡，1931年局势逐渐稳定后民团训练才在全省普遍推行。新桂系对“三自政策”的共识，是随着民团训练的深入而逐步形成的。

白崇禧是广西省民团总指挥，主管民团训练，他是“三自政策”的首创者。1931年后，他在不同的场合开始讲“寓兵于团”并分别提到“自卫”“自治”“自给”，但还没有提“三自政策”。第一次将“自卫”“自治”“自给”并提，是1933年10月在省党部扩大纪念周上的演讲。他总结办理民团的经验，指出举办民团的目的是对民众施以军事、政治、生产的综合训练，“就是要使民众能够自治自卫自给”，举办民团意义重大，“不只是民团能够拿枪打仗，其意义是在于推进政治与经济建设的发展”①。不只在军事上，在政治上、经济上，白崇禧都认识到了民团的重要意义，这为其提出“三自政策”的理论奠定了基础。1935年2月，白崇禧在南宁对各机关公务人员、中等学校教职员及干训班官长学员的演讲中，全面总结和诠释了“自卫”“自治”“自给”的理论和意义，并首次将其并称为“三自政策”。他强调：“‘自卫’‘自治’‘自给’的‘三自政策’是建设广西的三大原则，这是我们建设本省及复兴中国的一个理论体系。”②这是“三自政策”的最早提法。

李宗仁、黄旭初则于1934年第一次提“自卫”“自治”“自给”。5月20日，李宗仁在广州对留穗学生演讲时说，上个月广西党政军联席会议通过了《广西建设纲领》，确定了今后广西建设的方针，内分政治、经济、文化、军事四大部分，“其目的则自治、自给、自觉、自卫以为复兴民族的基础”③。6月9日，黄旭初在广西行政研究院演讲时第一次提到“三自政策”。他说：“我们的政策，是要人民能够‘自卫’‘自治’‘自给’。”④早先，1934年3月，广西党政军联席会议颁布的《广西建设纲领》和同时发布的《二十三年度广西省施政计划》中都没有提到“三自政策”。可见，那时新桂系还没有对“三自政策”形成共识。

新桂系官方公文首次使用“三自政策”，是1935年8月10日广西党政军第25次联席会议决议修正通过的《广西建设纲领》。该纲领规定“自卫、自治、自给之三

①国民革命军第四集团军总政训处：《白副总司令演讲集（文集）》，1935年，第129页。

②国民革命军第四集团军总政训处：《白崇禧先生最近言论集》，创进月刊社，1936年，第48页。

③李总司令对广西留穗学生演讲词，载于《群言》（半月刊），第11卷第7、8期合刊，1934年。

④黄旭初：《广西建设应该走的路线》，广西省政府编译委员会编印，1940年，第8页。

自政策，应为本省建设之总原则"①。此后，"三自政策"在军政要员的演讲和政府公文、政令及各种宣传品中被大量使用和宣传。这些情况表明，新桂系的"三自政策"是1931年后在举办民团、强化武装力量的过程中逐步酝酿和产生的，1935年形成共识并确定为治省的基本理论和政策。

（二）《广西建设纲领》

1931年，两广言和，在广州成立国民政府后，新桂系面临的军事威胁解除。是年，日本侵略者发动了侵略中国东北的九一八事变，继而又于1932年发动了侵略上海的一·二八事变。国民政府抗击不力，使日本侵略者得寸进尺，加紧侵华。新桂系为了巩固广西，聚集力量，乃借机举起抗日反蒋旗帜，提出了"建设广西，复兴中国"的口号，并从1931年秋起，着手整顿广西政治、经济、军事、文化。1932年第一次公布了广西建设总方案——《广西施政方针及进行计划》，其要旨在于统一政令，澄清政风，整顿行政系统，安定社会秩序，恢复社会生产，重振广西教育，借以排除障碍，奠定建设基础。②

经过两年的整顿，李、白、黄的统治稍见稳定。1934年初，广西省主席黄旭初主持制定了《广西建设纲领》（草案）。3月，广西省党政军首脑举行联席会议，对该草案进行审定，并于当月公布。其目的是"整齐国家民族社会力量，由建设以求统一……增厚民族自治之实力"，"在政治方面，是要使李、白、黄的广西省政府成为发动广西整个建设计划之总枢纽，以便强化其统治；在经济方面，实施全省的经济统制，达到广西经济的自给自足，补救广西的不足，抵制外来经济的侵略，以加强其割据广西，同蒋介石对抗的实力；在文化教育方面，是培养为其政治服务的人才；在军事方面，是为完成寓兵于团计划，巩固和发展军事实力，以实现同蒋介石争雄的目的"③。1935年8月10日，广西党政军第25次联席会议对1934年制定的《广西建设纲领》（草案）进行修正后通过。

为了说明《广西建设纲领》的合法性、正确性、可行性，李、白、黄反复指出制定纲领的理论依据就是孙中山先生所创立的三民主义和他们自己提出的自治、自

①《广西建设纲领》（1935年8月10日广西党政军第25次联席会议决议修正通过）单行本，第2页。
②广西省政府十年建设编纂委员会：《桂政纪实》（上），1940年，第19页。
③钟文典：《20世纪30年代的广西》，广西师范大学出版社1993年版，第22页。

卫、自给的“三自政策”，并一再说明三民主义是“三自政策”的理想，“三自政策”是三民主义的实行。白崇禧宣称“三自政策”是根据孙中山的三民主义制定的。他说，孙中山的民族主义是要民族能独立自卫，不受欺侮，使民族能自决；民权主义是要实行地方自治，使基层组织稳固；民生主义是要人民生活能自给自足，不依靠外人就可以生存。“三自政策”就是根据三民主义规定出来的，因为“要能自卫民族才能自由；要能自治民权才能实行；要能自给民生才能优裕”。所以，“三民主义是三自政策的理想，三自政策是三民主义的实行”①。后来，新桂系的理论家们都是根据这些要旨对“三自政策”进行阐述、发挥和宣传的。

1935年修正通过的《广西建设纲领》，分为“基本认识”和“建设纲领”两大部分。②其中，“基本认识”主要是说明广西建设的指导原则，宣称孙中山的“三民主义”是“中国革命惟一适当原则”，要“奉行总理遗教”，“一切建设计划，能以大多数生产民众之利益为基准”，“自卫、自治、自给之三自政策，应为本省建设之总原则”，提出了“建设广西，复兴中国”的目标。

“建设纲领”分为政治、经济、文化、军事建设四大部分，共二十七条。政治建设纲领主要有：(1)整饬行政组织，制定本省需要法规，以收因地制宜之效。(2)健全政治基层组织，推进建设事业。(3)以现行民团制度，组织民众，训练民众，养成人民自卫、自治、自给能力，以树立真正民主政治之基础。(4)发扬公正廉洁之政治风尚，肃清贪官污吏，制裁土豪劣绅，以保障人民生命财产及自由。(5)推行卫生行政，发展人民保健事业。(6)树立文官制度之基础，提高行政效能。(7)实施公务人员训练，以增进其能力。(8)厉行预算、审计、会计制度。(9)施行社会政策，依法保障农工利益，消弭阶级斗争。(10)革新旧式农业，振兴与农业相应之工业，使农工业互相促进，以达到工业化为目的。(11)开拓土产市场，提倡国货，节制奢侈品之输入。(12)运用金融政策，扶植中小工商企业。(13)适应民生需要，公营重要工商企业。(14)在不违反公众利益之原则下，奖励私人投资，开发各种实业。(15)积极开发本省矿产，并发展交通事业。(16)改善税捐制度，严禁苛捐杂税及一切有碍生产之征收。(17)用累进税率，征收所得税、营业税以及遗产税。(18)整理土地，奖励垦荒，振兴水利，发展农村经济。

①国民革命军第四集团军总政训处：《白崇禧先生最近言论集》，创进月刊社，1936年，第48页。

②《广西建设纲领》(1935年8月10日广西党政军第25次联席会议决议修正通过)单行本。

(19)推行合作事业,并设立农民银行,兴办平民借贷所及农村仓库,严禁一切高利贷。(20)整理各县仓储,调剂民食。(21)提高民族意识,消弭阶级斗争,创造前进的民族文化。(22)奖励科学技术之研究发明。(23)根据政治经济军事之需要,确定教育方针。(24)改良教育制度,使贫苦青年均有享受高等教育之机会。(25)国民基础教育一律免费,并限期强迫普及。(26)厉行寓兵于团,寓将于学政策。(27)由寓征于募政策,达到国民义务兵役。

《广西建设纲领》是广西近代以来第一个全面规划广西的政治、经济、文化、军事建设的完整方案。"它的实施对推进广西社会近代化进程,促进广西经济文化的发展,是有积极意义的。"①

二、四大建设的实施

(一)政治建设

20世纪30年代以前,广西在县以下没设严密的政治组织。县以下设的团练局,团总多由地主豪绅把持,乡村组织散漫,"萍若而合,絮若而散,犹如一盘散沙"②,政府政令只能到达县一级。即使是县政府,"过去有所谓无为政治,县长除收粮判案以外就没有事做"③。新桂系认为这种状况是推行"新政"的障碍,因此政治建设的重点是整顿县以下的政治组织,提出"县政建设",建立健全基层政治组织,"造成真正民主政治的基础"。

广西政局稳定后,新桂系就着手整顿县级政权。1932年开始调整各县行政区域,重新划定县界、县治,将飞地、插花地合理划拨。1933年全省设94个县,随后又增设5个县,共99个县。根据各县的面积、民户、人口和粮赋,把99个县分为

①钟文典:《广西通史》(第三卷),广西人民出版社1999年版,第214—215页。
②邱昌渭:《广西县政》,桂林文化供应社,1941年,第81页。
③国民革命军第四集团军总政训处:《白崇禧先生最近言论集》,创进月刊社,1936年,第51页。

一等、二等、三等、四等、五等5个等级。后来每个等级又分为甲、乙两级。一等县，甲级3个，乙级11个；二等县，甲级3个，乙级7个；三等县，甲级2个，乙级12个；四等县，甲级5个，乙级37个；五等县19个。[①]根据等级规定县政府机构和公务员、职员的数量和俸禄。县政府实行“裁局并科”，合署办公，由县长统一对外号令发文。经过整顿，县政府组织精干，加强了县政统一。

蒋桂战争的失败使新桂系认识到，加强内部团结，提防蒋介石的分化，是其“团体”生存发展的重要保证。因此，他们在抓军事建设的同时，也十分重视政治建设。《广西建设纲领》开列了许多条文，但重点是训练干部，提出“行新政，用新人”[②]的口号，大力培养忠实可靠的干部，作为其反蒋政权的骨干力量。

新桂系重新统一广西后，着力整顿内部，提出“澄清吏治，惩治贪污”，借机清洗和排挤持不同政见的军政干部。接着进行干部训练，规定各级干部必须“先铨定其资格，然后按级叙用”[③]。1934年初，广西省政府颁布《广西临时任用县长训练办法》，设立临时任用县长训练班。同年5月，成立广西行政研究院，调训现任县长、区长和县政府秘书。训练科目有“三自政策”、《广西建设纲领》、地方自治、军事常识等，强调对调训人员“注重心理建设”，“养成忠勇奋斗之精神”[④]。桂系高级干部亲自担任各科教员，主持考核。1936年3月，广西行政研究院改为广西县政公务员政治训练班，扩大训练规模和对象，招考社会知识青年。训练期满，经考核及格者即返回任原职或分派各县任职，不及格的现任人员则免职，非现任人员不能获得任职资格。

县以下的乡村基层干部的训练，由民团干部学校负责。民团干校除调训现任乡村长外，还大量招考具有中等文化程度以上的社会青年。训练期限按学员的学历分三种：高中毕业或同等学力者6个月，初中毕业或同等学力者10个月，初中肄业一年以上或同等学力者18个月。训练科目有政治、经济、军事、教育等30多门课程。白崇禧、黄旭初等军政要员经常到干校作“精神讲话”，阐述“三自三寓政策”和“行新政，用新人”等“要政”。民团干校开办期间，为各县乡村培养了大批“新人”，他们成为新桂系推行“新政”的基层骨干。

①广西省政府：《广西省政府公报》，1936年，第121期。

②国民革命军第四集团军总政训处：《白崇禧先生最近言论集》，创进月刊社，1936年，第128页。

③国民革命军第四集团军总政训处：《新广西》，1935年，第12页。

④邱昌渭：《广西县政》，桂林文化供应社，1941年，第89页。

在培养“新人”的同时，新桂系在全省范围内整顿基层政治组织，推行保甲制度，建立乡村新政权。按照10户为一甲，10甲为一村(街)，10村(街)为一乡(镇)的原则，建立乡村行政组织，委任经过训练的“新人”为乡(镇)长、村(街)长。新的乡村政权建立后，1934年新桂系又推行“三位一体制”。所谓“三位一体制”，就是乡(镇)长兼任民团后备大队长、中心国民基础学校校长，村(街)长兼任民团后备队队长、国民基础学校校长，亦称“一人三长制”。“三位一体制”是20世纪30年代新桂系治理广西的一大政治特色。这个制度的推行，使广西全省乡村形成了“政教卫合一”的体制，减少了财政开支，提高了基层政权的效能，各项“新政”有效地贯彻到基层，有力地加强了新桂系的统治。

政治建设是20世纪30年代新桂系“四大建设”之一，是维护其反蒋政权的重要措施，通过政治建设，新桂系有效地加强了内部团结，巩固了以李宗仁、白崇禧为核心的广西地方实力派的统治。广西地方贫穷，当时各级官吏的待遇并不丰厚，但经过训练教化的“新人”们也乐于“穷干”“苦干”，为新桂系效劳。蒋介石曾对新桂系的军政官员实行收买分化，但始终未能得逞。所以有学者认为：“(20世纪)30年代广西之所以长期维持‘独树一帜’的局面，不能不说主要是得力于桂系的‘政治建设’。”[①]

当时的广西自然条件恶劣，财政拮据。在这种情况下，新桂系不得不要求军政官员节衣缩食，廉洁奉公，以渡时艰。规定所有公务人员穿布底鞋，着灰布公务服，戴灰布帽，禁止穿西装、丝绸便服和皮鞋。广西省政府颁布《广西公务员犯赃治罪条例》，惩治贪官污吏，以“树立廉洁政治”。这个条例虽然没有得到认真贯彻，但迫于当时形势，新桂系也惩办了一些贪污的军政人员。如玉林警备司令张壮生因贪污罪被枪决，柳州驻军团长罗活的副官因私贩鸦片被枪决。新桂系还号召军政官员要勤政，“苦干”“穷干”“硬干”，并制定了相应的条例，如《广西所属公务员奖惩办法》《广西县长奖惩章程》《县长巡视章程》等。1935年，广西省政府公布对上年度违令不出巡的县长的处分，苍梧、富川、柳州三县县长三季不出巡，给予记过处分；崇左等16县县长两季不出巡，给予“申诫”处分。[②]1936年4月，有县长9人，副县长4人，县府秘书、科长2人，乡(镇)长6人，分别因“渎职行为”“玩忽

①谭肇毅：《桂系史探研》，中国文史出版社2005年版，第172页。

②广西省政府：《广西省政府公报》，1935年，第103期。

功令”“办事不力”“放弃职守”和“督饬无方”等被撤职、记过、取消任职资格或申诫。[1]这些措施对整顿各级军政机关和官员的作风起到了一定的作用，广西一度出现了俭朴苦干的风气。

可见，政治建设是20世纪30年代广西重要的施政活动，“全面整顿了广西的社会组织，使全省社会尤其是乡村社会散漫无组织的状态得到改观，建立起比较完整的各级行政机构，使社会秩序逐步规范化”[2]。这些措施对维护当时广西社会的安定也起了重要作用，为广西经济文化建设的开展创造了有利的社会环境。

（二）经济建设

经过多年的内战，新桂系认识到要争霸称雄，最后实现“复兴中国”的目标，建设一支强有力的武装固然很重要，但军事实力最终是以经济实力为后盾的。如果只注重军事建设，忽略经济建设，军事斗争很难获得最终胜利。白崇禧指出：“我们要准备斗争的力量，不仅在军事上要有准备，就是经济、政治、文化一切都要有准备。”[3]基于这些认识，新桂系在进行军事、政治建设的同时，也非常重视经济文化建设。在1935年修正通过的《广西建设纲领》中，经济建设方面的条文是最多的，一共12条。依据该纲领的规定，广西省政府陆续成立经济委员会、工商局、矿务局、农林局等机构，负责全省各方面经济的调查、设计和建设。自此，经济建设在广西全面铺开。

广西酒精厂、柳州机械厂等因蒋桂战争而遭到破坏，先后停办或停建，1931年后新桂系逐步将其恢复。1933年，广西省政府制定广西工业发展计划，既支持本省商民创办工商业，也鼓励省外商民在广西投资设厂。[4]这些计划后来列入了《广西建设纲领》。新桂系首先是抓省营工业的建设，一方面，对原有各工厂加以整理改造，增加资本，扩充设备，提高生产能力；另一方面，积极筹备建立新工厂。到1936年，省营工厂共有12家。[5]同时，鼓励私人开办企业，并采取一些扶植措

①广西省政府：《广西省政府公报》，1936年，第121期。

②谭肇毅：《桂系史探研》，中国文史出版社2005年版，第172页。

③白崇禧：《三自政策》，国民革命军第四集团军总政训处，1935年，第12页。

④广西统计局：《广西年鉴》（第二回），1936年，第401页。

⑤广西省政府建设厅统计室：《广西经济建设统计提要》，1943年，第27—29页。

施，使民营工业逐步发展起来，到1936年，全省大小民营工厂发展到62家。[①]

广西矿藏丰富，种类繁多，尤其是金、锡、钨、锑、锰、煤等产量丰富。20世纪20年代后期，新桂系已开始筹划开发矿产，成立矿场，但不久爆发蒋桂战争，开发矿产工作中断。20世纪30年代初，新桂系在筹划各项建设中，认为矿业对促进外贸、开辟财源具有重要的作用，因而很重视矿业，提出现阶段的“自给”措施“第一就是开矿”[②]。1931年后，广西省政府有计划地对全省矿藏进行勘查和钻探，边查明边开采。1934年5月，广西省政府成立矿务局，负责管理和开发全省矿业。矿务局之下，在钟山设平桂区办事处，在南丹设百柳区办事处，在田阳设天龙区办事处等，矿产开发全面兴起。

在矿藏比较丰富的富川、钟山、贺县、南丹和河池等地设立省营矿场，购进机械设备，引进技术人才，开采锡、钨、煤等矿。由于桂系财力有限，发展矿业主要是鼓励私人经营，吸引华侨投资开采，并给予优惠政策。数年间，广西矿业迅速发展起来。1931年广西全省大矿区只有20个，1937年发展到304个。[③]各种矿产大量增加，仅纯锡一项，1932年全省只有356吨，1936年增加到2889吨。[④]但是“新桂系发展矿业的主要目的是为增加外贸获取外汇，大量外运矿砂出口。因此，当时矿业的发展对本省工业没有起到促进作用”[⑤]。

发展农林业方面，主要是设立省营农林试验场、垦殖试验区、林垦区进行各种农作物和林木的改良、育种和推广。同时饬令各县成立县、乡苗圃和农场，提倡造林、种棉、冬耕冬种等。桐油、茶油是广西重要的出口产品，在国际市场上很畅销。因此，桂系大力推广种桐，规定县、乡每年的种植数量，由各县无息贷款购买桐种发放。几年间，全省桐油产量增长较快，1935年桐油出口23万担，1937年增长到约29万担，居广西对外贸易出口的首位。[⑥]

20世纪20年代后期，新桂系开始建筑公路，贯通邕、柳、桂、梧及各重要城镇，形成全省公路网的雏形。后因政局动乱，路政停顿，路段多被毁坏。20世纪30年代初，新桂系把交通建设列为“要政”之一，再兴筑路，疏浚河道，创办民航，

①梁任葆：《广西工业建设之回顾》，《广西日报》（桂林版），1948年6月21日。
②白崇禧：《三自政策的理论与实践》，全面战周刊社，1938年，第102—103页。
③广西省政府建设要统计室：《广西经济建设提要》，1943年，第23页。
④《本省主要矿产的消长》，《广西日报》（桂林版），1948年1月28日。
⑤钟文典：《广西通史》（第三卷），广西人民出版社1999年版，第240页。
⑥广西省政府建设厅统计室：《广西经济建设手册》，1947年，第105页。

架设电话等。1931年，广西省政府取消分区设局的公路管理体制，成立广西公路管理局，统一管理全省公路的养护和营运。新路建筑由建设厅实施，道路建成后交管理局接收管养。广西公路管理局成立后，首先修复旧路。到1936年，经过修复和改善的线路有邕柳、柳桂、邕武、邕龙、容苍、宾贵、玉容、容武、荔八、柳池等。

在修复和改善旧路的同时，大力建筑新路。首先是续建和新建省道干线。新建公路重点在桂西南和桂西北。建筑工程由建设厅组织临时工程局或工程处进行测量和设计，利用沿路各县民团组织，征调民工参加建筑。建筑经费一部分由省政府拨款，另一部分是粮赋附加、百货税附加以及烟灯税附加等。

从1931年到1937年，广西全省新建成省道和县道共2359千米。连同修复的旧路，全省公路中，省道约2800千米，县道2900千米，合计约5700千米，其中实际可通汽车的约3300千米，占公路全部里程的60%左右[①]。除修路外，新桂系还疏浚河道，改善水路交通，购买飞机，与广东合办西南航空公司。这些措施促进了广西全省交通运输的发展，使大部分县可通汽车，乡村交通得到较大的改观，乡村民众商旅出行也方便了。交通建设是20世纪30年代广西一项比较有成绩的建设，其中公路建设为当时国内外人士所瞩目。一些人士考察广西后说："在贫瘠之广西，而汽车公路能得如此发达，诚属难得！"[②]

（三）文化建设

20世纪30年代初，新桂系推行"新政"后，需要大量的各方面建设人才，因此比较重视文化教育，认为文化教育是"完成广西的新政治、新经济、新文化、新社会秩序的有力工具"[③]，并先后聘请民主人士、进步教育家李任仁、雷沛鸿任省教育厅厅长，主持全省文化教育工作，还延揽专家学者研究和设计文化教育发展规划。1931年后，广西省政府先后制定和颁布了一系列文化教育法令法规，对全省文化教育进行整顿。例如，1931年8月公布了《广西省教育施政纲领》。1933年5月，全省行政会议通过《改进全省教育方案》。这个方案规定了全省教育行政、国民基础教育、中等教育、师范教育、高等教育、职业教育、社会教育以及苗瑶教育等的实

①陈晖：《广西交通问题》，商务印书馆1938年版，第53页。

②赖彦于：《广西一览》，广西印刷厂，1936年，第17页。

③国民革命军第四集团军总政训处：《新广西》，1935年，第25页。

施纲要及程序。这段时期，广西全省文化教育经费逐年增加，一般占当年总支出的15%左右。因此，20世纪30年代广西的文化教育事业得到了较快的发展。

文化建设最突出的是在全省范围内开展的国民基础教育普及运动。1933年9月，广西省政府颁布《广西普及国民基础教育五年计划大纲》，次年修订为六年计划大纲。大纲规定每村(街)设立一所国民基础学校，每乡(镇)设立一所中心国民基础学校，由乡(镇)长、村(街)长兼任校长，所有适龄男女儿童和失学成人强制入学。国民基础教育是将儿童教育与成人教育、学校教育与社会教育合并办理的一种初等教育制度，其宗旨是“以扫除文盲，扫除政治盲，以至经济盲，助成各项建设为职志”[①]。学校分初级班和短期班、高级班、成人班，其中，成人班为6个月。教材由省教育厅编订。办学经费，除政府拨款补助外，主要由各乡村筹集，如兴办公产、村户派捐、私人捐助以及发动群众和师生造林、种果树等，实行群众办学。由于新桂系当局运用行政力量推行，各方协力支持，全省国民基础教育迅速发展起来。1933年度，全省有村(街)国民基础学校1.3万余所，乡(镇)中心国民基础学校1000余所，入学儿童65.8万余人，成人4.7万余人。到1938年度，全省村(街)国民基础学校发展到1.9万余所，中心国民基础学校2000余所，入学儿童163.8万余人，成人133.7万余人。[②]许多边远山区和少数民族地区以前没有学校，这个时期大都创办了国民基础学校。

新桂系在抓基础教育的同时，也注重发展中等教育和高等教育。中等教育方面，着重对全省中等教育的布局、结构和体制进行调整和改造。为衔接国民基础教育，培养地方建设人才，1936年春创办国民中学。国民中学以县立为原则，亦可数县联立，学制、课程设置和教学方法与传统普通中学不同。其学制为4年，分前、后期各2年，前期结业后须有1年以上的社会实践才能升入后期。课程设置以“四大建设”为依据，分政治建设、经济建设、军事建设、文化建设四大类。教学方法强调学问与劳动、理论与实践相统一，参加地方建设等。由于急需人才，新桂系大力推行国民中学教育制度，1936年只有4所县立国民中学，1937猛增至32所。桂西许多县以前没有中学，这时也办起了国民中学。蒋桂战争时，广西高等教育中断。新桂系重新统一广西后，恢复广西大学，并陆续增设理学、工学、农学、

①雷沛鸿:《六年来之广西国民基础教育》，民团周刊社，1939年，第9页。

②雷沛鸿:《六年来之广西国民基础教育》，民团周刊社，1939年，第18—19页。

生物等几个院系，添置图书、仪器设备。1932年后，创办了广西省立师范专科学校和广西省立医学院。这几所高等学校先后聘请了一批国内知名教授、学者到学校任教。著名进步学者杨东莼（中共地下党员）被聘任为广西省立师范专科学校校长。杨东莼任职期间，贯彻进步的办学方针，把师专办得有声有色，使该校成为一所民主进步的学校。

除学校教育之外，新桂系对社会教育也给予一定的重视，通令全省各县开办民众学校、民众夜校和其他补习学校等。广西省政府在省会南宁还建立了省立民众教育馆、省立南宁图书馆和省立博物馆等。20世纪30年代，广西的社会教育活动一度比较活跃。

（四）军事建设

新桂系虽然宣称广西建设是“四大建设”，但首先强调军事建设。《广西建设纲领》强调要“以最大努力，从事军事建设，充实民族自卫能力”。白崇禧更明确地说：“我们的一切建设，都要以军事建设为中心”“如果离开军事而妄谈教育，离开自卫而妄谈建设，那是一种自杀政策。”[①]因此，20世纪30年代的广西建设是以军事建设为中心展开的。

军事建设是根据“自卫”政策进行的。“自卫”政策主要是推行“三寓政策”，即“寓兵于团”“寓将于学”“寓征于募”。白崇禧说，“寓兵于团”就是效仿古代管仲“作内政以寄军令”，“寓兵于农”的办法，办理民团，组织民众进行军事训练。他认为民众经过军训，有了军事常识，一旦有事，政府一下命令便可成立军旅，开赴前线作战。“寓将于学”，就是在大、中学校进行军事训练，“养成预备将校的人才”。学生毕业后，平时从事各种事业，有战事可充任连、排级军官，指挥作战。白崇禧自信推行“寓将于学”，广西就无形中有了“若干黄埔军官学校”，能够培养大批军事干部。“寓征于募”，就是用募兵的方式来征兵。白崇禧认为，征兵制和募兵制各有利弊，征兵制的兵是征调而来的义务兵，素质较好，国家可少花钱多练兵，但按期退伍，技术不能精，也难免有胆小怕死不能打仗的；募兵的短处是素质不好，来当兵的多是因为没有饭吃，或者是想发洋财，需饷也太多，补充困难，但长处是久

①国民革命军第四集团军总政训处：《白崇禧先生最近言论集》，创进月刊社，1936年，第10页。

经训练，勇敢善战。“寓征于募”则“取两者之长，而舍两者之短”，在征兵的时候，对应征的壮丁先挑选自愿入伍者，自愿的太多或不足时，则用抽签的办法来决定。[①]

民团原是维持地方治安的民间武装团体，没有正规的军事训练和统一的组织，多为地主豪绅所把持。新桂系沿用民团的名义，组织全省壮丁进行军事训练，实行“全省皆兵”和“武力民众化，民众武力化”，名曰新民团制度。新桂系建立了一整套从省到乡村的严密的民团组织。在省会南宁成立广西民团总指挥部，白崇禧兼任总指挥。全省划分为12个民团区，设区民团指挥部，各区行政监督兼任指挥官。县设民团司令部，县长兼民团司令。县以下的民团组织，区设联队，区长兼联队长；乡（镇）设大队，乡（镇）长兼大队长；村（街）设中队，村（街）长兼中队长。凡18—45岁的男子一律编入民团，并分为常备队、预备队、后备队三种。常备队，由各县轮流抽调18—30岁的壮丁编成，每期训练6个月。预备队，由常备队团兵训练期满退伍者编成，每年集训一次。后备队是由常备队、预备队以外所有适龄壮丁组成，由县民团司令部派督练官巡回就地训练，每期2—3个月，利用农闲季节进行，以180小时为限。民团训练内容有军事常识、公民常识等。为推行民团制度，新桂系在各民团区设立民团干部学校，培养民团基层干部。1936年各区民团干部学校并于南宁，成立广西民团干部学校，白崇禧自兼校长。[②]

新桂系在大办民团的同时，又抓紧进行军备建设。他们认为一旦发生战争，几十万民团改编成军队，需要大量武器装备。为此，1932年后，新桂系通过香港先后向德、日、英、法等国购买大批山炮、轻重机枪、步枪、子弹、工兵器材、通信器材等，仅步枪一项每年就购买1万支。又在柳州等地建立轻重机枪厂、步枪厂、迫击炮弹厂、手榴弹厂等，自行生产枪弹。这些兵工厂中有两个“其规划的精密，设备的新颖，实凌驾中央各厂之上”[③]。为适应将来战争的需要，新桂系还组建空军，在柳州成立广西航空学校，向英、日等国购买飞机，聘请教官，选派飞行员去日本留学。此外，每年征调大批民工，在省会南宁、全省交通枢纽柳州、北部通湘重镇桂林、桂江中游的平乐和黔桂交通要冲的宜山等地，大量构筑永久性的城防工事。

新桂系的军事建设，耗费巨大，为“四大建设”之首。编练民团虽比正规军省

---

①白崇禧：《三自三寓政策》，南宁第四集团军总政训处，1935年，第9页。

②谭肇毅：《桂系史探研》，中国文史出版社2005年版，第169—170页。

③李宗仁，唐德刚：《李宗仁回忆录》（下），广西师范大学出版社2005年版，第486页。

钱，但其规模宏大，每年省政府开支团务费达300多万元。广西航校每年则耗资500万元。至于购买军械的花费，从来是秘而不宣。当时，广西每年财政收入不足3000万元，据桂系当局公布军费支出就占“全部预算百分之四十”①，其实远不止这个数。桂系大力抓军事建设，尤其是不遗余力地编练民团，不仅仅是为了“自卫”，更是为将来军事倒蒋做准备。民团平时不脱离生产，经过训练有了军事常识，能够维持地方治安。一旦战争爆发，一声令下即可编成军旅，开赴前线作战。这样，平时不用花很多钱养兵，而又能保持足够的后备兵源。

新桂系军事建设的目的既是巩固自己的地位，也为反蒋做准备，这是毋庸置疑的。“但在当时军阀纷争，战乱连绵的年代，桂系的军事建设措施如编练民团，对整顿治安、维护社会安定也起了一定的作用，使广西境内的人民有一个比较稳定的休养生息的社会环境。然而，桂系强调以军事建设为重心，投入过多的人力、物力和财力，又必然影响经济、文化的建设，这是(20世纪)30年代广西经济建设成效甚少的重要原因之一。”②

虽然新桂系的“四大建设”有着自己的打算，但是由于措施得当，也取得了显著的成绩，有效改变了广西积弱积贫的状况，为全民族抗日战争的胜利奠定了有利的社会基础，也为抗战后方的建设提供了有利的条件。

三、广西成为当时的“模范省”

在新桂系的励精图治下，广西的建设得到了迅猛的发展，由此引起了国内外人士的广泛关注。一时间，中外人士络绎不绝地到广西参观。不少人撰文评述，抒发观感，多持肯定之辞，如胡适、徐悲鸿、胡政之、张君劢、晏阳初等；欧美各界人士，如美国《纽约时报》记者亚朋德和安林汉，在访问广西之后，曾撰文《中国的

①广西省政府十年建设编纂委员会：《桂政纪实》(军事建设编)，1943年，第93页。

②谭肇毅：《桂系史探研》，中国文史出版社2005年版，第170—171页。

模范省——广西》[①]，广西一时声名大噪。

美国传教士艾迪博士在广西游历之后，在《大美晚报》(1935年2月17日)发表了一文《中国有一模范省乎》。部分内容如下：

在余所经历各省中，四川最富于天然物产，而政治最为腐败；广西最贫而政治最为优良。余在离别中国时，得见一新中国之曙光，心可安然而无憾矣！

广西在十年内，不难成为中国之丹麦也。若杂处民间而随处可闻人民讴歌官吏之德政者，我惟于广西一省见之。予觉广西有许多政治与苏俄现正次第实行者同，惟广西之实行此种政治，并不假手于苛暴之独裁耳。

在中国各省中，在新人物领导之下，有完备与健全之制度而可称为近乎模范省者，唯广西一省而已！凡中国人之爱国具有全国眼光者，必引广西以为荣！[②]

加拿大大学中国学院院长江亢虎在广西游历了四个星期之后，于1934年6月18日在《南宁民国日报》上发表了一文《粤西情形》，节录如下：

我游行了后，发生四点感想，比较满意些：一是军民能够合作；二、全省青年都受军事训练；三、全省交通便利，马路到处可通，但不及香港好，我在四星期，可环游全省；四、治安，各处均甚平靖，我到各处游行，不用携带枪械，这的确是广西最近有明显的进步了。[③]

"国联"远东调查团团长李顿(Robert Lytton)九一八事变后到中国调查日本侵华事件，对于广西的民团组织，他如此称赞："假如中国有两省像这样干去，日本就不敢侵略满洲了。"[④]

香港侨绅何东先生在1935年3月3日与《梧州日报》记者谈话时，强调了广西的进步及其成绩之由来，部分谈话内容如下：

……广西现已被人称赞为模范省，余曾耳闻久矣。惟今年尚未一履

---

①《中国的模范省——广西》，《纽约时报》远东特约访员专著《中国的命运》节译，转引自申晓云，李静之：《李宗仁的一生》，河南人民出版社1992年版，第195页。

②(美)艾迪：《中国有一模范省乎》，《大美晚报》，1935年2月17日。

③江亢虎：《粤西情形》，《南宁民国日报》，1934年6月18日。

④赖彦于：《广西一览》"游桂名人评语摘要"，1935年，第4页。

桂省，此次一到梧州觉得比前一次来时，进步多了！尤其使我快意者，则为一般年少的儿童们，异常强健活泼；其次见到广西市民不论公务员与平民，均极俭朴；至于建设，以贫困之广西，而能够有如此之成绩，使我觉得到广西当局与人民是个个能够苦干；模范省的名，都是从苦干中得来的！①

著名爱国人士、上海大律师，曾经到过桂林等地的吴迈，也于1934年9月19日在《南宁民国日报》发表文章，指出广西建设成绩的由来，现在看来还是有可以借鉴之处，并值得当下反思。先节录如下：

……（一）广西人明了自由的责任，能穷干苦干；（二）上下一致，能精诚团结，军不成阀，官不成派；（三）不有妒忌心，努力于广西建设；故认广西有复兴中华民族之精神！将来开辟荒芜，增加生产，诸事皆有办法。……②

广西省内人士亦对广西建设取得的成绩给予认同，如马君武在《广西之建设》的序中这样写道：

广西经军政当局十余年之不断努力，复得全省人民之通力合作，乃得今日之成绩。中外人士来参观者，辄交口称誉，以为进步之速，至可惊异。……广西屡年以来，标明政治、军事、经济、文化四大建设，集全力以赴之，平情言之，以现在广西政治习惯之良好，全省乡村组织之严密，兵役制度之普遍，盗匪之绝迹，军事、政治二种建设实成绩最优。……③

白崇禧之子白先勇先生在《建设广西模范省——白崇禧的"新斯巴达"》一文中，对于其父建设模范省的过程和结果，表达了自己的自豪感和看法：

广西建设成为当时的"模范省"，父亲是颇引为傲的，那六七年间，父亲全省奔波，旰食宵衣，推行他的"三自""三寓"政策，论者形容他的行事作风"雷厉风行，不容阻扰"，"剑及屦及，言出必行"。父亲这种坚决果敢的领导及贯彻始终的执行，是广西建设成功的要素之一。参加广西建设的中高级干部，多年后在台湾谈到他们当年胼手胝足、开发八桂的盛事，

①赖彦于：《广西一览》"游桂名人评语摘要"，1935年，第4页。
②赖彦于：《广西一览》"游桂名人评语摘要"，1935年，第5页。
③李宗仁等：《广西之建设》"序"，广西建设研究会，1939年。

犹感与有荣焉。[1]

广西的建设在20世纪30年代的确取得了不少引人注目的成绩。当时的报刊称广西“省内政风朴实、简净,政令贯彻乡村,干部朝气蓬勃,人民安居乐业,社会井然有序”[2]。这虽为过誉之辞,却是当时不少到过广西的人士的普遍观感。国外一些报刊对此也时有反映,尤其在普及教育、发展交通、革除旧弊、推行卫生等方面更有颇多赞誉之处。这些赞誉,使得广西在抗战开始后成为全民族甚至是反法西斯联盟的一个寄托,一个希望,一个向往的大后方。还是借用白先勇先生的话评价当时的“四大建设”成绩较为妥当:“广西成为模范省,赋予广西子弟一种历史性的荣誉感。”

第三节　中共广西地方组织在困难中坚持斗争

1927年新桂系追随蒋介石“清党”反共后,广西革命运动陷入十分困难的境地。但广西的共产党人顽强不屈,在白色恐怖的环境下,努力重建党的组织,继续领导人民进行斗争。1929年,中国共产党利用蒋桂战争后广西的特殊形势,积极开展与俞作柏、李明瑞的合作工作,党的组织又逐步恢复和发展起来。邓小平、张云逸等利用俞、李反蒋失败的有利时机,成功地领导了百色起义和龙州起义,创建了红七军、红八军,建立了左右江革命根据地,开展根据地的各项建设,为中国农村革命根据地的发展探索了新的经验。

1930年,李立三犯了“左”倾盲动主义的错误,命令红七军离开根据地,攻打中心城市。红七军奉命北上后,邓小平等正确分析了当时的形势,放弃进攻中心城市,率领红七军向湘桂粤边转移,1931年7月到达江西,与中央红军会合。国民党新桂系军队对右江革命根据地进行了疯狂的“围剿”,韦拔群等牺牲,革命根据

①白先勇:《建设广西模范省——白崇禧的“新斯巴达”》,载刘瑞琳:《温故》合订本4辑,广西师范大学出版社2009年版,第40页。

②雷殷:《地方自治》,桂林建设书店,1939年,第34页。

地丧失。但根据地人民在党的领导下，继续战斗，红军武装转入山区，开展游击战争。这个时期，领导南宁、玉林、贵县等地区革命斗争的中共郁江特委及其所属的党组织，也在新桂系的残酷镇压下遭到严重破坏，中共郁江特委解体。但在广西的共产党人并没有停止战斗，设法恢复党的组织，继续领导群众进行斗争。从此，广西革命斗争进入极端艰苦的时期。

一、中共广西党组织的恢复

（一）中共广西党组织的艰难恢复

"四一二"反革命政变后，成立了中共中央南方局，中共广西地委的工作归中共广东省委领导。1927年5月，中共广东省委派当时在粤的共产党员、广西籍留俄学生廖梦樵、邓拔奇（即邓岗）和当时在中共高州地委工作的黄启滔回广西，重建中共广西地委，作为党在广西的领导机关。中共广西地委以廖梦樵为书记，邓拔奇、黄士韬、黄启滔、宁培瑛、罗少彦等为委员。黄启滔、宁培瑛、罗少彦分别在桂平、玉林、南宁工作，廖梦樵和邓拔奇在梧州主持全省党的工作。[1]

中共广西地委根据"八七"会议的精神，清算了大革命后期以陈独秀为代表的右倾机会主义错误，确定了土地革命和武装反抗国民党反动派的总方针，计划在1927年中秋节在梧州、平南、桂平一带举行起义，但因计划被敌人发觉，广西地委机关和梧州市总工会机关遭到国民党梧州军警的破坏，地委书记廖梦樵、组织部部长黄士韬和梧州市总工会全体执委及革命群众100余人被捕。不久，廖梦樵、黄士韬等被杀害。10月底，地委委员邓拔奇转移到平南、桂平农村，会合宁培瑛等，于桂平县重建广西地委，书记邓拔奇，委员宁培瑛、苏其礼、黄启滔等，继续领导全省党组织的恢复发展工作。

①左右江革命历史调查组：《左右江革命史料汇编》（第一辑），1978年，第69页。

10月21日，中共中央南方局给中共广西地委发出指示信，要求广西地委在县、市分别成立县委或市委，改变一县建一个支部的状况，要尽力吸收农民骨干入党，大力开展农民运动和兵运工作，以土地革命和一切政权归工农兵为斗争口号，发动广西的武装暴动。根据中共中央南方局的指示，中共广西地委一方面积极响应广州起义，在平南县组织农民武装暴动，袭击平山团局；另一方面努力发展党员，建立县委、市委。至1928年初，先后建立了桂平、平南、贵县、武宣、容县5个县委和梧州市委，下设9个区委和81个支部，中共广西地方组织得到了初步的恢复和发展。

1928年1月，中共广东省委（中共中央南方局已撤销）传达中共中央的命令，将中共广西地委改组为中共广西特委，并派参加广州起义后撤到香港的陈勉恕、朱锡昂、雷经天、俞作豫等回广西工作，以加强广西地方的组织领导力量。至1928年3月，全省共有党员825人，以桂平、平南两县为最多。

为了总结大革命失败后广西革命斗争的经验教训，加强对全省各地党组织的统一领导，制定今后中共广西地方组织的工作方针，1928年6月11日，中共广西特委在贵县圩心街广东巷召开扩大会议。出席会议的有特委委员和梧州、玉林、南宁、桂林等地党的负责人10余人，中共中央委员、中共广东省委代表恽代英到会指导。特委书记邓拔奇主持会议。会议通过三项决议：(1)《政治任务决议案》；(2)《党务问题决议案》；(3)《军事问题决议案》。会议决定接受中共广东省委关于组织夏收暴动的决议案，做出了准备举行夏收暴动的决定。会议改选了特委领导机构，选举委员15人，恽代英指定朱锡昂、董铨汉、邓拔奇、雷经天、黎赤夫、昌景霖、郭金水等7人为常委，朱锡昂任书记兼管宣传科，董铨汉为候补书记兼管组织科。会议决定特委机关从桂平迁到梧州。

会后，特委派巡视员分别到南宁、柳州、桂林、玉林、梧州等地进行整顿和恢复党组织工作。至8月，全省共建立了桂平、武宣、贵县、容县、玉林、北流、同正、怀集、宾阳、苍梧等10个县委和梧州、南宁2个市委；同时根据广西实际情况和中央指示调整了工作部署，变组织夏收暴动为争取群众、发展组织，建立党的基础。

1928年9月22日，中共广西特委在梧州召开常委扩大会议，传达了党的六大决议和中央来信指示，正式宣布把中共广西特委改为中共广西临时省委。但不久又遭挫折。

1929年1月，中共中央巡视员贺昌在香港召开广西工作会议，传达中央关于将中共广西临时省委改组为中共广西省委的决定，指定文沛、朱锡昂、聂根、雷荣璞、胡福田(1928年12月已牺牲，中央未悉)等5人组成中共广西省委，文沛任书记。会后，文沛等由港到梧，因建立省委机关的铺保批租问题不能解决，便决定改在南宁建立省委机关，省委秘书处设在南宁郊区津头村。

1929年4月，中共广东省委致函中共广西省委，传达中央关于在军阀混战中党的工作方针和中央组织会议关于改组中共广西省委为中共广西特委的决定，并明确今后中共广西特委受中共广东省委领导，机关仍设在南宁。中共广西省委接指示信后，即决定执行中央决议，将省委改为特委，原省委成员为特委委员。同月，文沛回香港汇报工作，广西特委的工作由雷经天主持。至7月，中共广东省委派何誓达到南宁任中共广西特委书记。

经过两年的努力，中共广西地方组织终于在曲折中站稳了脚跟。①

(二)与俞作柏、李明瑞的合作工作

北伐战争结束后，中国军阀割据的局面并没有实质性的改变，而是由新军阀代替了旧军阀。蒋介石为了实现政治独裁，下令撤销武汉政治分会，并且准备从新桂系手中夺取武汉和两湖地方政权，这就使李宗仁等大为不满，蒋桂矛盾日趋尖锐化。同时，蒋介石为了进一步强化军事独裁，达到削弱和消灭异己军队的目的，定于1928年12月在南京召开编遣会议预备会议，邀请各集团军总司令出席会议。蒋介石、冯玉祥、李宗仁等对于编遣问题曾进行会谈，因冯、李与蒋的意见有很大的分歧，会谈陷入僵局。冯、李对后来会议通过的于蒋有利的编遣方案有极大意见。

1929年初，蒋在湖南培植亲信，想夺取桂系控制的湖南地盘。新桂系发觉后，立即向湖南增派军队，双方矛盾尖锐化。1929年3月27日，蒋指责桂系威胁中央，下令讨伐，亲率3个军指向武汉，蒋桂战争爆发。

4月1日，何键通电拥蒋，脱离桂系。2日，桂系李明瑞、杨腾辉于前线倒戈，桂军遂于3日晚放弃武汉，败逃鄂西。5日，蒋介石命张发奎、朱绍良、夏斗寅率部

①钟文典:《广西通史》(第三卷)，广西人民出版社1999年版，第175—178页。

追击桂军，同时又派人招抚桂军主力将领胡宗铎、陶钧、夏威。21日，胡、陶、夏同时通电下野出洋，部队听候改编。至此，桂系主力全部瓦解。5月5日，李宗仁在梧州通电组织"护党救国军"讨蒋，由白崇禧、黄绍竑率军分两路进攻广州。5月15日，何键军克桂林，随后以主力协同粤军夹击梧州。6月2日，粤、湘军联合攻陷梧州。12日，蒋介石命李明瑞、杨腾辉两师南下援粤围攻桂军，白崇禧、黄绍竑率军力战，屡遭败绩。24日，白、黄败逃越南。1929年6月，李宗仁通电下野，与白崇禧先后逃往香港，后来潜回广西，以图再起。

至此，桂系大败，第4集团军解体，蒋桂战争结束。军阀混战虽然给全国人民带来了灾难，但客观上却给广西革命创造了有利形势。

6月，蒋介石委派俞作柏、李明瑞分别担任广西省政府主席和广西编遣特派员。7月，俞、李到南宁主政。为了巩固自己的地位，俞、李要求中共派干部到他们的军政机关协助工作。中共中央利用这一有利时机，先后从中央和中共广东省委派出邓小平（邓斌）、贺昌、张云逸、叶季壮、陈豪人、袁任远、龚饮冰等40多名干部到广西，分别在广西省政府和军队中任职，做兵运和统战工作。龚饮冰负责机要工作，请示和传达中央的指示，由中共中央代表邓小平统一领导。

邓小平等到广西后，巧妙地对俞作柏、李明瑞进行了卓有成效的统战工作。他们从国内的阶级关系和广西的政治形势出发，正确分析俞作柏、李明瑞主桂前后对中共的政治态度及从军阀混战中派生出来的广西新政权的特殊性，认为对俞、李进行争取、教育工作是必要和可能的。

俞作柏、李明瑞具有民主主义思想，大革命时期，受中国共产党和工农运动的影响，拥护孙中山的三大政策，支持农民运动，和共产党的关系密切，且俞作柏的弟弟俞作豫就是共产党员。在四一二反革命政变中，新桂系追随蒋介石"清党"反共，在广西逮捕和杀害共产党人和进步人士。俞、李同情共产党和广大民众，谴责"以为民众可侮，而肆无忌惮"的罪行。他们主政广西后，踌躇满志，想干一番大事业，但又受到各个方面的制约。蒋介石对他们不放心，派郑介民、卢奕农等一批亲信到俞、李政权和军队担任要职，暗中监视。新桂系的旧部势力也不甘失败，妄图从内部破坏和发难。当时，李明瑞从湖北带回广西的两个师，基本上是李宗仁、黄绍竑、白崇禧的旧部，成分极为复杂。国民党改组派汪精卫也派人到广西插手活动。再加上群众基础薄弱，广西财政面临极大困难，因而俞、李政权很不稳固。

邓小平等正确地把俞作柏、李明瑞及其代表民族资产阶级利益、带有民主革命色彩的广西新政权与国民党右派区别开来，对他们采取团结、教育、争取的方针，以共同反对蒋介石和新桂系；同时，又坚持中共独立自主的方针，趁机发展革命力量，使统战工作卓有成效。第一，不少共产党人在俞、李军政部门中担任了重要职务，掌握了一定的权力。如张云逸任警备第四大队队长兼教导总队副队长，李谦任警备第四大队副队长，俞作豫任警备第五大队队长，陈豪人担任省政府机要秘书，等等。第二，在中共的积极争取和推动下，俞、李采取了一些有利于革命的措施，释放了在“清党”中被新桂系关押的共产党员、共青团员和进步人士，并将其中的大部分人安排到政府和军队中工作；解散了由黄绍竑的亲信把持的各级国民党党部，逮捕劣迹昭彰的国民党反动分子。第三，对广西警备第四、第五大队和广西教导总队进行了初步的整顿和改造，利用对这三支部队的领导权，培养和发展进步势力。第四，工农运动得到了恢复和发展。经中共党组织的建议，俞作柏、李明瑞同意开放工农运动，恢复各地工会和农民协会组织，选派一部分青年与农运干部到各县工作，以“二五”减租为号召，开展农民运动。①

为推动广西农民运动的发展，1929年8月中旬，广西省第一次农民代表大会在南宁召开，大会决定成立广西省农民协会，选举雷经天、韦拔群、黄永达、陈洪涛、黄书祥、张震球等11人为委员，雷经天为主任委员，韦拔群为副主任委员。大会还决定出版《广西农民》三日刊。这个刊物实际上是中共广西党组织的机关刊物。大会要求各地积极发展农民协会组织，建立和扩大农民自卫军。会上，韦拔群介绍了右江地区农民运动的经验。会后，又争取俞作柏委任一批共产党员和进步青年担任右江和左江地区各县县长或农运特派员，其中很多人后来成为武装起义的骨干。在雷经天的领导下，中共广西特委有力地推动着广西农民运动的发展。

（三）中共广西省一大的召开

邓小平等到广西后，还担负着领导广西党组织的恢复和发展工作。广西省特委利用当时的有利时机，逐步与各地党组织恢复了联系，并开办了一个党员训练

①钟文典：《广西通史》（第三卷），广西人民出版社1999年版，第179—180页。

班，出版了党内刊物《党的生活》，加强对党员的宣传教育工作。至1929年9月，建立县委和县特支9个，正在恢复和健全的县委5个。南宁建立了轮船、汽车、机关等10个支部，全省共有党员420人，团员130人。全省共有21个县建立了农会组织，可以领导的农民35万，可以指挥的农民武装2000人。[①]

为了传达中共六大和六届二中全会精神，总结过去广西党组织的斗争经验，确定新形势下广西党组织的斗争任务和策略，中共广西特委在邓小平和贺昌的指导下，于1929年9月10日至14日，在南宁津头村秘密召开中共广西省第一次代表大会。出席会议的代表有19人，贺昌代表中共广东省委作了政治报告，中共广西特委作了工作报告，各县代表对报告进行了讨论和补充。

大会通过了《政治任务决议案》及组织、职工、宣传、农运、军事、土地革命、妇女、共青团等问题的草案大纲。《政治任务决议案》贯彻了中共六大精神，认真分析了国内形势和广西的政治、经济状况，确定党的工作路线是"发动并领导群众的日常斗争，从斗争中去争取广大的群众，扩大党的和群众的组织，注意党的基础的创造"[②]。这就把工作方针从原来千方百计地组织暴动转变到从事长期的艰苦的群众工作上来了，这是中共六大正确路线在地方组织工作中的体现。而积蓄力量的目的是准备武装暴动夺取政权，推翻国民党豪绅资产阶级的统治。大会的决议，对后来举行百色起义和龙州起义具有重要的指导意义。[③]

大会选举出了新的中共广西特委。何誓达、陈洪涛、聂根、雷经天、严敏、张第杰等为特委委员，何誓达、陈洪涛、聂根为常委，何誓达任书记。机关仍设在南宁，受中共广东省委领导。

广西省农民代表大会和中共广西省第一次代表大会的召开，"进一步促进了广西革命形势的新发展，为广西革命风暴的到来，百色、龙州起义，左右江工农武装割据，作了思想上、组织上的准备"[④]。这也标志着中共广西党组织在广西得以完全恢复。

①《中共广西特委给广东省委的信》（1929年10月20日），载《左右江革命根据地》，中共党史资料出版社1989年版，第87页。
②《中共广西特委给广东省委的信》（1929年10月20日），载《左右江革命根据地》，中共党史资料出版社1989年版，第80页。
③钟文典：《广西通史》（第三卷），广西人民出版社1999年版，第181页。
④钟文典：《20世纪30年代的广西》，广西师范大学出版社1993年版，第15页。

二、百色起义和右江革命根据地的创建

1929年9月，汪精卫策动在湖北的张发奎反蒋，企图南下进攻广东军阀陈济棠，夺取广东地盘作为反蒋基地。汪还派薛岳到南宁游说俞作柏、李明瑞共同反蒋。当时蒋介石发觉俞、李与中共的关系，欲解决俞、李。俞、李乃决定与张发奎联合，共同反蒋。9月27日，俞、李通电反蒋。10月1日，俞、李命所部进攻广东的陈济棠部队，但由于其部下3个师全部叛变投蒋，很快宣告失败。

广西风云突变，新桂系李、黄、白卷土重来，南宁一片混乱。中共广西党组织利用广西局势动荡之际，决定让张云逸率领的广西教导总队和广西警备第四大队，以及俞作豫率领的第五大队脱离国民党的控制，在邓小平的率领下，分别开往左江、右江，与当地农民革命武装汇合，准备武装起义，实行工农武装割据。

1929年10月22日，邓小平、张云逸率领的队伍到达桂西重镇百色。为筹划武装起义，做好建立红军和革命根据地的准备工作，他们立即在百色召开了部队党的领导成员会议，分析、研究当时的形势，制定今后的斗争策略和措施。会议决定凭借右江一带农民运动的良好基础，做好五件工作："(1)公开在部队和群众中宣传党的主张，积极发动群众开展斗争，充分武装农民，组织工会、农会，建立地方党组织；(2)改造第四大队，逐步撤换反动军官，加强士兵工作，改变部队成分，增加大批农民成分；(3)号召群众，并以军队力量协同群众消灭豪绅武装；(4)歼灭反动武装广西警备第三大队，收缴其枪械；(5)扩充部队，培养新的干部。"[①]同时电令左江第五大队迅速做好转变的准备工作。

"根据这些决定，部队各级党组织积极行动起来，利用集会和发行《右江日报》《士兵之友》等刊物，在部队和群众中宣传中共的政治主张。部队经常举行士兵会，上政治理论课或唱革命歌曲，并组织士兵到街道和农村进行革命宣传、发动工作，帮助地方建立和发展农民协会、工会；同时进一步从组织上整顿和改造部队，将那些经过教育仍不转变的旧军官撤换，或调教导队训练，或礼送出境，并吸收了1000多名工农青年和进步学生入伍。他们还坚持与当地工农运动相结合，通过

①1931年3月9日，陈豪人给中央的《七军工作总结报告》，广西档案馆藏。转引自钟文典：《20世纪30年代的广西》，广西师范大学出版社1993年版，第27页。

中共地方组织发展工农武装，一到右江地区，便把从南宁运来的5000多支步枪，分发给恩隆、奉议、东兰、凤山、凌云、思林、向都、果德等县农民和百色工人赤卫队。共产党的组织也发展起来，除在每个连队和大队部的机关单位建立党支部以外，地方上建立了中共右江工作委员会(后改为中共右江特委)，恩隆、奉议、百色、思林、东兰、凤山等县建立了县委，果德、向都等县成立了特支，地方党员数量达500多人。部队党委还开办了军事政治训练所，在对旧军官进行转化教育的同时，培训新军官和地方干部，为举行武装起义和创建革命根据地做干部准备。为扫清武装起义的障碍，部队积极协同农军打击或扑灭地方豪绅的反动武装，消灭了反动的广西警备第三大队。经过一个多月的努力，右江地区整个局势已被革命力量所控制，百色起义的条件已经成熟。”①

11月初，到中共广东省委和中共中央汇报工作的龚饮冰回到百色，带回了中央的指示和命令。中共中央批准了在左右江地区举行武装起义、建立红军和革命根据地的计划，并颁给成立红七军、红八军的番号；批准撤销中共广西军委，成立中共广西前敌委员会，统一左右江地区党和军事的指挥，指定邓小平任前委书记。根据中央的指示精神，邓小平在百色主持召开了前委会议，决定从左右江地区敌我力量对比的实际出发，进一步加紧进行武装起义的准备工作，并决定于12月11日广州起义两周年纪念日举行武装起义。

会后，前委又派龚饮冰前往上海向中央汇报广西情况。邓小平、张云逸对在旧军队中有较高威望的李明瑞做了耐心细致的启发教育工作，并以前委名义，请他在成立红七军、红八军后担任两军总指挥，进一步坚定其革命决心。12月初，邓小平奉命到上海汇报工作，前委工作由陈豪人负责。前委抓紧在部队中进行武装起义的宣传鼓动工作，同时组织起草和印刷有关武装起义时的布告、标语、口号、实施政纲和其他宣传品，逐步完成起义的各项准备工作。

12月10日，在前委领导下，在百色县城召开了广西警备第四大队士兵代表会议、百色工人代表会议和百色农民代表会议。三个会议分别讨论通过了广西警备第四大队举行起义，建立红军和建立苏维埃政府的决议案。当天，广西警备第四大队还在农民武装的配合下，将百色县公安局、禁烟局以及百色、那坡、平马、果化等城镇商会商团的武装全部缴械，从而保证了百色起义的顺利进行。

①钟文典：《广西通史》(第三卷)，广西人民出版社1999年版，第183—184页。

12月11日，百色起义爆发，宣告了中国红军第七军正式诞生。是日上午，百色驻军1000余人，个个穿上灰色的新军装，戴上红五星军帽，精神抖擞，队列整齐庄严，在军部（粤东会馆）门前举行升旗仪式。在百色县城举行百色起义和红七军成立大会，到会的有各族工人、农民、红军战士和市民数千人。会上，陈豪人代表前委庄严宣布中国红军第七军诞生，还根据中共中央和中共广东省委的任命，宣布了红七军的领导成员和编制。军部和前委设在百色粤东会馆，政治部设在清风楼。同一天，右江各县第一届工农兵代表大会在恩隆县城召开。百色、那坡、田州、平马、果化5个镇的工会代表和百色、恩阳、奉议、恩隆、思林、果德、凌云、向都、镇结、东兰、凤山11个县的农会代表及红七军士兵委员会的士兵代表80多人出席。大会选举产生了右江苏维埃政府。雷经天担任主席，韦拔群、陈洪涛等13人担任第一届执委会委员。会议讨论通过了前委提出的目前实施的政治纲领，做出了发展右江苏维埃运动、扩大红七军、建立右江赤卫军、实行土地革命等决议。

12月12日，在平马镇举行了隆重庆祝红七军和右江苏维埃政府成立的万人群众大会。张云逸代表前委在大会上讲话，祝贺红七军和右江苏维埃政府的诞生，号召红七军指战员和右江各族人民为巩固苏维埃政权、深入开展土地革命而奋斗。会后举行了盛大的示威游行。

百色起义的胜利，是中国共产党领导壮、汉、瑶等各族人民，在祖国南疆树起的一面反帝反封建斗争的鲜艳旗帜。它“吸取了南昌起义、秋收起义和广州起义的经验和教训，没有在中心城市先举义旗，而是直接把正规军开赴农村，与农民武装会合，先肃清根据地内主要反动势力，尔后从容不迫地宣布起义，这就丰富了中国共产党以农村包围城市革命道路的经验”①。百色起义的胜利给右江各族人民以巨大的鼓舞，对全国革命形势的发展也产生了积极的影响。百色起义的爆发和红七军的诞生，标志着右江革命运动进入了工农武装割据、创立红色根据地的崭新阶段。

①钟文典：《广西通史》（第三卷），广西人民出版社1999年版，第186页。

三、龙州起义和左江革命根据地的创建

左江地区包括以龙州为中心的上金、凭祥、雷平、万承、宁明、明江、崇善、左县、养利等十几个县。

1929年10月，俞作柏、李明瑞反蒋失败以后，俞作豫按照党的部署，率广西警备第五大队1000多人开赴龙州，配合在那里开展工农运动的共产党员何建南、麦锦汉，采取积极措施，控制和稳定左江局势。第一，他们利用俞作柏广西省主席的名义，任命俞作豫以军事长官的身份兼任广西全边对汛督办公署督办，接管督办公署，收编了13个武装巡缉队，接管了新桂系设在龙州的军火库。广西警备第五大队由3个营扩大为6个营，约3000人；第二，俞作豫以广西全边对汛督办公署督办的名义任命一些县的县长，控制了左江政权；第三，采取剿抚兼施的策略，收编了左江地方武装和土匪，稳定了左江局势。

但是，反动分子在革命队伍中还有一定的力量和影响，以致在龙州起义前夕发生了蒙志仁叛变事件。蒙志仁原是新桂系第十五军的营长，在蒋桂战争中投靠俞、李。广西警备第五大队成立时被委任为副大队长。在广西警备第五大队开往凭祥一带剿匪时，他曾秘密与李、黄、白联系谋叛。他利用李明瑞急于重占南宁，到右江动员广西警备第四大队联合行动和俞作豫率队向南宁进发、龙州守军薄弱的机会，发动了叛变，进占龙州。在俞作豫和李明瑞的指挥下，经过几天的激烈战斗，平定了蒙志仁的叛乱，龙州又为革命势力所控制。

12月上旬，邓小平在百色起义准备就绪后，带何世昌、严敏等一批干部由右江到达左江，布置龙州起义工作，[①]传达中共中央及上级党委关于发动左江起义的指示，随后经越南到上海向中共中央汇报工作。俞作豫、李明瑞等按照邓小平的部署，加紧了龙州起义的准备工作。“一是建立革命军队，收编地方武装，重新委任各县县长；二是宣传发动群众，建立革命组织；三是吸取蒙志仁叛变的教训，加紧整顿改造部队工作；四是发展地方党组织，加强党的领导。”[②]

1930年2月1日，在邓小平的直接领导和俞作豫、李明瑞等的努力筹划下，威震中外的龙州武装起义胜利举行。它与百色起义相呼应，沉重地打击了国内外阶

①陆仰渊，王保山，张世铨：《左右江革命根据地资料选辑》，人民出版社1984年版，第461页。

②中共崇左市委党史研究室：《龙州起义及左江革命根据地的创建》，《左江日报》，2011年6月17日。

级敌人，极大地鼓舞了南疆边陲各族人民。当天，祖国边陲古城龙州张灯结彩，红旗飘扬，1万多军民排着整齐的队伍，从四面八方聚集到县城广场举行庆祝大会。上午9时，大会主席何世昌在一片锣鼓、鞭炮、欢呼声中，庄严宣布中国红军第八军和左江革命委员会成立。红八军的编制为：军长俞作豫，政委邓小平（兼），政治部主任何世昌，参谋长宛旦平，左江革命委员会主席王逸。同时宣布李明瑞担任红七军、红八军总指挥。红八军以原广西警备第五大队为基础扩编而成，“下辖两个纵队，第一纵队司令何家荣，政治部主任潘思文，参谋长袁也烈（袁振武）。第二纵队司令宛旦平（兼）。全军3000多人”[①]。会上，何世昌还代表军委作了重要讲话，阐明中国共产党的政治主张和红八军的政治纲领。大会结束后，举行了声势浩大的游行示威。当天晚上，中共左江军委和中共龙州县委举行联席会议，决定把龙州县委改为中共左江特委，书记王逸，委员5人；中共左江军委改为中共红八军军委，书记何世昌（后改为红八军临时前委，书记邓小平）。[②]

龙州起义后，中共红八军军委和中共左江特委领导左江地区人民开展反帝反封建斗争，保卫革命根据地，着手创建包括龙州、凭祥、上金、崇善、左县、龙茗、养利、雷平、万承、宁明、思乐、明江等县共有50多万人口的左江革命根据地，打击了地方封建势力。龙州工人也积极参加了建设、保卫根据地，反资方的斗争，影响较大的是龙州起义中开展的反帝斗争。

当时，左江地区是法帝国主义的势力范围。法帝国主义对龙州起义极端恐慌和仇视，多次发出照会，诬蔑、指责龙州人民，扬言要“越南总督援派武装卫队”进驻龙州[③]，甚至派出飞机入侵左江地区，武装干涉我国内政。面对法帝国主义的嚣张气焰，2月12日，红八军政治部在龙州的《工农兵报》上发表《中国红军第八军政治部为法帝国主义驻龙州领事馆无理照会告全国民众书》，郑重提出声明，对法国侵略者予以回击。[④]

2月19日，红八军和左江革命委员会在龙州县城体育场召开了万余人参加的群众反帝斗争大会。会上揭露了法帝国主义的侵略罪行及其蓄意破坏、干涉左江革命的阴谋，通过了立即没收法国在龙州的领事馆、海关、教堂以及在龙州的一切

①陆仰渊，王保山，张世铨：《左右江革命根据地资料选辑》，人民出版社1984年版，第56页。

②中共崇左市委党史研究室：《龙州起义及左江革命根据地的创建》，《左江日报》，2011年6月17日。

③《中国红军第八军政治部为法帝国主义驻龙州领事馆无理照会告全国民众书》（1930年2月），载《左右江革命根据地》，中共党史资料出版社1989年版，第205页。

④《左右江革命根据地》编辑组：《左右江革命根据地》，中共党史资料出版社1989年版，第206—207页。

企业和财产，驱逐法国领事出境的决定，并用中、英、法三种文字向世界发出通电。会后举行了示威游行，愤怒的群众涌过铁桥，包围法国领事馆、海关楼和天主教堂等处，没收其掠夺来的财产，搜缴了不少收藏在那里的枪支及通信器材等军用物资。法国领事加伦等人被驱逐出境，海关税务司额格里等闻风逃窜。之后，法帝国主义派飞机入侵左江地区上空进行威吓，红军战士开枪射击，一架入侵法机慌乱中在宁明县内坠毁。

龙州起义将反帝斗争与反封建土豪劣绅、建立苏维埃政权结合起来，收到了较好的效果，引起了反动统治者极大的恐慌。新桂系企图趁红八军分赴各地游击，龙州防守薄弱之机，以重兵进犯龙州。邓小平得到这一情报，对形势做了分析，认为当时龙州是绝对不能守的，红八军如不及时与右江红七军联络，将会遇到极大困难，于是决定尽快攻下靖西，打通左右江革命根据地的联系通道。邓小平在攻城开始后几天，在红八军第一纵队第八连的护送下，离开靖西到右江与红七军联络。

1930年3月20日，新桂系派其驻南宁的第十五军第一师师长梁朝玑率两个团，并勾结地方反动武装共4000多人，分东、西、北三路向龙州城发起突然袭击。留守龙州的红八军军部和第二纵队及赤卫队1000多人仓促应战。激战约3小时，城北门被敌攻破，俞作豫、何世昌率红军和赤卫队撤出龙州城，向凭祥、宁明、明江方向转移。转移途中，红八军参谋长、第二纵队纵队长宛旦平牺牲。俞作豫、何世昌率300多人于3月下旬到达离钦县不远的马鞍山。这时，刚被委任为第二纵队纵队长的刘桂廷（刘定西）等人，与广东地方军阀黄明堂勾结，胁迫俞作豫、何世昌交出军权。俞、何迫于形势，决定自己带手枪队30余人往右江找红七军和上级党组织，暂时把部队交给刘桂廷带往大山休整。而刘桂廷带领部队到钦县大寺时，接受黄明堂的改编，背叛了革命。中共党员、政工人员被迫离开部队。至此，红八军第二纵队解体。

红八军第一纵队得知龙州被犯后，放弃了进攻靖西的计划，回援龙州，但刚到雷平，便得到龙州失陷的消息。纵队党委决定按邓小平的指示，转移到右江地区与红七军会合。部队沿中越、滇桂边境北上，行军至凌云县彩架村时遭敌人伏击，损失100多人，于是转入贵州蔗香圩休整。后经过半年艰苦转战，终于于1930年10月下旬在凌云县讲肥村岗里屯（今乐业县上岗村），与前来迎接的红七军第一纵队第一营会师，后前往河池集中，300多人编入红七军第四纵队序列。[①]

龙州起义中的反帝斗争，是中国共产党创建农村革命根据地的过程中，最早同帝国主义直接接触的一次斗争。当时，中共中央高度评价和大力支持左江军民的反帝斗争。1930年2月12日，中共中央发出《紧急通知》，要求各地声援广西的反帝斗争；3月22日，中共中央出版的《红旗》第86期发表了社论《赤色的龙州》，赞扬龙州军民的反帝斗争“做了国民党军阀政府数十年所不能做，所不敢做——不是，实在是所不愿做的事，实现了中国共产党之反帝国主义政纲，开辟了中国革命的新纪元，对中国革命的发展将有非常伟大的历史意义”[②]。

龙州起义虽然历时不长，从宣布起义到撤出龙州不到两个月的时间，在敌强我弱的情况下很快失败了，但它是中国共产党武装反抗国民党反动派、创建农村革命根据地的一次重要尝试。它在白色恐怖中高举武装斗争的旗帜，开展反对法帝国主义和当地封建势力的革命斗争，创建革命政权等对革命人民是一个巨大的鼓舞。但在“起义过程中对旧军队的改造不够彻底，没有把反动军官、投机异己分子及时清洗出去，以致留下隐患，内部叛变成为红八军瓦解的一个重要原因。又由于对深入发动群众、开展土地革命抓得不紧，群众基础相对薄弱，革命的失败就难以避免了”[③]。龙州起义为中共领导武装斗争和探索中国革命新道路积累了经验。

四、红七军主力北上

1930年5月，蒋与冯、阎等之间发生中原大战，使客观形势出现了有利于革命的变化。在这种形势下，中国共产党内一些人的骄傲情绪和“左”的思想发展起来了。6月11日，在李立三的主持下，中共中央政治局会议通过了《新的革命高潮与一省或几省的首先胜利》，它对中国革命的形势、性质、任务等有一整套错误的认识，从而使以冒险主义为特征的“左”的错误在党中央占据了领导地位。

①钟文典：《广西通史》（第三卷），广西人民出版社1999年版，第192—193页。

②《赤色的龙州》，载《红旗》，1930年3月22日，第86期。

③钟文典：《广西通史》（第三卷），广西人民出版社1999年版，第193页。

10月2日，中共中央南方局代表邓拔奇在平马红七军前委会议上传达了中共中央政治局会议决议精神和中央关于红七军东进攻打柳州、桂林、广州等地的指令。邓小平、张云逸等根据敌我力量悬殊的实际情况，对中央这个命令能否行得通表示须慎重研究。最后，前委经过讨论决定执行中央的命令，全军集结河池整编，并在河池召开红七军党代会，贯彻中央指示精神。

11月初，红七军全部抵达河池。11月7日，中共红七军第一次党代会在河池召开。会议的主要议程为：1.中共中央南方局代表邓拔奇传达6月11日中央政治局通过的决议案和中央给红七军的指令；2.红七军前委检查总结过去工作的策略方针；3.讨论目前政治形势与红七军党的任务；4.选举前委。大会完全接受了中央指令，确定红七军的任务是：迅速攻打柳州、桂林、广州，以保障以武汉为中心的南方数省革命的首先胜利。其具体行动方案为：先取桂林，再以桂林为中心向柳州等地推进。会议选举邓小平、陈豪人、张云逸、李谦、袁振武、许卓、许进、李朝纲、黄一平等9人为前委委员，龚鹤村、胡鹤林、杨英等3人为候补委员。前委书记仍为邓小平。另组织了一个士兵委员会，陈豪人兼任书记。①

11月8日，部队进行整编。全军改编为3个师，总指挥李明瑞，军长张云逸，政委邓小平，参谋长龚鹤村，政治部主任陈豪人。原红七军第一、第三纵队改为五十五、五十六团，编为十九师，龚鹤村兼任师长，邓小平兼任政委；原第三、第四纵队改为五十八、五十九团，编为二十师，李谦任师长，陈豪人兼任政委；原第三纵队留下一个连和右江各县的赤卫军重新组建为二十一师，师长韦拔群，政委陈洪涛，留在右江根据地坚持斗争。部队整编、检阅后，韦拔群即率几十名老弱战士返回东兰、凤山等地组建二十一师。②

第十九、二十师离开河池后，以攻占桂林、柳州为目标，将士虽然英勇奋战，但战事无任何进展。在黔、桂、湘三省边界，部队艰苦转战了两个月，没有攻下一座城市，却伤亡了七八百人。1931年1月2日，转回广西全州城。

部队的减员、弹药的严重损耗、战斗的受挫，使广大指战员对攻打城市产生了怀疑，提出了部队向何处发展的问题。前委在全州召开会议，总结经验教训，重新认识了建立农村根据地、开展游击战争的重要性，认为攻打桂林、柳州已不可能，部

①钟文典：《广西通史》（第三卷），广西人民出版社1999年版，第199—200页。

②钟文典：《广西通史》（第三卷），广西人民出版社1999年版，第200页。

队已不能再打大仗，决定将部队拉到湖南的江华、临武一带发动群众，然后到广东的连县及北江一带，以期在粤、湘、赣边与中央红军取得联系。部队由四个团缩编为两个团(即五十五、五十八团)。此时，邓拔奇和陈豪人离开红七军到上海向中央汇报工作，前委决定由邓小平重新担任书记，许卓继任政治部主任。

全州整编以后，红七军于1月5日离开全州，踏上新的征途，历经千辛万苦，在桂、湘、粤、赣转战数千里，终于在1931年7月于江西的于都县与中央红军会师。经过整顿补充，恢复红七军第十九、二十师的建制，编入红三军团。从此，红七军成了中央红军的一部分。①

红七军自1930年11月离开右江根据地到1931年7月与中央红军会师，历时9个月，行程达7000多里，历经桂、湘、粤、赣四省，大小战斗100余次，英勇粉碎了敌人的围追堵截，战胜了许多难以想象的困难，遭受了很大的损失，从原来7000多人减至2000多人。但他们经受住了锻炼和考验，终于实现了“会合朱毛红军”的愿望，并在后来的革命历程中做出了新的贡献。

第四节　九一八事变至卢沟桥事变期间的中共广西地方组织

红七军主力北上以后，桂系军阀和地主豪绅马上进行了反扑。他们一方面向右江苏区猖狂进攻，一方面对白区实行白色恐怖。中共广西地方组织被分割为互相不能联系的两个部分：一是中共右江特委，一是中共郁江特委。他们分别在右江苏区和郁江两岸依靠人民群众，在极端困难的条件下坚持革命斗争。尤其是在右江苏区，中共广西地方组织领导军民开展了三次反“围剿”斗争。

---

①钟文典：《20世纪30年代的广西》，广西师范大学出版社1993年版，第59页。

一、右江革命根据地领导军民开展反“围剿”斗争

红七军主力离开右江革命根据地后，新桂系立即调派廖磊纠集大量兵力，先后对根据地进行了三次空前残酷的“围剿”。留下坚守根据地斗争的韦拔群、陈洪涛、黄松坚等，领导刚刚组建的红七军二十一师和根据地各族人民，进行了气壮山河、艰苦卓绝的反“围剿”斗争。

1930年10月2日，红七军前委在恩隆县平马镇召开扩大会议，部署红七军撤离后的工作，改组了中共右江特委。因雷经天随红七军北上，中共右江特委书记、右江苏维埃政府主席由陈洪涛接任。韦拔群、黄明春、陆浩仁、李绍楚等为特委委员。当红七军准备北上的时候，10月6日，邓小平、邓岗率一个营从平马到东兰布置工作，就在燕峒召开了有百色、奉议、恩阳、恩隆、思林、果德等县区苏维埃政府负责人参加的中共右江特委扩大会议，布置红七军离开根据地后的工作。邓小平在会上说，红七军离开右江后，根据地的形势将会更加复杂，面临的困难也会更多。他指出：要立即着手整顿组织，成立县区的常备武装，加强军事训练，并要大力发动群众，提高群众的阶级觉悟，以及组织群众抢收即将收割的农作物，把粮食收藏好，以便继续坚持根据地的斗争。[①]会后，邓小平等经东兰、那伦到达武篆区，与韦拔群率领的第三纵队会合，并就右江的党政军以及群众等各项工作，向韦拔群等作了明确的指示和具体的布置，特别强调要加紧进行土地革命，扩大红军，以东凤为中心，用游击战术向都安推进。[②]

1930年11月，红七军主力北上后，桂系军队侵占右江沿岸城镇，中共右江特委和右江苏维埃政府机关转移到恩隆七里山区，后又撤到东兰县西山，继续领导根据地军民投入保卫根据地的艰苦斗争。[③]

韦拔群返回右江革命根据地后，于1930年12月下旬组建红七军第二十一师，约3000人。韦拔群任师长，陈洪涛任政治委员，黄松坚任副师长，黄晖（后为黄大权）任参谋长。[④]

---

①张云逸：《回忆漫谈广西革命斗争情况——红七军红八军对敌斗争的情况及经验教训》（1960年3月），《张云逸研究史料》，广西人民出版社1994年版，第202页。

②中共中央文献研究室：《邓小平传（1904—1974）》（上），中央文献出版社2014年版，第168—169页。

③中共广西壮族自治区委员会：《中国共产党广西壮族自治区组织史资料：1925—1987》，广西人民出版社1995年版，第134页。

④陈立生，庾新顺，黄莺：《中国共产党在广西》，广西人民出版社2019年版，第54—55页。

1931年初，新桂系第七军副军长廖磊指挥约1万兵力，对右江革命根据地发动了第一次“围剿”。3月中旬，新桂系对右江革命根据地的中心区域东兰、凤山进行“围剿”。红七军第二十一师根据敌强我弱的实际情况，采取避强击弱、敌驻我扰的战术反击敌人。当红军退出县城时，先在重要的街道、县政府大的房屋里埋下许多地雷，白军（即新桂系的部队）的官兵被炸死或炸伤的不少。后来白军往红军防守的区域或石山中去搜剿，也遇着许多地雷爆炸，死伤的官兵不下千余人。①驻守凤山的红军六十三团利用黔桂两军之间的矛盾，对黔军两个团展开政治攻势并巧施离间计，使黔军王海平部于4月17日哗变。王部与廖部互相残杀后退回贵州。②5月初，新桂系与广东军阀联合讨伐蒋介石，急调廖磊部主力回南宁。至此，右江革命根据地取得第一次反“围剿”斗争的胜利。

1931年8月初，中共两广省委派陈道生（陈福）到东兰县西山，传达中央关于纠正“左”倾冒险主义错误等重要指示。韦拔群、陈洪涛、黄松坚等立即在东兰县西山弄京召开中共右江特委和红七军第二十一师党委干部会议。中共右江特委根据中共中央指示，将在东凤中心区的红军主力调出敌人的包围圈，在外线打游击，并根据中共中央决定，将红七军第二十一师改为中国工农红军独立第三师（又称右江独立师）。右江苏维埃政府改为右江革命委员会，由黄举平任主席。

11月中旬，新桂系为了消除向外发展的后顾之忧，又纠集第四军的沈久成团，第七军的余鸣剑团、罗活团以及地方民团武装共7000多兵力，对东兰、凤山根据地进行第二次“围剿”。在韦拔群、陈洪涛指挥下，红军采取避实就虚、相机歼敌的方针，退守山区进行游击，但由于新桂系的严密封锁，根据地军民处境日益困难，红军在连续作战中处于弹尽粮绝之境。到1931年底，红水河以东的革命据点全部丧失。面对这些困难，右江独立师化整为零，取消了团、营、连编制，组成若干个杀奸团，负责杀奸肃特，动员群众和赤卫军配合行动，坚持反“围剿”斗争。正当敌人酝酿新的进攻之时，内部产生了分裂。第四军军长张发奎原是粤军将领，为了摆脱桂军的控制，便以九一八事变爆发，部队要准备抗日为借口，把沈久成团调离了右江。所剩桂军由于战线长，兵力分散，无力“搜剿”。③新桂系不得不重新布

①邓拔奇：《目前广西的政治形势》（1931年8月1日），《左右江革命根据地（上）》，中央党史资料出版社1989年版，第425页。
②周长山，刘祥学，宾长初：《广西通史》（第八卷），广西师范大学出版社2019年版，第3991页。
③庾新顺，朱永来：《八桂将军风云录》，广西人民出版社2001年版，第73页。

防，对右江革命根据地的第二次“围剿”至此结束，但余、罗两团仍留下对东兰、凤山根据地实行封锁。[①]

1932年8月，蒋桂矛盾暂趋缓和，新桂系向右江革命根据地发动了第三次大“围剿”。白崇禧亲自在南宁召开军政会议，制定了“军事、经济、政治同时并进”的方针，仍由第七军军长廖磊任总指挥，组织了一个设有省府顾问、总部参谋、军法处长、政训处长、参谋处长等的指挥部，并带无线电台一部进行指挥。参与“围剿”的部队有四个正规团，加上民团共近万人武装，原东兰县县长李瑞熊任司令。

新桂系采取“缩网收鱼”的策略和“梳毛篦发”的战术，步步为营，节节搜索前进，将游击据点的房屋烧光，粮食财物抢光，庄稼铲光，撤村并屯，残杀革命群众。为了断绝群众对红军的接济和联系，新桂系除了继续采取杀光、烧光、抢光、铲光的“血洗政策”外，还强迫西山群众到指定的峒场里集中管制，不让群众带一粒粮食和一根火柴上山，妄图把红军饿死、困死。[②]在艰苦的反“围剿”斗争岁月里，韦拔群和陈洪涛始终坚守根据地，始终与军民同生共死，转战在万峰错杂的丛林中。10月6日，白崇禧到东兰督战。韦拔群和陈洪涛深感形势的严峻和危急，准备分头向贵州方向转移。不幸的是，10月19日凌晨，韦拔群在西山赏茶洞被叛徒韦昂杀害，年仅38岁。12月9日，陈洪涛也因叛徒出卖而被捕，22日在百色英勇就义。[③]虽然根据地军民英勇抗击，浴血奋战，顽强地进行反“围剿”斗争，但终因寡不敌众，右江革命根据地的第三次反“围剿”斗争失败了。韦拔群、陈洪涛壮烈牺牲，中共右江特委解体，中共右江革命根据地丧失，革命队伍基本被打散，广西革命斗争遭受严重挫折，以右江地区为中心的广西革命运动从此进入低潮。

邓小平在一次谈话中指出：“广西右江地区，是一个比较有群众基础的地区，这里有韦拔群同志那样优秀的、很有威信的农民群众的领袖。东兰、凤山地区是韦拔群同志长期工作的地区，是很好的革命根据地，这给红七军的建立与活动以很大的便利。”[④]可以说，韦拔群的牺牲是右江革命根据地的重大损失，是广西革命的重大损失，也是中国革命的重大损失。新桂系将其与李大钊、李汉俊、郭亮（时

---

①周长山，刘祥学，宾长初：《广西通史》（第八卷），广西师范大学出版社2019年版，第3992页。

②庾新顺，朱永来：《八桂将军风云录》，广西人民出版社2001年版，第74页。

③陈立生，庾新顺，黄莺：《中国共产党在广西》，广西人民出版社2019年版，第56页。

④中共中央文献研究室邓小平研究组：《邓小平自述》，国际文化出版公司2009年版，第36页。

任湖南总工会会长）、萧楚女、陈延年、韩林符、向忠发、恽代英等相提并论。[1]可见，韦拔群的牺牲对于广西革命乃至中国革命来讲损失之重。1962年，在韦拔群牺牲三十年之际，已是中共中央政治局常委、中央委员会总书记的邓小平为韦拔群题词："韦拔群同志以他的一生献给了党和人民的解放事业，最后献出了他的生命。他在对敌斗争中，始终是英勇顽强、百折不挠的。他不愧是无产阶级和劳动人民的英雄。""韦拔群同志永远活在我们的心中，他永远是我们和我们的子孙后代学习的榜样，我们永远纪念他！"[2]

二、地方党组织在黔桂边区的革命斗争

面对右江革命根据地的严峻形势，1931年8月初，中共右江特委和红七军第二十一师党委干部会议在东兰县西山弄京召开。中共右江特委根据中共中央的指示，将在东凤中心区的红军主力调出敌人的包围圈，在外线打游击。到1931年底，红水河以东的革命据点全部丧失之后，为了保存革命力量，中共右江特委、右江独立师党委多次在东兰西山召开紧急会议，决定派重要干部跳出敌人包围圈，在外线开展斗争以减轻东兰、凤山根据地的压力。会后，右江独立师副师长黄松坚带领一批干部到下游地区开展游击战争，右江革命委员会主席黄举平带领一批干部及小部分武装到黔桂边区开展工作，韦拔群、陈洪涛留在东兰、凤山坚持领导反"围剿"斗争。[3]韦拔群、陈洪涛牺牲后，黄松坚、黄举平等领导右江地区党组织继续坚持斗争。

1932年4月，奉命到外线开辟黔桂边新区的黄举平，率领15名红军干部到天峨县林佑屯，与在那里坚持斗争的右江独立师第六十三团团长韦国英和牙永平连队会合。黄举平主持召开了党员会议，决定派韦星高、韦仕英、黄焕文等到南丹的南矿、南里地区开展群众工作；派韦名威到平峒潜伏活动；派黄焕伦到贵州罗甸县

①仲南：《从韦拔群被杀说起》，《政训旬刊》，1932年（第8期），第16—17页。

②中共中央文献研究室：《邓小平传（1904—1974）》（上），中央文献出版社2014年版，第171页。

③周长山，刘祥学，宾长初：《广西通史》（第八卷），广西师范大学出版社2019年版，第3991—3992页。

找黄衡球联系；留韦挺生、黄润生在林佑屯配合牙永平、牙美元开展群众工作；黄举平和罗乃山到那亭、赖亭工作。会后，黄举平到赖亭，积极联系群众、组织群众，在群众中组织农会、青年会，发动和领导群众反对国民党政府的苛捐杂税。[①]经过牙永平等的努力，林佑屯附近的群众得以发动起来，先后成立了农会、青年会，使得中共地方党组织在黔桂边区有了扎实的群众基础，为以后开展革命工作打下了坚实的基础。

1932年6月，黄举平在林佑屯召集牙永平等14名党员开会，宣布成立中共黔桂边委员会。黄举平任书记，韦国英、黄伯尧、牙美元、牙永平为委员。同时成立了黔桂边区革命委员会，黄举平兼任主席，牙美元兼任副主席。还将红军独立师第六十三团改编为红军黔桂省边独立团，下设三个营，共有300多人。

中共黔桂边委员会成立以后，委员们多次深入黔桂两省边区活动。他们充分发挥党组织的核心和战斗堡垒作用，先后建立蛮瓦、卡法、丰业、板陈、六旺、运赖等6个党支部，共有70多名党员。与此同时，中共黔桂边委员会对黔军和广西地方实力派开展了卓有成效的统战工作。他们成功说服民团局兼护商大队长、贵州西路纵队司令王海平部下的罗川源支持革命，使其同意接纳和掩护红军战士，并答应联系黔军的王海平部。1933年2月，罗川源陪同黄举平、黄伯尧到达贵州板陈会见王海平。中共黔桂边委员会成功对王海平进行统战工作，并达成协议，红军游击队可在他的辖区内驻扎垦荒，将红军黔桂省边独立团余部与王海平下属的罗川源部合编。为方便开展活动，对外称王海平部护商独立营，对内称为红军黔桂省边独立营。[②]后来，红军还协助其创办学校，开设工厂，使其开始倾向革命，支持革命。

中共黔桂边委员会还争取了罗甸地方实力派陈秀卿，使其保持中立，不与人民为敌；争取和改造了交龙寨以田海标为首的武装，对为非作歹的股匪进行了清剿。这些举措，对根据地的人民群众免遭匪害、安居乐业有积极作用，使得黔桂省边红军独立营声名远扬，对于黔桂边区的部分革命根据地的巩固和发展起到了重要作用。

红军黔桂省边独立团成立以后，以林佑屯为依托，由团长韦国英率一部分红军到八奈河一带开辟新区。1932年9月，新桂系纠集凌云、凤山、东兰、南丹、那地

---

①中共广西区委党史研究室，中共百色市委党史办公室：《百色起义史稿》，广西师范大学出版社2004年版，第277—278页。

②中共广西区委党史研究室，中共百色市委党史办公室：《百色起义史稿》，广西师范大学出版社2004年版，第280页。

等县民团数千人向黔桂边区大举“围剿”，独立团先后在林佑、岜暮等地抗击敌人，红军遭到很大损失，营长蓝志仁、黄桂德牺牲。边委书记黄举平带领党委机关转移到赖亭一带。韦国英、牙永平冲出敌人包围圈后，带领一部分红军到西马乡下亭一带坚持斗争。为了巩固统战成果，迅速开展黔西南新区的各项工作，中共黔桂边委员会和黔桂边区革命委员会机关随独立营营部迁驻贵州板陈，板陈村成为黔桂边区革命活动中心。

1934年春，中共黔桂边委书记黄举平指定韦国英临时负责黔桂边委工作后返回东兰西山，整顿和恢复东兰西山及凤山县党组织，建立武装小分队和各种革命群众组织。1935年春，在西山弄京重建中共东兰县委，黄举平任书记，负责领导东兰、凤山、万冈、都安、南丹、凌云、乐业、天峨等县的革命斗争。5月，在乐业雅长乡六旺屯召开的中共黔桂边委扩大会议上，黄举平辞去黔桂边委书记职务，边委工作由韦国英主持。同月，黄举平在中共思果中心县委的帮助下，在西山召开党员会议，决定将中共东兰县委改为中共东兰中心县委，由黄举平任书记，中心县委下辖黔桂边委、西山区委、东山区委和万冈、武篆等支部。

6月，中共凌（云）凤（山）边委员会成立，书记黄伯尧。边委隶属于中共东兰中心县委。同时成立了凌（云）凤（山）边革命委员会，黄伯尧兼主席，负责领导凌云、凤山两县的革命斗争。

1936年2月，中共东兰中心县委在西山召开右江上游各县代表会议，成立右江上游革命委员会，黄举平任主席，下辖黔桂边、凌（云）凤（山）边、万冈、都安、东兰县等5个革命委员会。右江上游革命委员会将所属的革命武装整编为右江上游赤色游击队第一联队，黄世新任联队队长，黄举平任联队政委。7月27日，中共东兰中心县委在西山召开右江上游党代表会议，东兰等县代表及思果中心县委委员张宪等18人参加。会议决定撤销中共东兰中心县委，成立中共右江上游中心县委，黄举平任书记。中共右江上游中心县委负责领导东兰、凤山、天峨、南丹、河池、都安、百色、凌云、乐业、荔波等县和边界地区的革命斗争。1937年2月，中共桂西区特委将中共右江上游中心县委改为东凤中心县委，书记黄举平，并组建中共那马中心县委和天（保）向（都）田（东）中心县委，书记分别为徐泽长、韩平波。至此，中共桂西区特委下辖东凤、那马、天向田3个中心县委和滇黔桂临委、滇桂边委。[①]

---

①广西壮族自治区地方志编纂委员会：《广西通志·大事记》，广西人民出版社1998年版，第193页。

1936年秋，中共东兰中心县委为了加强对黔桂边委的领导工作，先后派韦云祥、赵世同等到贵州板陈工作。1937年1月，赵世同在乐业县六旺屯主持召开中共黔桂边委扩大会议，选举产生了第二届黔桂边委，赵世同任书记，牙美元、牙永平、黄世新、韦永祥等为委员，负责广西东兰、凤山、南丹、河池、凌云、乐业和贵州的紫云、册亨、贞丰、罗甸等县的革命斗争。[①]1938年4月，中共黔桂边委改为中共黔桂边特区工委，赵世同任书记。[②]

右江地区党组织克服难以想象的困难，开辟黔桂边区的革命斗争，不仅保存了革命的火种，建立了地方党组织，坚持了党对革命的领导，领导和组织群众工作，对黔军、地方实力派甚至绿林武装都开展了卓有成效的统战工作，整编红军队伍和开展游击斗争，巩固和发展了革命根据地。

三、地方党组织在右江下游地区的革命斗争

1932年4月7日，根据中共右江特委和独立师党委紧急会议的精神，红二十一师副师长黄松坚率领黄大权等10多名干部离开东兰西山，经过10多个昼夜，越过了敌人的一道道封锁线，于4月20日到达思林、果德两县交界的古芬屯，同在这一带打游击的红六十二团团长滕国栋、政委黄书祥等会合。了解了当地情况后，成立了右江下游革命委员会，主席由右江独立师六十二团团长滕国栋兼任，主要任务是组织右江下游各县红军、赤卫军继续坚持游击作战，配合韦拔群、陈洪涛领导的东兰、凤山反“围剿”斗争。[③]

1932年6月上旬，黄松坚在果德县三层岬巴独屯召开党的会议，成立了中共右江下游临时委员会，黄松坚任书记。1932年底，韦拔群、陈洪涛相继牺牲，中共右江特委、独立师党委解体，中共右江下游临时委员会失去了上级领导，右江地区的革命群众失去了主心骨。在这个关系到右江革命存亡的紧急关头，黄松坚按照

①中共广西区委党史研究室，中共百色市委党史办公室：《百色起义史稿》，广西师范大学出版社2004年版，第278页。
②陈立生，庾新顺，黄莺：《中国共产党在广西》，广西人民出版社2019年版，第56页。
③广西壮族自治区地方志编纂委员会：《广西通志·大事记》，广西人民出版社1998年版，第171页。

韦拔群、陈洪涛生前一起召开的常委会会议的决定，担负起领导整个右江地区革命斗争的重任。[1]1933年1月，中共右江下游临委在思林、果德两县交界的弄纳屯召开扩大会议，决定改临委为中共右江下游委员会，黄松坚任书记。该委员会属中共两广省委领导，并与上海中央局取得了联系。该委员会下辖组织有果德县委、黔桂边委、恩隆县特支、凌云县特支、那马县总支(后改为特支)和东兰县保存下来的部分基层组织等，共30个支部，有党员400余人。[2]至此，右江下游党委和右江下游革命委员会领导着整个右江地区(包括黔桂边和滇黔桂边)的游击斗争。1934年7月，黄松坚离开右江下游去滇黔桂边区开辟新区，临行前决定撤销中共右江下游委员会，成立中共思(林)果(德)中心县委，由陆浩仁接任书记，继续领导右江下游的革命斗争。[3]

右江下游党委成立后便着手整顿和恢复党组织和群众组织，设交通站、办训练班，以适应长期隐蔽斗争的需要。右江下游的群众基本被发动了起来，先后建立革命青年同盟、共产青年同盟等群众组织187个，成员有2000多人，还成立了向都、果德、那马、中越边、红河下游等5个革命委员会，使整个右江下游的革命力量得到较快的恢复和发展。

1931年秋到1932年间，中共右江特委、右江下游临委先后派出谭统南、黄庆金、韦纪、朱鹤云等党员干部前往靖西，争取和改造韦高振等股匪。通过做长时间的思想工作，韦高振表示赞同并接受中国共产党的革命主张，支持共产党人的革命行动。1932年2月，韦高振率部参加了向都赤卫军与敌军的战斗，其部最后编入右江下游赤卫军第三团。

1932年1月，右江下游临时委员会派韦纪、韦天恒等打入滇桂边剥隘护商大队，通过护送烟帮接触到了梁振标，他们向其宣讲了中共的政治主张。通过教育，梁振标表示拥护革命，并将其队伍开赴中越边，与黄庆金、谭统南带领的游击队会合，发动群众共同反“围剿”。右江下游党委书记黄松坚到滇桂边后，进一步对梁振标的队伍进行改造，将其中的不良分子遣散，其余则编入边区劳农游击队第三联队，梁振标任第三联队司令员。

①中共广西区委党史研究室，中共百色市委党史办公室：《百色起义史稿》，广西师范大学出版社2004年版，第273页。
②广西壮族自治区地方志编纂委员会：《广西通志·大事记》，广西人民出版社1998年版，第173页。
③陈立生，庾新顺，黄莺：《中国共产党在广西》，广西人民出版社2019年版，第56—57页。

针对敌强我弱、敌众我寡的实际，右江下游临委集中红六十二团官兵100多人，加上各县赤卫军的配合，重点在思林、果德、恩隆、向都等地开展游击战，杀特肃奸，打击敌人。右江下游赤卫军第三团和分散在各地坚持武装斗争的游击队武装统一整编为中国工农红军右江下游第一、第二联队，分别在天保、向都和那马、武鸣、平治、都安、果德、田东等地开展武装斗争。1936年12月21日，根据中共中央和中共广西省工委的指示，右江上游和下游两个革命委员会合并成立桂西区抗日救国分会筹备会。各级革命委员会相应改为县、乡、村抗日会，赤色游击队改为抗日义勇军。桂西区抗日救国分会筹备会发表了《桂西区抗日救国分会筹备会成立宣言》，号召桂西区各党派团结一致，共同对付日本帝国主义以及汉奸卖国贼。

四、地方党组织在滇黔桂边区的革命斗争

1931年冬，为了打破敌人对右江下游的"围剿"，扩大革命活动区域，发展革命力量，红六十二团团长滕国栋、政委黄书祥、政治部主任滕静夫根据上级党委的指示，决定到滇桂边的富州七村九弄山区开辟根据地，发展党的组织，建立革命武装，与右江上下游根据地互相策应，开展更广泛的革命斗争。

滇桂边的七村九弄，地处滇桂两省交界的偏僻地区，交通闭塞，经济文化十分落后，人民生活极端贫困，但地方势力强大。大革命时，陈洪涛曾在这里做过工作，当地的地方势力对革命抱有一定的同情。

1931年冬，红六十二团首先派黄庆金、李德惠、谭统南等到滇桂边组织发动贫苦农民，同时积极开展统战工作，争取到一批地方上层人士和实力派人士支持革命或保持中立，初步打开了七村九弄地区统战工作的局面。1932年1月以后，红六十二团又陆续派出四批干部近40人进入滇桂边，以各种方式从事地下革命活动，宣传革命道理，启发群众的思想觉悟。经过一段时间的努力，富州各地先后建立了各种形式的革命组织。同时，在花甲、那柳、阿用、那耶、者兰等地以护乡护寨为名，建立了半公开的群众武装，共600余人，为建立滇黔桂边游击根据地打下了基础。

1934年5月，右江下游党委接到韦纪来信，信中韦纪汇报了富州境内的群众已经发动起来，开辟滇黔桂边新区的条件已经成熟的情况。7月，黄松坚带领黄德胜等一批干部近40人和两个班红军游击小分队挺进滇桂边，领导该边区各族军民开展革命斗争。11月，中共滇黔桂边区临时委员会在富州县七村九弄成立，黄松坚任书记，负责领导滇桂边、右江上游、右江下游、黔桂边的革命斗争，受中共两广省委领导，与中共上海临时中央局直接联系。随后，还成立了滇黔桂边区革命委员会，黄庆金任主席；成立了滇黔桂边区劳农会，黄松坚任主席。(1936年5月，边区革命委员会和边区劳农会合并为滇黔桂边区劳农会。)滇桂边区的红军游击队整编为边区劳农游击队第三联队，梁振标任司令员，黄松坚任政委。11月下旬，劳农游击队在九弄革命根据地包围了来“围剿”的敌军一个营，歼敌200余人，为革命根据地的创建献上了一份奠基礼。

中共滇黔桂边区临时委员会、滇黔桂边区革命委员会和滇黔桂边区劳农游击队的建立，形成了以富州为中心，以黔桂边、右江上下游的一些据点为重要活动区域的滇黔桂边区革命根据地，其活动范围包括当时广西省的百色、凌云、乐业、果德、恩隆、向都、那马、奉议、恩阳、东兰、凤山、南丹、万冈、都安、天峨、镇边、靖西、天保、田西、西林、西隆、河池等县，云南省的富州、广南、麻栗坡等县，贵州省的册亨、贞丰、罗甸等，共28个县，140余个区乡。在滇黔桂地区，红军游击队全盛时期曾发展到4000余人，另有半脱产、不脱产的赤卫队、锄奸队等农民武装4000余人。这支武装成为土地革命战争后期南方重要的红军游击力量。①

1935年5月，中共滇黔桂边临委书记黄松坚奉命赴上海向中央汇报工作，由赵润兰接替临时党委工作。黄松坚在上海不幸被捕(1937年出狱后去了延安)。此后，滇黔桂边和右江地区党组织与上级党组织失去了联系。中共思果中心县委于10月派恩隆县特支书记、红六十二团原政治处主任滕静夫到富州工作。1936年5月，滕静夫(化名何尚刚)在富州者兰汀水主持召开中共滇黔桂边区第二次党员代表会议，会议决定将中共滇黔桂边临时党委改为中共滇黔桂边区党委，滕静夫任书记，并整编了游击武装，边委下辖中越边支部、边区革命游击队直属机关特支等党组织。

①陈立生，庾新顺，黄莺：《中国共产党在广西》，广西人民出版社2019年版，第57—58页。

五、地方党组织在郁江、南宁地区的革命斗争

在国民党统治区域，广西党组织一再受到破坏，一时间与苏区的党组织完全失去联系。在“左”倾冒险主义的危害下，各县党的组织已支离破碎，没有一个完整的支部。在极端恐怖的形势之下，有些党员被捕牺牲，有的叛变投敌，但仍有很多同志坚持革命斗争。

中共广西特委书记何瞀达在中共广西省第一次代表大会召开后不久被调回广东工作。常委陈洪涛和委员严敏、雷经天被派往右江地区准备百色起义，特委只剩下常委聂根和委员张第杰。后来聂根牺牲，特委领导机关工作陷入停顿状态。1930年9月，中共中央南方局派吴茂祥、黄德普等到贵县整顿中共广西特委，10月又派陈春霖、詹恒祥到贵县指导重建中共广西特委。10月底，詹恒祥在贵县主持召开会议，宣布成立新的中共广西特委，吴茂祥任书记，黄德普、张第杰、麦锦汉为委员，隶属中共中央南方局领导。特委机关隐蔽在贵县县城。1931年2月，中共广西特委巡视员陈岸奉派从横县调往郁林，负责整顿、重建郁林五属党组织。经过1个多月的调查了解，在陈岸的帮助下郁林县委重建，随后他前往北流、陆川等县指导工作。3月，中共两广省委成立，中共广西特委由中共两广省委领导。1931年3月，横县县委策动民团起义失败。4月5日，中共广西特委在贵县第八村召开全委扩大会议，传达中共中央六届四中全会决议，要求开展批判李立三“左”倾盲动主义错误和反对右倾机会主义。会上增补陈岸、谢锐为特委委员。6月18日，中共两广省委巡视员詹恒祥在贵县主持召开中共广西特委扩大会议。会议根据当时中共广西特委实际上只能领导郁江地区几个县革命工作的情况，决定改中共广西特委为中共郁江特委，机关设在贵县第八村。会后指定杨建南为中共郁江特委书记，杨未到任，实际工作由詹恒祥负责。

中共郁江特委主要领导以南宁、郁林、贵县为中心的三个区域的革命工作。8月，特委委员黄德普被捕叛变。新桂系根据黄德普供出的名单，在全省捕杀共产党人和革命群众，特委机关被迫于9月由贵县迁到邕宁七坡村。9月26日至10月2日，中共两广省委代表邓拔奇在邕宁县吴圩七坡村主持召开中共郁江特委第二次全体会议，中共两广省委巡视员詹恒祥和特委委员张第杰、陈岸、麦锦汉、谢

锐、陈嘉良等出席。会上,邓拔奇传达了中共两广省委关于发动游击战争、建立苏维埃政权的决定。会议总结了广西农运工作,修改农会章程,批判清算了李立三“左”倾盲动主义错误和右倾失败情绪,通过了由邓拔奇起草的《中共郁江特委第二次全体委员会议工作决议案》,但又推行王明“左”倾冒险主义,仍确定以发动游击战争,普遍举行暴动,冲破敌人“清乡围剿”为当前政治任务。会议对特委领导成员略作变动:中共两广省委巡视员詹恒祥兼任书记,麦锦汉、陈嘉良为常委,谢锐、陈岸、张第杰、杨建南等为委员。詹恒祥和张第杰负责南宁,陈岸负责郁林五属,麦锦汉负责横县,谢锐负责贵县,陈嘉良负责邕宁。中共郁江特委受中共两广省委领导,机关设在南宁。据会议统计,郁江地区当时共有党员272人,党能领导的赤色群众有1700余人。

10月初,九一八事变的消息传来,中共郁江特委为九一八事变召开专门会议,讨论时局并发表宣言,号召人民在苏维埃的旗帜下团结和武装起来,反对日本帝国主义的侵略。“广西各阶层人民反日情绪开始高涨,郁江地区的群众自动组织抗日义勇军,学生举行了集会示威和罢课活动”①,以抗议日军侵略。

受党内“左”倾冒险主义的影响,党的组织遭受严重破坏。1931年11月,中共郁江特委常委麦锦汉被捕牺牲。12月,中共郁江特委因遭受严重破坏而解体。特委书记詹恒祥前往香港向中共两广省委汇报工作,次年3月在港被捕叛变;特委常委陈嘉良被捕牺牲;特委委员谢锐动摇脱党;委员张第杰派赴右江后失去联系;委员杨建南于次年4月被捕。从1931年冬至1932年夏,除陆川等县尚存部分基层支部外,中共郁江特委领导下的贵县、郁林、横县等县委和吴圩中心区委等组织基本解体。特别是1932年3月,中共两广省委机关在香港被国民党破坏,广西党组织与上级党组织的联系完全中断。从此,中共广西党组织和广西革命斗争进入更加艰难的阶段。但是,中共郁江特委委员陈岸仍在郁江一带坚持革命斗争,恢复党组织的活动。

中共郁江特委解体后,陈岸转移到陆川,与当地幸存的党员一起组织青年知识分子深入农村,按照农会章程发动农民加入劳农会。他们根据革命处在低潮的形势,引导农民开展小型经济斗争并取得预期胜利,以树立劳农会的威信,扩大党的影响,并在斗争中培养积极分子,发展先进分子入党,一点一滴地积蓄革命力

①钟文典:《广西通史》(第三卷),广西人民出版社1999年版,第207页。

量。截至1932年底，陆川县共建立15个党支部和两个区委，并成立了县委。1935年，陆川县近300个村建立了劳农会，会员达4000多人。县委还以大桥、乌石、良田、清湖、盘龙为基地组织游击队，先后在清湖、乌石、盘龙等地掀起声势较大的反对苛捐杂税和反征兵的斗争，地主豪绅因此惊呼："陆川成为广西第二个东兰！"在陆川的工作打开局面后，陈岸又到外地寻找其他同志，并向他们介绍陆川的做法，让他们也发动群众运动，重建党的组织。经过几年艰苦工作，到1935年，陆川、北流、兴业、贵县、宾阳、南宁等地的党组织得到恢复和发展。1935年11月，陈岸在兴业召开部分县区党组织负责人会议，决定建立中共郁江特委筹备委员会，于1936年适当的时候召开郁江地区代表大会。1935年冬，梧州、桂林等地区的党组织也恢复发展起来。①

1936年6月，中共邕宁县委以广西抗日同盟会的名义发表《拥护抗日宣言》，提出立即召开全省乃至全国的国民会议，产生国防政府，释放政治犯，没收日货及汉奸财产，对日宣战，组织抗日义勇军，实行公开外交，增加工资，取消一切苛捐杂税等主张，号召一切党派联合起来结成抗日统一战线，一切武装队伍和民众共同抗日。

1936年9月至10月，中共郁江特委筹委会直接领导的有陆川、北流、南宁、宾阳和横县县委（县工委），宾（阳）永（淳）迁（江）临时县工委以及岑溪、兴业、贵县等地党组织。至此，广西重建全省性党的领导机构的条件已经成熟。

11月7日，中共郁江地区代表大会在贵县三里罗村召开，出席大会的代表共20人。因中共郁江特委筹委会直接领导的下级组织及与会代表已超出郁江地区范围，筹委会根据中共南方临时工委李守纯的建议，将大会改为中共广西省代表大会。会议由陈岸致开幕词，李守纯作《目前形势和今后的任务》的报告。大会选举产生了中共广西省工委领导机构，陈岸为书记兼组织部部长，彭懋桂为常委兼宣传部部长，滕雪心为常委兼妇女部部长，黄彰、陈湖光、黄桂南、刘敦安等为委员。省工委机关设在南宁。会后，中共南方临时工委书记薛尚实到南宁，确认了广西党组织与中共南方临时工委的组织关系和党代会的选举结果。

1936年11月中旬，中共南方临时工委负责人薛尚实决定成立中共广西省军团，作为领导广西军事工作的专门机关，直属于中共南方临时工委，刘敦安任省军

---

①陈立生，庾新顺，黄莺：《中国共产党在广西》，广西人民出版社2019年版，第63页。

团书记。省军团直接领导南宁军校支部、广西民团干校总支部的工作及右江武装，并在各地建立各级党的军团组织。1938年夏，因领导人先后离开广西，省军团自行解体。

12月17日，中共广西省工委发出第二号通告《救亡运动的新任务与新口号》。通告指出，西安事变爆发的意义在于使救亡运动迅速转入新的阶段；目前广西救亡阵线的任务是"鼓动民众起来造就抗敌救亡的紧张局面"，推动广西地方实力派走上抗日战线。通告要求党内讨论省工委决定的两个中心口号"迫南京政府马上出兵抗日，只有马上无条件与一切抗日力量共同抗日才能谈判释蒋"，"在李总司令焦土抗日主张下，全省动员起来，拥护张学良将军"，以统一党内思想。

至此，广西党组织从1932年春起与上级党组织中断近5年的组织关系得到恢复，重新实现了对全省党组织的统一领导。在省工委的帮助下，1936年12月，右江上游和下游两个革命委员会合并成立桂西区抗日救国分会筹备会，于1937年1月右江游击区建立了中共桂西区特委省工委，还筹建了中共郁江、浔江两个特委。到1937年7月全国抗战爆发前，广西全省已有20多个县恢复建立党组织，党员800多人，在广西党的工作开始了新的局面。①

1936年12月24日，中共苍梧县委发动2000余名学生，以响应广西当局和平解决西安事变的通电为名，不顾梧州当局阻挠，走上街头举行要求停止内战、一致抗日的示威大游行。在此前后，在中共的领导和影响下，梧州各界举行了悼念鲁迅的活动，梧州学生组织了纪念一二·九运动一周年活动，使梧州抗日救亡运动出现了高潮。

1937年2月，中共桂西区特委将中共右江上游中心县委改为东兰中心县委，书记为黄举平，并组建中共那马中心县委和天(保)向(都)田(东)中心县委，书记分别为徐泽长、韩平波。至此，中共桂西区特委下辖东兰、那马、天向田3个中心县委和滇黔桂临委、滇桂边委。3月22日，中共南方临时工委致函中共桂西区特委，就桂西区红军游击队与广西当局军队合作抗日谈判问题提出5点指示，其主要内容是：要极力避免与政府冲突，立即提出"拥护李白总副司令对日焦土作战主张"口号；在"促蒋抗日"这个紧急任务下，加紧动员同国民党及其军队进行协作抗日谈判；在谈判中，丝毫不能减弱中共扩大党与武装部队的组织，同时做好争取民团的工作；迅速设法建立桂西区抗日救亡领导机关，健全巩固桂西各县抗日救国

①陈立生，庾新顺，黄莺：《中国共产党在广西》，广西人民出版社2019年版，第65页。

会，并强化党的领导作用；加紧政治上思想上的教育，与关门主义及冒险主义作坚决斗争。

3月，中共广西省工委在横县县城中心校图书楼召开第二次全体会议，中共南方临时工委巡视员莫西凡出席。会议通过了《中共广西省工作委员会工作决定》，对组织、宣传、军运和军团、统战、妇女等问题作出决议，进一步明确了在广西开展抗日救亡运动的工作方针，提出要认真学习贯彻党的抗日民族统一战线的方针政策，既要做好上层工作，又要做好下层工农群众工作，努力实现国共合作；决定改组常委，省工委书记陈岸提出辞职，彭懋桂任省工委书记。林鹤逸、麦世法为常委，陈岸、黄彰、黄桂南、藤雪心等为委员。

中共广西地方组织在重建过程中积极开展抗日宣传，号召人们团结一致反对日本帝国主义的侵略，推动了广西抗日救亡运动的兴起和发展。

第五节　广西抗日民族统一战线的形成

1935年12月，中央红军胜利到达陕北，中共中央根据华北事变以后民族危机空前严重的新形势，制定了建立抗日民族统一战线的策略。中国共产党认为，在日本帝国主义要变中国为它的殖民地的情形下，不但中国的工人、农民、小资产阶级、民族资产阶级要求抗日，就是国民党营垒中，在民族危机严重的时候，也是要发生破裂的。因此，“我们的任务，是在不但要团结一切可能的反日的基本力量，而且要团结一切可能的反日同盟者，是在使全国人民有力出力，有钱出钱，有枪出枪，有知识出知识，不使一个爱国的中国人，不参加到反日的战线上去。这就是党的最广泛的民族统一战线策略的总路线”[①]。为此，中共中央采取切实措施，进一步加强统一战线工作，一方面积极促进全国人民日益高涨的抗日救亡运动，做好中下层群众的工作；另一方面尽可能地向国民党上层领导人和军队将领宣传党的抗日主张，争取与他们结成抗日民族统一战线。

①中央档案馆:《中共中央文件选集》(第十册)，中共中央党校出版社1991年版，第605页。

一、中共对新桂系集团的统一战线工作

在广西，中共注意到新桂系对日态度和对中共态度的变化。九一八事变后，新桂系与蒋介石集团在对日侵略的问题上存在严重分歧。蒋介石坚持“攘外必先安内”，不仅要消灭共产党，而且要剪除国民党内的地方实力派，以便在全国实行军事独裁统治，因而对日本侵略者妥协退让，采取不抵抗政策。新桂系不满蒋的军事政策，要求和支持抗战。“每逢中日问题陷于严重紧张的时期，西南的同志都有一种抗战的表示……淞沪之役，西南空军曾飞到杭州助战，长城之役，曾出兵湘南，请缨北上……”①新桂系批评和反对蒋介石的军事政策，认为“中国除武装抵抗日本的侵略外，决无第二条死里求活的出路”②。不抵抗政策是“不惜把整个国家、民族的领土主权，做媚外求荣礼物的主张”③。1936年4月17日，李宗仁在广州就中日问题对记者发表谈话，公开倡言“焦土抗战论”，要求在政治上，必须下最大的政治决心，发动举国一致的对日战争，不怕流血牺牲，纵使全国化为焦土，也要与暴敌血战到底，不获全胜不收兵；在军事上，必须是总动员的全面战，而非局部战，是主动的进攻战而非单纯的防御战，是游击战、运动战、坚壁清野相结合的长期消耗战而非速决战。“中国之生死存亡，全系于中国本身之能否抗战。”“全在我国大多数军民之能否觉悟，与军政当局之能否领导，上下一致，本焦土抗战之精神，毅然决然为民族解放战争而牺牲奋斗之一点而已。”④

随着中日矛盾的上升，中共抗日民族统一战线政策的提出及其影响的扩大，加上蒋桂矛盾的发展和激化，新桂系对中共的态度也有了转变。1934年之前，新桂系认为不剿灭共产党是不能抗日的，1934年之后，转而对中共采取联合的态度，对红军长征过桂北采取了“开放”湘桂边境放行的做法。1935年冬至1936年春，新桂系还派出对外联络代表刘仲容，先后到天津、西安，和共产党建立了联系。李宗仁呼吁：“希望全中国军人的血，都是对外而流，全中国军人的枪杆子都一致向

①《六一运动后白崇禧的言论》，南宁更生报社，1937年，第18页。
②白崇禧：《抗日救国》，《南宁民国日报》，1936年6月9日。
③《白崇禧先生最近言论集》，创进月刊社，1936年，第78页。
④李宗仁：《我对于中日问题的观察和主张》，《南宁民国日报》，1936年4月18日。

着日本帝国主义。”[①]白崇禧也表示：“过去的一切旧账应该一笔勾销，今后中国人不应再打中国人，重新联合起来，在一条战线上，一致去向日本帝国主义者奋斗拼命。”[②]

鉴于新桂系对日、对中共的态度，中共积极开展了对新桂系的统战工作。其实，中共中央对新桂系上层的统战工作从1934年秋就开始了。当时，中共中央特别事务科派遣原在吉鸿昌抗日部队工作的中共党员宣侠父、谢和庚到广西开展对新桂系上层的统战工作。

随着中国形势和中日战事的变化，中国共产党根据国内阶级关系变化的实际情况，开始将“抗日反蒋”的方针逐步改变为“逼蒋抗日”，在1936年5月初就公开放弃了反蒋口号，呼吁停战议和，一致抗日，因此，虽然在策略上支持两广的积极抗日，但不赞成蒋桂冲突诉诸战争，主张双方在团结抗日的基础上和平解决。为此，中共中央派云广英（化名林秀先）以红军代表的名义到广西进行抗日统战工作，最后取得了李宗仁等的认同，接受中共逼蒋抗日的主张。

中共广西地方组织抓住“六一”运动的有利时机，进一步发动广西的抗日救亡运动，以配合中共中央对新桂系的统战工作，推动抗日民族统一战线政策在广西的落地。

中共对新桂系的统战工作，既促使新桂系和平解决了蒋桂冲突，又使他们在逼蒋抗日问题上发挥了积极的作用。除了通过两广事变打击蒋介石对日屈辱的妥协政策外，在后来的西安事变中，新桂系也站到了逼蒋抗日的张学良、杨虎城一边。他们通电全国，提出了反对内战、一致对外的主张，要求政治解决西安事变；统一抗日战线，立即对日宣战；反对独裁政治，确立举国一致之政府；出动攻击西安之中央军，从速移开绥远前线；广西军一部北上援绥等。李宗仁、白崇禧还联名致电周恩来，“表示赞同共产党和平解决西安事变的主张”[③]。这种态度，是中共与新桂系实力派建立抗日民族统一战线的政治基础。

西安事变的爆发及和平解决，使全国上下出现了有利于第二次国共合作的形势。各地方实力派、爱国将领相继同中国共产党接触洽谈抗日，中国共产党为第

①李宗仁：《抗日救国》，《南宁民国日报》，1936年6月9日。

②《白崇禧先生最近言论集》，创进月刊社，1936年，第156页。

③刘仲容：《西安事变的回忆——顺记三次西安之行》，《广西文史资料》（第九辑），第55页。

二次国共合作的实现做了大量工作，或派人联络，或分别致函，以推动各方舆论和行动逼迫蒋介石改变国策，进行抗日。1937年1月，周恩来邀请新桂系代表刘仲容到延安。毛泽东接见了刘仲容，表示赞同广西的抗日主张，要刘向新桂系转达中共关于联合各方力量逼蒋抗日的策略。

为推动新桂系走上抗日战线，中共广西地方组织坚决执行中共中央关于建立抗日民族统一战线、实现国共合作的指示，从多方进行积极配合。一是适时改变斗争策略，把党领导的工农群众组织改为抗日救国会、抗日会、抗日小组，赤色游击队改为抗日义勇军等；二是就红军游击队改编事宜开始同新桂系当局谈判。这是在中共南方临时工委指导下进行的。

中共中央也加紧了同新桂系谈判协作抗日的工作。1937年5月中旬，中共中央派赴华南地区领导抗日统战工作的张云逸抵达香港。张云逸与中共南方临时工委取得联系后决定了在华南的活动方针：第一步以桂林为中心推动其他方面的工作，第二步以广州为中心向福建发展。6月初，在新桂系当局的催促下，张云逸赶赴桂林，与李宗仁、白崇禧会见。6月12日，张云逸与李宗仁举行正式会谈，并经李宗仁介绍，与四川刘湘的代表张斯可进行了会谈。在中共中央的指示下，张云逸表明了组成抗日民族统一战线对于新桂系等地方派系生存与发展的必要性，并适时宣传和阐发了中共的抗日救国纲领等。张云逸根据中央指示，多次与新桂系当局及四川代表就三方联合抗日等问题进行商谈，6月下旬拟就了红(军)、桂、川三方联合抗日纲领草案。

红(军)、桂、川联合抗日纲领草案主要内容有七条：(1)以巩固和平统一，实现民主政治，抗日收复失地为目的；(2)召开国防会议，应充分接收各方抗日领袖主张；(3)树立抗日旗帜，扩大宣传；(4)开放民众抗日运动，改善人民生活，释放政治犯；(5)努力国民会议制宪运动，国民会议代表名额，应分配于各党派，由各党派指定；(6)抗日力量彼此间之互助；(7)如各方同意此纲领，即组织共同纲领之机构，此种组织乃系以充分力量推动中央领导抗日为任务，不得含有分裂民族统一战线的意味。①

红(军)、桂、川联合抗日纲领草案的达成，是中国共产党抗日民族统一战线政

①钟文典：《广西通史》(第三卷)，广西人民出版社1999年版，第302—303页。

策在西南地区取得的重大成果，是中共推动国共两党重新合作和中国抗日民族统一战线形成的重要步骤，是逼蒋抗日的一种力量。这种力量有利于整个以国共合作为基础的抗日民族统一战线的形成和巩固，对于实现国共两党第二次合作，建立全国抗日民族统一战线，也起了积极的作用。在抗战过程中，它有利于中共中央在广西建立办事处并公开活动，并与地方各界人士进行充分接触，为宣传中共对日政策提供机会。

二、八路军桂林办事处的建立

1937年8月，中共中央根据国共两党的协议，将陕北主力红军改编为国民革命军第八路军，朱德任总指挥，彭德怀任副总指挥，叶剑英任参谋长，左权任副参谋长，任弼时任政治部主任，邓小平任政治部副主任，下辖一一五师、一二〇师、一二九师。中共中央为巩固和发展抗日民族统一战线，先后在西安、南京、武汉等地设立八路军的办事机构。1938年10月，广州、武汉失陷，当时的桂林不仅是广西的省会，而且成为西南军事重镇和连接西南、华南、华东的重要交通枢纽，还是通过香港同海外特别是南洋各地进行联系的关键点。中国共产党根据武汉失守后的形势，为巩固和发展抗日民族统一战线，宣传动员国统区人民坚持长期抗战，决定把八路军武汉办事处撤往重庆，办事处的一部分工作人员转移到桂林，建立八路军桂林办事处。

1938年，白崇禧经沙市、常德拟返长沙，途中车辆发生故障，恰巧周恩来经过该地，于是，周恩来邀其同车至长沙。白崇禧曾笑对周恩来道："你们(指共产党)未到我们广西，我很感激！"对此，周恩来回答说："你们广西做法，像民众组织，苦干穷干之精神，都是我们同意的，所以我们用不着去。"也是在此时，周恩来向白崇禧分析了武汉失陷后的抗战形势，指出广西将成为大后方重要的抗战基地，提出要在桂林设立八路军办事处，协助广西抗战。白崇禧表示"欢迎"。这样，周恩来与白崇禧就建立八路军桂林办事处达成了口头协议。[①]口头协议的内容是：桂系同意中共在桂林设办事处，中共表示“不挖桂系墙脚”，既不在广西发展共产党，也不在桂系军队中发展共产党员。

11月中旬，李克农率武汉八路军办事处的部分工作人员到达桂林，正式建立国民革命军第十八集团军驻桂林办事处（习惯称八路军桂林办事处，以下简称“八办”），李克农任办事处处长。“八办”设在原桂北路138号（今中山北路144号），另在桂林市北郊路莫村设转运站。

“八办”的建立，是中国共产党与国民党桂系抗日统一战线新发展的标志。“八办”是中国共产党在广西的公开机关，它的建立为党在广西宣传抗日，动员和团结人民，开展救亡运动提供了有利的条件。

“八办”又是中共中央南方局驻桂林办事处，负责联络和指导广西、广东、湖南、江西以及香港、南洋等地的中共党组织，为这些地区党组织的巩固和发展做了大量的工作，推动了这些地区抗日民族统一战线的发展。抗战前，由于新桂系的摧残破坏，中共广西地方组织处境十分艰难。“八办”建立后，中共广西地方组织归“八办”直接领导。根据周恩来关于隐蔽精干，不忙发展，以发动群众抗日救亡为中心的指示，“八办”帮助广西整顿组织，建立精干的领导机关，使广西党组织很快适应新形势，成为广西抗日救亡的坚强领导者。

“八办”是中国共产党八路军设在国统区的公开、合法的办事机关，主要肩负交通、联络、筹运军需物资、输送过往人员的任务。广州、武汉沦陷后，桂林成了抗日大后方的交通运输枢纽，是我们党连接海外、沟通内地，联系八路军、新四军的联络中心。当时，中国共产党八路军、新四军从海内外筹集的各种物资，以及我党我军的过往人员及其家属、进步青年和回国参战的华侨，都由桂林办事处转送到延安和抗日前线。

周恩来曾于1938年12月和1939年2月、4月三次到桂林，他每次到桂林，都与新桂系白崇禧等人接触，会见各界人士，宣传我党的抗日救国方针，开展统一战线工作。

1938年12月初，周恩来第一次到桂林，同郭沫若一起拜会白崇禧，商谈关于在桂林复刊《救亡日报》之事，并应白崇禧之请，出席了“国际反侵略运动大会广西

①钟文典：《广西通史》（第三卷），广西人民出版社1999年版，第313页。

分会桂林支会筹备会”，作了有关抗日形势的讲话。

1939年2月中旬，周恩来同叶挺从重庆赴皖北新四军军部途中，第二次到桂林，出席白崇禧主持国民党军委会军训部成立周年纪念大会，作了《军训工作之重要》的演讲。他号召：不但要造成今天的全面抗战，还要准备着明天的胜利决战。

4月，周恩来第三次到桂林，应邀出席了桂林文化界在大华饭店举行的宴会，会见了各界人士，广泛接触了各阶层爱国人士，宣传中共的抗日主张，鼓励他们坚持团结、坚持抗战。同时，周恩来指示广西党的工作应放到下层，组织不忙发展，缩小目标。

同年7月，中共中央南方局缩小中共广西地方组织的规模，撤销广西省工委，改为由桂林办事处直接领导桂林、南宁、梧州三个平行特支。各特支不建立新的组织，少量地发展党员。1939年底，全省党员人数约730人。①

叶剑英、徐特立等也先后来过桂林，开展抗日统战工作。以李克农为首的桂林“八办”，贯彻党的抗日民族统一战线方针，积极开展团结各界群众的工作。李克农以合法的身份，经常同黄旭初等桂系重要人物交往，结交朋友，宣传共产党的抗日主张，争取广西当局开放民主，支持进步，坚持抗战，为团结救亡创造了有利的政治环境。

中共广西地方组织在这种局面下，一方面要努力贯彻党中央的抗日民族统一战线政策，领导群众积极投入到抗日洪流中去，并在桂系组织的一些社会团体中发挥自己的作用；另一方面还要对付国民党顽固派的破坏、镇压，做好隐蔽精干的工作。所以，1938年至1940年初，广西的群众抗日救亡运动在中共广西地方组织领导下开展得轰轰烈烈，但是也遇到了很大的困难和问题。

1940年9月，世界局势发生新的变化，德、日、意正式结成三国同盟，英、美也加紧拉拢国民党政府。蒋介石认为时机对他有利，反共活动更加猖狂起来，继1939年冬第一次反共高潮之后，掀起了第二次反共高潮。新桂系从自身的阶级利益出发，参与了蒋介石发动的这次反共行动。尤其是在军事上，于1941年1月，制造了震惊中外的皖南事变。

与此同时，国民党顽固派在国统区内也加强了对共产党人和进步人士的迫害。广西的政治形势也日益恶化。皖南事变发生后，1941年1月10日，新桂系军警当

①钟文典：《广西通史》（第三卷），广西人民出版社1999年版，第371—372页。

局强令八路军桂林办事处立即撤退，勒令桂林进步文化机关停止活动。20日，八路军桂林办事处被迫撤销。《救亡日报》、桂林生活书店、新知书店、读书生活出版社、国际新闻社等被查封停业。共产党员和进步文化人士被迫转移。“一度繁花似锦的西南文化中心桂林，这时在风雨如磐的肃杀气候之下，一时显得秋风飒飒，萧索落寞了。”①

皖南事变发生后，八路军桂林办事处根据中共中央的政策和策略，对新桂系开展又斗争又团结的工作。毛泽东指出：桂系“这一次虽然转到了反共方面，却和蒋系仍然有矛盾，不可视同一律。”②八路军桂林办事处在批评新桂系反共行为的同时，加强了与其有着各种关系的团体、组织和个人的联系，对新桂系做争取工作，取得了一些成效。由此，新桂系当局在执行蒋介石反共政策时，仍留有余地，没有把事情做绝。他们为了自身的利益，仍需借助进步势力，需要采取一些暂时的开明措施，以增强其与蒋介石抗衡的力量，因而对外省籍的中共党员及文化界的中上层进步人士，大部分是“礼送出境”，给予出境的方便。李克农、夏衍、邹韬奋等都是在新桂系当局帮助下离开广西的。新桂系当局在一定时间内和一定程度上，在反共问题上与蒋介石有所区别的做法，对于中国共产党与国民党顽固势力的斗争，对于抗日民族统一战线的坚持和巩固是有利的。③

八路军桂林办事处的建立及其卓有成效的工作，有力地加强和发展了广西和西南地区的抗日民族统一战线，推动了大后方人民的抗日救亡运动，支援了全国抗战，为中国的民族解放战争做出了重要贡献。

①周钢鸣：《桂林文化城的政治基础及其盛况》，载《学术论坛》，1981年第2期，第102页。
②《毛泽东选集》（第二卷），人民出版社1991年版，第783页。
③钟文典：《广西通史》（第三卷），广西人民出版社1999年版，第376页。

第二章

抗战大后方广西的军事斗争

抗日战争时期，随着我国东中部大部分地区的沦陷，广西日益成为重要的战略要地之一。日军曾两次入侵广西，给广西造成严重危害，在抗日民族统一战线的旗帜下，广西各族人民、社会各界人士同仇敌忾，万众一心，展开了一系列的军事斗争。

第一节　八桂子弟奔赴抗日战场

经历过19世纪下半叶中法战争的八桂子弟其民族观念深入骨髓。全国抗战爆发后，他们踊跃参军，奔赴前线，勇敢杀敌，抵御外辱，以挽救民族危机。当时的广西成为抗战的重要兵源地。新桂系当局迅速整编部队，出师参加抗日战争，先后转战于沪、苏、赣、浙、皖、鄂、豫、桂等正面战场，参加了淞沪、徐州、武汉、随枣、湘桂等重大会战。一部分桂军留守广西，参加了桂南会战、桂柳会战和收复广西作战。广西大中学校学生弃笔从戎，也积极参加新桂系组建的学生军，随军作战。

一、桂军

1931年爆发了九一八事变，中国人民开始了漫长的14年抗日战争。随着形势的变化，国民党内部出现了主战与主和的分歧。新桂系当局积极主张抗日。1933年，李宗仁草拟了一篇讨论抗日战略计划的文章，“名之曰《焦土抗战论》”[①]，首倡实行“焦土抗战”，这四个字便成为抗日时期最悲壮的口号。1936年，李宗仁在与广州记者的谈话中，“有系统地阐发其焦土抗战主张之第一声”[②]。1937年夏秋之际，川军、桂军与红军签订了《川桂红协定》，确定共同抗日。7月17日，蒋介

①李宗仁口述，唐德刚撰写：《李宗仁回忆录》（下册），华东师范大学出版社1995年版，第498页。

②《焦土抗战的理论与实践》，全民抗战周刊社编，1938年4月。

石发表“庐山谈话”，表明其抗日的立场及政策。21日，李宗仁、白崇禧和黄旭初联名致电国民政府，表示拥护蒋介石在庐山的谈话。

全国抗战初期，由于远离前线，没有受到战争直接威胁，广西的首要任务就是出兵抗战。8月4日，白崇禧奉命调南京任陆海空军最高统帅部副总参谋长兼军训部部长，并同蒋介石会晤，商谈有关广西出兵抗日问题。8月下旬，李宗仁出任第五战区司令长官。新桂系当局在全省进行动员，决定“出师20万人，后备者110余万人，将来可征至300万人，可以与敌作殊死战，刻在加紧训练，及后方各项组织，以待中央调命”。[①]具体情况参见表2-1。

表2-1　抗日战争初期桂军的部队编制

<table>
<tr><td>番号</td><td colspan="4">第十六集团军</td><td colspan="4">第二十一集团军</td></tr>
<tr><td>集团军总司令</td><td colspan="4">夏威</td><td colspan="4">廖磊</td></tr>
<tr><td>军长</td><td colspan="2">三十一军
刘士毅</td><td colspan="2">八十四军
夏威</td><td colspan="2">七军
周祖晃</td><td colspan="2">四十八军
韦云淞</td></tr>
<tr><td rowspan="3">师长</td><td>一三一师</td><td>覃连芳</td><td>一八八师</td><td>刘　任</td><td>一七〇师</td><td>徐启明</td><td>一七三师</td><td>贺维珍</td></tr>
<tr><td>一三五师</td><td>苏祖馨</td><td>一八九师</td><td>凌压西</td><td>一七一师</td><td>杨浚昌</td><td>一七四师</td><td>王赞斌</td></tr>
<tr><td>一三八师</td><td>莫德宏</td><td>新十九师</td><td>黄　固</td><td>一七二师</td><td>程树芬</td><td>一七六师</td><td>区寿年</td></tr>
</table>

资料来源　姜克夫：《中华民国史资料丛稿·民国军事史略稿》（第三卷上册），中华书局1991年版，第28-49页。

八一三事变后，国民政府军事委员会命广西编组1个集团军，赋予第十一集团军的番号，北上参战。第十一集团军下辖3个军，每军3个师，任李品仙为集团军总司令，何宣为参谋长，后改董彦平担任。所辖之3个军除广西原有的第七军、第四十八军外，另成立第三十一军。

1937年11月，为便于徐州作战指挥，将第七军及四十八军另编为第二十一集团军，总司令为廖磊，副军长周祖晃升任第七军军长，第十一集团军总司令李品仙升任第五战区副司令长官兼第十一集团军总司令。留守广西的部队也奉命编为第十六集团军，总司令为夏威。

①《李宗仁过湘晋京》，《申报》，1937年10月11日。

国民政府军事委员会规定，第五战区长官部设在徐州，桂军向徐州、海州集中，支援德州、济南方面的作战。1937年9月中旬，广西北上抗日大军浩浩荡荡从各地出发，开往前线。第四十八军最先从南宁出发，分批乘船至广州转乘火车北上。9月下旬，第七军从柳州、庆远（今宜山）地区，步行至衡阳，再乘火车前往徐州、海州后，在连云港构筑工事，担任海防。①10月上旬，第三十一军军部及一三一师由南宁，一三五师和一三八师由柳州，分别乘轮船开赴广州，转经粤汉路、平汉路、陇海路到达徐州，在徐州加强训练。②10月上旬，第四十八军奉令调往上海大场至南翔一带防守。10月11日，第七军先头部队一七〇师第一〇六团到达上海，归胡宗南指挥。15日，桂军开始接受战斗任务。③

1937年，李宗仁和白崇禧在奉令北上督师抗日之前发布的《告广西党政军全体同志暨全省同胞书》中宣称："将我们数年来的准备成果，全部贡献于国家的圣战，举凡将士之动员，军需之征发，交通之建设，人力之服务，国家仰赖于我们广西者甚多，期望于我们广西者甚切。"④新桂系将20世纪30年代苦心经营的空军编为中央航空委员会第三大队第七、第八两个中队，北上参加抗战，并将轻机枪厂、重机枪厂、步枪厂、迫击炮厂、迫击炮弹厂、手榴弹厂、七九子弹厂、硝酸硫酸厂、无烟火药厂等军事工业移交给国民政府军工部门统一管理，其中包括当时广西规模最大、设备最好的飞机修理厂。⑤全国抗战以来，新桂系征调民工300万人抢筑湘桂、黔桂、柳来等铁路，并完成了南镇、来贵两线的路基工程。这些优秀的广西子弟，无论在前方抗战，还是在后方服役，都能不辞艰苦，不避牺牲，恪尽厥职，达成任务。⑥

广西军人能吃苦，作战勇敢，遵守纪律，整体素质较好。早在北伐时期，桂军因骁勇善战，被誉为"钢军"。李宗仁和白崇禧到南京就任前，发布了《训勉全体将

①沈治：《我团在上海抗战经过》，载广西区政协文史资料委员会：《广西儿女抗日亲历记——纪念中国人民抗日战争胜利50周年》，广西人民出版社1995年版，第2页。

②刘立道：《第三十一军临淮关、定远之战与田家庵、九龙岗之防守》，载广西区政协文史资料委员会：《广西儿女抗日亲历记——纪念中国人民抗日战争胜利50周年》，广西人民出版社1995年版，第31页。

③沈治：《我团在上海抗战经过》，载广西区政协文史资料委员会：《广西儿女抗日亲历记——纪念中国人民抗日战争胜利50周年》，广西人民出版社1995年版，第4页。

④《申报》，1937年10月26日。

⑤沈奕巨：《广西抗日战争史稿》，广西人民出版社1995年版，第28—34页。

⑥《再造新广西，建设新中国》，载《广西民政》1946年第2卷第3期。见黄铮：《广西抗日战争史料选编》（第二卷），广西人民出版社2005年版。

士书》，其中表示“纵使全国化为焦土，我也要战斗到底；只要有最后一粒子弹，我们也要战斗到底”[1]。

桂军严守纪律，不贪民财，深受民众的拥护和爱戴。桂军在前线时，对于逃难的妇女老幼极力加以保护。据由苏州、常熟逃到淮南的难民说：“广西兵遇着老弱的难民挑的东西太重，或背着小孩走不动，他们往往帮助老百姓挑着或背着逃走，掩护他们平安退出灾区。”[2]第五路军经过无锡乡下，不扰民众。当地的抗敌工作团宰了一只猪慰劳将士，一位连长无论如何也不肯领受。他说：“我们还没有赶走倭奴，怎么敢接受老百姓的慰劳。”送慰劳的代表费了不少口舌，这位连长才把这只猪受领了一半边。[3]在湖南永州，民众看到桂军抗日的表现，路遇桂军，纷纷礼让，以表敬重；在祁阳，民众宰猪，盛情款待；在长沙，旅馆的客人说，广西人有铁的纪律，“广西军队平时是羔羊，战时是虎狼”[4]。自上海失陷后，第七军便移驻浙西，在钱塘江左岸游击。当地老百姓开始很害怕桂军，看见穿“二尺五”的便关门闭户地向山里跑，后来看见军队不拉夫不筹饷，买卖也公平，对老百姓很客气，才慢慢地跑回来。[5]据寿县正阳关一带的老百姓报告：“广西兵不擅进老百姓的住宅去骚扰人家，不但买东西是公买公卖，不争价值，就是喝老百姓一杯茶，用老百姓一些草，也都要付还相当的代价。”因此在淮南各地的民众对广西将士，都加以“青天军”的荣誉。[6]

从史料中，人们就可以看到一些桂军艰苦战斗，英勇杀敌的事例。例如，在淞沪战场上，因武器不及敌人，桂军反攻多利用夜间或雨霾的时候。清早起来，霾茫茫地笼罩着，雨纷纷地下着。清晨的寒风，吹起来有点儿让人发抖。桂军将士生长在南方，有些惧怕寒冷，而此时他们依然穿着单衣。可是他们自知保家卫国的重任，寒风飒飒中，冲锋号从霾雨中响了起来，一片“杀”声，纷纷冒着雨霾、子弹、炮弹冲上去。没有一个回头，没有一个落伍，所有的将士这时候结成一条心，给敌人很大的打击，终于把敌人的阵地占领了。某日中午，第五路军的某一连长正打电话到营部的时候，觉得背后非常痒，便把背靠在墙上拼命摩擦。后来，他把那件

①《申报》，1937年10月26日。
②谢冰莹：《第五战区巡礼》，生路书店，1938年9月。
③卢也哥：《从枪声说到五路军》，《全面战周刊》，1938年第3期。
④学基：《广西人在湖南》，《全面战周刊》，1938年第8期。
⑤逸说：《浙行杂记》，《全面战周刊》，1938年第8期。
⑥谢冰莹：《第五战区巡礼》，生路书店，1938年9月。

旧军服脱了下来，详细查看，竟在衣缝里发现了不少的虱子。这是因为自从桂林出发以来，已有两个月，不但没有福分去洗一次澡，就连大盆水都没有遇到过。不久一颗炸弹在这位连长的身边爆炸，虽然他死里逃生，但耳膜震裂了，且已经肿了起来，痛苦得很，但是他自知责任太重大了，不得不忍痛硬挺。炮击之后，有八辆坦克车过来，车后跟着一小队的步兵。这时候，官兵们沉着冷静，插上刺刀，握紧手榴弹，等到敌人近了，只听见“杀”声一喊，全连弟兄都跳出战壕，“隆隆”的手榴弹声，“格格”的刺刀声，冲杀一场，只见坦克车向后退，倭兵向下倒。这一次冲杀的结果，毁敌坦克车3辆，毙敌兵23名，俘虏2名，中方伤17名，阵亡2名。[①]在蒙城守卫战中，桂军第二十一集团军总预备队周元副师长身先士卒，奋勇射击。全团官兵虽饥饿、疲劳，但仍同仇敌忾，英勇战斗。最后周副师长及全团战士为国牺牲。这一团的士兵没有一个人肯向敌人投降，蓝权营长受伤后还打死十多个鬼子而后用刺刀自杀。[②]

正因为桂军整体素质较好，遵守纪律，其战斗力较强，因此被誉为“钢军”。在正面战场上，桂军浴血奋战，给日军以沉重的打击，为保卫祖国和民族利益做出了很大的牺牲和贡献。新桂系是国民党内部比较有影响的地方实力派。国难当前，他们能捐弃前嫌，合力对外。在全国抗战的头两年，广西总共出兵34万人。1937年至1945年总共征调100万兵员。[③]在全国各省中，广西输送兵员总数仅次于四川，而按省内人口所占比例则为全国第一。广西全省约有1500万人，平均每50人中就有1人上前线抗日。[④]这对当时全国团结抗战局面的形成起到了积极的作用。

①如川：《东战场的一角——五路军一位连长的日记》，《全面战周刊》第3期。

②孤鹤：《淮北观战》，《全面战周刊》第29期。

③黄铮：《广西抗日战争史料选编》（第2卷），广西人民出版社2005年版，第445页。

④谢本书，温贤美：《抗战时期的西南大后方》，北京出版社1997年版，第445页。

二、广西学生军

在广西军队中，有一支特别的队伍，这就是以知识青年为主体的学生军。1931年新桂系重新统一广西后，实行"三自"和"三寓"政策，其中"寓将于学"就是对大、中学生实行军事训练，把他们培养成中下级军官的预备人才。这既增强了新桂系的军事力量，也在一定程度上提高了青年学生的爱国意识及战斗能力。

广西学生军是以在校学生为主体的抗日救亡武装团体，新桂系一共组建了三届学生军。

（一）第一届学生军

九一八事变爆发后，民族危机加深，激起了全国各阶层人民的爱国热情。广西军民请缨抗日。1936年5月31日，广西省政府发出全省动员令，饬令全省大、中、小学校由6月1日起停课，宣传抗日救国。接着，批准广西师专学生组织抗日救国学生军的请愿。据统计，第一届参加学生军的人数约为300人，其中女学生军40余人。[①]两广事变和平解决后，新桂系当局即通知学生军各队同学返校复学。第一届学生军从成立到解散仅有100多天。

第一届学生军存在的时间比较短，但是他们却积极地深入各地开展抗日救国宣传工作，显示出了新生的力量。据统计，"这次宣传过程中，每人平均走了5000余里的长途，游遍了漓郁各主流，经过了本省公路的三大干线，花了一个月的时间，由6月8日起至7月9日止。"[②]这对于唤醒全省民众的民族意识起到了一定的作用。

（二）第二届学生军

卢沟桥事变发生后，广西青年学生的抗日情绪异常高昂，纷纷要求到前线杀敌报国。由此，新桂系决定在桂林、柳州、南宁、梧州四个地区招收男女青年学生，组成广西学生军大队，北上第五战区随军进行宣传、慰劳、救护、群运等工作。

①流茜：《六一运动中的学生》，《六一运动纪念特刊》，1937年6月。

②杨美颙：《六一运动中的宣传工作检讨》，《六一运动纪念特刊》，1937年6月。

1937年10月，广大爱国学生争相投笔从戎，报考者达5000多人，被录取300人，当中有中共党员10人，男女各半，大学生占20%，高中生占30%，初中生占50%。[①]在南宁考取的学生约有40人，其中有郑忠（郑少东）、麦英富（岳平）、王鸿斌、陈爱莲、郭灿萱、张芬等；在桂林考取的有易凤英、黄子英、王恺、龚正、赵庆民等；在柳州录取的有吴启增、林显荆（牟一林）、陈守善、赖月蟾、练美德（练以明）、陆均田等；在梧州录取的有甘怀勋、吴振洪（吴洪宁）、潘韵桐（田克）、黄衍琴、陈允可、雷秉尊、何德仪等，还有广西大学文法学院（原桂林师专）应届毕业生30多人，其中有莫一凡、谢镜珊（谢东来）、熊兆祥（江平秋）、李志曙、傅善术、方正等。第四集团军国防艺术社还拨来梁良、杨婉兰、朱琪、班复兴等十几个青年社员。他们来自社会各阶层，有官宦子弟，有资产阶级、小资产阶级以及工农子弟，有大学和高、初中学生，有中共党员和国民党党员，为了抗日救亡而走到一起共同战斗。[②]

广西学生军大队部下设1个大学生队和2个中队。大学生队由广西大学文法学院社会、文学两个系37名应届毕业生组成。第一中队为男生，第二中队为女生。每中队分编为9个班，从学生中选出两人任正副班长。中队是按军队的编制而成的。少校大队长蒋元，少校大队附兼第一中队长黄之纲，上尉队附卿国柱，中尉队附何海东；第二中队上尉队长陈葵仙，中尉队附裴曼纳，中尉队附钟少熙，中尉队附朱澄霞。大队部设：少校政治辅导员苏锦元，中校艺术指导员万籁天，中校音乐指导员刘延年，一等军医佐黄维思，二等司药佐陈柱，二等军需佐符节、少尉特务长莫光仁。师专学生每人每月22元，津贴2元，其他学生每月20元，津贴2元，官佐按官阶领取规定薪金。[③]各发两套布军服，配红底黑字襟章，每班配发驳壳手枪4支。

1937年10月底，学生军汇集桂林市南郊李家村进行军事政治训练。因工作需要，学生军利用早晚点名时间请北方籍的梁博爱同学教普通话。

1937年12月11日，学生军离开李家村，全副武装步行至桂林，驻在王城里。12日上午，广西绥靖主任公署、广西省政府、广西省会妇女抗敌后援会、广西省学生抗敌后援会、五路军总政训处国防艺术社等在省政府礼堂举行欢送学生军出发大会。学生军发表《告广西同胞书》，立誓抗战到底，号召全国不愿做亡国奴的同胞起来，一致抗日。

①钟文典：《20世纪30年代的广西》，广西师范大学出版社1993年版，第644页。

②雷成：《我所知道抗战初期的广西学生军》，《广西文史资料》（第二十辑），1984年。

③刘延瑞：《抗日期间我参加广西学生军大队的回忆》，《桂林文史资料》（第十二辑），1987年。

12月14日，300名学生军在2万多父老乡亲的簇拥下，浩歌北上。由全县经永州、祁阳、衡阳、长沙而至武汉、河南、安徽，途中一面加紧训练，一面匆忙地工作。学生军背着比自己还大的笨重包袱，每天行走七八十里路，太阳照着他们黝黑的脸，全身都被臭汗浸湿。学生军到达宿营地，一卸下行李，拂去满身的灰尘，就匆忙地写壁报、写标语、作漫画、进行街头演讲、演话剧……在污秽的街头、在农村的角落，都有学生军的身影。①

12月28日，学生军抵达武汉，驻扎在武昌蛇山公园抱冰堂休整待命。学生军中的共产党员与中共中央长江局接上了组织关系，并邀请周恩来、叶剑英、邓颖超、张爱萍、聂鹤亭等党的领导人和郭沫若、沈钧儒、史良等著名爱国民主人士来队作报告或叙谈，使全体学生军战士受到深刻的教育。1938年2月5日，广西学生军离开武汉，开赴抗日前线。此后两年间，他们像铁流一样在江苏、安徽、河南、湖北的战场上辗转，或以各种方式宣传抗日，动员、组织、训练群众，发动民众做坚壁清野的工作，或在最前线担负救护、交通、情报等工作，或到敌人的后方去做游击队的工作。②

每到达一个地方，广西学生军都受到民众热烈的欢迎，如衡阳、长沙、岳阳、汉口都有学生与市民组织慰劳队，赠送旗帜、医药、食品等，唱欢迎歌曲，高呼口号。3月3日，在滂沱的风雨中，广西女学生军带着一身的泥水进了六安城，大腿上、胳膊上、屁股上，挂着一团团黄泥，一看就知道她们经常滑倒。六安城的普通百姓对学生军的到来很是吃惊："这世界才怪啦！这群女人都是大脚的？每天走八九十里路，还没鞋子穿哩！""了不起，广西女兵！"③"女人也能当兵，广西人真勇敢！"④在大雪纷飞下，女学生军急忙开展工作：写壁报，贴标语，演剧，街头演讲，家庭访问，民众们由惊讶变得亲近。第二天，几个老妇一早找到宿营地："大队长，我家里有个大女，她的脚也和你们的女兵一样大，求你们准她跟你们去！"⑤这表明女学生军的宣传工作已经有相当的成效。

在抗战中，第二批学生军有25名同学壮烈牺牲。他们有的牺牲在征战途中或敌人的枪炮之下，如在荆门途中牺牲的何异、刘佩文、李芳林等，随枣会战突围

①黄之纲：《广西学生军在安徽》，《全面战周刊》，1938年第23期。
②雯卿：《广西学生军在广西》，《中学生战时半月刊》，1939年第3期。
③黄之纲：《广西学生军在安徽》，《全面战周刊》，1938年第23期。
④杨汤：《广西学生军的动态》，《全面战周刊》，1938年第7期。
⑤黄之纲：《广西学生军在安徽》，《全面战周刊》，1938年第23期。

中牺牲的黄荣基；有的积劳成疾，因缺医少药而病逝；有的坚贞不屈，慷慨就义。[①]

1939年冬，第二届学生军各分队先后在各驻地结束工作。之后，同学们有的进中央军校，有的在广西、安徽等省工作，但更多的是投向新四军。

（三）第三届学生军

1938年冬季，日寇相继攻陷武汉、广州，进逼广西。白崇禧接受周恩来的建议，决定发动群众配合军队保卫广西，以第五路军司令部名义在全省公开招考第三届学生军，原计划招收1200人成立一个团，但报名者高达18000余人，最后录取4269人，其中女生400多人。[②]有许多人是瞒着家里偷偷投考的，所以见到榜上有名，心中还是喜忧参半，怕家中知道而加以阻止，于是有些不得不在从县城出发前夕，向领队人请假，先跑到数十里外等候，离家已远，方才放下一颗心。[③]当时也有部分从广东及外地逃难来广西的青年报名参加学生军。

第三届学生军编为3个团，由第十六集团军总司令夏威兼任学生军司令。第一团学生以桂林、平乐、柳宜一带学生为主编成，团长为黄冠南，团政治指导员陈业勋，团部设在柳州，各队开赴平乐、富川、钟山、怀集等县工作；第二团以梧州、桂平、玉林一带学生及部分南宁学生为主编成，团长为萧光保，团政治指导员为靳为霖，团部设在桂平，开赴桂东南各地工作，其中一大队到梧州、藤县、桂平、贵县，二大队到玉林、兴业、博白、陆川，三大队到荣县、岑溪、北流等地工作；第三团以南宁、宾阳以及左右江一带学生为主编成，团长为蒋晃，团部设在南宁，各队开赴宾阳、南宁、武鸣、横县、永淳等县工作。[④]

学生军总司令夏威提出"三字方针"，要求学生军不仅能够叫（宣传），而且能够裹（组训），更能够打（作战），这种能叫能裹又能打的本领，就是学生军所特有的能力。至于发动民众执行全面、持久的两大战术，以完成抗战建国的双重使命，就是学生军的功用。[⑤]学生军的中心任务是：加强行政机构，推行政府法令；活跃民众运动；推行空室清

①刘延瑞：《抗日期间我参加广西学生军大队的回忆》，《桂林文史资料》（第十二辑），1987年12月。

②靳为霖：《广西学生军过去工作的总结》，《广西学生军纪实》，1940年8月。

③白本：《广西学生军与兵役》，《广西兵役通讯》，1941年。

④靳为霖：《回忆广西学生军》，《广西文史资料》（第十六辑），1983年3月。

⑤夏威：《学生军的自我认识》，《广西学生军纪实》，1940年8月。

野与组训游击队;推进军队政治工作与促进军民合作;加紧战地和敌后工作。[1]

学生军在桂林受训2个月后,即分赴各地开展工作。学生军到达工作地区后,首先是以实际行动争取群众的信任和支持。他们与群众基本上同住同劳动,参加各种农活,帮助耕种,挑水砍柴,吃苦耐劳,同时以认亲认戚为纽带,逐步从表面宣传过渡到组织训练群众工作。第三团各中队学生到达驻地时,附近村庄正值备耕时节,学生们便协助民众备耕,并利用各种方式宣传抗日。[2]当桂南战事发生后,学生军立即调到战场和敌后去,做各种协助军队、打击敌人的工作。对于负伤的官兵,由男生领导壮丁到前线抬运回来,再由女生发动民众捐款慰劳,并领导妇女群众为负伤官兵洗补衣服,写信抓药。[3]经过学生军的宣传,农民主动担任杀敌行动的向导。昆仑关前线战事异常激烈,许多伤兵用汽车运不了。伤兵没人抬,学生军就对民众说明要组织"义勇担架队"。激战时,担架队在黑夜中抢救了100多名负伤的将士。从战场步行下来的轻伤士兵,走了两天,已变成重伤,民夫抬不了那么多,学生军就主动去抬送伤兵到医院。为了迅速清理战场,便于中国军队的据守,学生军组织起掩埋队,跑上战场去掩埋尸体。为了激励将士,在元旦前夕,学生军发动了距火线不远的思陇、太守、宾阳的民众,煮了几十担番薯粥和粽子,带着甘蔗送到前线去慰劳将士。[4]有时学生军还直接参与战斗。在恭城龙虎关战斗时,学生军约一个连在桂门关和学兵营的两个步兵加强连在龙头岭正面前沿与日军第227联队基干部队接触,战斗持续了近一整天。[5]群众称赞:"学生军,八点五(即月薪8元5角)[6],生活朴素,工作艰苦,一张兵毡睡地板,两抓稻草编草鞋,足迹遍各地,铁打钢铸成。"[7]

4000余男女青年,结束舒适的学校生活,离开舒适温暖的家庭,穿上戎衣,拿起枪杆,走上战场,深入各地城乡和日军后方开展抗日救亡宣传,建立和训练民众

---

①靳为霖:《广西学生军过去工作的总结》,《广西学生军纪实》,1940年8月。

②韦志伟:《广西学生军在宾阳》,《宾阳文史资料》(第四辑),1988年5月。

③白本:《广西学生军与兵役》,《广西兵役通讯》,1941年。

④龙贤关:《活跃桂南前线的广西学生军》,《国民公论》1940年第3卷第5号。

⑤闻中荣口述,关念之整理:《由一段日本的战史谈起——当年龙虎关战斗补充资料片段》,《恭城文史资料》(第四辑),1989年12月。

⑥最初是上等兵待遇,每月8元5角,以后因米价太高,多给米津2元。桂南战事发生后,由于工作的艰巨,任务的重大,生活的困苦,且物价飞涨,同学们连吃粥都成了问题,特予升级为下士,每月11元,后又改为中士待遇,每月12元。见靳为霖:《广西学生军过去工作的总结》,《广西学生军纪实》,1940年8月。

⑦韦志伟:《广西学生军在宾阳》,《宾阳文史资料》(第四辑),1988年5月。

性抗日组织，发动民众破坏交通，切断日军的物资补给，协同正规部队袭击日军。日军对广西学生军恨之入骨，曾布告悬赏，凡捉住或杀死广西学生军一名干部赏800元，捉住或杀死广西学生军一名士兵赏500元。①

广西共12个行政区，除了庆远（宜山）没到过，桂林区只是训练的地点外，其余的10个区都有学生军的足迹。就县份计，则99个县中有55个县是学生军做过工作的地方。另外，他们还到了广东的南路——第七区的茂名、廉江、电白、遂溪、吴川、化县，第八区的合浦、灵山、钦县、防城一带工作，并有一部分还到广州湾去公演《台儿庄》。②

自1940年至1941年，第三届广西学生军利用各种形式开展宣传活动，取得了一定的成绩，各项工作具体统计数据如下：

一年来宣传慰劳等工作：出演的戏剧有6425次，举行的歌咏唱奏有68294次，出版的壁报有14232份，图画的壁画有4523幅，书写的壁语有110864条，绘制的漫画有14637幅，书写的标语有79324条，印发或张贴的情报有28056份，举行的军民联欢会有8392次，发动的慰劳伤、病兵、驻军和出征军人家属等共有6361次。

一年来的出版物的统计：出版的报刊一共有85种，合计每期就有24255份，其中《曙光报》已经出版到差不多300期，编印的单行书本小册共有33种，合计18610本，印发的宣言、告民众书、告别帖等也有223260份。

一年来劳动服务工作的统计：助耕工作2108次，助割工作674次，洗衣153次，破路488次，抬救伤兵1093次。

一年来成立民众服务处、俱乐部等工作的统计：成立的大众文化室235处，民众服务处186处，俱乐部8处，民众书报社72处，民众问事处39处。

一年来组训工作的统计：组训的歌咏队有136个，共14280人；儿童训练班有24个，共1816人；孩子剧团有18个，共1598人；儿童救亡工作团有32个，共2596人；少年先锋队或少年突击队有9支，共有835人；妇女训练班有38个，共2416人；妇女会有63个，共4074人；妇女游击队有7支，共332人；旅业姐妹训练班或歌女救亡队有13个，共763人；工人训练班有7个，共526人；矿区工友成人班有

①政协平乐县委员会文史资料研究委员会：《平乐文史资料》，1987年5月。

②靳为霖：《广西学生军过去工作的总结》，《广西学生军纪实》，1940年8月。

34班，共2500人；青年训练班有29个，共2782人；升中补习班有7班，共371人；艺术研究班有3个，共141人；高级成人班有31个，共1268人；读书会有164个，共4709人；防空训练班有4个，共216人；歌剧团有27个，共2592人；战时服务团有44个，共3307人；国术团有2个，共69人；肃奸组或防奸组有7个，共406人；文化促进社有1个，共31人；自卫团有8个，共1394人；合作社有14个，共986人；游击队有15县，共17630人；新兵训练有2个新兵管理处，共1940人；士兵训练有8个团，共10630人。

一年来参加战役的统计：对日本帝国主义侵略军的战斗有130次，参加作战的人数前后共计有978人。

一年来捐献义卖等工作的统计：捐获的款项有498414元4角7分，鞋子有13029双，铁236400斤，谷米203800斤，糕饼等42600斤，牙刷毛巾等16850件。

仅据军民合作站1940年6月份的统计，代雇的向导97名，解决军民纠纷287件，代雇民夫5446人，代运伤病官兵159人，出版壁报每期28份，出版刊物每期8份，慰劳军队60次，征集军米109030斤，代写书信1177封，来军民阅览室阅读的军人31683人次，民众36777人次。[①]

总之，学生军在战前的宣传动员和组织战备工作以及对日军直接作战、战后的收复工作中都发挥了积极作用，做出了突出的贡献，在历史上谱写了光辉的篇章，这是广西各族人民的骄傲。

1941年，广西学生军曾在南宁建立“广西学生军抗日阵亡烈士纪念碑”，可惜原碑文已不存在。1986年，为了纪念广西学生军在抗日战争中牺牲的烈士，经广西壮族自治区人民政府批准，南宁市政府在南宁市青秀山风景区重建了“广西学生军抗日烈士纪念碑”，以恢复广西学生军光辉的形象，肯定了广西学生军在抗战中的丰功伟绩，永远铭记在抗战中献出宝贵生命的广西学生军烈士们。

①靳为霖：《广西学生军过去工作的总结》，《广西学生军纪实》，1940年8月。

三、血战淞沪

1937年八一三事变爆发后，中国守军进行了淞沪会战。包括桂军在内的70多万中国军队共同抗击约28万日本侵略者，在上海及其周围激战三个月，打破了日军三个月灭亡中国的狂妄计划。

10月，日军第3和第9师由蕴藻浜北岸强渡苏州河，指向大场，企图切断京沪线，迫使国民党军队全线后撤。此时，中国参战部队已由上海市区撤到蕴藻浜以南一带。在此危急关头，原计划集中于徐州的桂军第二十一集团军（四十八军之一七三师、一七四师、一七六师及第七军之一七一师），于10月中旬由徐州南下至上海，参加淞沪战役。

10月15日，一七三师奉命于陈家行、谈家头东、沈宅、北侯宅、朱宅、新泾桥一带地区，策援第一军及二十军作战。15日晚，日军向陈家行猛烈炮击。一七二师的一〇三三团和一〇三四团向日军进行正面反攻，双方伤亡惨重。是役，副师长兼旅长周元，团长陈昭汉、李裕安，营长苏武杨均负伤，营长丘俊英、黄玉超阵亡。20日起，第七军一七一师及第四十八军一七四师、一七六师向蕴藻浜南岸的日军发起反攻。21日，全线阵地进行了激烈的争夺战（参见表2-2）。当天黎明，日军占领桃园浜、丁家宅、北侯宅等阵地，后经一七四师部队反复逆袭，仅将北侯宅夺回。同时，杨湾宅亦被日军击破，一七一师师长杨浚昌立即派1个连，卸去枪支，携手榴弹冲入村内驱逐日军，致使日军1辆坦克轮带被毁不能转动，2辆陷入壕沟，日军弃车逃跑。23日，日军在飞机、大炮的掩护下，向中国全线阵地进行轰击，一七四师阵地陷入混乱状态。一七六师预备队的机关枪全毁，干部伤亡殆尽，无力阻止日军长驱直入，日军闯至新浜桥。王赞斌师长亲督特务连鏖战多时，仅保住了走马塘南岸。一七三师掩护一七四师撤退，旅长庞汉桢中炮殉国。当晚，全军奉令开始全线向京沪铁路线以南、苏州河以北地区休整待命。

10月17日，第七军一七一师乘火车到达南翔，接胡宗南军阵地，与日军血战7昼夜，予敌以重创。该师五一一旅旅长秦霖殉国，一〇二二团长颜僧武、黎式谷、沈治负伤，3个营长阵亡，班长李达愚抱着集束手榴弹与敌军坦克同归于尽，官兵伤亡达2/3，一〇二一团三营的营、连、排长全部牺牲，只剩下士兵二三十名。11月中旬，一七〇师（一〇三八团由汽车输送至浙杭，归第十集团军总司令

表2-2 陆军第四十八军上海蕴藻浜战役官兵伤亡统计表(1938年1月17日)

		负伤						阵亡						伤亡 官职姓名	生死 不明
		将官	校官	尉官	军士	列兵	马匹	将官	校官	尉官	军士	列兵	马匹		
一七四师	师部	-	1	2	-	-	6	-	1	-	-	21	6	上校参谋长龙炎武,少校参谋崔朝荫,连长刘克成,连附王崇芳	
	五一三旅	-	-	-	-	-	-	-	-	-	-	1			
	一〇二五团	-	3	25	-	233	4	-	-	8	-	1037	4	中校团长秦靖、团附林蜜,少校团附陆伟才,上尉营附王世勋、农国锁,连长凌子明、丘振良、黄克邦、方绳武、石权添、龙王、韦干、蒙龙、韦顺初	
	一〇二六团	-	1	27	-	306	2	-	1	8	-	771	2	阵亡少校营长韦镃时,上尉连长黄德光、梁绣、谢拔熙。负伤少校营长欧阳韬、营附彭永歧、谭继绩,连长杨桂萼、黄敏、黄伯章、陈骑	官佐3名
	五二〇旅	1	-	-	-	-	-	-	-	-	-	11	1	少将旅长刘振平	
	一〇三九团	-	6	26	-	367	3	-	1	6	-	765		阵亡少校营长丘俊英,伤上校团长陆继炎、中校团附周家初、上校团附唐介圭、营长农民善、营附王琳、连长陆沛霖、上尉营附黄兢雄,连长张彪、褚兆月、陆飞鹏、吴世雄、杜进廷、宋兆华	12名
一七六师	一〇五一团		3	28		279			1	7		268		阵亡上校团长谢鼎新、上尉连长李学登。伤中校团附吴桂芬、少校营长江晶熙、陈立卿、刘玉池、上尉连长梁恒才、陈化才、黄家禄、莫华强、龙精强、易成、刘仪、营附徐鹏、副官龙弼廷	官佐4名 士兵228名
附记	1.各师直属部队伤亡之官兵均列入师部栏;2.一七三师所报之表,其将校姓名及职级未分别,故伤亡官兵数量均计入尉官及列兵栏内,合并注明;3.伤亡官职姓名栏,上尉以下均未列入;4.据各部所报汇计之。														

原件藏中国第二历史档案馆,全宗号:787,卷号:7553

资料来源　黄铮:《广西抗日战争史料选编》(第三卷),广西人民出版社2005年版,第49-51页。

刘建绪指挥)及一七二师奉命到吴兴、南浔布防,掩护上海友军撤退。先头部队一七〇师五二二旅在南浔附近与日军接触,继而在昇山、戴山一线展开激战,旅长夏国璋阵亡。自11月20日血战至29日,中国军队以7个团的兵力抵抗日军1个师团,苦战十昼夜未有增援,伤亡惨重,一〇三四团团长韦健森阵亡,中下级干部伤亡1/3,士兵伤亡2/3。据统计,第七军参与吴兴战役的人员中有:军官2290人,死亡342人;士兵22808人,死亡9367人。[①]

11月底,第二十一集团军全部奉命转入浙江孝丰休整待命,并在孝丰、余杭等地阻止日军西进,确保浙江东部各地稳定。

淞沪战役是抗战以来牺牲最大、战斗最激烈的一次保卫战,可谓一寸山河一寸血。桂军第二十一集团军广大官兵同仇敌忾,斗志昂扬,以劣势装备和血肉之躯,顶着敌人的现代化装备和陆海空联合作战的强烈炮火,前仆后继,奋力拼搏,与友军共毙伤日军4万多人,坚守上海达3个月之久,迫使日本从国内及华北、青岛、台湾抽调兵力,四次增援,粉碎了日军迅速吞并中国的企图。

四、搏击徐淮战场

1937年底,日军占领南京后,以两个师团的兵力,分两路渡江,集结于乌衣及滁县附近,企图进攻徐州,打通津浦路,以连接南北战场,随后沿陇海路西进,利用中原平坦地势,发挥其机械化部队优势,直扑平汉路,一举攻占武汉,迫使国民政府投降。

1938年1月15日,日军突然向明光发起进攻,池淮阻击战开始。战斗开始以后,三十一军利用有利地形英勇抵抗,一度将日军阻住,双方形成对峙。日军调来援军及坦克、野炮,中国军队被迫西撤,日军于1月17日占领明光。从1月底到2月初,中日两军在池河两岸激烈交战,由于寡不敌众和装备上的劣势,三十一军最终被迫放弃池河镇,退守池河西岸。池河一战,中国军队阻滞日军达一个星期之久,歼敌2000余人,这是日军在淮河流域遭遇的第一次挫折。日军已攻陷明光、

①黄铮:《广西抗日战争史料选编》(第三卷),广西人民出版社2005年版,第70页。

定远、蚌埠，由临淮关渡河，李宗仁命调于学忠部五十一军自青岛南下增防，适时赶到，便予以迎头痛击。此时，李宗仁命令三十一军配合第七军从日军背后出击，将津浦路截成数段，使日军首尾不能相顾。日军两面受制，不得不将主力南撤，与中国军队胶着于津浦沿线。李宗仁抽调原来南下驰援五十一军的张自忠部五十九军转头北上，增援临沂，与庞炳勋部协力将板垣师团击溃。日军增援1旅团，企图会同原有津浦南段之敌北进，解救台儿庄之围，被固守淮河北岸的第三十一军阻遏于淮河；后又被第四十八军与第七军分段拦腰截击。表2-3反映了部分伤亡情况。

池淮阻击战是七七事变以来少有的一次完全成功的阻击战役。桂军与友军协同作战，将日军阻截在淮河以南，挫败了日军南北夹击中国军队以打通津浦铁路的战略企图，从而造成了华北日军孤军南下之势，为中国军队集中力量分割围歼津浦北段孤军冒进之敌，夺取台儿庄大战的胜利奠定了基础。正如第七军军长徐启明所说，台儿庄之战“虽无（桂军）部队直接参加，但有间接部队参加，如无我三十一军、四十八军及第七军广西部队分段拦腰侧击敌军，阻延其北进，不但无台儿庄大捷，即徐州亦可能早被敌人攻下”①。

表2-3 淮北战斗桂军伤亡情况（1938年5月）

		第七军				第三十一军			
		军直	一七〇师	一七一师	一七二师	军直	一三一师	一三五师	一三八师
参战人员	官	103	247	-	-	228	612	634	670
	兵	1455	5753	-	-	3214	9339	10722	11065
死亡	官	-	9	19	7	5	17	9	9
	兵	12	245	263	206	14	638	172	159
负伤	官	3	6	27	9	3	34	10	24
	兵	17	214	305	145	20	543	586	325
失踪	官	-	3	-	-	-	2	2	-
	兵	39	384	-	13	64	381	478	304

摘自中国第二历史档案馆，全宗号：787，卷号：7769

资料来源 黄铮：《广西抗日战争史料选编》（第三卷），广西人民出版社2005年版，第77页。

①徐启明：《保卫徐州，防敌打通津浦路》，《广西文献》，1982年10月第18期。

日军进攻台儿庄失败后，复以重兵向江苏砀山急进，企图截断徐州后方主要交通线——陇海铁路，又从南京方面抽调兵力2万余，以荻洲师团为主力，沿津浦铁路南段陆续向安徽蚌埠集结，企图将中国第五战区主力军包围歼灭于徐州地区。驻守淮河中游一带的第二十一集团军总司令廖磊奉命牵制日军，掩护撤退，派遣一七一师杨俊昌师长、一七三师周元副师长，各率步兵两团，驰赴宿、蒙两县，扼守要塞。徐州外围作战，宿县失守，一七一师师长杨俊昌被撤职扣留，送重庆法办，以五一一旅旅长漆道徵升充一七一师长。军长周祖晃撤职，遗缺由二十一集团军参谋长张淦接任。蒙城突围战失败，周元副师长捐躯，一七三师一〇三三团几乎全团覆灭。全团2000多人，仅团长凌云上等军官3人、士兵13人杀出重围。[①]

日军攻陷蒙城后继续北进，后攻陷永城，直接威胁徐州。此时，第十一集团军总司令李品仙命第四十八军进击淮河北岸，阻止蚌埠的日军西进，令第七军由田家庵沿淮南铁路南下配合徐源泉军阻击从定远向合肥进攻的日军。后第七军在大蜀山与日军激战，歼灭日军三浦中佐大队，占领了大蜀山。在敌强我弱的形势下，为保存实力，李宗仁做出有计划地撤退的决定。5月19日，日军占领徐州，至此，徐州会战结束。

徐州会战后，桂军的第十一、第二十一集团军集结在河南商城、安徽六安一带进行整编。第一七〇师番号回桂整补，其士兵补充到一七一师和一七二师。第八十四军从广西调入第十一集团军，下辖一八八师和一八九师。

五、保卫大武汉，拱卫鄂西北

徐州会战后，日军企图夺取武汉。1938年，日军攻占安庆、九江后，开始分5路向武汉进攻。为了保卫武汉，蒋介石任命李品仙为第四兵团司令，防守大别山及其以南地区，阻止日军沿长江北岸西进。7月下旬，日军海陆空军相互配合开

①凌云上：《蒙城抗战记》，《广西文史资料》（第二十二辑），1985年。

始向望江、宿松、小池口、黄梅、广济等地进攻。中国第四兵团于大别山南麓利用地形占领阵地，相机出击。

6月下旬，第三十一军陆续推进至太湖，占据太湖西北一带的山地，以阻击西进的日军。26日拂晓，日军的两个联队、10多门火炮、8架飞机重点进攻一三一师的左翼。下午，留守风火尖的两个排战士全部牺牲，据点被敌军占去，邻近的两个山头也相继失守。入夜，一三一师奋勇反攻夺回阵地。同日，日军1000多人进攻新仓、驼龙山，3000多人从潜山大道向小地驿、刘家铺进犯。还有一部分日军向太湖进犯，经半日猛烈炮火攻击，太湖城堡全成焦土。27日，一三一、一三八师全线陷入激烈的争夺战之中。龙宫山在太湖城东北，自晨至暮失而复得5次，最后阵地尽毁，中国军队伤亡惨重。守备队中的1连只剩下20多人。花凉亭是通英山道路的咽喉，失而复得达6次之多。守备队队长梁汤不幸阵亡。28日，战事延展至全军的正面。29日，日军从宿松增援4000余人，连同原来的日军共12000余人，向一三一师进攻，使我军多处阵地被毁。花凉亭的交通网被破坏，一时陷入极为困难的境况。当时，预备队已用完，旅团部的手枪兵、传令兵也一齐上阵。太湖到宿松仅45千米，但日军主力至月末才打通太湖至宿松之道。三十一军伤亡3000余人，日军则伤亡六七千人，以1∶2之比，开江北歼灭日军之先声。①

1938年8月3日，原留守广西的第八十四军奉命接替第六十八军驻守广济附近李家湾、塔儿寨、叶家大屋、后山铺、苦足口一线，阻止日军西进。第八十四军与日军浴血战斗50余日，克复双城驿。桂军此次英勇作战得到了蒋介石的嘉奖。8月初，第八十四军与第四十八军经一昼夜之战斗，收复潜山、太湖，继而收复宿松。第七军与第三十一军对黄梅一带的日军展开长达两个月的拉锯战，双方损伤甚重。日军使用毒气攻击，中国军队无空军掩护，驻守广济之第八十四军与第三十一军向广济西北一带高地撤退，第十一集团军指挥所亦转移至西河驿。8月底，一八九师谭团长率领该团扼守广济荆竹铺之卓必寨，掩护主力向纵岗山脉转移。该团陷入日军重围，血战一夜，全团壮烈牺牲。

9月中旬，第七军与第四十八军在广济梅川西、蕲广公路的四顾坪山一带山地与日军展开激烈的阵地争夺战。白天日军利用飞机低空轰炸，抢占阵地，入夜

①黎嘉：《太湖之战——三十一军韦云淞军长访问记》，《全面战周刊》（第四十二辑），1938年10月19日。

后，中国军队又强行夺回。第八十四军与日军反复六次争夺广济北岳山阵地，有些阵地甚至八出八进。与日军争夺广济丛山口时，一七四师不顾日机轰炸，前仆后继，不断冲锋，终于围歼日军400余人，夺回阵地。现在丛山口外的白骨塔掩埋的就是当年抗击日军的一七四师官兵的忠骸。表2-4、表2-5反映了第八十四军、第七军的部分伤亡情况。

当黄梅、广济一带双方激战，形成拉锯战状态之际，第二十一集团军利用大别山的险峻地势，巧妙地阻击了日军西进。双方激战一个多月，日军以死伤4400多人的代价，才突破大别山，于10月25日即武汉沦陷的前一天占领了麻城，然后沿宋埠、黄安、河口镇向武汉进犯。

1938年冬，国民政府统帅部通令各战区发动冬季攻势，利用有利的气候条件，全面攻击日军。第二十一集团军积极行动，袭击日军的据点，破坏其交通线，纠缠牵制日军的兵力，策应主攻方面的战斗。驻守六安附近的一三八师所属四一二旅八二三团利用大蜀山良好的地形，全歼日军第十三师团。此战，歼灭三浦中佐以下所有官兵，俘获山炮2门，步兵炮3门，轻机枪11挺，步枪200余支。①

表2-4　第八十四军(桂系)黄广战役官兵死伤人数

	参战人数		死亡人数		负伤人数		失踪人数	
	官	兵	官	兵	官	兵	官	兵
一八八师	171	3566	6	132	15	169	2	46
一八九师	557	9494	31	625	35	548	-	86
总计	728	13060	37	757	50	717	2	132

注：该军所配属之一七六师、一三五师及炮兵部队伤亡数未报。

摘抄自中国第二历史档案馆，全宗号：787，卷号：8251

资料来源　黄铮：《广西抗日战争史料选编》(第三卷)，广西人民出版社2005年版，第131页。

①柳千里：《抗日战争中合肥大蜀山战役》，《广西文献》，1981年1月第11期。

表2-5 第七军(桂系)太湖、宿松、黄梅、广济战斗死伤人数表(1938.8.15-10.15)

	参战人数		死亡人数		负伤人数		失踪人数	
	官	兵	官	兵	官	兵	官	兵
军司	36	23	-	-	-	-	-	-
炮兵营	25	482	-	1	1	1	-	1
工兵营	16	483	1	2	-	19	1	3
特务营	23	472	-	-	-	-	-	-
一七一师	259	6661	6	370	28	682	-	199
一七二师	366	7048	14	330	35	782	3	102
合计	725	15169	21	703	64	1484	4	305

摘抄自中国第二历史档案馆,全宗号:787,卷号:8245

资料来源　黄铮:《广西抗日战争史料选编》(第三卷),广西人民出版社2005年版,第128页。

1939年4月下旬,日军发动了随枣战役。4月27和28两日,日军1师团又1旅团,附炮78门,战车56辆,飞机数十架,开始向随枣淅河正面及公路北侧攻击。桂军英勇抵抗,血战10天,粉碎了日军全歼中国军队第五战区主力的企图。随枣战役中最为激烈的是蒋家河沿岸之血战,日军多次以毒气弹攻击阵地,桂军损失惨重,其中刘团官兵伤亡约为2/3,凌云上、李俊雄两团伤亡约为1/3,李岳嵩团伤亡1/2以上。[①]桂军将士与友军浴血奋战7天7夜,为随枣战役本战区反败为胜奠定了基础。

在随枣战役中,一七三师为掩护一七四师、一八九师主力及后方机关撤退,全师牺牲殆尽,师长钟毅为桂军中将殉国的第一人。伤亡情况见表2-6。

表2-6 随枣会战第三期武汉外围战桂军参战部队及人马损耗

	参战人员		死		伤		生死不明		备考
	官	兵	官	兵	官	兵	官	兵	
十一集团军	1210	21374	70	2412	167	2615	20	1111	
八十四军(一八九师)	557	10180	32	820	37	590	19	1014	
八十四军	2个师		-	-	256	6038	-	-	

①李品仙:《随枣会战纪要》,摘自黄铮:《广西抗日战争史料选编》(第三卷),广西人民出版社2005年版,第146页。

续表

<table>
<tr><td rowspan="2"></td><td colspan="2">参战人员</td><td colspan="2">死</td><td colspan="2">伤</td><td colspan="2">生死不明</td><td rowspan="2">备考</td></tr>
<tr><td>官</td><td>兵</td><td>官</td><td>兵</td><td>官</td><td>兵</td><td>官</td><td>兵</td></tr>
<tr><td>二十一集团军</td><td colspan="2">5个师</td><td>-</td><td>-</td><td>43</td><td>1578</td><td>-</td><td>-</td><td>一七一、一七六师所报</td></tr>
<tr><td rowspan="2"></td><td>参战</td><td>死亡</td><td colspan="6">武器损耗</td><td></td></tr>
<tr><td></td><td></td><td colspan="2">步骑枪</td><td colspan="2">机枪</td><td colspan="2">重山炮</td><td></td></tr>
<tr><td>第七军(一七一、一七二师)</td><td>22867</td><td>910</td><td colspan="2">138</td><td colspan="2">6</td><td colspan="2">1</td><td></td></tr>
</table>

摘抄自中国第二历史档案馆,全宗号:787,卷号:6964

资料来源　黄铮:《广西抗日战争史料选编》(第三卷),广西人民出版社2005年版,第148页。

六、抗战中的广西空军

1934年,新桂系创办广西航空学校,以培养各类航空人才。至1937年,航校共培养了飞行班毕业学生2期,每期30名,第三期学生已开始学习中级飞行。机械班毕业学生2期,每期30名,第三期学生已开始机械修护实习教育。空中侦察班毕业1期,学员10名(学员是由部队现职优秀人员考选受训)。空中轰炸射击班毕业1期,学员20名。空中照相侦察班毕业1期,学生10名。另广东航校代训毕业飞行学生30名。为了吸收国外的航空理论与技术,1934年选派韦超、马健民、罗锦春3人赴英国曼彻斯特的飞机制造厂留学。

1937年七七事变后,新桂系各部队改编纳入国民政府军的战斗序列。航校原有的3个教导队扩编为4个中队:第七和第八驱逐中队(直属航空委员会第三大队)、第三十二驱逐中队及第三十四轰炸中队。改编后，任命李凌云[①]为第三大队大队长，后经建队编制调整，调换吴汝鎏[②]为大队长，第七中队长为吕天龙[③]，第八中队为陆光球[④]，第三十二中队队长张柏寿，副队长韦一青，第三十四中队队长邓堤。第三大队赴兰州接收22架苏联制造的“伊-15”式单座战斗机，在西安、襄阳、信阳、归德、孝感、南昌、衡阳、梁山等基地承担空防任务。空军第三十二中队移防南宁，负责训练与警戒。第三十四中队移驻武鸣，继续训练。广西航空学校则并入中央航校。

（一）南宁市上空首次空战

1938年1月8日8点多钟，日军14架飞机分两批由钦州湾起飞向西北方向航行，企图侵袭南宁。约9点半，韦一青副队长率领马毓鑫、杨永章、蒋盛祜、韦鼎烈等人各自驾驶日制91式驱逐机，鱼贯起飞，沿着南宁外围，从东南到西南作半圆形的巡逻警戒。9点50分，飞机巡逻到邕江下游，发现带有浮舟的95式日机7架。韦一青下令攻其不备，交战不到两分钟，日机1架被击伤，尾冒浓烟，朝青山塔方向低空逃逸。酣战不久，第二批7架日机到达，匆忙扔弃炸弹，加入战斗。混战约10分钟，日机被击中两架，尾曳白烟逃跑，其余5架掩护，且战且走。驾驶五〇七号机的蒋盛祜穷追敌机不舍，一时陷入日机重围，飞机被击中油箱起火，蒋盛祜受伤跳伞，降落在亭子圩附近江边，身受重伤，壮烈殉国。[⑤]

13点55分，日机13架经小董向南宁方向航行，韦一青率领4架91式飞机从南宁机场起飞拦击。14点30分，发现日军水上侦察机一批7架向南宁机场西南方向飞来。日机未到机场前，即遭到中方4机攻击，日机队形立即混乱，因低位陷于被动未能还击。战斗不久，第二批日机6架从机场东南方进入战斗。南宁机场被破坏，炸有小型弹坑10余个。为安全降落，中方飞机4架于15点10分降落在武鸣机场。此役，副队长韦一青击伤日机1架，分队长韦鼎烈在青山塔上空击落日机1架。

---

①李凌云，广西灵川人，空军少校，广东航校第三期毕业。曾在广西空军任过中队长。

②吴汝鎏，广东人，空军少校，广东航校第三期毕业。曾在广西空军任过中队长。

③吕天龙，印尼华侨，祖籍为广西陆川县，空军中尉，广西航校第一期毕业，曾留学日本，在明野陆军飞行学校学习，中华人民共和国成立后在香港起义，参加中国人民解放军空军。

④陆光球，广西田东人，空军中尉，广西航校第一期毕业，曾留学日本，在明野陆军飞行学校学习，中华人民共和国成立后参加中国人民解放军空军。

⑤蒋盛祜，广西兴安人，空军少尉，广西航校第二期毕业，牺牲时年仅22岁。关于蒋盛祜牺牲时间，《中国空军抗日战史》和《20世纪30年代的广西》及韦甦生《记抗日战争时期广西空军的十大空战》（见《南宁文史资料》第三辑）中认为是8日下午，而沈奕巨《广西抗日战争史稿》及韦大卫《广西空军的改编和南宁首次空战》中认为是8日上午。

9日8点55分，日机11架由北海起飞，继续进犯南宁。10点左右，日机由亭子圩方向进入，高度约2200米，被正在巡逻的中方机群打了个措手不及，交战不到5分钟，日机1架被击伤后，急速俯冲低空逃离战场。鏖战约10分钟后，日机发觉反击困难，遂仓皇逃逸。

13点30分，日军水上侦察机8架由北海起飞，14点10分经过小董向南宁进犯。10分钟后，韦一青副队长率领上午作战的原班人马升空拦截，高度3300米。14点40分发现日军水上侦察机8架，高度约3000米，从东南方进入机场。中方飞机以制高之利，两机一组轮流选择最有利的目标急攻，交战约10分钟。日机反击困难，不敢恋战，匆匆逃离战场。

1月8日、9日两天，日机进犯南宁4次：第一次14架次，第二次13架次，第三次11架次，第四次8架次。根据各乡镇报告，日机在蒲庙、永淳各坠毁1架，在北海也发现1架。日机残骸曾运至南宁及桂林公开展览。但若依照日机每次出动架次递减情形判断，日机损失不止3架，应损失6架。①这是七七事变以来，日机轰炸中国后方各城市受到的最严重的一次打击，它将日机嚣张的气焰大为压制。

（二）北上抗战

1938年2月，广西空军北上参战的部队在武汉附近训练的时候发现日军重型轰炸机3架，旋即将日机包围在襄阳、樊城之间的上空，并一一击落。这是北上参战的广西空军的第一功。

1938年3月初，第七中队驻孝感，第八中队驻信阳，正式参战。是时，日本矶谷师团南下滕县、峄县，进逼台儿庄，鲁南战情紧急。第五战区司令长官李宗仁要求空军参战，以鼓舞士气。争夺鲁南制空权的任务由第七、第八中队承担。3月18日，大队长吴汝鎏率领第七、第八中队9架飞机于15点50分出击滕县、峄县日军阵地，两个中队轮流俯冲轰炸，日军慌作一团，车辆燃烧，骡马狂奔，官兵四窜。滕县空战打掉了日本3架重型轰炸机，吴汝鎏、朱嘉勋、欧阳森、曾达池等大显身手。欧阳森及友机追逐1架日军88式侦察机，追到日军阵地上空，欧阳森的两个手指被日军地面防空部队射伤。

---

①韦大卫：《广西空军的改编和南宁首次空战》，《广西文献》，1984年4月第24期。

3月25日晨，吴汝鎏大队长率领第七、第八中队14架驱逐机袭击枣庄日军司令部和滕县韩庄的日军阵地，掩护中国军队反攻。完成任务后返回归德机场途中，同日军18架战斗机相遇。韦鼎峙击落了日本所谓之“荒鹫美少年”川原中尉。日军飞机精锐损失过半，加腾大队因此崩溃。中方损失飞机5架，牺牲3人，负伤3人。莫休同敌机纠缠恶斗之后，机身中弹起火，跳伞自救。日军违反空战法规定，紧追射击莫休，以致莫休牺牲。此外，中方“射手大王”何信和李膺勋也在此役中壮烈牺牲。

4月8日，为围歼据台儿庄日军，第四大队(中央空军)出动8架飞机，苏联志愿大队出动6架飞机，第三大队七、八中队出动10架飞机，组成机群飞往台儿庄支援步兵作战。广西空军七中队队长吕天龙低空追击日军侦察机，机身被高射机枪击伤多处。他坚持把飞机开回归德机场，自己成了血人，经抢救脱险。4月10日，中方大机群开回归德上空，又遇两批27架日机拦击，展开归德上空的第二次大战。黄莺连同第一次归德空战，击落日机3架，还击毙加藤健夫大尉。梁志航弹尽油罄，便用自己的飞机撞击日机同归于尽，牺牲得何等壮烈！此役，三大队共击落敌机5架，中方亦损失3架，牺牲2人，伤1人。[①]

广西空军参加鲁南战斗时，一直紧握着第五战区津浦北线战场的制空权，给予了日军很大的打击。台儿庄之歼灭战，得力于广西空军的“垂直包围”，功绩之伟大，不让陆军。

4月29日是日本天皇的生日，是日本“天长节”。为给天皇献礼，当天日军出动轰炸机、战斗机两个大队，共50架飞机，轰炸武汉。中国空军指挥部调集苏制驱逐机50多架迎战，以苏联援华志愿大队为主力，抽调第三、第四和第十大队的飞机参战。第三大队七、八中队经过两次归德大战，人机损失很大，只有8架飞机参战。正在医院养伤的八中队飞行员江秀辉(蒙山人)闻讯，不顾伤病未愈，执意参战。是役，歼灭日军佐世保第十二航空队，共击落日机29架，中方也损失12架，广西空军将校朱嘉勋、莫大彦、周纯3人各击落日军1架93式重型轰炸机，周善、李康之一起击伤1架93式重型轰炸机。这是抗战以来空战的最大胜利，武汉人民开祝捷大会慰劳空军。日空军经此重创，相当长时间不敢进犯武汉。

5月11日，广西空军第三大队朱嘉勋率6架苏制驱逐机与苏联志愿大队、第

①沈奕巨:《广西抗日战争史稿》，广西人民出版社1995年版，第60页。

一大队参加对广东三灶岛日军机场及日本舰船的轰炸后，归途中到达武昌附近，因为云雾过厚过低，广西空军飞行员李康之不慎触山，人机并毁。

7月8日，留守南宁的第三十二中队奉命移驻汉口。因各大队连续作战，人机残缺，战力大减，第三十二中队担负起武汉空中作战的主要任务。7月16日10点，日机40架袭击武汉。第三十二中队副队长韦一青率“格机”5架起飞予以反击，利用“格机”的良好性能，与日机同位作战，击落日机2架。中方损失2架，优秀飞行员莫更(广西蒙山人)牺牲。

7月18日凌晨，日机20多架突袭南昌，第三大队第八中队陆光球队长率广西飞行员驾机4架飞到南昌参战。陆光球、莫大彦迎击东面4机，击落2架，重伤1架。黄莺在解救苏联志愿大队的领队巴比洛夫上校后，被一架日机窜到机后射击，飞机坠毁，黄莺壮烈牺牲。第七、第八中队作战半年，伤亡减员严重，中央航校教官徐燕谋调任第三大队副大队长，黄昌琳、陈业新为分队长。七中队又领得7架苏制新机，实力得到恢复。

8月3日，日军50架飞机从芜湖起飞，第三次进犯武汉。中国军机积极迎战，击落击伤7架日机，广西空军第三十二中队击落3架。[①]

8月15日，第七中队奉命从武汉移驻衡阳，负责保卫铁路和机场。8月18日，日本重型轰炸机27架从芜湖起飞，绕过江西入湘，企图轰炸衡阳机场。徐燕谋副大队长率第七中队7架驱逐机和第二十五中队3架美制霍克机凌空截击。黄昌琳分队长作战勇猛，但不幸飞机被击伤，他迫降野外后获救。广西空军莫大彦击落1架敌机，但肩膀被射伤。欧阳森击落1架，陈业新、吴穆、邓伟殷共同击落1架。第二十五队击落敌机3架。[②]

日军飞机连日轰炸邕江铁桥，企图切断粤汉铁路军运。8月30日早晨，两批日机从大灶岛加贺航空母舰上起飞，向南雄方向飞来。大队长吴汝鎏率第三十二中队9架“格机”起飞搜索前进，巡视邕江铁桥，飞回南雄时发现12架日本驱逐机。中国军机居高临下，一直占据上风，把两批日机一架架击落。激战20分钟后，又有日本驱逐机12架投入战斗，中国军机寡不敌众，但中方飞行员勇打狠斗两个小时，击落日机7架，而中方也损失“格机”7架。大队长吴汝鎏、分队长马毓鑫殉国，

①沈奕巨：《广西抗日战争史稿》，广西人民出版社1995年版，第62页。

②《广西飞将莫大彦述抗战歼敌经过》，载《广西民团干校校刊》，1939年1月21日，第3卷第4期。见黄铮主编：《广西抗日战争史料选编》(第三卷)，广西人民出版社2005年版，第170页。

中队长朱嘉勋等5人负伤。这是广西空军作战时间最长、战斗最惨烈、损失最大的一次空战。

9月8日，第七、第八中队飞行员20多人、飞机近30架由副大队徐燕谋带领，奉命从南昌移驻衡阳。17日，第七、第八两中队飞行员约20人在机场值勤，傍晚乘汽车返回驻地时，所乘汽车与火车相撞，分队长欧阳森、陈业干殉职，飞行员13人负伤。南雄空战和衡阳车祸后，第三大队奉命飞到四川梁山整训，大队部及地勤人员移驻柳州，余下飞机交给衡阳航空站接收。11月，9架日机轰炸四川梁山机场。陆光球率领各队飞机11架升空迎敌，击落日机6架。(参见表2-7)

表2-7　广西空军北上抗日前期部分战绩

姓名	敌机种类		敌机坠落地点	附记
	驱逐	轰炸		
黄　莺	3	-	1.归德东北 2.老黄河附近 3.马牧集北	毙敌加藤大尉
朱嘉勋	-	2	1.临城微山湖畔 2.武昌汤家湖	
吴汝鎏	1	1	1.临城西北 2.归德东北	
曾达池	2	-	归德、马牧集	
莫大彦	-	1	武昌东北	
韦鼎峙	1	-	虞城归德间	毙敌川原中尉
黄名翔	1	-	归德附近	
欧阳森	-	1	藤县附近	
周　纯	1	-	武昌附近	
梁志航	1	3	1.归德附近 2.襄阳樊城间	全体队员作战击落

摘自《焦土丛刊》第四辑之一，冯璜，《广西空军》，1938年7月21日。

资料来源　黄铮:《广西抗日战争史料选编》(第三卷)，广西人民出版社2005年版，第163页。

（三）支援桂南会战

1939年11月，兰州驱逐机总队派第三大队副大队长陈瑞钿（祖籍广东，旅美华侨）、第三十二中队队长韦一青、飞行员唐绪光到桂林接收3架修好的“格机”并参加桂南会战。12月初，日机轰炸桂林，返航经过柳州，有几架落伍，被击落1架。

12月27日，苏联志愿队出动3架轰炸机到昆仑关助战，中国军队两架“格机”和1架苏制驱逐机奉命护航。刚到昆仑关上空，即遭日机多架从高空俯冲攻击，随即展开空战。苏联轰炸机乘混乱之机迅速向日军阵地投弹，完成任务后返航。广西空军与成倍之日机激战近1个小时。此战，韦一青中弹阵亡；陈瑞钿的飞机起火，他跳伞时受伤；陈业新的飞机出现故障，迫降受伤。

昆仑关战役以后，广西空军作为一个独立建制单位宣告结束，而广西的空军人员仍在各个战斗单位中参加对日作战。1940年6月26日的重庆空战及1940年7月24日的成都空战中，莫大彦与队友合作击落击毁敌机2架。

广西空军集体作战的第一次空战在南宁，最后一次在昆仑关，正巧都是在广西境内。据统计，从1937年8月到1939年12月，广西空军共参与大小战役19场，击落敌机23架，空战阵亡15人，负伤18人，以身殉职17人。[①]在抗日战争中，广西空军健儿驰骋南北，转战数省，坚毅顽强，勇于杀敌，常能以寡敌众，战功卓著，在中国空军史上留下了光辉的一页。（参见表2-8）

表2-8　抗日战争时期广西航校飞行员为国捐躯情况统计

姓名	时间	地点	原因
黄祖武	1937年9月17日	广州	飞机故障迫降
蒋盛祜	1938年1月8日	南宁	空战阵亡
何　信	1938年3月25日	河南商丘	空战阵亡
李膺勋	1938年3月25日	河南商丘	空战阵亡
莫　休	1938年3月25日	河南商丘	空战阵亡
梁志航	1938年4月10日	河南商丘	空战阵亡
李康之	1938年5月11日	江西修水	天气恶劣碰山

①沈奕巨：《广西抗日战争史稿》，广西人民出版社1995年版，66页。

续表

姓名	时间	地点	原因
莫　更	1938年7月16日	汉口	空战阵亡
黄　莺	1938年7月18日	南昌	空战阵亡
吴汝鎏	1938年8月30日	南雄	空战阵亡
马毓鑫	1938年8月30日	南雄	空战阵亡
赖崇达	1938年9月6日	衡阳机场	中炸弹
欧阳森	1938年9月17日	衡阳	火车撞汽车伤亡
陈业干	1938年9月17日	衡阳	火车撞汽车伤亡
韦一青	1939年12月27日	昆仑关	空战阵亡
周　纯	1940年1月	湖南洪江	飞机故障迫降
何觉民	1941年4月8日	四川遂宁	空战阵亡
李之干	1941年	成都	飞机空中失火
曾庆权	—	湖南芷江	坏人谋害

资料来源　江秀辉:《回忆抗日时期的空军生活和战友》,《广西文史资料》(第二十二辑),1986年10月。

第二节　日军入侵桂南与昆仑关战役

1939年,日军大举南进,先后攻陷广州、海南岛,进而入侵广西,企图切断河内至南宁的交通运输线,迫使国民政府投降。1939年11月,日军在强大的海陆空军支持下,从钦州、防城一线登陆,进攻南宁。新桂系积极组织军民奋力抵抗,与日军在昆仑关进行鏖战,取得昆仑关大捷。至1940年10月,日军进占越南,撤出桂南,中国军队趁机收复桂南。

一、日军决意切断桂越交通线

抗战初期，中国有四条陆路国际交通线。一条是西北国际交通线，由陇海铁路西接兰新公路直通苏联和中亚地区，但是路线过长，耗费大，路质差，运输量小，到1941年6月苏德战争爆发，苏联停止了援助。一条是华南国际交通线，以香港为转运口岸，经广九铁路接粤汉铁路，是抗战初期主要的国际运输线，占国外物资输入量的80%。[①]还有两条国际运输线均为经越南的通道，一条是从海防港经河内到老街，越过国境到达昆明，称为滇越铁路（又名云南铁路）。另一条是从河内分开由铁路进入靠近国境的同登，然后用汽车沿以前的商队路到达南宁。[②]

1938年10月21日，日军占领广州，切断了广九、粤汉铁路运输大动脉。我国囤积在香港的物资转运至越南海防，再利用越南北部的铁路，一路将物资经河内向西到老街，接滇越铁路送达云南昆明；一路将物资经河内向北到谅山、同登，接桂越公路送至广西。武汉会战结束后，国民党军队主力退到湘赣鄂豫等省，许多东部企业尤其是兵工厂内迁到四川、贵州、云南、广西等西南地区，需要各种物资补充，尤其急需军工生产原料。正如日军所说："进入长期持久阶段后，切断中国和各国联系的补给联络线问题，成了我国对华战略上的首要问题。特别是经越南方面的通道，自昭和十三年（1938年）八月加强对粤汉铁路的轰炸以后运输量增加了三倍，它对中国来说更加重要了。"[③]

桂越交通运输线有铁路、公路和河道。湘桂铁路衡阳至桂林段于1938年9月通车，桂林以南各段还在修筑之中，只有北段可运输。河道从龙州经左江到南宁，沿邕江、郁江下桂平，转溯黔江抵柳州，因航线迂回曲折，时间过长，只有笨重非急用物资用船运。桂越公路是新桂系在抗战前修筑的邕龙、邕宾、柳宾、柳宜、丹池、桂柳、桂全各条公路连接而成，大体上从镇南关转入南宁到柳州，一路向东北经湘桂铁路、公路到华中；一路向西经西南公路（桂筑公路）入四川，是当时桂越国际运输线的主干。1938年，国民政府对桂越公路进行了翻修、加宽、加固，使其

①沈奕巨：《广西抗日战争史稿》，广西人民出版社1995年版，第67页。

②日本防卫厅防卫研究所战史室：《中国事变陆军作战史》（第3卷第1分册），中华书局1981年版，第38页。

③日本防卫厅防卫研究所战史室：《中国事变陆军作战史》（第3卷第1分册），中华书局1981年版，第38页。

能通过载重10吨的汽车，到粤汉铁路中断的时候，桂越公路已畅通无阻了。[①]

1939年，日军占领海南岛后，加强了对桂越国际交通线的空中袭击力度，企图切断这条运输线。日机的狂轰滥炸，严重影响了桂越线的交通运输，但是广大汽车司机、运输工人和路警等发挥集体智慧，通力协作，采用水陆并举、分段运存的方法提高了桂越线的运输能力，将囤积在越南同登的货物先用汽车运输到凭祥、宁明、明江等地存放，然后多拉快跑，伺机运至国内。汽油桶由越南的平而河顺流而下，派人沿河守护至龙州捞起装筏，经左江运至南宁，再由水运或陆运至柳州，分至国内各地。至1939年日军占领南宁时，经由桂越交通运输线运入的汽油、机器、五金等物资约有4.44万吨，较好地支援了抗战。[②]

日军认为，由于有英、美、法的物资援助，蒋介石政权才得以存在。1939年后，日军海军方面提出攻占南宁，切断通过该地的中国对外贸易路线，并开辟海军指向内陆的航空基地。1939年，日参谋部出版的《兵要地志》指出了南宁重要的军事战略地位："一旦进入南宁，以该地为基地，则交通四通八达，远可通往广东、湖南、贵州、云南。所以南宁至谅山的道路，形成了蒋政权联络西南的大动脉。为了直接切断它，首先必须夺取南宁。南宁一旦占领，无须置重兵于北部湾附近，即可完成作战目的。……占领该地后即可将飞机场向前推进，缩短由海南岛起飞的距离，更有效地轰炸蒋介石政权在西南的两大补给路线——滇越铁路和滇缅公路，达到切断的目的。"[③]1939年9月，日军趁英法卷入对德作战的时机，进行切断桂越国际运输线的作战，入侵桂南，威胁滇黔。1939年10月14日，日军大本营正式下令驻华南的第二十一军执行切断南宁至龙州补给线的作战任务。

二、钦州、龙州、南宁等地沦陷

北部湾东临中国广东雷州半岛、海南岛，西临越南，在我国海岸线的最南端。

①沈奕巨：《广西抗日战争史稿》，广西人民出版社1995年版，第72、73页。

②沈奕巨：《广西抗日战争史稿》，广西人民出版社1995年版，第74页。

③日本防卫厅防卫研究所战史室：《中国事变陆军作战史》（第3卷第1分册），中华书局1981年版，第39页。

涠洲岛地势比较平坦，是日军一直想侵占之地。1939年1月15日，日军登陆涠洲岛，设立第七基地司令部，作为轰炸钦廉沿海和广西内陆以及滇黔的基地。

1939年11月，日军抽调第五师团、台湾旅团、台湾守备队一部、佐世保陆战队，海军第四舰队及台湾舰队一部，兵力共计3万人，舰艇54艘，航空母舰2艘，飞机100架，组成进攻桂南的兵团，以二十一军司令官安藤利吉①为总指挥。11月中旬，日军以第五师团和台湾混成旅团为基干，配属工兵、炮兵、骑兵联队及瓦斯兵等，分成及川（第五师团第九旅团长及川原七）、中村（第五师团第二十一旅团长中村正雄）、盐田（台湾旅团长盐田定七）3个支队在海空军的掩护下，分别在钦州湾、企沙、黎头咀等处强行登陆。

而当时国民党当局认为日军不会从钦防城一线入侵广西。桂林行营认为日军如果窜犯广西，必以海南岛为基地，以柳州为目标，以主力从广州湾登陆经玉林、贵县攻略柳州，至于窜犯南宁，不过以一部兵力作为助攻而已。当时少校参谋彭伯鸿则认为日军的主攻方向和窜犯目标可能是由钦县沿海登陆，沿邕钦路进攻南宁，理由是南宁是桂南重镇，占领了南宁就切断了通往越南的国际路线，现在日军兵力不足，不会深入到柳州，而进犯南宁，邕钦路就是捷径。而这一意见，被当时军令部派来桂平校阅参谋业务的窦大有横加指责，说一个小参谋懂得什么！②直至11月间，国民政府军委会军令部甚至认为日军兵力不足，不会再分兵力窜犯广西。

因为这样武断的敌情判断，在广西和广东南路国民党驻扎的军队只有新桂系的第十六集团军的2个军即第三十一军和第四十六军，共6个师。右地区为第四十六军，军部在南宁；新编第十九师在钦防小董地区，师部在小董，第一七五师在合浦、灵山，师部在武利圩；第一七〇师在横县附近，为右地区预备队。第三十一军之一三一师配属于右地区，置于玉林、陆川一带。左地区为第三十一军，其一三一师驻桂平，一八八师驻平南，一三五师驻大湟江口一带。11月初，第三十一军按照白崇禧的命令，由桂平、平南地区出发，拟经岑溪、罗定开往新兴、开平、阳江、阳春驻防。先行的是第一八八师，其次是第一三一师，军部和第一三五师随后跟进。此外，广东南路第七、第八两地方团队，归行政专员张炎、邓世增指挥，担任雷

---

①1939年11月至1940年1月，日军攻占南宁、昆仑关的指挥官为第五师团长今村津。迨中国军队反攻昆仑关、南宁之时，驻广东派遣军总司令由安藤利吉改派久纳诚一指挥作战，又调来第十八师团一旅团。

②覃戈鸣：《第三十一军桂南抗战纪实》，载广西区政协文史资料委员会：《广西儿女抗日亲历记——纪念中国人民抗日战争胜利50周年》，广西人民出版社1995年版，第155页。

州半岛和沿海一带守备。新桂系当局如此安排兵力，目的是在郁江、浔江北岸附近构筑工事，准备阻止或迟滞日军窜犯柳州，争取时间调动在全县一带的第五军及抽调第七、第九战区若干兵力来转移攻势。而在钦防附近驻防的仅有第四十六军的新编第十九师。因此，邕钦方面不但兵力薄弱，并且征调大量的民工来破坏邕钦公路，而车辆仍可以绕过路旁通过。①

在兵力分散的情况下，集结需要的时间较长，加上新编第十九师的实力相对比较薄弱，要进行正面抗战，无论态势、力量都远逊于日军，因此即便他们力图抵抗，终难阻止日军前进。而当一八八师到达藤县向岑溪方向行进时，日军第五师团等已在钦州龙门港登陆，主力沿邕钦路向南宁进犯。

11月15日黎明，日本舰队纷纷向钦州湾企沙、龙门沿海阵地射击，日军飞机亦低空轰炸，日军在其海空军掩护下渐次前进。至午后1点，日军以第五师团四十一联队、台湾旅团第二联队主力及田村陆战队在企沙强行登陆，被中国守军击退，至5时，又强行登陆。中国守军新编第十九师竭力抵抗后，退守防城、上思。16日晨6点，日军第五师团二十一联队、台湾旅团第二联队一部在钦州湾西端黄屋屯强行登陆，向大寺圩扑去。16日下午7点50分，第五师团第十一联队、台湾旅团第一联队山县部队利用黄昏在钦县南之黎头咀登陆，与中国警戒部队激战。另有一部猛犯黎头咀西方，血战一昼夜，中国军队顽强抵抗。

16日午后防城被占，新编第十九师第五、六团转移到平旺一带。吉田部队主力于17日下午5点窜抵钦县，与中国守军发生巷战。台湾旅团第一联队经大峰门直扑小董圩。日军第五师团二十一联队16日陷黄屋屯后，与四十一联队相呼应仍采取分进合击之势，向大寺圩急进。17日下午4点，日军600余步骑在飞机的掩护下，由大寺圩向那间、那晓的地方团队发起猛攻。中国军队因寡不敌众，两处阵地相继失守。

18日，日军第五师团之主力及台湾旅团第一联队、第二联队各一部会合于大塘圩，沿钦邕公路挺进。至20日，日军已窜至狮子圩、那马圩，而后又分途进扰。21日，日军第二十一军司令部进入钦县。22日5点，日军骑兵和步兵在飞机配合下沿大塘向那马进犯，与中国守军激战至9点，中国特务营一连退守平乐乡。中

①覃戈鸣：《第三十一军桂南抗战纪实》，载广西区政协文史资料委员会：《广西儿女抗日亲历记——纪念中国人民抗日战争胜利50周年》，广西人民出版社1995年版，第154页。

午，日军先头部队进到邕宁江南岸，在飞机的支援下，渡过邕江，占领罗菊村。傍晚，日军第五师团第九旅团和第二十一旅团全部进抵邕江南岸。第五师团长今村均命令第二十一旅团由东南方向、第九旅团由西南方向攻击南宁城。23日，日军在飞机的掩护下分向蒲津圩、良庆圩、思贤塘等处强行渡河。驻守蒲庙的中国掩护队之一营被日军包围，在江岸恶战，中日双方死伤惨重。24日9点30分，日军第五师团二十一联队及四十二联队主力分由蒲庙、亭子圩渡河，向南宁取包围之态势，中国军队第一七〇师和二〇〇师六〇〇团在罗圩附近与日军展开激烈战斗。此时，日军第九旅团一部又从西乡塘附近渡过邕江，向南宁城区进袭。守护南宁城的第一三五师对中村支队的先遣队进行二十余回合的反攻和顽强的抵抗，使日军感到震惊。后一三五师受到日军夹击，撤退到邕武路一塘至二塘一带，南宁城遂陷落。25日，中国军队一七〇师、二〇〇师和一三五师主力向高峰隘撤退。二〇〇师第六〇〇团奉命由全县乘汽车向南宁前进，在南宁城郊二塘与日军第五师团第二十一旅团的第二十一和第四十一联队遭遇，展开血战。此役，第六〇〇团团长邵一之身中三弹，不幸牺牲，团附吴其陞亦阵亡，副团长文模负伤。

26日，日军分四路进犯。以三木联队沿邕武公路猛攻中方高峰隘阵地，其一部进出石埠圩迂回高峰隘之侧背。纳见部队一部及骑兵第五联队、松本部队利用汉奸、土匪便衣队等侵袭邕宾路之四塘，中国守军一三五师的二连被冲散，日军主力进出剪刀圩那龙一带。黄昏时，日军袭入五塘，一三五师八〇五团在八塘之山心、三山一带占领阵地，进击轻进的日军。此时，一三五师一部仍在邕宾路上二塘附近阻击日军北犯，新编第十九师以及一七五师在钦防以北、邕江以南夹击北进之敌。

27日，日军骑兵松本部队、伪军一部向八塘左翼阵地搜索，被中国军队击退，而剪刀圩黄村第五师团四十一联队纳见部队继续向前挺进。

12月1日上午，高峰隘阵地被日军突破，中国军队退守武鸣北之马安圩，陆斡圩、八塘一线。12月4日，日军攻占昆仑关。

截至12月1日，根据日军第二十一军司令部的记录：中国参战兵力约3万人，遗弃尸体6125具，被俘664人。日军今村兵团战死160人（8名军官），负伤250人（13名军官）；盐田兵团战死24人，负伤57人（3名军官）；登陆作业队战死5人，负伤8人；合计战死189人，负伤315人。[①]

---

①日本防卫厅防卫研究所战史室：《昆仑关大战》，载《中华民国史资料丛稿》译稿《中国事变陆军作战史》（第3卷第1分册），中华书局1981年版，第45页。

日军占领高峰隘、昆仑关后，改取守势，用海军陆战队防守钦防沿海，其台湾混成旅团防守钦州至南宁公路，第五师团部署在南宁附近，及川第九旅团警备南宁以西地区，中村第二十一旅团警备南宁以东地区，企图固守以钦州、南宁为中心的桂南地区。12月16日，日军为夺取中国军队在桂越边境囤积的物资，第五师团长命令及川支队乘车向中越边境急进。及川支队于17日出发，首先以步兵第十一联队（欠1个大队）为先遣队急袭镇南关，支队主力则向龙州进攻。在龙州战役中，中国军队1600人牺牲，17人被俘，被缴获迫击炮1门，重机枪7挺，轻机枪65挺，步枪359支；日军战死105人，负伤256人。①

三、昆仑关鏖战

南宁陷落后，广西对外交通运输线被阻断，国民政府军委会决心收复南宁。中国军队由南宁北面进攻，须经过高峰隘和昆仑关这两处重要的关隘，而两处隘口已被日军派重兵占据，故收复南宁的第一步就是夺取昆仑关。南宁地据郁江上游，据全省中枢，西控南交，南应粤海，东顾浔梧，北策滇黔，大江如带，昆仑如砺。②而自北向南，从宾阳至邕宁，有数十千米险恶的山路，雄伟的昆仑关就雄踞其中腰，为南宁的东北门户，扼守着贯通南北的驿道。自古有诗文描写其险峻，真有"一夫当关，万夫莫开"之势。明朝松潘兵备、天启南康知县宣化朗边举人陈瑾在《和陶使君昆仑关诗》中写道："昔日关山路，百盘鸟道中。"③清代张鹏展作《昆仑关》曰："北水归临浦，南方控古邕。一关通鸟道，万仞锁螺峰。"④光绪左江道总兵孙楫在《昆仑关题壁》中写道："金风飒爽旌旗肃，邕管峥嵘锁钥牢。"⑤日军亦知昆仑关的重要性："激战的焦点昆仑关，自宋朝名将狄青击败侬智高部以来，成了中

①日本防卫厅防卫研究所战史室：《昆仑关大战》，载《中华民国史资料丛稿》译稿《中国事变陆军作战史》（第3卷第1分册），中华书局1981年版，第61—62页。

②覃锦吉：《昆仑关史料荟萃》，广西人民出版社1991年版，第12页。

③覃锦吉：《昆仑关史料荟萃》，广西人民出版社1991年版，第87页。

④陆宏光：《可爱的宾阳》，广西人民出版社1991年版，第91页。

⑤《广西文史资料》（第十九辑），1983年12月，第102页。

国有名的古战场。昆仑关雄踞于曲折的邕宾公路之上。其外围东面两千米的六五三高地，西面两千米屹立着四四五和四四一高地，居高临下，虎视着昆仑关一带。”[①]因此，日军以重兵扼守，并在昆仑关以北的仙女山、老毛岭、同兴堡、四四一、六五三、六〇〇、罗塘南、界首等高地，赶筑据点式的堡垒工事，外围有数道铁丝网和鹿砦等障碍物，且以轻重武器编成火网，各阵地以火力互相支援，构成拱卫昆仑关的坚固防线。日军阵地伪装得非常好，阵地和枪口都不容易发现，在掩体里休息，高山上观察不到目标；同时，还有炮兵、机械化部队来加强防守。[②]

昆仑关战役是桂南会战中最大的一次战役，中日双方都把自己最精锐的部队投入了战场。[③]日军此次侵犯桂南进占南宁共用两个半师团的兵力，其主力第五师团是少壮派板垣征四郎的部队，其官兵多是日本山口县人，秉性剽悍，长期受武士道训练，在侵华战争中参加过南口、忻口、太原、徐州、广州历次会战。台湾混成旅团曾参加武汉会战，沿长江跃进，攻下了安庆、九江、马当等要塞，以善于登陆作战著称。盐田兵团为台湾旅团所扩展，被称为敌登陆作战训练最精锐的兵团，参加过武汉会战前的安庆、马当、九江等役，罗店及广州等登陆作战。

蒋介石对收复南宁的作战非常重视，调集了许多部队，并且动用了唯一的机械化部队第五军，作为攻占昆仑关的主力。第五军下辖荣誉第一师（师长郑洞国副军长兼）、新编第二十二师（师长邱清泉）、第二〇〇师（师长戴安澜）等3个步兵师，军直属队有2个步兵补充团，2个战车团，装甲车搜索团，重炮兵团，汽车兵团，工兵团，辎重兵团，并有苏联顾问团帮助训练。军长杜聿明统率驻在全县、东安、零陵各县的部队南下到达昆仑关北面地带。

（一）第一次收复昆仑关

桂林行营决定采取“关门打狗”的战术，进行全面反攻。在邕宾路和邕武路方面“打”，在邕钦路方面“关门”。徐庭瑶指挥第五军等在邕宾路进行昆仑关攻坚战；叶肇第三十七集团军指挥第六十六军攻击邕武路高峰隘南的日军；蔡廷锴指

---

①日本防卫厅防卫研究所战史室：《昆仑关大战》，载《中华民国史资料丛稿》译稿《中国事变陆军作战史》（第3卷第1分册），中华书局1981年版，第52页。

②郑洞国，郑庭笈：《昆仑关攻坚战亲历记》，载广西区政协文史资料委员会：《广西儿女抗日亲历记——纪念中国人民抗日战争胜利50周年》，广西人民出版社1995年版，第148页。

③周庆春：《抗战史上的壮举——昆仑关战役的经过及意义》，《广西师范学院学报》，1986年第3期。

挥第六十四军在敌后邕钦公路开展游击战，破坏公路、桥梁，阻击日军的增援和补给部队；夏威指挥第三十一军和第四十六军。[①]广西参战部队主要部署情况如下：1.以邕武路方面为助攻方面，第十六集团的第一三五师及第一七〇师先攻击高峰坳和香炉岭，然后与邕宾路方面的主力兵团协同围攻南宁；2.第三十一军（缺第一三五师）由芦圩经思陇、天马、锣圩渡右江，经那桐、同正，在扶南附近渡左江出山圩、苏圩，大迂回运动到邕钦路西侧地区，向邕钦北段吴圩、绵羊村、唐报等要点攻击，破坏邕钦路，截断日军的后方交通；3.第四十六军（缺第一七〇师）由横县、灵山附近地区向邕钦路东侧进击，与第三十一军相策应，向邕钦路中段的那陈、大塘、小董等要点攻击，破坏邕钦路，截断日军的后方交通。[②]第五军各师集结完毕后，军长杜聿明于12月10日在迁江附近的一个地洞里召开了团长以上的军事会议。会议最后，杜聿明说，这场战役胜负关系到抗日战争的前途，是国家民族存亡的关键，要抱定"不成功便成仁"的决心，歼灭日军，收复失地，以慰革命先烈在天之灵。[③]12月12日，各部队接到战斗任务后，按指定的路线利用夜行军进入攻击准备位置。

12月18日凌晨，第五军集中炮兵的火力向昆仑关及周围阵地进行炮击。待日军炮兵中断射击后，第一线攻击部队第二〇〇师、荣誉第一师在战车和轻重武器的火力掩护下，向日军阵地运动。日机在中方阵地上空盘旋，企图空袭中方步兵部队，但遭到高射炮火猛烈射击，不敢低飞。待中方步兵接近日军阵地后，日机再也不敢在阵地前扫射和投弹，仅在我后方交通补给线上狂轰滥炸。荣誉第一师第一团在团长吴啸亚的指挥下，先占领了仙女山，当晚利用夜袭占领了老毛岭、万福村、四四一高地。第二〇〇师第五九八团在团长高吉人的指挥下，攻占六五三、六〇〇高地。荣誉第一师第二团在团长汪波的指挥下，占领了罗塘高地。第二〇〇师第五九九团在团长柳树人的指挥下，在战车掩护下沿公路长驱直入，占领昆仑关。

①郑洞国，郑庭笈：《昆仑关攻坚战亲历记》，载广西区政协文史资料委员会：《广西儿女抗日亲历记——纪念中国人民抗日战争胜利50周年》，广西人民出版社1995年版，第148页。

②覃戈鸣：《第三十一军桂南抗战纪实》，载广西区政协文史资料委员会：《广西儿女抗日亲历记——纪念中国人民抗日战争胜利50周年》，广西人民出版社1995年版，第158页。

③郑洞国，郑庭笈：《昆仑关攻坚战亲历记》，载广西区政协文史资料委员会：《广西儿女抗日亲历记——纪念中国人民抗日战争胜利50周年》，广西人民出版社1995年版，第149页。

（二）第二次收复昆仑关

今村师团长得知中国军队进攻昆仑关，急派步兵第二十一联队长三木吉之助大佐等部队赶往昆仑关，企图围歼中国第五军主力。18日下午5点，日军援军分乘31辆汽车自南宁出发，沿宾宁公路急进，至19点50分到达九塘。日军联队于19日拂晓时开始攻击。日本三木联队长命第五中队长田村能康中尉于当夜发动夜袭，于19日午夜0点30分占领左翼高地。653高地在昆仑关东北，足以瞰制全战场，日军以松本大队、小川队共200多人据守。6点多，中日双方开始对653高地进行激烈争夺。荣一师安朝宜连长和杨明排长携手榴弹率队直冲山顶与日军短兵相接，击毙大尉1名，少尉1名，其他官兵100多人，最后占据了653高地。[①]7点多，新二十二师在六塘以西1千米的地方阻击了40多辆日军汽车。8点多，新二十二师右翼迂回支队，占领了五塘、六塘。右翼第一线的松本大队一面放催泪弹，一面与中国军队展开白刃战，反复争夺阵地。日军台湾旅团由南宁向五塘增援，反攻六塘。新二十二师师长邱清泉命令刘建章团死守六塘，邓军林团、熊笑三团将主力埋伏在公路两侧高地，仅留小部队于五塘至六塘之间，诱敌深入，且战且退。8点半，六塘至七塘之间的桥梁被新二十二师破坏，并埋下地雷阻止日军前进。九十二师从伶俐向西穿插包围了警备七塘的日军。19日午后，日军出动大批飞机掩护反攻，昆仑关被夺去。20日，彭璧生左翼迂回支队，将七塘、八塘占领，切断日军的退路。日军随后赶来的第十二中队也在五塘附近被中国军队阻住，昆仑关的日军完全被孤立起来。

日军步兵第四十一联队队长纳见敏郎大佐率第二大队（缺两个中队）由南宁出击，19日20点40分到达三塘，借着月光深入中国军队背后进入武鸣大道，与在高峰隘守备的友野大队相策应。在20日拂晓前一个小时，一齐向中国军队急袭。在日军夹击下，中国军队向北撤退，途中又遭到守候在路上的日军步兵阻击。此次战斗，中国军人被俘15名，被缴获步枪33支，重机枪1挺、轻机枪3挺及一部分弹药。日方战死9名（军官2名），负伤30名（军官3名）。[②]

20日，日军今村师团长派出二十一旅团长中村正雄率2个基干大队于上午

---

①陆军第五军参谋处：《昆仑关战役纪要》，载黄铮：《广西抗日战争史料选编》（第三卷），广西人民出版社2005年版，第243页。

②日本防卫厅防卫研究所战史室：《昆仑关大战》，载《中华民国史资料丛稿》译稿《中国事变陆军作战史》（第3卷第1分册），中华书局1981年版，第54页。

10点从南宁出发，至九塘担任警备任务，同时命令向龙州前进的及川支队急速遣回一个大队。中村旅团在前进至五塘附近时被中国的炮兵团伏击。15点30分，中村部继续前进，但又遭遇据守在公路两侧高地的中国军队的阻击，使其在25千米长的狭窄道路上走得极其艰难。及川支队回援昆仑关的伊藤大队于23日在西长、山圩地区为中方第三十一军第一三一师和第一八八师阻拦，因过度疲劳陷入死守阵地的苦战中。在山圩战斗中，日军伤亡1200余名（遗尸483具），马六七十匹；桂军第一八八师伤亡军官28名，士兵234名。[①]

占据昆仑关的日军三木部队饮水和弹药、粮食、医药补给困难，不得不用飞机输送。21日14点，日本海军飞机3架来到八塘上空投下弹药，但增援的日军在八塘附近就被九十二师包围。17点20分，中国军队10架飞机在六塘上空连续三次向日军射击。19点，6架飞机亦到九塘投弹射击。入夜后，中国军队向占据在北正面第一线三角山的日军进行反复攻击，日军第四中队第一小队（小队长濑长正三少尉）几乎全部伤亡。中国军队继续加紧对昆仑关三木部队的进攻，在战车的配合下进行了三至四次猛烈攻击，并用重炮及13毫米口径以上的火炮向日军阵地进行猛烈的轰击。自12月18日至23日，中国军队已歼灭三木部队97人（军官10人），伤260人（军官9人）。[②]此时，被中国军队包围的三木部队第一线官兵粮食和弹药严重缺乏。这时，杜聿明为加紧在战术上围歼昆仑关的日军，命令荣一师派一个加强步兵团从右翼包围九塘。郑洞国得令后，立刻派该师第三团在郑庭笈指挥下，利用夜行军从右翼高地袭击日军九塘阵地，该团占领九塘西侧高地。郑庭笈命令第一营在高地上占领阵地，炮击敌军炮连、重机关枪连，集中炮火向日军猛击，日军纷纷向九塘逃窜。24日晨8点半左右，在九塘西面3千米的木欖西北高地，中村正雄被荣誉第一师第三团炮火击中，腹部贯穿受重伤。是夜，中村正雄在九塘民房进行手术。中国军队以15毫米榴弹炮为主，各种火炮继续集中射击，其中一枚炮弹恰好命中手术室屋顶。至25日5点18分，中村正雄死亡。

日军的二十一联队迢田中队死守罗塘，配重机枪8挺，轻机枪20挺，外围以3道铁丝网构筑掩体。中国军队用镐、大刀及锄头加以破坏，冲入内围，与日军肉

①黄铮：《广西抗日战争史料选编》（第三卷），广西人民出版社2005年版，第284页。

②日本防卫厅防卫研究所战史室：《昆仑关大战》，载《中华民国史资料丛稿》译稿《中国事变陆军作战史》（第3卷第1分册），中华书局1981年版，第57页。

搏，24日19点15分攻克罗塘高地。日军的二十一联队第一中队全部被歼灭，迢田上尉、森田中尉被击毙。荣一师第二团突击队也仅剩几十人，连指导员李高荫、排长于其连阵亡。[①]22日，盐田旅团长命令林义雄大佐率领台湾混成旅团第一联队由钦县向南宁五塘出发，企图增援中村部队。24日，该联队和渡边联队攻破了六塘、七塘间九十二师的阵地，打通了邕宾路。杜聿明下定决心迅速拿下昆仑关，把后备部队二〇〇师、六十六军一五九师都投入围攻昆仑关和九塘的战斗。随后，昆仑关第二次被中国军队收复，但不久后又被日军夺去。

（三）第三次收复昆仑关

杜聿明研究两得两失的原因，是日军在关口的两侧高地有坚固的堡垒式工事，配备轻重武器，组成交叉火网，互相支援，加之地形优势，可以保护关口的安全，以火网来封锁中国军队对关口的进攻。如果不首先打掉日军在昆仑关四周的高山据点，光是攻占关口，是无法立足的。因此，杜聿明改变原来的作战方法，采用要塞式攻击法，缩小包围圈。12月25日，荣一师第二团在团长汪波的指挥下，再次攻克罗塘南高地。郑洞国命令第二团继续向老毛岭、441高地进攻，在441高地进行了反复争夺，前后不下20次。日军第五中队田村能康中尉首先战死，最后日军全部被歼灭。第二团伤亡也很大，第六连连长容开率队勇往直前，占领441高地后，继续冲击，直至阵亡。该连战士也全部阵亡。这时，日机在中国军队上空盘旋，但不敢扫射和轰炸，因为双方在近战对峙中。日军炮兵在中国军队重炮压制下，也不敢向中方阵地炮击。第二〇〇师第五九八团在高吉人的指挥下，两次攻克同兴堡敌据点阵地，第六〇〇团在刘少峰指挥下，攻克600高地。界首高地位于昆仑关北，是日军保护关口的坚固据点。第二〇〇师第三团在戴安澜指挥下，于28日晚攻击界首。第三团组织爆破手，用手榴弹从敌据点枪口投入，但多次失败。该团9个步兵连，有7个连长伤亡，郑庭笈身边的司号长李钧也中弹阵亡。郑庭笈调整部署，选突击队编成突击组，于29日早晨在军部重炮的掩护下，开始向界首阵地匍匐前进。在3小时的激战后，界首阵地被中国军队攻克。昆仑关各据点被第五军主攻部队各师占领，界首阵地移交新编第二十二师接替，第三

①黄铮：《广西抗日战争史料选编》（第三卷），广西人民出版社2005年版，第247—248页。

团归还建制。12月31日11点50分，北路军攻克昆仑关，日军退守九塘。1940年1月6日，日军退至八塘据险固守。中国军队因伤亡过重，亟待整补，暂停了攻击。

第五军在昆仑关争夺战中，击毙了日军第五师团第二十一旅团长中村正雄少将；第四十二联队长坂田元一；第二十一联队长三木吉之助，副队长生田滕一；第一大队长杵平作；第二大队长宫本得；第三大队长森本宫；班长以上军官85%以上，士兵有4000余人。这是日本战后公布的在昆仑关同中国第五军作战死亡的数目。①

（四）克复南宁失败

当中国军队反攻昆仑关时，驻广州的日军第二十一军司令官安藤利吉从广东急调第十八师团和近卫混成旅团约3万人由钦州湾登陆增援南宁。在中国军队攻克昆仑关后，桂林行营计划在日军增援未到达之前克复南宁，全歼日军第五师团。昆仑关的防务由第九师担任，第六十六师的第一五九师和第一六〇师负责对八塘和七塘等阵地的攻击。第十六集团军的第一三五师和第一七〇师在邕武方面进行攻击。第三十一军和第四十六军负责切断日军后方邕钦路方面的联络。1940年1月14日，日军近卫师团樱田武旅团一部与中国第四十六军激战于灵山县泗合坳。1月21日，日军又向邕宁县大塘附近的那白、那龙进攻，与第一八八师激战。1月29日，日军第九旅团由八塘、台湾混成旅团由五塘夹击第九十九军。第三十七集团军总司令叶肇为保存实力，对抢渡郁江的日军未进行堵击，以致日军顺利过江。2月1日，日军从南宁起飞的7架轻型轰炸机在宾阳附近轮番轰炸，炸中第三十八集团军总司令部，破坏了通信系统，炸毁沿路桥梁，使徐廷瑶与部队失去联络，以致其部队进入各自战斗的状态。2月2日，日军乘势加强进攻，第九十九军、第三十六军和第二军向上林撤退，第六军向武鸣大榄撤退。日军近卫混成旅团攻进宾阳城。2月3日，日军第十八师团进入邹圩，占领清水桥，切断了中国军队往北的退路。日军第九旅团第四十一联队占领昆仑关。2月4日，日军近卫混成旅团占领上林。2月8日，日军第五师团及台湾混成旅团各一部占领武鸣。从2月9日起，日军开始收缩。2月10日，邕宾路的日军撤退至四塘。2月11日，邕

①郑洞国，郑庭笈：《昆仑关攻坚战亲历记》，载广西区政协文史资料委员会：《广西儿女抗日亲历记——纪念中国人民抗日战争胜利50周年》，广西人民出版社1995年版，第152页。

武路的日军撤退至高峰隘。2月13日,日军集结于南宁周边地区,企图与中国军队作长期抗争。2月21日,蒋介石在柳州召开军事会议,检讨桂南会战。

昆仑关战役是抗战时期中国军队的第一次攻坚战。这次战役沉重打击了日军的嚣张气焰,进一步打破了日军不可战胜的神话,极大地鼓舞了中国军民团结抗日的斗志,增强了中国人民抗战必胜的信心。同时,削弱了日军在台湾的统治力量,对抗战胜利后中国收复台湾起到了一定的作用。此外,西南国际交通线得以维持畅通,继续为中国抗战提供军事等重要物资,也减轻了东南亚各国的政治和军事压力。表2-9至表2-12反映了昆仑关战役中部分伤亡情况。

表2-9　陆军第五军昆仑关战役伤亡统计

部队番号		战斗参加人数			伤			亡			生死不明		
		军官	准尉士兵	马匹	军官	准尉士兵	马匹	军官	准尉士兵	马匹	军官	准尉士兵	马匹
建制部	军司令部	149	260	-	1	7	-	-	2	-	-	-	-
	荣誉第一师	633	12343	154	98	3313	5	35	1645	15	-	189	-
	新二十二师	621	11896	398	25	3174	16	28	1535	2	-	221	-
	第二〇〇师	838	11396	95	90	3536	11	47	1823	14	-	442	-
	左侧支队(第一、二补充团)	183	3415	8	13	686	-	3	473	1	-	44	-
	装甲兵团	424	3290	-	15	40	-	7	37	-	-	-	-
	汽车兵团	94	937	-	-	-	-	-	-	-	-	-	-
	骑兵团	89	790	-	-	-	-	-	-	-	-	-	-
	特务营	64	724	-	-	8	-	-	4	-	-	-	-
	战车防御炮营	94	735	-	11	19	-	-	6	-	-	-	-
	工兵营	72	900	-	-	10	-	-	6	-	-	-	-
	通信营	100	53	-	-	5	-	-	16	-	-	-	-
	辎重营	59	589	-	-	-	-	-	-	-	-	-	-
	消防连	12	139	-	-	-	-	-	-	-	-	-	-
	高射机枪连	6	138	-	-	6	-	-	5	-	-	-	-

续表

部队番号		战斗参加人数			伤			亡			生死不明		
		军官	准尉士兵	马匹	军官	准尉士兵	马匹	军官	准尉士兵	马匹	军官	准尉士兵	马匹
建制部	野战医院	19	269	-	-	-	-	-	-	-	-	-	-
	后勤工程车队	13	80	-	-	-	-	-	-	-	-	-	-
	兵站支部	38	398	-	-	-	-	-	-	-	-	-	-
配属部队	炮二旅补充营	32	431	137	-	31	3	-	12	4	-	-	-
	炮十四团第一营	1	562	-	2	10	-	1	6	-	-	-	-
	炮九团第三连	12	192	56	-	-	-	-	-	-	-	-	-
	炮四十二团第十连	5	91	-	-	-	-	-	-	-	-	-	-
	炮四十二团第七连	13	132	-	-	-	-	-	-	-	-	-	-
	四十六军山炮连	9	180	-	-	-	-	-	-	1	-	-	-
	广西绥署机关炮第一中队	12	128	-	-	-	-	-	3	-	-	-	2
	广西绥署高炮机枪第六中队	6	67	-	-	-	-	-	1	-	-	-	-
合计		3598	50135	848	255	10845	35	121	5574	37	-	896	2
附记	本表所列数目为自12月20日南宁战役迄元月11日止之总数(二〇〇师第一次参加南宁一带战役伤亡数计内)。												

表2-10 陆军第五军昆仑关战役毙伤敌军官调查统计

职位	部队番号	阶级	姓名	伤亡地点及日期	备注
旅团长	十二旅团	少将	中村正雄	1939年12月24日在九塘附近强行增援被中国包围部队击毙	根据虏获敌文件证明
联队长	二十一联队	少佐	三木吉之助	不详	
联队副	二十一联队	少佐	生田藤一	1939年12月24日在九塘附近强行增援被中国包围部队击毙	
大队长	二十一联队第一大队	少佐	东平作	1939年12月24日在九塘附近强行增援被中国包围部队击毙	
大队长	二十一联队第二大队	少佐	宫本得二	1939年12月24日在九塘附近强行增援被中国包围部队击毙	
大队长	二十一联队第三大队	少佐	森本宅二	1939年12月24日在九塘附近强行增援被中国包围部队击毙	
军	二十一联队联队部	大尉	菱三丰一	1939年12月24日在九塘附近强行增援被中国包围部队击毙	
主	二十一联队第一大队	大尉	伊奈大二郎	1939年12月24日在九塘附近强行增援被中国包围部队击毙	
中队长	二十一联队直属TA队	大尉	田边仁	1939年12月24日在九塘附近强行增援被中国包围部队击毙	
中队长	二十一联队第一中队	大尉	迢田广一	1939年12月24日在九塘附近强行增援被中国包围部队击毙	
大队副	二十一联队第一大队	中尉	水黑稔	1939年12月24日在九塘附近强行增援被中国包围部队击毙	
主	二十一联队第二大队	中尉	福原茂	不详	
小队长	二十一联队直属TA队	中尉	保科年夫	1939年12月24日在九塘附近强行增援被中国包围部队击毙	

续表

职位	部队番号	阶级	姓名	伤亡地点及日期	备注
中队长	二十一联队第四中队	中尉	新田宽一郎	1939年12月24日在九塘附近强行增援被中国包围部队击毙	
中队长	二十一联队第五中队	中尉	田村能康	1939年12月24日在九塘附近强行增援被中国包围部队击毙	原充联队部旗官
中队长	二十一联队第十二中队	中尉	山冈义人	1939年12月24日在九塘附近强行增援被中国包围部队击毙	
中队长	二十一联队第一机枪中队	中尉	有田秀之助	1939年12月24日在九塘附近强行增援被中国包围部队击毙	
中队长	二十一联队第三机枪中队	中尉	小川常次郎	1939年12月24日在九塘附近强行增援被中国包围部队击毙	
中队长	二十一联队有田队松本部队有田队		滨中町	12月18日在昆仑关为中国荣一师第三团击毙	由其尸身翻得文件证明均属阵亡
小队长	二十一联队第一中队	中尉	森田兼作	不详	
小队长	二十一联队第六中队	中尉	长春富一	12月18日在昆仑关为中国荣一师第三团击毙	
小队长	二十一联队第十二中队	中尉	松高文祜	12月18日在昆仑关为中国荣一师第三团击毙	
小队长	二十一联队第三机枪中队	中尉	竹冈管之裕	12月18日在昆仑关为中国荣一师第三团击毙	
通信军官	二十一联队联队部	少尉	须腾福富	12月18日在昆仑关为中国荣一师第三团击毙	
瓦斯军官	二十一联队联队部	少尉	田中实	12月18日在昆仑关为中国荣一师第三团击毙	
小队长	二十一联队直属RIA队	少尉	竹力德治郎	12月18日在昆仑关为中国荣一师第三团击毙	
小队长	二十一联队第一中队	干	佐木义见	12月18日在昆仑关为中国荣一师第三团击毙	
小队长	二十一联队第二中队	干	福原勋	12月18日在昆仑关为中国荣一师第三团击毙	
小队长	二十一联队第四中队	干	和田辰实	12月18日在昆仑关为中国荣一师第三团击毙	

续表

职位	部队番号	阶级	姓名	伤亡地点及日期	备注
小队长	二十一联队第六中队	干	入江启智	12月18日在昆仑关为中国荣一师第三团击毙	
小队长	二十一联队第九中队	干	周崎宪三	12月18日在昆仑关为中国荣一师第三团击毙	
小队长	二十一联队第一机枪中队	干	饭田实	12月18日在昆仑关为中国荣一师第三团击毙	
小队长	二十一联队第一机枪中队	干	杉原道治	12月18日在昆仑关为中国荣一师第三团击毙	
小队长	二十一联队第一机枪中队	干	小松利则	12月18日在昆仑关为中国荣一师第三团击毙	
小队长	二十一联队第二机枪中队	干	三谷值二	12月18日在昆仑关为中国荣一师第三团击毙	
小队长	二十一联队第三机枪中队	干	冲岛谦	12月18日在昆仑关为中国荣一师第三团击毙	
小队长	二十一联队联队部	干	俵正道	12月18日在昆仑关为中国荣一师第三团击毙	
	二十一联队第二大队部	干	作田嘉高	12月18日在昆仑关为中国荣一师第三团击毙	
	二十一联队第三大队部	干	三岛信夫	12月18日在昆仑关为中国荣一师第三团击毙	
	二十一联队第一中队	干	山根守吉	12月18日在昆仑关为中国荣一师第三团击毙	
	二十一联队	干	仲岛守	12月18日在昆仑关为中国荣一师第三团击毙	
	二十一联队	干	硈富士人	12月18日在昆仑关为中国荣一师第三团击毙	以上均系负伤
附记	1. 本表系根据二〇〇师虏获之敌二十一联队将校职员伤亡及参照各部队缴来文件汇集而成，四十二联队因无证件，表内只列有一员，但经兼旬之血战，其将校职员之伤亡想不在二十一联队之下。 2. 在五塘、六塘间及八塘、九塘间战斗敌将校伤亡数不详。				

表2-11 陆军第五军昆仑关战役敌机活动状况一览

月一日	机数(架)	侦察或轰炸情形	备考
12—18	6	马岭、昆仑关一带侦察投弹	炸毁汽车、战车各1辆,皆系水上飞机,观测所在恭喜岭
12—19	9	昆仑关、马岭、恭嘉岭一带投弹并且机枪扫射	均系水上飞机
12—20	16	昆仑关、马岭、罗塘、同兴、恭喜岭一带投弹扫射	先后共3次,各4、6、6架
12—21	20	昆仑关、马岭、恭嘉岭、罗塘、同兴、界首、南天村一带投弹扫射	先后共3次,各3、3、14架,炸毁南天村民房数间,炸死士兵1名,百姓56人
12—22	14	昆仑关、思陇、恭喜岭、马岭一带投弹扫射	先后2次,各4、10架
12—23	15	昆仑关、思陇、恭喜岭、马岭一带投弹扫射	先后3次,各4、3、8架
12—24	18	昆仑关、思陇、恭喜岭、马岭一带投弹扫射	水上战斗机6架,轰炸机12架,先后3次,各3、9、6架
12—25	2	昆仑关附近上空侦察	驱逐机,当日中国军队飞机来4架在敌阵地轰炸
12—26	13	昆仑关、罗塘、恭喜岭一带投弹	先后2次,各4、9架
12—27	19	同平、昆仑关、思陇、恭喜岭一带投弹扫射	水上驱逐机6架,战斗机1架,轰炸机11架,先后3次,各6、4、9架
12—28	38	思陇、昆仑关一带投弹扫射	驱逐机15架,轰炸机21架,先后来4次,各8、12、9、9架
12—29	9	思陇、昆仑关、罗塘一带投弹扫射	先后2次,各4、5架
12—30	31	昆仑关、罗塘、同兴、恭喜岭一带投弹扫射	先后4次,各6、9、6、10架
12—31	34	昆仑关、官塘岭、恭喜岭、南天村一带投弹扫射	先后3次,各15、9、10架

续表

月—日	机数(架)	侦察或轰炸情形	备考
1—1	23	昆仑关、官塘岭、南天村、思陇一带投弹扫射	先后3次,各6、9、8架
1—2	7	昆仑关、恭喜岭、马岭一带投弹扫射	先后2次,各4、3架
1—3	5	思陇、昆仑关一带侦察投弹	皆系水上飞机
1—4	8	罗塘、同兴、恭喜岭、南天村一带投弹扫射	先后4次,各2、2、3、1架
1—5	4	恭喜岭及第一线,罗塘附近侦察投弹	
1—6	14	罗塘、恭喜岭、思陇、九塘、昆仑关一带侦察投弹	先后3次,各3、6、5架
1—7	18	罗塘、马岭、柳洞、昆仑关一带投弹扫射	先后3次,各3、6、9架,观测所在罗塘
1—8	18	同兴、罗塘、柳洞、昆仑关一带投弹扫射	先后3次,各9、9、9架
1—9	44	内43架经过北飞,余在罗塘、昆仑关附近投弹	先后3次,各39、4、1架
1—10	25	内19架经过北飞,余在平头、昆仑关附近投弹	先后2次,各19、6架
1—11	9	中汉、昆仑关、九塘一带附近侦察投弹	先后2次,各6、3架
附记	1.本表系根据军防空监视哨报告表及各高射机枪炮连战斗报告表汇集而成。 2.损失概况至1月11日止先后炸毁战车4辆、汽车5辆、三轮车4辆,死伤士兵百余名,宾阳、昆仑关间民房多处。 3.本表仅列本军昆仑关战役时期(12月18日起至1月12日)之敌机活动情形。 4.敌机除侦察轰炸外并常投掷粮弹接济昆仑关围困之敌。 5.军防空监视哨位置,1月6日以前在恭喜岭,以后移罗塘。 6.敌机活动地区在监视线以外者未列入本表。		

资料来源　黄铮:《广西抗日战争史料选编》(第三卷),广西人民出版社2005年版,第261-265页。

表2-12　日军九塘附近作战的部队及伤亡统计
（1939年12月18日—1940年1月6日）

	参战人马			死			伤			失踪		
	军官	士兵	马匹	军官	士兵	马匹	军官	准尉士兵	马匹	军官	准尉士兵	马匹
步兵第二十一联队	50（8）	1310（131）	151	7	191	10	16	453	5	-	16	-
步兵第四十二联队第二大队	22（3）	838（92）	139	11	165	-	11	260	-	-	21	-
山炮第一中队第一小队	1	58	16	-	-	-	-	1	-	-	-	-
迫击炮第二中队	6(1)	135（1）	53	-	-	13	-	1	-	-	-	-
卫生队担架第三中队	（6）	（93）	-	-	1	-	-	13	-	-	-	-
旅团无线电第六分队	-	4	-	-	-	-	-	-	-	-	-	-
旅团无线电第四分队	-	2	-	-	1		-	-	-	-	-	-
总　计	79（18）	2347（317）	359	18	358	23	27	728	5	-	37	-
备　注	括号内表示非战斗人员。											

资料来源　日本防卫厅防卫研究所战史室:《昆仑关大战》,摘自《中华民国史资料丛稿》译稿《中国事变陆军作战史》(第3卷第1分册),中华书局1981年版,第68页。

四、收复桂南

从1939年12月中旬至1940年2月中旬,国民政府通过主动进攻收复南宁的目的未能达到,于是3月初以相机收复南宁为目的准备春季攻势,即以第十六集团军的第三十一军向邕钦路唐报、大塘间攻击日军，截断日军的联络补给；即以第一三五师和第一七〇师为第一纵队牵制攻击高峰隘的日军，协同五十四军攻占南宁；以第二十六集团军和第三十五集团军为攻击主力，向小董至大塘间的日军攻击；以第五十四军和第四十三师对邕宾路的日军进行牵制性的攻击，计划切断邕钦公路，破坏日军的补给线。12日，一七五师二十三团和新十九师五十五团攻占了邕钦路上的十二坛、崇匡附近高地，截断了邕钦路，给日军以很大的威胁。14日，日军组织近卫混成旅团和第五师团各一部，对灵山进行扫荡作战。17日，日军占领灵山。22日，中国军队克复灵山，日军退回钦县和南宁。至26日，春季攻势告一段落。此后，中国军队不断对日军进行小部队的袭击，使日军异常不安，实行"扫荡战"。

6月，巴黎陷落，法国当局向德国求和，国际形势大变。当月，日军计划驻兵越南北方，切断中国对外通道。6月17日，日军近卫混成旅团一部由南宁向龙州攻击，占领绥渌县城后继续西进。日军近卫混成旅团主力陆续进抵明江、镇南关和龙州一带。第一三五师和四十六军协助三十一军努力阻止日军西犯，但各部队通信器材异常缺乏，又加上连日大雨，道路泥泞，日军飞机大肆轰炸，各部队的命令不能适时传达，行动极其困难，终究未能阻止日军西进。7月2日，日军占领龙州。7月20日至25日，日军近卫师团在钦州湾登陆。8月13日至9月18日，日军不断向上思县窜犯，以保持邕龙路后方的联络。六十四军一三五师的四〇三团建立十万大山根据地，同上思行营和县政府利用地势开展游击战，使平野战队受重创而撤退。

日军占据龙州及凭祥镇南关后，对越南一再威胁。9月5日，日军新编成印度支那派遣军，23日由镇南关入侵越南。自3月26日起至10月12日，中国军队发动攻势，在约6个半月的时间内，袭击日军达126次，日军反击58次，零星战斗2次，总共与日军作战186次，每次均给予日军沉重打击。[①]

日军进驻越北，切断了中国对外的联络，南宁的占领已失去意义，遂决定退出桂南。10月1日，日军大本营将第五师团从南宁经钦州海运至上海。此时，中国军队策划桂南反攻，以第十六集团军担任攻打龙州、截击邕龙路明江以东及邕扶路的作战任务；以第三十五集团军袭取高峰隘及邕宾路的四塘，会攻南宁，截击邕

①《桂南作战经过概述》，载黄铮：《广西抗日战争史料选编》（第三卷），广西人民出版社2005年版，第184页。

钦路沿线的日军。13日，第三十一军围攻龙州，冲入城内，日军施放毒气死守。23日，第六十四军在邕江北岸进行大规模的袭击。25日前后，第十六集团军收复上思、宁明、思乐、绥渌等县。26日，驻龙州、凭祥的日军继续向越南转移。28日，中国军队收复龙州，向凭祥追击。29日晨，第三十五集团军向南宁攻击，日军开始向钦县撤退。30日收复南宁。11月13日收复钦县。11月17日，钦州方向的日军遭中国军队侧击和围击。11月30日，中国军队收复镇南关，盘踞镇南关的百余日军撤至越南谅山。至此，日军全部撤出广西，桂南会战结束。

在桂南会战中，中国军队歼灭日军5000余人。桂军英勇杀敌，桂南人民积极支援前线，破坏敌后交通线。

第三节　保卫大陆交通线与桂柳会战

自1943年以来，世界反法西斯战争进入反攻阶段。在欧洲战场上，苏联收复大部分国土，意大利投降；日本帝国主义在太平洋的军事活动连连失利，丧失了战略主动权，处于被动防御的状态。在中国战场上，日军“扫荡”解放区失败，并丧失了制空权。中美联合机群发动袭击，进一步威胁到日本的海上交通运输线和日本本土的安全。在这种情况下，日本企图打通从本土出发，经朝鲜，沿中国东北、华北、华中、华南而到达越南、泰国和新加坡的大陆交通线，以支援在南洋的日本孤军，防止美国发动对日本本土的袭击，并摧毁重庆政权。于是日本调集了51万兵力，从1944年4月起发动战略性进攻，并称其为“打通大陆交通作战”，代号为“一号作战”，中国方面则称之为“豫湘桂战役”，其规模空前，乃至日本大本营参谋总长称之为“旷古之大作战”“世纪之远征”。衡阳为湘桂、粤汉两铁路交会处，又是当时美国在中国的重要航空基地。1944年8月，国民党军队坚守47天后，日军攻陷衡阳，而后马不停蹄地挥师西进，全面入侵广西，发起了桂柳战役。

一、日军全面入侵广西

桂柳地区也被日军列入“一号作战”的范围之内，其原因在于：一是广西与日军占领的越南相接壤，是“大陆交通线”的重要区域；二是广西的南宁、平南丹竹、桂林和柳州，当时都有美国空军在华的重要基地。而在当时，美国所有在华的空军基地中，日军大本营“最担心的是桂林和柳州的基地”[①]，担忧美国空军利用桂林和柳州的基地袭击日本本土。因此，桂柳地区便成了日本发动此次军事行动的最重要的目标。[②]

这次进攻广西的日军是以冈村宁次为司令官的第六方面军，其指挥第十一军横山勇（辖第四十、五十八、三十、十三、三十七、一一六等六师团）及第二十三军田中久一（辖第一二〇四、三十二两师团），另第十三和第二十三独立旅，与第五航空军，兵力共约18万人。[③]

至日军向广西进兵时，除原有之桂系第三十一军及蒋介石从四川抽调原拟开赴缅甸作战的第九十三军外，桂系的第十六军已奉调从衡阳返回广西，另蒋介石从湖南和广东抽调了部分军队驻防广西，以加强广西的兵力。第二十七集团军的第二十军、第二十六军和第三十七军，由衡阳以南地区经宁远、零陵之间取道入桂，从侧面阻击侵桂日军，并作为参加桂柳决战的预备队。李玉堂指挥第六十二军及第七十九军由衡阳以西地区沿湘桂铁路北侧入桂，从正面阻遏日军侵桂。原驻守广东的第三十五集团军第六十四军阻击由西江和雷州半岛进攻广西的日军，并防守桂平、武宣一带要地。这样，在日军进攻广西时，参加桂柳会战的国民党军总共有9个军的部队，约12万人。

1944年9月上旬，日军以第十一军主力集中于湘桂路沿线，一部在湖南道州；第二十三军主力沿西江肇庆、都城集结；以二十三旅团集中于雷州半岛，对广西桂、柳、邕方面进行合击。9月8日，日军第十一军第十三、四十、五十八三个师团，由湖南零陵地区沿湘桂铁路向广西急进，桂柳会战开始。

---

①日本防卫厅防卫研究所战史室：《河南会战》（上册），中华书局1982年版，第17页。

②黄宗炎：《一九四四年桂柳会战述评》，《桂林文史资料》（第十二辑），1987年12月。

③白崇禧：《桂柳会战》，《广西文史资料》（第二十五辑），1987年7月。

全县位于湘桂铁路正面，与湖南交界，为桂北门户，在军事上是桂林的重要前进据点。但全县城是一盆地，受西北郊高地群之瞰制，且无预设工事，不利于守，故守全县必守黄沙河。第四战区原令陈牧农的第九十三军以主力占领黄沙河并设阵地，以一个团去庙头占领前进据点，进行持久防御，在时间上迟滞日军前进，以做掩护桂林的防御准备。但是陈牧农未遵照战区命令部署，改为主力置于全县城内，黄沙河方面只用一个团兵力。9月11日，日军以先头部队第十三师团进攻黄沙河。九十三军只抵抗了一天，黄沙河就失守了。9月13日，日军进犯全县，仅经一夜战斗，陈牧农就奉蒋介石令撤出了全县县城，撤退前还将储存在县城的武器、弹药、粮草等大量军用物资焚毁。随后，日军占领兴安。与此同时，另一支日军也占领了湖南道县。至此，日军第十一军的主力部队已推进到全县—道县一线，对桂林形成了进逼的态势。

日军进犯全县的同时，为策应桂北主力方面的作战，驻广东的日军第二十三军在突破广东的高要、四会及高雷防线后，分由西江下游和雷州半岛出发，向广西东南部进犯。其中第一〇四师团（师团长铃木贞次中将）、第二十二师团（师团长平田正判中将）和独立混成第二十二旅团（旅团长米山米鹿少将）沿西江南北两岸西上，独立混成第二十三旅团（旅团长下河边宪二少将）由雷州半岛经粤桂边境北进。[①]9月23日，日军占领容县和梧州。28日19点30分占领丹竹机场。10月4日，铃木师团全部集结在丹竹、平南、桂平一带。至此，日军采取“分进合击”的战略，分别由湖南和广东进攻广西，对桂林、柳州地区形成了南北夹击之势，广西全境岌岌可危。

10月12日，日军独立混成第二十三旅团攻陷桂平。随后，第二十三军主力集结于江口、桂平一带，准备北上攻取柳州。于是，桂柳右侧背受到严重威胁。白崇禧和张发奎鉴于兵力有限，无法在桂柳两面同时进行主力战斗，决定放弃在平乐决战的预定计划，改以桂林为北正面支撑点，利用桂柳间铁路及柳江水道交通便利条件，转用张弛、黎行恕两军于西江方面，先求击破桂平的日军，排除后顾之忧，再将主力转用于桂林方面，支援桂林作战。按照所定计划，要求速战速决，预期5天内攻下桂平，将日军独立混成第二十三旅团及第二十二旅团全部予以歼灭。第六十四、六十二两军全部，第四十六、三十一两军主力，及桂绥第一、第二纵队，美

①黄宗炎：《一九四四年桂柳会战述评》，《桂林文史资料》（第十二辑），1987年12月。

式榴弹炮一个团和山炮一个营进行反攻桂平作战，由邓龙光统一指挥。美国飞机以柳州机场为基地，使用约50架飞机协同地面部队作战。另第三十七军由蒙山向江口、平南进攻，以配合桂平方面的反攻。张发奎在黎塘设立指挥所亲临前线指挥战斗。反攻桂平的战斗在10月21日打响，主要在桂平县城附近进行，战况颇为激烈。当时中国军队士气旺盛，一举攻下了桂平附近的重要据点——蒙坪和马回岭。但后因日军集中兵力反击，中国军队被迫退守桂平城区据点，至第9天仍未能拿下日军的最后据点。11月3日，日军占领武宣和贵县，直逼柳州外围的来宾和迁江，企图进占柳州。

当国民党第四战区部队主力在桂平附近反攻之时，北面的国民党军第九十三、七十九和二十等军也在桂林外围地区与日军作战。日军第十一军各部队占领全县和兴安后，在全县、兴安和灌阳一带集结兵力，准备进攻桂林。10月中旬，日军兵分三路向桂林进发，一路向溶江第九十三军阵地攻击，一路由兴安向高尚田、灵田圩（灵川县），一路由灌阳向海洋坪、大圩，合击桂林城。日军第五十八师团（师团长毛利末广中将）一部，于10月21日攻陷了灵川。后日军一部南下攻占永福，截断了桂林与柳州的交通。至此，日军各部均已做好攻占桂林的准备。

二、桂柳布防中的蒋桂矛盾

蒋介石与志在“问鼎中原”的新桂系的矛盾一直都存在。1937年七七事变爆发后，在全国人民要求一致抗战的形势下，蒋桂结束对抗，共赴国难，合作御辱。但是，蒋介石时刻都在提防着新桂系实力的扩张，以李宗仁和白崇禧为代表的新桂系也时刻提防着蒋介石的暗算。李宗仁曾提醒其左右：“蒋介石是不能容我们的，横竖是利用我们，不过借抗战之名来削弱和他对立的地方力量，将来还是要搞统一独裁。蒋介石这个人最不可靠，他决不会相信我们。”[1]李宗仁明确指出保存实力以防蒋。

①李任仁：《回忆广西建设研究会》，《广西文史资料选辑》（第四辑），1963年。

1944年，衡阳失陷后，蒋介石令第四十六军黎行恕部由湘桂铁路撤退，六十二军黄涛部由湘西武冈经龙胜向柳州撤退，改归第四战区指挥，并指定黎行恕军归回夏威集团建制，与三十一军协同固守桂林，黄涛部固守柳州。同时，蒋介石下令给柳州第四战区司令长官张发奎，要确保桂柳。张发奎接令后，大感兵力不足，在柳州战区司令长官部召开军事会议，部署了战区的作战方略。会议决定：以由黔入桂的第九十三军陈牧农部“死守全县三个月”，主力占领黄沙河阵地；以第十六集团军总司令夏威指挥的第三十一军集中桂林，构筑永久性设堡阵地工事，从衡阳外围转回桂的第四十六军黎行恕部与第三十一军共同“死守桂林三个月”；以第六十二军黄涛部转进柳州后与第三十五集团军之第六十四军军长张弛死守柳州三个月。①

蒋介石想趁此机会借日军来消灭新桂系的实力，而白崇禧想借这个机会扩大势力。战区作战部署后不久，白崇禧以参谋副总长名义，偕军令部第三厅厅长张秉均、后勤总司令参谋长汤垚从重庆飞抵广西指挥作战，当即会同张发奎在桂林开了一个以“策划战区整个作战指导”为主题的高级军事会议，将第四战区原定的作战部署做了更改。

会议的第一议题是关于会战指导问题。会上，白崇禧不同意采取持久防御以确保桂柳的作战指导。白崇禧说：“我们不能挨打，应采取内线作战，各个击破敌人的攻势手段来达成确保桂柳之目的。要乘敌人沿湘桂铁路正面和沿湘桂公路侧面前进之分离，于桂林之北和平乐附近地区集中主力与敌决战而各个击破之。”他还提出这个决战方面的主力兵团，由夏威集团之贺、黎两军担任。对桂林防守，他也反对固守设堡阵地之持久战术。他说，桂林之防守，应用依城野战之手段，把主力控制在城外实施决战防御。至于桂西方面，他以为不得已时可以放弃南宁，坚守柳州。张发奎对白崇禧改变战区的作战部署不置可否。②后白向蒋汇报，蒋不同意由第九十三军转进后防守桂林，桂林的守备仍由桂军负责。最后，蒋介石以最高统帅身份迫使白崇禧服从。

会议的第二个议题是关于广西全省动员的问题。白崇禧说，广西人民斗志昂

---

①覃戈鸣：《桂林大火及沦陷经过》，载广西区政协文史资料委员会：《广西儿女抗日亲历记——纪念中国人民抗日战争胜利50周年》，广西人民出版社1995年版，第222—232页。

②李汉冲：《桂柳战役亲历记》，载广西区政协文史资料委员会：《广西儿女抗日亲历记——纪念中国人民抗日战争胜利50周年》，广西人民出版社1995年版，第207—210页。

扬，向来有组织基础，可以动员50万人参加战斗，其中又可以编组5万的基干力量。因此他提议，由三十一军和四十六军各扩编一个补充师，另成立两个两团制的独立纵队。他对蒋介石说，只要中央拨给两师和两纵队武器装备和粮饷，可以在两星期内编成，将来即使后续兵团不能如期到达，这些部队也可以立即参加战斗。后蒋介石令汤垚如数交拨白崇禧所需装备粮饷。

战区原令陈牧农的九十三军以主力占领黄沙河并设阵地，九十三军到达全县后，张发奎和李汉冲于8月下旬前往视察，发现该军竟未遵照战区命令部署，改为将主力置于全县城内，黄沙河方面只用一个团兵力。经张发奎质问，陈牧农答："这是委座所规定的，但与战区命令有矛盾，始以一团推进于黄沙河，如果一定要贯彻战区之命令，请再补发一个命令，当遵照执行。"并出示蒋介石的电令为据。[①]张发奎无可奈何地同意了。蒋介石虽将九十三军设在对日作战第一线，但在该军入桂前，蒋介石就面命陈牧农在桂作战，应相机行动，不可以主力投入决战，一切战斗行动可直接报告蒋介石，以蒋介石的命令为依据。总之，就是要陈牧农保存实力，等待胜利。至9月11日，日军经过黄沙河，陈牧农部只抵抗了一天，黄沙河即失守了。9月13日，日寇进犯全县，仅经一夜战斗，陈牧农就奉蒋介石令撤出了县城，撤退前还将储存在县城的大量军用物资焚毁。后全县失守，蒋介石命张发奎速将陈牧农处决。

全县失守，桂林告急。白崇禧在全县失守的当天晚上便在桂林召开作战会议，守城部队团长以上军官和主要参谋人员参加。会议决定由第十六集团军总司令夏威负责防守桂林，并在桂林成立一个"防守司令部"，由第十六集团军中将副总司令韦云淞担任防守司令。韦云淞被白崇禧选拔为桂林防守司令，是因为1930年滇军入桂围攻省会南宁时，韦云淞指挥桂军死守南宁几个月，等待白崇禧从柳州进行反攻，最后将滇军打败，恢复了新桂系的广西地盘。白崇禧想在桂林重演一次"死守待援""里外夹击"的战术。守城部队原为第十六集团军两个军的主力，即第三十一军的军部及其一三一师和一八八师，第十六军军部及第一七五师和一七〇师、新十九师，另由中央配属炮兵第二十九团一个团。会后，白崇禧即将第四十六军军部及一七五师（师长甘成城，系夏威的姨甥）、新十九师和第三十

①李汉冲：《桂柳战役亲历记》，载广西区政协文史资料委员会：《广西儿女抗日亲历记——纪念中国人民抗日战争胜利50周年》，广西人民出版社1995年版，第211页。

一军所属的第一八八师（师长海竞强，系白崇禧的外甥）调出桂林，由副总司令周祖晃指挥，至柳州附近待命。旋又调一七〇师的一部归副师长巢威率领，在桂林右侧地区担任机动部队使用。[①]至此，防守桂林城之两个军，已缩为战斗力较弱的一三一师（师长阚维雍）和全是新兵的后调师一七〇师（师长许高阳）两个师而已，兵力不足3万人，并归三十一军军长贺维珍指挥。

1944年9月下旬，从广东入侵广西的日军占领了桂平、蒙圩一带。第三十五集团军的3个师及新桂系第四十六军与日军激战9日后，白崇禧为保存新桂系黎行恕部的实力，改变张发奎由粤军与桂军从邕江两岸围攻桂平日军的部署，将四十六军配置于第六十四军的背后，使桂军避免正面攻击的损失。后据日军华南派遣军司令田中久一在广州投降后供称，当时据守桂平之日军约六七千人，经中国军队9天猛烈攻击后，死伤过半，弹尽粮绝，夜间需用竹炮代替枪声。但由于中国军队没有在邕江右岸之侧翼行动，日军左侧背不受威胁，得以缩小防御正面，集中力量来应付蒙圩正面之攻击，因而能支持较长时间之防御能力。如果中国军队在攻击开始时，能以相当有力之一部在邕江右岸其侧背，或能继续攻击二日，则桂平守军将遭全部歼灭之命运。[②]

白崇禧为消灭入侵的日军，曾向蒋介石献策，请蒋从贵州派两支生力军入桂，与桂军的第三十一、第四十六两军在桂北趁日军分途入桂未集中时，将其各个击破。对此积极意见，蒋介石则不予采纳。

日军向桂东南进攻之时，蒋介石令第七战区邓龙光集团及其所属张弛第六十四军和第九战区杨森集团及其所属丁治磐、罗奇和杨汉城等军，分由贺县八步及道县、恭城各路入桂，转归第四战区指挥。但这些部队仅第六十四军战斗力保持较完整，其余部队兵员奇缺，士气低落，尤其是第九十五师实际兵力不足5000。而黔桂线上蒋系之生力军，蒋介石则迟迟不令其进入广西作战。

虽然蒋介石和新桂系均坚持抗日，但是历史上形成的蒋桂矛盾未能消除，各参战部队为保存实力，未能团结对敌，致使桂柳会战从一开始就缺乏制胜的基础。

---

①陈兴让：《抗战期间桂林七星岩八百壮士殉国纪实》，《广西文史资料》（第十一辑），1981年12月。

②李汉冲：《桂柳战役亲历记》，载广西区政协文史资料委员会：《广西儿女抗日亲历记——纪念中国人民抗日战争胜利50周年》，广西人民出版社1995年版，第215页。

三、惨烈的桂林保卫战

守军兵力由两个军缩减为两个师后，桂林的守备不得不重新部署。以一三一师守备中正桥以北沿河区北门至甲山口一线，及河东岸屏风山、斧头山、七星岩、猫儿山、水东街沿河一线及各个独立据点。一三一师以三九三团（团长陈村）守备中正桥以北沿河至北门一线，以三九二团（团长吴展）守备北门至甲山口一线，以三九一团（团长覃泽文）两营守备河东岸各个独立据点及水东街沿河一线。由三九一团抽调一营为师预备队，控置于师部附近。以一七〇师守备中正桥以南沿河区定桂门、南门、西门至甲山口一线，及象鼻山、将军桥、将军山各个独立据点。一七〇师以五一〇团（团长郭鉴淮）守备中正桥以南沿河区定桂门、南门一线，以五〇九团（团长冯丕临）守备西门以西沿河至甲山口一线，以五〇八团（团长高中学）两营守备象鼻山、将军桥、将军山各个独立据点，由五〇八团抽调一营为师预备队，控置于南门附近。第七十九军之二九四团守备德智中学以及西山各个据点。军直属炮兵营以炮兵一连（山炮四门）配置象鼻山，以一连配置于北门附近，以一连配置南门。炮六团陈团长指挥，总预备队步兵二营（一八八师步兵一营，一七五师步兵一营）控置于北门附近。①

白崇禧下令守城期限为3个月，屯集3个月粮食、弹药，实际上所屯集的粮食、弹药不足一个月之用。菜、蔬、肉类全无，仅屯集一些花生油而已。②在此情况下，以两个师兵力担任两个军之防线任务，其兵力之不足，可以想见。

桂林地形，市区三面环抱矗立之岩石，东面滨漓江，郊外平野开阔，形成天然之堡垒。从地形上、工事设备上来说，喻之为东方凡尔登，实不为过。③桂林的石山有许多大大小小的岩洞，“无山不洞，无洞不奇”。当时的阵地编成及各个工事的构筑，均是利用桂林石山地形的特性，建成各个独立的野战工事，也有一部分半永久性工事，除防守外围阵地为第一道防线外，由王城、独秀峰至孔明台，构成一道向南的外八字第二道防线，准备巷战时保卫城防司令部。阵地前设置障碍物，

---

①黄梦年，巢威：《日军进犯桂林记》，《广西文史资料》（第二十五辑），1987年7月。

②黄梦年，巢威：《日军进犯桂林记》，《广西文史资料》（第二十五辑），1987年7月。

③李汉冲：《桂柳战役亲历记》，载广西区政协文史资料委员会：《广西儿女抗日亲历记——纪念中国人民抗日战争胜利50周年》，广西人民出版社1995年版，第216页。

并重点埋设地雷，但缺乏照明设备。城内以有线电话为主，无线电及徒步传达为辅，并在桂林城内各山顶上，高插国民党的国旗，表示国旗还在，阵地确保，国旗不在，阵地不保，以便陆空军侦察联络。[①]与城外联络以无线电报为主，陆空联络为辅。

8月初，白崇禧指示："阵地前妨碍射击的房屋可以破坏，必要时可以放火烧"，并指示由军、师、团长具体侦察，制订好"扫清射界"的计划。日军由衡阳向湘桂边境进犯尚未进入广西境内的时候，桂林"清扫射界"的火就烧起来了，由城外向城内进行。城外到处起火之后，火乘风势，风助火威，火势蔓延，在城郊阵地准备利用的房屋也被火苗吞噬了。更意外的是，本来第一步放火是不许烧到城内的，而城内居然冒起了多处火头。鹦鹉山附近是防守司令部所在的区域，铁佛寺附近是第三十一军军部所在的区域，环湖路是十六兵站分监部，为桂林防守囤积大量炮弹、枪弹、地雷、粮食、被服、器材等仓库所在，都同时起了大火，弄得到处要抢救，到处要搬家。[②]至10月中旬，桂林城桂林西门的民房烧去十分之七八，丽泽门除了留下十余间完整的房屋外，其余全部被烧光。[③]至守军与日军发生战斗时，双方又用火烧，再后来日军撤退时又烧，所以战后的桂林城内几乎成了焦土。

10月26日，日军第六方面军总司令冈村宁次向第十一、二十三两军（兵力共7万人）发出向桂林、柳州发起攻势的命令。主攻桂林的第十一军军团长横山勇中将即以第三十四师团（师团长伴健雄中将）主力固守全县，命令其余部队迅即向桂林挺进。第三师团（师团长山木三男中将）于10月28日开始发动攻势，11月2日占领平乐，3日攻占荔浦，4日下午进抵修仁隘路口附近。第三十七师团（师团长长野枯一郎中将）于10月31日由龙虎关出发，11月2日占领恭城，3日占领阳朔。第五十八师团（师团长毛利末广中将）沿湘桂铁路正面挺进，于11月2日进至桂林北郊。第三十四师团之"针"支队（联队长针谷逸郎大佐）沿湘桂铁路北侧山地进发，也于11月2日逼近桂林西北郊。第四十师团（师团长宫川清三中将）由全县西南地区出发，经高尚田、桃子隘、灵田圩，于10月31日进抵桂林东面的江东岸地区。第十三师团（师团长赤鹿理中将）由灌阳附近的茅竹市出发，经铁坑

①郭炳祺：《一九四四年桂林防守战》，《广西文史资料》（第十一辑），1981年12月。

②覃戈鸣：《桂林大火及沦陷经过》，载广西区政协文史资料委员会：《广西儿女抗日亲历记——纪念中国人民抗日战争胜利50周年》，广西人民出版社1995年版，第230页。

③黄梦年，巢威：《日军进犯桂林记》，《广西文史资料》（第二十五辑），1987年7月。

向桂林南面的大圩前进，10月29日占大圩，11月1日进占良丰圩，其一部于2日占领苏桥圩，切断了桂林通柳州的退路，并于3日占领了永福。这样，在11月初，日军第十一军已完成了对桂林的四面合围。①

桂林外围防线被日军突破后，变成了一座孤城。桂林防守兵力虽少，但守军官兵抱着与桂林城共存亡的决心。防守司令部中将参谋长陈济桓就说过："我是个跛脚佬，不能逃跑，胜利则生，失败则死，愿将我几十斤'水'（即肉体）和鬼子拼。"第一三一师师长阚维雍在与第三十一军副军长冯璜勘察桂林地形时，路过某棺材店前，对冯璜说："我这次守城准备牺牲生命与日军拼，已把遗嘱写好寄回家里去了，我死得早的话，你就把那一个棺材给我殓埋，假如你先我死，我就选最好的那副棺材给你。"冯璜说："我的遗嘱也已寄回家去了，我们就这样干吧。"②

10月29日，桂林城东的中国守军与日军首次交火，悲壮的桂林保卫战由此打响。10月31日至11月1日夜，倾盆大雨，铺天盖地，日军以雨幕为掩护，向猫儿山进攻，战斗甚为激烈，其一部已突入中国军队阵地，三营派队逆袭将日军击退。与此同时，在普陀山后阵地前的日军，驱赶十余头牛走在阵地前沿，企图扫除地雷，曾有一头牛被炸死。③1日，一三一师三九一团第三营第六连中尉排长杨建未做抵抗即擅自放弃穿山，2日被处以枪决，可见守军军纪的严明。3日，日军反复进攻屏风山、普陀山、星子岩、申山直至天明。这一战，日军死亡63人，内有少尉小队长1名。中国军队三一九一团第七连阵亡士兵18人，重伤9人，轻伤12人。④至11月4日夜间，日军正式进攻桂林，重点攻击北门和江东岸地区。日军步兵在炮兵及8辆战车掩护下，向北门、西门阵地猛攻，均被中国军队击退，但德智中学以西山地被日军占领一个据点，守军第七十九军二九四团之一连仅生还8人。⑤是日，第四十师团的日军采用逐山攻打的战术，先后攻陷申山、星子岩、猫儿山、屏风山、普陀山等据点。5日拂晓，日军集中优势兵力，在坦克和猛烈炮火的掩护下，向北门外阵地猛攻，并以炮火轰击城内各阵地。老人山顶插有国民党的国旗，被日军如雨点一般的炮弹轰打，故老人山山头及紫金山至今弹痕累累。⑥日

①黄宗炎：《一九四四年桂柳会战述评》，《桂林文史资料》（第十二辑），1987年12月。

②冯璜：《我所耳闻目击的桂林防守战》，《广西文史资料》（第二十五辑），1987年7月。

③覃泽文：《桂林战争桂林战役江东地区战斗始末回忆录》，《桂林文史资料》（第五辑），1984年11月。

④宁德星，《守城日机》，载黄铮：《广西抗日战争史料选编》（第三卷），广西人民出版社2005年版，第416页。

⑤黄梦年，巢威：《日军进犯桂林记》，《广西文史资料》（第二十五辑），1987年7月。

⑥陈兴让：《抗战期间桂林七星岩八百壮士殉国纪实》，《广西文史资料》（第十一辑），1981年12月。

军以燃烧弹攻象鼻山阵地，把阵地堡垒化为一片焦土。德智中学以西阵地亦失之过半。6日，日军攻占七星岩、斧头山、北门外各个山头。下午6点，水东街沿河阵地亦均被日军占领。河东南岸的交通被日军截断，中国守军退回各个岩洞的据点内继续作战。日军利用火焰喷射器攻击各据点，北门、西门、将军山、德智中学以西山地均在激烈战斗。黄昏后，日军炮声不绝，桂林城四面八方均变成一片火海。当晚，日军第三十七师团接近将军桥，“针”支队侵占西郊三仁村，城区被日军合围。

7日上午，日军攻占七星岩顶部。七星岩是江东岸国民党守军的大本营，即三九一团指挥所所在地。7日傍晚，日军二三五联队侵占普陀山。一三一师三九一团余部退守栖霞洞，坚持抵抗。据“最后逃离七星岩的幸存者”黄海潮回忆，日军在飞机的配合下强攻七星岩，激战两昼夜后仍然无法令这支大部分由伤兵和非作战人员组成的队伍屈服。9日傍晚，黄海潮走到洞子的后面，在一名温姓副排长的帮助下从一个炮眼里爬出山洞，突然听到洞里响了三声，他以为是日本兵投进了手榴弹，接着听到在洞里的温副排长一声惨叫，后来才知道那三声像手榴弹爆炸一样的声音其实是毒气弹发出的，原来，日军屡攻不下，竟惨无人道地向洞内施放毒气。[①]岩洞内的国民党军，除团长覃泽文等10多人摸黑从后岩洞口潜脱外，七星岩内的该团团部、第一营部、第一连、三〇三轻机连、山炮排、防毒排、特务排、输送连、野战第三医院一部等9个单位的战斗和非战斗人员及伤病官兵，共824人，均中毒身亡。[②]抗战胜利后清理该岩洞，洞内死难官兵的尸体尚未腐烂，在离洞口约一丈的地方，发现死难官兵的尸骸“利用地形地物持枪作卧射、坐射、立射等姿势”，且“均怒目咬牙”，可见其牺牲之壮烈。[③]

8日晚，日军又攻占了月牙山。至此，江东岸地区已完全被日军占领。韦云淞得知日军窜入盐街后，即派师预备队在皇城方面堵击窜入城内的日军，并命令一七〇师巢副师长恢复中正桥桥头堡及沿河之线阵地，并悬赏攻克桥头堡奖500万元，攻克沿河之线阵地奖1000万元。巢威亲率预备队一营千方百计于9日下午3点将中正桥桥头堡及沿河阵地恢复，窜入盐街的日军被中国军队两面夹击，

①黄海潮：《“桂林保卫战”的幸存者》，《桂林日报》，2014年7月8日。

②冯璜：《我所耳闻目击的桂林防守战》，《广西文史资料》（第二十五辑），1987年7月。

③黄宗炎：《一九四四年桂柳会战述评》，《桂林文史资料》（第十二辑），1987年12月。

围困在盐街构成的房屋堡内。[①]

9日拂晓，日军第十一军各部向桂林发起总攻，日军各部一起出动，从东、南、西、北各方面向市内进攻。日军第四十师团二三六联队攻占了江东岸各据点后，于9日0点从中正桥至伏波山之间的河对面强渡漓江，直至10日黄昏后，仍不断猛击，在火力掩护下，夺取桥头阵地。三九二团一营连长方绪敏率部顽强抵抗，致使日军几度猛扑均受重创，未能前进。日军又用猛烈炮火攻击，伏波山阵地所筑工事被全部摧毁，五连在无法抵抗的情况下，不得已退入伏波岩内。日军封锁岩口，旋用汽油倾入岩内点燃，全部中国守军被烧死于岩中。[②]桂林市内守军猛烈射击，象鼻山炮兵也对日军猛烈炮轰，日军渡江被迫中止。二九四团守住了德智中学阵地。在城南，日军毫无进展。在城东，日军第四十师团主力于13点30分再次组织渡江，被在老人山和象鼻山的炮火压制，不得寸进。16点，韦云淞召开城防部队长官会议，决定黄昏后弃城突围。会议结束以后，一三一师师长阚维雍见守城无望，又不愿随韦云淞突围，回到师指挥所后，在寓内拔枪饮弹自杀，实践了他"不成功便成仁"的誓言。阚维雍死前，仍饬令各团按照计划准备突围。日军第四十师团军团部倾巢增援，大举渡江。一部突入城内巷战，一部几乎伤亡殆尽，才于19点20分占领伏波山，而中国守军则全部牺牲于阵地上。

20点，韦云淞带领一批官兵取道桃花江向城西突围。在离开铁佛寺经两路口和猴山隘时，被日军"针"支队和第三十七师团以严密火力封锁。城防司令部参谋长陈济桓和三十一军参谋长吕旃蒙在突围途中遭遇阻击，吕旃蒙于德智中学附近阵亡，陈济桓在猴山坳遭日军阻击，受伤倒地，不忍受辱，自杀殉国。韦云淞与少数官兵隐身在一个石山上的草丛、岩石中，直至第二天黎明，确认无日军后才下山往西逃走，经过百寿、罗城辗转来到百色。

桂林守军在失去统一指挥的情况下，仍坚持抵抗。他们各自为战，坚守自己的阵地。北门阵地上守军英勇抵抗，与敌短兵相接，展开血战，将日军第五十八师团的冲锋遏制于北门外200米处的反坦克战壕前，整天不能前进一步。无奈日军以五六倍之兵力围攻，中国军队毫无增援，众寡悬殊，三九二团团长吴展，二营营长甘若丹，三九三团团副红有涛均阵亡，三九三团团长陈村、副团长蒋道宽、师参谋

①黄梦年，巢威：《日军进犯桂林记》，《广西文史资料》（第二十五辑），1987年7月。

②陈兴让：《抗战期间桂林七星岩八百壮士殉国纪实》，《广西文史资料》（第十一辑），1981年12月。

主任钟其富、一七〇师副师长巢威、军指挥所参谋陈旭祥等人均被俘。[①]至10日中午，由于众寡悬殊，北门最终被日军攻破。由江东岸渡江过来的日军，也攻破了东门，且向市中心突进。10日13点，老人山阵地失陷。下午，城中尚有混战。直至17点左右，战斗才逐渐沉寂。

桂林守城战从10月29日开始至11月11日弃守，前后仅14天。桂林防守战是整个桂柳会战中最重要的一次战役，也是广西在抗日战争时期除昆仑关战役以外最惨烈的一场战斗。据曾参加过上海战役者说，敌军攻上海之炮火，远逊攻桂林之猛烈，以故桂林守军，乃被各个击破，致使全军覆没。[②]据日军11月13日16点公布的数据，截至11日正午，日军收集中国军队遗尸5665具，各种大炮160门，各种枪支3200支，机车5辆，货车35辆，炮弹3万余发，子弹100万余发，飞机部件多件及其他大量的武器、粮秣。日军伤亡没有确数，据第五十八师团长官自述，战斗结束，每个中队只剩下50至60个士兵。[③]

在日军第十一军主力部队围攻桂林的时候，其第三、第十三两师团鉴于桂林国民党守军兵力有限，临时改变了参加围攻桂林的计划，转而向柳州进攻。柳州守军第二十六军丁治磐部只稍作抵抗即弃城逃走。柳州与桂林沦陷同一天，柳州也被日军第三、第十三师团和第二十三军团的一个联队所攻占。

四、围绕大陆交通线的持续争夺

为了打通“大陆交通线”，日本计划12月中旬开始攻占南宁，打通法属印度支那北部连接线，同时打通粤汉南段，摧毁遂赣空军基地。桂林、柳州沦陷后，白崇禧和张发奎退到宜山，第四战区的主力往柳州西北方向分别撤至广西西北部和贵州南部。日军第六方面军参谋长宫崎周一企图在柳州西北地区消灭第四战区主力，但是日军第二十三军通信中断，导致日军下达命令拖延了时间，加上第十一军

①陈兴让:《抗战期间桂林七星岩八百壮士殉国纪实》,《广西文史资料》(第十一辑),1981年12月。
②陈兴让:《抗战期间桂林七星岩八百壮士殉国纪实》,《广西文史资料》(第十一辑),1981年12月。
③日本防卫厅防卫研究所战史室:《广西会战》(下册),中华书局1985年版,第150页。

的第三、第十三两师团没有按照第六方面军司令官冈村宁次的指示到宜山切断国民党军的退路，而是急于攻打柳州，沿着公路向宜山挺进，这才给了国民党军队安全撤退的机会。在占领柳州后，日军派第三、第十三两师团各一部为追击部队，沿桂黔公路追击败退的国民党军队。这支日军于11月14日占宜山，21日占金城江，22日占思恩和河池，27日占南丹。12月2日，日军突破中国军队汤恩伯部和杨森部的阻击，攻占贵州独山、八寨，3日进至都匀。日军因战线过长，兵力不足，命令追击部队于12月4日停止追击，并开始反转，退至河池以南地区固守。

与此同时，日军于11月中旬派其第二十三军第二十二师团和独立混成第二十三旅团从来宾经宾阳、上林等地向南宁进攻。11月24日，第二十二师团的部队占领南宁。12月9日，日军第二十二师团与从越南谅山北进的第二十一师团一宫支队在绥渌会师。至此，广西全境除桂西的百色、凌云等少数偏僻地区以外，大部分县城、县境被日军侵占。日军打通了通往印度支那的“大陆交通线”，“一号作战”计划在广西的作战任务基本完成，桂柳会战结束。

日军为了确保其“大陆交通线”的安全，令第十一军驻守广西，第二十三军返回广州，协同第二十军进行打通粤汉铁路南段的战斗。直至1945年夏天，因为日军大本营要收缩其在中国的兵力和防线，以准备在东北、华北和华东地区与苏军、美军作战，才将驻桂日军逐步撤离。

第四节　中共领导开展游击战

全国抗战爆发之前，中共中央为了联合新桂系逼蒋抗日，与新桂系订立合作抗日协定，建立了统战关系。1938年，中共广西地方组织动员大批在校的秘密共产党员和进步学生参加新桂系当局组织的第三届“广西学生军”，积极投入抗日救亡运动，宣传发动群众，组织群众自卫武装，开展抗日游击战争。桂柳会战时，中共广西省工委根据中共中央南方局的指示，作出《八月决定》，提出当前广西党组织的行动口号与行动方针是“一切为了建立抗日武装，一切为了发展游击战争”[①]，“一切为了保卫家乡，展开游击战争而斗争”[②]，依靠和发动群众，创造条件，就地组织各种形式的抗日武装，到敌后开展游击战争，建立抗日游击根据地，尤其要集中力量创立桂东北和桂东南抗日根据地，争取和掌握一部分武装。同时要求共产党员应积极参加新桂系当局组织的各种武装，努力从中争取领导权。

在中共领导下，广西各地人民群众组织抗日自卫武装，积极配合国民党军队打击日本侵略者，并经常就地独立作战，利用有利的地形地势，采取灵活机动战术，袭击日军的交通运输线，干扰日军的补给，消灭日军有生力量，打击汉奸和破坏抗日的顽固分子，保护人民群众的生命财产安全。据不完全统计，日军入侵广西期间，中共广西各地党组织先后组建及其所影响的各种形式的抗日武装共35支，约7000人。这些武装共打死打伤日军、汉奸1590多人。[③]

一、桂南

（一）玉林地区

1944年9月，日军第二次入侵广西，桂东南各县相继沦陷。根据中共中央南方局的指示和广西省工委的决定，桂东南抗日游击根据地创立。1944年10月，省工委代理副书记黄彰和桂东南特派员吴家宜在贵县木格乡社塘村瓦窑召开桂东南各县党的负责人会议，研究组织抗日武装。会议决定在陆川、博白、贵县和兴业4个县举行抗日武装起义，组建抗日自卫军，并成立桂东南抗日游击区办事处，黄彰、吴家宜分别担任正副主任，公开领导游击区的工作。

①黄嘉：《回首广西的抗日游击战争》，《广西日报》，1998年8月31日。
②黄铮：《广西抗日战争史料选编》（第二卷），广西人民出版社2005年版，第269页。
③广西壮族自治区地方志编纂委员会：《广西通志·军事志》，广西人民出版社1994年版，第180页。

桂东南抗日游击区办事处组织人民抗日自卫军，积极主动寻机向日军出击，并举行了规模较大的抗日反顽武装起义。

1944年12月，日军独立二十三旅团二四八大队和满载军用物资的15条大木船，从梧州出发，经贵县驶往南宁。中共贵县香江支部书记谭镇邦和贵县县委委员赖志廉、甘松洲，立即率领大江乡抗日自卫军150人，赶到思怀河口大角滩头，分两道防线埋伏。后又联络横县抗日武装300多人，沿江截击日军船队。战斗持续多天，击毙日军大队长渡部一郎中佐及军曹田坂仁寿之等日伪军40余名，击沉日船1艘，掳获5艘(横县掳获6艘)，俘日军官横山小二郎及汉奸叶培、钟四等4人，[①]缴获轻机枪3挺，步枪34支，以及大批子弹、手榴弹、地图和军装。[②]1944年11月及1945年1月，日伪军1000多人两次进犯贵县奇石地区，遭奇石抗日自卫队200多人伏击，被毙伤10多人。[③]

1945年春，广东吴川、钦廉相继起义，请求桂东南抗日游击区配合。2月26日，陆川人民抗日自卫军廖家义和温翊俊率领3个支队700多人，攻打清湖、盘龙等乡公所，打响了桂东南起义第一枪。起义后，他们打开八角粮仓济贫救苦。27日，博白人民抗日自卫军1200多人在林执真、熊景升和邹优宁带领下，控制了双旺、龙潭、东平、沙河、菱角等24个乡。3月11日，队伍发展到3000多人，控制全县2/3地区。3月2日，吴家宜和兴业人民抗日自卫军司令李云蒿、政委张熙和副司令覃注礼(中共兴业县委书记)、顾问覃震声等领导5个支队500多人的起义队伍，攻占仁厚、城隍、铁城、葵阳等4个乡，缴枪数十支。4日，李云蒿率部两路围攻兴业县城，不下。3月3日，黄彰和贵县人民抗日自卫军司令谭留科(中共贵县县委书记)、参谋长赖志廉，率领3个支队200多人的起义队伍，攻下大江、思怀、龙塘3乡，委任谭镇邦为贵县县长。[④]

这次桂东南抗日武装起义共出动人民抗日自卫军2800多人，1万多群众参加起义，转战1个月。起义队伍攻下31个乡公所，并建立了一批乡抗日民主政府。后抗日武装起义遭到反扑，主要起义领导人黄彰、吴家宜和一批重要领导骨干惨遭杀害，起义队伍除了200多人突围到广东，编入南路人民抗日解放军外，其余起义队伍解体。

---

①贵港市地方志编纂委员会:《贵港市志》,广西人民出版社1993年版,第264页。

②黄嘉:《回首广西的抗日游击战争》,《广西日报》,1998年8月31日。

③广西壮族自治区地方志编纂委员会:《广西通志·军事志》,广西人民出版社1994年版,第185页。

④沈奕巨:《广西抗日战争史稿》,广西人民出版社1995年版,第273—274页。

平南、桂平县人民在共产党员的领导和影响下，建立了数千人的抗日自卫队。两县抗日武装经常联合抗击日伪“清乡扫荡”。1944年10月，桂平大宣、金田、彩村、武靖、江口、紫荆等乡自卫队联合平南鹏化抗日自卫队共2000余人，围攻驻大宣圩日军两昼夜，毙伤日军多人，夺回稻谷10万余斤，收复大宣圩。1945年5月，桂平县抗日自卫总队率各区乡抗日武装围攻县城，迫使日军撤退。[①]黔江是日军的重要水上运输线，常有满载士兵和军火的船只往来。1945年1月25日，日军5艘大驳船由六七艘橡皮艇护送，从柳州方向经大藤峡顺流而下。吴小虎等桂平游击队员50多人及中峡江、洪村、永兴等村群众近千人埋伏在红石矶截击日军。吴小虎和10多名群众在突出江心的一堆大石上狠狠打击日军，杀伤日军多名。日军指挥官组织力量从南岸逃窜上岸后又被打死20多人，复退回船上，驶入南岸边的死角顽抗，直到晚上才摸黑往下游漂流而去。是役消灭包括联队长在内的日军120多名，游击队及群众牺牲3人，重伤3人。[②]

（二）钦廉四属

1939年11月，钦县、合浦、灵山、防城4县沦陷。钦廉四属党组织的领导机构——中共合浦中心县委组织的抗日武装有北海抗日学生队、东兴战时后方服务团、大勉抗日自卫队、灵山青年抗日游击队、灵山人民抗日敢死队。抗日武装单独或配合国民党军队对日伪军作战多次。

1940年1月14日，日军近卫师团樱田武旅团一路步炮兵约600人从钦县小董向太平地区泗合坳进犯，灵山青年抗日游击队和灵山人民抗日敢死队及当地青年300多人，配合国民党军一七五师五二四团作战，激战了3天3夜，击毙日军中队长吉田三郎等340人，俘虏浅田大尉，伤80多人。中国军队担任阻击的一七五师五二四团官兵壮烈阵亡者232人，助攻的五十六团伤亡总人数也达130余人。[③]钦廉四属的抗日武装还积极主动配合蔡廷锴领导的几支地方游击队，在邕钦公路两侧寻机打击日伪维持会，捕捉汉奸，破坏公路，截击运输车，有力地支援了对日作战。

---

①钟文典：《广西通史》，广西人民出版社1999年版，第397页。

②桂平县志编纂委员会：《桂平县志》，广西人民出版社1991年版，第656页。

③广西壮族自治区地方志编纂委员会：《广西通志·军事志》，广西人民出版社1994年版，第186页。

1944年11月，日军再次侵占钦县、合浦。12月，中共南路特委决定成立四属起义部队，并称之为“南路人民抗日解放军第三支队”。南路第三抗日游击队曾在灵山县沙坪旺屋垌高麓山截击日军后勤部队，俘获日兵林中次郎，缴获枪械10多支，军马5匹，军需物资一大批。[①]

1939年初，日军1架飞机入侵合浦并降落于福成乡西村，机内走出5名武装人员，强迫农民带路，欲寻船从海上逃跑。当地盐田工人及自卫队对其进行围捕，将其全歼，缴获手枪4支。1944年，日军经过合浦县境时，合浦县自卫大队及保一团便在丹竹江、芋蒙塘一带阻击。驻军粤南沿海警备第二大队及合浦县自卫第一大队在合浦一山口公路沿线的闸口乡龙眼山、芦荻水村、公馆镇蛇地村六斗米田至陂头面村等地，利用公路西北丘陵地势数次伏击日军。抗日队伍在芦荻水村击毙日军1人，伤数人，芦荻水村民趁日军遇伏击慌乱，夺其重机枪2挺，子弹数箱。在蛇地村阻击日军一支100余人小部队，由早晨交火至下午，阻击部队牺牲8人。[②]

1945年6月14日，中共防城特派员谢王岗在东兴调集那良区武装和沿海区少数骨干共150人枪，6挺轻机枪，集中在北仑河畔修尧村，编组为“钦防华侨抗日游击大队”，到那良举行起义。接着部队奔赴越南海宁省塘花一带开辟游击区，三战日伪军，击毙20多人。8月初，率部转回那良。

二、桂中

（一）南宁地区

中共横县特支在张树椿县长的支持下，组织了横县战时工作队和各区乡抗日自卫队，共有400多人枪。这支队伍与民兵群众一道，跟日军作战15次，其中镇

①灵山县志编纂委员会：《灵山县志》，广西人民出版社2000年版，第455页。

②合浦县志编纂委员会：《合浦县志》，广西人民出版社1994年版，第285—286页。

江伏击战打了4天4夜，四排岭阻击战激战8昼夜，击毙日军150人，伤90多人，击沉日船3艘，缴获4艘，缴轻机枪3挺，步枪35支，手榴弹450枚。中共武鸣特支书记韦宗遗和党员黄儒林、黄青成立邓广抗日民主乡政府，组织武鸣抗日义勇队、双桥抗日学生队和南区抗日青年队，240多人枪，在南区7个乡活动，与日军作战15次，击毙日军9人，伤18人。在爱国将军梁瀚嵩的支持和帮助下，共产党员周可传、梁宁、何其中、张宝鲜成立了宾阳抗日自卫大队，180人枪，与日军作战12次，击毙日军18人，缴获步枪9支。1944年，梁瀚嵩在上林组织了5支抗日联队，覃绍谋与覃学礼、蓝结佳、黄猷等在上林东区组织宾(宾阳)上(上林)迁(迁江)抗日义勇军大队，下辖4个中队，130余人枪。上林的共产党员陈衷、卢哲，组织了恭贤青年抗日自卫队，200多人枪，先后在六三村、大山村、古竹村、良瑾村、新兴村、巷贤街等处袭击日军，毙伤日军50多人，生擒日军2人，汉奸3人。[①]安良自卫大队在安良乡的上营、古黑村击毙日军2名，伤多名，缴获战马1匹。1945年4月，上林北区樊茂春等领导的各乡抗日自卫队集中力量攻打思吉乡北栏一带的日军，战斗了4天4夜，日军被迫向渡口撤退。[②]

1939年底，桂南会战期间，邕宁金城区各乡村群众组织自卫队、游击队，积极配合协助作战，配合县警备大队3次阻击日本军偷渡三江口，支援了国民政府军夺取昆仑关战役的胜利。邕宁县第四抗日游击大队430人，于1940年春与日军作战10多次，毙伤日军200多人。邕宁县坛洛区民众抗日自卫联队，于1945年3月配合国民政府军作战4次，歼灭日伪军100多人。[③]四塘乡自卫队多次阻击进山掳掠的日军；五塘、六塘自卫队配合新二十二师、九十九军九十二师，10多次袭击日军，破坏公路桥梁、电线；九塘乡游击队员欧锦灿等20多人，为荣一师一团分头带路，首先攻克昆仑关西侧敌据点七〇〇高地；游击队员欧启虞为九十六师某团带路，袭击九塘圩日军，缴获大量战利品；联光村游击队员黄俊才等多人，经常进出九塘至六塘的日军阵地、驻地，侦察敌情，为中国军队提供情报；八塘、九塘农永仁游击队的100多名队员，主要负责为中国军队带路，为打击日本侵略军做出了贡献。[④]

---

①黄嘉：《回首广西的抗日游击战争》，《广西日报》，1998年8月31日。

②上林县志编纂委员会：《上林县志》，广西人民出版社1989年版，第405页。

③广西壮族自治区地方志编纂委员会：《广西通志·军事志》，广西人民出版社1994年版，第192页。

④邕宁县地方志编纂委员会：《邕宁县志》，中国城市出版社1995年版，第296—297页。

（二）柳州地区

1944年12月，柳州日报社社长罗培元要求建立报社警卫队，经桂北行署主任尹承纲批准，拨步枪50支，弹药一批，以柳州日报社职工为主体，成立了柳州日报警卫队。该队成立有党支部，成立后即开赴柳城大埔、融县和睦、罗城龙岸、黄金一带，配合当地抗日武装对日伪军作战。同年7月1日中国军队撤出柳城，柳州日报警卫队奉命解散。柳州进步青年石宝熙、熊柳生、梧裕茂，在中共柳州日报支部的指导下，成立了60多人枪的柳江青年抗日挺进队，与日军作战10次，毙伤日军30多人，缴获马匹和军用物资一批。[①]

司马文森领导的中共桂林文化界党支部，罗培元领导的中共柳州日报党支部和路璠、莫矜领导的中共融县特支，为适应游击战斗的需要，协商成立中共桂北临时联合工委（一称融县联合工委）。临时联合工委组建了融县抗日挺进队和抗日挺秀队，600多人枪。这两支队伍，在民兵和群众的支援下多次与日军作战。1945年1月26日，融县抗日挺进队在融县滩底村大扁洲伏击日军运盐船队，击沉日军4艘盐船，虏获9艘船，船上12个日军和30个伪军或被打死，或跳河溺死，或逃上岸后被民兵围歼。1945年5月，融县抗日挺秀队在浪溪江畔小片河排伏击从长安镇撤往百寿（今属永福县）的日军，毙伤日军官兵20多人。同时，瓦解伪军1个保安大队残部，缴枪30多支。[②]

1944年11月，在中共柳州地下党的影响下，进步青年石宝熙、熊柳江、韦君毅、梧裕茂在柳江县的成团、洛满、流山等乡组成1支60多人枪的抗日武装。1945年1月25日，队伍扩大到150多人枪，被称为柳江青年抗日挺进队，下辖3个中队。熊文任大队长，石宝熙任副大队长。该队先后与日军作战20多次，毙伤日伪军60多人。

1944年，国民政府军一八八师（称镇国部队）1个团退守罗城，团长韦善祥聘请中共桂林文化支部书记司马文森为该部政治部主任。1945年1月，司马文森将疏散到罗城、融县一带的青年教师和学生组成抗日武装政治工作队，称为镇国政工队，全队50多人，配置武器，活动在罗城、融县、柳城一带，以各种形式开展抗日宣传和发动群众。

---

①广西壮族自治区地方志编纂委员会:《广西通志·军事志》，广西人民出版社1994年版，第192页。

②广西壮族自治区地方志编纂委员会:《广西通志·军事志》，广西人民出版社1994年版，第183—184页。

忻城的共产党员莫江白组织了100多人枪的抗日自卫队，与日军作战3次，击毙日军2人。中共武宣县支部书记陈文渊和党员陈明普、韦世宽、陈廷尧，组织了100人枪的东乡抗日义勇队，对日军作战8次，其中影响最大的是1945年1月大藤峡红石滩伏击战。此战有上千民兵和群众参加或支援，击毙日军宪兵队长向井立夫等124人。[①]在红石滩伏击战中，东乡抗日义勇队韦世光、黎金生、蓝砚田3人光荣牺牲。[②]1945年5月2日凌晨，两股日军企图在天亮时合攻三里圩。廖干周率地方自卫队和桂绥独二团第五连（连长覃源）到三里圩边和东岭盘布防。天刚亮，日军就从田心、白米两个方向向三里圩压缩，自卫队和桂绥独二团第五连决心开展一场反包围战。从早上6点开始战斗至上午10点，五连一名班长牺牲，廖干周为掩护疏散群众而中弹牺牲，4名士兵和1名参战群众负伤。[③]

三、桂北

桂柳会战期间，中共广西省工委决定创建桂东北抗日游击根据地，原因：一是桂林地区已沦陷，群众迫切要求抗击日军，有高涨的抗日热情；二是在阳朔兴坪和平乐北部组织了两支中共领导的抗日基干武装，进行了广泛的抗日宣传活动；三是有必要将临桂、灵川、全县、灌阳、恭城、荔浦、平乐、阳朔一带的各式抗日自卫队集结起来，组织成一支统一的桂东北人民抗日游击武装；四是桂林地区的地势险要，有利于开展抗日游击战争。1945年1月下旬，中共广西省工委加强对桂东北抗日游击战争的领导，建立以海洋乡为中心的桂东北抗日根据地，任命黄嘉、肖雷为中共桂东北正副特派员，又派肖含芳等共产党员加强领导兴坪战时青年服务队。

①黄嘉：《回首广西的抗日游击战争》，《广西日报》，1998年8月31日。

②武宣县志编纂委员会：《武宣县志》，广西人民出版社1995年版，第555页。

③武宣县志编纂委员会：《武宣县志》，广西人民出版社1995年版，第556页。

（一）临阳抗日联队

1945年2月20日，阳朔县的兴坪战时青年服务队与平乐县平北游击队在阳朔大源乡的太太庙召开大会，宣布正式成立临阳抗日联队。临阳抗日联队共350人枪，是一支公开的由共产党独立领导的人民抗日武装。这支队伍是按照八路军、新四军的制度和经验建设的，实行官兵一致、军民一致的原则，实行政治委员制度，具有人民军队的鲜明特色。在4个中队和1个民运队的基础上，成立了5个党支部。临阳抗日联队在根据地内组建了兴坪、天顺、大源和亨庆4个乡民主政府和村一级的民主政权，并组建了兴坪区民主政府，由赵志光担任区长。临阳游击区的抗日活动范围，由阳朔扩大到临桂、灵川、荔浦、平乐、恭城等漓江沿岸一带。临阳抗日联队沿着漓江沿岸，在阳朔的渔村、同滩、牛屎塘和古座塘，平乐的浦地与河口，荔浦的钱袋厂，与日军作战10余次，击毙日军18人，俘敌45人，击溃日军运输船队3支，击沉运输船4艘，缴获重机枪1挺，轻机枪2挺，长短枪250余支。①

（二）灵川青年抗日政工队和潞江抗日自卫队

1944年8月，中共灵川特支书记阳雄飞召集地下党员和抗日青年建立了灵川潞江抗日自卫队，在灵川县城附近潞江河山区坚持抗日游击。同时，经灵川县县长秦廷柱的同意，特支副书记吴腾芳以桂师学生暑期宣传队为基础，成立了灵川青年抗日政工队。特支将潞江抗日自卫队内的党员骨干调入青年抗日政工队，加强对政工队的领导。这两支队伍共280多人枪，在特支领导下与日伪军先后进行了平乐山、北彰乡、岭尾渡、金竹村、潞江河口等15次战斗，击毙日伪军70多人，缴获轻机枪2挺，步枪50多支。②在极其困难的条件下，创办了《民众日报》，并开辟和巩固了河东、潞江两块抗日游击根据地。1945年4月，政工队30多人，在灵川岭尾渡设伏，全歼日军一个小队，共10人。③6月8日上午8点，日军警备队120余人分3路进犯镇义。吴腾芳和全昭毅指挥政工队、自卫队共120余人，

①《临桂县志》编纂委员会：《临桂县志》，方志出版社1996年版，第624页。

②黄嘉：《回首广西的抗日游击战争》，《广西日报》，1998年8月31日。

③沈奕巨：《广西抗日战争史稿》，广西人民出版社1995年版，第267页。

动员群众200余人配合，采取“诱敌深入”的策略，围攻日军于金竹村。此战中，日军死5人，伤10多人，政工队1人阵亡，伤4人。①

(三)全灌抗日武装

全县和灌阳是桂林的东北门户。1944年8月，中共广西省工委交通员肖雷在全县和灌阳组织成立了中共灌阳特支，领导全县、灌阳两个支部发动敌后抗日游击战争。同时，在中共灌阳特支的领导下，对国民党当局进行了统战工作，先后建立了全县恩德区自卫联队新编二中队、独立中队、东山抗日政工队、全县学生抗日宣慰队、石塘抗日独立中队，以及灌阳抗日政工队、立田抗日自卫队等7支抗日武装，共320多人枪。此外，灌阳支部还派党员到东山瑶区组建了有30多人枪的瑶民抗日自卫队。这些队伍与日军作战23次，击毙日军50多人。其中桂北沦陷期间，全县5支队伍共260人，与日军作战15次，击毙日军30多人，缴获军用物资一批，夺回大批耕牛。灌阳2支队伍共60人，与日军作战8次，击毙日军21人，缴获军用、民用物资一批。②全灌抗日武装对驻守在全县和灌阳两地的日军第十三师团部亦进行了打击，据日本方面的资料记载：“在(第十三)师团警备区内……电话线屡遭破坏。步兵第116联队本部和第二大队本部亦时常遭遇袭击，并出现过失踪者”，第十三师团“经与进入灌阳的步兵第104联队联络，虽无异常重大敌情，但各地频频发生居民、自卫团等敌对行动，故需不断讨伐、扫荡、保护线路等”。③

(四)桂林南部县抗日武装

中共荔蒙特支共产党员吴福贤、覃江和毛仲平，率领60多人枪的抗日自卫队，6次阻击和追击来犯日军，毙伤日军5人，缴获步枪2支。1944年11月2日，日军第三师团先头部队步兵、炮兵约600人，80余骑兵渡过平乐河后分为两路：一路由大扒小道，经出南、桂山、桂花树脚、大坳、秃尾冲、敏村、漕村直插修仁；一路沿荔平公路向荔浦进攻。荔浦县自卫队第三大队奉命占扒齿左右高岭阻击日

①灵川县地方志编纂委员会：《灵川县志》，广西人民出版社1997年版，第734页。
②沈奕巨：《广西抗日战争史稿》，广西人民出版社1995年版，第267页。
③日本防卫厅防卫研究所战史室：《一号作战之三·广西会战》(下册)，中华书局1985年版，第15、16页。

军，掩护国民党军队撤退。上午8点，双方交战，日军被阻于龙窝、狗藏一带，战至12点，日军伤亡50余人，自卫队阵亡6人，伤24人，失踪18人。[①]中共修仁支部李明和潘桂佳组建了十锦抗日自卫队70多人枪，与日军作战5次，击毙日军军营1人，缴获轻机枪1挺。中共恭城特支的覃及芳和平乐特支的陆支礼分别组建了牛尾寨和浦地两支抗日游击队，对守土御敌发挥了积极的作用。

（五）庆远地区

中共河池特支的卢继馨、韦景光，组织60人枪的光隆乡抗日游击队，与日军作战2次，毙伤日军4人。[②]1945年4月，日军进犯光隆，抗日自卫队在六峨坳和龙坪岩两处阻击日军，激战3天，击退来犯之敌，击毙日军2人，伤3人。[③]周廷扬和覃宝龙在宜山、河池、都安三县边境组织了400多人枪的抗日自卫队，对日军作战16次，毙伤日军70人。[④]当桂柳吃紧之际，白崇禧于1944年9月25日在宜山县城召开会议，指示组织地方抗日武装。11月初，县内各乡在怀远、德胜火车站提取运不走的军械，组织武装自卫队。全县共计组成自卫队48个，3万多人枪（含柳庆师管区司令部第一大队和洛富乡抗日游击司令部）。日军陷境期间，都街韦俊吉父子潜入敌营获得步枪7支，轻机枪1挺。自卫队在德胜镇搜索日军途中曾俘虏日兵2名。1945年6月11日，日军服部支队接到撤离命令，佯作扫荡，以隐匿撤离企图。13日将各队兵力集结于县城东南郊。自卫队袭击驻在博爱村（今六坡一带）的日军炮兵队，击毙日军4名。13日0点起，日军沿庆远—三岔—柳城乡村公路逃离，至洛西、洛东间被洛西、屏南自卫队截击，中队长梨本中尉及日军数人被击伤。[⑤]

①荔浦县地方志编纂委员会：《荔浦县志》，生活·读书·新知三联书店1996年版，第757页。
②黄嘉：《回首广西的抗日游击战争》，《广西日报》，1998年8月31日。
③广西壮族自治区地方志编纂委员会：《广西通志·军事志》，广西人民出版社1994年版，第184页。
④黄嘉：《回首广西的抗日游击战争》，《广西日报》，1998年8月31日。
⑤宜州市方志编纂委员会：《宜州市志》，广西人民出版社1998年版，663页。

四、其他地区

广西左右江是红七军、红八军的故地。日军入侵后，中共滇黔桂边委员会书记滕静夫和岑日新、谭统南，把劳农会员集中起来，组建了一支抗日游击大队，在中越边境活动。1939年10月，中共桂西南党组织指派地下党员韦家骥等3人来到龙州，成立中共龙州支部。龙州党组织利用韦家骥等在警察局任职的有利条件，组建了龙州青年战地服务工作队。1944年12月初，龙州彬桥人林猛先后联络彬桥、八角、平而、凭祥等地群众，成立中越边界抗日自卫队，龙津、凭祥边抗日自卫大队。接着又召开抗日自卫联防代表会，龙凭沿线百余村派代表参加，决定各村组建抗日自卫队。

1944年冬，思乐和明江地区沦陷，中共爱店特支的黄欧、项伯衡、施芝华组成思乐抗日政工队，16人枪，与日伪军作战两次，处决汉奸两人。黄友生等人先后组建了爱店青年抗日救国队和明江南岸抗日政工队，共310多人枪。戚汉仁将思乐民团大队改编为思乐抗日义勇大队，调爱店青年抗日救国队骨干10多人和数乡农民参加，使思乐抗日义勇大队迅速发展。

凭祥共产党员梁玉金，在镇南关下组建凭祥抗日锄奸游击队，在上石、下石，龙州的上降、八角等地开展抗日斗争，后队伍发展到100多人。1944年12月，上八地区抗日锄奸队在梁玉金的率领下，惩办农福源、陆珠洲、李宏谋等日伪土匪。1945年4月12日，150多名日军、12名伪军进犯上降，被抗日锄奸游击队伏击。第二天上午8点左右，日军对锄奸队进行反扑，战斗3个小时，19名日军被击毙。农历三月初三日，驻凭祥的日军出动300多人，再次扫荡那荷村。锄奸队退到企山口坚守。日军在那芸村被锄奸队追歼，死伤22名，其中小队长1人。锄奸队缴获指挥刀1把，子弹500发，手榴弹3枚，皮靴、军用雨衣等多件。锄奸队黄元卿、吕建芳在战斗中牺牲。[①]1945年4月，凭祥抗日锄奸队和武装青年配合一八八师别动队（约一营兵力），在五里桥伏击从凭祥开往南宁的日军3辆军车和10多名日军，烧毁军火，全歼日军。

1939年1月初，日军第二次侵占涠洲岛后，修筑航空基地长期盘踞。1945年

①凭祥市志编纂委员会：《凭祥市志》，中山大学出版社1993年版，第200页。

6月初，海口日军司令部电令驻涠洲岛日军撤往海南岛，行前杀尽岛民。台湾士兵与岛上渔民联合奇袭日军9个据点，全歼岛上日军（20多人），缴获汽车2辆、机帆船1艘、轻重机枪6挺、高射机枪2挺、长短枪20多支。[①]起义胜利后，涠洲岛人民成立抗日守岛自卫队，坚持到抗战胜利。

这些由中国共产党直接或间接领导的抗日武装队伍，力量虽小，缺乏武装斗争经验，但是在日军两次入侵广西期间，将"数百万武装及徒手民众动员起来，协同……作战，并厉行坚壁清野，彻底破坏交通，不断打击敌人，使敌人遭受严重的威胁，……惟其如此……省的伪组织并未建立，且无伪军，无伪组织，亦无伪币流行，这证明了我全省同胞能够忠实地执行《国民公约》，也证实了我全省同胞组织训练的伟大力量"。[②]这些抗日武装队伍深入敌后，开展了英勇的敌后武装斗争，成为当地群众抵御外侮、维护一方平安的可靠力量，有力地支持了抗日前线，为收复广西和抗日战争的胜利做出了重要的贡献。（参见表2-13）

表2-13　抗日战争期间共产党武装（包括间接领导的武装）一览表

番号	领导关系	人数	领导人	时间	活动地域	战果
右江上游抗日义勇军	中共右江上游中心县委领导	350	黄举平 赵世同	1937年春至1940年夏	右江上游	
北海抗日学生队	共产党员掌握实际领导权	50	李梓明 庞文隽	1939年12月至1940年春	北海	
大勉抗日自卫队	中共东兴支部组建与领导	40	沈鸿周 沈鸿桂	1939年12月至1940年冬	东兴	
灵山青年抗日游击队	中共灵山支部组建和领导	30	劳阴祖 莫平凡	1939年12月至1940年春	灵山	
白石水抗日自卫队	中共合浦县委领导	–	张世聪 黄其江	1940年6月至1941年8月	合浦白石水	

①广西壮族自治区地方志编纂委员会：《广西通志·军事志》，广西人民出版社1994年版，第192页。

②白崇禧：《再造新广西，建设新中国》，《广西民政》，1946年第2卷第3期。

续表

番号	领导关系	人数	领导人	时间	活动地域	战果
桂东北人民抗日游击纵队临阳联队	中共桂东北特派员领导	350	黄　嘉 肖　雷 黎禹章 赵志光	1944年9月至1945年7月	临桂 阳朔 荔浦 平乐	歼敌70人，缴获机枪3挺，步枪250支，击沉与缴获船3只
武鸣抗日义勇队	中共武鸣特支领导	120		1944年12月至1945年8月	武鸣	歼敌10人，缴获步枪5支
灵川青年抗日政工队、潞江抗日自卫队	中共灵川特支领导	280	阳雄飞 吴腾芳 全昭毅	1944年8月至1945年8月	灵川	歼敌90人
恩德区抗日自卫联队等5支武装	中共灌阳特支领导	350	邓崇济 谢雄平	1944年8月至1945年7月	全县	歼敌30人，缴获机枪1挺，步枪20支
灌阳抗日政工队、立田抗日自卫队	中共灌阳特支领导	60	文良儒 傅一屏	1944年9月至1945年8月	灌阳	歼敌19人
十锦抗日自卫队	中共修仁支部组织发动	70	李　明 潘桂佳	1944年9月至1945年8月	今鹿寨十锦地区	歼敌5人，缴获机枪1挺
融县抗日挺进队	中共桂北临时联合工委领导	500	杨　凡 何　谷	1944年12月至1945年7月	融县	歼敌475人，击沉、缴获船36只
融县抗日挺秀队	中共融县特支领导	100	黄　略 莫　矜	1945年2月至1945年7月	融县北区	歼敌20人
柳州日报警卫队	中共柳州日报特支领导	50	罗培元	1945年1月至1945年7月	柳城	
镇国政工队	中共桂林文化支部领导	50	司马文森	1945年1月至1945年7月	罗城	
桂师战时服务队	中共灵川特支领导	–	李文松 蔡纯华	1945年2月至1945年7月	柳城	

续表

番号	领导关系	人数	领导人	时间	活动地域	战果
光隆抗日自卫队	中共河池特支领导	60	韦景光	1945年2月至1945年7月	河池	歼敌5人
香江抗日自卫队	中共贵县香江党支部领导	–	谭镇邦	1944年12月至1945年8月	贵县香江乡	歼敌105人，击沉、缴获日船18只
陆川人民抗日自卫军	中共陆川县委领导	700	廖家义 温翊俊	1945年2月26日至1945年3月8日	陆川	
博白人民抗日自卫军	中共博白县委领导	3000	林执真 熊景升 邹优宁	1945年2月26日至1945年4月	博白	
兴业人民抗日自卫军	中共玉林区特派员领导	500	张　熙 覃注礼 覃震声	1945年3月2日至1945年3月13日	兴业	
贵县人民抗日自卫军	中共贵县县委领导	200	黄　彰 谭留科 赖志廉	1945年3月3日至1945年3月7日	贵县	
东乡抗日义勇队	中共武宣东乡支	100	陈文渊	1945年1月至7月	武宣东乡	歼敌150人，击沉、缴获日船17只
明江南岸抗日政工队 爱店青年抗日救国队	中共爱店特支领导	310	黄友生	1944年12月至1945年7月	思明	
南路人民抗日解放军第三支队	中共南委钦廉特派员领导	800	张世聪 阮　明	1945年2月至1945年5月	合浦	歼敌166人，缴获机枪19挺，步枪160支
南路第三抗日游击队	中共灵山特派员领导	400	陈铭金	1945年4月至1945年8月	灵山	歼敌20人

续表

番号	领导关系	人数	领导人	时间	活动地域	战果
钦县人民抗日解放军	中共钦县特派员领导	110	卢　文 朱守刚	1945年2月至1945年3月	钦州	
钦防华侨抗日游击大队	中共防城特派员领导	150	谢王岗 沈鸿周	1945年6月至1945年8月	东兴	歼敌20多人
横县抗日自卫队	中共横县县委领导	300		1944年12月至1945年8月	横县	除配合贵县香江歼灭日军船队之外,另歼敌20人

注:①恩德区抗日自卫联队等5支武装为东山抗日政工队、新编第二中队、独立中队、全县学生抗日宣慰队、石塘抗日独立中队。

②陆川、博白、兴业、贵县人民抗日自卫军为桂东南抗日反顽起义武装。

资料来源　广西壮族自治区地方志编纂委员会:《广西通志·军事志》,广西人民出版社1994年版,第189-191页。

第五节　日军败退及广西光复

一、1945年上半年的军事形势

1945年4月1日,美国军队在冲绳岛登陆,直逼日本本土。4月5日,苏联通知日本驻苏大使，宣布废除《苏日中立条约》，苏联红军陆续东调。同一天，日本小矶内阁总辞职，7日，铃木组阁。1945年1月，冈村宁次派出几个精锐师团奔袭四川，企图打垮重庆国民政府，未成。4月25日，日军还出动了6万多人进攻湖南芷江机场，被中国军队包围追歼，弃尸4000多具溃逃。5月2日，苏军攻克柏林。5月7日，德国宣布投降，欧洲战事结束。这些接踵而来的打击，把日本“本土决战计划”“大陆作战计划”等全部打乱，日本法西斯已经完全陷于孤立，处于最后挣扎的境地。

日本大本营为应付美军对日本本土的军事行动，并准备应付苏军在远东的对日军事行动，决定撤出中国华南地区的部分兵力，用以加强华北、华中的兵力，并抽兵加强日本本土的守备。4月14日，日本大本营命令在广西的第三、第十三、第三十四师团等调往华中、华北待命。日军第十一军只剩下五十八师团和二十二、八十八旅团。而它们若留在广西，无异送肉上砧，因而日本大本营决定进一步收缩湘桂沿线的兵力，撤回武汉。撤出广西，这对于日本来说，意味着放弃血战8个月、损失数万日本士兵生命所换取的“战果”，还意味着抛弃散在东南亚各地和香港、广州的60多万日军，让他们自行毁灭。日军收缩在广西的兵力，为中国军民收复广西提供了有利的条件。

二、日军溃逃

1945年四五月间，日军留驻广西的兵力只有第十一军指挥的第三、十三、三十四、五十八等4个师团和独立混成第二十二、八十八两个旅团，共约10万人。第三师团部署在以宾阳为中心的来宾、上林、南宁地区，师团部设在来宾县大贤村；第十三师团部署在以宜山为中心的河池、南丹、思恩、罗城地区，师团部设在宜山县九龙庄；第三十四师团部署在以全县为中心的桂林以东和以北地区，师团部设在全县；第五十八师团部署在桂林周围及其以南地区，师团部设在桂林；独立混成第二十二旅团部署在以桂平为中心的西江沿岸地区，旅团部设在桂平，5月移驻武宣；独立混成第八十八旅团部署在兴安县，旅团部设在兴安县城。第十一军司令部设在柳州，6月撤往桂林。①

自美军在冲绳岛成功登陆和苏联态度发生变化后，1945年4月27日，日军中国派遣军就下达了撤退的命令：第三师团7月上旬从全县出发，经由汉口、郑州开往徐州；第十三师团8月上旬从全县出发，经由京汉线开往北京；第三十四师团6月上旬从全县出发，经由南昌、南京开往天津。②

为了能够安全撤出，4月17日，日军第三、第十三师团发动了都安出击战，占领要点，以倒"L"形的配置企图包围歼灭在都安的国民党军第四十六军。为给第三师团腾出兵力，日军第十一军抽调驻扎在鹿寨的第五十八师团九十四大队（大队长小林正道）到南宁接防，担任警备。第三师团从南宁出发向都安进军，第十三师团从宜山向都安侵犯，两个师团的主力同时于4月21日发动攻势，25日攻陷都安县城，27日退出都安，返回宜山、河池原驻地。5月2日，第十一军下令停止都安作战。5月3日，日军开始撤退，预定撤出广西的时间大致如下：第十一军之独立混成第二十二旅团于4月下旬撤出梧州以西西江沿岸，第三师团部于5月上旬撤出南宁，第三师团主力于5月上旬撤出宾阳，第十三师团于6月撤出宜山，独立混成团第二十二旅团于7月撤出柳州，8月末撤出广西全省。③

5月3日，日军从第十三师团主力中抽出步兵第六十五联队（队长服部大佐，该队后改为服部支队）稳住南宁，掩护第十一军主力从桂柳地区撤退。5月7日，第六十五联队为掩护撤退，从金城江出发，向河池六甲前进。日军第十一军令服部支队于5月20日，第五十八师团的独立步兵第九十四大队（队长小林大尉）于5月25日分别开始撤退。

服部支队于5月24日全部到达宜山，但是各中队的补给完全中断，每个中队都派出约1个小队的兵力，外出20千米—30千米进行扫荡和侦察，尽力搜集粮食。该联队自河池撤退到6月13日撤出宜山，共战死26人。自宜山撤退至警备柳城地区，6月18日到28日这一段时间，该联队又战死32人。④

1945年5月下旬，日军放弃南宁，向宾阳北部逃走。桂军第四十六军一七五

①广西壮族自治区地方志编纂委员会：《广西通志·军事志》，广西人民出版社1994年版，第144—145页。
②《第11军的撤退》（节目），黄铮：《广西抗日战争史料选编》（第三卷），广西人民出版社2005年版，第451页。
③《第11军的撤退》（节目），黄铮：《广西抗日战争史料选编》（第三卷），广西人民出版社2005年版，第453页。
④《第11军的撤退》（节目），黄铮：《广西抗日战争史料选编》（第三卷），广西人民出版社2005年版，第461页。

师从都安经上林斜出邕柳公路予以截击。5月29日，一七五师五二五团开始向石陵、迁江两地进发，跟踪追击日军第三师团第六联队和五十八师团九十四大队，在红水河两岸渡口激战4昼夜，中国军队绕石陵，守迁江，北经红河，扫荡残敌，歼灭日军400人，战马30匹，中国军队阵亡48人，伤73人。[①]6月14日端午节当天，日军第十一军命令第六联队在大塘掩护从宜山撤退到柳州的十三师团后续部队。而大塘位于军用公路的三岔路口，板则村—长洞—白见村之间又是狭路，先出发的部队若一停止，后续部队就很难处置。桂军一七五师五二五团闻讯，于6月16日在门头、百子坳、牛屎坳三段伏击，围攻日军3日，反复袭击，日军慌不择路，全军摸黑冲过8千米狭长的火网地带，人马尸体堆满山谷，日军溃向柳州。17日，日军第六联队的前卫第二大队的主力强行突破了狭路，但是其后尾的第七中队不得不停下来在长洞的狭路向左右高地射击，其炮身都要烧坏了。此役歼灭200余日军，俘获200匹马，中国军队阵亡军官9人，士兵20人。迁江、百子坳两役是日军撤出桂南受到最严重的两次打击。[②]据日本材料，6月15日，返转的第十三师团三十四联队的贺屋大队，在板则村北狭路被中国军队夹击，战死军官6人。[③]

日军第十三师团司令部于5月27日从宜山出发，19日到达柳州，31日到达桂林。第三十四师团司令部于5月24日进入新宁，第三师团司令部从大贤村出发，经北泗、柳州、鹿寨、永福去桂林。6月19日，日军第十一军司令部把后卫任务交给独立混成第二十二旅团后，从柳州向第五十八师团的驻地桂林进发。

7月下旬，中国军队在桂林周围地区计划截断日军向湖南撤退的后路，发动了激烈的五旗岭战斗。据日军第十一军田中参谋回忆："日军直到从柳州撤退时，国民政府军队的压力还不算大，但从桂林撤退时国民政府军队的压力忽然加大。于是考虑从桂林一举向全县出发后退已不可能，因而在桂林（第五十八师团防卫）和全县中间的大榕江配置了独立混成第二十二旅团；同时令第十三师团主力暂勿从全县出发，列入第二十军指挥下。服部联队在越过大榕江刚刚进入兴安时，（国民党第五十四军）从西北大举袭来，因此令服部联队攻击了五旗岭，7月25日撤出桂林。第五十八师团对桂林外围之国民政府军队全面进行反击以后，经大榕江之

①《柳江县"鬼子坳"纪念亭碑记·鬼子坳序》，黄铮：《广西抗日战争史料选编》（第三卷），广西人民出版社2005年版，427页。
②《柳江县"鬼子坳"纪念亭碑记·鬼子坳序》，黄铮：《广西抗日战争史料选编》（第三卷），广西人民出版社2005年版，427页。
③《第11军的撤退》（节目），黄铮：《广西抗日战争史料选编》（第三卷），广西人民出版社2005年版，463页。

独立混成第二十二旅团接应而去全县。”①

日军第十一军军部撤出大榕江以后来到全县时，能指挥的兵力只有第五十八师团和第二十二和八十八旅团。越过全县北侧就是湖南原野。日军打算在全县地区进行在广西的最后一次作战，以利于撤退。日军还在全县使用了放火计策，火势一起，中国军队便大举进攻全县。至8月12日中午，日军击退中国军队，14日返回全县。至15日，日军第十一军司令官已知道日本投降，“战争终止”。

三、广西全境收复

1945年3月，中印公路全线贯通，美国武器和作战物资大量输入中国，国民党军36个师得到美国武器装备。3月5日，何应钦将所辖部队整编为4个方面军，其中第二方面军在桂西，司令官张发奎，副司令官夏威、邓龙光，辖四十六、六十二、六十四3个军；汤恩伯第三方面军在黔南，辖十三、二十、二十六、七十一、九十四5个军，这两个方面军的作战区域都面向广西。5月，根据情报，发现日军在广西有收缩防线、逐步抽撤兵力的倾向，国民政府军事委员会决定趁机先在广西向日军反攻，打通广东南路海岸线，以配合盟军作战，即命令第二、三方面军提前反攻广西。驻守桂西的张发奎第二方面军指挥第六十四、四十六两个军4个师，从都阳山脉出发，攻取南宁、龙州。驻守桂西北的汤恩伯第三方面军指挥第二十、七十一、九十四、二十六、十三5个军11个师，沿黔桂路东下，先取河池、宜山、柳州然后进攻桂林，最后收复梧州。

4月27日，第二方面军以第四十六军一七五师攻占都安后，主力即向都阳山山脉进发，节节迫近邕宁。5月初，派出两个突击营布置在邕龙路两侧，切断南宁日军与越南日军的交通。26日，第二方面军的第四十六军和第六十四军进攻南宁，经一夜战斗即告收复。南宁日军一部向龙州、大部向柳州方向逃窜。第四十六军即向柳州方向、第六十四军向龙州方向追击。逃窜柳州的日军途经昆仑关时

①《第11军的撤退》（节目），黄铮：《广西抗日战争史料选编》（第三卷），广西人民出版社2005年版，第470页。

遭到第四十六军的截击，经过苦战才通过昆仑关。27日，第四十六军进攻宾阳。31日，日军第三师团撤退到迁江北岸。

中国军队除了以第六十四军一五六师向龙州追击外，第四十六军向柳州东南迂回攻击前进。5月30日，第六十四军收复绥渌。6月7日，一五六师收复乐思，8日，克明江。7月3日，第六十四军克龙津，4日收复凭祥，25日进占镇南关，日军向越南撤走。第四十六军在广西绥靖部队的协助下，向柳州攻击，肃清西江南岸之日军，先后占领桂平、武宣、拉堡。6月19日，第四十六军一七五师进抵拉堡，迫近柳江。

第三方面军先以第二十军和第七十一军沿黔桂路东下，向河池、黎明关攻击。5月初，第二十军的预备第十一师主力进攻天河后，沿柳宜公路北侧山地前进，以策应柳宜正面作战。5月20日克河池，21日克黎明关、思恩，23日克德胜，向宜山进攻。6月6日克宜山，日军由柳州增援，反复争夺宜山，14日再克宜山，日军向柳州溃逃。在宜山周围的日军第十三师团和从南宁撤退的日军第三师团经柳州向桂林撤退。6月29日，第二十九军一六九师和第四十六军一七五师进占柳州。

收复柳州后，第三方面军兵分三路向桂林追击日军。以第二十军一六九师和预备第十一师为中路，沿桂柳铁路追击；以第七十一军九十一师为左路，沿桂柳公路追击；以第二十军一三三师为右路，由融县经百寿向桂林追击。同时，以第四方面军攻击宝庆、衡阳，策应桂林方面军的作战。桂柳铁路正面，第二十军一六九师于7月6日收复雒容，9日克中渡，17日收复黄冕，日军退永福固守。第二十军以预一师由正面攻击永福日军，以一六九师向日军左侧背迂回，激战至24日收复永福，桂林南方门户开放。九十一师沿桂柳公路前进，于17日收复荔浦，19日攻至马岭圩，但日军死守不退，中国军队就以主力向阳朔西北白沙迂回。24日，中国军队攻占白沙，26日收复阳朔，直追桂林近郊。第二十军一三三师于22日收复百寿。至27日，中国军队西南方面军三路大军先后迫近桂林城郊。

第三方面军主力进入越城岭山脉后，以第九十四军由龙胜向义宁攻击；以第二十六军向兴安、全县之间攻击前进。7月10日，第九十四军一二一师进出蓝田公路，袭取南圩；18日复以一部袭占长蚊岭，至湘桂公路、铁路均受中国军队控制。日军从桂林、灵川抽调第十三师团一部前来争夺，激战至烈。7月19日，第二十六军攻占了湘桂铁路的界首及其北侧的高地五旗岭，截断了桂林日军退往湖南的道路。日军由全县、兴安向中国军队第二十六军进行反扑,反复争夺五旗岭。之后,中国军队再次攻占五旗岭阵地。日军步兵第一〇四联队第一大队队长高桥大尉决定夺回阵地,下达了半夜发动攻击的命令。日军各中队攻击前进,翌日拂晓夺取了一角,但是弹药缺乏,接连出现伤亡,其中该联队的第四中队共80人,已有55人死伤。[①]24日,日军夺回五旗岭全部阵地。25日,日军第十一军司令命令柳州、桂林地区所有部队迅速向全县撤退,日军第五十八师团和独立混成第二十二旅团于7月底分别撤退到全县和大榕江。在此之前,日军第三十三师团已撤往湖南。26日,第九十四军收复义宁,向桂林近郊推进。7月27日,云集桂林近郊的第二、第三方面军向日军发起总攻,28日收复桂林。8月10日,收复兴安,完全肃清了桂东北之敌。17日,收复全县,桂北日军全部向湖南撤退。

收复桂林历经21日血战,据统计击毙日军官兵达2600余人,俘虏23人,中国军队伤亡官兵1300余人。桂林光复后,据驻桂美国新闻处发表言论称,中国无任何一城较此次桂林所遭劫祸更甚者。"……一如罗马之破坏迦太基者然,全城中仅有之巍然独存建筑物,均为曾经日军占作司令部,而于其撤退中未能加以破坏者,其他各建筑物及民房均成断垣残壁,留于城中者,仅少数居民。"[②]

收复桂林后,中国军队第三方面军命令收复桂林的第十三军分兵向梧州进发。8月15日,攻击梧州。此日,日本大本营宣布无条件投降。16日晨,驻梧州日军登船由西江向广东撤退,梧州光复。至此,广西全境光复。1945年9月15日,广西省政府从百色迁回桂林办公。

①《第11军的撤退》,日本防卫厅防卫研究所战史室:《昭和二十年(1945年)的中国派遣军》第1卷第2分册。
②《桂林光复特记》,载桂林市文献委员会:《桂林市年鉴》,1949年,第36页。

第三章

抗战大后方广西的经济建设(上)

抗战期间，广西虽两度沦陷，但多数时间却是以大后方地区而存在的，因此，经济建设成为其主要任务。其中，农业和工矿业在大后方生产中居于重要地位，所做出的贡献也十分突出。

第一节　农业

一、战前广西农业发展概况

长期以来，广西农业是传统的、落后的，以家庭为单位自给自足的自然经济占据主导地位。从明末清初开始，随着大量移民的到来，中原地区一些先进的农业生产技术和农业生活方式传入广西，农业出现了一些新的活力。但是，由于地处边陲，政府管理不善，生产条件有限，广西的农业生产与全国许多地区相比始终比较落后。

1925年新桂系集团统一广西后，为了实现“建设广西，复兴中国”的政治抱负，采取积极措施，促进农业改革，提高农业产量，以达到社会稳定、经济独立自主的目的。他们清楚地认识到，要聚合农村的力量，建立有效的农业管理系统至关重要，因此采取措施，构建从省到区县乡镇的农业组织系统。

农业管理处是当时广西省内的最高农业行政管理机关。这一机构，在20世纪30年代前作为广西省政府厅处单位之一单独设置。1930年7月，改隶于建设厅。[①]农业管理处下的秘书室撤销，其业务附于处长办公室内。把督导室改为推广组，农业管理处设下的农务、林务、畜牧兽医、垦殖水利四个组仍然保留，另设水

①陈大宁:《抗战六年来的广西农林建设》，载《广西建设季刊》1943年第1期，第9页。

稻、杂粮、棉作、麻种、油桐、肥料、虫害、病害、兽疫、垦殖、农田水利、积谷管理等项的专业督导员。每项专业设督导主任1人，督导员若干人。这些督导员均分赴各区县，执行督导工作。农业管理处既负责农林畜牧生产计划的制订，也负责具体的生产改良监督与指导，还负责农业技术人员的培训和奖惩。[①]

各区专员公署不专设农林机构，但在第四科下设农林技正1人、技士2～3人，负责各县农林的督察工作。

各县政府也明确以第四科兼管农林行政工作，设农林技士1人，技佐2～3人。后来为加强对垦殖水利与农林工作的督导，复令各县增设垦殖技佐1人、水利指导员1人。此外，各县还设农林巡回指导员4～6人。

各乡镇则于经济股里设经济干事1人，兼管乡镇的农林行政事务。[②]

完备农业管理系统的构建，大量管理人力的投入，将农村分散的力量聚合起来，这为广西农业的振兴奠定了坚实的基础。

与此同时，新桂系集团还构建起了先进的农业技术机构，其中，属于农务者有省立农事试验场、各区农场[③]；属于渔牧者有省立家禽保育所、鱼类养殖场[④]；属于垦殖者有广西垦殖水利试办区、六万垦殖区[⑤]；属于农田水利者有农田水利贷款委员会[⑥]。为提高农业技术人员的水平，新桂系集团还开办培训班，传授新技术和新方法。例如1937年春，就在柳州沙塘委托广西大学农学院开办了第二届农林技术人员训练班。

这些技术机构与农业管理机构相配合，大力推广先进的农业生产技术和农业生活方式，使广西农村的面貌开始发生变化。

抗战之初，广西土地总面积为218923平方千米，粮食作物主要有水稻、玉米、红薯、甘薯、木薯、小麦、荞麦、高粱、大豆等，1933年，全省以水稻的栽培为主，其次是旱地农作物，见表3-1。

①广西省政府十年建设编纂委员会：《桂政纪实·经济》，1946年，第13页。

②参见（广西省政府十年建设编纂委员会：《桂政纪实·经济》，1946年，第14页。

③广西省政府十年建设编纂委员会：《桂政纪实·经济》，第14—15页，毅庵：《全国瞩目的新广西》，载《广西建设集评》，第131—132页。

④广西省政府十年建设编纂委员会：《桂政纪实·经济》，第18—15页；1946年，《广西建设季刊》1943年第1期，第10页。

⑤赖彦于：《广西一览·农林》，第5—6页。

⑥广西省政府十年建设编纂委员会：《桂政纪实·经济》，1946年，第20页。

表3-1 1933年广西粮食作物统计

作物	栽培面积(千亩)	产值(千元)	作物	栽培面积(千亩)	产值(千元)
水稻	25616	137098	玉蜀黍	5166	10066
甘薯	2553	6447	大豆	1862	4363
芋	1067	4363	荞麦	897	881
木薯	730	1776	陆稻	694	1519
大小麦	441	954	粟	396	806
高粱	65	122			

资料来源 张培刚:《广西粮食问题》,商务印书馆1938年版,第16页。

总的来看,水稻和杂粮是当时广西生产的主要粮食。这些粮食产量虽然比较有限,但与过去相比已有很大的进步。对此,广西当时的各级农业管理部门及技术部门发挥了积极而重要的作用。

二、全国抗战期间广西农业以满足战争需求为重点

(一)加强粮棉麻生产

全国抗战爆发后,全国各地大量难民逃到广西,同时,大量的军队也在广西聚集,需要足够的粮食和衣物。因此,增加粮食产量和棉麻产量就成为当时广西农业面临的紧迫任务。

而要促使粮棉增产,根本办法还是加强科学实验。为此,1939年,广西省政府决意开始设立农业推广试验县,希望以此产生积极的倡导作用,以点来带动整个广西地区农业推广工作,同时也寻求在县一级的基层推广农业工作的经验。是年6月拟定的《广西省农业推广实验计划纲要》,选定临桂、柳城、武鸣、田东、龙津

等五县为实验地区。[1]“农业建设之经费上，由农促会每县补助七千元，人员则各县管理处原有工作人员外，另由省政府加委技士技佐等十余人，并派定各实验县督导员，分赴各该五县协助工作。”[2]农业推广督导员的具体工作为：“调查各县农村状况，分别拟定各县农业推广实验实施计划，复经省政府陆续颁发，《农业推广实验县生产训练计划》《农业推广实验县设置中心推广区办事处办法》等。”[3]

农业推广实验县的农业机构组织在原来的县农业机构组织上有所增设：“实业之进行，必需完密与灵活之组织机构以主持推动，本省农业实验县之组织，除尽量应用县乡之原有组织外，为适应推广业务之需要，并增设中心推广区，组织县农业推广协进会及农会。”[4]而这些组织系统中又可按其性质分为主持机构和协助机构两种，前者为农业管理处及中心推广区办公室，后者则有农会、县农业推广协进会、乡村公所、国民基础学校、民团后备队等。这些组织机构均是为农业推广实验县的具体工作的开展服务的。

新桂系集团重视农村基层组织的建设，借助乡村各种组织推动农业实验县的建设，在战争形势下，这是十分重要而有效的措施。

抗战的相持阶段，物资极端匮乏，军民的生存状况日益艰难。在这种情况下，新桂系集团通过各种措施来促进粮食增产。推广再生稻是方式之一。1941年颁布了《推广再生稻培育实施办法》，还编印了《再生稻培育浅说》颁发各县，省政府指定百寿、临桂、灵川、兴安、全县、灌阳等7县先行试验，取得成绩后普遍推广。饬令各实验县在早稻熟时派技术人员下乡指导农户培育再生稻，对愿种再生稻的农户每栽培1亩，给予肥料贷款5元，以资鼓励。倡导冬季扩种是方式之二。战前，广西一些县已经开始有意识地引导农民进行冬季扩种，如《宜北县志》载：“民国二十四年县长李志任内，令各乡村每乡开办乡林场一所，广植桐茶，及有利益之树木，并令实行冬耕，多种杂粮以救农村经济之崩溃。”[5]在贺县，“民国二十年冬，县长黄绍耿提倡增加生产，改善农村生活，通令各区调查二十年及二十一年农产收获情形并择就白话布告，发贴各区，劝导人民种植杂粮，如高粱、玉蜀黍、落花

①广西省政府农业管理处：《广西农业通讯》，1940年，第1卷第2期，第50页。
②广西省政府农业管理处：《广西农业通讯》，1940年，第1卷第2期，第50页。
③广西省政府农业管理处：《广西农业通讯》，1940年，第1卷第2期，第50页。
④广西省政府农业管理处：《广西农业通讯》，1940年，第1卷第2期，第50页。
⑤覃玉成：《宜北县志》（第三编），1937年铅印本，第82页。

生、瓜子等类”[①]。广西省政府在总结这些县的经验基础之上，下令在全省范围内扩大冬种，凡是适应冬季种植的农作物，都要努力种植，尤其是小麦、番薯、马铃薯等旱地粮食作物的种植，更要作为工作的重点。各级农村组织，都必须确保冬种的顺利进行，以实现备荒救穷之目的。农村基层组织发挥了积极而重要的作用，扩大冬种运动在全省持续开展，取得了显著的成绩。据1941年的年度农业施政概况报告：“本省办理冬作，以增加粮食生产，于二十七年业已开始，历年均有增加，计二十九年九十九县冬作栽培面积达3585695亩。”[②]

肥料是增收的重要因素。冬作的开展，需要使地力迅速得到恢复。抗战前，广西许多地区尤其是少数民族地区由于思想观念落后，缺乏使用肥料的意识和能力，特别是人粪便的使用普遍受到排斥，认为脏臭，不吉利。当时有的县城甚至没有一间厕所，民众种的大都是产量极低的“卫生田”。针对这种状况，省政府先是大力倡导使用新肥料，要求各县推广使用夏季绿肥、堆肥和骨粉，之后，再推广使用动物和人的粪便作为肥料，指出：“应注意肥料之准备，制造天然肥料，保持地力，为实行冬耕冬作，不可忽视的工作，否则，土地肥力有限，仅有消耗，不予补充，则来年农作，必蒙受影响。”[③]在思想动员的同时，政府还大力推行简易造肥方法，在各农业试验场所示范制造，以便民众效仿。肥料的使用逐渐普及，促进了冬作物的推广，确保了农业生产周期良性循环。

广西省政府还大力倡导和鼓励改进农具，推广新式农具，先后委托中华铁工厂及君武机厂研制及仿制各种农具，如打稻机、玉米脱粒机、榨蔗机、手摇离心制糖机、改良犁、旱田中耕器、切蔓机等。这些机器运用在农业生产中，不仅提高了劳动效率，而且促进了生产方式的转变。

抗战期间，民众的爱国热情空前高涨，政府因势利导，根据农林部颁发的粮食增产工作竞赛办法大纲的规定，组织开展粮食增产竞赛活动。1942年，广西省政府颁布《广西省三十一年度粮食增产工作竞赛办法》。竞赛以县为单位参加，由省粮食增产总督导团负责主持，竞赛的项目不仅有玉米、甘薯、马铃薯等杂粮增产，还有冬作增产、推行堆肥、垦荒增产等。“凡参加工作竞赛成绩较优者前五名得呈

①苏瀚涛：《贺县志》（第四编），第220页。

②广西省政府农业管理处：《广西农业通讯》，1942年，第1卷第2期，第37页。

③王明辉：《今年提倡冬作的特殊意义及其注意点》，载《广西农业通讯录》，1942年，第2卷第9期，第148页。

请农林部分别奖励之，成绩较劣者后五名得依照省颁布《三十一年度粮食增产工作人员奖惩办法》分别惩罚之。"增产竞赛的经费由县农业推广经费项下开支。[①]增产竞赛取得了突出的成果，1942年广西省政府建设厅节录阚厅长在《广西建设概况》中宣布："豆类马铃薯均增加二倍强。"[②]

努力促进棉花增产也是抗战时期广西省政府高度重视的工作。当时，广西省政府采取的措施是开辟新棉区，如1939年，广西省政府确定宜山、柳城、思恩、融县等为新棉区，每县开拓新棉田6000亩，共24000亩。[③]由省政府派出技术人员，协同该县组织棉业推广区办事处，专责办理推广事宜，并由政府贷放棉种每亩6斤，还指导组织棉花产销合作社，进行棉花生产贷款及棉花收获后运销。与此同时，政府还组织力量积极改造旧棉区，规定棉田应减少其他间作物，增加肥料，增加产量。1941年，又将全县、临桂、阳朔、荔浦、平乐、昭平、恭城、富川、钟山、贺县、融县、罗城、柳江、忻城、天河、河池、东兰、都安、南丹、百色、万冈、平治、田东、田阳、天保、向都、镇结、靖西、敬德等县指定为棉花推广区域。每区设督导员1人，指导员2人，助理员4～5人，负责全区棉业推广指导工作。凡指定棉区各县，每年必须增加棉田2000亩，五年内增加10000亩。其他非指定的普通推广县，五年内各自增加棉田不能少于3000亩。[④]因此，棉花种植面积逐年扩大，产量也不断提高。

当时，麻也是重要的纺织用品。广西有黄麻和苎麻之分，其中苎麻又细分为青麻和白麻。抗战前，广西省政府已把植麻纳入各区农林示范场的计划之中，要求大力推广。全国抗战爆发后，各县的植麻面积不断扩大，产量也不断增多。桂林的六塘成为广西的麻布生产中心，每年输出40万元以上。

总的来看，全国抗战时期，政府采取的农业生产措施取得了较好的成效，粮食和棉麻的产量有所提高。桂南战役爆发后，因受战事的影响，其产量出现了下滑现象。日军退走后，相关生产得到恢复，但是，桂柳战役的爆发又使广西农业生产受到破坏，产量减少更为严重，见表3-2。

①广西省建设厅农业管理处：《广西省三十一年度粮食增产工作竞赛办法》，载《广西农业通讯录》，1942年，第2卷第10-11期，第78页。

②节录阚文：《广西建设概况》，载《广西农业通讯录》，1942年，第2卷第2期，第22页。

③陈雄：《广西经济建设施政纲要》，1940年，第11页，广西壮族自治区第一图书馆藏。

④胡坤荣：《广西植棉事业之过去与未来》，载广西建设研究会：《建设研究》1942年，第7卷第3期。

表3-2　1937-1945年广西主要农作物产量统计　（单位:担）

年份	水稻	陆稻	大小麦	荞麦	高粱	木薯	黄麻	籽棉
1937	55061623	1518418	652221	469918	78803	978206	40014	67988
1938	50824232	1437244	713636	522521	64607	938086	39571	72725
1939	57390445	1148496	555964	591513	66043	1478090	39555	87719
1940	46036251	883938	613556	526770	52855	1024229	36593	83227
1941	47348981	782116	-	-	47011	1383408	92121	186498
1942	40246931	1624870	133482	1214484	60914	1816846	37294	202455
1943	48655787	1591770	-	-	52379	2309784	37501	117476
1944	30790853	-	142260	522654	-	-	-	-
1945	25000062	-	216819	156796	-	-	-	-

资料来源　广西省政府统计处:《广西年鉴》(第三回),1948年。

(二)扩大桐油种植

广西多山地,气候适宜各种经济林木的生长。其中,由于桐油在经济和军事上都具有重要价值,因此,广西省政府大力推广这种林木的种植。1936年,广西桐油出口值占广西出口总值的16.36%,在出口货物中仅次于谷米,居第二位。1937年,广西桐油出口值千万余元,约占广西全省出口总值的1/4。全国抗战爆发后,鉴于中国需要用农产和矿产换取美国和苏联等国的军用物资,广西省政府加大了桐油种植的推广力度。1939年,与各金融机关商定植桐贷款通则,鼓励各界植桐。1941年,在中央政府财政部支持下,把植桐列入发展农村经济的重要事项,对植桐者予以补助,并派员分赴各县切实督导植桐。是年,各级桐场面积共177662.21亩,民众植桐面积100524.90亩,合计278187.11亩。①

全国抗战期间,广西省政府还大力鼓励垦荒,以确保扩大植桐目标的实现。垦荒分为省直接办理、移民垦荒、贷款垦荒、发放荒地与民众开垦等几种。由省直

①陈大宁:《抗战六年来的广西农林建设》,载广西建设厅:《广西建设季刊》创刊号,1943年,第11页。

接办理者，主要是利用省款开办垦殖区；移民垦荒，主要是将移民召集至垦殖区，由政府拨给荒地和经费，垦民开荒种植，每年将收获物的3/10交给政府，若干年后，这些土地便为垦民所有。贷款垦荒，即由政府贷款给百姓，解决垦荒经费的困难。1938年，中国银行、农本局、中央信托局及交通银行相继来桂推动农业贷款，数额逐年增长：1938年370万元，1939年850万元，1940年1400万元，1941年5500万元。这些贷款中的部分用于垦荒，每亩贷给法币3元。虽然贷款数量有限，但它对促进垦荒起到了一定的作用。据统计，全国抗战期间，广西垦荒数量总体呈增长趋势，见表3-3。

表3-3　全国抗战期间广西发放荒地种类面积　（单位：亩）

时间	垦荒种类及面积			合计
	山岭	旱地	水田	
1937年	119666	3947	72	123685
1938年	16648	46	11	16705
1939年	57320	3488	594	61402
1940年	111331	6894	40	118265
1941年	194100	15973	2005	212078

资料来源　广西省政府十年建设编纂委员会：《桂政纪实·经济》，1946年，第19页。

垦荒面积的不断增加，为扩大桐油种植创造了有利条件。反过来，桐油种植的扩大，又为垦荒提供了动力，两者互为因果，相互促进。

三、抗战时期中国“农都”的形成

抗战期间，西南地区成为中国的大后方。这时，全国各地的企业、学校和科研院所等纷纷疏散到西南各省。其中，国内的农业科研机构、农科研究人才，几乎全都集中在柳州沙塘的广西农事试验场。1940年,广西大学首任校长马君武先生在一次重要纪念会上演讲时指出:广西农事试验场为广西全省最高之农业机关。1945年,金陵大学校刊载文称沙塘“是中国战时后方唯一仅存的农业试验中心”,人们冠以“农都”之称。[①]

(一)战时“农都”以广西农事试验场为基础

战时“农都”的形成,由诸多因素所决定。

广西地处西南边陲,社会经济发展历来比较滞后。在广西,最早的省级农业科研机构,直至1908年才出现。该机构由广西巡抚衙门设于桂林东郊,名广西农林试验场。辛亥革命后,以陆荣廷为首的桂系集团主政广西,为促进农业的发展,于1919年在南宁西乡塘设立广西农业试验场,后因政局变动、经费短缺而停办。1921年又扩为广西农林试验场,未及一年,因政局混乱,农林试验事业陷于停顿。1925年,新桂系集团统一了广西,为实现“建设广西,复兴中国”的政治抱负,大力开展经济建设,1926年5月在梧州设立广西省实业研究院。同年9月,又在柳州大龙潭设立柳江农林试验场。1927年6月,广西省实业研究院迁至柳州与柳江农林试验场合并,改称广西实业院,负责全省农林、矿产等科学研究和调查工作。实业院内设农务、林务、畜牧、产品化验及制造、调查、推广、事务等7个部及农场、气象观察所、图书馆。1929年2月,广西省政府为统一农林机关,将广西实业院改组为广西农务局,主管全省农林事业,具有行政、科研、推广的职能。不久,因蒋桂战争的爆发、政局的动荡,广西农务局成立仅4个月即告解体,在原址恢复柳江农林试验场。1932年7月,柳江农林试验场改为广西农林试验场,场内设农艺、园艺、森林、畜牧兽医、化验、病虫害、推广等7个组。1934年8月,广西农林试验场又压缩为柳州农场,场内只有农艺、园艺、病虫害等组。1935年,为加强农业建设,将柳州农场扩大为广西农事试验场。同时,在南宁、桂平、桂林等地设立试验分场。[②]可见,抗战中广西农业科研机构变动很大,从地点看,先设于桂林,再设于梧州和柳江,最后定于柳州。从名称上看,经历广西农林试验场、广西实业研究院、广西农务局等变化。机构的功能,开始是以研究为主,后改为行政、科研、推广多

①小丁:《金陵儿女满天下(续)》,《金陵大学校刊》,第354期,1945年。

②广西壮族自治区地方志编纂委员会:《广西通志·农业志》,广西人民出版社1995年版,第66页。

职能的集合，最后又以研究、推广为主。无论如何，有一点必须肯定，即它始终是由政府推动而设立的主要服务于广西近代农业的科研机构，这一性质基本没有改变。后来，农林部广西省推广繁殖站、广西省立柳州高级农业职业学校等又陆续设在沙塘，其工作职责均与广西农事试验场密切相关。

柳州农事试验场占地面积19020.55亩[①]，其中房屋占地面积168.13亩，实验用地面积1281.41亩，各种园圃地812.49亩，水田及水塘418.30亩，林木地15315亩，其他杂地1025.22亩。在场内建有实验室、储藏室、测候室、农具室、肥料室、工厂、仓库、商店、学校、畜舍等建筑，还有附属沙塘垦区，垦地面积为4000余亩。水塘4座。农事试验场的组织机构是：设场长1人，秘书1人，其下成立农艺、园艺、森林、病虫害、农业化学、总务等6个组，及会计、图书2室，各组设主任1人，技正、技士、技佐、助理员若干人。农事试验场的任务是：对各种农作物进行改良实验，对果树、蔬菜进行改良及繁殖，土性之调查，产品、肥料之化验，病虫害之研究防治及育苗造林等。该场的规模及其设施，为战时"农都"的创建奠定了较好的基础。

农事试验场作为广西的省级农业科研机构设于柳州沙塘，与辛亥革命后不同政治势力的博弈有关。桂林长期是广西的政治、文化和军事中心。清政府被推翻后，陆荣廷担任广西都督，掌握了广西的最高统治权。为摆脱传统势力对自己的束缚，他借当时孙中山为首的资产阶级革命民主派所发动的"迁都"运动[②]，大力策动将省城由桂林迁至南宁，因为他的家乡在武鸣，靠近南宁，在这里，他的势力相对强大。7月10日，广西省议会表决通过了"迁省"议案，"迁省"运动以陆荣廷的胜利而告终。[③]广西省政府虽然迁到了南宁，但是桂林的军政势力及士绅仍以各种方式抵触乃至反抗陆荣廷为首的当权者。邕、桂两地互不相让，政令推行不断受阻。新桂系集团主桂后，实现了广西的统一，但是各派势力（包括被打垮的旧桂系势力）仍在明争暗斗，社会局势仍复杂多变。面对这种情况，当权者在不危及统治的前提下，不得不采取平衡策略，确保矛盾不至于激化而导致社会动荡。柳州位于广西中部，恰巧介于南宁、桂林之间，与广西各地的联系相对容易。将广西农

①这里据《桂政纪实》所载编写。《广西建设会刊》第1期载，该场设于柳州大龙潭羊角山，面积5000亩，1937年将该场农艺部迁往沙塘。此数据应为该场早期的土地面积。《桂政纪实》所载为迁至沙塘后的数据，故取之。

②1912年，孙中山为了钳制独裁者袁世凯，主张把国都从北京迁至南京，结果由于袁世凯的反对而失败。

③钟文典：《1912年广西的"迁省之争"》，载《近代广西社会研究》，广西人民出版社1990年版。

事试验场设在这里，既可减少各政治势力的阻碍，也有利于农业技术的推广。这就是省级农业科研机构建在柳州沙塘的一个很重要的原因。

当然，农业科研需要一定的基础。广西农事试验场设在柳州，与这里有较扎实的近代农业科研基础存在一定关系。早在1914年，根据当时北洋政府的要求，广西在马平县(今柳州市)设立气候观察所，对全省的雨量、风向、湿度、气压等进行观察，每月活动费240元。①这个气象观察所对指导广西的农业一直发挥着积极而重要的作用。1927年广西实业研究院迁至沙塘时，气象观察所已成为其中的一个部分。当时，广西省政府还将国外的一些优良品种引进广西农事试验场，例如1914年，"生长迅速、效用宏多"的德国槐树就由中央农商部林艺实验场引进，接着又从德国购买槐树种10斤进行培育，从而使广西的造林运动获得了新的资源。②

必须指出，当时柳州附近的农业试验和农业生产也对农事试验场的发展起到了促进作用，例如，庆远府在民国初年制定了《奖励实业简章》，规定凡开垦荒地10亩以上，栽种树木500株以上，自开水利灌田50亩以上或集公司灌田50亩以上者，皆得奖励。③这种大办实业的热潮，为农事试验场的科研营造了很好的社会氛围。1927年起，新桂系集团属下的柳庆垦荒局开始办理私营垦殖公司和私人领垦地的给照事务，公司和私人领荒地开垦后，需纳地价，斜坡每亩毫币1角，山岭每亩毫币5分，纳完地价，即可领照经营，作为私产。柳州裕成公司是广西私营林业垦殖机构。私营裕成公司领垦了位于柳州三门江的大片荒地，种植桐油、油茶、松、杉等，1929年3月7日，经省建设厅核准，该公司承领位于柳州蓝厂连护团涌顶牛车坪一带荒地约123公顷，进行植树造林，开垦荒地。1930年，它又在柳州水冲兰厂一带领垦荒地约112.93公顷。④1930年，另一家私营林业垦殖机构柳州茂森公司成立，开辟林场，种植桐油。同年，与厚生等8家私营垦殖公司领垦梳妆岭、凤凰岭马厂、马鞍山脚、铜鼓冲小村等处大片荒地，共3.69万亩。⑤这些近代的农业公司，采用了新式的生产方式和管理方式，给农事试验场的创办提供了很好的借鉴。

①《农商部指令第96号》，北洋《政府公报》，1914年2月7日，第630号，"命令"。

②《统计局编行政统计汇报》，北洋《政府公报》，1917年8月8日，第1238号，"公文"。

③《农林部咨广西民政长据庆远府知事苏桢侯呈送报拟〈奖励实业简章〉准作为一种暂行办法请查核办理文》，北洋《政府公报》，1913年5月10日，第362号，"公文"。

④广西大百科全书编纂委员会：《广西大百科全书·历史卷》，中国大百科全书出版社2008年版，第742页。

⑤广西大百科全书编纂委员会：《广西大百科全书·历史卷》，中国大百科全书出版社2008年版，第742页。

柳州农事试验场的建设，还与伍廷飏的大力支持有关。伍廷飏，广西容县人，先后追随李宗仁、黄绍竑，任第七军第五旅旅长、第十五军第一师师长等职。1927年任柳庆垦荒局局长，同年6月任广西建设厅厅长。自1925年7月率部进驻柳州，至广西建设厅厅长任内，主持全省公路建设，创办柳江农林试验场，聘请农业技术人员开展良种、肥料、水利、耕作等项目试验。①

伍廷飏认识到，在开展农业科研与农业生产的过程中，不可避免地会与周围的村庄、村民产生一些矛盾。因此，创设优良的社会环境非常重要。为此，柳州沙塘农村试办区创办的同时，训练民团，组织民众建立自卫队，筑起城堡，确保农村试办区的安全，防止土匪侵扰。接着，借鉴国外经验，从土地和资金两个方面进行改革，以缓解社会矛盾。广西当时尽管地广人稀，但土地问题却很严重。一方面有许多"无人之地"，另一方面又有许多"无地之人"。要想解决土地问题，就必须移民垦殖，并帮助农民购买土地，实现"耕者有其田"的目的。1932年2月政府倡议兴办垦殖公司，次年，省政府委令公司举办移民事宜，开垦荒地，造民房以为居住之用，使其安心生产。1934年，分别从北流、容县、岑溪三县召集体格健全、品行端正的失业农民500户，先移壮丁，后移家眷。个人旅费由政府供给，家眷旅费由政府垫付，以后归还。开垦之初，每人每月发给维持费10元上下(4元自用，6元养家)，耕牛、农具、种子、肥料俱由政府供给，作为垫借。一切固定设备，如系公用，全由政府出资；如系私用，作为借款，分年摊还。所发月费，也视工作性质有所区别，公共工作所得月费即为工资，不须偿还；私人工作所得月费作为借款。这次移民总计花旅费3000～4000元，职员薪金2年2万余元，公共设备及工资4万5千元，共约7万元，全由广西省政府承担。资金借款每户约需450～460元，由政府和银行共同填借20万元。移民分3处安置：沙塘150户，石碑坪150户，无忧村由无忧公司收容200户，每一垦户分得耕地30～50亩。试办区内原有一个156户的小村，7500余人，其中湖南人占40%，广东和苍梧人占30%，其余为壮族人。他们多为贫农，因缺乏资金，常受商人及其他买办种种剥削。针对这种情况，政府采取三项措施，一是建立公共仓库，每当农产收获时，由试办区按照市价收购农产，运销外埠，所得利益作为公共基金，举办公营事业，或作为农民的储蓄，五年后如数归还；二是开设公店，采办农民所需日用品，规模近似百货商店，为农民生活

①广西大百科全书编纂委员会：《广西大百科全书·历史卷》，中国大百科全书出版社2008年版，第742页。

提供便利；三是设立农民借贷处，款项从广西银行借来，月利1分(比当时广西银行所推行的农贷低5厘)。借款均用农产担保，10人一组，连环保证。所放之款，95%以上都能回收。除改造旧农村外，试办区还积极探索建设新农村的路径，以沙塘为中心，在3个移民垦区中各设一中心农场，每个农场占地约300亩，利用科学方法改良品种及生产技术，以作示范。同时，设立经济农场，对试办区内的数百万亩荒地，利用新式机械进行开垦，并实行大规模的雇工经营，其任务重在试验，即推广新的农业生产方式。此外还设立协助农场，由私人集资组织垦殖公司，招工开垦。垦民所需要的耕牛、农具等，由公司供给，10年摊还。耕地垦熟后，分给农民，所种林木，劳资各半。林地也归农民所有。为提高垦民的思想认识，促进试办区各项工作的开展，还加强对垦民的教育，创办学校、图书馆、民众集会地等，以传授新知识和新文化。①此外还设有制糖、制油及制淀粉各种农产工场；重视开渠筑坝，发展水利，提倡公私造林或其他农业经营。20世纪30年代中期，试办区有农事、制造、学校、办公、住所50余所，水旱作物垦地2万余亩，牲畜近千头，2处苗圃，9处林场。②总之，伍廷飏利用政府和社会的各种力量，在沙塘积极开展农业改革试验与建设，使柳州农事试验场迅速成为广西农业的中心。

(二)全国抗战爆发的形势促使战时“农都”形成

如果说上述条件只是为柳州农事试验场的设立与发展奠定了基础的话，那么，全国抗战爆发后的形势，则为“农都”的确立提供了特殊的机会。

1937年七七事变后，日军很快占领了东北、华北地区和华中的一些重要城市，南京政府被迫西迁至重庆。接着，日军把进攻的重点放在夺取武汉和广州方面，力图钳制国民政府，并确保大陆交通线的畅通。桂林位于武汉的南面和广州的西面。在地理上，这三座城市构成了一个三角形。日军在围攻武汉和广州的过程中，不断出动飞机对桂林进行轰炸，目的就是为了孤立武汉和广州。早在1937年10月15日，日军飞机对桂林的轰炸就已经开始了。③1939年11月中旬，日军

---

①向尚等:《沙塘农村试办区》，载中华职业教育社农学团国内农村考察团:《西南旅行杂记》，1934年。转引自刘汉忠:《民国柳州纪闻》，香港新世纪国际金融文化出版社2001年版，第58—61页。

②李厚全:《柳州20世纪图录》，广西人民出版社2001年版，第39页。

③《大公报》(天津)，1937年10月17日。

第五师团和台湾旅团在海军航空部队的掩护下，由钦州湾的龙门港登陆，先后占领了钦县、小董、高峰坳、南宁、昆仑关等地，桂南战役爆发。在这次战役中，日军动用了强大的空军力量，当时的制空权基本被日军所掌控，桂林行营主任白崇禧回忆，日军的轰炸对南宁及其附近地区造成的损失十分惨重。[①]桂林虽然不属于战场的范围，却是中国军队的重要支撑点，因此也成为日军飞机轰炸的重要目标。此后一段时间，中日双方军队形成对峙局面，日军为了笼络以李宗仁、白崇禧为首的桂系集团，暂时停止了对桂林的轰炸，但后来看到新桂系不为所动，对桂林的轰炸又重新开始。据统计，1940—1943年，日军空袭桂林30次，出动飞机454架次，反复对桂林的城防工事和平民设施进行狂轰滥炸，使整个桂林几乎成为一座废墟。[②]太平洋战争爆发后，日军进一步加强了对大陆交通线的争夺，湘桂铁路是大陆交通线的重要组成部分，而桂林则是该铁路的一个重要门户。这一时期，日军对桂林的狂轰滥炸，既是对拉拢桂系集团失败的泄愤，也是为了在太平洋战场上争取主动。可见，桂南战役的爆发使南宁被日军攻占，而太平洋战争的爆发则使桂林成为日军争夺的重点。在这种情况下，华北和华中等沦陷区的一些科研机构、高等院校、企业、难民等，不得不向以重庆为中心的西南大后方转移。而柳州是重要的交通枢纽，自然成为转移途中的必经之地。桂南战役爆发前，重庆地区相对安全，因此，经柳州转移到重庆的工作阻力相对较小。桂南战役爆发后，日军对重庆的轰炸越来越频繁，铁路沿线更是日军轰炸的目标。在这种情况下，转移工作日趋困难。柳州附近的沙塘，由于地形相对隐蔽，并具有较好的农业技术基础，因此从沦陷区转移的一些农业科研机构及其人员逐渐在此聚集，他们便利用这里的条件开展科研工作，这就为“农都”的形成提供了技术及人才保证。

从另一个方面看，全国抗战爆发后不久，中央农业实验所（简称“中农所”）就在柳州羊角山设立了试验场[③]，接着又在沙塘设立中农所各系联合办公室（又称中农所广西工作站），下设稻作、麦作、杂粮、病虫害、森林、土肥6个系，与广西农事试验场合署办公。[④]由于该所在当时中国农业科研中具有举足轻重的作用，因此，当它在广西设立工作站后，其他迁移到柳州的农业科研机构也纷纷聚集在其周

①白崇禧：《桂南战役》，《广西文史资料》（第二十五辑），1987年7月。

②唐凌，付广华：《战时桂林损失调查研究报告》，社会科学文献出版社2009年版，第61—78页。

③柳州市地方志编纂委员会：《柳州市志·大事记》（第七卷），广西人民出版社2003年版，第395页。

④广西壮族自治区地方志编纂委员会：《广西通志·农业志》，广西人民出版社1995年版，第166页。

国。显然，沙塘之所以成为抗战时期的“农都”，与中央农业实验所的推动是有直接关系的。正是这个决定，使沙塘在抗战初期就具有吸纳农业科研力量的功能。当然，中农所广西工作站之所以设在柳州沙塘，与站长马保之所起的作用也存在着一定的关系。马保之，农学家，广西桂林人。其父为教育家、学者、社会活动家马君武。马保之生于1907年11月13日，1929年毕业于南京金陵大学（1952年并入南京大学）农学院，毕业后留学美国康奈尔大学，1933年获博士学位，又到英国剑桥大学研学一年，1934年学成归国，任中央农业实验所技正。1938年中央农业实验所迁至柳州沙塘后，任广西工作站主任，接着又任广西农事试验场场长。1940年4月还创办广西柳州高级农业职业学校并任校长。[①]他的这种生活和工作背景，决定了他对柳州沙塘情有独钟，同时对当地的农业科研及生产尽心尽力。应当承认，马保之当时在中央农业实验所只是担任技术方面的工作，并非高层领导，但是，在动荡的社会环境下，他的提议却具有十分重要的意义。迁移过程中的中央农业实验所究竟选择何地作为落脚之处，当时确实很不确定。马保之作为广西人，被任命为广西工作站主任之后，从安全、稳定及有利于利用当地资源进行研究等考虑，决定将中央农业实验所留在沙塘开展农业科研及农业生产工作，这不仅体现了他务实的工作作风，也体现了对广西的特殊情怀。事实证明，他当时的这个决定是合理并有效的，也正因如此，沙塘得到中央农业实验所及国民政府有关部门的最终确认，从而使该所在沙塘安顿下来，而且顺利地开展了有关工作，取得了显著成绩，仅1938年一年，它就与广西农事试验场一起培育出30多个水稻优良品种，并被列为全国主要改良品种。[②]无疑，这坚定了人们的信心，鼓舞了人们的斗志，使抗战时期的中国农业科研力量在沙塘得以聚合，加快了战时“农都”形成的步伐。

以李宗仁、白崇禧为首的桂系集团与以蒋介石为代表的国民党中央政府一直存在尖锐的矛盾，但是面对日本的侵略，他们暂时放弃前嫌，共同采取措施，稳定局势，抵抗日军侵略。广西省政府看到许多沦陷区的难民逃到大后方，尤其是中央农业实验所等科研机构迁移到柳州一带后，从战时社会管理的需要出发，经过权衡利弊及协商，于1938年将陈大宁调省政府任农业管理处副处长，以推动中央农业实

①唐凌等：《战时农都：外来旱地粮食作物的引进、改良与传播》，广西师范大学出版社2022年版，第59页。

②沙塘镇地方志编纂委员会：《沙塘镇志·大事记》，广西人民出版社2008年版，第6页。

验所与广西农事试验场合署办公。1939年，广西省政府又将全省划分为6个农业督导区，成立各区农场来承担广西农事试验场的部分试验项目，目的就是建立起以柳州沙塘为中心的广西农业科学试验研究体系。[①]这在一定程度上激发起了全国各地农业科研机构及相关人员在沙塘做科研、干事业的热情与干劲，因为这些措施为农业科研试验提供了有力的组织保证和生产保证。在战争环境下，农业科研试验通常缺乏政府的经费支持，只有将科学试验与农场的生产结合起来，才能使研究工作坚持下来。同时，只有广西各区农场都承担农事试验的项目，各科研机构的任务才能被及时有效地分解，形成各具优势、各有特色的科研氛围，有关的成果才能指导全国各地的农业生产，“农都”的地位才能真正被确立起来。

抗战时期，大量的难民逃到柳州，其中相当一部分聚集在沙塘一带。由于沙塘农村试办区此前已对旧农村进行了改造，同时又对新农村建设进行了试验，从而成功解决了移民与当地居民之间的矛盾，营造了较好的社会环境。因此，当沦陷区的难民来到这里后，当地民众没有歧视和排斥他们，而是接受他们。太平洋战争爆发后，逃到柳州一带的难民越来越多，其中包括东南亚各国的华侨。至1942年，仅柳江接待的华侨就达22543人[②]，其中不少选择将沙塘的农村试办区作为自己的避难所。他们中的一些人掌握着较先进的农业生产技术与方法，因此，当他们来到这里后，增强了沙塘农业科研和生产的力量。这也是“农都”地位得以确立的重要原因之一。

（三）战时“农都”的主导力量

战时“农都”的确立，究竟是哪方面在主导？

根据目前所掌握的资料，国民政府并非主导者。1937年10月29日，在淞沪战场失利、南京日益受到威胁的紧急情况下，蒋介石召开国防最高会议，作了题为“国府迁渝与抗战前途”的讲话，强调“因为对外作战，首先要有后方根据地。如果没有像四川那样地大物博、人力众庶的区域作基础，那我们对抗暴日，只能如一·二八时候将中枢退至洛阳为止，而政府所在地，仍不能算作安全”，并明确提出了四川是“真正可以持久抗战的后方”“国民政府迁移到重庆”。蒋介石对云南和贵

①广西壮族自治区地方志编纂委员会：《广西通志·农业志》，广西人民出版社1995年版，第167页。

②广西壮族自治区地方志编纂委员会：《广西通志·侨务志》，广西人民出版社1994年版，第252页。

州在大后方的地位与作用也有论述，认为云南省“是民族复兴一个最重要的基础”，贵州省则是“民族复兴的一个基础”。11月20日，国民政府公开发布《国民政府移驻重庆宣言》，称“国民政府兹为适应战况，统筹全局，长期抗战起见，本日移驻重庆”。随后，国民政府的党、政、军机关陆续迁到重庆，重庆大后方中心的地位由此确立。①国民政府主席林森也明确说过，政府迁都重庆，一为表示长期抗战，二为建设四川、云南、贵州后方国防。可见，当时国民政府的大后方建设是以四川重庆为中心的，云南、贵州等省被列入大后方建设范围，而广西当时则未被列入。

蒋介石没有在公开场合谈论广西未列入抗战大后方建设范围的原因，但是由于蒋桂之间的矛盾由来已久，争斗不断，他对桂系集团始终怀有疑虑之心，因此，不可能推动国民政府将广西作为大后方加以重点建设，这一点是可以肯定的。当然，面对日本的侵略和日益高涨的全民抗战局势，他也不得不顾及各政治派别的利益，平衡各种社会力量。特别是由于全国抗战爆发后，国民政府与美国和苏联等国签订了借款合同，规定中国必须用农产和矿产予以偿还，因此，通过资源委员会与广西省政府创办平桂矿务局，开采锡矿；通过中国银行与广西省政府共同创办合山煤矿，为湘桂铁路和黔桂铁路提供运输所需的煤；为农业生产提供一些贷款，确保战时粮食供给，等等。但是，从大后方建设的总体布局看，广西基本上处于边缘化的地位。对此，只要将广西的建设项目与四川、贵州、云南等省进行比较就看得很清楚。后来战争形势的发展打乱了国民政府的西迁计划，当沦陷区越来越多的政府机构、企业和难民在西迁过程中，因日军侵略的加剧而被迫滞留在柳州一带时，以蒋介石为代表的国民政府不得不默认就地安置，因为他们当时根本无暇也无力顾及。可见，战时“农都”设在柳州，确实具有偶然的因素，并非国民政府主导。

广西省政府重视广西农事实验场的建设，但是也并非战时“农都”的主导者。因为广西省政府无权将全国各地的农业科研机构及其人员聚集在柳州沙塘，也无权对这些农业机构及其人员的工作提出具体要求。派人与中央农业实验所合署办公，对战时农业科研及生产确实起到了积极而重要的作用，但是中央农业实验所等科研机构的工作自始至终都具有独立性。其他各地的农业科研机构，也基本根据各自的情况独立开展研究。广西农事试验场各部门的工作，大都依据各自职责而开展。广西省政府要对“农都”真正起到主导作用，至少需要具备如下几个条

①潘洵：《论抗战大后方战略地位的形成与演变——兼论“抗战大后方”的内涵与外延》，《西南大学学报》2012年第2期。

件：一是能根据战争形势，决定“农都”的布局与功能；二是能为这些机构及其人员提供维持与发展的生活及工作条件；三是能对这些机构及其人员进行有效的管理与利用；四是有关的研究成果既要服务于广西农业，也能辐射到大后方其他省区的农业。显然，当时的广西省政府是无法满足这些条件的。

中央农业实验所等科研机构及其人员也不是“农都”确立的主导者。抗战期间，这些机构及其人员在沙塘多为临时之计。无论在组织保障、工作制度保障还是生活保障方面，都受到了许多限制，加上分属于不同的部门和地区，彼此之间缺乏合作的机制与途径，因此，很难发挥主导性的作用。战争的发展要求大后方地区的农业生产提高水平，引进及改良农业品种，增加产量。因此，科研机构必须顺势而动。事实上，迁移到沙塘的各科研机构及其人员都在尽力为大后方的农业发展做贡献。他们用科技力量，改进了农业生产技术和方法，促进了农业经济的发展。从这个意义上说，具有一定的导向作用。但是，这与主导“农都”的建设有所不同。“农都”的建设是一个系统工程。在当时的社会环境下，中央农业实验所等科研机构虽然研究出了不少的成果，但是，要想有效地起到推广辐射的作用，没有政府的支持和农村各级组织的协助是做不到的。而要想形成农业科研的整体力量，没有统一计划、分工协助，也是无法实现的。抗战时期的沙塘之所以被称为“农都”，是因为这里聚集了当时中国最强大的农业科研力量，形成了最强大的农业科研阵容，但是这不等于说是这些科研机构本身主导的结果，因为这些科研机构缺乏主导的基本功能。

那么，战时“农都”确立的主导力量究竟是什么？最合理的解释就是战争。道理很简单：没有抗战的爆发，就不会有全国各地农业科研机构向西南地区转移的行动，沙塘就不会成为战时“农都”；同样，如果不是战争环境，中央政府和广西省政府的有关部门也不可能与聚集在沙塘的科研机构及其人员结合起来，共同为维持农业发展和振兴中国的农业科技而奋斗；再者，没有战争需求，大后方的农业生产就会按照传统的方式进行，采用先进技术与方法进行生产的动力也会大为减弱；最后，没有战争，就不会形成沦陷区与大后方地区的对照，战时“农都”的地位就不会被提出，并被社会各界所广泛认同。

（四）战时“农都”的特点及其功能

既然战争是“农都”的主导力量，而战争又具有残酷性和不确定性，那么，沙塘“农都”在建设过程中就不可避免地产生了如下特点：

一是该“农都”只属于战时。换句话说，它是战争的伴生物，是为抗战服务的。“农都”确立的过程，就是大后方抗战不断发展的过程。“农都”与战争既相互对立，又彼此联系，其兴盛与衰落，主要取决于战争的因素，是临时性的建设工程。

二是基础脆弱。经过桂系集团长达几十年的建设，广西农事试验场初具规模，近代农业科研的能力初步形成。战争的形势和边疆地区的条件决定了沙塘成为战时全国“农都”，但政治基础、经济基础和文化基础都十分薄弱。当时，中国农业的科研机构及其人员在这里开展科研，实为迫不得已。他们虽然取得了令人钦佩的成绩，促进了战时大后方农业经济的发展，但是脆弱的基础势必使成果的推广运用受到很大的制约。更重要的是，脆弱的基础还使“农都”里的科研力量难以壮大起来，在这种情况下，要实现技术的创新，长期地、持续地引领中国农业的发展方向也就成为十分困难的事情。

三是“农都”的管理机制异常复杂。技术方面，中央农业实验所由于当时具有先进水平，对其他农业科研机构及其人员具有很大的影响力，因此有关技术研究及推广的事情，多由该所组织实施。政治方面，由于“农都”设在广西柳州沙塘，而且中央农业实验所与广西农事试验场合署办公，在这种情况下，许多工作都必须依靠广西的行政系统才能有效开展，尤其是农业科研试验具体措施的施行更是如此。生产方面，由于有关的研究成果主要在“农都”附近的农村实验及推广，因此，广西乡村组织发挥了较重要的作用。“农都”以农业研究及推广为主，但是，管理“农都”的力量却呈现多元化结构，并非完全以农业科研及生产为依归。指出这一点是为了说明，在战争形势下，“农都”管理机制呈现出复杂的状态有其合理的一面，也有不利的一面。

沙塘“农都”的建立，在当时具有重要的作用。

首先，为战争期间全国各地的农业科研机构及其人员提供了避难的场所，保存了中国农业的科研力量。中国是一个农业大国，农业近代化的进程较为缓慢。根据目前学术界比较普遍的看法，中国农业近代化是从19世纪末才开始的，它不是以机械化为特征，而是以引进先进的农业品种和采用先进的生产技术为特征。直到抗战期间，这种状况一直都没有改变。掌握先进农业科学技术的人员，大都集中在农业院校和农业科研机构里。1937年七七事变后，日军的大举进犯使东北、华北、华中等地迅速沦陷。在那些地方的农业科技人员被迫逃离家园，来到柳州沙塘后，不仅暂时结束了颠沛流离的生活，而且还获得了从事科研的机会。沙塘可谓是抗战时期一个巨大的避难所，它以自己的宽广胸怀，收容了各地的受难者，使他们能在此医治战争的创伤，并利用这里的条件，维持自己的生存与发展。“农都”使他们的生命危险得到一定的消除，生活来源得到一定的保障，专业技能得到一定的发挥。在战争环境下，这种作用具有非常重要的意义。没有这个避难所，沦陷区的农业科研机构及其人员就无法获得安身立命之所，农业先进技术就无法得到传承与改进，中国农业的近代化进程就会因此受到影响。

其次，保存了中国农业的部分研究设备及资料。当时，根据战争形势，即将沦陷或已经沦陷各区的农业科研机构及其人员，为避免资产为敌所用，均将重要的仪器设备、图书资料等一并带走。这些设备、资料在沙塘得到了有效的使用，使科研机构及其人员的工作得以顺利开展，也正因为如此，它们才得以保存下来，使抗战的损失得以减少。由于有些仪器设备和图书资料是中国农业科研机构在自己的科研实践中研制及编写的，具有特殊的价值和作用，它们在“农都”的使用，自然就为其他农业机构及其人员所借鉴及传播，从而带动了他们的专业发展，从这个意义上说，这种知识性的保存方式，比物质性的保存更值得肯定。

再次，促进了农业科研机构、院校、企业、农业实验区以及农林管理机构和推广机构的合作。如前所述，抗战时期，正式参与“农都”建设的农业科研机构有中央农业实验所的试验场和工作站、农林部广西省推广繁殖站、广西农事试验场、广西大学农学院、广西省立柳州高级农业职业学校、广西水利试办区所属各农场等，其实，除这些机构外，经济部中国植物油料厂柳州办事处也与“农都”有着密切联系，因为其生产技术需要得到设于沙塘的各农业科研机构或学校的支持。[①]一些设在大后方其他省区的农业科研实验单位，后来也迁到沙塘，例如，1944年11月，农林部西江水土保持实验区就从贵州惠水迁来。[②]当然，还有许多科技人员或

①柳州市地方志编纂委员会：《柳州市志·大事记》（第七卷），广西人民出版社2003年版，第392—423页。

②沙塘镇地方志编纂委员会：《沙塘镇志·大事记》，广西人民出版社2008年版，第7页。

管理人员是以个人身份参与“农都”建设的，若把其所属的单位、组织计算在内，其结构则会更多元、更复杂。抗战爆发前，这些院校、机构、企业、实验区等分属不同的部门和不同的地区，彼此缺乏合作的途径。抗战爆发后，共同的目标和彼此的利益需求使这些机构、学校不得不加强合作，因此，教学、科研、生产、加工、销售等环节就逐渐地连接起来。由于这些机构来自全国各地，因此都会与全国各地产生或多或少的联系，这有助于实现更多领域的合作。战时经济具有高度的统制性及应急性，“农都”承担着农业生产技术的研究及推广任务，在战时经济的推动下，它将农业科研机构、院校、企业、农业实验区等组合起来，有利于创新能力的提高，也有利于农业先进技术的转化。可以这样说，抗战使“农都”充当了中国农业技术培育者及农业成果推广者的角色。

最后，沟通了中国与世界的联系，争取了国际力量对中国抗战的支持。中国战场是世界反法西斯战争的重要组成部分，而广西又是抗战期间中国战场的重要组成部分。面对日本的侵略，世界各国以不同的方式对中国予以支持和帮助，其中包括农业技术的合作与指导。例如，1944年5月，美国水土保持专家寿哈特博士来柳州调查地质、土壤、农林、气候情况，同年7月19—21日，英国著名学者李约瑟博士到沙塘参观考察，了解农业生产技术方面的情况。[①]1941年，广西农事试验场科技人员孙仲逸从德国留学归来，带回欧美牧草种子1000余份，在试验场试种。通过这样的方式，使世界了解到中国大后方农业研究及生产的具体情况，为中外农业技术合作奠定了一定的基础，也为抗战后期的国际援助提供了重要的依据。

四、战时“农都”改良旱地农作物的举措及其成效

“农都”的科研活动大致经历了兴盛时期和停滞时期两个阶段。[②]兴盛时期的时间段为1937年7月至1944年8月，这一时期的工作是按计划有序开展农业科

①柳州市地方志编纂委员会：《柳州市志·大事记》（第七卷），广西人民出版社2003年版，第415—416页。

②笔者划分的依据主要是从全国抗战时期柳州沙塘各农业科研场站的科研活动与科研成果各年份密集情况，兼顾抗战全面爆发后国内时局的影响因素。

研活动。在此时间段,科研工作基本上没有受到外部干扰,“虽在倭氛侵入桂南,时局极度紧张之中,幸赖当局不断指示,始终支持,间场同仁复患难共济,黾勉以赴,使一切工作计划,仍能循序进展,向事业目标按步而行”①,许多重要的科研成果集中在这一时期出现;停滞时期的时间段为1944年9月至1945年8月,这一时期,因日寇侵桂、经费拮据、人员变动、设施被毁等影响,“农都”的科研工作处于艰难维持状态。

战时,“农都”的科研工作主要是增加粮食产量,其中,旱地农作物的改良是工作的重点,同时也兼及一些经济作物。

(一)战时“农都”改良旱地作物的举措

为了解决抗战时期的粮食危机,提高粮食的单位面积产量,地处沙塘的农业科研机构致力于改良农作物品种和改进农作物栽培法的试验。为促进广西旱地农作物的本土化进程,以广西农事试验场为主体的农业科研机构有组织、有计划、有成效地开展了农业科研工作。

1.构建科研体系

1939年,广西省政府将全省划分为6个农业督导区,成立各区农场,作为广西农事试验场的分场,承担广西农事试验场的部分研究项目。第一区农场在桂林东郊横塘,服务区域包括全县、兴安、资源、灵川、临桂、义宁、龙胜、永福、阳朔、荔浦、修仁、蒙山、平乐、恭城、灌阳、富川、钟山、贺县、信都、怀集、昭平等21县。第二区农场在桂平城郊岑头村,服务区域包括桂平、武宣、象县、来宾、迁江、贵县、兴业、玉林、博白、陆川、北流、容县、岑溪、苍梧、藤县、平南等16个县。第三区农场起初在融县长安镇,后迁至宜山县城南,服务区域包括宜山、融县、三江、百寿、中渡、榴江、雒容、柳城、柳江、宜北、天河、思恩、罗城、天峨、东兰、南丹、河池、忻城等18个县。第四区农场在南宁西乡塘,服务区域包括邕宁、武鸣、上林、都安、隆山、那马、宾阳、隆安、同正、扶南、绥渌、上思、横县、永淳等14县。第五区农场由原来的田东农场发展而成,服务区域包括田东、田阳、果德、平治、百色、田西、西林、西隆、万冈、凌云、乐业、凤山等12个县。第六区农场在龙津县,服务区域包括龙津、凭祥、

①广西农事试验场:《广西农事试验场二十八年度工作报告》,1941年,第1页。

宁明、明江、思乐、崇善、左县、上金、雷平、养利、万承、龙茗、镇结、向都、靖西、镇边、敬德、天保等18个县。每区农场均设总务、技术和推广三个股。[①]这些分场在农事试验场有关科研机构及其人员的指导下开展农业科学实验工作，由此，基本上形成了以柳州沙塘为中心的广西农业科学试验研究体系。[②]

2.立足广西实际，重视外来旱地农作物的本土化

抗战时期，地处柳州沙塘的农业科研机构改良的旱地农作物主要有玉米、甘薯、麦作等系列，每个系列又分为若干试验项目。其中承担旱地农作物改良试验的研究人员有范福仁、周汝沆、顾文斐、徐国栋、梁逸飞、李维庆、梁柱溪等。1936年开始，范福仁在柳州沙塘进行了比较系统的玉米自交系选育和杂交种组配试验，先后从广西省内及云南、贵州和美国征集到国内外玉米品种413份，并进行了测交、单交、双交种的组配，共获845个组合。1941—1942年，对111份单交种和178份双交种进行多点比较试验，评选出双36、双41等10多个优良双交种，杂交玉米比农家品种增产最高可达35%以上。[③]从1935年开始到1939年，梁柱溪等人采用纯系育种方法选育增产幅度较大的2724、1323、2773、662等4个品系花生良种。[④]

玉米，又名玉蜀黍，是原产于拉丁美洲的禾本科一年生草本植物。哥伦布发现新大陆后，把玉米带到西班牙，随着世界航海业的发展，玉米逐渐传到世界各地。大约16世纪，玉米传入中国，此后在中国各地的传播过程中逐渐有了玉蜀黍、苞米、棒子、苞谷等俗称。明末清初，玉米传入广西，到民国初年它已发展成为广西的重要粮食作物。20世纪40年代，广西全省玉米种植面积每年约为516万亩，亩产5.8万斤左右。[⑤]全国抗战时期，“农都”开展的玉米改良试验项目主要有：玉米自交育种试验、引种试验、播种期试验、栽培试验等。

玉米自交育种试验：从1936年开始，广西农事试验场连续三年征集玉米自交育种材料，将征集来的玉米品种按照“每穗种植一行，每行自交三穗至五穗”的方式进行试验。[⑥]见表3-4。

①廖振钧：《广西农业科技史》，广西人民出版社1996年版，第86—87页。

②广西壮族自治区地方志编纂委员会：《广西通志·农业志》，广西人民出版社1995年版，第167页。

③廖振钧：《广西农业科技史》，广西人民出版社1996年版，第102—103页。

④廖振钧：《广西农业科技史》，广西人民出版社1996年版，第106—107页。

⑤廖振钧：《广西农业科技史》，广西人民出版社1996年版，第102页。

⑥广西农事试验场：《广西农事试验场二十七年度工作报告》，1940年，第38页。

表3-4 1938年广西农事试验场玉米自交育种情况

年度	1936年征集种	1937年征集种	1938年征集种	总计
品种数	30	38	82	150
穗数	258	441	660	1359

资料来源 根据广西农事试验场《广西农事试验场二十七年度工作报告》第38页内容整理。

1939年，除继续玉米自交育种试验以外，广西农事试验场将自交三代的玉米进行测交和单交。[①]见表3-5。

表3-5 1939年广西农事试验场玉米自交育种情况

试验项目	1936年征集种	1937年征集种	1938年征集种	总计
自交育种	410	250	661	1321
测交育种	922	-	-	922
单交育种	68	-	-	68

资料来源 根据广西农事试验场《广西农事试验场二十八年度工作报告》第38页内容整理。

1940年，试验场将玉米自交育种试验分为自交与杂交试验、测交种比较试验和单交种比较试验3项进行。[②]1941年，进行自交2000余穗，得1600余穗，再从1600余穗中选留1100余穗。在测交方面，取得48个杂交种。在单交方面，取得94种。在杂交种比较试验项目上，分柳州、宜山、桂林、南宁、龙州以及四川荣昌6地举行。[③]1944年，自交育种取得198穗，单交育种取得109种。[④]

引种试验：1938年，广西农事试验场引入美国杂交玉米41种与广西本地玉米8种进行比较试验。1939年又引入美国杂交玉米23种。1940年，广西农事试验场认定美国杂交玉米品种Wisc696是适于广西生长的优良品种。[⑤]

播种期试验：从1938年开始，自3月5日至8月3日，每隔15日播种一次，共

①广西农事试验场：《广西农事试验场二十八年度工作报告》，1941年，第38页。
②广西农事试验场：《广西农事试验场二十九年度工作报告》，1942年，第36、37页。
③广西农事试验场：《广西农事试验场三十年度工作报告》，1943年，第22、23页。
④广西农事试验场：《广西农事试验场三十三、三十四年度工作报告》，1944年，第3页。
⑤广西农事试验场：《广西农事试验场二十九年度工作报告》，1942年，第37页。

11次。三年试验表明，播种期在3月5日至4月19日的玉米种均能得到普通产量，5月起，产量大跌。玉米螟虫以5月4日播种时最猖獗。①

栽培试验：本试验包括行距、肥料、播种期、品种、每穴株数等5个因子，试验设计采用混杂试验，共设有二次完全重复，各含32区，区长27市尺，宽10市尺。②试验考察上述五因子分别对玉米生长产生怎样的影响。

从试验项目上来看，广西农事试验场对玉米的品种改良花了很大力气。在内容上既有育种试验，又有种植法的试验。在规模上，逐年增加试验的品种数量和区域范围。一方面保持试验项目的连续性，另一方面注意提高试验的效率。这反映了战时因粮食的短缺，当局急需快速增加粮食产量的情况，在客观上也促进了玉米在广西的本土化进程。

甘薯，又名番薯，原产美洲，大约在明末由越南或广东传入广西。清代末期，广西甘薯的种植已相当广泛，有2～3个不同的品种。③1938年，广西农事试验场开展甘薯育种试验，由周汝沆和李维庆承担，征集良种黄皮红心、白皮白心、沙塘1号、沙塘2号、沙塘3号、沙塘4号等17种。1939年春末，将上述品种薯块直接栽培，设架引蔓，以促开花，便于杂交。至10月中旬，有沙塘1号、沙塘2号、沙塘3号、沙塘4号等4个品种开花较盛，余则颇稀，均未得到种子。④另外，广西农事试验场从美国、日本引进甘薯良种，进行了区域试验，并向全省推广。⑤

广西农事试验场对小麦品种进行了比较试验和小麦纯系育种试验。小麦品种比较试验通过对广西本省的地方品种和引进的良种进行品种比较，选出了适合在广西生长的小麦品种，达到了增产的目的。⑥

此外，抗战时期，广西农事试验场对旱地经济作物也进行了试验。开展的花生试验有：花生纯系育种和株行试验。花生纯系育种试验始于1935年，采选单株780株，1936年又采选2736株，1938年采选110株，1939年采选607株，1940年采选24株，共计4257株。经历年选优去劣，1941年进行两个比较试验：一是四行区试验，包含49个品种；一是三行区试验，包含81个品种。试验结果显示柳州珍

①广西农事试验场：《广西农事试验场二十九年度工作报告》，1942年，第38页。
②广西农事试验场：《广西农事试验场二十八年度工作报告》，1941年，第40页。
③廖振钧：《广西农业科技史》，广西人民出版社1996年版，第56—57页。
④广西农事试验场：《广西农事试验场二十八年度工作报告》，1941年，第49页。
⑤廖振钧：《广西农业科技史》，广西人民出版社1996年版，第104页。
⑥廖振钧：《广西农业科技史》，广西人民出版社1996年版，第104页。

珠豆品质最好。同年，广西农事试验场分别在柳州、南宁、宜山等地进行花生品种的地方性区域试验。[1]广西花生育种工作渐趋科学化和系统化。甘蔗系列有：甘蔗育种试验、品种比较试验、成熟期测定研究、品种观察宿根试验、浸种时间与种植方法比较试验、蔗沟深度与距离比较试验、甘蔗品种区域适应试验等。大豆系列有：大豆纯系育种、大豆品种比较试验和大豆根瘤、接种、石灰、磷肥、氮肥及播种期复因试验等。蓖麻系列有：蓖麻品种播种期观察试验和品种比较试验。

3.总结农学经验，培训农技人才，推广农技成果

“农都”的农业科研机构十分注意学术交流，及时总结农作物试验研究的经验，同时注意培养农业技术人才，推广农业科技成果，为实现战时旱地农作物的本土化提供了智力支持和条件。

“农都”的农业科研机构采取各种方式进行农业科技交流。一方面，如前所述，积极聘请国内外专家到此进行讲学；另一方面，基本上每年出版一册广西农事试验场报告书，详细记录了包括旱地农作物在内的试验项目、试验方法和试验进展情况。同时还出版了中英文两种版本的研究专刊。后来根据科研机构工作的需要，广西农事试验场、农林部中央农业实验所广西各系联合办公室、广西大学农学院三家单位共同创办《广西农业》（双月刊）和《沙塘农讯》（半月刊）对旱地农作物的研究动态和推广情况进行及时报道。《广西农业》共出版6卷36期，该刊设试验研究、调查报告、译文、文献摘要、农业信息等专栏，刊登国内外农业科学研究报告，介绍研究新方法，每期64页至100页不等。《沙塘农讯》刊登试验研究报告，传递农业科技信息，1948年停刊，抗战期间出版34期。此外，一些农业试验区也在“农都”的指导下，创办普及推广农业科技的刊物，例如，位于宜山县的广西第三区农场就创办了《三区农业》，设有“论著”“研究”“译文”“调查报告”“杂著”等栏目，于1941年出版发行，广西省政府主席黄旭初亲自为该刊题写刊名。这些刊物汇集了大量的农业科技资料，在指导和推动旱地农作物的本土化方面起到了积极而重要的作用。

外来旱地农作物的本土化过程，与农民接受的态度与能力密切相关。正是出于这种考虑，1941—1943年，试验场与广西大学农学院、中农所广西工作站和广西省立高级农业职业学校等单位在沙塘连续举办了三次农民联欢大会。会上，展

①广西农事试验场：《广西农事试验场三十年度工作报告》，1943年，第39页。

出科技成果、讲解科学知识和农业耕种新技术，吸引周围的农民参加，参会人数达几千人。①

抗战时期，广西农事试验场先后受广西省政府委托，代办了积谷人员训练班、冬季技术人员训练班。1941年2月，广西省政府电令该场筹办农林技术推广人员训练班。受训人员由各县选送，训练期1年，训练科目有农作物通论、土壤肥料、农作物各论、农业推广等课程。②

这些举措立足当地实际，使农民有效了解了旱地农作物种植与改良的有关技术与方法，为其推广起到了促进作用。

（二）战时“农都”改良及推广旱地农作物的成效

抗战时期，“农都”的活动因为“自抗战军兴，后方生产与前方抗战并驾齐驱，然无农业技术，以协助农业生产，仍不能与前方取得协调之步骤”的缘故，紧密围绕“直接或间接增加生产方面，以冀克负巨艰”开展工作。③据统计，广西农事试验场各组的试验项目合计至少120个，取得的重大成果有25个。④

1.玉米改良的成效

玉米是广西重要的粮食作物，在广西是仅次于水稻的第二大粮食作物，桂西山区甚至以玉米为主食。

表3-6　1933年广西主要旱地农作物栽培面积年产量值

作物	栽培面积（千亩）	总产量（千担）	每亩产量（斤）	总值（千元）	每担值（元）
大小麦	441	398	90	954	2.40
玉蜀黍	5166	5870	114	10066	1.71
高粱	65	56	85	122	2.18
粟	396	305	77	806	2.64

①广西大学农学院，中央农业实验所广西工作站，广西农事试验场，广西省立高级农业职业学校：《沙塘农讯》，1941年3月1日第14期，第1—15页。

②广西农事试验场等四单位：《沙塘农讯》，1941年1月15日第13期，第1页。

③广西农事试验场：《广西农事试验场二十七年度工作报告》，1940年，第1页。

④廖振钧：《广西农业科技史》，广西人民出版社1996年版，第84页。

续表

作物	栽培面积(千亩)	总产量(千担)	每亩产量(斤)	总值(千元)	每担值(元)
荞麦	897	637	71	881	1.38
甘薯	2553	13277	520	6447	0.49
木薯	730	1163	159	1776	1.53

资料来源　广西统计局:《广西年鉴》(第二回),1936年,第196页。

从表3-6的数据可以看出,杂粮生产在广西粮食生产中占有重要的地位,其中栽培面积较广的是玉蜀黍(玉米),产量较多的是甘薯。由于玉米的种植面积在旱地农作物中占有较大比例,为了提高广西玉米的产量,更好地解决抗战时期的粮食短缺问题,“农都”的科技人员对玉米改良做了大量的研究试验,在一定程度上推动了玉米的本土化。范福仁进行了较系统的玉米自交系选育和杂交种组配试验,先后从广西、云南、贵州以及美国征集了413份玉米品种分离自交系,于1941—1942年对111份单交种和178份双交种进行了多点比较试验,评选出双36、双41等10多个优良双交种,杂交玉米比农家品种增产最高可达35%以上。“农都”沙塘是抗日战争时期全国玉米育种规模最大、取得成绩最显著的玉米基地。①1942年在柳州、宜山、桂林、南宁等地分别进行双交种玉米比较试验,其中最优良双交种的产量,在柳州超过当地种56%,在宜山超过41%,在南宁超过69%。②根据《广西农事试验场三十年度工作报告》记载,玉米比较试验采取的方法是:把杂交取得的玉米种子在柳州、宜山、桂林三地试种,与当地的玉米种子(标准种)进行产量比较。以标准种产量作100,进行测算。当时的试验结果如表3-7。

表3-7　1941年广西农事试验场玉米杂交种比较试验情况

种子名称	与柳州白比较	与宜山当地种比较	与桂林当地种比较
WF*CK	160.67	-	-
羊角山*CK	142.97	-	-

①廖振钧:《广西农业科技史》,广西人民出版社1996年版,第102—103页。

②广西农事试验场,农林部广西省推广繁殖站,农林部中央农业实验所广西各系联合室:《科学与广西植物生产》,1943年,第5页。

续表

种子名称	与柳州白比较	与宜山当地种比较	与桂林当地种比较
百寿*CK	128.42	112.12	111.23
美51*CK	124.08	-	109.90
宜山白*CK	-	138.25	-

说明：柳州白（试验场标准种）的产量为每亩155.45斤，宜山标准种的产量每亩为199.38斤，桂林标准种的产量每亩为303.52斤，产量高，所以杂交种在桂林超过标准种者甚少。

可以看出，1941年广西农事试验场取得的大部分玉米杂交品种的亩产量高于当地品种。

1938—1940年，试验场进行了不同播种期，不同行株距、施肥培土与玉米产量的关系对比试验，发现玉米早播比晚播增产，行距2.5市尺比1.5市尺增产，重施追肥比重施基肥增产。在相同行距的情况下，单株植与双株植产量相差不大。这为玉米高产栽培提供了科学依据。①"农都"形成的玉米育种理论和取得的大批育种材料，为以后的广西旱地作物育种奠定了良好的基础。

2.甘薯改良的成效

由于甘薯适应性强，耐肥耐旱，易于栽培，产量高，广西全省各地均有种植，所以它成为一些地方的主要粮食作物，对解决广西粮食不足问题起到重要作用。而甘薯的繁殖方法，则有薯块繁殖或利用红薯蔓扦插繁殖两种。②

1938年，广西农事试验场由梧州西大农场取得13个品种，并在沙塘采得2个品种，当年共得15个品种，1939年开始进行杂交实验，育成新种1个。③1940年，育成新种8个。④

3.小麦改良的成效

1938年，广西农事试验场和中央农业实验所合作进行地方品种试验，引进了金大2905、中大美国玉皮等两个小麦优良品种。同年，广西农事试验场的梁逸飞

①广西农事试验场：《广西农事试验场二十八年度工作报告》，1941年，第40页。
②廖振钧：《广西农业科技史》，广西人民出版社1996年版，第104页。
③广西农事试验场：《广西农事试验场二十九年度工作报告》，1942年，第54页。
④广西农事试验场：《广西农事试验场三十年度工作报告》，1943年，第38页。

进行了小麦纯系育种试验，选出了一些丰产性状好、抗病力较强的小麦新品系，但由于广西冬季较温暖，试验条件差，未育出新品种。广西大多数地方种植的小麦品种有国外、省外引进的小麦品种，说明广西的外来旱地作物适应性较强，这也是广西外来旱地作物本土化的一个例证。①

为了直观地分析玉米、甘薯等旱地农作物在广西的生产变化情况，现将1933年、1938年、1946年广西主要的农作物生产量进行比较分析，见表3-8。

表3-8　广西主要农作物年产量比较　（单位：市担）

<table>
<tr><th>名称</th><th>1933年</th><th>占比</th><th>1938年</th><th>占比</th><th>1946年</th><th>占比</th></tr>
<tr><td>水稻</td><td>61501000</td><td>71.74%</td><td rowspan="2">43937980
（含陆稻产量）</td><td rowspan="2">65.26%</td><td>36195196</td><td>68.57%</td></tr>
<tr><td>陆稻</td><td>838000</td><td>0.98%</td><td>1303039</td><td>2.47%</td></tr>
<tr><td>玉米</td><td>5870000</td><td>6.85%</td><td>5874390</td><td>8.73%</td><td>3673413</td><td>6.96%</td></tr>
<tr><td>甘薯</td><td>13277000</td><td>15.49%</td><td>13277430</td><td>19.72%</td><td>7809651</td><td>14.80%</td></tr>
<tr><td>木薯</td><td>1163000</td><td>1.36%</td><td>1163000</td><td>1.73%</td><td>2017352</td><td>3.82%</td></tr>
<tr><td>花生</td><td>1318000</td><td>1.54%</td><td>1318120</td><td>1.96%</td><td>394401</td><td>0.75%</td></tr>
<tr><td>大豆</td><td>1357000</td><td>1.58%</td><td>1356540</td><td>2.01%</td><td>1268731</td><td>2.40%</td></tr>
<tr><td>大小麦</td><td>398000</td><td>0.46%</td><td>397770</td><td>0.59%</td><td>122305</td><td>0.23%</td></tr>
<tr><td>合计</td><td>85722000</td><td>100%</td><td>67325230</td><td>100%</td><td>52784088</td><td>100%</td></tr>
</table>

说明：根据广西统计局：《广西年鉴》（第二回），1936年，第196页；张培刚：《广西粮食问题》，商务印书馆，1938年，第8页；广西省政府统计处：《广西省统计摘要（第三号）》，1948年，第13页内容编制。

可以看出：第一，广西主要农作物按照年产量由大到小的顺序排列，前三位依次是稻米（旱稻计入在内）、甘薯和玉米；第二，抗战初期的粮食总量高于全国抗战时期以及战后的粮食总量；第三，全国抗战时期，旱地作物甘薯、玉米、大小麦和花生的产量所占当年总产量的比重均超过抗战初期和战后。

①廖振钧：《广西农业科技史》，广西人民出版社1996年版，第103—104页。

认真分析原因，不难发现：

稻米一直是广西的主要粮食作物，甘薯和玉米属于杂粮。玉米除了在桂西山区作为主粮以外，一般用作辅粮和动物饲料。

全国抗战时期以及战后，由于日军的入侵，劳动力减少，土地荒芜，生产资料遭到破坏，粮食产量因此赶不上抗战初期。日军于1939—1940年和1944—1945年两次入侵广西，对农业生产造成了巨大破坏，使广西社会经济的发展受到严重制约。①

广西农事试验场对旱地农作物的品种改良和当局大力推广旱地农作物，在一定程度上促进了甘薯、玉米、大小麦和花生产量的增加。

总体上来说，广西农事试验场在广西旱地农作物品种的改良上取得了来之不易的科研成果，诸如玉米的品种改良试验在当时处于中国的先进水平。"农都"沙塘是抗日战争时期全国玉米育种规模最大、取得成绩最显著的玉米基地。②以玉米、甘薯为代表的外来旱地农作物的良种选育技术本土化改造与推广，对广西的粮食增产起了一定的作用。

但是这些农业科研成果受当时的战争环境、广西政局的变化、经费困难、推广体系不健全等因素的影响，未能在生产上大规模地推广应用。广西农事试验场对于整个广西农业生产的作用而言，只能是杯水车薪，农业技术只能在一定范围内产生作用，难以改变广西农业生产的状况。"3个农业推广实验县仅占广西99个县的3%左右，对当时严重危害的多种害虫，实际上是无法控制的，展览之类也只是在个别地方举行，教育面很小。"③1940年初，马君武来沙塘讲演时对当时广西的农业生产技术状况有过这样的描述："在20世纪之时代，尚用黄帝所创之耒耜，为耕作之唯一农具，良非偶然！余如耕种方法、作物品种、牲畜饲养，一切如故，毫无进步，斯则我国人士当引为奇耻大辱。"④

农业科研成果能否有效推广，与农民的接受意愿和接受能力有关，也与政府的政策和配套制度有关。对于农业改良和推广过程中难以克服的困难和问题，人

①唐凌：《抗战时期日军入侵广西对农业造成的破坏》，载《广西师范大学学报》（哲学社会科学版），2006年第42卷第2期，第123页。

②廖振钧：《广西农业科技史》，广西人民出版社1996年版，第102—103页。

③谢道同：《广西近代农业科学技术设施沿革考》，载《中国农史》，1985年第2期，第32页。

④广西大学农学院，广西农事试验场：《广西农业》，1940年第1卷第5期，第285页。

们首先从农民身上找原因,大多归结为农民受教育程度低下。“因此,当时的农业技术改良只限于农业试验场,无法普遍推广到广大农村去。”“撇开生产关系的原因不说,就是没有技术人才、没有农民的科学知识的普及。”[①]

也有人将原因归结为农民的贫困。“绝大多数农民连进行简单的经济的盐水选种的盐都没有钱买,哪能进行普遍的农业技术改良呢?”[②]

从政府公共服务层面来说,广西当局在农村没有触动封建的土地所有制,“在(20世纪)30年代广西的封建剥削仍然严重存在,各种各样的征工派捐的沉重负担,终年辛劳所剩无几,生活越来越贫困”[③]。

要改变和调整不公平的生产关系,扩大对农民的教育投入,取决于政府。但是广西当局在政策的制定和具体的农业改良过程中,并未承担起这些责任,也不可能承担起这些责任。首先,新桂系“四大建设”的重心是军事,经济建设的经费投入一直比较低,而历年经济建设的费用除了1937年占总支出的11.5%以外,各年经济建设的费用只占6%至7%之间,1935年只有4.6%。而各年军事建设费用占总支出的40%以上。[④]这与新桂系的建设目的有关。新桂系只是为了巩固自己与蒋介石抗争的军事实力,并没有把提高民生作为政府的重要职能,而且新桂系的政府代表的是军阀、官僚和地主的利益,怎么可能对土地所有制进行改革?在建设伊始、百废待兴的情况下,也不可能对农民进行科技文化教育。

在农业改良和推广的过程中,还存在政府相关组织人员的素质不高、办事效率低下、经费不足等问题。政府吏治的腐败也是一个原因。“广西当局的建设经费相当大一部分是靠征收鸦片烟税、赌捐和花捐等途径得来。”[⑤]

过剩的人口和小面积土地经营形式是农业技术推广的又一障碍。耕地的绝大部分为地主、富农所占有,农民拥有耕地不超过13%,且多是不足1亩的小片耕地。[⑥]

农具是考察生产力发展水平的一个重要标志。由于农村中存在着大量的廉

---

①李炳东:《新桂系统治时期广西的农业经济》,载《西南军阀史研究会西南军阀史研究丛刊》(3),四川人民出版社1985年版,第108页。

②李炳东:《新桂系统治时期广西的农业经济》,载《西南军阀史研究会西南军阀史研究丛刊》(3),四川人民出版社1985年版,第108页。

③谭肇毅:《论三十年代的广西经济建设》,载《广西社会科学》,1997年第1期,第97页。

④谭肇毅:《论三十年代的广西经济建设》,载《广西社会科学》,1997年第1期,第97页。

⑤谭肇毅:《论三十年代的广西经济建设》,载《广西社会科学》,1997年第1期,第97页。

⑥广西壮族自治区地方志编纂委员会:《广西通志·经济总志》,广西人民出版社1998年版,第38页。

价劳动力，所以只能推广技术简单、费用低廉、不发生劳动替代的农业科技，如改良种子、防治病虫害的方法、梳虫器等。另外，地处边疆地区的广西农民还受到当地旧习俗的影响，保守的态度使他们不愿使用新农具。据《广西年鉴》(第一回)记载："本省农民，粗衣粝食，住屋简陋，日出而作，饥则思食，日入而息，浑浑噩噩，耕作方法，墨守成规，日如中古时代。"

综上所述，新桂系当局的政策重心、经费投入、农民的贫困和受教育程度、吏治的腐败、人口和土地的矛盾关系等，都是制约现代农业技术发挥作用的障碍。

第二节 工矿业

一、工业

(一)抗战期间广西工业勃兴

广西的近代工业在清末已肇其端，虽厂数寥寥，技术落后，但一直在缓慢地发展。陆荣廷统治时期，由于政治腐败，战事不断，社会动荡不堪，已设立的工厂纷纷倒闭，保存下来的仅有桂林的广西官书局。新桂系集团统一广西后，深知新式工业在经济发展中的作用，因此于1933年3月设立工商局，专司工业建设之事务，并从广西的实际出发，制订了如下工业发展计划：

(1)凡民间所能办之工商业，政府主要负责设计和指导，予以扶持；

(2)凡必要举办之工业，又为民间力量所不及者，由政府筹办，一旦获得成效后，即由民间集资承办；

(3)重要的需要巨资的企业，由省内外商民投资，或由政府与其合办。[①]

①广西统计局：《广西年鉴》(第二回)，1936年，第401页。

根据这些计划，广西开始了卓有成效的工业建设活动。1935年，共有公营工厂11家，民营工厂54家。全国抗战爆发后，沦陷区的工厂纷纷内迁，加上农业、交通、商业和对外贸易的发展，使广西工业盛极一时。到1943年，各种工厂已达287家，资本7000余万元。见表3-9。

表3-9　1943年广西各业工厂概况

业别		厂数	资本数(国币元)
化学工业	酒精业	2	6113000
	酸碱业	14	329000
	橡胶业	2	200000
轻纺、食品业	纺织业	21	2380091
	制革业	5	2026578
	火柴业	2	110000
	卷烟业	19	9302000
	面粉业	5	1185000
	制糖业	2	830000
	碾米业	17	481000
机械铸造业	机器业	52(50)	18650652
	电子器材业	13	5639600
	金属品冶制业	38	3045500
建材业	水泥业	1	8000000
	建筑业	17	1499345
	交通器材业	5	4140000
文教业	造纸业	5	566616
	印刷业	32(28)	2532086
	教育用品业	4	49500
其他		31	3325950
合计		287(281)	70405918

资料来源　广西省政府统计处:《广西年鉴》(第三回),1948年,第593—594页。

说明:工厂的标准,照当时中央政府经济部的规定,凡经营工业有下列情形之一者属之:1.产收资本在10000元以上者;2.平时雇用工人在30人以上者;3.用机械发动机制造出产品者。

另凡括号内之数字,为表明实际填报之厂家数。

按地区划分，桂林、柳州、梧州共有254家，资金总额为66786436元，其他各县，只有33家，资金总额为3619482元。详见表3-10。

表3-10 1943年各业工厂地区分布

业别		桂林		柳州		梧州		其他各县		总计	
		厂数	资本	厂数	资本	厂数	资本	厂数	资本	厂数	资本
化学工业	酒精业	-	-	1	6000000	-	-	1	113000	2	6113000
	酸碱业	9	144000	3	150000	2	35000	-	-	14	329000
	橡胶业	2	200000	-	-	-	-	-	-	2	200000
轻工业	纺织业	4	2137000	4	54000	11	64225	2	124866	21	2380091
	制革业	2	530000	1	1356578	-	-	2	140000	5	2026578
	火柴业	-	-	-	-	1	100000	1	10000	2	110000
	卷烟业	1	500000	10	7980000	4	106000	4	716000	19	9302000
	面粉业	1	900000	1	50000	3	235000	-	-	5	1185000
	制糖业	-	-	1	50000	-	-	1	780000	2	830000
	碾米业	9	218000	1	-	-	-	7	263000	17	481000
机器铸造业	机器业	22	3392000	21(20)	14961400	7(6)	226252	2	7100	52(50)	18586752
	电工器材业	7	5610000	-	-	6	29600	-	-	13	5639600
	金属品冶制业	22	2115500	2	510000	10	170000	4	250000	38	3045500
建材业	水泥业	1	8000000	-	-	-	-	-	-	1	8000000
	建筑业	9	794500	5	681000	3	23845	-	-	17	1499345
	交通器材业	5	4140000	-	-	-	-	-	-	5	4140000
文教业	造纸业	1	200000	-	-	1	5000	3	361616	5	566616
	印刷业	21(20)	2034290	6(3)	480000	5	17796	-	-	32(28)	2532086
	教育用品业	-	-	1	44000	3	5500	-	-	4	49500
其他		7	1155000	8	1300200	10	80750	6	790000	31	3325950
合计		123	32070290	65	33617178	66	1098968	33	3555582	287(281)	70342018

资料来源　据广西省政府统计处:《广西年鉴》(第三回),1948年,594—597页数字改制。括号内数字为该业实填资本之家数。个别工厂有家数,无资金数。该表将桂林、柳州、梧州三市及其他各县工厂“资本”数相加,与其他记录有出入,如实记录。

就经营性质而言，公营的45家，约占全部工厂数的16%，民营的241家，约占全部工厂数的84%。详见表3-11。

表3-11　1943年广西各业工厂经营性质

业别		公营	民营	总计
化学工业	酒精业	1	-	1
	酸碱业	-	14	14
	橡胶业	1	1	2
轻工业	纺织业	3	18	21
	制革业	2	3	5
	火柴业	1	1	2
	卷烟业	-	19	19
	面粉业	1	4	5
	制糖业	1	1	2
	碾米业	2	15	17
机器铸造业	机器业	7	45	52
	电子器材业	4	9	13
	金属品冶制业	2	36	38
建材业	水泥业	1	-	1
	建筑业	2	15	17
	交通器材业	1	4	5
文教业	造纸业	1	4	5
	印刷业	6	26	32
	教育用品业	1	3	4
其他		8	23	31
合计		45	241	286

资料来源　据广西省政府统计处:《广西年鉴》(第三回),1948年,第597—598页数字编制。其中“酸碱业”统计为无,但在其他文献中,存在“两广硫酸厂”,并将其列在“公营企业”中。

（二）重要公营企业

下面在45家公营企业中，笔者选择了一些有代表性的进行具体介绍。

化学工业

1.两广硫酸厂

该厂设于梧州三角咀，1927年由广西省十五军军部拨资兴办，1928年冬建成后归省建设厅管辖。翌年4月开机试产。1931年12月由广西与广东两省政府合资经营，合计资本额为东毫56万元。①

厂中设备，计有碎矿机1台；块矿炉16门；古老华塔1座，积收58～60度的气体硫酸；解路撒塔1座，积收硝酸；铅室1座，积收48～50度的气体硫酸；第一、第二反应塔各1座，积收铅室剩余的40度气体硫酸；降尘机1台；凝酸器2座；浓酸蒸发炉4座。此外，动力室内还有110.25千瓦动力机1台，卧式锅炉1个，发电机1台。②

该厂采用硝化法生产硫酸，二氧化硫的氧化和硫酸生产的过程，主要是在很大的铅室内进行。铅室法生产的大都是稀酸。这些稀酸需用酸瓷器，利用分级加热浓缩，才能得到浓酸。③

依据生产能力，该厂每日可出66度硫酸10吨，但实际产量不及此数。全国抗战爆发后，为了避免敌机轰炸，厂内的动力和电器设备被疏散到八步煤场。1938年，剩下的机器、成品及房屋列册移交广西入口贸易处，由该处派人专管。1938—1939年，两广硫酸厂被日军轰炸两次，厂房设备均有毁损，铅室的铅块和铅块管被拆下铸成铅锭。1944年，该厂宣告关闭。④

两广硫酸厂曾附设硝酸厂，规模较大，日出浓硝酸约227公斤。这些硝酸除供硫酸厂制酸外，其余主要供制炸药用。⑤

---

①千家驹：《广西省经济概况》，商务印书馆1936年版，第101—102页。

②千家驹：《广西省经济概况》，商务印书馆1936年版，第101—102页。

③钟杰生：《两广合办硫酸厂》，载政协广西壮族自治区委员会文史资料研究委员会：《广西文史资料》（第十六辑），1983年3月，第174—177页。

④钟杰生：《两广合办硫酸厂》，载政协广西壮族自治区委员会文史资料研究委员会：《广西文史资料》（第十六辑），1983年3月，第174—177页。

⑤广西省政府十年建设编纂委员会：《桂政纪实·经济》，1946年，第67页。

2.广西酒精厂

该厂1927年开始筹设,张季熙为主任。初设址于梧州,后迁至柳州鸡喇村。开设资本定为10万元港币,后增至20万元。1931年正式开工。工厂分糖化、发芽、发酵、蒸馏、制罐、动力等部门,设备主要有蒸馏、精馏、糊化、糖化、压麦、冰冻、洗薯、蒸汽、柴油、抽水、发电、高压等机器,大部分是通过禅臣洋行向德国购买的。①此外,还建有鸡喇至柳州的轻便铁路一条。生产以蜜糖为原料,月产酒精1万余公斤。1933年,该厂被工商局接管后,添设农场,以便生产粮食,解决部分原料问题,减少成本开支,增加产量。由于酒精销售市场狭小,开办以来,年年亏损。1935年用酒精和汽油混合试制亚可林油,供发电机作燃料用,但成效不大。1937年后,购买贵县糖厂全部蜜糖作原料,月产量增至1.5万~2万公斤。因经营得法,加上此时市场扩大,盈利渐多。②1939—1941年停工修理,1942年恢复生产,盈利增加。1944年日军入侵柳州,厂房设备遭到破坏。③

轻工业

1.南宁染织厂

此厂于1933年开始筹备,建筑厂房,定购机器,派学徒赴沪学习。1935年正式投产。厂址原在南宁对岸中渡口。1938年春,桂南战争爆发时迁至田东,1940年邕宁失陷后迁至柳州。

厂内分整理、织布、电力、修理、漂染等工场。机器设备主要有电力织布机、脚踏铁木机、浆纱机、穿线扣机、纬纱机、开幅机、洗染机、干燥机、轧头碾布机、打包机、交流发电机,等等。特别值得指出的是,织布机中有一部分是梧州残疾军人教养院捐送的,价值1800元。全厂资金共35万元(固定资本30万元,流动资本5万元)。

该厂所用棉纱为上海出产,染料为舶来品。燃料分煤炭、木炭两种。煤炭购自寻了坡,木炭购自永淳。染料原用麦粉,系外省输入。1937年春改用土产木薯粉,效果与麦粉同,而价格远低于麦粉。产品均以“桂花”为商标,以各种平布、叙布为大宗,年产量约45万匹,主要由第五路军购用,销路稳定。此为其营业之特点。④

---

①《广西建设月刊》第2卷,第1号。

②广西省政府十年建设编纂委员会:《桂政纪实·经济》,1946年,第67—68页;陈真:《中国近代工业史资料》(第三辑),生活·读书·新知三联书店1961年,第1217页。

③广西大百科全书编纂委员会:《广西大百科全书·历史》,中国大百科全书出版社2008年版,第732页。

④广西省政府十年建设编纂委员会:《桂政纪实·经济》,1946年,70—71页;陈真:《中国近代工业史资料》(第三辑),生活·读书·新知三联书店1961年,第1217页;张先辰:《广西经济地理》,1947年,第191—192页。

2.省营第一民生工厂

原为富（川）、贺（县）、钟（山）三县于1926年所创办的平民工厂，生产有限。1936年，广西省政府根据省工厂通则，将其划归贺县政府统一管理。因经营不善，次年改为省营，经整顿后生产渐有起色。到1942年，全厂共有资金6万元。设备主要有木织布机、脚踏铁木机、织巾机和织袜机等。产品以军服和公务服为主，其他如床单、台布、蚊帐、线袜等也有生产。

3.广西纺织机械工厂

1939年6月正式成立，厂址设于桂林。资本102万元，为广西省政府与经济部工矿调整处合办，机器购自上海铸亚铁工厂、中央研究院棉织实验馆和长沙福新染织厂。种类齐全，且较先进。每日可产纱190公斤，产布60～70匹。此外，广西省政府还在桂林设立了一所纺织示范工场，向社会推广新式纺织布技术，效果甚佳。

4.广西糖厂

1934年8月，广西省政府在柳州筹设新式糖厂，后经调查，认为贵县建厂条件比柳州更好，便将厂址迁至贵县罗泊湾，同时将原贵县蔗场并入该厂。机器设备主要有三辘轳压榨机、石灰调和机、煮糖机、结晶机、离心机、运输机、起重机等，大都购自檀香山钢铁公司。[①]全厂资金121.7万元，其中固定资本94.3万元，流动资本27.4万元。1935年11月，该厂正式投产。3个月间，共产糖90万公斤。原拟小部分在本省销售，其余运到上海销售，但由于广西土地贫瘠，生产方式落后，甘蔗成本较高，加上地处边陲，运费高，难与外糖竞争，所以原计划无法实行。后经省政府转请中央参照特种工业奖励法，准许该厂产品运沪销售时，豁免转口关税及其他捐税，由国营招商局各轮船减费运沪，以资奖励。并准向海外购买原料粗糖，免税入口，提炼白糖运沪销售，得允。[②]1939年1月17日，日军飞机轰炸该厂，其中3枚炸弹炸毁机房之三分之一，部分机器毁坏，工厂被迫停办[③]，即另设广西糖业指导所，指导农民自榨片糖，并保管糖厂资产。[④]

①陈真：《中国近代工业史资料》（第三辑），生活·读书·新知三联书店1961年版，第1218页。

②《民国日报》（南宁版）1935年8月18日。

③罗甫琼：《贵港市志》，广西人民出版社1993年版，第21页。

④广西省政府十年建设编纂委员会：《桂政纪实·经济》，1946年，第68—69页。

5.广西制革厂

1927年该厂在南宁设立，购买刮皮机、磨理机、磨光机、大鼓机、压榨机、起纹机、蒸汽发动机等设备。所用原皮均由全省各地供给。至于各种药料，则多购自外国。翌年春正式投产，出品有带皮、底皮、珠皮、里皮、革具、革履等，多供军用。[①]1930年因政局动荡而停办。1933年4月，工商局派员将其恢复，向第四集团军总部借款34610元作为启动资金，出品后交由总部抵偿借款。是年底，再由省库拨4.2万元作为流动资金，产品数量日增，质量也不断提高，供不应求。经1934年和1935年两次扩充，资金共达26万元。1938年广州失陷后，为安全计，迁往田东。因地点偏僻，购买原料及出品销路均感困难，致使营业一蹶不振。1939年夏迁至柳州，改称广西制革厂。该厂曾附设纽扣部和骨粉部，后因所制骨粉行销困难，将其取消。[②]

6.广西火柴厂

1921年由梧州的广东商人创办。日产火柴50箩（每箩1200小盒）。1935年，广西省政府和粤商合资将振兴火柴厂（后改名广西火柴厂）收买，再集资共10万元，官商各半，扩大了厂房，新建了大仓两座。机器设备主要有排版机26台，刨片机6台，切片机3台，划路机2台，立式蒸汽机（0.8T/时）1台。用“舞龙牌”商标生产安全火柴，日产300～400件，行销省内。[③]营业总额达数十万元以上，纯利润亦在数十万元左右。这是该厂兴办以来最兴旺的时期。但不久后，广西省政府提高了火柴的税率，粤商认为对自己不利，于是强迫工人夜以继日地开工，把积存的梗枝盒片全部原材料赶装火柴，急运出厂销售。然后把剩下的不动产如机器、工具、厂房等折价拍卖给广西省政府。1940年，广西火柴厂由广西企业公司接办。1944年日军侵占梧州，工厂停产。[④]

7.广西面粉厂

1941年，该厂由中国农工社与广西建设厅合办，厂址在临桂县大圩镇。大圩是广西明清时期四大圩镇之一，其传统的粮油加工业发达。据《徐霞客游记》载：

---

①张先辰：《广西经济地理》，桂林文化供应社1941年，第191页。

②广西省政府十年建设编纂委员会：《桂政纪实·经济》，1946年，第69页；陈真：《中国近代工业史资料》（第三辑），生活·读书·新知三联书店1961年版，第1219页。

③钟杰生：《梧州火柴厂简史》，载政协广西壮族自治区委员会文史资料研究委员会：《广西文史资料》（第十四辑），1982年，第238—243页。

④黄方方：《梧州市志》经济卷（上），广西人民出版社2000年版，第789页。

明代大圩熊村圩“市多粥面，打胡麻为油者，因市面为食，以代午饭焉”。该厂创办资本30万元，官商各半。设备主要有蒸汽发动机、磨粉机、筛粉机、清麦车、刷麦车等。职工100余人，日产面粉25吨。产品以质量高次而分“红农夫”“牧童”“维他命”等牌号，此外，该厂生产的鸡蛋面条也十分有名。[①]原料小麦在全县黄沙河一带采购。销售市场除本省外，还有湖南的衡阳、湘潭，广东的乐昌、曲江等地。[②]1944年，因日军侵入而停办。

8.梧州华兴电池厂

该厂于1937年由广州华兴电池厂分支建立，所以初期名为“华兴电池厂广西分厂”，后改名为梧州华兴电池厂。抗战时期，电池的需要量增加，加之广州分厂在西南各省打出了牌子，且资金比其他厂雄厚。该厂在原料供应方面有广州、香港两厂支持（香港华兴电池厂在广州沦陷后成立）；在运输方面，利用小行商包运，每次数量虽不多，但周转快，又可减少运输途中的损失；在生产方面，厂内自筑防空洞两个，以便空袭时职工躲避，生产不致停顿；在减少币值变动损失方面，则利用当时社会所谓的“驳汇”方法，每收到货款，立即通过梧州市商号迅速汇到广州厂或香港厂，以求迅速购置原料，减少物价波动带来的损失。所有这些都有效地保证了该厂生产的顺利进行。当然，由于军警、流氓的勒索，生产也常常出现一些波折。

该厂设于富民坊，因场地低湿，时受水淹，因此于1938年夏迁至市区大中上路西二巷。成立之初，设正司理1人，副司理1人，外勤推销员1人。工人由广州调来40名，每天产量1200～2400个。推销上，该厂委托梧州市伟兴洋什商店为全权总代理。后期销路增加，自设营业部于梧州市小南路，设办事员2人。最后为了指挥便利，将营业部迁入厂内。

1938年9月，广州沦陷，广州厂全体股东及家属数十人来梧州避难，将生产原料运到梧州使用，并将梧州厂进行了较系统的改组。在经理、副经理下面，分设工务、会计、营业等部，使组织系统日趋完备。然而好景不长，1944年梧州沦陷，该厂生产进入停顿状态。[③]

---

①廖江：《灵川县志》，广西人民出版社1997年版，第338页。

②陈真：《中国近代工业史资料》（第三辑），生活·读书·新知三联书店1961年版，第1220页。

③潘鹤鸣：《梧州华兴电池厂厂史》，载政协广西壮族自治区委员会文史资料研究委员会：《广西文史资料》（第十二辑），1982年，第186—196页。

机械制造业

1.广西机械厂

该厂设于鸡喇村,1927年冬开始筹设。广西省政府一开始就把它作为全省的工业中心加以扶持,定购机器、建筑工场等资本约25万元。全厂分为五大部,即木工部、翻砂部、打铁部、机械部、电器部。1928年春正式开工。

该厂以制造、修理汽车、飞机与普通应用机器及农具等项为主。1929年因蒋桂战争爆发停办,次年政局安定后恢复。是时,资金总额增至40.1万元。[①]自从复工后,聘请技工,添置机件,大加整顿。不久,仿制出单翼飞机1架,接着又制造出另外6架。同时,还制造了一批手榴弹、迫击炮弹、工具配件等,其他如修理汽车、印字机、电器零件等,亦间有之。1933年,该厂有73.5瓦蒸汽机1台,54Kw马达8部。生产原料部分购自加拿大,部分购自本地。为了增强技术力量,推动生产的发展,该厂创办初期,曾在厂内设机械学校,招收学生40名,让他们一边学理论,一边进行实习。他们学习机械学、汽车学、制图工作法、算术、几何、物理等科目。他们的实习分钳工、车床、刨床、铣床、钻床、打铁及汽车驾驶等科目。所有教员由该厂技术人员担任。学员毕业后主要留本厂工作。[②]全国抗战爆发后拨归中央航空委员会,改为第九飞机修理厂[③],以修理飞机为主,同时也负责部分机械的制造。

2.南宁机械厂

该厂前身为广西普及国民基础教育研究院附属实验工场。1936年研究院停办,将实验工场改为独立工厂,归广西省政府管辖,改名为南宁机械厂,厂址在津头村,专门制造牛车、马车、新式农具、各种工作机械及装修电船、汽车等。设备主要有机床、刨床、锯铁机、磨光机等。创办以后,由于规模过小,成效不显著。1937年,该厂向广西银行透支7万元,将生产扩大。正在这时,桂南局势紧张。为免遭日寇破坏,该厂奉命于1938年迁至田东,接着又选定柳州,改名为广西机械厂。因经营得法,利润不断增多。[④]

①广西统计局:《广西年鉴》(第一回),1933年,第308页。

②柳克聪:《柳江机械厂进行概况》,载《广西建设月刊·论著》第1卷第5号。

③《广西大百科全书》编著委员会:《广西大百科全书·历史》,中国大百科全书出版社2008年版,第732页。

④广西省政府十年建设编纂委员会:《桂政纪实·经济》,1946年,第71—72页。

3.广西中华铁厂

该厂原设上海，为中华职教社主办。1937年沪战爆发，工厂的一部分迁到汉口。翌年3月，厂董事会决定将厂全部迁桂。5月，该厂与广西省政府共同投资建立中华铁厂，资本共10万元，广西占4/10。厂址设于柳州鸡喇村。设备有14.7千瓦瑞典直流发电机与清气式引擎各1部，奇固式引擎2部，各种钻床、车床、磨床、锯床、刨床、铣床等20余台，并有鼓风机、改良熔铁炉、钳桌等10余具，可以制造小型柴油发动机、小钻床、车床、鼓风机、低压水泵、汽车零配件等。营业额从1938年起，由2.8万元发展至10万余元，每年盈利从9000元至4万元不等。[①]

建材工业

1.广西仕敏土(水泥)厂

1936年开始筹设。厂址原定迁江之白鹤隘，以便利用合山之煤。计划每日产仕敏土50吨。机器向德商礼和洋行订购，价值32700英镑，并由该洋行派工程师负责安装。后因合山煤质量不合要求，加上迁江常遭敌机轰炸，乃迁至桂北齐公岩。[②]此岩长50余米，宽30余米，高约45米，系人工开凿，在里面设厂较为安全。而且岩洞四周石山众多，便于伐石取料(仕敏土的原料是石灰石80%，黄土15%，石膏5%)。另外，洞外不远处有相思江支流，便于供水。因德国工程师迟迟未到，建厂的土木及安装工程均由广东人李青湘、张汉等负责。在从武汉迁桂的六合沟铁厂的协助下，终于按时按质地完成了任务，耗资40余万元。1941年下半年正式开工，李济深亲自到厂点火。该厂每日正常产量约600桶，每桶160公斤，合计约100吨。但因湘煤供不应求，工厂常停工待料，故产量受限。1944年日寇侵桂，仕敏土厂疏散到蒙山县，职工逐渐离散，物资耗尽。[③]

2.广西陶瓷厂

1935年，该厂创办于宾阳芦墟，先后向广西省银行透支11.5万元。1937年5月开始投产。因徒工技术未臻熟练，产品合格率仅有四成左右。经过几个月的研究改良，情况不断好转，销路日广，大有供不应求之势。不料1939年4月，工厂被

---

①广西省政府十年建设编纂委员会:《桂政纪实·经济》，1946年，第72页；陈真:《中国近代工业史资料》(第三辑)，生活·读书·新知三联书店1961年版，第1217页。

②陈真:《中国近代工业史资料》(第三辑)，生活·读书·新知三联书店1961年版，第1218页。

③李四杰，陈雄:《新桂系官僚资本的两个企业》，载政协广西壮族自治区委员会文史资料研究委员会:《广西文史资料》(第一辑)，1961年7月，第80—89页。

敌机轰炸，又遭飓风，损失惨重。接着，桂南战事发生，员工奉命疏散。敌陷宾阳，损失更为惨重。该厂建有瓷窑两座，机器设备主要有德国陶瓷机、碾泥机、蒸汽机、压滤机、发电机等，约值32067元。原料全部产自宾阳。产品共有150余种，以饮食器为大宗，其他日用品及电器次之，大部分行销省内。①

3.广西玻璃厂

1936年1月，广西化学试验所对南宁附近的石英石进行试验，发现它用于玻璃制造甚好，于是决定设厂，聘用波兰籍技师负责筹划一切。翌年3月，各炉建造完毕，正准备开工，部分炉被大水冲毁，使开工日期推迟至1938年春。该厂日产玻璃1吨，产品质量颇佳，深受用户欢迎。后因战事影响奉令停办。

造纸、印刷业

1.广西省工业试验造纸示范场

广西省政府于1937年筹建广西造纸试验所，派人前往中元造纸厂学习，并在上海、无锡等地购买机器设备。因值抗战军兴，所购机器运输困难，1939年4月始于灵川甘棠渡正式成立。主要机器有打浆机、造纸机、蒸汽锅炉、手工轧纸机、柴油机等，总值3.2万元。产品以书面纸为大宗，仿新闻纸等次之。1939年，营业总额为2.4万余元，亏损约1/10。1940年，由于机器损坏，增用工人踩纸装置以补机力不足。1941年秋，广西省工业试验所成立，即将该所拨归工业试验所管理，改称广西省工业试验造纸示范场。

2.广西印刷厂

原名广西官书局。1907年创办于桂林。初，仅有铅印机4架，专印官厅文件。中华民国建立后，局址迁设邕宁。1910年改为商办，旋又被政府收回，先后改名为广西印刷所、印刷局。1933年广西省政府积极将其扩充，添购机器及各种大小铅印机，定名为广西印刷厂。该厂共有工场4座，分书定子、铸字、水刷、排字、校对、彩印、装切、铜锌版等部。各种机器共100台。所用原料大部分购自外省，后来逐渐使用一些土纸，主要负责印刷刊物、书籍、表册、票据、公文、画册等。全国抗战爆发后，营业额大增。后因时局影响，营业额下降，但1944年后又回升。在当时所办的企业中，广西印刷厂是取得较大成效的一个。②

①广西省政府十年建设编纂委员会:《桂政纪实·经济》，1946年，第72页。

②广西省政府十年建设编纂委员会:《桂政纪实·经济》，1946年，第74—75页。

其他行业

1.桂林电力厂

该厂创办于1917年,原名桂林电力公司,由黄聪记和黄冠辉等商号集资经营。厂址设于象鼻山附近,曾向香港礼和洋行购置44.1千瓦柴油机及42千瓦三相交流发电机各1台,资金共计毫币9.5万元。1918年装机完毕,开始供电。接着又陆续向礼和洋行购置机械设备,但因这些机器年久失修,马力大减,用率很低,加上该公司缺乏技术人才,管理不善,组织松懈,故连年亏损。

1934年,桂林市政府呈准省政府派员进行整顿,改为省营,拨款资助,情况日益好转。1937年,广西省会迁至桂林,同时,沦陷区大量难民也疏散至桂林,使用电量激增,原有发电设备已不能满足需要,于是广西省政府在1939年冬,将存于平乐的220.5千瓦木炭机,连同发电机全套,外加梧州电厂疏散于柳州的1台330.75千瓦油渣发电机全套,全部运来桂林安装。次年秋,该厂开始正常供电。1944年,电厂共有发电机9台,容量1425瓦。日军占领桂林后,象鼻山、乐群路、雉山岩3间机房发电设备均遭破坏。1945年7月桂林光复后,该厂将被破坏的设备装配成280千瓦煤气发动机组1台,次年恢复供电。①

这时,广西还建立或扩充了梧州、贵县、柳州、桂平、龙州、八步、南宁等电力分厂。②

2.广西自来水厂

该厂筹设于1928年,投资38万余元。1933年建成并正式供水。厂址在梧州市北山。水流取自抚河上游。从该厂投产至1938年止,供水量由每日1.2万吨增至4.2万余吨,用户由900余户增至1600余户,营业额由每年4万元增至9万余元。1939年后,因华南军事影响和机器损坏情况严重,供水不时停顿,致使营业亏损。但是,为了维持市民的生活和便利公用,广西省政府不得不增拨款项,确保该厂生产的顺利进行。

(三)各地民营工业

民营工厂数目众多,种类各异。下面按地区分别作介绍。

①《广西大百科全书编著委员会:《广西大百科全书·历史》,中国大百科全书出版社2008年版,第734页。

②广西省政府十年建设编纂委员会:《桂政纪实·经济》,1946年,第79—82页。

1.桂林的民营工业

桂林的民营工业，在抗战前生产规模较大的主要有广宜安机米厂和民生木机纺织厂两家。此外，还有一些小型的玻璃厂、肥皂厂等。抗战爆发后，桂林的民营工厂共有90多家。其中，属于碾米业的有永兴盛隆米厂、桂林生中机米厂；属于机器业的有希孟氏、荣记、中兴、华中、宝泰、永利、怀民、强华、君武、建国、循规、强生、民生、协大、永生、建业、振兴、新义、大新、三合、年丰等机器厂；属于印刷业的有科学、三户、中国、国光、华大、鼎丰、建设、青年、岳南、西南、华南、力群、维林、大同、绍荣等印刷厂；属于铸造、五金业的有熊发昌、陈信记翻砂厂，三友、启昌、国华电焊厂，六河沟制铁公司，中国兴业铸造厂，福裕凤记、汤荣记、朱洪昌、志大、大华铁厂、茂海、复兴、高金大、王三泰铁工厂，新发祥、利华五金厂；其他行业主要有陈昌记肥皂厂，利华修车补胎厂，利群锯木厂，民权卫生材料厂，谋福、和兴玻璃厂，大中、新建砖瓦厂，新华、沈宜甲煤气制造厂，等等。

这些工厂，一部分是在当地原有的手工作坊的基础上发展起来的，另一部分则是从浙江、湖南、湖北一带迁来。为了便于管理，保证生产的发展，这些迁桂的工厂组织了联合会，一些总部在外省分部在桂林的企业也参加了这一组织。[①]从资金这一角度考察，桂林这时所建立的民营工厂，10万元以上的有30家，1万元以下的有8家，其余均在1万至9万元之间。就动力设备而论，7.35千瓦以上的26家，动力设备一点儿也没有的39家，情况不详的5家，其余均在2.2千瓦至6.62千瓦之间。[②]

2.梧州的民营工业

梧州交通便利，又是出入口货物的中转地，向来为广西的工业中心。这里的民营工业，以1914年天和机器厂的设立为起点。从这时起至1940年前后，梧州建立的民营工厂主要有志成、德成、大成板厂，广西制枧织造厂，利民皂药厂，香港永发印务公司梧州工厂等。新建的民营工厂有50余家，其中属于造纸、印刷和文化用品业的主要有复兴纸厂，华兴成记、大东南印刷厂，精武、利文印务局，日光号、利群号、万和墨厂，广华墨汁厂；属于服装业的有广西帽厂，中和洗帽厂；属于纺织业的有华兴、兴业织造厂，西荣棉厂；属于矿冶业的有大利、兴国、华南、中华

①广西省政府十年建设编纂委员会：《桂政纪实·经济》，1946年，第76—77页。

②广西省政府统计处：《广西年鉴》（第三回），1948年，第610—614页。

炼矿厂;属于五金制造业的有代月五金属制品厂,先进金属制造厂,华南铸铁厂;其他行业,主要有广西、新广西电池厂,梧州雪茄厂,华亚工业社,美孚行,广西冰泉汽水厂,桂丰、叶光线辘厂,广利安修机厂,发明电泡厂,徐国深制造压火筒工厂,中国华德烟厂,礼和皂厂,等等。在这些工厂中,资金10万元以上者3家,1万元以下者36家,其余均在1~9万元之间。动力设备7.35千瓦以上的5家,一点儿动力设备也没有的16家,情况不详的6家。①

3.柳州的民营工业

柳州的民营工业几乎全是在1931年后建立起来的,到1941年止,共有53家。其中属于机器业的有利民、华强、梁芳、建业机器厂,华兴机制厂,第一机器生产合作社,广西机器工会第二区会第二生产合作社等;属于纺织业的主要有柳江第一织布工合社,柳州第二、第三织布工合社,柳州机工纺织厂等;属于印刷业的主要有大华印务厂,三民、联益、大成美术印刷厂,柳州日报印刷部,中正日报工务部等;属于糖、烟业的主要有岭南炼糖厂,广西、德生烟厂,华南雪茄厂,李西昌、柳南、三光、时兴、香港、天华烟厂等;至于其他行业,主要有捷兴煤气发火机制造厂,捷和钢铁厂,协兴五金制造厂,飞轮面粉厂,养生代乳粉公司,三友机器砖瓦厂,柳州机器锯木厂,巨华玻璃厂等。这50余家工厂中,10万元资金以上者共有18家,1万元以下的4家,情况不详的9家。动力设备一点儿没有的29家,情况不详的12家,其余均在1.47千瓦~6.62千瓦之间。②

4.南宁和其他各县的民营工业

南宁曾是广西的省会所在地,本应具有各种工业发展的优越条件。但因其一向为各派军阀争夺的重点,加上后来省府迁桂林,又于1940年沦陷,大受敌骑之蹂躏,故各种民营工业异常落后,呈请登记者,仅南强修车厂一家而已。

其他各县在1931—1941年间建立了民营工厂20多家,行业主要集中在碾米、机器、造纸、纺织、修理、铸造、化学等几个方面,与上述城市的情况基本一致,主要工厂有:全县的开源液体燃料制造厂,达成樟油制炼厂;贺县的西兴和机器铁上厂;钟山的利亨昌锡纸工业合作社;岑溪的同光火柴厂;平南的大南制革厂;桂

①广西省政府十年建设编纂委员会:《桂政纪实·经济》,1946年,第77页;广西省政府统计处:《广西年鉴》(第三回),1948年,第617—618页。

②广西省政府十年建设编纂委员会:《桂政纪实·经济》,1946年,第78页;广西省政府统计处:《广西年鉴》(第三回),1948年,第614—616页。

平的钟连科制鞋工厂，岭南织布厂；北流的利昌、德记、瑞记镬厂和利民机米厂；贵县的新艺成修车厂，民生碾米厂；象县的大丰碾米厂；隆山的复兴镬厂；田东的年丰、民益碾米厂；田阳的利园酒精厂；百色的万利纸厂，林鸿源、梁顺成、李怡聚工厂；永淳文化造纸厂，等等。其中资金10万元以上的9家，1万元以下的3家，情况不详的3家，其余均为1～9万元之间。动力设备7.35千瓦以上的12家，一点儿动力设备也没有的7家，情况不详的5家，其余均在4.41千瓦～6.62千瓦之间。①

民营工业的发展，主要是新桂系集团的大力提倡和奖励，社会环境较为安定所致。特别是全国抗战爆发后，外货输入的减少和国内物资、人才在桂林的大量汇聚，为其发展创造了有利的条件。与公营工业相比，它的发展速度更快，不论在工厂的总数方面，还是资金方面，都超过了同时期的公营工厂。这说明它是这一时期广西工业的主体力量，其大部分是为民众的日常生活服务，产品绝大部分在当地销售，经营方向无疑是十分正确的。但是，其地区分布很不均衡，主要集中在桂林、柳州、梧州三个城市和桂东南、桂北地区。这种现象的出现，在很大程度上是由日本的侵华形势所决定的。从这个意义上说，它们在发展过程中同样带有半殖民地半封建社会的特征。另外，它们的规模较小，生产方式和设备较落后，基础比较薄弱，这就决定了它们的发展是曲折艰难的。事实上，在后来的官僚资本的垄断下，这些民营工厂相继破产倒闭，日趋衰落。

（四）各工厂工人概况

广西在这一时期所设立的工厂中，工人数量最多的有100多人，最少的仅有几个人，大多为数十人，其中，以男工居多，女工和童工只有少部分。工人的工资，各个时期的情况也不尽相同。就1941年来说，最高的300多元，最低的十几元，一般100元左右。工作时间最长的12小时，最短的6小时，一般为8～9小时。详见表3-12。

①广西省政府十年建设编纂委员会：《桂政纪实·经济》，1946年，第78—79页；广西省政府统计处：《广西年鉴》（第三回），1948年，第618—619页。

表3-12　广西各工厂工人概况(1941年)

工厂名称	工人数				每月工资(国币元)						每日工作时数
	男工	女工	童工	学徒	男工		女工		童工		
					最高	最低	最高	最低	最高	最低	
广西仕敏土厂	120	-	-	-	72	24	-	-	-	-	8
六河沟制铁公司桂林机厂	138	-	38	-	-	66	-	-	-	39	9
祥泰翻铸铁工厂	21	-	-	-	180	90	-	-	-		9
泰昌五金翻砂制造厂	12	-	-	6	120	60	-	-	-	-	8
桂林国光印刷厂	20	10	20	-	140	90	60	40	60	40	9
祥丰铁工厂	16	-	2	-	160	80	-	-	-	10	9.5
中国印书馆厂	50	-	15	-	140	90	-	-	70	50	8
胜利铁工厂	32	-	-	-	100	60	-	-	-	-	9
鼎丰美术制版印务厂	28	5	-	5	160	60	150	60	-	15	9
君武机厂	125	-	-	-	156	60	-	-	-	-	9
民生机器厂	18	-	-	10	240	150	-	-	-	-	9
高峰煤气炉厂	16	-	12	-	360	210	-	-	-	30	10
新生机器制造厂	30	-	18	-	300	150	-	-	-	30	10
广西制革厂	113	-	-	-	72	26	-	-	-	-	10
广西印染厂	103	420	-	-	130	40	52	35	-	-	10
广西自来水厂柳州分厂	29	-	-	-	100	40	-	-	-	-	7.5
华兴电池厂	36	90	-	-	60	50	40	15	-	-	8
益民酒精厂	7	-	-	-	150	15	-	-	-	-	8
广西省营第一民生工厂	7	24	-	-	53	40	46	36	-	-	10
西兴和机器铁工厂	71	-	-	-	66	24	-	-	-	-	8
同光火柴厂	10	5	25	-	70	70	45	30	40	30	8
大南制革厂	34	-	-	-	60	30	-	-	-	-	9

续表

工厂名称	工人数				每月工资(国币元)						每日工作时数
	男工	女工	童工	学徒	男工		女工		童工		
					最高	最低	最高	最低	最高	最低	
永淳文化造纸厂	47	8	9	-	180	120	150	105	120	90	9
贵县糖厂	52	50	-	-	246	142	156	136	-	-	12
隆山复兴股份有限工厂	50	30	20	-	250	200	200	150	150	100	6
利国酒精厂	18	-	-	-	80	60	-	-	-	-	10

资料来源　广西省政府统计处:《广西年鉴》(第三回),1948年,第647—648页。工资系指定额工资,膳食费、米贴、赏工、分红、年底加薪等均不计在内。

这是一个很不完全的统计,但是从中已经可以基本了解这一时期广西各工厂工人收入、工作时数等状况。他们在困难的条件下长时间地工作,得到的报酬却十分有限。按照当时的物价,他们的工资仅够糊口。因此,广大工人纷纷建立自己的组织——工会,为维护自己的根本利益而与统治者进行斗争。到1942年,广西工会组织有134个,会员达57363人。①

必须指出,这一时期的工人特别是技术工人,有相当部分来自广东、湖南等省。例如,就桂林各工厂而言,技术工人"多半外来,甚至招收学徒,亦少容纳本省籍子弟。此固由于本省正埋头建设,需才孔亟,一般青年,又对新兴之工业建设缺乏认识,不愿置身于工业界,加以多数国民中学毕业生,其成绩不如外省中等学校毕业生之优良,于是使训练艺徒之工厂,对本省青年产生歧视心理。每届招收学徒,辄至外省吸收人才"②。桂林印刷业的外籍工人比例竟高达75%左右,其具体情况是:湖南的占29.1%,广东的占10.9%,江浙的占19.4%,湖北的占8%,其他省的占6.8%,广西的占25.8%。③至于柳州的广西机械厂,100多名技工"多聘自广东,薪水自每月三十元至四十元不等。仅有少数来自桂省之桂平者"④。抗战时期,这种状况基本没有改变。广西各工厂的资金本来就不足,向外省大量聘请技

①广西省政府统计处:《广西年鉴》(第三回),1948年,第646页。

②秦柳芳:《抗日战争时期桂林市工业调查》,载《广西省银行特刊》第5期,《桂林文史资料》(第五辑)转载。

③冼文:《桂林市的印刷工业》,载《中国工业》第19期,《桂林文史资料》(第十辑)转载。

④参见千家驹等:《广西省经济概况》(第三章),商务印书馆1936年版。

工，要支付较高的薪金，势必加大其资金困难。但在严重缺乏技术力量的情况下，不这样又无法使企业生存和发展。这一矛盾在当时是无法克服的。工人的这一特殊构成，也是造成广西在这一时期工厂规模较小的一个重要原因。

二、矿业

（一）抗战前广西矿业的基础

早在汉代，广西就有人从事开矿及冶炼工作。清朝初年，南丹、贵县一带的矿场出现了资本主义萌芽。20世纪20年代末到抗战爆发前，是广西矿业发展历史上的黄金时期。这一时期，由于资本主义经济危机导致了第二次世界大战的爆发，主要帝国主义国家几乎都把自己的经济完全转入战时经济的轨道。片面发展军事工业和战争的巨大消耗，使原料问题不仅得不到很好的解决，而且导致了经济的崩溃。生产的恶性循环使这些国家越来越多地依赖进口原料。锰、钨、锡、锑等矿产在当时具有特别重要的作用，而在广西这些矿蕴藏丰富，世界市场的需要为这些矿藏的开采创造了条件。以李宗仁为首的新桂系集团为了充实广西的经济力量，也借势开放省内所有的矿区和矿产，开放矿砂的收购、提炼和运销权，对民间资本经营矿业予以特别优惠，如为矿业提供借贷资金，从而促进了矿业的进一步发展。

据《广西年鉴》（第三回）的统计，1932—1937年，向省政府注册登记并经省政府核准发给营业执照的大矿业公司共有439家，矿区（煤矿225亩以上，其他各矿45亩以上者）489个，面积达390091亩，资金总额为15830579多元。[①]这一时期向省政府注册登记并经其核准发给营业执照的小矿业公司也有很多，矿区（煤矿225亩以下，其他各矿45亩以下者）1307个，面积共21222亩，资金512113元。[②]

①广西省政府统计处：《广西年鉴》（第三回），1948年，第573页。

②广西省政府统计处：《广西年鉴》（第三回），1948年，第585页。

统而计之，1931—1937年，广西共有矿区1796个，面积411313亩，资金16342692元。必须指出的是这里的资金数少于向省政府注册的实际总数，因为一些公司有矿区设立的记载，而无资金的记载。

矿业的迅速发展，奠定了西南大后方生产的格局，促进了广西工业化的进程，同时，也促进了广西手工业、商业和农村经济的繁荣，为相当数量的民众提供了就业的机会。时人在评价广西矿业的作用时说道："(当时)全省约有40余万人从矿业中直接或间接受益""可以生活无忧""广西政治之所以上轨道者，矿业发达，亦为原因之一也。"①

(二)全国抗战期间广西矿业的曲折发展及其历史贡献

1.矿业在战争环境下艰难发展

1937年，七七事变爆发后，华北、华东、华中大片国土沦丧。广西成为西南大后方的一个部分。在武汉会战之前，这里是全国相对稳定的地方，加上大量的企业和人才迁移到此，因此生产的发展有了动力。与战前相比，此时广西矿业的发展步伐虽然有所减缓，但是，申请开矿的大小公司仍然不少，详见表3-13和表3-14。

表3-13 1938—1944年广西核准给照大矿区及其资金额统计

年别	公司数	矿区数	矿区面积(公亩)	资金(国币元)
1938	117	119	754249	2150862
1939	80	82	609749	1740340
1940	71	72	504435	1849371
1941	105	110	1213248	4207250
1942	9	12	158865	379400
1943	52	52	558514	-
1944	43	47	505206	-
合计	477	494	4304266	10327223

资料来源 广西省政府统计处:《广西年鉴》(第三回)，1948年，第573页。

①广西建设研究会:《建设研究》，1946年第2卷第5期，第66页。

表3-14　1938—1944年广西核准给照小矿区及其资金额统计

年别	矿区数	矿区面积(公亩)	资本(国币元)
1938	103	25117	16738
1939	21	3921	20800
1940	33	7085	114450
1941	47	14653	151400
1942	13	2029	95400
1943	9	1979	-
1944	2	248	-
合计	228	55032	398788

资料来源　广西省政府统计处:《广西年鉴》(第三回),1948年,第585页。

可见,在战争环境下,每年都有矿商请领新的矿区,即使是在桂南战役和桂柳战役期间,日军的两次入侵虽然给广西的矿业造成了毁灭性的破坏,但矿商请领矿区的行为也并未完全停止。

全国抗战时期,民营矿业在资金构成方面与公营矿业相比,处于优势地位,详见表3-15。

表3-15　1937—1942年广西矿业资本构成情况　(单位:万元)

<table>
<tr><th colspan="2" rowspan="2">资本经济成分</th><th rowspan="2">矿山企业</th><th colspan="2">1937年</th><th colspan="2">1938年</th><th colspan="2">1939年</th><th colspan="2">1942年</th></tr>
<tr><th>数额</th><th>%</th><th>数额</th><th>%</th><th>数额</th><th>%</th><th>数额</th><th>%</th></tr>
<tr><td rowspan="5">官办</td><td rowspan="3">国省合营</td><td>平桂矿务局</td><td>-</td><td rowspan="3">-</td><td>-</td><td rowspan="3">19.49</td><td>500</td><td rowspan="3">33.50</td><td>500</td><td rowspan="2">27.75</td></tr>
<tr><td>合山煤矿股份公司</td><td>-</td><td>440</td><td>440</td><td>440</td></tr>
<tr><td>中渡铁厂</td><td>-</td><td>-</td><td>-</td><td>-</td><td></td></tr>
<tr><td rowspan="2">省营</td><td>上林金矿经理处</td><td>50</td><td rowspan="2">9.62</td><td>50</td><td rowspan="2">7.53</td><td>50</td><td rowspan="2">3.56</td><td>-</td><td rowspan="2">-</td></tr>
<tr><td>灌阳钨矿经理处</td><td>50</td><td>50</td><td>50</td><td>-</td></tr>
</table>

续表

<table>
<tr><td colspan="2" rowspan="2">资本经济成分</td><td rowspan="2">矿山企业</td><td colspan="2">1937年</td><td colspan="2">1938年</td><td colspan="2">1939年</td><td colspan="2">1942年</td></tr>
<tr><td>数额</td><td>%</td><td>数额</td><td>%</td><td>数额</td><td>%</td><td>数额</td><td>%</td></tr>
<tr><td rowspan="2">官办</td><td rowspan="2">省营</td><td>锡矿管理处</td><td>50</td><td rowspan="4">22.06</td><td>50</td><td rowspan="4">1.33</td><td>–</td><td rowspan="4">1.07</td><td>–</td><td rowspan="4">–</td></tr>
<tr><td>西湾煤矿</td><td>20</td><td>20</td><td>–</td><td>–</td></tr>
<tr><td colspan="2" rowspan="2">官商合办</td><td>合山煤矿两合公司</td><td>360</td><td>–</td><td>–</td><td>–</td></tr>
<tr><td>茶盘源锡矿公司</td><td>30</td><td>30</td><td>30</td><td>–</td></tr>
<tr><td colspan="2" rowspan="2">民办</td><td>商营矿业公司</td><td>1182.69</td><td>66.91</td><td>1607.96</td><td>71.24</td><td>1678.38</td><td>59.82</td><td>2064.00</td><td>60.94</td></tr>
<tr><td>小矿业公司</td><td>24.87</td><td>1.41</td><td>9.18</td><td>0.41</td><td>57.45</td><td>2.05</td><td>383.07</td><td>11.31</td></tr>
<tr><td colspan="3">合计</td><td>1767.56</td><td>100</td><td>2257.14</td><td>100</td><td>2805.83</td><td>100</td><td>3387.07</td><td>100</td></tr>
</table>

资料来源　杭长松:《广西矿产资源开发史》,广西人民出版社1992年版,第294页。

表3-15说明,民营矿业是广西矿业生产的主要力量。事实上,全国抗战的爆发使广西成为大后方生产的重要基地,在政府的引导和抗日救国运动的推动下,各矿区广大矿商及民众的生产积极性大为提高,广西矿业呈现出蓬勃发展的情景。富(川)贺(县)钟(山)矿区的望高、川岩、可达、立头、松木寨、栗头源、水岩坝、五拱山、新村坪、白沙、牛路墟、庙湾、莲塘、水桥面、大湾塘、合宝、养民冲、姑婆山、茶盘源、珊瑚、红花、英家坪等地聚集着300多家矿业公司(这300多家公司大都为战前设立),从事锡矿生产的矿工不下3万人,每年产锡550多万斤。[①]随着矿业的发展,商业、运输业、农业等也被带动起来,社会经济一时空前繁荣,该矿区也因此被誉为“小南洋”。[②](南)丹(河)池矿区当时也有近60家矿业公司,矿工数千人,所生产的锡矿每年达20余万斤。[③]恭城的栗木、博白的周旺堡、射广障,陆川的黎俑、洪马等地,同样是这一时期民营矿业公司开采的重要锡矿区。1938年,

①张更:《发展广西矿业之检讨》,载《建设研究月刊》,1940年第2卷第5期。

②广西省政府十年建设编纂委员会:《桂政纪实·经济》,“矿业”,1946年。

③张更:《发展广西矿业之检讨》,载《建设研究月刊》,1940年第2卷第5期。

全省产锡达3500多吨。[①]钨矿的生产基地主要集中在恭城。这里的钨矿公司在1939年时达到40多家，其中较大的公司有富源、开发、宝成、明源、金华等，矿工有四五千人。另外，南丹矿区的三友、庆南、连城、金堂等公司也主要从事钨矿的开采。受市场因素的影响，其生产规模与战前相比有所扩大。抗战初期，全省的钨矿公司约90家(包括战前成立的)，年产钨矿石1000吨以上。[②]锑矿分青锑和红锑两种，青锑的产地在广西共有70多处，其中，宾阳县的尖峰山、河池县的芙蓉山都是重要的青锑矿区，而田阳、田东、百色、靖西、镇结、向都、万承、那马等县则是红锑的主要产地。战争初期，各矿业公司所产的锑砂为数百吨。[③]锰矿的产地主要是在桂平、武宣、钦州、来宾等县。抗战初期，各矿业公司每年生产的锰矿为3万~5万吨。后因东南沿海地区被日军封锁，加上国民政府禁止锰矿出口，产品销路堵塞，生产被迫停顿。

煤矿主要集中在合山、富(川)贺(县)钟(山)等地，各矿场每年开采数万吨煤矿。

全国抗战时期，广西各民营矿业公司的实力尽管较强，但由于日军侵略的加剧，生产形势的不断恶化，各矿的产量呈现不断下降的趋势，从而影响到矿产的总量，见表3-16。

表3-16　1938—1945年广西主要矿产年产量　(单位:吨)

年别	锰矿石	纯锡	钨砂	锑砂	煤
1938	1958	3523	1775	751	35882
1939	0.3	2918	949	323	71987
1940	-	2418	614	3	92321
1941	-	2239	670	145	128992
1942	-	1572	442	142	93336
1943		854	236		3229
1944		297	106		32078
1945		15	-	-	52650

①杭长松:《广西矿产资源开发史》，广西人民出版社1992年版，第101页。

②第六次《中国矿业纪实》，1941年，第213—214页。

③杭长松:《广西矿产资源开发史》，广西人民出版社1992年版，第91页。

注：1.表中空格，产量为0；“-”表示有产量，但具体数不详。

2.资料来源　纽兆文：《广西矿业问题》，载《广西建设》1946年创刊号；吴燕生：《广西全矿概述》，载《建设研究月刊》1945年第9卷第4期；秦崇晓：《广西锡矿与锡业》，载《广西建设》1946年第9、10期合刊。

全国抗战时期，国民政府为了加强对矿业的管理，于1939年6月在桂林设立锡业管理处，并在平乐、梧州、八步、南宁、河池等地设立事务所。该处成立后，对原民间炼锡业予以严格限制。因此，后来小矿区数量的减少，与资源委员会对矿业的严格管制也存在一定关系。在这种情况下，广西公营矿场（厂）成为抗战时期的主要力量。民营企业所生产的各种矿产，也通过政府管理部门送交公营企业提炼加工，再运销国际和国内市场。

2.在全国抗战中，广西矿业所做的贡献

抗战时期，广西矿业的发展道路尽管曲折艰难，但仍为大后方建设做出了重要的贡献。

（1）为国际市场提供“特矿”和为大后方企业提供燃料。

矿业公司所开采的锡、钨、锑、锰、铅等矿，作为军工急需产品，被运销中国香港和欧美市场，或作为国民政府“易货偿债”（所谓易货偿债，就是中国以锡、钨、锑等“特矿”换取美、苏等国的军需物资和贷款）的物品，用于偿还美国和苏联等国的贷款，交换军需物品。见表3-17。

表3-17　1938—1941年广西主要矿产出口量　（单位：吨）

年别	锡	锑	钨	锰	铋、锌、铅、铁、汞等
1938	3319.92	750.75	1774.71	1940.02	289.62
1939	2050.03	290.91	617.56	0.30	-
1940	3127.45	28.00	871.81	-	-
1941	1286.08	2.00	84.28	-	-

资料来源　广西省政府统计处：《广西年鉴》（第三回），1948年，第591页。原表说明：1938—1939年根据广西省出入口贸易处及矿商呈报建设厅的运照存根整理编制；1940—1941年系根据锡业管理处运输出口数字整理。

即使是在桂南和桂柳会战期间，广西也坚持将“特矿”运销美国、苏联等国。数量虽然不多，却表明了中国政府履行条约，支持美、苏等国的军工生产，打击法西斯的决心和信心。

平桂矿务局的生产颇有代表性。

全国抗战爆发后，平桂矿务局以国家利益为重，努力提高锡矿、锑矿品质。1938年，平桂矿务局接办省营望高锡矿经理处粗炼鼓风炉进行生产，沿用铁锅与插树枝吹气精炼，当年产粗锡4.562吨。为统一锡锭式样，提高产品质量，平桂矿务局代锡业管理处提炼收购之粗锡，以熔析反射炉、精炼锅炉脱除铁、砷等杂质，月精炼锡300吨。同年，于田东设炼锡厂，就近收购红锑矿，用鼓风炉熔炼，日炼精锡15~20吨。1940年，炼锡厂开始使用蒸汽吹气器、电动鼓风机、铸锡车及锡业泵，当年产锡2182吨。1941年，鉴于鼓风炉提炼损失太大，回收率低，成本高，拟建煤气反射炉炼锡，后因富贺钟锡砂产量有限，改为建煤粗炼锡反射炉一座。原定精锡成分99.75%，为适应国际市场需要，于3月份起提高到99.8%。同时，将砖形锡锭改为通用船形，单块重量由26公斤改为25公斤，各方面均达到国际甲级锡标准，桂锡信誉越来越高。1941年，收入粗锡2297.6吨，炼交精锡2096.8吨。1942年底，设炼铁厂于半路墟，配有清灰炉、热风炉、蒸汽锅炉、汽绞车、小发电机等成套设备。该厂月产生铁300吨，产品除本局煤矿翻砂自用外，多余部分出售。

1939年，平桂矿务局销售精锡661.7吨。1940年，平桂矿务局销售精锡2317.5吨，是全国抗战期间销售精锡最多的一年。此后两年，精锡销售量分别为2096.8吨和1397.1吨。1943年，在桂南战役的影响下，销售量仍有603.1吨。战争环境下，矿产品的运输条件异常艰难，平桂矿务局先是组织力量，采用水运和陆运两种方式，将矿产品运抵广州和香港。1941年12月，太平洋战争爆发后，平桂矿务局的矿产品改经昆明运抵缅甸仰光，再销往欧美市场。后因缅甸仰光被日军侵占，又改为将矿产品运抵昆明，再空运到印度港口，进而销往欧美市场。这种做法，在国际上产生了很好的影响。

广西煤矿所生产的煤作为燃料主要供大后方企业使用。众所周知，广西煤矿的藏量并不丰富，生产规模也不是很大，但是为了满足大后方生产的需要，煤矿企业的职工克服种种困难，努力提高产量，为大后方工矿企业的生产和民众的生活提供了较为优质的煤。

以合山煤矿为例。根据合山煤矿股份公司第一次董监联席会议决定，从1938年9月至1939年底为工程建设时期。在此期间，继承前公司的工作，同时扩大生产规模，建筑铁路，提高运输能力。因受桂南战役的影响，未能如期完成。1941年，轻便铁路全线筑成，并与湘桂铁路衔接，运输能力大为增强。同时，由于沿海内迁至桂林、柳州一带的工厂对煤的需求量也逐渐增大，使合山煤矿的产销日旺。第四次长沙会战之际，湖南各煤矿均因战事疏散，生产停顿，而湘桂、黔桂铁路的军事运输却异常繁忙，民众疏散及物资的运输亦刻不容缓，燃料需求量随之激增，合山煤矿的生产及销售量因此进一步提高。从1938年至1944年冬，合山煤矿共产煤247145吨，运煤251646吨，销煤219872吨，详见表3-18。

表3-18　合山煤矿1938—1944年产运销数量统计　（单位：吨）

年份	产量	运输量	销售量	备　注
1938	2779	8248	505	接收前公司存煤16700吨，不列入产煤栏内。运出数中水运7078吨，陆运1170吨。
1939	3816	10552	3683	水运5599吨，陆运4953吨。
1940	3271	12920	7162	水运5443吨，陆运7477吨。
1941	21333	24620	9587	水运9348吨，陆运15272吨，本年磅盈2462吨已列入产量栏内。
1942	42060	40417	42145	水运5899吨，陆运34518吨。本年磅盈2373吨已列入产量栏内。
1943	94220	79889	83290	水运7679吨，陆运72210吨。
1944	79666	75000	73500	水运721吨，陆运42904吨。11月6日停工。
合计	247145	251646	219872	1.产煤加接收存煤共计为263845吨。 2.历年煤场及各站厂自用为41773吨。 3.尚结存2200吨。

资料来源　合山煤矿公司总管理处：《合山煤矿股份有限公司成立十周年纪念特刊》，柳州三民印务局，1948年版，第15-16页。

从上表可知，全国抗战期间，合山煤矿的产量和销售量都在迅速增长。若以1939年的产量为比照系，则1941年的产量约为1939年的5.59倍，1942年约为11.02倍，1943年约为24.69倍，1944年约为20.88倍。同样，若以1939年的销售量作为比照系，则1940年的销售量约为1939年的1.94倍，1941年约为2.6倍，1942年约为11.44倍，1943年约为22.61倍，1944年约为19.96倍。在当时大后方的煤矿中，合山煤矿的产量和销售量的增长率是较高的。关于这一点，只要与当时大后方设备最先进、技术水平最高、规模最大的四川天府煤矿一比就会看得很清楚。1939年，天府煤矿的产量为71434吨，1940年为107173吨，1941年为168879吨，1942年为222287吨，1943年为352131吨，1944年为379954吨，1945年为451681吨。若以1939年为比照系，则该矿1940年的产量约为1939年的1.5倍，1941年约为2.36倍，1942年约为3.11倍，1943年约为4.93倍，1944年约为5.32倍，1945年约为6.32倍。天府煤矿的销售量，1939年为49682吨，1940年为93042吨，1941年为140290吨，1942年为192410吨，1943年为302060吨，1944年为350942吨，1945年为389394吨。若以1939年为比照系，则1940年的销售量约为1939年的1.87倍，1941年约为2.82倍，1942年约为3.87倍，1943年约为6.08倍，1944年约为7.06倍，1945年约为7.84倍。[①]显然，就绝对数来说，合山煤矿的产量和销售量都无法与天府煤矿相比，但是，就增长率而言，合山煤矿的产量和销售量的增长率却比天府煤矿高。如果再将合山煤矿的产量与资源委员会所属煤矿以及广西各煤矿的总产量进行比较，对此就会有更清楚的认识，详见表3-19和表3-20。

表3-19　全国抗战时期资源委员会所属煤矿总产量统计　（单位:吨）

年别	1937	1938	1939	1940	1941	1942	1943	1944	1945
产量	20000	559000	264000	413000	686000	969000	1110000	1133000	1077000

资料来源　据资源委员会经济研究所统计。

表3-20　全国抗战时期广西各煤矿总产量统计　（单位:吨）

年别	1937	1938	1939	1940	1941	1942	1943	1944	1945
产量	23225	31685	33800	35882	71957	92321	128993	93337	3229

资料来源　广西省政府统计处:《广西历年产煤量及其增减情形》，1948年。1944年产量系1月—8月数字；1945年产量系9月—12月数字。

①文集成，章体功:《天府煤矿简介》，《重庆工商史料》（第二辑），重庆出版社1983年版，第107—114页。

合山煤矿的产量在资源委员会所属煤矿总产量中所占的比重，1938年不到1%；1939年和1940年约为1%；1941年约为3%；1942年约为4%；1943年约为8%；1944年约为7%。合山煤矿的产量在广西煤矿总产量中所占的比重：1938年约为9%；1939年约为11%；1940年约为9%；1941年约为30%；1942年约为46%；1943年约为73%；1944年约为85%。这就是说，合山煤矿的产量在资源委员会所属煤矿总产量中所占的比重在逐年加大，在广西煤矿总产量中所占比重的增加更为明显。正是由于煤矿产量的不断提高，大后方企业和民众才能获得必需的燃料，生产和生活才能正常进行。在抗战的后期，煤对军运来说特别重要，湘桂铁路每月需要合山煤矿提供4000吨煤，黔桂铁路每月则需要提供3600吨。[①]而此时，日军的侵略却使煤炭生产形势逐渐恶化。因此，矿场（厂）能坚持生产，是对抗战的最大支持。1943年1月6日，驻桂林烟煤临时调节委员会主任李济深致电合山煤矿股份有限公司："……查产煤数额攸关军事交通与各工厂需要……尽量增加职工督促生产，以应急需。"[②]当时，该公司职工激于民族大义，为支援反法西斯战争，不畏艰难困苦，奋力工作。1944年，红河水暴涨，大窿井被淹，公司立即赶往里兰矿场和嘉巴岭矿场，修筑思光至里兰铁路支线。仅3个月，矿场就开始出煤，铁路通车。为确保军民运输，第四战区官邸、交通部、经济部燃料供应处及湘桂铁路、黔桂铁路当局均派员来合山洽谈，驻矿督促抢运煤炭。在战争迫近、风声鹤唳的情况下，该公司员工仍不计个人安危，昼夜产运煤炭，直至11月6日矿场沦陷为止。正因为如此，合山煤矿才能为大后方的经济建设和军事斗争做出重大的贡献。抗战胜利后，经广西省政府呈报，国民政府批准，合山煤矿刘席珍等12人获抗日战争胜利奖章，杨成等17人获国民政府社会部和全国工作竞赛委员会颁发的奖章和奖状。[③]

（2）为湘桂铁路的修筑提供资金支持。

这种支持，主要表现在积极承购湘桂铁路股票方面。湘桂铁路是抗日战争的产物。修筑这条铁路的目的主要有两个：一是使广西与邻省铁道干线相衔接，以促进当地经济的发展；二是使广西铁路干线与国际铁道相衔接，以便海洋交通线

①广西省政府十年建设编纂委员会：《桂政纪实·经济》，"矿业·迁江合山煤矿"，1946年。

②《合山矿务局志》编纂委员会：《合山矿务志》，煤炭工业出版社1996年版，第4页。

③《合山矿务局志》编纂委员会：《合山矿务志》，煤炭工业出版社1996年版，第391页。

被封锁时仍可维持国际的大陆交通。该路起于湖南衡阳，止于广西镇南关，路经祁阳、零陵、东安、全县、兴安、灵川、桂林、永福、柳江、来宾、邕宁、宁明、凭祥等地。其中广西段干线全长1085千米。该路由交通部与湘桂两省共同投资。1937年动工修建。最初计划修到桂林为止，后因沿海地区相继沦陷，西南各出入口岸均有陷入敌手之虞。为确保西南国际交通线的畅通，国民政府和广西省政府决定将该路延长至镇南关，尽早与越南铁路相接。

1938—1939年是湘桂铁路修建中最繁忙的时段，也是资金需要量最大的时候。抗战期间，政府的财政非常紧张，民间的资金也非常有限，而湘桂铁路的修建任务却非常紧迫，在这种情况下，政府一方面不得不采用行政手段，征调铁路沿线的民工进行修建；另一方面，则通过发行股票筹集资金，加快铁路的建设。1937年9月，广西省政府主席黄旭初指示建设厅，组织各矿业公司积极认购湘桂铁路股票。战争的特殊需要决定了股票的发行势必呈现出突出的应急性特征，而这种应急性又决定了股票的发行不可能取得好的收益。趋利是人或企业购买股票的主要动机之一，而在战争时期，社会急剧动荡，购买股票很难获利，但为了尽快建成湘桂铁路，支持抗战，许多公司都认购了不少的股票，详见表3-21。

表3-21　全国抗战期间广西各矿业公司认购湘桂铁路股票情况（部分）

公司名称	负责人	县别	矿区所在地	营业情况	承购股份数（每股100元）
浩然	梁浩川	上林	尚义乡黄华山老虎尾山	获利	1000
裕华	龚守合	上林	尚义乡留仙村背	获利	300
振兴	苏世勋	上林	巷野村张耀村那龙中显村窑熙	获利	300
益群	黄晓初	上林	尚仁乡绿旺山金龟山	稍有余利	200
济生	莫　佑	上林	万嘉墟潭桃村附近	稍有余利	200
其华	李白云	上林	尚仁乡万嘉墟东窑山	稍有余利	200
溥益	梁　权	上林	尚义乡中显村边	稍有余利	200
大镇	张洁齐	上林	尚仁乡万嘉墟高胜山	稍有余利	200

续表

公司名称	负责人	县别	矿区所在地	营业情况	承购股份数(每股100元)
厚德	卢树邕	上林	尚义乡坡堆村附近	稍有余利	200
陈清记	陈清机	上林	六第村附近黎口溢	新开采,但资本雄厚	500
富源	张明德	恭城	栗木乡人形岭狗卵岭	获利最厚	10000
开发	张明德	恭城	栗木乡黄口村大岐岭晒禾坪老虎岭	获利几十万元	2000
宝成	蒋如荪 黄耀南	恭城	栗木乡垓里村	获利几十万元	2000
广富	尹承纲	恭城	观音乡牛皮窝	获利几十万元	2000
新模	张春霆	恭城	栗木乡华架山虎形岭	获利几十万元	2000
利源	洪致中	恭城	观音乡山枧村西面岭	获利几十万元	2000
金华	谢九成	恭城	九板乡白燕山村吊钟湾仔苏家坳丹源枫木坳	获利几十万元	2000
协合	梁泽南	富川	白沙区黄糖肚	资本十五万元,获利未详	200
义合	仇清陂	富川	白沙区荣冲	资本八万元,获利未详	200
成德	黄季芬	富川	白沙区横山河背村	资本六万元,获利未详	200
恒源	刘蔚文	富川	白沙附近	土法开采,获利未详	200
大益	王显庭	富川	白沙区牛背地	土法开采,获利未详	200
美华	-	富川	白沙区	土法开采,获利十余万元	200
钟山	潘海学	钟山	栗头区源岩口	机器开采,获利数十万元	3000

续表

公司名称	负责人	县别	矿区所在地	营业情况	承购股份数（每股100元）
恒源	刘蔚文	钟山	望高区尖蓬山	土法开采，获利数万元	2000
大东	黄匡东	钟山	立头区白岩寨	机器开采，获利十余万元	700
劲丰	卢劲丰	钟山	立头区石牛塘村边	机器开采，获利十余万元	700
茶盘源	罗钧任	钟山	望高区由茶盘源至出水壁	机器开采，获利数万元	200
协源	黄子达	钟山	立头区沙子寨铜岭上下两村	机器开采，资本八十万元，获利甚微	300
太和	李佐庭	钟山	红花区中庙村附近低天垌	机器开采，获利数十万元	2000
裕桂	黄德占	钟山	红花区牛庙寨附近	机器开采，正在筹备中	200
志和	潘学海	钟山	红花区三江乡附近	机器开采，获利数十万元	1000
仁生	周国珍	钟山	望高区沙平坳	机器开采，获利约五十万元	1000
大容	张佚凡	钟山	立头区上下村周尾背	机器开采，资本二十余万元，获利未详	800
大利	黄遇安	钟山	望高区望高墟狮子岭	机器开采，获利十余万元	500
雪利	黄遇安	钟山	望高区望高墟狮子岭	机器开采，获利约三十万元	500
兴有		钟山	贺县水岩坝	机器开采，资本二十万元，获利未详	300
珊瑚		钟山	凤翔乡	获利未详	500
首祥	唐任雄	钟山	凤祥西乡珊瑚村附近东至杠桥岭西至燕子伏梁岭	土法开采，获利未详	300

续表

公司名称	负责人	县别	矿区所在地	营业情况	承购股份数(每股100元)
龙门	潘宝谦	钟山	凤祥西乡珊瑚村附近以南一带	土法开采，获利未详	200
天柱	卢华春	钟山	凤祥西乡珊瑚村附近西北部一带	土法开采，获利未详	200
大南	黄匡东	贺县	新村坪木桥面	资本十万元，获利未详	200
昌兴	陈福升	贺县	黄田区车底	机器开采，获利甚微	200
泰和	蒋玉京	贺县	黄田区黄田寨养牛冲油麻冲	资本六万元，获利未详	200
利溥	欧阳奇	贺县	新村坪养牛冲养猪冲	机器开采，资本十余万元，获利未详	300
益安	周苏群	贺县	新村坪大塘湾	获利数十万元	2000
普安	梁柱南	贺县	水岩坝喷水墩	获利约百万	3000
钟宝	伍展明	贺县	水岩坝五拱水吗屋顶	获利约五十万元	3000
全宝	岑剑泉	贺县	桂东乡下龙村公庆村大坪岭鱼宝岭冲	资本十万元，获利未详	200
永益	江继宗	贺县	新村坪半路墟背枫冲狮子岭	拟用机器开采，正在筹备中	100
永盛	曾瑞萱	贺县	水岩坝	获利几十万元	2000
济华	谭其俊	贺县	水岩坝崩山脚河流两旁	获利百余万元	3000
克帝	陶宪章	贺县	水岩坝	获利十余万元	500
海华	谭鼎初	贺县	水岩坝平巷寨左边大王庙前大坑口	获利约百万元	3000
中铭	梁中孚	苍梧	毓秀乡沙村古圣四龙村	略有利益	200
平来	-	苍梧	-	资本九万元，获利未详	100

续表

公司名称	负责人	县别	矿区所在地	营业情况	承购股份数(每股100元)
德安	黄　謇	苍梧	贤德区平治乡清安村	资本两万元，获利未详	100
福泰	李维彪	苍梧	夏口区民治乡儒隆村根竹山水三角咀	获利未详	100
富民	夏理国	苍梧	三角咀	获利未详	100
宝兴	马丽华	桂平	复化区竹社乡公岭风流塘岭大排山莲花山	获利八十万	1000
平安	张治平	桂平	复化区竹社乡上凤村附近上岗岭蓬鼻尾岭	获利数万元	300
四美	牟元方	桂平	竹社乡附近竹叶冲岭崩砂冲岭大堂肚灯盏岭	获利数万元	200
三星	覃伟卿	桂平	竹社乡金潭村水井塘佛岭头大蕃岭	获利十余万元	100
裕民	谭伟浓	桂平	复化区马皮乡坦鞭山呵气岭	获利十余万元	100
长发	王遂林	桂平	复化区竹社乡荒塘拳头岭月亮岭窝囊山羊甘岭石头尾	获利十余万元	100
志成	陈洪九	桂平	复化区竹社乡十万山水勺岭新桥面山葫芦岭	获利十余万元	100
济善	林宇祺	灌阳	源远乡盐源村黑青岭	获利数万元	200
华越	全文彪	靖西	思乐乡龙江村陇坚石	赢利	500
群安	-	信都	大桂山	-	500

资料来源　广西省政府:《广西省政府公报》,第191期,1937年9月。

从上表可知,全国抗战爆发后,为了筹集修筑湘桂铁路所需要的资金,许多矿业公司都做出了自己的贡献。值得注意的是,在当时的社会条件下,广西矿业公司所起的作用十分重要。关于这一点,只要把上表股票数额与湘桂铁路股票发行的有关条例对照分析,就会有很清楚的认识。

1938年3月15日,国民政府公布《国民政府特许湘桂铁路股份有限公司条例》，规定公司股本总额定为国币3000万元，分为30万股，每股100元。先筹20万股，由铁道部认10万股，湖南省政府、广西省政府各认5万股。其余1/3，由公司理事会议决定定期募集之。湖南省政府、广西省政府所认之股款，得募集商股。铁道部及湖南省政府、广西省政府所认之商股，并得随时售归商股。①

广西省政府所承购的这5万股，主要用于湘桂铁路广西段的修筑。根据目前所掌握的资料，广西省政府向个人筹集所得到的很少，主要是靠上述矿业公司的购买。这些公司所购买的股票为58000股，合计为580万元，超出广西省政府规定承购的任务。

20世纪30年代，桂系集团推行"三自""三寓"政策，创制了独特的"三位一体制"，规定乡（镇）、村（街）两级必须设置三个机关：在乡（镇）是乡（镇）公所，乡（镇）中心国民基础学校，乡（镇）民团后备大队；在村（街）是村（街）公所，村（街）国民基础学校，村（街）民团后备队。通过这种三位一体的乡（镇）村（街）管理体制，桂系集团加强了对社会基层的控制，使政令大为通达。湘桂铁路开始兴建后，广西省政府不仅组织了近60万民工参与湘桂铁路的修筑，而且也组织村街公所和企业购买了铁路股票。20世纪30年代的广西是全国的"模范省"。抗战初期，矿业生产又处于上升阶段，这两方面情况的结合，使湘桂铁路股票在广西各矿业公司中得到了广泛的发行。

湘桂铁路从开始修筑到大部分通车，只用了约2年的时间，在中国近现代铁路建设史上，这种速度是较快的。对此，战争的逼迫、政府的大力推动无疑都是重要的原因。其中，发行股票是政府推动力量的表现形式之一。在民族危亡的时刻，矿业公司购买湘桂铁路股票，支持国家经济建设，抵抗日本帝国主义的侵略，体现了其可贵的爱国热情。同时，通过购买这些股票，先进的金融理念得到一定的传播，对培育近代市场产生了积极的影响。当然，更重要的是，所筹集的这些资金，在一定程度上缓解了政府的财政压力，加快了湘桂铁路建设的步伐。

（3）传播先进的生产技术及管理方法，促进大后方企业经营水平的提升。

抗战时期，大后方经济建设的特殊需要和大量工矿企业的内迁，给广西矿业生产技术的提高带来了契机。由于当时生产的主体是民营企业，因此，生产技术落后的基本状况无法得到根本的改变。但是，部分先进技术和管理方法在公营企

---

①《国民政府特许湘桂铁路股份有限公司条例》，转引自罗叙德：《广西通志·铁路志》，广西人民出版社1992年版，第355页。

业的使用,仍然在一定程度上提高了广西企业整体的经营水平。

先看煤矿的生产技术。

根据《桂政纪实》的记载,合山煤矿的钻探技术大致上分为三类。

一是用 W_3加力士钻探机钻探。该矿于1936年新购了 W_3加力士钻探机。抗战期间,为了扩大生产,在柳花岭钻第一眼井,接着又在偏西400米之处钻第二眼井,深约90米。

二是用手摇加力士钻机钻探。该机由西湾运返。在十五滩安装,钻深约15米。

三是用人力挖井试探,即发现煤层后,用人工试探。当时曾在大龙煤井南约213米处,挖一直井,深至30多米。

开采方法以第一矿场较为先进。该矿场位于合山岭,高出海平面610余米。当时有平窿4个(4号窿挖入数米便停止,东窿挖入240多米,忽遇阴潭,潭周围煤质悉已霉烂,遂停止,故均未计入内)。1号至3号平窿,皆系自东而西,从山侧沿煤层走向掘进。各平窿间距离30~180米不等。凡前进约61米,即开横窿与邻接之平窿相通。计平窿总长达208米,横窿延长224米。窿内工程,除进口处因有浮土用木支架外,他处尚少用。又因地处山岭,通风排水均可利用天然地势,无特别设备。

开窿。平窿高2米,底部东侧有消水沟,倾斜最大不逾3%。中间装有12磅铁轨,轨宽0.6米。上装煤车,容积0.68立方米。横窿高约2米,宽约1.8米,以煤垫为底,倾斜8~10度。不便装轨,仅赖容积0.06立方米的手推小车往来,以搬运煤炭或岩石。开窿所用机器,一为油渣发动压气机,一为撞锤钻石机,先由压气机将空气压入蓄气箱内,用铁喉导至各工作地点附近,连以软胶喉,接于钻石机。而此种具有甚大压力的空气,将该机的活塞转动,使其推进或退后,传其力于钢凿,如此凿成炮孔后,填充炸药,进行爆破。因窿的底部系煤层,远不如岩石坚硬,为了提高炸药的功效,先由孔上从煤层中央用钢钎开一方口,宽0.3米,高与煤相层等,长约3层以上。待这一空位形成后,即先炸煤孔,将煤出尽,接着炸石孔(爆破次序自上而下,自中央而两旁),将孔面修整,并搬清炸落之石,再向上继续前进。至所钻炮孔,其位置、方向、数目及深浅很不一致,须随机应变,视岩石的性质而定。该矿场当时有大小油渣发动压气机各1架,大的90匹马力,每分钟压入空气9.6立方米,可供6副钻石机(俗称钻头)所用;小的27匹马力,每分钟压入空气

2.83立方米，可供2副钻石机所用。压缩空气在蓄气箱的压力，最大不过每平方寸100磅。但经过气喉输送至钻石机时，通常为每平方寸70磅左右。

采煤。该矿场因煤层较薄，而顶与底又是坚硬的石灰岩，为了净取煤炭，采用长壁前进法，在横窿之间，从距平窿6米起（作煤柱以保护平窿）每隔3.6米开煤巷，巷宽1.8米，高1.5米，目的是与平窿平行。当煤巷前进时，其两侧的煤墩，也相继被钻孔炸采，只是不用炸药，而改用黑色火药，以省费用。采煤后所留的空位，仍利用窿内废石填塞，以免崩塌。这样，每日可采煤100吨左右。

运输。分铁路和水路两大系统运输。运煤铁路长约70千米，与湘桂铁路相连接。有机车3辆，煤车68辆，每日可运煤200吨。水运则有木船和轮船，能力与铁路大致相等。①

再看金属矿的生产技术与方法。民营金属矿的开采方法主要有四种。

一为开洞。发现矿苗后，根据矿苗的路线打一洞口，如遇矿床，则打数个乃至数十个洞口，谓之“蜂房”。

二为挖槽。在出矿之山坳处挖土成槽，于槽顶上以砖石另筑水池，取土填满池中，用水冲洗，用耙翻动，砂土随水冲去，矿石因凝重之故落于槽底。

三为冲溜。将矿泥纳入一平槽中，引水入槽，锄耙并举，使矿泥浮砂随水漂去，剩下者为矿砂。槽下置一泥浆塘，使随水冲去之细砂沉积于此，然后再取泥浆于陡槽用水慢慢冲洗，则泥浆去而细砂现。

四为淘洗。将河水或溪水截去一边，置槽河中，搬运近旁砂泥于槽清洗，泥去矿留。

第二、三、四种方法都比较简便省事，但需要有泉水、河水或溪水作保证。如无水，则需筑池待雨。

冶炼方法：将矿砂经过烧碾便送至冶炼炉冶炼。炉灶直身，冶炼时将木炭和矿砂从炉顶一起放入炉内，风箱鼓动，火焰起，矿遂化，从旁流出，以镬盛之，剔去炉渣，便可成锭子。

这些方法虽然具有较大的局限性，但是却集中了各地民营矿场（厂）的生产经验，因此，在当时仍有一定的推广价值。

---

①广西省政府十年建设编纂委员会：《桂政纪实》（中册），“矿业·迁江合山煤矿”，1946年。

公营企业由于采用比较先进的生产设备，同时集中了较多的技术人才，因此，传播生产技术及管理方法的任务主要是由这些企业来完成的。抗战期间，由于广西矿产主要用于易货偿债，而美国、苏联等对矿产的质量要求甚高，所以，各企业尤其是资源委员会所属企业一直致力于提炼技术的改进与提高。经过长期试验，平桂矿务局终于在1943年采用沸腾化法成功地对收购的土锡进行精炼，纯度达到99.85%以上，“引起美国政府及纽约市场上的注意，认为可与任何国家的精锡媲美”[①]。矿产的综合利用也是当时各企业组织的重点攻关项目之一。1943年9月，锡业管理处“所属各选炼厂悉心研究，用铜、锡、锑、铅四种成分，以十级合金铸制承轴发售”[②]。这一工艺，满足了工业界之需要，也扩展了广西矿业生产经营的范围。1943年10月，中国工程师学会第十二届年会在桂林召开，年会上，平桂矿务局锡业管理处提供的论文，除涉及上述改进精锡冶炼技术等内容外，还涉及锡砂之分选、铋及其冶炼试验、炼铁厂生产技术等内容[③]，说明资源委员会在广西各矿场所要推进的技术改进是多方面的。在这次年会上，工程师们还对矿产技术问题进行了为期两天的专门讨论，并且举办展览，进行介绍和推广包括矿业在内的各种技术及生产成果，在国内产生了重大影响。这次年会被誉为抗战时期中国实业界的一次盛会。与此同时，平桂矿务局、合山煤矿、锡业管理处等企业或机构还根据资源委员会的布置，积极推行先进的管理方法。从1941年起，资源委员会在其所属机构普遍推行“工作竞赛办法”，以工作竞赛成绩作为评定工资和奖金的标准。平桂矿务局西湾煤矿等企业推行这一办法的结果是“成绩颇为优异”“各种生产及运输数量，均较平时增加甚多”[④]。

锡业管理处在管理矿业生产的同时，还承担着运销矿产的任务。为激发司机的工作热情，增强其责任心，锡业管理处特于1943年举行木炭车节省燃料工作竞赛，成效显著。竞赛后，资源委员会主任委员翁文灏和副主任钱昌照亲自授奖。该处还制定《司机技术奖金办法》，规定司机每月按其考核工作成绩酌情给予技术奖金，考核分品行、工作及功过三项，每项分甲等、乙等、丙等三种。[⑤]此外，资源委

①《工业技术发明简讯》，载《资源委员会公报》，1943年10月第5卷第4期，第42页。

②《本会要闻及事业消息》，载《资源委员会公报》，1943年11月第5卷第5期，第41页。

③《本会及各单位提出论文摘要》，载《资源委员会公报》，1943年12月第5卷第6期，第52—54页。

④《本会要闻及事业消息》，载《资源委员会公报》，1943年7月第5卷第1期，第39页。

⑤《锡业管理处司机技术奖金办法》，载《资源委员会公报》，1943年8月第4卷第2期，第25—26页。

员会积极鼓励发明创造，不论是谁，只要在生产技术上有所创造，或给予专利，或晋升职务工资，或通报表彰。这些措施，对生产产生了积极而重大的影响。美国记者斯坦因说："资源委员会所属的工矿电105个单位，在中国目前整个行政机构中，为办理最优良及最近代的一环。"[①]这是一个符合事实的评价。

总之，在政府和各企业的推动下，不论开采（冶炼）煤矿还是金属矿的先进生产技术及管理方法，都得到了一定的传播，这对大后方的矿业生产起到了积极的作用。

（4）为抗日武装提供各种支持。

1939年7月21日，合山煤矿股份有限公司发动员工捐款2097元购买飞机，支持抗战。[②]平桂矿务局全体员工也开展为抗日将士献金购置飞机及寒衣运动，在富（川）贺（县）钟（山）矿区得到了积极的响应。[③]1940年10月，桂南战役爆发，国民政府军事委员会桂林行营主任白崇禧率领部下驻扎在合山煤矿股份有限公司的白鹤隘，并在迁江河边修筑工事，架设浮桥。所需铁板等材料，均从合山煤矿股份有限公司取用。[④]1944年4月8日上午8点，美国中尉飞行员马腾由云南驾机去安南（今越南）河内轰炸日军，返回途中，飞机发生故障，加上大雾，迷失了方向，被迫降落在大隆矿场附近的红水河中。马腾溺死，同机4人被附近村民救起，后合山煤矿股份有限公司派人捞起飞行员的尸体，予以厚葬，得到盟军驻柳空军部队的感谢。[⑤]

中国的抗日战争不仅是中国人民反抗日本侵略者的战争，也是整个世界反法西斯战争的重要组成部分。合山煤矿股份有限公司和平桂矿务局等企业职工的上述行为，表现了中国工人阶级的爱国热情，诠释了国际主义精神，给世人留下了深刻的历史记忆。

---

①转引自《资源通讯》，第2卷第1期，第6—7页。

②《合山矿务局志》编纂委员会：《合山矿务局志》，煤炭工业出版社1996年版，第420页。

③《平桂矿务局志》编纂委员会：《平桂矿务局志》（内部交流），漓江印刷厂，1997年，第10页。

④《合山矿务局志》编纂委员会：《合山矿务局志》，煤炭工业出版社1996年版，第473页。

⑤《合山矿务局志》编纂委员会：《合山矿务局志》，煤炭工业出版社1996年版，第474页。

（三）抗战时期广西矿业坚持生产支撑大后方经济的原因探析

广西在抗战时期虽然属于大后方，但是由于地处大陆交通线上，同时又靠近广州湾，因此，自然成为日军打击的重点目标。尤其是抗战的中后期，广西所承受的政治、军事压力远远大于大后方的其他地区。在这种情况下，广西的矿业生产能够坚持下来，为大后方经济提供支撑，实属不易。究其原因，主要有以下几个方面。

1.中央和地方政府能以民族利益为重，努力形成企业的合力

以蒋介石为首的国民政府和以李宗仁为首的新桂系集团一直存在着尖锐的矛盾，但是全国抗战爆发后，日军全面入侵使民族危难空前严重。为了发展大后方经济，打破日军的封锁，国民政府和广西省政府在企业管理权的设置过程中，都注重把立足点放在有利于企业发展的方面，这就使企业的生产有了基本的组织保障。例如，1938年，广西省政府与资源委员会会商，将省营之锡矿、西湾煤矿、八步电厂合并，估价充为资本，再添设炼锡厂及机厂，合组平桂矿务局，资本定为500万元，资源委员会与省方各半分认，开发锡矿，提炼纯锡。其合同要点如下：

> 第3条：广西省府特将平乐、桂林两区收炼锡砂及纯锡营运事项完全授权平桂矿务局办理。
>
> 第4条：资源委员会与广西省政府经营是项事业，每年分得之纯益，除各提所投资本年息6厘外，其余部分，资委会留作发展广西省重工业之用，广西省留作发展广西建设之用。
>
> 第5条：平桂矿务局销售纯锡，所得外汇，除发展本身事业所需部分外，随时向广西省银行按照市价兑换法币，其留有之外汇应存入广西省银行。①

显然，对中央政府来说，合办企业的目的是吸收资本，推动国营事业的发展。长期以来，中央政府对西南边疆地区的控制都比较薄弱。在全国抗战爆发的背景下，要想在大后方立足与发展，不能不依赖地方实力派。而对广西省政府而言，合办企业的目的是借助国营企业的招牌，利用其所拥有的先进设备、技术及管理方法，带动地方实业的发展。在具体的合作过程中，中央政府和广西省政府都比较重视企业合力的形成。对此，只要分析1944年8月22日通过的《平桂矿务局水岩坝锡矿矿场组织规程》就会更清楚。

---

①陈真：《中国近代工业史资料》（第三辑），生活·读书·新知三联书店1961年版，第1226页。

平桂矿务局水岩坝锡矿矿场组织规程

（民国）三十三年八月二十二日会令准备案

第一条：平桂矿务局为遵奉资源委员会令代办产锡事宜，特设水岩坝锡矿场。

第二条：本厂设主任一人，承总经理协理之命，综理场务，由总经理协理平桂矿务局工程师中遴派兼充，呈报资源委员会备案。

第三条：本场设事务、工务、会计三股，各股设股长一人，除会计股长及其佐理人员之任免依照经济部资源委员会所属机关办理会计人员规程办理外，余由总经理协理派充之，并呈报资源委员会备案。

第四条：本场设助理工程师、工务员、监工各一人至二人，事务员六人至十二人，均由总经理协理派充之，并呈报资源委员会备案，必要时得酌用雇员。

第五条：本场办事细则另订之。

第六条：本规程如有未尽事宜，得由平桂矿务局呈准资源委员会修正之。

第七条：本规程自平桂矿务局呈奉资源委员会核准之日施行。①

按照组织规程，当时平桂矿务局各企业（包括水岩坝锡矿场在内）的主要人事任命须由资源委员与广西省政府“会商”。但是，不论是总经理还是各矿矿长，大都由资源委员会派充。这倒不是资源委员会有意违反协作合同，而是因为平桂矿务局成立后，开采、冶炼、运输以及管理等都采用了较先进的技术和方法，原来广西省营企业的职工大都无法及时适应企业发展的需要，因此，资源委员会所选派的人员就占了多数。档案资料显示，陈大受（1938年10月—1940年9月任平桂矿务总经理）、王定球（1938年10月—1941年11月任协理）、徐韦曼（1938年10月—1940年9月任协理）、李方城（1940年9月—1946年1月任总经理）、黄昶芳（1941年11月—1946年1月任协理，1946年1月—1949年6月任总经理）、白景澄（1946年1月—1949年6月任协理，1949年6月—12月任代总经理）等都是资源委员会选派的人员，工程师和技正（相当于技术员）几乎全由资源委员会任命。②按规定，工程师由矿长兼任，“股长由总经理协理派充”，会计股长及佐理人

①《平桂矿务局水岩坝锡矿矿场组织规程》，载《资源委员会公报》，1944年第7卷第3期，第28—29页。

②详见《资源委员会公报》第1—15卷“命令·任免令”。

员之任免还要“依照经济部资源委员会所属机关办理会计人员规程办理”，可见资源委员会的势力在平桂矿务局渗透得很深。但是，广西省政府却愿意与资源委员会合作，这除了平桂矿务局的经营能取得较好的效益，广西省政府能不断地提取部分纯利用于本省的建设之外，还由于国民政府资源委员会在其他的合办企业让广西省政府有较大的人事任免权。例如，合山煤矿原为广西省政府经营，抗战期间，由于缺乏资金，便主动与宋子文的中国银行联合建立合山煤矿股份有限公司，该公司的董事长、总经理兼总工程师以及秘书、总务、工务、营运、会计、出纳、材料和柳州办事处等机构的人选，大都由广西省政府委派，并不存在官僚资本对该企业的强行统制。[①]指出这一点是为了说明，企业管理是一个很复杂的系统，必须有一个核心，并且这一核心还要能使各部门有效地运转。对合办企业而言，在创办初期以某一方的人为主建立管理系统，有利于减少摩擦，提高工作效率。资源委员会在平桂矿务局的管理层中占据主导地位，而在其他企业，则让广西省政府的人员占据主导地位。因此，从总的方面来看，两者的力量是基本平衡的，是能够实现合作的。评价资源委员会在桂企业及机构的组织规程，不能仅着眼于这些企业、规程本身，还应将这些企业、规程作为一个整体来进行考察，只有这样才能得出较正确的结论。

平桂矿务局水岩坝锡矿矿场组织规程中，还有一个规定值得注意，那就是重视对生产过程的监控。如规程的第三条规定，除了设助理工程师、工务员、事务员管理生产外，还设监工一至二名，其任务就是及时地检查和督促，保证企业的生产质量达标。平桂矿务局成立后，资源委员会将其锡产品纳入易货偿债的范围，生产的标准因此而提高。设生产监控人员，促进生产过程的规范化，成为该局的一个必然选择，因此组织规程的这一内容也就随之出现。

正是有着这样的合作基础，平桂矿务局、合山煤矿股份有限公司等企业才能成为抗战时期大后方地区具有举足轻重的作用的企业，其生产才能克服种种困难，保证矿产品及时供应国内外市场。

2.经济统制政策实现了矿业资源的集中，使战时的大后方生产秩序得以稳定

如前所述，抗战时期，国民政府对锡、钨、锑、锰等矿的生产和销售实施统制。在此过程中，民营企业的数量迅速减少，而公营企业的力量则得到了加强。抗战

①唐凌：《抗战时期的合山煤矿》，载《抗日战争研究》，2003年第4期。

前中期，广西的锡、钨、锑、锰等矿产量仍然相当可观。为什么会出现这种情况？我们知道，矿业是一个投资规模大、建设周期长、技术要求高，但产品销售困难的行业，因此私人经营具有很大的风险性。实行统制政策，由国家控制生产和流通、分配，这就有利于减少风险和阻力，促进矿业的发展。另外，统制政策是国民政府依据孙中山的“发达国家资本，节制私人资本”的主张，综合社会各方面的意见而制定的，目的是加强生产，充实抗战实力。因此，该统制政策实施之初，社会各阶层基本上是齐心协力，积极配合的。这种为民族利益而形成的共识，在矿业生产发展过程中发挥着重要的作用。国民政府和广西省政府当时所面临的是在一个处于封锁中的落后地区进行开发建设的任务，需要解决诸如引进设备、技术，开发能源和原材料，开辟海外通道和国内外市场，及职工可能要求改善经济状况的斗争等重大问题。并且，由于战争的特殊性，大后方的经济形势变化迅速而复杂，奸商投机，物价飞涨，通货膨胀日趋严重。因此，在抗战时期实行经济统制政策是迫不得已的，同时，也是合理、有益的。经济统制增强了国民政府的经济力量，使国家资本得以迅速增加，这在很大程度上保证了大后方生产秩序的稳定，聚合了矿业资源，使之能有效地为抗战服务。战争不仅是军事的对抗，也是经济实力的对抗。在日军大举入侵的形势下，国民政府要坚持抗战并维持自己的统治，就必须使经济得到发展。在1938年4月通过的《中国国民党抗战建国纲领》中，国民政府既提出“经济建设以军事为中心”，又明确规定抗战与建国同时并进，在实施战时经济政策过程中“注意改善人民生活”“奖励海内外人民投资，扩大战时生产”。[①]经济统制政策的本质应当说体现了这一原则。

其实，早在全国抗战爆发前，广西省政府就已采取措施规范矿业生产。1935年制定了《广西矿务局取缔富贺钟商人炼售伪锡私锡办法》，规定商人须在指定的水岩坝、八步镇、白沙墟、望高墟、栗头墟、新村坪等地领照设厂炼锡，凡是未经领照私行提炼，或炼出纯锡不加盖该厂戳记，未领运照私行贩运，意图走私不到指定关卡纳税的，均以私锡论处。各提炼厂雇用炉师或炉工须有殷实商铺担保，提炼厂充混杂质炼造伪锡，或明知炉师、炉工舞弊而隐瞒不报，一经查出，即将该厂查封，没收全部炉具、锡砂、锡块，并处以罚金。[②]这些规定，与全国抗战爆发后国民

①《中国国民党抗战救国纲领》，载《中国革命史参考资料精选》，重庆大学出版社1988年版，第71页。
②《广西矿务局取缔富贺钟商人炼售伪锡私锡办法》，载《广西省政府公报》，1935年第62期，第66页。

政府所推行的经济统制政策有着较多的一致性。为深化认识，不妨再看看1943年9月13日资源委员会锡业管理处制定的《资源委员会锡业管理处取缔炼锡炉户办法》。

资源委员会锡业管理处取缔炼锡炉户办法

第一条：凡设炉提炼纯锡炉户，不论土炉机炉，一律须先呈准本处，或呈本处在各地所设之事务所转呈，发给提炼执照，方准设炉提炼。

第二条：炉户请领提炼执照，须具有下列情形之一，须核明属实，方发给提炼执照：

1. 曾领得矿业执照，且已施工之矿公司厂庄，每月有锡砂出厂，每年至少可炼售纯锡在5公吨以上者。

2. 以前在各地方政府呈准开炉炼锡有案，年产纯锡至少报售5公吨以上者，但河池、梧州两所区内原有广西省政府核发炼照之公司炼厂，无论大小及产量多寡，准予设炉继续提炼，其新设炼炉，一概不准。

……

第六条：炉户炼锡，规定最低标准年度湘锡为90度，桂锡为90度。

第七条：纯锡标准度之认定，概以本处化验室之化验报告单为凭。

第八条：炉户炼锡如送经本处化验不及标准度者，第一次得退还重炼，重炼后再不及格，得请另准备炉师，切实改良。如仍不能达到最低标准成分者，则撤销其炼锡，缴回炼照。

第九条：炉户违反本办法第一至第五两条规定者，由本处会同地方政府查封其炼炉并酌情依法送请究办。①

资源委员会锡业管理处1939年2月27日设立于桂林，其主要职责就是对锡业的生产、运销等进行统制。当时，锡的产量已出现了下降的趋势，在这种情况下，该处为什么还要制定取缔炼锡炉户办法？从该办法的核心内容来分析，其立足点一是将设炉提炼的权力牢牢地掌握在资源委员会的手中，二是限制小规模的生产，三是提高炼锡的纯度。这些规定无疑对民间的土法生产造成很大的限制，锡矿的产量因此自然会下降。但是，应当看到，当时美、苏等国对中国用于偿债的锡矿产品的要求甚高，例如锡的质量，必须符合下列标准：锡，最低99.8%；锑，最

①《资源委员会锡业管理处取缔炼锡炉户办法》，载《资源委员会公报》，1944年第5卷第4期，第15—16页。

高0.04%；砒，最高0.05%；铅，最高0.05%；铋，最高0.015%；铜，最高0.04%；铁，最高0.015%；银，最高0.01%；镐，最高0.01%；镍与钴，最高0.01%；硫，最高0.01%。资源委员会锡业管理处为了使锡能顺利出口，要求各矿户炼锡最低标准为90度，不达到规定纯度的不能出口。[①]锡业管理处取缔土法炼锡，让炉户将锡砂统一交由资源委员会所属的企业提炼，这有利于加强产品的竞争力。取缔炼锡炉户办法的施行，与这种背景有着密切的联系。

1941年后，广西的锡、钨、锑、锰等矿产量大幅度下降，主要原因是西南的许多矿场(厂)被日军占领或破坏，同时，香港、广州等地和缅甸被日军控制，国统区对外通道几乎完全断绝，矿业生产经营受到了严重影响。正如时人所指出的那样，锡业管理处之成立，“适在战时，又在广州沦陷之后，为矿砂运输出口最困难之时期，故其任务特重”，这时，“矿业遭受之严重困难有三，一为机器零件不易补充，二为机器使用之机油及油渣，价格飞涨，且有断绝之虞，三为生活日用品价格之飞涨，至人工成本特重。”[②]若把取缔民营炼锡炉户作为主要原因，显然不够客观。

关于抗战时期的经济统制政策，还有一点值得注意，那就是由于国民政府与广西省政府存在着既合作又矛盾的关系，因此，资源委员会在实施矿业统制的过程中，给广西留出了较大的余地。例如，《广西矿务局取缔富贺钟商人炼售伪锡私锡办法》中，对河池、梧州两区产量少于5吨的炼炉继续允许其存在，主要是因为这些地区的锡矿设有由广西省政府管理的锡矿开采和冶炼的机构，如官矿局、官锑局等。资源委员会允许其存在，实际上就是允许新桂系集团特殊利益的存在。如果完全剥夺了新桂系集团的利益，资源委员会在广西的经济统制也就无法实施，其机构甚至无法在广西立足。

曾有人提出，与“钨、锑等矿产比较，资源委员会对锡业的统制最弱，时间也最短”，是因为锡业生产的主要基地云南在抗战期间始终处于半独立状态，省内军政大权由龙云掌握，资源委员会的统制无法奏效，故不得不把管制的重点集中于产量远逊于云南的广西、湖南、江西各省。但由于这些地区锡产量低，管理工作简单，收效亦不大。[③]这个观点值得商榷。1939年11月，资源委员会与云南省政府协商设立云南出口矿产品运销处，开始管制滇锡出口运销事宜，尽管该处需要通

①王铁崖：《中外旧约章汇编》，生活·读书·新知三联书店1982年，第1180页。

②广西省政府十年建设编纂委员会：《桂政纪实·经济》，“矿业·资源委员会对于矿业之统制”，1946年。

③郑友揆，程麟荪，张传洪：《旧中国的资源委员会——史实与评价》，上海社会科学院出版社1991年版，第261—264页。

过富滇银行收购锡锭，但不能因此否认资源委员会统制权在云南的存在。1940年5月，资源委员会又与云南省政府和中国银行合资创办云南锡业股份有限公司，总资本5000万元，云南省政府出资2000万元，资源委员会与中国银行各出资1500万元。总经理由云南省政府派充，实际生产则由资源委员会派人主持。通过这些举措，资源委员会对云南的统制权进一步加强了。据记载，1938—1945年，资源委员会向外销售了31414吨锡，这些锡大都从云南和香港运出去，这说明资源委员会对云南的矿产统制是有成效的。广西的锡产量虽然比不上云南，但并非无足轻重。1938—1940年以及1943年这4年，广西锡产量相当于云南的1/3，1941年云南锡产量只比广西多670吨，在个别年份，广西的锡产量与云南相同甚至更高。例如，1937年广西的锡产量就占了全国的1/2。因此，资源委员会没有理由不重视广西的锡业生产。它把锡业管理处设在桂林，目的就是加强对广西矿业的统制。问题在于，当时国民政府在政治和军事上无力制服新桂系集团，反映在经济统制方面，就不能不给新桂系集团留有余地。若承认这是一个符合事实的判断，那就更没有理由把1941年后广西矿产量下降的主要原因归结于统制政策本身。

太平洋战争爆发后，大后方的经济形势更为严峻。在这种情况下，中国仍有部分“特矿”能生产出来，并且能运到海外销售，没有政府的努力是办不到的。战争时期，保证基本的生产秩序有着至关重要的意义，而经济统制政策是这种秩序得以保证的维系力量之一。只有正确认识这一点，才能找到战时广西矿业生产得以维持及发展的基本原因。不管国民政府与广西省政府的动机如何，也不管其关系如何复杂，他们能在当时形成这种维系力量，就体现了应有的民族精神，值得后人肯定。

3.严厉打击矿产走私，堵塞经济漏洞，规范企业生产及销售行为

抗战时期，矿产走私活动非常猖獗，东南沿海地区更是如此。广西富（川）贺（县）钟（山）矿区的“特矿”运输路线主要有三条：一是由八步沿贺江运至都城，经广州转往香港，称为八都广港线；二是由八步沿贺江运至都城而直达香港，称为八都港线；三是由八步至平乐沿抚河经梧州以达香港，称为八平梧港线。（南）丹（河）池矿区的“特矿”则由汽车经车河运至怀远，再由怀远转船经柳州达梧州，最后运至香港。这些路线虽然均为广西省政府所控制，但是走私分子依靠内应却经常能得以通行。

矿产走私不仅给各矿场(厂)造成严重的财产损失,还败坏了社会风气,若不严厉打击,势必影响企业的正常生产,加剧战时经济的困难。为防止当时有限的矿产资源被走私掉,国民政府和广西省政府一方面颁布了一系列的法令,对“特矿”的生产和销售过程做出更为严格具体的规定,另一方面则不断抽调力量加强缉私。从1941年开始,资源委员会与第七战区司令余汉谋商定:派兵三营,分驻五华、电白、惠阳、海陆丰、台山、阳江等处,专任缉私工作。每月由钨业管理处广东分处补助缉私费用。①

1944年,国民政府根据财政部缉私署的呈请,追加缉私税警部队本年度经费39411080元,临时费58540860元。②次年,又再次追加经费15145504元。③广西基础薄弱,财政比其他省区更为困难,但查缉“特矿”走私的任务却很艰巨,为此,国民政府决定从1941年起,每年特别补助广西10万元缉私专款。④由于资料的局限,我们对缉私的过程无法了解,但是,在抗战(尤其是桂南和桂柳会战)期间,广西的矿产量和出口量没有出现较大的反差,而同时期的江西、广东等地却出现了较大的反差。据此,我们有理由认为当时广西的矿业缉私工作取得了相当的成效。缉私部队不是抗战时期广西矿业得以维持的重要力量,却是一种不可忽略的力量。指出这一点是为了说明,抗战时期矿业生产的维系力量具有多元化特征。

4.企业所制定的规章制度有利于调动矿业职工的生产积极性

抗战时期,生产条件非常艰难,为了调动职工的生产积极性,确保各生产环节工作的正常与有效开展,许多企业都制定了较为科学的规章制度。其中,生产规模较大的企业大都采用股东董事会制度。在一个企业里,由股东会选举产生的董事会为最高执行决策机构,再选出监察人负最高监察责任。董事会由董事互选常务董事若干人,再由常务董事推一人为董事长,对外代表公司,对内执行业务。董事会下设工务、人事、总务等处,分别管理具体事务。而一般的民营企业则实行同行业公会组织法,即由各矿厂选举理事若干人,再由理事互选常务理事三人,主持会务。所有与矿业有关的问题,均由同行业公会议决并处理。其经费由各场(厂)按产量多少分摊。至于对矿工的管理,则主要采用近代的资本主义雇佣制度。每

①《本会要闻及事业消息》,载《资源委员会公报》,1941年第1卷第2期,第63页。
②《国民政府训令渝文字第128号》(1944年12月16日),载《国民政府公报》渝字第737号。
③《国民政府训令渝文字第207号》(1945年4月2日),载《国民政府公报》渝字第767号。
④《国民政府训令渝文字第394号》(1941年2月14日),载《国民政府公报》渝字第337号。

日先由工目指定出工人数及工作地点，再由班派定工人，奉派各工人，即依时携具记有号码之工牌，到查工室领取油灯及应用工具。待工毕仍交还所领物品，而取回工牌。查工每日填具报工单二纸，一悬挂当众地点，一送核工员登记。每6日（每月25日以后，则扣至月底，不拘日期），由统工员分别工牌号码，汇编工饷单，送会计转交出纳，凭工牌按名发给每日工资。[①]因矿工流动性很大，这种制度在执行过程中有一定的困难。因此，不少企业后来改行包工制，其具体办法与上述办法基本相同，只不过工人不再由企业直接指派，而由承包工程之工头支配。

如前所述，抗战后期，公营矿业成为支撑大后方矿业生产的主要力量。为使生产第一线职工的生产积极性不断得到激发，企业努力提高他们的工资待遇。在资源委员会附属机关职工中，生产单位员工的薪金要高于管理单位。例如，1941年7月，平桂矿务局共有职工178人，薪金总额为20500元，人均约115.1元；锡业管理处共有人员173人，薪金总额为16643元，人均约96.2元。[②]

矿场（厂）中，工人的工资有很大的区别，见表3-22。

表3-22　1942年4月—5月资源委员会工警人员薪额　（单位:元/人）

月份	技工	普通工	学徒	临时工	警卫
4月	187.4	92.9	113.6	104.7	36.8
5月	182.5	97.5	101.5	140.7	41.7

资料来源　《资源委员会所属工矿事业机关职员人数薪金统计表》，《资源委员会公报》第3卷第1期，1942年7月，第40页。

矿业企业中的技术人员，按规定是具有一定技术，“曾在国内外工矿职业学校或高级职业学校毕业，在工矿场担任实际工作者”[③]。在工矿业落后的近代中国，技术人员非常缺乏，资源委员会深深懂得技术人员的重要性，因此给予了他们较好的待遇。从上表可知，技术工人的工资明显高于普通工和临时工，甚至是警卫的4倍多。矿业是技术性较强的行业，特别是使用机器生产的公营企业更是如此。资源委员会的这一举措，对调动技术人员的积极性，促进生产无疑有很大作用。

①罗伟钧：《解放前富川、贺县、钟山三县锡、钨矿产的开采概况》，载中国人民政治协商会议广西壮族自治区委员会文史资料研究委员会：《广西文史资料》（第十四辑），1982年，第244—250页。

②《资源委员会所属工矿事业机关职员人数薪金统计表》，载《资源委员会公报》，1941年第1卷第3期，第51—52页。

③《资源委员会所属工矿事业机关发给员工奖金实施办法》，载《资源委员会公报》，1944年第7卷第1期，第40页。

资源委员会还根据经济部颁布的所属工矿事业机关发给员工奖金实施的相关办法，从规定的奖金总额中提出50%作为普通奖金，20%作为年资奖金，30%作为特别奖金，分别发给员工。其中，普通奖金按员工各人本年度内薪金的总数比例发给，年资奖金由有关单位按员工总数的比例发给，特别奖金只发给下列人员："①依本会规定应予奖励之情形者；②因职务上必要，常住危险地带或担任危险工作者；③因职务性质常须在工作时间以外或例假期内或夜间工作者；④有其他特殊劳绩，经本会或所属事业机关认为应予发给者。"员工要获得奖金，必须遵守劳动纪律，较好地完成任务。若有过失，不仅得不到奖金，还要停薪甚至撤职。[①]奖金制度是工资制度的补充和完善，它不仅补助了职工的生活费用，更重要的是形成了良好的激励机制，促进了企业的发展。

可见，抗战时期，资源委员会所属矿场（厂）实施的工资制度，在遵循"按级给薪""依资格领取俸薪"的基本原则下，重视技术生产第一线员工的利益，奖勤罚懒，推优汰劣，这与其一贯的思想是吻合的。资源委员会主任翁文灏说道："建设事业之基础，最重要者为资源与人才，而人才尤为推进一切事业之动力。"[②]当时，国内大批矿业人才来到平桂矿务局等企业，与资源委员会所实施的工资制度有一定关系。

为改善职工的福利待遇，资源委员会还制定了《附属机关员工福利工作实施标准》，在力所能及的条件下，为职工提供了较好的福利待遇。除建立工人公共食堂，开辟农场，种植蔬菜，圈养家畜，低价供给员工食用外，还建立职员游艺室和书报阅览室，让职工在休息时能进行学习和娱乐。这对缓解战时生产的压力起到了较大的作用。由于抗战中后期物价不断上涨，社会经济生活极度动荡。为稳定矿业生产，资源委员会按规定发给员工维持最低生活所必需的粮食。从1942年7月起，职员每月可获得战时生活补助费，金额根据各地物价及生活状况核定基本数，在基本数上依其所支薪俸额核定加成发给。[③]

这一时期，资源委员会所属企业还制定了职工互助寿险办法，[④]目的是发扬职工的互助精神，保障员工及其家属的生活。参加互助寿险的各机关员工亡故者，可由其家属领取寿险金。

---

①《资源委员会所属机关发给员工奖金实施办法》，载《资源委员会公报》，1944年第7卷第1期，第29页。

②孙拯：《资源委员会经过述略》，载《资源委员会月刊》，1939年第1卷第1期，第5页。

③《公务员战时生活补助办法》，载《资源委员会公报》，1942年第3卷第5期，第11页。

④《资源委员会及其附机关职员互助寿险办法》，载《资源委员会公报》，1943年第5卷第2期，第18页。

以上这些福利待遇，主要是公营矿场(厂)中的职员，包括管理及技术人员享受，一般矿工很难与此有缘。其中有些待遇，如子女教育费用贷款等，其明文规定只发给职员。所以福利待遇虽然很有吸引力，但并未给普通的矿工带来实惠。只有一点例外，那就是当矿工因工负伤或死亡时，会得到一定的抚恤。一般情况下，矿业员工的恤金及丧葬费，主要取决于其任职的高低，见表3-23。

表3-23　资源委员会附属机关员工抚恤情况

请恤机关	受恤人		请恤类别	办法
	职称	姓名		
锡业管理处	技工	黎佐晋	死	葬费100元，恤金200元
锡业管理处	矿工	魏连生	死	葬费50元，恤金30元
平桂矿务局	工目	舒荣发	死	葬费500元，恤金1191元
平桂矿务局	工目	许桃泉	死	葬费500元，恤金1092元
平桂矿务局	工目	林瑞庚	死	葬费500元，恤金1056元

资料来源　《资源委员会附属机关员工抚恤登记表》，载《资源委员会公报》，第3卷第4期，1942年10月，第42-44页。

资源委员会所属企业实施的福利待遇虽然存在不少的局限性，但是总的看来，其主导作用是积极的，至少为大后方各矿场(厂)的员工在艰难的战争环境下从事生产及管理提供了必要的条件。

非资源委员会所属企业在抗战期间也采取了各种有效的工资福利制度，例如，合山煤矿股份有限公司于1943年成立员工福利委员会，经费来源由资本5%、职工薪金2%～5%、津贴金0.5%等提供。不久，该公司颁布改善了职雇员工待遇办法，规定每人每月发给生活补贴60元，另补贴职员米50公斤，雇员、练习生40公斤。9月，该公司董监会议决定，为鼓励工作人员勤于下井，按其每月工资和战时生活补助费(米贴除外)五成发给下井费。1944年1月22日，董监会又决定调整员工战时生活补助费：基本费480元，照薪额加2倍，米贴加为75公斤。同时决定开始发办公费：1-6级每月分别为300元、400元、600元、1000元、1600元、2400元。[①]

①《合山矿务局志》编纂委员会：《合山矿务局志》，煤炭工业出版社1996年版，第422页。

相对而言，在当时的大后方地区中，广西由于两次沦陷，企业职工的生产及生活环境更为艰难，因此，这些制度的实施就显得更为重要。事实证明，在资源委员会和广西省各级政府以及各企业职工的共同努力下，这些规章制度得到较好的贯彻执行，企业的生产因而获得了持续发展的动力。

5.矿场(厂)始终注重技术力量的有效利用，加强对技术人才的培养

1938年，合山煤矿为加强生产的针对性，邀请地质专家张文佑带领燕京大学学生数人开展煤田储量调查，绘制了从牛栏岭到方山村1∶10000地质图。1940年秋，中央地质研究所所长李四光与赵金科等人调查广西“山”字形构造，在宜山发现煤田，省政府令合山煤矿股份有限公司前往查勘。该公司聘李四光等为顾问，初步查清该地区煤层分布及地质情况，之后在宜山设立公司的第三矿场，实现了生产的扩大。[①]1941年3月，平桂矿务局聘请中央研究院地质研究所研究员孟宪民、吴燕生，查勘富(川)贺(县)钟(山)一带矿产。之后，孟、吴两位专家又应邀多次到桂考察。1942年8月，李四光也应邀到平桂矿务局考察西湾煤田。同时，资源委员会派员陪同美国经济作战局专家莫里斯到平桂矿务局考察锡、钨、钼矿等战略物资生产情况。

在这些专家的指导和帮助下，平桂矿务局的生产有了新思路，也因此打开了工作的新局面。太平洋战争爆发后，东南亚各国及中国香港、中国澳门等地的华侨为了躲避日军的迫害，纷纷回到国内。这些华侨有相当一部分曾经以开矿为生。第二次鸦片战争后，华人到东南亚大都做各矿场(厂)的苦力，因此，其后代以开矿为生者占相当大的比重。他们回国后，把不少先进的矿业生产技术带到各企业。广西的一些矿场(厂)便注意利用这些技术进行生产。把平桂矿务局等企业的新技术发明时间与华侨回国的时间进行比照，就不难发现，两者之间有着较多的关联性。这并非巧合，它说明华侨的回国与平桂矿务局等企业的技术提高确实有着一定的关系。随着技术的不断改进与升级，公营矿场(厂)的管理者认识到加强人才培养的重要性，因此，他们除定期开展业务培训外，还设立专门的技术学校，培养企业发展所需要的后备人才。例如，1945年，广西省政府在西湾设立高级工业学校，由平桂矿务局负责管理。从此，各矿场(厂)的技术骨干不断得到补充。众所周知，先进的生产技术是企业具有活力的重要因素。当时广西的许多矿场(厂)正是依靠对外部技术的有效利用和加强对内

①《合山矿务局志》编纂委员会：《合山矿务局志》，煤炭工业出版社1996年版，第420—421页。

部技术人才的培养，才促使自己的产品获得了较广阔的国内外市场，而有了市场的拉动，这些企业才能在战争环境下求得生存与发展。

第三节　省营工矿业之广西企业公司

一、广西企业公司组建的背景

广西企业公司是抗战期间，在新桂系创办起来的若干个省营工矿、农林等企业的基础上成立的公司。由于其地位与作用都非常重要，特予以专门介绍。

20世纪30年代末40年代初，抗战进入最艰难的相持阶段，大后方的持久抗战、建设迫切需要大量的物资供应。

1939年6月，贵州企业公司率先成立，成为全国抗战爆发后大后方地区第一家采用现代公司组织的省营企业。随后云南滇西企业公司成立，1940年陕西企业公司成立，1941年甘肃开发公司成立。“各省继贵州企业公司之后而设立类似组织者大有风起云涌之势。”①新桂系集团对此深受鼓舞与启发：“省单位企业之兴起，使抗战中经济建设上放一异彩。”②

相对于其他大后方省营企业公司的组建步伐，广西省起步较晚。“本省企业公司之创立，虽较各省为迟到，但正可吸收各省办理之经验与教训，免蹈覆辙。”③

从1938年夏天开始，广西遭受战事波及，省营工厂在日军战机轰炸破坏下，生产设备毁坏，工厂不得不停顿，并将生产设备拆卸转移到他处。“民国廿七年夏，遭战事波及，梧州硫酸厂，贵县糖厂，首被敌机轰炸停业。民廿八年冬，桂南战事

①彭湖：《论省营单位企业》，《贵州企业公司成立三周年纪念特刊·特载》，1942年，第1页。
②陈雄：《广西企业公司概况》，《建设研究》，1942年第2期，第52页。
③陈雄：《广西企业公司概况》，《建设研究》，1942年第2期，第52页。

爆发后，所有各厂均遭轰炸停顿，军事吃紧时，悉数将各厂机器拆卸，昼夜向上游抢运，辗转迁徙，资产器材之损失，至为重大。民廿九年冬，邕宁收复，在困穷中从事规复，上年抢运各厂机器，先后抵柳，乃将制革、机械、织染三厂转移柳州，印刷、仕敏土二厂移设桂林，宾阳瓷厂照旧复业，贵县制糖厂机器不能复用，另置小械，改为糖业指导所，梧州硫酸厂机器坏损最甚，不能规复。”[①]战事对战前已建好的广西工业造成了极大创伤和损失，大量工厂设备亟待重建恢复，这无疑需要一笔巨额资金来支持。而当时抗战已经进入相持阶段，生产、生活条件更加艰苦，战争耗费巨大，大量广西子弟兵投入抗日战场，原来与港澳及南洋的许多进出口贸易，受战争影响几乎断绝，省政府财政困难重重。“复因上述省营工厂，重建复工，需额浩大，而省库支绌，无法恢复，三十年，地方人士，乃另发起组织”[②]，广西企业公司应运而生，承担起筹措资金、重建工业、发展广西经济事业的重任。

当时，分散、弱小的省营各厂无法适应战时大环境。

首先，企业规模小与统一整合度不够。有关统计显示，“截至三十二年，全省工厂有287家”[③]，其中有规模的现代工厂不到20家，“到1941年，规模较大的省营工厂发展到16家”。[④]这种状况与持久抗战的急迫需要极不相称，它促使广西省政府尽快采取措施，在大后方地区建设必要的工业基础。当时国民政府采取的措施，一是发动大规模的厂矿迁建运动；二是通过国营、省营、民营等多种途径，在大后方地区添设厂矿企业。通过上述努力，大后方地区出现了大中型企业迅速勃兴的局面。

其次，以往省营企业衙门气息太重，缺乏企业精神。在广西企业公司成立前，广西省政府兴办过数十家省营工厂，但由于完全是政府经营管理，按照行政体制运行，经营管理僵化，早已陷入亏损倒闭的境地。“过去若干官营事业机关，往往由于盈亏由政府负责，从业人员即漠不关心，以致治事敷衍，不负责任，发生种种浪费、腐败、贪污现象，故生产鲜有发展之望。”[⑤]过于依赖政府扶植和投入，这样的省营工厂既不能自负盈亏，也无法“断奶长大”，缺乏企业的活力，在激烈的市场竞争中难以求得生存和发展。

---

①何海筹：《创业二年之广西企业公司》，《广西企业季刊》，1943年第4期，第28页。

②何海筹：《创业二年之广西企业公司》，《广西企业季刊》，1943年第4期，第28页。

③广西省政府统计处：《广西年鉴》（第三回），1948年，第593页。

④广西省政府建设厅统计室：《广西经济建设统计提要》，1943年，第34页。

⑤陈雄：《广西企业公司概况》，《建设研究》，1942年第2期，第53页。

再次，社会环境和时代要求发生变化。全国抗战爆发后，战前广西相对安定的环境已不复存在，大批沿海后撤企业及居民迁入广西。广西作为抗战大后方建设基地之一，担负着抗战建国的重任，在军需、民用物资需求量猛增的情况下，经济建设摆到了头等重要的地位，增加生产成为当务之急。由于战争威胁、市场波动、原料涨价、管理经营僵化等，广西原本弱小、分散的各种省营工矿企业陷入亏损、停产、倒闭的境地。比如，广西酒精厂在广西企业公司接收前"职员甚少，薪资有限，经费方面，虽尚节省，惟业务迄无发展""二十二年秋，又在本厂附近围地千余亩为附属农场，广植杂粮，以期增加原料，卒以办理不善，收效甚微。二十四年夏，遂将农场移交柳州农场办理，至三十年五月，又由本厂收回。三十一年春，复移交龙潭农场接管"。[①]

1941年8月颁布的《广西建设计划大纲》将经济建设摆在首位，广西省营工业到了不得不改组的地步，只有有效地整合重组省营工业，建立统一的企业公司集中管理，方能使其适应战时大后方环境。"际此抗战建国之严重时期，增进国力反战民生之经济建设，已公认为抗战胜利与建国成功之重要因素。经济建设不成功，则其他皆不免受其影响而落于空处。本省人士有鉴于此，为响应广西建设计划之号召，爰发起组织广西企业股份公司，期以统一生产组织方式，集中人力物力，促进本省农工矿业生产，调节市场盈虚，而于达成本省建设计划，克服抗战物质之困难上，有所贡献。"[②]组建广西企业公司是当时经济发展和社会政治需求的综合作用下的结果。

①刘伯文:《广西企业公司酒精厂实况》,《广西企业季刊》,1943年第2期,第59页。

②赵可任:《一年来本公司业务概况》,《广西企业季刊》创刊号,1942年第1期,第85页。

二、广西企业公司的创立

（一）筹备经过与创立宗旨

1940年9月2-4日，广西企业公司举行创立会，“推选陈雄、黄钟岳、吕兢存、何海筹、李运华、李任人、赵可任、廖兢天、黎明任为常务董事，由赵常务董事兼任总经理，订任黄嵘芳为副总经理，通过章程，随即依照公司施行法第卅三条规定，备具各项手续，呈奉广西省政府建商字第五二五号批准备案；复于九月九日依照公司法第一百〇九条各项规定，具备设立登记文件，呈请省政府转呈经济部声明登记”[①]。1941年9月，广西企业公司正式成立。

对于广西企业公司的创立宗旨，时任董事长陈雄曾说道：“是期以统一生产组织之方式，集中人力物力财力，促进本省农工矿业生产，调节市场盈虚之重大使命，以达成本省建设计划，克服抗战物资之困难。”[②]具体而言，主要有两点：一是开发本省资源，助力经济建设；二是应用科学方法，发挥企业精神。公司既为一种企业组织，则各事业单位，根据计划，确立预算，盈亏自负，故一切人事管理、财务保管、生产运销、会计制度之推行，不得不以科学方法为准绳；盖企业之成败，决定于各单位组织之健全与否，欲谋组织健全，必须发挥企业精神。[③]广西企业公司所强调的企业精神，无非是能应用科学方法，有计划、能主动、求经济、讲效率，以此从事各种企业的管理经营活动。

（二）公司组织机构

广西企业公司是按照公司法的规定设置，经经济部核准立案的股份制有限责任公司，公司的组织模式体现了现代企业管理的特点。其最高权力机关为广西企业公司股东大会，最高执行机关为董事会，董事会人数“初定九人，后增设二人，合

①赵可任：《一年来本公司业务概况》，《广西企业季刊》创刊号，1942年第1期，第85页。

②陈雄：《广西建设计划大纲中的经济建设问题》，《建设研究》，第6卷第4期，1941年，第1页。

③陈雄：《广西企业公司概况》，《建设研究》，1942年第2期，第53页。

共十一人，并互推董事长一人，常务董事三人，处理日常事务”①。其核心部门为总办事处下属的总务、财务、工矿、农业、采销、运输、地产等部门，见图3-1。

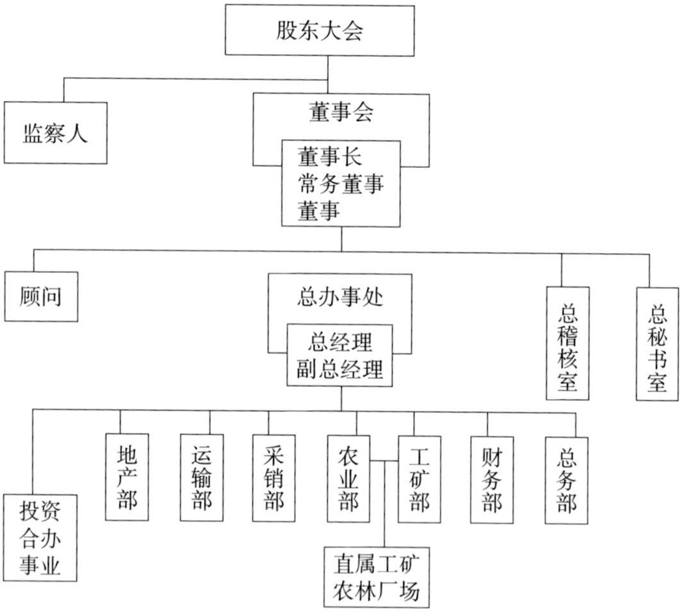

图3-1　广西企业公司组织结构图

资料来源　何海筹：《创业二年之广西企业公司》，《广西企业季刊》，1943年第4期，第31页。

其下属各厂的组织结构相对简单，场是总公司的简化版。拿广西企业公司酒精厂来说，“经理之下，除副技师三人外，分设总务、技术、会计三课；总务课辖事务、文书、采运三股，技术课辖制造、化验、机械、炼糖四厂，会计课辖普通簿记、成本计二股；股长以下，为技术员、办事员、助员、雇员等，各股人员之多寡，由经理视各厂工作之繁简情形酌情支配，期收分工合作之效”②。

按行业性质划分，广西企业公司下属子单位可分为工、矿、农、商四类，“到1943年，广西企业公司拥有事业单位共34个，其中工业17个，矿业2个，农业6个，商业8个，金融1个”③。

按照经营方式划分，其下辖独资自营的有21个子公司，具体情况见表3-24；还有13个投资或持有股份的合资经营公司，具体情况见表3-25。

①何海筹：《创业二年之广西企业公司》，《广西企业季刊》，1943年第4期，第30页。

②刘伯文：《广西企业公司酒精厂实况》，《广西企业季刊》，1943年第2期，第59页。

③陈真：《中国近代工业史资料》（第三辑），生活·读书·新知三联书店1961年版，第1232页。

表3-24　广西企业公司自营事业概况(部分)

	名称	所在地	接办或筹设年月	事业范围	主要产品	资产总额（万元）
工业	仕敏土厂	桂林	1941年11月接办	制造仕敏土（水泥）	仕敏土（水泥）	4449
	炼铁厂	桂林	1943年2月筹办	炼铁	铁及铁制品	410
	机械厂	柳州	1941年10月接办	车、铣、钻、刨床及农具制造	车铣钻刨床及农具	480
	酒精厂	柳州	1941年11月接办	浓度(96%)酒精制造	96%酒精、制造酒及糖	1136
	制革厂	柳州	1941年11月接办	制造皮革、革具革履	皮革、革具革履	460
	贵县糖厂	贵县	1941年11月接办	制造白糖	白糖、桔水	1435
	陶瓷厂	宾阳	1941年10月接办	制造饮食、卫生、文具、装饰、电器等陶瓷器皿	各种陶瓷器皿、三级匣耐火砂	486
	桂林印刷厂	桂林	1941年10月接办	承印一切文件、票券、书籍、账表及制版	书籍、账簿、表册、各种纸品	521
	南宁印刷厂	南宁	1943年6月改组设立	承印文件、表册	各种印件表册	123
	桂林玻璃厂	桂林	1943年5月	制造玻璃器皿	各种玻璃器皿	150
矿业	第一金矿区	昭平	1941年10月接办	探采并炼制毛金	毛金、矿石	183
农林	龙潭农场	柳州	1942年9月接办	果树、蔬菜、特用作物生产及鱼畜豢养	蔬果、鱼畜	116
	横塘农场	桂林	1941年11月接办	园艺农艺作物及牛乳生产、鱼畜豢养	牛乳、鱼畜及各种园艺作物	119
	庆远林场	宜山	1942年1月接办	栽植松、杉、桉、茶、栎等林树木	各种林树木材	56
	雒容林场	雒容	1941年12月接办	栽植茶、桐、松、杉、柏及果木	各种林树木材	89
	茅桥林场	南宁	1942年1月接办	栽植松、杉、桉、果树	各种林树木材	106

续表

	名称	所在地	接办或筹设年月	事业范围	主要产品	资产总额（万元）
商业	桂林营业处	桂林	1942年9月设立	采购各厂（场）原料及推销成品		
	柳州营业处	柳州	1942年7月设立	同上		
	梧州营业处	梧州	1942年4月设立	同上		
	南宁营业处	南宁	1943年5月设立	同上		
说明	一、资产总额系以1943年上半年实收数为准；二、各营业处资金随时拨用，无定额，故缺。					

资料来源　何海筹：《创业二年之广西企业公司》，《广西企业季刊》，1943年第4期，第32—33页。

从表3-24可知，资本额在1000万元以上的企业仅有糖厂与酒精厂两家，有6家单位在400万～500万元，资本额在200万元以下者占多数。广西企业公司的自营子单位，规模较大的工厂较少，大部分厂矿规模偏小。

（三）经营范围及产品

广西企业公司的经营范围很广，“本公司营业范围，工业、农业、矿业、采销业、运输业、地产业”①，几乎涵盖了工商农矿业。但其业务重心在工业，工厂据主要地位；经营方式以独资自办为主。广西企业公司的构成及经营范围是：高砂生铁、酒精、陶瓷器皿、仕敏土、白糖、皮革用具、各种机器、各式书表。②“广西企业公司经多日之筹备，于十月一日在培西路正式开幕，该处专营其本公司各种出品，其重要者如足力火酒，小型机械，印刷物品，建筑水泥，纯净木油，及各种日用品如布匹、皮具、果品等。”③

①《广西企业公司章程》，《广西企业季刊》创刊号，1942年第1期，第173页。

②广西省政府：《广西统计季刊》，广西省政府建设厅1943—1946，第3页。

③《广西企业公司柳州营业处开幕》，《西南实业通讯》，1942年，第6卷第4期。

表3-25　广西企业公司与省内外企业公司合办投资经营业事业概况

	金融业	商业				矿业	工业						
名称	桂林市银行	中国文化服务社广西分社	桂林中国国货公司	广西、广东企业公司联营处	广西贸易公司	合山煤矿股份有限公司	广西纸烟厂	广西面粉厂	新兴炼油厂	广西中华铁工厂	广西化学工业公司	广西火柴公司	桂林纺织厂
所在地	桂林	桂林	桂林	桂林	梧州	迁江	柳州	桂林	桂林	柳州	贺县	桂林	桂林
事业范围	存、放、汇及一切商业银行业务	经售书志文化用具	国营日用品销售	采办工厂原料	出入口贸易	采煤	制造各种纸烟	机制面粉	炼制油料	制造各种工具械及零件	制造化学工业原料	制造火柴	棉纱纺织
投资额占总投资额百分比(%)	0.10	0.21	0.10	4.11	20.61	1.82	1.06	0.93	1.03	2.06	20.61	20.61	25.75
投资额占单位资本总额百分比	0.20	4.20	0.80	40.00	90.50	3.60	6.70	9.00	12.00	40.00	18.33	40.00	50.00

资料来源　何海筹:《创业二年之广西企业公司》,《广西企业季刊》,1943年第4期,第34页。

（四）资金实力

广西企业公司创立的资金来源主要是广西银行、各县区地方招股、私人股东入股，资本实力较为雄厚。“本公司资本额定为国币五千万元，计广西银行投资一千万元，各县区地方公股两千四百万元，各发起人认股一千六百万元。”[①]抗日战争全面爆发后，广西的工业发展进入了极盛时期，到1943年，广西共有各种工厂287家，资本达7000万余元。[②]除去当时内迁广西企业资本的2100多万元[③]，广西企业公司的资本额在广西省工厂资本额中的占比，保守估计也超过50%。

在公司实际发展过程中，由于募集的资金并非全是现金，加上公司规模巨大，所需周转资金量大，所以后来公司股东大会又将资本额增加近一倍。“该公司原定资本总额五千万元，但因各区公股一部系以桐油作价，被冻结了差不多二千万元；于是运用周转上，颇感拮据。（民国）卅一年七月，该公司股东第二次大会曾决定增加股本至一万万元。”[④]与当时大后方其他省营企业公司的资本总额比较，广西企业公司毫不逊色，绝对称得上资金雄厚，具体情况见表3-26。

表3-26　抗战时期后方省营公司资本统计　（单位：法币千元）

名称	创设年月	资本总额	地方投资	中央投资	民间投资	资本核定年月	备注
西北实业公司	1933.8	10000	10000	-	-	-	
贵州企业公司	1939.6	20000	3500	16500	-	1942.5	创办资本6000
中国兴业公司	1939.7	60000	6000	48000	6000	1942.3	创办资本12000
滇西企业公司	1939.9	50000	50000	-	-	1939.9	
陕西企业公司	1940.7	20000	20000	-	-	1940.12	创办资本30000
甘肃开发公司	1941.5	10000	3000	7000	-	1941.5	
广西企业公司	1941.9	100000	69000	-	31000	1942.7	创办资本50000

①陈雄：《广西企业公司概况》，《广西企业季刊》，1942年第2期，第3页。

②杨乃良：《民国时期广西经济建设》，崇文书局2003年版，第105页。

③广西省政府统计处：《广西年鉴》（第三回），1948年，第607—615页。

④麦树楠：《成长中的广西企业公司》，《中国工业》，1943年第13期，第26页。

续表

名称	创设年月	资本总额	地方投资	中央投资	民间投资	资本核定年月	备注
绥远企业公司	1941	5000	5000	-	-	1941	
川康兴业公司	1942.3	70000	15000	50000	5000	1942.3	
西康企业公司	1942	12000	6000	6000	-	1942	

说明:1.各省企业公司的组织形式皆为股份有限公司,如贵州企业公司的全称为贵州企业股份有限公司,以上企业公司名称均为简称;2.地方投资包括地方政府和省银行的投资,中央投资包括国民政府资源委员会、经济部等政府机构以及中国银行、交通银行、中国农民银行等国家银行系统的投资,民间投资系一般商股。

资料来源　澎湖:《论省营企业》,《贵州企业公司成立三周年纪念特刊》;张忠民:《略论抗战时期内地省区企业公司的制度特征》,《上海经济研究》,2004年第9期,第73页。

三、广西企业公司的管理经营模式

(一)广西企业公司的管理体制

一个企业的发展目标主要依靠管理和经营来实现。在每个企业中,管理者都是赋予企业生命,为企业注入活力的要素。如果没有管理者的领导,生产资料始终只是资源,永远不会转化为产品。[1]

广西企业公司的管理体制主要有以下三种制度。

1.董事会决策制

广西企业公司为股份制有限责任公司,其最高权力机关为广西企业公司股东

①[美]彼得·德鲁克:《管理的实践》,齐若兰译,机械工业出版社2006年版,第2页。

大会，最高执行机关为董事会。《广西企业公司董事会组织规程》是其董事会制度的依据和规范。但凡公司重大决议涉及人事调遣、预算、拨款、盈益分配、采销等问题，都需要通过董事长或总经理之类的股东董事成员提案后提请董事会表决通过方能执行。在实际的施行过程，由于公司的股东有很多来自政府、地方公股，其他银行等商业机构的股东也在董事会有重要任职，所以其实际最高权力机关和执行机关由董事会扮演。

广西企业公司的决策机制通过召开会议商讨表决体现，包括业务会议和董事会会议。业务会议主要讨论关于企业的预算、拨款、采购、运销、定价等具体的经营业务问题。提请会议表决的结果在多数情况下是通过或者照办，也有修正通过，最后还有与提案初衷完全不同的决议。公司民主决策机制通过董事会会议发挥作用，这样有利于整个公司的科学决策，避免在重大问题上因高层领导个人因素造成对公司的损害。就算是董事长亲自提议，也必须经过董事会表决通过，而且这个表决也不一定能完全按照董事长的初衷或意愿通过。比如在广西企业公司董事会第十二次常务会议记录上，第一条讨论事项："董事长陈雄提议拟增购中北路三皇巷十二号房屋一座，价值国币三十七万元，用作职员宿舍。当否，提请公决。"最后决议："先交涉购用实小空地自行建筑，如不成议再行决定。"①最终董事会做出了与董事长不同的决定，这说明董事会决策机制在广西企业公司中绝非摆设，而是得到了切实执行的核心制度。

2.人事任免制度

广西企业公司十分重视人才的引进与培养。按照《广西建设计划大纲》的精神，尽力让受过高等教育的国内外人才融入生产建设企业，服务于广西省的社会经济发展，投身到抗战建国的大业中。

为了更好地引进人才，公司特地制定了相应的职员任用标准和规范，引进标准极其严格，要求较多，起点甚高。《广西企业公司职员任用规程》对各级各层次的职员聘任都做了明确、详细的要求，从主任经理到普通雇员，不仅有相应的学历要求，而且还要求有数年的社会工作经验或职业培训经历。②

当时，广西企业公司在人才的引进方面取得了突出的成绩，详见表3-27。

①《广西企业季刊》，1943年第2期，第67页。

②《广西企业公司职员任用规程》，《广西企业季刊》，1943年第1期，第187页。

表3-27　广西企业公司主要部门负责人员履历表

职位	姓名	年龄	籍贯	学历	简明经历
董事长	陈　雄	47	容县	保定军官学校毕业	前广西省政府委员兼建设厅厅长
常务董事	何海筹	55	昭平	保定军官学校毕业	广西银行董事
董事	李运华		贵县	美国　哥伦比亚大学化学工程博士	国立广西大学教务长，广西工业试验所所长
监察	孙仁林	49	临桂		广西省政府委员兼总办公厅主任
总经理	赵可任		龙津	苏联　孙文大学毕业	广西省政府经济委员会常务委员兼秘书，广西农民银行副行长，广西出入口贸易处协理，行政院第四战区经济委员会桂林办事处处长，行政院第四战区经济委员会物价收购处经理
副总经理	黄嵘芳		容县	上海　大夏大学商学院商学士	广西银行专员课长主任，广西省政府财政厅秘书科科长，贺县县长，广西省政府参议，新加坡广西银行汇兑公司经理
总秘书室主任	凌海澜	39	广东番禺	日本　明治大学经济学士	全国留日学生监督署总务主任，广西省政府经济委员会专员，柳州区税捐稽征局局长，广西出入口贸易处秘书，资源委员会锡业管理处秘书
总稽权室主任	陈　晖	33	广东	国立交通大学研究所	广西大学研究室研究员，广西省政府参议，广西省建设厅研究会常任研究员兼编译委员会经济秘书，广西银行董事会秘书、设计室主任
总务部主任	覃克勤	38	上林	课史馆广西县长考试及格	广西省党部总务科主任，编审科主任，广西省政府民政视察员，那马、龙山、迁江等县县长，广西省政府咨议，广西省驿运管理处秘书
财务部副主任	蔡声瑞	33	湖南益阳	武昌华中大学学士	国民政府注册会计师，广西大学会计，广西大学文教学院讲师，广西省政府会计处专员

续表

职位	姓名	年龄	籍贯	学历	简明经历
工矿部主任	陆启先	41	容县	美国　康奈尔大学化学学士	广西糖厂经理，广西省政府技正，贵县糖业指导所主任
农业部主任	赖　信	45	桂平	国立北平大学农学院农学士	广西建设厅技士，广西农林局科长，广西省政府技正，广西民团干校政训处科长兼农场主任，广西第四区农场场长
采销部经理	陆雄林	39	苍梧	上海　大夏大学商学院毕业	广西出入口贸易处上海分处经理海防分处经理，广西银行专员
采销部副经理	冯沛清	34	柳州	国立中山大学法学院经济系毕业	广西农民银行专员，业务部副主任，苍梧办事处主任，第四战区经济委员会物资收购处业务主任

资料来源　《广西企业季刊》，1943年第3期，第135—136页，根据《广西企业公司职员表》整理。

可见，广西企业公司的部门主要负责人，以三十五到四十岁这个年龄段居多，籍贯以广西省内人士居多，但也不乏外省人才。这说明当时广西学子在省外或国外学有所成之后，愿意投身到“建设广西，复兴中国”的事业中去。这些人员绝大部分都接受过国内外著名大学的专业教育，有的甚至具有博士学位与留洋经历。他们易于接受国内外新的企业经营管理理念和方法，并乐意在实际工作中践行现代企业精神，与时俱进。以民国时期的教育水平来看，这些人在当时的中国企业算得上一流的人才、社会的精英。有的部门领导人履职经历极为丰富，比如总经理赵可任、总秘书室主任凌海澜等。丰富的从政或从商履历、专业的行业素养，使得广西企业公司在开展业务经营时，无形之中占了很多地利人和之便，减少了非市场因素的干扰和阻力。

需要特别指出的是，广西企业公司拥有技艺的工人在工厂中占比较高，部分工厂技艺工人数甚至是普通工人数的两倍左右，比如仕敏土厂、酒精厂和制革厂，详见表3-28。

表3-28 广西企业公司部分工厂工人技术程度及职别(1942年)

厂名	工人数	技术程度		职别				
		技艺	普通	领班工目	技工	普通工	杂工	学徒
仕敏土厂	131	91	40	5	42	36	40	8
酒精厂	32	21	11	-	21	11	-	-
制革厂	21	15	6	-	15	5	1	-
陶瓷厂	169	60	109	8	50	12	38	61
印刷厂	169	70	99	-	83	26	11	49
糖厂	37	20	17	1	18	18	-	-

资料来源 据广西省政府统计处:《广西年鉴》(第三回)1948年,第649页整理。

3.工作考绩与奖惩制度

广西企业公司董事长陈雄曾勉励员工:“各部门的主管人员,尤其身先员工,积极领导,对于员工的工作,则宜勤加考核,严予奖惩。如此才能使贤能者益求进精,安于其业,怠忽者所警戒,勉力改过。”[①]为此,公司制定了《广西企业公司职雇员考绩暂行办法》和《广西企业公司职员奖惩规则》。[②]根据职员的工作业绩、贡献、态度等多方面的综合表现做出考核评定。董事会的职员由董事长核定,总办事处各部门和各厂(场)处下属的职员,先报给各单位的主管评定后,再呈报公司副总经理核定。对职员的奖励分为升用、晋级、加薪、奖金、记功、嘉奖等,视职员的技术创新发明、劳动成绩、减少生产成本与重大损失等对其进行奖励。而惩处则分为辞退、降级、减薪、记过、申诫等。

公司给予职员的待遇,主要包括七项:薪金、津贴、交际费、扶马费、膳宿费、年资金、褒奖金。归纳起来,它涉及三个方面:薪金、福利、保险救济。

广西企业公司的职员薪资,按照职位类型从董事长、工程师到雇员分为36个级别。具体级数划分及工资标准见表3-29。

①《广西企业季刊》,1943年第3期,第170页。

②《广西企业公司职雇员考绩暂行办法》,《广西企业季刊》,1943年第2期,第103页。

表3-29 广西企业公司各级员工薪俸

级数	薪数	级数	薪数	说明
第一级	600	第十九级	115	董事长、常务董事、总经理自第三级至第一级，副总经理自第六级至第一级，主任经理自第八级至第三级，副主任、副理秘书专员、办事处主任自第十二级至第五级，课长、事务所主任自第十六级至第九级，副课长、股长、办事员自第二十四级至第十五级，助员自第三十级至第二十五级，学习员雇员自三十六级至第三十级，工程师、技师自第十级至第三级，副工程、副技师自第十二级至第五级，助理工程师、助理技师自第十六级至第九级，工务员、技术员自第二十二级至第十二级，监工员自第三十二级至第二十六级。
第二级	540	第二十级	110	
第三级	480	第二十一级	105	
第四级	440	第二十二级	100	
第五级	400	第二十三级	95	
第六级	360	第二十四级	90	
第七级	330	第二十五级	85	
第八级	300	第二十六级	80	
第九级	270	第二十七级	75	
第十级	240	第二十八级	70	
第十一级	220	第二十九级	65	
第十二级	200	第三十级	60	
第十三级	180	第三十一级	55	
第十四级	160	第三十二级	50	
第十五级	150	第三十三级	45	
第十六级	140	第三十四级	40	
第十七级	130	第三十五级	35	
第十八级	120	第三十六级	30	

资料来源 《广西企业公司职员给与规程》,《广西企业季刊》,1942年第1期，第189页。

广西企业公司对不同类型的工人实行有差别的工资待遇，技术工人的薪资和津贴普遍高于普通工人。公司重视技术人才，工程师、技师最高可至三级，可与总经理、常务董事、主任等管理层处于同一水平。依照工作的重要性及技术之优劣、能力之高低，将技术工人分为几等。享受技术工人待遇的主要有：能熟练装配、修整机器者，管理机器、制造机件模具者；制造酒精或糖具、陶瓷、印刷、农林园艺技术性工人。公司对技术工人除发给工资外，还另发给粮食及战时津贴。“技工每月之工资由五十元起至一百五十元止，分十八级，由第一级至第四级，每级十元，五级至十八级每级五元，其津贴分为三项：一等技工发给糙米一百二十斤，不扣低价，另给战时津贴费由一百五十元起至二百元止；二等技工发给糙米一百斤，不扣低价，另给战时津贴费由一百元起至一百五十元止；三等技工发给糙米七十斤，不扣低价，另给战时津贴费由五十元起至一百元止。”[①]而普通工人包括学徒、长工、散工、杂工等的工资津贴则要低很多：“普通工人每月之工资，由十元起至四十元止，分十一级，每级三元，一律发给糙米七十斤，另给战时津贴费五十元。”[②]

一般情况下，工厂或农场的规模越大，额定资本越高，产品技术含量越高，其工人的工资水平往往越高，详情见表3-30。

表3-30　广西企业公司所属各厂（场）处工人每月工资平均比较（1942年10月）

名额	人数	每人工资平均数（元）
仕敏土厂	234	59.61
贵县糖厂	31	58.74
印刷厂	181	40.66
柳州印刷分厂	55	44.25
南宁印刷分厂	79	33.85
酒精厂	61	38.25
机械厂	89	57.51
制革厂	51	66.90
陶瓷厂	140	35.00
第一金矿区	37	47.65
横塘农场	34	67.53
龙潭农场	26	36.61
庆远农场	18	23.11
雒容农场	22	34.77
茅桥农场	42	33.62
桂林营业处	4	26.00

①《广西企业公司技术普通工人工津支给调整办法》，《广西企业季刊》，1943年第2期，第108页。
②《广西企业公司技术普通工人工津支给调整办法》，《广西企业季刊》，1943年第2期，第108页。

续表

名额	人数	每人工资平均数(元)
柳州营业处	4	20.25
梧州营业处	43	35.39

说明:以上工人工资数据仅为平均工资,不包括米贴和战时津贴费。

资料来源 《广西企业季刊》创刊号,1942年第1期,第142页。

广西企业公司职员的工资在当时广西社会各阶层中属于中等偏上的水平。

广西企业公司提供给员工的福利待遇主要有休假、退休金、旅费、出勤费、津贴等。结合战时特殊环境,本着对员工的关怀,还为员工提供了良好的保险和抚恤救济保障。[①]

广西企业公司的工资和福利待遇制度,从整体上来说是值得肯定的。首先,较好的工资待遇水平,为抗战时期投身实业的年轻人提供了物质保障,为广西企业树立了良好的榜样;其次,它体现了激励性的奖励机制,反映了公司对技术人才的重视,是对企业精神的践行;最后,休假、退休、保险救济等福利则体现了公司对员工生活的综合保障和关怀,给员工创造了良好的工作环境,有利于增强员工对公司的归属感。

但这一制度设计得也有不合理之处:第一,高层领导人、高级技术工人与普通工人之间的薪酬差距过大。技术工人到领导层的工资从100元到600元不等,而各厂(场)工人的工资从20元到67元,最高差距达30倍。企业作为经济组织,需要激励性的薪酬体系,一定的待遇差别会提高员工的工作效率,但差距过大则不利于这种效率的提高,“不患寡而患不均”,在抗战的特殊艰难时期尤其如此。如广西政府公务员的工资水平不如广西企业公司职员,但其差距较小,制度设计得更为合理。第二,对商业不够重视。工矿企业工人工资普遍要高于农场和营业处工人工资,特别是营业处工人的工资几乎只有工厂职员的一半,而且各营业处职员人数也是最少的,除梧州营业处外,均在5人以下。这虽然与公司整体以工业为核心的发展战略相符,但公司对商业营业处的重要性缺乏认识,这也是其对商业的一种偏见和短视。公司下辖众多工厂,而营业处于生产到采销终端的中间环

①《广西企业公司暨所属各厂场处员工团体人寿储蓄保险简章》第三条,《广西企业季刊》,1943年第2期,第96页。

节，对产品的顺利转运和销售至关重要，在公司的整体运行中可以作为支点盘活企业，其发挥的作用丝毫不逊于工厂。运输销售部门较一线生产职员更需要引入物质激励制度。各大营业处职员待遇偏低，则会使他们处于公司的边缘地带，让他们觉得不受重视，这会挫伤其工作积极性，不利于公司产品的运转和推销。

（二）广西企业公司的经营方式

1.生产与销售的布局

广西企业公司下属子单位涉及工、农、矿、商各个行业，但其生产布局是有侧重的。抗战期间，工业建设是经济建设的核心，因此，在公司的发展战略中，发展工业自然被摆在优先位置，其他如农、矿、商业则更多是为工业服务。故广西企业公司众多子工厂中，属工业厂矿的投资额最大，工人的工资水平也较其他子公司高，如前面提到的仕敏土厂、酒精厂等。“本公司以发展工业为主要任务，其途径为就地取材，生产各种成品，凡外来货品而为日用必需者，则设法研究代用品，以求自力更生。”[①]其他行业的发展仅是为工业服务，提供工业生产原料。拿农业来说，“经营农艺，供给工业生产之原料”[②]，柳州龙潭农场“在鸡喇开垦荒地，栽种旱作物，供给酒精厂之原料，如木薯、花生、蓖麻、芝麻等”[③]。

矿业与工业的联系较紧密，直接为工业提供生产原料。广西锡、钨等矿产资源丰富，早在抗战前两广政府便与德国等开展钨砂的易货贸易，换取工业机器、军火等先进工业品，直到1941年7月与德国断交才结束。广西企业公司在成立之初便特地组织人力进行勘探开采，“近年来因物价飞涨，生产成本增高，而政府所规定之收买价格过低，以致锡钨等矿商，奄奄一息，影响国民经济及抗战资源至深且巨，本公司一面拟组探矿队，专门从事于金、铁、钨、锑及石油诸矿之探测，以便从事开采及冶炼”[④]。公司在广西各大城市的商业营业处以及驻外省的办事处也是为推销工业产品或采购工业原料而服务的。

①陈雄：《广西企业公司概况》，《建设研究》，1942年第2期，第53页。
②陈雄：《广西企业公司概况》，《建设研究》，1942年第2期，第53页。
③陈雄：《广西企业公司概况》，《建设研究》，1942年第2期，第56页。
④陈雄：《广西企业公司概况》，《建设研究》，1942年第2期，第53页。

2.采销制度

采销是企业生产经营活动中的重要环节，采销制度对于企业产品的产销和经济效益至关重要。广西企业公司的采销制度主要有统购统销、预期采销、子单位先行垫付、采销部代购代销。公司拥有庞大的组织结构，为了便于总部与子单位之间的统一与协调，公司对原料采购和产品销售采取了统购统销的原则，由总办事处负责。采购方面，"本公司所属各厂（场）处采购原料、机器、工具及推销出品产品以由总办事处采销部统购统销为原则"①。对于不重要的工具、器材、原料等，则给予各厂（场）自主采购权。"零碎活少量工具之补充或器材之修理又就地便于采购或需用特殊技术检验等之原料，得由各该厂（场）处自行采办，其详细种类，应先行列表报总处备案。"②对于采购原料，公司实行预期采购，即各厂（场）必须事先申请，而且必须满足一定条件方能向总办事处核准：特需用之某种原料、某种原料储存量已达最低限度、需添买机器或其零件与工具及各项物品。③关于采购费用，则须各厂先行垫付，再凭据报销。"各厂（场）处送交请购单时，以依照请购所需货运各费全部先付为原则，但缺乏资金周转时，得请求代为垫支。代购物料之买价，由总处采实决定。代购物料之手续费以货价连同各项费用加计百分之二至五计算。"④

相对于采购方面的限制，各厂在销售方面的自主权要灵活一些。"各厂（场）处产品其性质易于霉坏或以就地销售为较合算者，得由各厂（场）处自行推销，但事前或事后应报请察核。各厂之接揽业务，如印刷厂之承接印件，机械厂之承接修理装配或翻砂等工作，均得由各该工厂自行办理，事后仍应报核。"⑤和采购一样，销售亦采取预期售货，"例如酒精方面，因目前各方需要甚多，今后计划决较过去增产一半"⑥。采销部统销各厂（场）处产品，分承购与代售二种，其选择由双方临时商定。至于如何计价，"应依据生产成本，并参照交货地点市价商定之"⑦。对于产品销售的风险，在采销部承购产品点收后，所有运输费用、运输途中经耗以及货

①《广西企业公司采销规程》，《广西企业季刊》创刊号，1942年第1期，第191页。
②《广西企业公司采销规程》，《广西企业季刊》创刊号，1942年第1期，第191页。
③《广西企业公司采销规程》，《广西企业季刊》创刊号，1942年第1期，第191页。
④《广西企业公司采销规程》，《广西企业季刊》创刊号，1942年第1期，第191页。
⑤《广西企业公司采销规程》，《广西企业季刊》创刊号，1942年第1期，第191页。
⑥陈雄：《广西企业公司概况》，《建设研究》，1942年第2期，第57页。
⑦《广西企业公司采销规程》，《广西企业季刊》创刊号，1942年第1期，第190页。

价起跌之风险，均由采销部负担。[1]在采销部代售产品时，押运员旅费、税捐及保险费、运杂费、运输保管中损耗及风险则由各厂（场）承担。[2]对于代售产品的售价，先由出品厂（场）估定，再由采销部按照市场情形核定。

公司统购统销原则是出于统一管理、提高效益的考虑，但也限制了子单位的采销自主权；预期采销制度则较为科学地提高了企业的生产效率，有效降低了风险；子单位先行垫付加重了企业负担，采销部承购代销则较为灵活，分工明确，权责分明，有利于促进各厂（场）产品的顺利销售。

3.销售网点的构建

广西企业公司生产的产品主要通过三级销售网点来实现。第一级网点，也是最核心的网点，由采销部通过公司在桂、柳、南、梧及在香港等地的营业处和办事处来进行。"本公司视业务上之需要，在省内外各地分别设立营业处，直辖于本公司，定名为广西企业公司某某营业处。"[3]各营业处主要办理以下业务："一、推销本公司各厂（场）产品；二、采购物料；三、接转运输；四、保管物品；五、临时指定之事项。"[4]这个环节涉及各厂（场）到营业处，采销部是组织者。营业处与各厂（场）保持着紧密联系，他们将市场行情与生产情况及时进行交换，这从广西企业公司历次业务会议就可知一二，"印刷厂柳州分厂提议，关于由桂柳梧各营业处以最迅速方法将当地逐日物资市情分别寄发各厂（场）处以利运用。当否，请公决案。决议：原则通过由采销部拟具联络办法并将各物资符号编定通饬照办"[5]。第二级网点，则通过各级营业处或办事处将商品分销给广西各大城市及广州、香港的各号商铺行当。第三级则为终端网点，通过主要城市的商铺将产品逐步销往各自经济辐射地域内的市民或者城镇的圩市，主要以岭南地区的圩市贸易为载体，将广西企业公司生产的日用产品出售到农民手中。这个三级销售网络可以简单归纳为：四大营业处—城市商铺—圩市。

4.资金管理和运作

在资本组织形式上，广西企业公司创立初期的5000万元资本来源广泛，包括

---

①《广西企业公司采销规程》，《广西企业季刊》创刊号，1942年第1期，第190页。

②《广西企业公司采销规程》，《广西企业季刊》创刊号，1942年第1期，第190页。

③《广西企业公司各地营业处组织通则》，《广西企业季刊》创刊号，1942年第1期，第202页。

④《广西企业公司各地营业处组织通则》，《广西企业季刊》创刊号，1942年第1期，第202页。

⑤《广西企业公司第二次业务会议议事录》，《广西企业季刊》，1943年第2期，第66—67页。

实力雄厚的广西银行，还有桂林、柳州、南宁、梧州、玉林等十二个区的地方公股，以及一部分民间商民的私人股本。“本公司资本额定为国币五千万元，计广西银行投资一千万元，各县区地方公股两千四百万元，各发起人认股一千六百万元。”[①]但论及公私所占比例，依旧是政府投资占主导地位，地方公股占到将近一半，如果再算上广西银行的投资额，占比则达到68%。所以其资本组织是以政府为主的多元资本组织形式。

在资本运用上，根据前文所介绍的情况可知，广西企业公司筹集的创建资金，为重建复工，大多用在投资建设上。公司投资行业，涉及工业、矿业、商业、金融等行业，其中工业占投资大头，既有自营企业，也有合资兴办的企业，自营企业占比最多。具体投资资金的分配见表3-31。

表3-31　广西企业公司投资资金分配表（1943年上半年截止）

（单位：国币千元）

业别	自营	投资	合计	约占比（%）
工业	96400	7090	103490	89.51
矿业	1830	178	2008	1.73
农林业	4960	-	4960	4.29
商业	2720	2430	5150	4.46
金融业	-	10	10	0.01
合计	105910	9708	115618	100.00
百分比（%）	91.60	8.40	100.00	-

资料来源　何海筹：《创业二年之广西企业公司》，《广西企业季刊》，1943年第1卷第4期，第32页。

广西企业公司建立了预决算制度和盈余分配统一调度的方法，来管理公司资金的投资、收益的分配，以此达到对资金的统筹管理，促进资金的健康运作。

在预决算制度方面，严格执行预算原则，无论投资金额大小，都需要提交董事会决议通过，方可划拨执行。比如酒精厂增加投资，“董事长陈雄提议拟在酒精厂内增设原料，以加强生产计，需开办费国币十六万、流动资金五十万元，兹拟具计

①陈雄：《广西企业公司概况》，《广西企业季刊》，1942年第2期，第3页。

划。当否,请公决案。决议:通过"[①]。公司领导层非常重视预算制的落实,董事长陈雄在1943年公司业务会议上强调:"今年务须各依业务计划,按照预算核定数目,严厉执行。"[②]至于决算制度则统一在年底造表册,"本公司以国历年底为决算期,由董事会造具左列各项表册,于股东常会期三十日前,送交监察人查核后,提请股东会追认:(一)营业报告书;(二)资产负债表;(三)财产目录;(四)损益计算书;(五)盈余分配议案。"[③]

在盈余分配上,广西企业公司将各厂矿财权集中在公司手中,盈余统一调度分配。在提留一部分作为公积金后再进行分红、分发工资等。"本公司多的营业纯益,应先提十分之一为公积金,余由董事会照左列分配,提交股东会议决议:(一)股份利益及红利;(二)董事监察人及职员酬金;(三)公益金。"[④]具体分配办法如下:

广西企业公司对资金调拨实行集中管理,统一调拨。"各营业处之周转资金,悉由总处调拨,以内部往来入账,不另拨额定资本。"[⑤]各厂则须独立核算损益,划定自身额定资本,交由董事会议定具体数额,再由总办事处划拨给各个厂(场)。"各厂(场)处损益,系各自计算,自须有额定资本,以资运用。此项资本,由董事会视各厂(场)处之需要,议决数目,交总办事处拨付之,在各厂(场)处收到此项资本,概以资本科目入账,在总办事处,拨给各工厂者,则以拨充工业基金入账;拨给农林场者,则以拨充农业基金入账;拨发矿处者,则以拨充矿业基金入账。"

资金调拨自然少不了会计制度。会计制度对企业的财政状况、营业成绩等资金账面的核算至关重要。广西企业公司依据自身组织庞杂的特点和各厂(场)的实际情况,建立各级会计制度,以实现对资金的核算。"本公司组织庞大,内容复杂,而各工厂因产品之不同,制造程序,各有差异,若欲就此复杂之经营,制定一会计制度,付诸实施,自难免遗漏,或扞格窒碍之初;若个别制定,则又觉散漫,无从集中。"[⑥]

所以,公司各工厂、各农林场、矿处,分别制定会计制度,以本公司会计制度为总则。"每期结算,各单位会计,各自计算损益,编决算表,送总办事处,再将各单位

①《广西企业公司董事会第七次常会议事录》,《广西企业季刊》创刊号,1942年第1期,第126页。
②陈雄:《各厂场处应厉行事项》,《广西企业季刊》,1943年第2期,第92页。
③《广西企业公司章程》,《广西企业季刊》创刊号,1942年第1期,第175页。
④《广西企业公司章程》,《广西企业季刊》创刊号,1942年第1期,第175页。
⑤《广西企业公司盈益分配办法》,《广西企业季刊》,1943年第2期,第95—96页。
⑥定正华:《广西企业公司会计制度之设计》,《广西企业季刊》,1943年第4期,第25页。

决算表,合并编全总体总决算表。”[①]

企业是以获得生产利润、追求效益为目的的组织。以往学术界对广西企业公司的经营成绩的零星评价多持负面或较低评价。张守广在其著作《大变局——抗战时期的后方企业》中认为,广西企业公司“提供产品有限、资金微薄,‘无商贸利润可获’”[②],实际情况并非如此。

诚然,在广西企业公司接收众多省属厂(场)的初期,部分工厂的经营建设效益较低,一时陷入困境的情况的确存在。效益较低集中体现在产量较低、部分生产机器缺乏,产品质量及销路无法保障等方面。比如仕敏土厂,“仅运入一部分机器,而广州弃夺,不得已暂行停办,民廿八年迁厂桂林……自本公司承购后,即积极进行创业,目前该厂机器,除发动机及发电机外,其余已内运,厂房设备亦已完成大部……干法制土,业已有出品,成绩尚属良好,惟产量不多,尚未能供应市场”[③]。染织厂则在接收后不久停办,“适值太平洋战争爆发,而该厂并无纺纱机之设备,原料价格飞涨,且购运困难,染织厂前途既少发展,不得不暂行停办”[④]。

从材料可知,广西企业公司组建初期效益较低是由于资金紧张、遗留问题、战事影响、重组后部分厂(场)仍处在建设期等多方面因素造成的,大多数属于客观不可抗因素,并非公司接收后自身经营的失误所致。况且公司成立时间较短,短期内的困难也是可以理解的。随着公司逐渐走上正轨,各项建设业已完成,各厂(场)的经营效益也便随之提升。接收一年多的仕敏土厂生产状况已经有了显著改善,“所出货品,成绩尚佳,试验拉力,三天期每平方时约三百磅,七天期约四百磅,可以应市……则预算每日出土五十桶至一百桶之间,除自用外,尚可分拨一部分应市”[⑤]。

创建初期的困境并不代表广西企业公司的不作为。广西企业公司在成立后的一两年内,许多下属厂(场)的生产经营在公司的有效组织和各厂的协同配合下,取得了较大的成绩。工农、矿业都有经营较好的工厂,像印刷、酒精、糖厂、昭平金矿等产量、产值增加,已能供给全省消费,服务国计民生。

①定正华:《广西企业公司会计制度之设计》,《广西企业季刊》,1943年第4期,第25页。
②张守广:《大变局——抗战时期后方企业》,江苏人民出版社2007年版,第270页。
③陈雄:《广西企业公司概况》,《建设研究》,1942年第2期,第54页。
④陈雄:《广西企业公司概况》,《建设研究》,1942年第2期,第55页。
⑤陈丕扬:《广西企业公司仕敏土厂实况》,《广西企业季刊》创刊号,1942年第1期,第91页。

工业方面，比如印刷厂，“数年来营业虽有盈益，惟业务尚未能尽量发展，本公司承购后，增加资金，改聘经理，积极整理，业务渐见发展”①。酒精厂则受战争因素的推动，销量猛增，“抗战以后则因汽油涨价，酒精用途突增，业务相当发达。本公司承购该厂后，即增加资本，广罗原料，产量渐增”②。贵县糖厂，“目前产量日增，足够全省消费，且经改良后，品质亦佳”③。矿业方面，昭平金矿则还有数十万获利，“截至三十年底，为时不过年余，获利四十万元”④。农业方面，虽然农作物生长周期较长，没有工业生产周转率快，短时间无法自给，但也取得了较大的成绩。比如桂林的横塘农场，1942年的工作有：“繁殖优良梨橘两千株，优良柑橘类果苗四百株。培育砧木一万余株，栽培西瓜、番茄，前者收获两万余斤，后者收获一千余斤……”⑤对于拥有数十万人口的大后方重要城市桂林，这些农产品的成熟，虽不能完全自给，但也能有效供给和服务一部分居民的日常生活需求。

表3-32　广西企业公司印刷厂生产情形

厂别	时期	营业总值(元)	备注
桂林总厂	1942年1月下旬—5月	258290	另印粮食券工料费七万六千元未列入
	1942年1月上旬—5月下旬	248460	
宜山分厂	1942年1月上旬—3月中旬	22990	
百色分厂	1942年1月上旬—3月上旬	100380	本分厂已归并南宁分厂

资料来源　陈雄:《广西企业公司概况》,《建设研究》,1942年第2期,第54页。

表3-33　广西企业公司酒精厂1942年1月至9月酒精产量表

（单位:市斤）

月别	上旬	中旬	下旬	合计
1	286	1936	4402	6624
2	7153	3168	1342	11663

①陈雄:《广西企业公司概况》,《建设研究》,1942年第2期,第54页。
②陈雄:《广西企业公司概况》,《建设研究》,1942年第2期,第54页。
③陈雄:《广西企业公司概况》,《建设研究》,1942年第2期,第55页。
④陈雄:《广西企业公司概况》,《建设研究》,1942年第2期,第55页。
⑤陈雄:《广西企业公司概况》,《建设研究》,1942年第2期,第56页。

续表

月别	上旬	中旬	下旬	合计
3	3718	9229	10978	23925
4	13662	6776	8316	28754
5	10578	15882	10142	36602
6	11814	12796	16239	40849
7	10576	13128	13687	37391
8	15274	12914	3045	31233
9	14156	10878	8008	33042

资料来源　刘伯文:《广西企业公司酒精厂实况》,《广西企业季刊》,1943年第2期,第62页。

表3-34　广西企业公司糖厂各月产量

月份	榨蔗日数	榨蔗量(市斤)	白糖(市斤)	桔水(市斤)
1941年11月	15	447959	58181	6443
12月	29	1074545	58912	48086
1942年1月	28	1311006	61162	46823
2月	25	1056682	45076	49073
3月	30	1336162	57558	60088

资料来源　陈雄:《广西企业公司概况》,《建设研究》,1942年第2期,第55页。

从表格3-32至3-34中,不难发现广西企业公司尽管在创立初期,少部分厂(场)经营效益较低,但大部分厂(场)在接收后短短的一年多时间,还是取得了显著的经营成绩。总体上说,经营效益和成绩还是值得肯定的。

(三)企业精神的培养

企业文化系统的中心要素是价值观念、精神境界、理想追求。[①]广西企业公司在特殊的环境条件下,形成了自身的精神文化体系。这一精神体现在对国家、对

①罗长海:《企业文化学》,中国人民大学出版社2006年版,第41页。

公司事业、对个人家庭三位一体的认知。企业文化精神是公司管理经营体制的黏合剂，是充分调动人力资源的积极因素，工作中起到事半功倍的效果。它是广西企业公司管理经营模式的重要一环。

1.抗战救国与企业效率相结合的精神训导

抗战时期，中国人民的民族意识空前觉醒。这一时期属于国民政府"训政"时期，从中央到地方领导层都流行着"训导""训话"的氛围与风气，且不论其背后的统治动机与意识形态，其在抗战救国的特殊时期对鼓舞人心、提振士气、凝聚民心所起的作用是应该予以肯定的。

广西省政府与广西企业公司领导层均非常重视对企业职员的精神熏陶和鼓舞，时刻将公司事业的发展、抗战的物质基础和广西人民的福祉联系起来，将员工对国家民族的热爱转换为其工作的动力。广西省政府主席黄旭初在1943年1月公司年度业务会议上训辞："本公司是全省地方公营的，其成败与全省人民的福利有关，全公司下至工友，上至经理，都应有此认识才是……应视事业的成败为个人的成败。"[①]董事长陈雄在《勖本公司暨各厂场处员工》《各厂场处应注意事项》等文件中，多次强调公司事业与广西人民和抗战救国的关系："本公司所属各厂(场)处不是从事于工矿生产，便是致力其所负使命的重大，因此，本公司的事业，无疑是全省人民的事业，其成败得失，所关者不是少数私人，而关乎全省人民。我们既代表全省人民，从事广西企业之发展，直接影响广西人民财富之增产，间接即所以巩固抗战之物质基础。所负的使命既然如此重大，则全体工作人员应如何抖擞精神，努力完成任务，实有不得已而言者。"[②]

另外，他还用残酷的现实比对来催人奋进，激发员工："我们再想一想，前方的将士，衣不蔽体，餐食不饱，在那里忍受饥寒，浴血奋战，沦陷区的同胞，在那里引颈待死，跑到后方的又沦落无靠，这种生活是何等苦痛，还有政府机关的公务员，除了一百一十元的月薪，一百零二斤的米贴外，一无所有，也是忍受饥寒，在那里工作。我们公司的同事们，除了薪水米津之外，还有二百二十元或二百元的津贴。如果各人努力，业务获得发展，每年还可以得到奖励金及福利金的报酬，比之上述几种工作人员，生活上强得很多，如果认真节省，勉强可以付支，就应该站在岗位

①黄旭初:《今后业务工作要领》,《广西企业公司季刊》,1943年第2期,第83页。
②陈雄:《各厂场处应注意事项》,《广西企业公司季刊》,1943年第2期,第89页。

上好好地工作，不要营私舞弊，不要苟且偷安，才可以对得住前方的将士，沦陷区的难胞，后方政府的一般公务员。”[①]

此外，注重将训导的崇高精神融入企业的生产组织中。

第一，讲究企业效率，增强员工对企业的责任感和认同感。具体措施则是改掉以往的机关陋习，提高效率，不辱使命。“不能像过去有许多公营的事业机关那样，以为盈亏都由政府负责便做事马虎，不负责任，以致发生种种苟且腐败现象。现在，本公司各厂（场）处，既已由政府公营，价拨地方公营便必须一扫过去种种积习，充分发挥企业组织的精神。各机关的计划预算，既经详细拟定，就必须以此为目标，如期达成预定的标准。如果达不到预定的标准，不是计划得不正确，便是工作得不努力。计划不正确，主管人员应负其责，工作不努力便是全体员工之耻辱。”[②]董事长慷慨激昂地鼓舞员工，对员工寄予殷切期望：“我希望各事业机关不但能够如期完成计划，而且要超计划，这才不致辜负全省人民的热望，不辜负各位同志来到本公司服务的初衷。”[③]

第二，重视员工的管理与训练，培养效益意识。公司一方面要求职员严格遵守各项章程，另一方面重视提高员工的知识和技术水平，发挥员工的工作热情。像原材料、燃料浪费与否这些因素，都是人为的可控因素，直接影响生产成本。培养职员的节约意识，则能有效提高生产效益。“从购买原料到生产成品，到销售成品，整个生产过程不应丝毫的浪费。员工的力量固然不能浪费一分，物资与成品更不能损失一件，一方面要提高生产力，使人力与物力充分发挥实效；一方面要竭力节约，使每一分的人力与物力都消耗在生产上，而不损失生产以外。每一个工作者必须明了个人的任务，战战兢兢，埋头苦干，将整个力量贡献于生产事业上，以达成此伟大的任务。”[④]这样才能使员工各尽其责，安心工作。

2.职业修养与积极人格的培养相结合

广西企业公司职员的职业修养是在公司对其积极人格的培养中形成的。

第一，严明纪律，秉持良心工作。公司倡导员工将个人抱负提升到报效国家和奋斗事业的高度。“我们应该各秉天良，拿一个诚心、公心，站在自家岗位上去努

①陈雄：《我们应有的职业修养》，《广西企业公司季刊》，1943年第2期，第89页。

②陈雄：《勖本公司暨各厂场处员工》，《广西企业季刊》创刊号，1942年第1期，第169页。

③陈雄：《勖本公司暨各厂场处员工》，《广西企业季刊》创刊号，1942年第1期，第169页。

④陈雄：《勖本公司暨各厂场处员工》，《广西企业季刊》创刊号，1942年第1期，第169页。

力工作，有什么困难，应该想法子去克服它，有什么问题，要想法子去解决它，没有办法的时候，要想出办法去处理它，矢勤矢勇，夙夜不懈的付托，然后可以达成我们主席创办本公司的心意，然后可以对得住自家个人的抱负。”[①]对敷衍塞责、营私舞弊、作奸犯科的不良行为，除了予以道德上的鄙斥和警告外，还将严厉查处。[②]

第二，鼓励技术创新与研究。企业的生产应讲效率，而效率提高往往靠的是技术创造的精神。“生产事业，非提高其技术水准，至于可能的最高度，是无以求进展甚至于无以自存的。”[③]公司产品在技术进步和产品质量提升的情况下，收到了良好的社会和经济效益，“如酒精厂之酒精，糖厂之白糖，已获社会信誉，今后问题，应就现有设备，精研技术，尽量提高水准，使产品日臻精良”[④]。

第三，加强心理建设。心理建设就是强化员工对工作的热情和积极性，提高其对企业的认同感。“所谓加强心理建设，不外是失去怠惰，抑骄矜，戒贪婪，重责任，修养品性道德，提高事业兴趣，这是做事之道，也就是做人之道。”[⑤]只有做到这些，个人才能真诚、热情地投入到工作中去，为民族国家、为地方百姓、为个人家庭幸福做出贡献。

广西企业公司的企业精神，归纳起来就是抗战救国背景下，社会责任、事业追求与个人抱负相结合的苦干、实干、快干精神，“今后应充分发挥企业的精神，战战兢兢，苦干、实干、快干，将整个力贡献于生产事业，在伟大的时代中达成伟大的任务，有厚望焉”[⑥]。这种精神文化实质上是时代大背景的映照，它将企业发展与民族存亡、国家工业化相联系，强调效率、尊重科学，鼓励技术创新，倡导公、诚、拼的企业精神文化，显示出抗战时期以后方企业为代表的企业伦理思想已经发展到了一个新的高度，可以说是中国近代企业精神发展的巅峰。

①陈雄：《我们应有的职业修养》，《广西企业季刊》，1943年第2期，第87页。
②陈雄：《我们应有的职业修养》，《广西企业季刊》，1943年第2期，第87页。
③陈雄：《各厂场处应注意事项》，《广西企业季刊》，1943年第2期，第89页。
④陈雄：《各厂场处应注意事项》，《广西企业季刊》，1943年第2期，第89页。
⑤陈雄：《各厂场处应注意事项》，《广西企业季刊》，1943年第2期，第90页。
⑥陈雄：《各厂场处应注意事项》，《广西企业季刊》，1943年第2期，第90页。

四、广西企业公司的特点及存在的问题

(一)特点

1.与政府、银行的关系较为融洽

广西企业公司与广西省政府的关系十分紧密,公司总部不仅与广西省政府所在地理位置近,公司高层与省政府领导的关系也十分融洽。"企业公司和省政府相隔很近,本人是常常行走经过的。"[①]从前文的《广西企业公司主要部门负责人员履历表》可看出,广西企业公司主要领导层大多有在广西省政府中任重要职位的经历。此外,广西企业公司的高层中有多位曾担任银行要职。与省政府和银行的融洽关系,使得省政府在多方面给予广西企业公司帮助和扶持,尤其是在资金方面,协调银行与工厂的关系,充当连线人,尽量帮助企业争取到银行贷款。"对于各厂家业务的情形,生产的数量,和诸般的困难,须加以详密调查和指导。有什么困难更要帮助他们去解决……交通银行的人物在扶助工厂生产,桂林交通银行李经理对此事甚热心……交通银行已准备尽量贷给款项,使能利用调剂,并且在另一方打算拿出资金代工厂购回原料。"[②]虽然广西企业公司属省营企业,但在与经济部的关系方面,十分尊重经济部的指示,而获取合法开采权。比如广西企业公司开办灵川铁矿厂,需要上报经济部备案,获批准方可开采。"又上项国营铁矿,广西企业公司如欲承租,应请予登记后,通知该公司,将保证金五千元缴部,再由部并用前送各件予以核办。至灵川县公平乡五美村牛牯岭东北部香花底狮子岭等处铁矿,据前送调查报告,载明该区域内铁矿总储量仅四千二百余公吨,是该铁矿量甚微,无大规模经营之价值。广西企业公司如拟一并开采该处铁矿,应就该牛牯岭区域内矿质富积地带另行划定小矿区,备具图件,呈由贵省政府转部审核,再予填给小矿业执照。"[③]经济部根据该矿区的调查报告,调整了开采方案后给予批准,并要求公司将矿区图纸、承租契约和计划由省政府呈送经济部,"兹将该公司原具该

①黄旭初:《配合经建计划发展业务》,《广西企业季刊》,1943年第2期,第81页。

②黄旭初:《本省管制物价实施问题之提示》,《广西日报》,1943年1月12日。

③翁文灏:《咨广西省政府(卅三)矿字第二〇二六八号》,《经济部公报公牍》,1944年第7卷第8期,第385页。

牛牯岭一区图件随文检附，并请查案发还为荷，此咨广西省政府附送国营铁矿区印图二纸又牛牯岭铁矿矿区图六纸及该案承租契约草底施工计划书支出概算书各一份”①。

在近代中国社会，融洽与政府、银行的关系，获取政经界的支持，是企业成功经营最重要的外部条件。广西企业公司在这方面的优势是其他企业无法与之相比的。

2.先进的管理手段

大到投资设厂的资金调拨，小到员工差旅费的津贴，广西企业公司有一套规章制度和运转体系。相对于以往广西的省营事业单位按指标行政命令经营生产，实行厂长一把手决策制度，无疑是巨大的进步。重视技术工人和高学历人才引进的人事任免制度，福利待遇偏向技术工人的政策规定，使得公司真正做到尊重人才与技术创新，一定程度上淡化了以往企事业单位里存在的行政化等级思想，践行了现代企业精神。人性化的员工管理制度，使员工在公司的生产生活得到保障的同时，也体现了公司对职员的关爱与呵护，同时还增强了职员对公司的归属感和亲切感。注重物质奖励的考绩制度为职员的工作、生活提供了强劲的物质动力；抗战救国与企业效率相结合的精神训导，职业修养和人格塑造相结合的培养熏陶，增强了职员对国家、企业、家庭三位一体的事业认知和对企业的忠诚度，为职员的工作、生活提供了强大的精神动力。员工的管理与训练、效益意识的培养与公司科学有效的管理紧密相连。公司一方面要求职员严格遵守各项章程，另一方面也重视提高员工的知识和技术水准，激发员工的工作热情。

3.灵活多样的生产经营方式

广西企业公司在成立后，顺应战时环境和时代的要求，生产经营手段灵活多样，这主要体现在以下三个方面：

第一，经营范围广，产品丰富。公司下辖的34个自营单位所生产的产品基本上涵盖了国计民生的各种需求。从工矿产品到农产品，从日用品到军用品，均在其生产经营范围内。广西企业公司所属各大工厂，计有：(1)贵县糖厂，出产一、二、三号上等白糖；(2)制革厂，出产皮带、马鞍及军用皮件；(3)印刷厂，承印簿账册、票证、招贴；(4)陶瓷厂，制造碗碟、壶杯、花瓶花盆；(5)酒精厂，出产足力酒

①翁文灏:《咨广西省政府(卅三)矿字第二〇二六八号》,《经济部公报公牍》,1944年第7卷第8期,第385页。

精;(6)机械厂,承接各种大小机件。[①]以上仅仅是其部分工厂出产的产品,全部产品的种类之多可想而知。

第二,确立制度化的采销体制和畅通的销售网络渠道,降低了企业的生产成本和风险,促进了原料采购和产品销售的效率。销售网络的构建畅通了其产品的销售渠道,便于公司将下属工厂生产的产品顺利销售到各大城市、机关和终端圩市。

第三,积极与省内外企业公司合作办厂。抗战时期,广西省内稍有规模的工厂,无论国营还是省营,广西企业公司几乎都有投资,从表3-25便知,其投资范围是相当广泛的,创办一年左右,便已投资13个合资企业,涉及工矿农商等行业,既有中央政府在广西投资的企业,也有外省企业。之后,公司还陆续与其他公司合作创办企业,仅在1943年5月至8月期间,广西企业公司与省内外企业订立多个投资合办项目,[②]从而壮大了企业的力量,增强了企业的竞争力。

4.具有兼顾社会性需求与企业经济原则的二元性特征

与民营企业相比,抗战时期的省营企业公司的经营理念和发展目标更具有二元性特征,即既要服务于国家和地方政府的经济发展目标,又要兼顾自身的经营利益。

广西企业公司是按照现代企业公司制度建立起来的,但考虑到其成立的特殊环境,以及与当时广西省政府和广西经济建设的关系,它不可能只是单纯的企业组织,还必须考虑社会需求,满足抗战时期物资供给的需要,服务广西省政府的建设计划。公司遵循社会性需求原则,首先表现在公司的服务目标上。广西企业公司是在抗战救国的时代背景下,响应《广西建设大纲》的号召成立的。其创立的宗旨"是期以统一生产组织之方式,集中人力物力财力,促进本省农工矿业生产,调节市场盈虚之重大使命,以达成本省建设计划,克服抗战物资之困难"[③]。1942年正值抗战困难时期,物资匮乏,物价狂涨,人心不稳,蒋介石为此提出"加强管制物价方案"。集中力量调动广西省内工矿农业的生产,开发广西省内的资源,克服物资困难,就成为广西企业公司承担的首要任务。抗战时期后方物资的供应,市场盈虚的调节,广西人民的日常用品需求,这些都摆在公司的发展目标上。其次,社

①《广西企业公司设桂林营业处》,《西南实业通讯》,1942年第5卷第5期。

②《广西企业公司大事记(卅二年五月至八月)》,《广西企业季刊》,1943年第4期,第112页。

③陈雄:《广西建设计划大纲中的经济建设问题》,《建设研究》,第6卷第4期。

会性需求原则还表现在配合政府计划，平衡物价，以满足战时物资需求为第一位。时任广西省政府主席黄旭初便在《配合经建计划发展业务》中说道："所以本公司虽然是一个地方公营的企业机构，省政府也很希望能够切实地分负本省经济建设一部分的任务。"[①]广西企业公司下属厂（场）中，工业占据最大比例，其次是农业，最后才是商业。公司积极引导资金进入工业资本和实体经济，生产物质产品以配合政府的建设计划，"推销本公司各工厂出品，采购原料，行有余力，则运销日用必需货品，以调剂供求、平衡物价"[②]。

公司既然是按照现代企业组织建立的股份有限公司，就必须遵循企业的经济原则。一方面，公司需要自负盈亏，制订生产计划，确定预算，以科学的管理方法推行人事管理、财务保管、生产运销、会计制度等，维持企业的正常运转；另一方面，还要努力提高公司效益，对股东负责，使公司有足够的利润用于股东分红和扩大投资。广西企业公司在成立之初的两年内，大部分资金用于投资建厂，部分厂矿效益较低，但大部分厂矿还是取得了较好的经营成绩，部分厂矿还取得了盈利，其经营成绩是值得肯定的。这对于一个刚刚成立不久的大型企业来说，无疑是最好的强心剂。虽然无从掌握广西企业公司每年给予股东的具体分红数据，但从其盈余分配办法、津贴办法、保险金、红利等制度可知，公司每年是保有一定的资金流用于分红、投资等事项的。

（二）存在的问题

1.制度建设不够完善

尽管省营企业公司与之前的手工作坊、家族企业、衙门企业相比，体现出明显的优势，但在战时经济环境下，由于成立时间仓促，过度追求规模、门类齐全等，承担了较多的责任，公司管理规章制度的建设水平与其庞大的企业组织机构是不相称的，总体上滞后于企业组织的建设。这种滞后性，首先体现在同一种规章制度有多种版本，没有整齐划一。比如旅费支给规程，就有《广西企业公司旅费支给规程》《广西企业公司员工出勤支给规程》《广西企业公司职员到职旅费津贴支给规程》等好几个规程，既有重复又有不同。其次是暂行性的规定较多，这无疑降低了

①黄旭初：《配合经建计划发展业务》，《广西企业季刊》，1943年第2期，第81页。

②陈雄：《广西企业公司概况》，《建设研究》，1942年第2期，第53页。

成文制度的稳定性和约束性。比如重要的考绩制度,关系到员工的切身利益和长远发展,应在公司成立之初便以成文的形式稳定下来,但事实上却由于各单位存在各种不同的利益需求而无法做到,只能制定暂行办法。

与资源委员会所属企业的各项章程的延续性与稳定性相比,广西企业公司无法与其相提并论,制度上的漏洞和空缺,造成部分职员工作敷衍,降低了企业效率,影响了企业的发展。陈雄不得不承认,“一些地方带着暮气,遇事敷衍塞责,误了自己、误了事业”①。

2.资金缺乏始终困扰着公司的发展

广西企业公司成立资本号称五千万,在后方各省营公司的资金规模中并不算小,但公司建设的流动资金始终处于紧张状态,资金问题成了公司发展的硬伤。陈雄董事长在总结公司业务成绩时说道:“我们检讨我们公司一年来业务的成绩及一年来各位同事工作的成果,实在是渺乎其小,我们追寻它的原因,固然是公司在草创的时间,无成例可循,所以工作上有点棘手,一方面是资金周转能力薄弱,不能展开业务范围所致。”②地方公股资金筹集违背了地方意愿,在实际募集过程中并不顺利,虽然广西银行向公司投资1000万元,但地方公股的2000多万元中很大部分是以桐油抵价,并无资金到账。“该公司原定资本总额五千万元,但因各区公股一部系以桐油作价,被冻结了差不多二千万元上下;于是运用周转上,颇感拮据。”③后来公司不得不通过股东大会向社会再次招股,增加资本。“徒以际兹战时,器材补充不易,原料采购困难,资金周转不敷;是故设备未如理想,技术改进受限。而运输维艰,市场变动急剧,物价与时递涨,每有计划,不旋踵而失其效,因致实际生产,每嫌不及其设备能力。”④在战时后方社会整体通货膨胀的背景下,物资紧张,原材料价格上涨,资金问题成为公司发展的瓶颈。

3.统制经济色彩浓厚,带有垄断组织的特点

按照时人所说,企业公司“兼有英美投资事业之性格”“实为集合大宗财力,投资、管理或经营工商实业的机构”。⑤

①陈雄:《各厂场处应注意事项》,《广西企业季刊》,1943年第2期,第87页。

②陈雄:《我们应有的职业修养》,《广西企业季刊》,1943年第2期,第87页。

③麦树楠:《成长中的广西企业公司》,《中国工业》,1943年第13期,第26页。

④何海筹:《创业二年之广西企业公司》,《广西企业季刊》,1943年第4期,第35页。

⑤陈禾章:《上海之企业公司》,载王季深等:《战时上海经济》(第一辑),1945年10月,第91页。

这段话精辟地概括出广西企业公司浓厚的统制经济和垄断组织色彩。省营企业公司犹如一省经济的“航空母舰”，汇聚了一省最优秀、最庞大的人力、物力、财力等各方面资源的支持，将全省大部分省营工厂聚集在一起集中协调生产，以求发挥战时生产供给的最大效应。企业作为独立的商品生产者，其经济效能的发挥有赖于多种因素的综合协调，而充分的自主权是重要的一方面。企业公司投资、参股工矿企业，拥有或者参与一系列单个的工厂企业，不仅从事具体的产品制造和经营，也进行资产的经营和管理。省营企业公司总部集各种权力于一身，给予子公司的自主权是极为有限的，总部按照社会需求制订生产和销售计划，分配给子单位完成。

广西企业公司总办事处从原料定价权到采购权集于一身，采销部则将产品的定价权、更改权大多抓在手中，虽然是出于预防浪费腐败、统一经营管理的需要和考虑，但各厂(场)在采销方面的自主权就变得十分有限，重要决策须经总部通过，工厂实际情况反馈至总部未免会延迟，这不利于企业生产的及时调整和应对市场变化。总办要求各厂先行支付现金采购原料，采销部推销产品时又将部分风险压在各厂(场)处，不能让各厂(场)省心。此项政策从客观上来说，给各厂(场)资金造成了不小的周转压力和负担，也使得资金问题成为广西企业公司发展的一个老大难问题。

1944年，日本发动了豫湘桂战役，于9月入侵广西。广西企业公司在此次战争的无情打击下，结束了其蓬勃发展的黄金时期。抗战胜利后，广西企业公司与众多国统区的省营公司一样，命运像国民党统治一样江河日下，进入衰退停滞时期，直到中华人民共和国成立前最终结束。

广西企业公司虽然前后存在不到10年，但它和其他省营企业公司的管理经营模式是抗战大后方经济建设中所创造的一种独特模式。它是大后方省份运用现代企业公司制度结合家国一体的传统理想，探索符合中国国情的工业化道路的一次有益尝试和实践，为后来国有企业的改革发展提供了宝贵的经验。

以广西企业公司为代表的一批省营企业公司的建立，是战时大后方省营企业在战时特殊市场环境下的一种经营调整和主动适应。在抗战时期的整个大后方建设期间，广西企业公司与众多省营企业公司一样，肩负着发展本省社会经济及支持大后方建设的使命，统筹组织旗下工、农、矿、商众多子公司的生产和销售，集中力量为地方经济服务。广西企业公司之于广西，就好比资源委员会之于全国，它实际上是缩小版的地方“资源委员会”。广西企业公司的管理经营模式，是抗战时期大后方省营企业践行现代公司制的一次有效探索和尝试，是抗战时期地方政府意志与民意强有力结合的典范。它不仅体现了西南地区人民追求近代工业化和改变经济落后面貌的迫切愿望，也体现了中国人民在争取民族独立和解放的过程中对现代经济制度的合理运用。以广西企业公司为代表的省营企业公司在中国近代企业发展史上的地位应该得到肯定。

第四章

抗战大后方广西的经济建设（下）

第一节　交通

一、公路

（一）战前公路修筑概况

广西公路之建设，远在19世纪90年代初即已开始。当时，提督苏元春因规划边防，修筑龙（州）南（镇南关）军路以运军械，实为广西公路之雏形。1921—1922年，孙中山率军北伐，以桂林为大本营。在此期间，他大力号召广西各界人士积极修筑新式公路，指出公路为开发财富之钥匙，是广西摆脱贫困状况的首要条件之一。公路一开，地价就会高涨起来，社会资本就会增加，民生主义就能得以实行。[①]在孙中山的号召下，公路修筑渐为各方人士所注意。

1925年，新桂系统一广西。鉴于当时广西交通闭塞，施政困难，于是以“剿匪”和“发展公路交通”作为巩固其统治的两大要务，督令各县征工集资，筹划筑路，发展公路交通，并将大部分的建设经费用于发展公路交通事业。1927年，广西全省建设经费为590余万元（银圆），其中用于交通事业的达400万元（银圆），占全省建设经费67%以上。1928年，广西省建设厅全年度建设费预算约924万元（银圆），其中用于路政建设的有311万元（银圆），约占预算的33.65%。另外，新桂系集团还把对发展公路交通是否抱积极态度，作为衡量各级地方官员是否称职的标准之一。1925年11月，民政署（广西省政府前身）批示：“对于放弃公路、清乡两事之所辖县知事，得随时检举撤换。”[②]

①孙中山：《实行三民主义及开发阳朔富源的方法》《三民主义就是建设新国家之完全方法》，载广益书局编：《孙中山全书》（第三册），广益书局1929年版，第122—123页，第133—139页。

②梁有斌，谢永泉：《广西公路运输史》（第一册），广西人民出版社1990年版，第5—6页。

在这种情况下，广西各地纷纷修筑公路。1925—1927年基本完成者，有宾迁（宾阳至迁江）、宾贵（宾阳至贵县）、柳石（柳州至石龙）、柳池（柳州至河池）、柳迁（柳州至迁江）、柳榴（柳州至榴江）、柳长（柳州至长安）、桂全（桂林至全县）、桂荔（桂林至荔浦）、荔八（荔浦至八步）、平八（平乐至八步）、容苍（容县至苍梧）、容北（容县至北流）、玉陆（玉林至陆川）、玉博（玉林至博白）等路，共约长2000千米。

1929—1930年，政局不稳，迭遭变乱，筑路工作停顿，已成各路段，多有崩坏。1930年政局复定，乃成立广西公路管理局，专司路政，将原有路段分别予以修整。为了获取所需经费，广西省政府一方面广招民股，另一方面则规定，公路经过之县一律征粮赋三年，充作路款。至于人力，则规定凡在公路经过之地方，男子18岁以上、50岁以下者均须担任筑路工作，如被征之人因故不能应征，则须自雇工人代替。[①]各级地方组织采取有力措施，切实保证了征款和征工工作的顺利进行。至七七事变前，广西原修建之公路大都恢复通车。

（二）战时公路修建

全国抗战爆发后，广西战略地位日趋重要。广西公路建设随即纳入战时轨道。为适应战争发展的需要，当时，国民政府和广西省政府共同出资并组织力量，对一些公路进行了修缮。至1941年，共修缮公路1500余千米。修缮工作有四个方面：一是改善路基，除将崩坏路基修补外，还将过低的路基予以提高，将过大坡度予以削减，将过甚弯度予以取直；二是改善路面，征集民工搬运砂石，陆续铺筑，使全年能通行无阻；三是改善桥梁，先把各支干线的桥梁予以加强，然后逐渐将木桥更换成永久式的桥梁；四是改善渡口，对于较小之渡口，设法改建桥梁，较大之渡口，则改用汽艇拖带，并添设渡船。其中，鉴于湘桂线（黄沙河至镇南关）和塘镇线（大塘至镇南关）等重要干线牵动战争全局，国民政府特组织湘桂公路工程处和塘镇公路工程处，专司其责，目的是使其运输能力进一步提高，以保障各种出入口物资运输的畅流。[②]

与此同时，广西省政府还新筑了一些公路，工款大都由省库支付，还有部分来自民股和地方县库。详见表4-1。

①《修正广西兴筑道路征用民工条例》，载《建设汇刊·交通》，第144—145页。

②广西省十年建设编纂委员会：《桂政纪实·经济》，1946年，第134—135页。

表4-1　1937—1945年广西修筑公路统计

公路名称	起点	终点	里程(千米)	建成时间(年)	征工人数(人)	完成土石方(米³)	备注
荔蒙	荔浦	新开(蒙山)	27	1938	230000	700000	征工人数和土石方数是荔浦至蒙江全数。
河田	南丹高峰	田州东	272	1940	73000	2200000	
平岳	平马(田东)	靖西岳墟中越界	171	1939	17000	520000	征工人数和土石方数是天保至岳墟段的数目。
贺信怀	贺县(贺街)	怀集坳仔	130	1938	36000	1070000	已减去原通车的怀集至梁村20千米。
贺连	贺县莲塘	鹰阳关	62	1939	15500	465000	
乐八	乐里	八渡	76	1940	15000	456000	
桂青	桂林	青龙界	124	1942	42119	1746900	已减去原通车的桂林至义宁24千米。
宾林	宾阳新宾	宾阳白岩	11	1938	–	–	
崇板	崇善县城	崇善板利	40	1938	–	–	
兴大	兴业城隍	兴业大江口	6	1938	–	–	
榴永	榴江大湖	永福	50	1940	13300	400000	已减去原通车的大湖至黄冕25千米。

资料来源　据广西壮族自治区档案馆资料L15全宗1目22卷；广西省十年建设编纂委员会：《桂政纪实·经济》，第134—135页；梁有斌，谢永泉：《广西公路运输史》(第一册)，第167—168页等整理而成。

除了修复、改善和新筑上述省道外，广西省政府还大力从事县道的修筑工作。到了1944年，县、乡、村道已发展到36000余千米。①县乡公路的修建，大大加强了彼此之间的联系，使政令便于推行，经济得到发展。

战时公路建设需要征调民工。征工前，一般先由建设当局组建工管处，以管理各县民工征调事宜。《广西兴筑公路征用民工条例》规定，公路修筑征用民工的编制分为若干段，每段10组，每组50人为标准。段长副由当地各乡长副或其他人员担任。②

①广西省政府统计处：《广西年鉴》(第三回)，1948年，第1058页。

②广西省政府编：《工役研究》，第31页。

必须指出，广西这一时期不论修整或新筑的公路，其路面大都属于低等级公路。按照当时的规定，公路干线以10米宽为标准。而广西直到1944年，最宽的路面也只有7.5米，最窄为5米，一般在6米左右。[①]至于县、乡、村道，路面就更窄了。1939年10月，日寇在钦州登陆。为了使公路不至于为敌所利用，广西省政府下令将有可能陷入敌寇之手的公路予以破坏。破坏工作由路线经过之县府征工进行，各区民团指挥部及驻军派员督导，省政府派员巡视。至1941年底，共破坏省道2000千米，县道约4000千米，乡道约8000千米。[②]广西光复后，又逐渐将破坏之公路修复。

（三）公路运输

全国抗战爆发前，广西共有汽车500余辆。七七事变后，军运紧急，西南各省出入口物资多假道省内公路转运，公路运输至为繁忙。此时统计全省之公商汽车共有750余辆，大部分为5人车，1吨半和2吨车。[③]其中广西公路管理局拥有278辆，主要负责长途运输。共分6个区，以邕镇区运输能力最强，共有72辆汽车，其次是柳江区和桂林区，分别有36和33辆汽车，力量最薄弱的是田南区，只有2辆汽车。详见表4-2。

表4-2　1938年广西公路管理局各区长途营业汽车统计　（单位：辆）

区别	5人车	7人车	1吨车	1吨半车	2吨车	2吨半车	3吨车	4吨车	共计
邕镇区	1	2	-	11	39	17	1	1	72
柳江区	-	-	1	13	21	1	-	-	36
桂林区	2	-	-	2	29	-	-	-	33
苍梧区	1	1	-	4	20	-	-	-	26
田南区	-	-	-	1	1	-	-	-	2
庆远营业处	-	-	-	26	14	-	-	-	40
总计	4	3	1	57	124	18	1	1	209

资料来源　陈晖：《广西交通问题》，商务印书馆1938年版，第58页。

①广西省政府统计处：《广西年鉴》（第三回），1948年，第1057页。
②广西省十年建设编纂委员会：《桂政纪实·经济》，1946年，第141—142页。
③陈晖：《广西交通问题》，商务印书馆1938年，第56—57页。

公路管理局另有汽车近70辆，主要作市街公共汽车或公务车、工程车之用。

至于商车，全省共有近280辆，多在短途区间营业。为了节省消费，便利交通，各路区纷纷成立汽车联营社，其中，邕(宁)柳(州)桂(林)石(龙)长(安)公路汽车联营社和邕(宁)贵(县)公路汽车联营社实力较强，其次为戎(圩)玉(林)容(县)武(鸣)公路汽车联营社和贵(县)兴(业)玉(林)公路汽车公司，平(乐)八(步)公路汽车联营社和桂(林)全(县)公路汽车联营社较弱。商车情况详见表4-3。

表4-3　1938年各商办汽车联营社汽车辆数　(单位:辆)

名称	2人车	5人车	7人车	1吨车	1吨半车	2吨车	2吨半车	共计
邕柳桂石长公路汽车联营社	-	20	-	10	15	32	2	79
邕贵公路汽车联营社	-	15	6	22	15	6	-	64
桂全公路汽车联营社	-	7	-	8	4	8	-	27
平八公路汽车联营社	-	1	-	15	5	3	-	24
戎玉容武公路汽车联营社	-	19	-	2	17	13	-	51
贵兴玉公路汽车公司	1	11	2	4	6	10	-	34
合计	1	73	8	61	62	72	2	279

资料来源　陈晖:《广西交通问题》，商务印书馆1938年版，第60—61页。

各联营社服务军公运输的成绩虽不小，但因分段营业，常生纠葛。1939年4月，广西省政府令公路局召集全省各段商车联营社及各汽车行经理代表，在桂林商讨组织全省商车联营总社，旋于同年7月成立，设总社于桂林，设分社于柳州、南宁、贵县、玉林各处，并设办事处于大塘、六寨、荔浦、宾阳、八步等地，制定章程规定:凡在广西省内营业之汽车行，均须加入该社；如不加入，由社呈请政府不准其在省内营业；各车行之车辆，均由该社管理，按到社先后编列号数，依次轮流派遣营业及负担军运。8月间，由绥署、省政府会衔通告全省商车，限8月底一律入社，逾期不准在省内营业。外省来之车辆须到社登记，俟该车辆悉数分派营业后，其剩余客货始得搭载，并须向该社缴纳办公费10%。[1]联营总社的成立，保证了广西全省商营汽车经营的顺利进行，维护了新桂系集团的利益。1940年7月，国民党中央政府为了统一调度各地公商车辆，由交通部颁发并实施《统一调度公商车辆办法》，致使该社业务日渐凋零。

全国抗战爆发前，公商汽车以客运为主。例如，1932年，客运的营业收入为166310元，货运为4935元，邮运为5684元；1933年，客运的营业收入为280416元，货运为112963元，邮运为7269元。[2]全国抗战爆发后，客运的比重渐小，而货运的比重渐大，详见表4-4。

表4-4　1938—1940年公商营汽车客货运统计

客运(单位:人)			货运(单位:吨)		
1938年	1939年	1940年	1938年	1939年	1940年
718983	443650	236972	24492.7	40545.5	27014.1

资料来源　广西省政府统计处:《广西年鉴》(第三回)，1948年，第1061—1062页。

这种变化，说明全国抗战爆发后，军运成为公路运输的主要任务。

抗战期间，广西汽车运输价格总的趋势是在不断增长，详见表4-5。

表4-5　1937—1944年广西汽车运输价格　(单位:国币元)

年份	客运(每10人里价)		货运(每吨千米价)		
	大车	小车	百货	行李	特货
1937	0.50	0.60	0.30	0.30	-
1938	0.45	0.54	0.54	0.54	0.90
1939	0.60	0.65	0.80	0.80	1.20
1940	1.10	-	1.25	1.25	-
1941	1.80	-	2.40	2.40	-

①广西省政府十年建设编纂委员会:《桂政纪实·经济》，1946年，第146页。

②广西统计局:《广西年鉴》(第二回)，1936年，第720页。

续表

年份	客运(每10人里价)		货运(每吨千米价)		
	大车	小车	百货	行李	特货
1942	6.50	-	7.50	7.50	-
1943	14.00	-	13.22	23.00	-
1944	32.00	-	49.49	59.00	-

说明:1.1940年、1941年两年原系采用弹性运价,随各路线盛衰而定;2.1942年以后系运输统制局及交通部调整之运价;3.百货车系整车一、二、三等商品之平均数,不满整车者按整车运价增10%计算;4.各县因情况特殊,局部临时呈请增加之价未列入。

资料来源　广西省政府统计处:《广西年鉴》(第三回),1948年,第1063页。

除了客运、货运、邮运外,广西公路的营业收入还包括养路费、渡河费等,1931—1941年,广西公路运输共获收入1743万元。[①]

全国抗战爆发后,广西公路营业的里程具体情况是:1937年,2100多千米;1938年,2200千米;1939年,1800千米;1940年,1600千米;1941年,约2200千米。[②]这与完成修筑或修复省道里程基本相同。此外,还有一部分县道公路也进行了营业。可见公路里程营业率在当时是较高的,但是每辆汽车的平均全程载重量并不很高。例如1938年,每车平均全程载量为:客运9.2人,货运0.24吨,人货载重占总载重额的50%。情况最好的1939年,客运12人,货运0.27吨,人货载重占总载重额的70%。[③]造成人货载重量不足的原因,主要是这一时期大量外省汽车驶入广西。据估计,1938年行驶在广西境内的汽车有3000~4000辆。[④]广西省政府尽管成立了汽车联营社,对外省汽车的运输进行限制,但是在军运十分繁忙,特别是在国民党中央政府的干预下,许多货物不得不由外省汽车承运。1938年,省汽车总队奉军事委员会之令成立,由省公路局局长兼任总队长,将全省汽车中的444辆

①据广西统计局:《广西年鉴》(第二回),1936年,第720页、第1070页的数字计算。其中1931—1937年的数字系估算,即以1933年的数字(391516元)为这几年的平均数。实际数字应比这高。因为1935—1937年是广西经济建设取得成效最大的几年,同样也是交通运输业发展最为迅速的几年。这里所列的"1743万元"是比较保守的统计。

②广西省政府统计处:《广西年鉴》(第三回),1948年,第1059页。

③广西省政府统计处:《广西年鉴》(第三回),1948年,第1060页。

④广西省政府十年建设编纂委员会:《桂政纪实·经济》,1946年,第147页。

编成三个大队，后改由五路军总部交通处处长兼任总队长。[①]它的成立，在加强军运方面起了一定的作用，但是不能从根本上解决人货载重量不足的问题。

最后必须指出：抗战期间，随着东南沿海各省的相继失陷，广西省政府为了保证军需物品的运输，特别注意扩大桂越路的业务。尽管当时越南是法国的殖民地，经常干扰中国的过境运输，但是在各方人士的斗争和斡旋下，这一运输路线基本上得以畅通。这为中国的抗战提供了保障。直到1940年，日军占领越南后，桂越路运输才被迫停止。[②]

（四）公路管理

20世纪30年代初，广西省政府设广西公路局于邕宁，统一办理省内已建成公路之保养及运输事宜。[③]1934年5月，广西公路管理局改组为广西道路局，1936年又重新启用公路管理局名称，分桂林、柳江、邕镇、田南、苍梧五区，分别设立办事处于桂林、柳江、邕宁、百色、玉林等地，并设庆远营业处于宜山，每区分划路线数百千米。1939年奉令疏散，管理局迁设柳州都龙，旋迁宾阳丁桥。10月邕宁失陷，又迁柳州都龙。这时，因路线缩短，运输业日衰，乃将邕、梧、柳三区办事处裁撤。邕宁克复后，又逐渐将其恢复。[④]

公路的管理具体分为以下几个方面。

1.公路保养

公路保养主要由养路队负责，由公路管理局统一管理。每区设工程师1人，专管养路工程事宜。各区管辖路线，视运输量之大小与路基、路面、桥涵之情形，划分为若干个养路段，每段长40～80千米，设技士或技佐1人，监工若干人。养路工人若干班，每班25人，内设班长1人，伙夫2人，保养普通路段10～20千米。每个监工所管辖路工，以1班至2班为限。除养路队外，还在重点地段设立特别班及桥工班。据统计，1939年广西全省养路工人有4000余人。桂南战事发生后，因路线缩短，车辆往来减少，乃逐渐裁减，至1940年底，养路工约2000人。

①广西省政府十年建设编纂委员会：《桂政纪实·经济》，1946年，第149页。

②梁有斌，谢永泉：《广西公路运输史》（第一册），广西人民出版社1990年版，第130—137页。

③广西省政府：《广西年鉴》（第二回），1935年，第709页。

④广西省政府十年建设编纂委员会：《桂政纪实·经济》，1946年，第142—143页。

渡口为公路的弱点。每一渡口须设渡夫及轮渡司机、稽查等，需费甚多。统计全省公路，共有渡口30余处，有渡夫五六百人。桂南战事后减至200余人。

1936年8月，为了便于管理和提高效率，曾将各区养路队解散，把各省道划分路段，招工承包修养，由公路局派员监督，施行后收效甚大。但自七七事变后，广西当局深恐各路面、桥涵万一遭破坏时，包工不能及时抢修，乃于1938年2月重新将各包养工人改编为养路队。①

2.征收养路费

养路费的征收在不同时期有不同的标准。从1937年起，广西养路费的征收办法规定，除自用车仍按年度分上、下期征收，收费酌情提高外，其余一律按照规定运费，载客车征收养路费40%，载货车征收养路费30%，军车及空车免之，矿车除载运煤、锰、锑者仍特准按营业车数目征收1/4外，其余均照营业车征收。1939年冬，广西省政府奉行政院令，颁发修正后的养路费征收办法，规定了各区养路费征收率：凡7座以内载客小汽车，每车每千米收费4分；自用或营业大客车，每车每千米收费8分；自用或营业货车，每吨每千米收费6分；空车照征；军运每月由交通部拨付2万元。②

不难看出，这一时期养路费的征收具有明显的战时特征，货车的养路费低于客车，特别是运送煤、锰、锑等矿的货车，养路费比一般货运车又低一些。这对保证生产发展、活跃社会经济无疑起了积极作用。

3.对车辆和车站的管理

这方面的工作，主要是对商车进行检验和征收牌照费。按规定，商车经营须领取执照和车牌，并缴纳执照费和车牌费，遵守公路局颁布的有关章程，并通告全省，不再征收其他费用。1940年，交通部成立汽车牌照管理所，颁发统一牌照，规定全国汽车均由该所负责管理，广西公路局即将汽车检验事宜移交该所。③

1937—1941年，广西车站、分站及代办站数目每年不等，最少的有60多个，最多的有140个，详见表4-6。

①广西省政府十年建设编纂委员会：《桂政纪实·经济》，1946年，第143—144页。
②广西省政府十年建设编纂委员会：《桂政纪实·经济》，1946年，第144—145页。
③广西省政府十年建设编纂委员会：《桂政纪实·经济》，1946年，第145页。

表4-6 1937—1941年路局设站情况 （单位:个）

年份	车站	分站	代办站	总计
1937	52	25	63	140
1938	43	32	41	116
1939	30	20	18	68
1940	33	14	14	61
1941	43	15	19	77

资料来源 广西省政府统计处:《广西年鉴》(第三回),1948年,第1074页。

根据运输要求,在一般的要冲之地,都应设有车站或分站,但由于广西崇山峻岭甚多,民众居住较为分散,特别是桂西北地区,这一问题更为突出。同时,公路管理局人手不足,无法设立足够的车站或分站。因此,许多地方在车站和分站之下设由绅商、民众负责的代办站。这一办法,不用管理局投资,不增添管理人员和设备,依靠民间力量,注重经济效益,把经营好坏与承办者的切身利益密切联系在了一起。实施的结果,既便利了乘客,发展了营业,又增加了一部分绅商和民众的收入,更重要的是加强了对公路运输的管理,使车站之间、车站与公路管理局之间的联系更为密切,可谓一举数得,因此,大受各方欢迎,发展迅速。1937年,代办站已超过车站或分站的数目,大有后来居上之势。但1940年交通部对运输业实行统一管制后,绅商和民众经营的代办站无法获利,不得不放弃,业务日渐衰落。

4.对汽车驾驶员的管理

随着公路运输业的日益发展,公路管理局加强了对汽车驾驶员的管理,规定须经该局考试合格,领有汽车驾驶执照者,方准在省内驾驶汽车,并制定了具体的汽车肇祸处理章程和司机违犯惩罚条例。对局内司机及其助手,还订有服务规则,以资遵守。1940年,交通部汽车牌照管理所成立,驾驶员考试之事,拨归该所统一办理,但发照仍由公路管理局办理。①

(四)公路建设中的人才培养和科学研究

公路运输刚刚兴起之际,广西省政府就设立了交通学校,培养工程、管理和运

①广西省政府十年建设编纂委员会:《桂政纪实·经济》,1946年,第146页。

输等方面的技术人才。为了鼓励学生努力学习,还制定了官费生优待条例。[①]

燃料是汽车运输中必须解决的一大问题。汽车燃料主要为汽油。据不完全统计,仅1939年,广西各种汽车共消耗34188升汽油。[②]当时中国不能生产汽油,故不得不从国外进口,受到很大制约。在这种情况下,公路管理局对汽车燃料问题进行了认真研究,用酒精和木炭代替汽油,其中后者的研究取得了一定成就,即将仲明式木炭炉进行改良,然后装配在汽车上。因这种汽车的独特性,公路管理局便举行了木炭汽车驾驶员培训班,让他们详细了解这种车的性能和操作方法。这种车与用汽油作燃料的车相比,各方面都显得比较落后,但是,在当时的历史条件下,它的出现却有积极意义。它在一定程度上解决了汽油进口困难的问题,减少了生产成本,为交通运输的发展开辟了一条新的道路。

二、铁路

(一)铁路修筑

清光绪年间,法国根据《中法新约》和《中法商约》的规定,决定与越南、中国一起修筑同登至龙州和镇南关的铁路,这是广西筹建铁路之始。1896年,此路测量设计均已完成,越南路段已铺轨至边境,但是由于法国坚持铁路应为窄轨,与越南一致,同时,坚持要中国使用其费务林公司原有的旧机车、旧车厢和旧铁轨,清政府和广西当局认为国防安全受到威胁,经济利益受到损害,故没有同意,使筑路计划搁浅。[③]不久,广西先后计划修筑邕(宁)钦(州)铁路和三(水)贺(县)铁路,因经费无着而未果。广西省内铁路的实际兴筑,首推合山至大湾之运煤铁路。此路由合山煤矿于1935年开始建筑,长约70千米,因属轻轨,除了运煤之外,不能作为他用,局限性甚大。

①《广西交通专门学校官费生条例》,载《广西建设月刊》1928年第1卷第5号。

②广西省政府统计处:《广西年鉴》(第三回),1948年,第1069页。

③宓汝成:《中国近代铁路史资料》(第二册),中华书局1963年版,第474—484页。

严格说来，广西铁路的正式建筑是从湘桂铁路开始的。该路的修筑有两个目的：一是使广西与邻省铁道干线相衔接，以开发本省的经济；一是使广西铁路干线与国际铁道相衔接，以便海洋交通被敌人封锁时仍可维持国际大陆交通。[①]该铁路起于湖南衡阳，讫于广西镇南关，途经的主要地方有祁阳、零陵、东安、全县、兴安、灵川、桂林、临桂、永福、榴江、洛容、柳江、来宾、贵县、永淳、邕宁、扶南、崇善、明江、凭祥等。其中，桂段干线长1085千米。该铁路由交通部和湘桂两省共同投资，1937年动工修筑。原定路线至桂林为止，后因抗战转入第二期，沿海地带相继沦陷，西南各出入口岸均有陷入敌手之虞。为打通西南国际路线、经越南出海起见，中央政府和广西省政府决定将此路延长至镇南关，与越南铁路相接。广西除负责征工和建筑土方工程外，还负责代购部分枕木及路碴。该铁路的修筑可分为4段：

(1)全桂段，由湖南边境至桂林，长153千米，1938年9月通车。

(2)桂柳段，由桂林至柳江，长174千米，1939年11月通车。

(3)柳南段，由柳江至邕宁，长260千米，支线黎塘至贵县，长57千米。因战局关系，黔江以南路基工程只完成8/10。1939年桂南失陷时即停止施工，后来被破坏。只有柳江来宾段的72千米，由于与合山煤矿开发有密切关系，于1941年4月复工，9月通车。

(4)南镇段，长234千米，1939年已完成路基的9/10，后因战局影响被迫停工。

继湘桂铁路修筑后不久，即1939年，黔桂铁路也开始修筑。该路起自柳江，经柳城、宜山、河池、南丹、独山、都匀、贵定、龙里而至贵阳，全长660千米。其中，桂段干线长300千米，主要由交通部投资兴筑，广西负责征工建筑土方工程，并代购枕木及工粮。计前后共代购枕木30余万根。此铁路由于经过南岭山脉，地形复杂，崇山峻岭、峡谷沟壑甚众，工程浩大。该铁路的修筑可分为两段：

(1)柳六段，由柳江至六甲，长180千米，1940年底竣工。

(2)六黔段，由六甲至黔境，长约120千米，1941年完工。

根据筑路协定，在修筑湘桂铁路和黔桂铁路的过程中，广西征工建筑所耗的款项，即作为广西对该路的投资。征工工作由广西省政府设立的湘桂铁路桂段路工管理处和黔桂铁路桂段路工管理处负责，广西建设厅厅长兼任处长。征工对象

①陈晖：《广西交通问题》，商务印书馆1938年版，第26页。

一般为铁路附近各县百姓。当时，广西省政府参照内政部颁布的《国民工役法》的规定，应征区域内之壮丁（18～45岁），除规定免役者外均须参加。以抽签方式决定，中签者即须征调；民工以64人为1组，设组长1人，由村街长兼任；每10组为1队，设队长1人，由乡镇长兼任。各民工的遣送及工地管理，均由县征工主任负责。至于工程事务，则由路工管理处在工地设办事处或派出所监督指挥。每日给队长桂币1.2元，组长0.8元，民工0.4元。工役期限原规定不得超过20日，但因工作效率太低和其他各种原因，期限一般达40天之久。后来，对因特别事故不能应征的民工，准许缴纳代役金，但缴纳代役金的人数不得超过全县应征人数的20%。各路段应征工县份以及人数情况如下：

湘桂路：

全桂段。征工县份为：桂林、兴安、灵川、全县、资源、灌阳、龙胜、义宁、百寿、永福、阳朔，征工数共156300人。

桂柳段。征工县份为：富川、榴江、蒙山、恭城、荔浦、中渡、柳城、融县、洛容、柳江、修仁、三江、钟山、平乐、昭平，征工数共87200人。

柳南段。征工县份为：宜山、忻城、罗城、柳江、贵县、桂平、来宾、迁江、武宣、象县、玉林、北流、博白、陆川、兴业、横县、宾阳、上林、平南，征工数共14万人。

南镇段。征工县份为：龙津、崇善、思乐、上金、雷平、龙茗、万承、明江、宁明、凭祥、左县、养利、邕宁、永淳、武鸣、上思、扶南、隆安、绥渌、同正、都安、上林、那马、镇结、向都、隆山、横县、宾阳、果德、平治，征工数共20.6万人。

黔桂铁路柳六段。征工县份为：象县、柳江、武宣、柳城、中渡、洛容、三江、宜山、天河、宜北、融县、忻城、罗城、河池、都安、隆山、迁江、那马、思恩、南丹、上林、榴江、来宾，征工数共16万人。

六黔段。征工县份为：柳江、恭城、罗城、东兰、天峨、圻城、象县、凤山、中渡、宜北、上林、天河、河池、武宣、思恩、南丹、迁江、来宾、贵县、桂平、隆山、都安、那马、宜山、横县、洛容、武鸣、永淳、融县，征工数共30万人。

总之，1937—1942年，广西共筑铁路1178千米，征集约80县的民工104.95人，以平均每人每天0.4元的工价计算，广西所耗工钱为410余万元。[①]

①广西省政府十年建设编纂委员会：《桂政纪实·经济》，1946年，第153—158页。工款实际数目不止410余万元，因为20世纪40年代初物价普遍上涨，工价也随之上涨。这里是以1937年的工价为标准计算的。

民工以组为单位工作，主要负责土石工程。按照当时省政府的规定，湘桂和黔桂铁路修筑过程中，每组民工60人，工作45日，应完成普通低方2500方，相当于每人每日完成1方。[①]由于任务明确，民工往往自觉增加每日工作量，因此，各组工作大都能提前结束。铁路施工沿线人烟稀少，环境恶劣。夏秋两季，天气酷热，工场动辄十几万人聚集，又缺少卫生设备，工人随地便溺，蚊蝇猖獗，霍乱、疟疾、伤寒等疾病频频发生，因此造成很严重的人员伤亡。

湘桂铁路开始修筑后，国民政府和广西省政府采取发行股票的方式筹集社会资金。股份制是西方资本主义经济的引擎，在聚合社会资金方面发挥着非常重要的作用。中国近代开始引入股份制，政府深知通过发行股票来筹集资金是十分重要的，因此，当湘桂铁路修筑计划确定之后，便结合地方实际，制定了募股的具体办法。1937年9月15日，广西省政府第309次会议通过了《湘桂铁路广西募股办法》，明确了公股认购的数目及标准，即：

一、村街公股其派认标准如下：

（一）凡一百五十户以上为一等村街，须认六股以上；

（二）一百二十户以上未满一百五十户为二等村街，须认五股以上；

（三）九十户以上未满一百二十户为三等村街，须认四股以上；

（四）六十户以上未满九十户为四等村街，须认三股以上；

（五）六十户以下为五等村街，须认两股以上。

以上各等村街所认股款如何筹缴，由村街长召集村街民大会决定之。

二、绅富认其股派认标准如下:

（一）一等县派认三千股以上；

（二）二等县派认二千股以上；

（三）三等县派认一千五百股以上；

（四）四等县派认一千股；

（五）五等县派认五百股。

以上各等县所认股款如何筹缴，由县长召集乡镇长会议，分配于县内绅士、富户承认。

①湘桂铁路局，黔桂铁路工程局:《广西动员百万协筑湘黔桂铁路桂段工程纪实》，1944年。

三、商店认股照所缴之营业数目多少派认，其标准如下：

（一）营业总额二千元以上未满五千元者认一股；

（二）营业总额五千元以上未满八千元者认二股；

（三）营业总额八千元以上未满一万元者认三股；

（四）营业总额一万元以上未满一万一千元者认四股；

（五）营业总额一万一千元者认五股，一万一千元以上每加一千元营业额即加认一股；

（六）以资本额及以收益额计，亦照营业额比例认股。

以上商店认股由各商会会同税捐稽征局按照上列分配方法派认收缴。

四、矿商认股

由建设厅令饬各区矿务办事处按照矿商之资本及获利之多寡，用累进方法派认，最少以应五万股为限；

五、党政军公务人员认股照所得税加五十倍派认。[①]

从上述内容可知，股票认购是分类进行的，认购数量有明确的标准。每一类股款的筹集，分别由村街长、乡镇长、商会和稽征局、矿区办事处等组织募集，责任非常明确。广西省政府还明确规定，每一股为"桂钞10元"[②]，同时要求迅速募集，"一个月内，将股款汇缴"[③]，以使铁路修筑工作及时获得资金支持。这些措施带有一定的强制性，但同时也注重民主协商，"村街所认股款如何筹缴，由村街长召集村街民大会决定之"，这就是说，任务派定之后，如何筹缴修筑资金，由村街民大会决定，可以人均分摊，也可按照自愿的原则，由部分有经济实力的村街民购买。绅富的股份，"由县长召集乡镇长会议，分配于县内绅士、富户承认"。分配的原则，基本也是根据经济实力及意愿而定。商店的认购主要依据其营业额。认购的营业额起点为2000元，营业额越高，认购越多。以资本收益牌照为标准者，也发电令进行了规定："税额12元至未满30元1股，30元至未满48元2股，48元至未满

①《广西省政府公报》第195期，第16—17页。转引时修改了个别错字。

②《广西省政府公报》第1010期，第4—6页。

③《广西省政府公报》第196期，第43页。

60元3股，满60元以上每加9元加多1股。”[①]无论是按营业额还是按资本收益为标准认购，具体数目均由各商会会同税捐稽征局按照分配方法派认收缴。矿商认股是当时广西的特别规定，因为矿业是当时广西最重要的一个行业，开采历史悠久，获利较丰。随着抗战对矿产需求量的增加，新的矿区和矿业公司不断增多，矿业于是蓬勃发展起来，矿业在社会经济中所占据的地位越来越重要。因此，矿商认购桂越铁路湘桂段股票就成为政府的必然要求。在《湘桂铁路广西募股办法》中，广西省政府明确规定“各区矿务办事处按照矿商之资本及获利之多寡，用累进方法派认，最少以应五万股为限”。相比其他认购者，这是较大的数目。显然，广西省政府将矿业作为桂越铁路资金的重要来源。公务员“认股照所得税加五十倍派认”。他们的所得税，主要根据工资收入和绩效奖励情况而征收。抗战时期，社会动荡，物价波动，公务员的所得税在不同时期和不同地区有所差异，而且有时也不能按时或足额发放，但是桂越铁路的紧急修筑却需要他们承担较大的责任，因此广西省政府规定“照所得税加五十倍派认”。这样的规定不仅是要从他们身上筹集到较多的筑路资金，更重要的是让他们起到示范作用，为民众做出表率。广西省政府还对各级公务员家属认购湘桂铁路股票做出明确规定，即公务员“不满法币25元不派认路股，但其家属仍应派认村街公股；在35元以上，已照所得税派股者，由服务机关主管长官出具证明单，交齐家属证明不再派股。现役征兵家属不派认，村街公股其已经派认缴款者，着即发还，以示优待”，其余均应承担认购湘桂铁路股票的责任。[②]

广西省政府为促进各地各部门募集工作的开展，紧接着又制定了《湘桂铁路募股奖惩办法》，根据县、乡镇政府及民众的募股工作成效进行奖惩。

湘桂铁路募股奖惩办法

一、各县县长办理募股成绩卓著或不努力者依下列规定奖惩之：

甲、能依省政府有建代电所定期限并能照募股办法原定数目募足缴清者记功一次；

乙、能激发民众爱国情绪，使募缴数目超过原定之数目或期限者，除记

①《广西省政府公报》第193期，第86—87页。
②《广西省政府公报》第193期，第119—120页。

功外,观其超过数目之多寡及期限之速迟,于年度考绩时酌以晋级或升叙。

丙、募缴数目少于原定额数者,按其所少之数,分别予以记过、罚俸、降级或撤职之处分,募缴日期逾限者,视其逾限日数,分别予以申诫记过或罚俸之处分。

二、各县长之奖惩由省政府行之,各乡镇村街长之奖惩由县政府拟定,呈请省政府核准行之。

三、本办法自公布日施行。

廿六年十一月①

抗战前,广西实行区公所三位一体的乡镇行政管理制度,在县政府以下设区、乡(镇)、村(街)公所。这种三位一体的乡镇行政管理制度,夯实了社会基础,形成了较强大的合力,使政府的行政计划能较及时有效地贯彻下去。

抗战时期,广西之所以要采用上述措施来募集资金,首先是因为当时湘桂越铁路的修筑非常急迫,需要全民动员,广泛募集资金。其次,当时铁路的修筑采取政府主导、公司具体运作的方式,尤其是1937年4月湘桂铁路工程处成立和1938年3月15日国民政府公布《特许湘桂铁路股份有限公司条例》后,桂越铁路湘桂线修筑突飞猛进。因此,广西省政府通过县及乡镇政府行政系统,将股份认购的任务层层落实,为筑路工作提供了资金保证。再次,以李宗仁为首的新桂系集团主政广西后,一直实施自卫、自治、自给和寓兵于团、寓将于学、寓征于募的"三自三寓政策",通过三位一体的乡镇治理制度,成功地将广西治理成为全国的模范省,因此,当桂越铁路修筑时,很自然地就将这种管理体制渗透在资金筹措的过程中。广西社会对集资修筑桂越铁路予以高度赞同,尤其是得知筑路费用"约三千六百万元,由中央担任半数,余由湘桂两省各担任一半,计湘桂两省只需各筹九百万元"时,更是感到责无旁贷。省政府主席黄旭初表示:"桂虽贫瘠,对此极愿勉为负担"②,并对于铁路的顺利修筑深以为荣,认为:"协筑铁路,为广西对于抗战建国力量伟大贡献之一。"③

①《广西省政府公报》第196期,第43页。当时使用韵目代日法。上述"办法"中的"有建代电"指25日省政府建设厅的电文。

②《广西省政府公报》第160期,第36页。

③黄旭初:《抗战以来的广西》,胜利出版社1943年版,第91页。

1939年10月，广西建设厅公布了部分县及机构认购湘桂越铁路广西境内路段的募股情况，详见表4-7。

表4-7　1939年8-9月湘桂铁路桂段股票办事处发出股票一览表

募股机关	股别	应购股数	实购股数	发出日期	附注
靖西县政府	绅	1775	1459	1939年8月3日	
	村	1896	451	1939年8月3日	
凭祥县政府	绅	189	41	1939年8月4日	
	村	465	279	1939年8月4日	
宁明县政府	绅	183	54	1939年8月4日	
	村	500	419	1939年8月4日	
三江县政府	绅	1260	1058	1939年8月9日	
	村	1330	298	1939年8月9日	
上金县政府	绅	499	495	1939年8月12日	
	村	328	77	1939年8月12日	
凌云县政府	绅	1018	931	1939年8月13日	
	村	449	116	1939年8月13日	
明江县政府	绅	512	434	1939年8月16日	
	村	223	64	1939年8月16日	
那马县政府	绅	434	121	1939年8月16日	
	村	500	462	1939年8月16日	
宾阳县政府	村	1834	469	1939年8月16日	
	绅	2133	1705	1939年8月16日	
省府职员	公	2602	773	1939年8月16日	由总务处会计室转发
迁江县政府	绅	1001	932	1939年8月29日	
	村	660	147	1939年8月29日	
万承县政府	村	259	65	1939年8月29日	
	绅	500	466	1939年8月29日	
广西绥靖主任公署驻京办事处	公	121	28	1939年8月30日	由广西绥靖主任公署转发
前五路军总务交通队	公	7	7	1939年8月30日	由广西绥靖主任公署转发
贺县县政府	村	1530	382	1939年8月30日	

续表

募股机关	股别	应购股数	实购股数	发出日期	附注
	绅	2002	1459	1939年8月30日	
南宁区税捐稽征局	商	16810	2659	1939年8月31日	
万冈县政府	绅	1506	1141	1939年8月31日	
	村	584	134	1939年8月31日	
来宾县政府	绅	1009	732	1939年9月1日	
	村	691	133	1939年9月1日	
象县县政府	绅	1762	1175	1939年9月1日	
	村	981	279	1939年9月1日	
乐业县政府	绅	1012	737	1939年9月1日	
	村	353	90	1939年9月1日	
凤山县政府	村	251	97	1939年9月8日	
	绅	773	687	1939年9月8日	
西林县政府	村	310	100	1939年9月8日	
	绅	981	697	1939年9月8日	
博白县政府	绅	3037	2220	1939年9月9日	
	村	2770	692	1939年9月9日	
贵县县政府	村	2911	727	1939年9月9日	
	绅	3010	2226	1939年9月9日	
陆川县政府	村	1947	559	1939年9月14日	
	绅	2074	638	1939年9月14日	
昭平县政府	绅	1528	846	1939年9月16日	
	村	924	255	1939年9月16日	
阳朔县政府	村	791	149	1939年9月18日	
	绅	1011	837	1939年9月18日	
灵川县政府	村	1042	254	1939年9月18日	
	绅	1541	1253	1939年9月18日	
百色县政府	绅	1960	1442	1939年9月27日	
	村	728	176	1939年9月27日	

续表

募股机关	股别	应购股数	实购股数	发出日期	附注
隆山县政府	村	598	209	1939年9月28日	
	绅	971	921	1939年9月28日	

资料来源 《广西省政府公报》第595期,第13-15页。

表4-7数据显示,1939年8-9月认购湘桂铁路桂段股票的共有26个县的村庄及其士绅,其中村庄应认购股数为24855,实际股数为7083,约占应购数的28%;士绅应认购股数为33681,实际股数为24707,约占应购数的73%。这期间,广西绥靖主任公署驻京办事处、前五路军总务交通队等机构的认购数合计为128,实际股数为35,约占应购数的27%。南宁区税捐稽征局认购的股数,按照《湘桂铁路广西募股办法》的划分,属于"商店认股",应认购数为16810,实际股数为2659,约占应购数的16%。"省府职员"指省政府的公务员,其应购数为2602,实际股数为773,约占应购数的30%。

是年12月,广西建设厅又公布了部分县及机构的募股情况,见表4-8。

表4-8 1939年10-11月湘桂铁路桂段股票办事处发出股票一览表

募款机关	股别	应购股数	实购股数	发出日期	附注
宜山县政府	村	-	594	1939年10月3日	
	绅	4045	3167	1939年10月3日	
田阳县政府	村	820	211	1939年10月3日	
	绅	1500	1393	1939年10月3日	
养利县政府	村	213	49	1939年10月3日	
	绅	510	510	1939年10月3日	
岑溪县政府	村	1305	300	1939年10月4日	
	绅	1800	1081	1939年10月4日	
果德县政府	村	352	76	1939年10月7日	
	绅	501	473	1939年10月7日	
兴安县政府	村	1010	218	1939年10月7日	
	绅	1516	474	1939年10月7日	
苍梧县政府	村	2496	633	1939年10月14日	
	绅	3422	2219	1939年10月14日	
北流县政府	村	2880	614	1939年10月16日	

续表

募款机关	股别	应购股数	实购股数	发出日期	附注
	绅	4302	944	1939年10月16日	
前广西民团干部学校职员古泗澄	公	6	1	1939年10月17日	无法投寄退回，由本府谘议员代领
藤县县政府	村	2689	683	1939年10月17日	
	绅	2835	1791	1939年10月17日	
恭城县政府	村	777	163	1939年10月20日	
	绅	1032	779	1939年10月20日	
浔州区税捐稽征局	商	8673	2168	1939年10月20日	
广西初中军训总队教官陈贞纲	公	3	1	1939年10月24日	由本府参议陈居玺代领
前广西民团干部学校职员卢贻瑞	公	3	1	1939年10月25日	无法投递退回，由玉林区民团指挥部转发
前广西民团干部学校职员彭汝寿	公	1	1	1939年10月25日	无法投递退回，由广西第四区各县联合农场转发
前广西民团干部学校职员周大胜	公	1	1	1939年10月25日	无法投递退回，由广西第四区各县联合农场转发
前广西民团干部学校职员赖信	公	6	1	1939年10月25日	无法投递退回，由广西第四区各县联合农场转发
永淳县政府	村	1151	296	1939年10月25日	
	绅	1552	1134	1939年10月25日	
钟山县政府	村	1251	284	1939年10月28日	
	绅	1501	1296	1939年10月28日	
罗城县政府	村	685	159	1939年11月1日	
	绅	1319	688	1939年11月1日	
都安县政府	村	1478	342	1939年11月1日	
	绅	1728	1450	1939年11月1日	
崇善县政府	村	436	97	1939年11月13日	
	绅	979	914	1939年11月13日	
庆远区税捐稽征局	商	1145	238	1939年11月13日	

续表

募款机关	股别	应购股数	实购股数	发出日期	附注
广西高等法院	公	185	63	1939年11月13日	
广西全边对汛督办署	公	114	61	1939年11月13日	
贵县地方法院看守所	公	1	1	1939年11月13日	由高院转发
永淳县政府司法处	公	5	2	1939年11月13日	由高院转发
桂林地方法院	公	32	13	1939年11月13日	由高院转发
桂平地方法院看守所	公	1	1	1939年11月13日	由高院转发
博白地方法院	公	14	7	1939年11月13日	由高院转发
思乐县政府司法处	公	3	1	1939年11月13日	由高院转发
平南地方法院看守所	公	1	1	1939年11月13日	由高院转发
怀集地方法院	公	14	7	1939年11月13日	由高院转发
平南地方法院	公	14	7	1939年11月13日	由高院转发
怀集县政府	村	2257	589	1939年11月13日	
	绅	3000	2038	1939年11月13日	
容县县政府	公	23	13	1939年11月16日	
前南宁科学集中实验所	公	64	25	1939年11月16日	由省立教育用品制造所转发
融县县政府	公	21	12	1939年11月16日	
融县县党部	公	1	1	1939年11月16日	由县政府转发
广西农民银行平乐办事处	公	4	3	1939年11月16日	
前南宁科学集中实验所职员卓宝玙、韩守溶、萧继勋	公	7	3	1939年11月16日	由省立南宁初中转发
前广西糖厂职员陈美文、陈荣	公	12	2	1939年11月16日	由色保区矿务处转发
龙茗县政府	村	464	117	1939年11月16日	
	绅	1000	886	1939年11月16日	
龙津县政府	村	494	142	1939年11月16日	

续表

募款机关	股别	应购股数	实购股数	发出日期	附注
	绅	2015	1522	1939年11月16日	
田东县政府	村	772	214	1939年11月22日	
	绅	1180	969	1939年11月22日	
广西省立柳州初级中学	公	82	33	1939年11月22日	
前民团干部学校	公	253	130	1939年11月22日	该校停办，无法投递退回，由地方建设干校转发
思乐县政府	村	271	68	1939年11月22日	
	绅	1016	800	1939年11月22日	
雷平县政府	村	508	131	1939年11月22日	
	绅	1037	1007	1939年11月22日	
隆安县政府	村	550	133	1939年11月28日	
	绅	932	641	1939年11月28日	
扶南县政府	村	462	97	1939年11月28日	
	绅	1000	809	1939年11月28日	
龙胜县政府	村	580	160	1939年11月28日	
	绅	1000	699	1939年11月28日	
兴业县政府	村	855	230	1939年11月28日	
	绅	1391	898	1939年11月28日	

资料来源　《广西省政府公报》第651期，第12-15页。

表4-8显示，1939年10月—11月认购湘桂铁路股票的共有25个县的村庄及士绅，其中村庄应认购股数为24756，实际股数为6600，约占应购股数的27%。士绅应认购股数为42113，实际股数为28582，约占应购数的68%。整体情况与8月—9月的情况基本相同，即村庄及士绅仍然为认购的主体。这一时期，以政府机构名义认购的数量较多，如广西高等法院、广西全边对汛督办署、贵县地方法院看守所、平南地方法院看守所、桂平地方法院、桂林地方法院、博白地方法院、怀集地方法院、平南地方法院、思乐县政府司法处、前南宁科学集中实验所等，其应认购股数合计为833，实际股数合计为381，约占应购股总数的46%。浔州区税捐稽征局和庆远区税捐稽征局认购的同样属“商店认购”类，合计应购股数为9818，实

际购股数为2406，约占应购总数的25%；政府机构、学校、科学院所等单位的公务员应认购股数合计为32，实际股数为8，占应购股数的25%。

广西省政府在公报中公布湘桂铁路桂段的认股情况，目的是让社会了解铁路建设的情况，同时也是为了使政令得到有效执行，工作得到促进。综合表4-7和表4-8的信息，不难发现，1939年8月—11月，广西共有51个县认购了湘桂线的股票。当时广西全省共99个县，认购的县刚过一半，似乎成效不够显著。但必须知道的是，桂越铁路股票的认购有一个过程，报送认购情况也有一个过程，这里公布的仅仅是部分县和部分机构及公务员在这4个月认购的情况，并非全省的情况。实际上，表中许多没有统计的县也认购了湘桂铁路桂段的股票。例如，荔浦县档案馆现存的湘桂铁路桂段修筑档案，可查到股票持有者781人(村)，股票1472股，共14720元。[①]全县(今全州县)档案馆也保存有湘桂铁路桂段修建中股票发行的相关材料，如股票总数为4430份，股息折4439份，每股10元，共44300元。[②]可见购买湘桂铁路桂段的股票在当时是一种普遍现象。值得注意的是，在村庄和士绅这两大主体当中，士绅的认购量明显大于村庄的认购量，实购比例也明显大于村庄。当时士绅多数住在村庄里，是村庄里的核心人物。由于省政府规定村庄和士绅分别认购，所以各县报送材料时是分开计算的。士绅认购数量较多，说明他们具有较明确的投资意识和较强的投资能力。其实认购铁路股票是有利可图的，据《湘桂铁路桂段路股股票附录》记载，“本省所有村街、绅富、商户、矿商、公务人员各股在铁路未筑成以前，一律以官利周16厘给息，从1月1日起息，至铁路完成通车以后另行由铁路保息，此项官利即行取消”[③]。这种利息标准及保证方式，使士绅认购的积极性得到有效激发。再者，当时各地对士绅认购实行以粮额定标准的办法，例如苍梧县，1937年10月12日在《区乡镇长会议派认湘桂路绅富股决议案》中确定，粮额摊派标准为：“自五元起以上至十元摊认一股，十元至十五元摊认两股，十五元至二十元摊认三股，二十元至二十五元摊认四股，二十五元至三十元摊认五股，三十元至三十五元摊认六股，三十五元至四十元摊认七股，四十元至四十五元摊认八股，四十五元至五十元摊认九股。凡加粮额五元照加一股。”

①荔浦县档案馆藏民国档案(永久)，第48-8-8号。

②全州县档案馆藏民国档案(永久)，第97-30-8号。

③《湘桂铁路桂段路股股票附录》，荔浦县档案馆藏民国档案(永久)，第87-6-119号。

“由县照粮册抄录粮户单并制备临时收据，分发各乡镇长，照收汇缴县府，限本月底办理完竣。”[1]士绅的粮额与其土地经营状况密切相关，乡村土地经营状况较简单也较容易观察、比较。所以，以粮额定摊派标准，既能体现公平，也能实现集资的最大化。再对比各县认股情况，会发现各县完成的比例也存在差异，这种差异反映出了各县的工作效率。广西省政府之所以公布各县的认购情况，其实也是利用社会舆论，促使各县加快认购的步伐，以获取更多铁路集资。值得注意的是，广西省政府在此期间公布的认购湘桂铁路桂段股票的51个县，以较偏远的桂西地区为多，桂中和桂东南地区相对较少，而最少的是桂北地区。这是因为此时的桂北和桂中地区是湘桂铁路修筑工作的重点所在，征调民工成为当地的主要任务，因此认购工作处于次要地位。

抗战时期，动荡的社会局势从各方面制约着铁路的修筑，政府的组织协调和民众力量的凝聚是克服困难、赢得胜利的重要保证。为确保社会资金更多更快地运用在桂越铁路修筑中，广西省政府加强宣传动员工作，组织民众继续认购湘桂铁路股票，同时督促各地各级政府及时缴纳民众所认购的股款，如1939年9月省政府曾发电强调，“凡认购湘桂铁路桂段股如有股款尚未缴清，虽经领有股票息折，概不予以给息”[2]。这种将交款时间与利息结合起来的措施，为股款的及时缴纳提供了无形的经济动力。

1940年1月，针对各县征募和报送过程中的实际状况，省政府又通电提出明确要求：“募认湘桂铁路村街股及绅富股股款迄今已满两年余，有尚未如额募足造送认股总册，清解股款者，如平乐、田西两县；有虽已募足股额，造送股册而经收股款犹未清解者，如信都、东兰、横县等三县；亦有股款虽已募足清解，而所造股册认股人姓名、股数错误，业经发还，或抄单附发迄今未更正呈复者，如敬德、镇边两县。以上各县迭经本府电催，未能呈报到府，似此疲玩，殊属不合。现在发行股票虽届结束，万难再予迁延，特此电，仰各该县府遵照，先今令饬，限于文到五日内，分别办理具到，并将解缴股款收据呈验，以凭核发股票而清手续，勿再宕延。”[3]从这封电文内容可知，到了1940年1月的时候，全省各地股款缴纳存在的问题主要是股册未清、

①《广西省政府公报》第193期，第118—119页。

②《广西省政府公报》第588期，第9页。

③《广西省政府公报》第677期，第5页。

收据不齐、股数错误等。未能如额认购的现象虽仍然存在,但已是个别县的事。

湘桂铁路从开始修筑到大部分通车,只用了2年左右的时间,在中国近现代铁路建筑史上,这种速度是较快的,而战争的逼迫、政府的大力推动无疑是其重要原因。其中,发行股票是政府推动的表现形式之一。

(二)铁路运输

1938年10月,湘桂铁路开始在广西投入营运。由于此时有些路段尚未完工,加上战局的影响,实际能通车的铁路里程并不长。以1942年为例,湘桂铁路能营运的里程只有440千米,其中全桂段168千米,桂柳段181千米,柳来段91千米。这年,湘桂铁路拥有的车辆情况是:机车106辆,牵引总数为1366吨;客车169辆,载客量为9885人;货车1127辆,载重量为33122吨。[①]自1938年投入营运到1943年,湘桂铁路共载客1600余万人,详见表4-9。

表4-9　湘桂铁路1938—1943年乘车旅客人数　(单位:人)

年别	一般旅客	游览	优待	其他	共计
1938	138380	7304	15	59468	205167
1939	952714	25332	3274	598737	1580057
1940	2017169	44912	334	1276797	3339212
1941	2985989	35240	411	673705	3695345
1942	2486608	40087	1455	625068	3153218
1943	3366628	27488	2295	718248	4114659
总计	11947488	180363	7784	3952023	16087658

资料来源　广西省政府统计处:《广西年鉴》(第三回),1948年,第1041—1042页。

①广西省政府统计处:《广西年鉴》(第三回),1948年,第1041—1042页。

表4-10　湘桂铁路1938—1943年载运货物数量　（单位:吨）

年别	商运货物						非商运货物				共计
	农产	禽畜产	林产	矿产	制造品	小计	政府用品	他路材料	本路材料	小计	
1938	5945	640	324	6827	6833	20569	55168	50	14789	70007	90576
1939	68583	5466	5904	80489	37126	197568	196575	240387	296770	733732	931300
1940	86518	13049	18332	132977	54350	305226	208514	137206	230174	575894	881120
1941	82192	18352	43655	192799	54834	391832	127281	141530	362135	630946	1022778
1942	65979	10301	43534	668153	56241	844208	131635	179155	375993	686783	1530991
1943	67174	10672	46487	214816	50605	389754	101681	220442	447635	769758	1159512
合计	376391	58480	158236	1296061	259989	2149157	820854	918770	1727496	3467120	5616277

资料来源　广西省政府统计处:《广西年鉴》(第三回),1948年,第1040—1043页。

从上列两个表的数据看，客运中商业性较强，而货运中非商运物品中的载重量明显超过商运物品，特别是全国抗战爆发后几年更是如此。这说明湘桂铁路在战时军用物资运输中发挥着重要作用。1938—1941年，湘桂铁路营业收入为313202587元，支出30346259元，盈利852328元。[①]在线路尚未完全通车，营业者缺乏经验和军运任务特别繁重的情况下，能够取得这些经济效益实属不易。

1941年，黔桂铁路在广西营运，路段为柳江至河池六甲。这一路段拥有车辆情况是：机车60辆，牵引力总数为849吨；客车43辆，载客量为2859人；货车668辆，载重量为21370吨；1942年，黔桂铁路乘车旅客有100余万人，运货物30余万吨。由于此时黔桂铁路尚未举办货物商运，所以这30余万吨货物均为政府用品及其他非商运货物。[②]

湘桂、黔桂铁路的营运有着重大意义。

过去，广西交通的重心在水运，水运的枢纽在东南，且广西经济重心亦集于东南。而省内各种农林工业产品，由于受交通的限制，无法北运长江流域，只能到粤港。广西江河，除湘江外，大抵南流，货物运输顺流则易，逆流则难，而灵渠、湘江、红水河水浅流急，不适于较大规模之货运。广西与湖南、贵州以及其他各省，在商业上几乎为不相关之体系。广西农林工业产品销路有限，与长江流域的广大市场相隔绝，各业盛衰几乎为粤港市场所左右。公路交通发达后，这种情况有了一定改善。但是因汽车不适合大规模的货运，商业的发展仍受到很大限制。铁路运输载量大，迅速准确，四季无阻，兼航运与汽车运输之优点而有之，故湘桂、黔桂铁路通车后，广西的经济形势有了较大的改观。[③]广西的农林产品通过铁路运输，远销到西南各省及长江流域，大大拓宽了广西的贸易区域。当然，抗战期间，这两条铁路的修筑，更重要的意义是为军事运输提供了便利。

（三）铁路管理

湘桂铁路管理机构为湘桂铁路公司。该公司直接隶属交通部，其内部组织系统是：在公司理事会下设总经理处，分管人事、财务、营运、技术以及附属事业等。

①广西省政府统计处：《广西年鉴》（第三回），1948年，第1054—1056页。

②广西省政府统计处：《广西年鉴》（第三回），1948年，第1040—1043页。

③张先辰：《广西经济地理》，桂林文化供应社，1941年，第215—216页。

此外，在公司理事会下还设铁路管理局，分管总务、工务、车务、警备、护路等。全路职员共2100余人。黔桂铁路的管理机构为黔桂铁路工程局，也直接隶属交通部，其组织内部系统及其职能与湘桂铁路公司大致相同，职员共3100余人。[①]值得指出的是，湘桂铁路公司和黔桂铁路工程局除了经营管理广西各路段的有关事务外，从1941年起，还积极实行与邻省各铁路间的联运，从而加强了广西与湘、粤、黔等省的联系。这对便利货物的出口和战时军运都是十分必要和重要的。当然，也必须指出，由于国民党政府交通部直接控制了湘桂铁路和黔桂铁路的管理，这就在很大程度上控制了利益的分配。其结果必然使广西投资和经营铁路的积极性受到影响。这种情况，在为军运无偿调拨越来越多、越来越重的时候体现得最为充分。

第二节　商业与对外贸易

一、商业

（一）商店、圩市、商人

广西的商业发展是很不平衡的。梧州、南宁、桂林、柳州、玉林、贺县、龙州、百色等地，或地处要冲，或为政治、经济中心，商业较为繁盛，而其余各县，特别是桂西北各县，由于地处边陲，交通不便，商店寥寥无几，市场异常冷寂。20世纪30

①广西省政府统计处：《广西年鉴》（第三回），1948年，第1039、1052—1053页。

年代前中期，随着广西社会的逐渐安定和政治、经济建设活动的开展，不仅各城市的商业得到进一步繁荣，而且边疆各地的商业也开始活跃起来。这一时期，广西省政府曾对商业做过三次调查。

第一次是在1933年，重点是各大城市，具体情况如下：

梧州：有商店1393家，资本共2782293元；

南宁：有商店979家，资本共895269元；

桂林：有商店906家，资本共440739元；

柳州：有商店622家，资本共282895元；

玉林：有商店448家，资本共257153元；

贺县：有商店163家，资本共179690元；

百色：有商店159家，资本共158465元；

龙州：有商店255家，资本共105745元。[①]

第二次调查为1935年，共78个市县，18961家商店接受调查，所有商店的资本总额为7406814元。其中，商店超过2000家的有梧州市，1000家以上2000家以下的有南宁、桂林两市，200家以上1000家以下的有柳州和全县、阳朔、恭城、富川、贺县、平乐、怀集、藤县、岑溪、平南、容县、桂平、贵县、玉林、北流、陆川、三江、融水、宜山、柳城、永淳等市县。值得注意的是，桂西北各县，如天河、思恩、隆山、天保、镇边、明江等也出现了不少的商店。[②]

第三次调查是在1940年，共抽查了41个市县，共有商店4934家，资本总额为16923785元。其中，商店在1000家以上的只有桂林市。200家以上1000家以下的有柳州、梧州两市和贺县、玉林等县，其余均为200家以下。[③]

从这几次不完全的统计中可以看到，全国抗战爆发以前，广西商业的发展是比较迅速的，商店逐年增加，资本额也不断扩大。[④]全国抗战爆发后，由于受战局的影响，商业发展出现了波折，并逐渐走向了衰落。特别是在桂东南地区，其商店及资金数均比以前减少一半以上。

---

①广西统计局：《广西年鉴》（第一回），1933年，第365—366页。资金单位为国币元，以下未注明者同。

②广西统计局：《广西年鉴》（第二回），1936年，第473—474页。

③广西省政府统计处：《广西年鉴》（第三回），1948年，第682页。

④梧州、南宁、桂林、柳州等几个城市1935年的商业资本数比1933年略少，主要原因是1933年的调查把一些工业资本也统计在内。另外，1933年后广西进行工商登记，不少商人因未明登记之意义，常以多报少，故造成商业资本比以前减少的现象。

对商店经营的种类进行的三次调查的情况是：

第一次(1933年)

苏广类　147家,资本94605元；

洋杂货类　1376家,资本498002元；

食油类　50家,资本30524元；

烟酒类　345家,资本148880元；

粮食类　146家,资本24448元；

海味类　49家,资本129429元；

燃料类　179家,资本59046元；

陶瓷器类　16家,资本20830元；

文化用品类　149家,资本156655元；

药品类　234家,资本47157元；

旅馆类　39家,资本47157元；

钢铁类　86家,资本69461元；

牲口山货类　150家,资本70822元；

特货、烟馆类　134家,资本3416046元。①

第二次(1935年)

苏广类　1037家,资本856312元；

杂货类　5666家,资本1021586元；

烟酒类　1054家,资本503419元；

医药类　1363家,资本430432元；

金融类　103家,资本315040元；

洗染类　184家,资本59133元；

机器类　105家,资本57435元；

美术类　160家,资本47419元；

旅馆类　178家,资本109167元；

饮食店类　169家,资本65201元；

饮食品类　1304家,资本413141元；

①广西统计局：《广西年鉴》(第一回),1933年,第368—380页。

农产品类　524家，资本101299元；

林产品类　751家，资本187851元；

畜产品类　455家，资本115291元；

矿产品类　66家，资本92496元；

陶瓷器类　507家，资本111034元；

五金制品类　410家，资本104876元；

金银首饰类　296家，资本425623元；

绸缎布匹类　988家，资本60783元；

服装用品类　1215家，资本230995元；

皮革用品类　273家，资本79755元；

教育用品类　543家，资本233623元；

器具家什类　361家，资本67681元；

美容化妆类　158家，资本14100元；

炮烛冥镪类　236家，资本27323元；

水面经纪类　245家，资本288868元；

纺织工业品类　131家，资本111585元；

其他各类合计　479家，资本1275346元；[①]

第三次(1940年)

布类　394家，资本1789486元；

粮食类　249家，资本204186元；

油类　215家，资本556773元；

盐业类　154家，资本1544385元；

杂货类　1228家，资本2019116元；

烟酒类　185家，资本644003元；

饮食店类　203家，资本256179元；

饮食品类　196家，资本189889元；

旅馆类　219家，资本590170元；

医药类　523家，资本1040931元；

①广西统计局:《广西年鉴》(第二回),1936年,第475页。

图书教育用品类　114家，资本760851元；

百货类　232家，资本974935元；

陶瓷器类　112家，资本154903元；

经纪类　107家，资本1309178元；

其他各类合计　803家，资本4888800。[①]

在上述所有行业中，以杂货店最多。详见表4-11。

表4-11　梧州、南宁、桂林、柳州四市杂货店统计

年份	梧州市		南宁		桂林		柳州	
	家数	占当地家数	家数	占当地家数	家数	占当地家数	家数	占当地家数
1933	126	9%	160	16%	169	17%	147	24%
1935	313	13%	208	13%	275	22%	126	27%
1940	35	5%	21	14%	200	18%	44	12%

资料来源　据广西统计局：《广西年鉴》（第一回），1933年，第365—366页；（第二回），1936年"商业"详表2；（第三回），1948年，第683页数字编制。

除此之外，商店较多的要算饮食品类和服装用品类以及农产品类、林产品类。这种情况说明，与过去相比，广西这一时期的商业虽然得到较大的发展，但主要是为民众生活和推销生产原料服务，尚未进入严密分工的阶段。

据《广西年鉴》（第一回）统计，1933年，广西共有大小圩市1424处。圩市的聚集日期，大多为3天1次，人口稠密、商业繁盛之地区，则每日均有。而人烟稀少、贸易冷清之地，则5天或10天聚集一次。

圩市的贸易总值，以全年估计，最大的为贵县县市，达6209150元之巨，次则为上金响水圩，计3500000元。除此之外，全年贸易总值在百万元以上者，有平乐沙子圩，计1823700元；横县站圩，计1314400元；南丹六寨圩，计1133800元；龙州市圩，计1072000元；荔浦县圩，计1050000元；等等。

全年贸易总值在100万元以下50万元以上者，有武宣的三里圩、钟山的羊头圩、都安县市、兴安的大溶江、隆山县市、象县的石龙圩以及蒙山的长寿街等地。

①广西省政府统计处：《广西年鉴》（第三回），1948年，第683—688页。

全年贸易总值在50万元以下10万元以上者，有全县与兴安县共辖之界首，兴安司门前市，恭城莲花镇，平乐二塘圩，榴江鹿寨市，修仁桐木圩，昭平北陀圩，玉林船埠圩及蒲塘圩，陆川大桥市，宜北城厢圩，柳城沙浦圩，柳州三都圩，忻城城厢圩、喇营圩、思练圩及大塘圩，象县寺村圩、中平墟、大乐圩及罗秀圩，果德果化圩，横县云表圩及谢圩，扶南龙头圩、渠梨圩及天城圩，凌云逻里圩，凤山长里圩，思林驮用圩，天保东关圩，靖西县城市及东洋圩，养利斗中圩，明江县圩及新圩等。

全年贸易总值在10万元以下1万元以上者，有义宁五通圩，钟山红花圩及铜鼓圩，荔浦兴平圩，修仁县城市，容县城市及黎村市，博白车田和莫桥、宁潭圩及凤山市，罗城龙江圩及小长安市，天河下里圩、祥贝圩及乔善圩，南丹车河及八圩，柳州高里圩、三台街及福塘街，忻城宁江圩、龙光圩、新圩及古万圩，象县水晶圩、三里圩及县圩，扶南大塘圩、上思百色及那兰圩，凤山盘阳圩，思林那海圩，同正圩，崇善新和圩等地。

其余圩市全年贸易总值均未能满1万元，还有些圩市的交易数值不详。

20世纪30年代广西的商业有两种情况值得特别注意。

一是广东商人的势力颇大。例如，1935年，梧州的商店中，属于广西本省市商人的，计268家，占全市商店总数的19%。他省商人投资开设的，计532家，占全市商店总数的38%，其中粤商又占他省商人总数的95%。南宁的商店中，属于本省商人的，计619家，占全市商店总数的31%。其中，粤商占他省商人总数的86%。[①]这种情况在广西其他各县同样存在。更重要的是，粤商几乎全部控制了广西的金融势力。例如，梧州的24家银号，23家为粤籍，另1家为合资，其总号设在广州，实际上也由粤人控制。南宁的银号12家，粤籍占一大半。此外，广西的货币不得使用于广东，而粤币则在广西全省通用。在一些粤商势力特别大的地方，如贺县等，商民的交易仅用粤币。[②]

造成以上现象的原因，主要是广东最早对外开放，洋货的推销大部分要通过粤商。故凡洋货势力到达之处，广东的商业资本必然得到发展。广西因在地理上与广东紧密相连，更为粤商势力所深入。此外，广西为一贸易入超省份，对外币需要多，而外省需要桂币少。桂币对外省无偿债能力，自然不为商民所欢迎。因此

①广西统计局：《广西年鉴》（第一回），1933年，第365—366页。
②千家驹：《广西省经济概况》，商务印书馆1936年版，第20页。

广东金融势力对广西的渗入，也就成为必然的结果。抗战爆发后，由于广东较早沦陷，到广西从事商业经营者有增无减。

另一个应特别注意的情况是鸦片贸易在广西商业中占有重要地位。它的兴衰，足以决定全省商场的荣枯。当时，云、贵两省为中国著名的产烟地区。广西是云、贵两省鸦片运销广东及香港、澳门、湛江的必经之地。其具体路线有三条。第一条，云土由云南的富州经广西的镇边、靖西、龙州进入广东的钦州、廉州。第二条，云土由云南的广南府经剥隘、禄丰到百色，或由广南、黄草坝等地经西林、西隆到百色，黔土则由南龙(即安龙)、兴义、贞丰渡过红河，经旧州、逻里、黄兰到百色。百色是云、贵烟土最主要的集中地，一般由百色水路到南宁、梧州出口，或由南宁转入广东廉州。第三条，沿红河经都安，或由武鸣出南宁，或由宾阳出玉林，或直到柳州转梧州出口。[①]梧州为云、贵部分客货出入之转口码头，云、贵商人从本省输出鸦片，然后在这里交换洋货、布匹回去，故鸦片便成为云、贵两省抵补入超的手段。而其通过广西，则具有交易筹码的功能。鸦片贸易繁荣，广西市场因此而发展，金融也随之而活跃，否则，商场萧条，金融呆滞。可见广西商业的发展在很大程度上是依靠鸦片贸易的。毫无疑问，特货行(即鸦片经营店)是广西商业的巨擘，其资金之雄厚，经营规模之大，绝非他行所能比拟，甚至广西的两大商埠，即梧州与南宁的金融机关——银钱业，亦以特货行为营业的主要对象，其存放款大半为特货行所独占。[②]

(二)物价

抗战以前，广西的物价，不论趸售还是零售都比较稳定，但抗战后广西物价则迅速高涨。下面将各主要城镇的趸售和零售物价分述如下。

1.趸售物价

各地的趸售物价，大致分为七类，即粮食类、其他食品类、衣着类、燃料类、建筑材料类、金属类、杂项类。

桂林的趸售物价从1937年1月开始调查。最初每日派人到市场上选择3家

①黄绍竑：《新桂系与鸦片烟》，载中国人民政治协商会议广西壮族自治区委员会文史资料研究文员会：《广西文史资料》(第四辑)，1963年，第1—23页。

②千家驹：《广西省经济概况》，商务印书馆1936年版，第18—19页。

以上商品丰富、资本额较大的商店来计算平均物价，作为该日该物品的价格。1942年改为每月的5、10、15、20、25、30日各调查一次，以这6日之平均物价作为该月的物价，再以每月的平均数作为当年的物价。以1937年上半年的平均物价指数为100，1937年下半年的趸售物价指数为108.23，1938年为142.92，1939年为232.54，1940年为451.21，1941年为1008.02，1942年3352.51，1943年为12075.64。1943年，在几类物品中，燃料类物价最高，为21202.64，其次是衣着类，为18594.31，其余依次为粮食类、金属类、建筑材料类和杂项类，其物价指数分别为10659.09，10324.05，9213.84，8156.43。

梧州的物价从1936年5月开始调查，由调查员每月5、10、15、20、25、30日分别向批发商店查询其实际交易之价格，取3家以上之平均物价上报，定为该市趸售物价。以1937年上半年的平均物价指数为100，1937年下半年为106.47，1938年为127.48，1939年为182.74，1940年为413.53，1941年为951.77，1942年为3238.8，1943年8月为16157。1943年，在几类物品中，衣着类的物价指数最高，为56006.7，其次是粮食类，为18766，其余依次为燃料、其他食品、杂项、建筑材料等类，其物价指数分别为17693.31，15707.6，37437.1，14000。

南宁趸售物价调查从1934年10月开始，每日调查1次。以1934年的平均物价指数为100，1935年为91.09，1936年为145.85，1937年为182.22，1938年为198.98，1939年10月为397.11。1939年冬南宁沦陷，调查报告活动停止。在几类物品中，燃料类物价指数最高，为701.51，其次是金属类，为479.08，其余依次为衣着、其他食品、粮食、建筑材料、杂项等类，其物价指数分别为460.76，361.15，329.79，317.52，284.81。

2.零售物价

零售物品种类繁多，这里仅以白米为例加以说明。

桂林市场上的米分为油粘米和白米两种，其中白米数量较多。1937年，每0.5公斤白米为0.066元，1938年为0.038元，1939年为0.16元，1940年为0.181元，1941年为0.659元，1942年为2.413元，1943年为7.296元。

柳州市场上的白米，1935年每0.5公斤为0.067元，1936年为0.125元，1937年为0.126元，1938年为0.156元，1939年为0.455元。

梧州市场上的白米，1935年12月每0.5公斤为0.094元，1936年为0.122元，1937年为0.146元，1938年为0.135元，1939年为0.191元，1940年10月为0.66元，1941年12月为0.958元，1942年5月为2.45元。

南宁市场上的白米，1935年每0.5公斤为0.075元，1936年为0.13元，1937年为0.183元，1938年为0.172元，1939年10月为0.263元。[①]

从上述史实不难看出：桂林、梧州、南宁几个城市的趸售物价指数中，各类物品的上涨情况略有不同，但总的幅度是比全国抗战前明显上涨了约100倍，特别是燃料、衣着、食物这些至关重要的物品和民众的日常生活用品，上涨幅度特别大。至于各地的零售物价，从白米这个例子中也可以看出，抗战爆发后的几年间，物价相比1935年上涨了数十乃至100多倍，比趸售物价上涨的速度更快。

《柳州日报》对桂南战役前的物价曾进行过详细报道，详见表4-12。

表4-12　1939年5月11日柳江县各种货物价目行情　（单位：桂币元）

货名	数量	价格	货名	数量	价格
杂货类			海味类		
花生油	俱以每百市斤计算	77	廉尤	俱以每百市斤计算	280
生盐		39	会安尤		260
扎冲菜		25	安虾		280
头菜		24	金山虾		280
黄豆		17	东蠔		460
黄片糖		16	海蜇		120
麦子		10	大海参		860
香信		260	二乌参		680
金菜		100	墨鱼		170
湘粉		130	大丁鱼		68
津丝粉		200	小丁鱼		45
桐油		90	禾花同咸鱼		90
茶油		68	药材类		
烟叶		38	生地	俱以每百市斤计算	290
衣料类			防风		200
元斜布	每匹	45	黄岑		290

①以上趸售物价和零售物价，见广西省政府统计处：《广西年鉴》（第三回），1948年，第726—882页。

续表

货名	数量	价格	货名	数量	价格
鸿□灰布		90	知母		160
五□塔白竹布		58	秦九		360
金城白洋布		47	台党	俱以每百市斤计算	320
十支金城洋布	每包	1000	白术		180
十六支洋纱		1200	山菜萸		800
二十支金城洋纱		1120	北其		390
沙牛皮	每百市斤	48	元参		250
			连翘		270
			生花		280
			甘草		240

资料来源 《柳州日报》1939年5月12日。

若将广西的物价放在全国背景下考察，不难发现，桂林的物价及涨幅不及昆明，但与重庆等城市相比，大多商品的价格及涨幅处于前列，这从面粉、猪肉、煤(木柴炭)、阴丹士林布每月价格中看得很清楚，详见表4-13至4-16。

表4-13 1943—1944年大后方地区主要县市面粉每月售价 (单位:国币元)

年月	重庆	昆明	贵阳	桂林	沅陵	吉安	南雄	西安	兰州	西宁	西昌
1943年7月	8.50	30.00	12.00	13.50	6.605	6.00	20.40	19.10	7.27	5.40	5.50
8月	9.70	35.00	12.00	13.30	6.03	9.18	22.10	22.00	8.25	7.50	5.75
9月	10.67	35.00	14.00	27.00	6.27	11.10	24.65	21.00	9.00	7.75	6.25
10月	12.00	38.00	18.50	28.00	7.00	11.85	27.20	19.50	9.00	8.25	8.08
11月	15.50	45.00	20.00	28.00	9.60	12.00	31.45	18.25	9.88	10.00	8.80
12月	22.00	62.50	21.50	26.00	10.80	12.55	36.60	17.50	10.00	9.75	8.80
1944年1月	27.00	65.00	25.50	28.00	12.75	13.50	37.50	22.00	8.88	9.50	8.90
2月	42.00	80.00	36.00	40.00	13.60	14.50	40.38	25.25	9.50	12.00	9.50
3月	46.50	85.00	37.50	47.00	14.20	15.50	45.05	25.25	10.00	12.50	9.50
4月	46.50	85.00	37.00	50.00	15.20	16.00	46.75	23.00	11.50	17.50	11.50
5月	40.00	85.00	43.00	59.00	19.00	18.00	42.50	23.00	12.00	18.00	15.50

续表

年月	重庆	昆明	贵阳	桂林	沅陵	吉安	南雄	西安	兰州	西宁	西昌
6月	40.00	85.00	46.00	67.00	24.00	22.50	46.75	23.00	12.75	18.00	17.00
7月	45.00	90.00	52.00	72.00	44.00	24.00	51.00	22.50	15.50	21.00	24.00

表4-14　1943—1944年大后方地区主要县市猪肉每月售价　（单位：国币元）

年月	重庆	昆明	贵阳	桂林	沅陵	吉安	南雄	西安	兰州	西宁	西昌
1943年7月	22.00	45.00	23.50	30.00	19.60	15.20	36.55	45.00	25.83	13.00	13.00
8月	260.00	50.00	28.00	42.00	25.00	23.00	51.00	45.00	27.50	14.00	16.50
9月	32.17	60.00	35.50	46.00	26.33	31.00	53.75	52.50	38.00	16.50	18.00
10月	38.75	70.00	46.00	46.00	28.50	30.00	51.00	55.00	40.00	20.00	22.00
11月	48.25	72.50	47.50	49.88	36.00	30.00	55.25	55.00	40.00	20.00	27.00
12月	52.00	72.50	50.00	56.00	38.00	32.50	59.50	55.00	40.00	20.00	30.00
1944年1月	51.00	75.00	55.00	56.00	33.00	32.00	59.50	72.50	40.00	20.00	31.00
2月	54.25	80.00	65.00	66.00	48.00	34.00	68.00	80.00	40.00	20.50	38.00
3月	58.00	100.00	62.50	64.00	48.00	35.00	63.75	80.00	42.50	24.00	37.00
4月	80.00	115.00	62.50	68.00	48.00	37.50	68.00	70.00	48.00	30.00	47.00
5月	120.00	190.00	65.00	71.00	52.00	41.25	81.60	75.00	50.00	30.00	70.00
6月	120.00	200.00	80.00	88.00	64.00	48.00	93.50	90.00	50.00	36.00	80.00
7月	120.00	210.00	90.00	102.00	64.00	49.00	93.00	90.00	55.00	40.00	95.00

表4-15　1943—1944年大后方地区主要县市煤或木柴(炭)每月零售价格

（单位：市担/国币元）

年月	重庆（煤）	昆明（木炭）	贵阳（煤）	桂林（煤）	沅陵（木炭）	吉安（煤）	南雄（木柴）	西安（煤）	兰州（煤）	西宁（煤）	西昌（木炭）
1943年7月	126.05	600.00	51.75	97.50	54.13	10.50	35.00	215.00	80.83	62.50	50.00
8月	155.00	650.00	64.38	150.00	53.17	10.500	85.00	221.25	140.00	90.00	61.50
9月	166.33	750.00	100.00	180.00	60.00	10.50	104.13	390.00	140.00	175.00	80.00

续表

年月	重庆（煤）	昆明（木炭）	贵阳（煤）	桂林（煤）	沅陵（木炭）	吉安（煤）	南雄（木柴）	西安（煤）	兰州（煤）	西宁（煤）	西昌（木炭）
10月	171.42	705.00	128.75	195.00	78.75	21.00	91.38	400.00	145.00	210.00	135.00
11月	195.00	850.00	187.50	225.00	97.75	21.00	93.50	400.00	150.00	180.00	155.00
12月	207.00	850.00	250.00	320.00	99.50	20.25	87.50	400.00	150.00	140.00	150.00
1944年1月	232.85	950.00	262.50	360.00	110.00	37.50	92.50	475.00	150.00	135.00	155.00
2月	265.00	1100.00	310.00	375.00	175.00	32.50	90.00	500.00	155.00	150.00	170.00
3月	290.00	1100.00	320.00	327.50	185.00	32.500	90.00	500.00	160.00	150.00	150.00
4月	319.29	1100.00	315.00	310.00	190.00	48.75	102.25	500.00	150.00	200.00	167.50
5月	420.00	1350.00	300.00	340.00	195.00	62.58	127.50	500.00	180.00	200.00	185.00
6月	420.00	1600.00	330.00	390.00	210,00	76.40	128.75	500.00	170.00	200.00	220.00
7月	470.00	1950.00	360.00	320.00	250.00	76.40	170.00	500.00	160.00	185.00	235.00

表4-16　1943—1944年大后方地区主要县市阴丹士林布每月零售价格

（单位：市尺/国币元）

年月	重庆	昆明	贵阳	桂林	沅陵	吉安	南雄	西安	兰州	西宁	西昌
1943年7月	77.50	115.00	82.50	90.00	69.00	60.00	80.23	90.00	86.67	77.50	75.00
8月	72.50	120.00	110.00	110.00	90.00	79.50	90.00	90.00	120.00	85.00	88.76
9月	130.00	120.00	130.00	90.00	106.50	95.00	80.93	105.00	120.00	100.00	150.00
10月	125.00	116.25	117.50	102.50	100.00	100.00	81.00	105.00	115.00	110.00	130.00
11月	130.00	125.00	102.50	103.75	98.00	72.50	82.80	115.00	97.50	150.00	107.50
12月	132.00	136.25	120.00	105.00	98.50	76.50	90.00	120.00	100.00	150.00	125.00
1944年1月	141.00	150.00	130.00	105.00	117.00	35.00	99.00	162.50	119.50	159.00	160.00
2月	150.00	180.00	155.00	157.50	120.00	115.00	130.50	190.00	115.00	150.00	130.00
3月	187.50	260.00	210.00	180.00	142.50	175.00	180.00	205.00	180.00	175.00	240.00

续表

年月	重庆	昆明	贵阳	桂林	沅陵	吉安	南雄	西安	兰州	西宁	西昌
4月	220.00	230.00	225.00	180.00	187.50	170.00	189.00	200.00	200.00	235.00	230.00
5月	135.00	292.50	230.00	185.00	195.00	190.00	180.00	200.00	240.00	255.00	280.00
6月	290.00	300.00	265.00	220.00	220.00	190.00	225.00	210.00	290.00	260.00	320.00
7月	235.00	300.00	320.00	220.00	235.00	180.00	225.00	230.00	295.00	290.00	250.00

表4-13至4-16资料来源 《资源委员会公报》第7卷第2期，第36—39页。原表中小数点后为3位数，这里采用四舍五入的方法只保留2位。

桂林的物价涨幅之所以较高，很重要的原因是武汉会战之后，大量的难民聚集在此，加上日军对沿海地区的封锁使物流受到限制，造成物资相对匮乏，供求关系紧张。当然，战争环境下，国民政府和广西省政府管理不力，给不法商人以投机牟利的机会，这也是不能忽略的因素。事实上，广西其他城市的物价也很高。据时人回忆，"我一九四二年抵柳州，看见当时的绸布店和百货店还很充足，这些商人还拥有一大批的商品。可是到了一九四四年，该等商号的货物已不翼而飞去了十分之八九，而他们的资本却增加了不知若干倍的'国币'。所以当时在商场中流行着这样一句话：'现在做生意是笑着亏本的。'他们眼看着利润很大，钞票日多，自以为又捞了一笔，可是等你将这批款重新进回货时，却只得回原来货数的半数左右而已。这样一次复一次地循环下去，数次交换便所存无几了。"①

(三)商业管理

对商业的管理主要是进行商业的注册登记。1933年3月，广西工商局成立后，便参照国民政府颁布的商业注册暂行规定及商号注册应行细则，制定了《广西省工商业登记章程》，其中规定：凡本省内固定营业处所及牌号之工商业，均应一律依章程在所在地主管官署(县政府)转呈广西工商局登记领证。开始时，许多商人存有疑虑之心，不愿照章办事。后经广泛宣传和全省基层组织的大力推行，商民对办理登记的政策才逐渐予以接受，使之得以贯彻。1935年夏，广西工商局进一步加强工商登记工作，到1938年10月底，全省登记之工商业共20000余家，已

①李平生：《烽火映方舟——抗战时期大后方经济》，广西师范大学出版社1995年版，第227页。

达全省工商号总数的十之八九，未办理登记者仅属少数。同年11月，桂南失陷，工商业损失甚大。1940年冬，桂南克复后，为了了解各县工商业的实际情况，使之尽快复业，广西省决定按国民政府1937年6月颁布的商业登记法，以及1938年5月颁布的商业登记法施行细则，决定对按期登记者减征登记费，以资鼓励。[①]这时，各县商店登记的情况因文献资料缺乏记载，只知桂南克复至1944年6月，由经济部核准的大商业公司和由外地迁至广西的商业公司共有26家，资本共151910000元，其中20家集中在桂林，5家在梧州，1家在柳州。[②]毫无疑问，这时的商业无论如何都无法与抗战前的繁盛情况相比了。

除了商业登记外，广西省政府还通过建立商业团体——商会和同业公会以进一步加强对商业的管理。

1935年，广西计有1个商业联合会，51个县商会，7个区商会。[③]抗战期间，这些商会组织在维护商人利益，促进市场稳定方面发挥了一定的作用。

1933年4月，国民党广西省党部县商业团体依法改组。同年10月，各商民协会呈报改为同业公会，共22个。它们是梧州的轮渡业同业公会、花纱业同业公会、海碱杂货业同业公会、油米业同业公会、柴业同业公会、银业同业公会、华洋杂货业同业公会、运销滇黔杂货业同业公会、西江电船业同业公会、水面商业同业公会、染布业同业公会、平码业同业公会、土制煤油业同业公会、药业同业公会，柳州的图书文具印务纸料业同业公会，南宁的经纪业同业公会、屠业同业公会、轮船业同业公会、烟酒酱料杂货业同业公会、花纱匹头业同业公会，龙州的杂货业同业公会，贺县的杉业同业公会。[④]后来随着商业的繁盛，商业团体不断增多。抗战时期，国民政府的经济统制政策使许多行业受到冲击。在这种情况下，同业公会组织进行了一定的抵制，另一方面，也从抗战需要出发，动员相关行业为军事斗争服务，取得一定成果，使战时经济得以延续及发展。如1940—1943年，桂林商会先后三次掀起抗战募捐热潮，并将所得钱物送到前线慰问抗日将士。又如1944年，为防范日军侵入桂林，桂林商会组成商会疏散委员会，制定了详细的疏散方案，帮助联络车船、分发疏散证等，全力配合全市的疏散工作。

①广西省政府十年建设编纂委员会：《桂政纪实·经济》，1946年，第86—87页。

②广西省政府统计处：《广西年鉴》（第三回），1948年，第693页。

③赖彦于：《广西一览·工商业》，广西印刷厂，1935年。

④广西统计局：《广西年鉴》（第二回），1936年，第478—482页。

二、对外贸易

(一)对外贸易的发展变化

广西的对外贸易,从严格意义上来说是从龙州、梧州、南宁三关开放以后开始的。在此之前,边疆地区虽有贸易之事,但缺乏具体资料供稽考。

广西的对外贸易长期处于不利地位。就贸易数量来说,约占全国对外贸易总额的1/100;就贸易平衡而论,均属入超。1931年以前,入超数额从数万元至2000万元不等,经常在1000万元左右。①这些都充分反映出广西经济的落后和受外商压迫的境况。

1931年后,广西社会安定,省当局致力于各种经济建设,注重对外贸的促进,使贸易总额与年俱增,同时入超数字也不断减少。特别是1935—1937年,这种情况更为突出,详见表4-17。

表4-17　1935—1937年广西进出口货值统计　(单位:国币元)

年份	进口	出口	(+)出超(-)入超
1935	54209529	36639420	(-)17570109
1936	57246877	51060385	(-)6186492
1937	71324312	69776095	(-)1548217

资料来源　王逊志:《广西对外贸易概况》,载《广西之建设》,1939年。1937年货值单位原为毫币元,这里为统一起见,换算成国币元,与1935、1936年同。比率为:1国币元=1.3毫币元。

表4-17中的数据说明,1936年广西入超额已由1700多万元减至600多万元,到1937年,入超额仅为154万余元。

值得指出的是,1935—1937年正是国际形势紧张,国内工商业不甚景气之际。在这一时期,广西的对外贸易能取得如此成绩,实属不易。

①千家驹:《广西省经济概况》,商务印书馆1936年版,第226页。

广西出口的几乎全是农产品和原料品，工业产品非常有限。这些物品有的向国外输出，有的向省外输出，其比例约为1∶2。广西对外出口贸物以谷米、柴炭、木材、矿砂、皮货、纸、油、牲畜等项为大宗。1933年，这些商品出口额占广西出口总额的78.58%。其中，生猪占第一位，价值约730万元；桐油占第二位，价值约407万元；柴炭占第三位，价值约360万元；米占第四位，价值约180万元；木材占第五位，价值约159万元；牛占第六位，价值约100万元；家禽占第七位，价值约96.7万元；皮革占第八位，价值约86万元；锡占第九位，价值约80万元；纸占第十位，价值约77.6万元。[①]到1939年，广西出口商品的种类无多大变化，但在出口总值中这些商品出口额所占比重增大，由1933年的78.58%增至85%以上。各种货物的出口情况也很不同，其中以油类和矿物的出口为甚。[②]

输入广西的货物，以制造品为多，其次为食品及烟草。它们有的来自外国，有的来自外省，其比率为1∶2.5。其中，以经纱、布为大宗，次为食盐、煤油，再次为纸烟，以及金属及其制品、海产等。1933年，这些商品进口量占进口总数的54.10%。其中，棉纱为第一位，约625万元；棉布为第二位，约511万元；食盐为第三位，约411万元；煤油为第四位，约184万元；卷烟第五位，约107万元；金属及其制品为第六位，约106万元；海产为第七位，约64.9万元；纸为第八位，约64.8万元。[③]1936—1937年的大宗进口商品除了上述各种之外，还有车辆、电气等。到1939年，如果把车辆、电气等商品也统计在内，商品进口额则占广西进口总额近80%。各种商品的进口情况也有些变化，其中燃料进口量增加较快，这主要是为了加强手工业生产和满足民众生活的需要。[④]

（二）新桂系集团的贸易统制政策及其结果

在发展对外贸易的过程中，新桂系集团为了防止利权外溢，提高货物的品质，调节金融，使自己获得更大的利益，从1933年起实施贸易统制政策。这一政策的核心就是通过建立有关机构，严格控制对外贸易。

①赖彦于：《广西一览·工商业》，广西印刷厂，1935年。

②王逊志：《广西对外贸易概况》，《建设研究》，1939年第1卷第3期，第18—20页。

③赖彦于：《广西一览·工商业》，广西印刷厂，1935年。

④王逊志：《广西对外贸易概况》，《建设研究》，1939年第1卷第3期，第18—20页。

首先，由工商局组织泉通总号与南宁、梧州、香港分号，经营茴油出口贸易。[①]但因其并非由政府拨资，经营全赖广西银行透支，基础不固，故不能长期坚持。接着，新桂系集团与上海永安公司合资筹办永康实业股份有限公司，于1934年10月正式成立。其总公司设在梧州，香港和南宁两地设分公司，香港负责国际贸易，南宁负责收购有关物资，运到梧州等地出口，业务颇为兴旺，营业一年，共获利13万余元。后来，由于广西方面主张以经营矿业为主，而永安公司则主张以商业为主，双方意见分歧日大，于1935年停办。[②]

1935年10月，广西省政府筹设广西出入口贸易处，12月正式成立于梧州。这一时期，广西省政府让广西出入口贸易处统制出口贸易，取消出口商品自由运销的权利。至于入口贸易，则暂时采取自由营运的方法，但仍以达到专营为目的。该处资金最初完全系广西银行透支，数额为150万元。嗣因代理全省各工厂购买机器物品，资金不敷分配，于1936年3月现地透支100万元，共250万元。同年，省政府拨93万元为固定资金，其余仍向广西银行透支。该处买入的货品，常因销路呆滞，以致货品囤积，资金周转不灵。1935年底结算时，透支达350万元。由于银行本身也常需筹码流通，故不能透支过多或为期过久。因此，该处流动资金常感不足，对营业影响不小。1938年6月，省政府在历年纯利中拨资金国币150万元，加上向银行透支之额，资金始告基本解决。

抗战期间，广西对外贸易大都由出入口贸易处负责。贸易处由经理主持，下设采销、技术、总务、会计、运输等五课，各课设课长1人，办理该课具体事务。其中会计课长一职，按该处章程规定，由广西银行指派。

贸易处附设有炼矿厂和炼油厂。炼矿厂在梧州三角咀前广西硫酸厂原址，厂内有炼锑、炼锡、选矿等设备，负责将从各地收购来的锑、锡、钨矿石进行检验加工。炼油厂设于梧州三角咀三界庙，厂内设有200吨及500吨炼油池数个，用蒸汽加热法提炼桐油。[③]

贸易处成立之初，于香港、广州、八步、南宁、平乐五处设分处，后因南宁、平乐

①广西工商局：《泉通总号半年营业报告》，广西工商局，1934年。

②广西省政府十年建设编纂委员会：《桂政纪实·经济》，1946年，第87—88页；刘一恺：《解放前广西出入口贸易概况》，载中国人民政治协商会议广西壮族自治区委员会文史资料委员会：《广西文史资料》（第十五辑），1982年，第158—166页。

③刘一恺：《解放前广西出入口贸易概况》，载中国人民政治协商会议广西壮族自治区委员会文史资料委员会：《广西文史资料》（第十五辑），1982年，第158—166页。

两处业务稀少,遂予裁撤,不久因业务的扩展,相继在龙州、上海、海防设立分处。抗战期间,上海成为孤岛,我国南部出入口贸易与上海逐渐脱离关系,遂将上海分处撤销。广州沦陷后,广州分处也被撤销。由于此时货物运销线改道龙州,龙州分处便归入总处。为适应新的贸易形势需要,八步分处也迁至平乐,改称平乐分处,并添设柳州分处。

贸易处的成立,虽然是为了统制整个广西的出入口贸易,但实际上由于力量有限,统制的物品主要是桐油、茴油、锡、钨、锑、锰等。对此,以下分别加以说明。

桐油:广西盛产桐油。过去广西由商人自由运往香港销售,多半未经提炼,油质不纯,致使信誉低落,价格比长江一带的桐油低3元以上。经该处统制运销后,加工提炼且严格取缔掺杂,油质提高,在港销售信誉日佳,价格与长江一带的桐油无异。桐油的定价标准有下列四个基本规定:

(1)桐油力度以折光镜指数1.5184度为标准;

(2)桐油色素以浅黄足力为上等,深黄足力为中等,棕黄足力为下等,按级给价;

(3)桐油不论何种色素,若不足1.5184度者,均不合格。不合格之油,另行扣价及处置;

(4)桐油内不得掺杂沙泥、水料、其他油类及一切细屑尘粉,掺杂之处理办法另定。

茴油:茴油以镇南、田南两区出产为多,可谓广西特产。欧美各国需求量大,国内化学工业所需茴油,亦常向广西直接采购。从前出口之茴油,力度高低不一。自实施统制以来,货质务求一律,价格日增,且有供不应求之势。对茴油的收购价格,有下列两项规定:

(1)茴油力度以凝结点15度为标准;

(2)茴油不得掺入酒精及油类、杂质,掺杂之处理办法另定之。

纯锡:广西的锡因开采方法不同,纯度不一。自该处统制运销后,设厂提炼,力度已提高到99.75以上,与国际市场标准锡力度相等,可与马来半岛纯锡相抗衡。

钨砂:广西所产钨砂,多含锡质,有的还含有砒质,如不提炼,则受洋商抑价。该处统制运销后,通过加工筛选,将钨砂内锡、砒等质提净,增强了其在国际市场上的竞争力。钨砂之力度以钨65度,锡不过15/1000,砒不过2/1000为标准(含锡特高之货不在此限)。

锑矿：广西产青锑和红锑两种，历来因矿区运输不便，锑砂低廉，开采者多存观望之心，发展受到限制。该处成立后，设厂提炼，惜试验未完全成功，每月仅能炼纯锑1万余公斤。至于提炼标准，锑之力度以55分为标准，粗毛锑以70分为标准，红锑以50分为标准，锑矿每块大不过7～8厘米，锑砂块内如含有石英者须除净。

锰砂：20世纪30年代，国际市场对锰砂的需求量急增，但因广西锰砂未能提炼，矿石沉重，不便运输，难以适应市场的要求。至于贸易处的提炼标准，以力度42～50分为合格。①

由于采取了严格的措施，产品质量提高，外商乐于购买，销路日广。反过来，因销路日广，生产者可获较多利润，生产积极性进一步提高，产量也随之增长。故自贸易处成立后到1937年，广西油、矿物的出口，大有蒸蒸日上之势，详见表4-18。

表4-18　1935—1938年广西贸易处销售油、矿货品量值统计

货名	1935年12月至1936年12月		1937年		1938年上半年	
	数量	货值	数量	货值	数量	货值
桐油	51751	7929260	125075	25278524	59129	5426108
茴油	2264	1161416	3251	3279465	1235	706457
钨	7178	1695524	14554	9219062	10313	3185407
锡	13850	7438241	28820	22600609	14500	4626189
锑	5172	173227	30378	2091314	10783	372786
锰	16284	366842	10343	333559	80	2011

资料来源　王逊志：《广西对外贸易概况》，载《广西之建设》，1939年。注：各种货物中除锰以吨为单位外，其余均以公斤计。另：货值1936、1937两年以桂钞元为单位，1938年上半年以国币为单位。

在贸易处开办后的一年中，1936年各种货物销售总值已达1870余万桂钞元，至1937年突增到6280万桂钞元，几乎翻了3倍有半，可见业务进展之速。1937年夏间，虽有全国抗战爆发，然而各种货物输出有增无减。至1938年上半年，仍有价值1430万国币元的货物输出。1938年10月后，由于日军入侵广州，西江被封锁，运输困难，该处仍设法改道输出。

①广西省政府十年建设编纂委员会：《桂政纪实·经济》，1946年，第89—91页。

广西1936年输出总值为5100余万国币元，以1∶1.3的比例计算，当为6630余万桂钞元。是年，贸易处各种货物出口总值为1876万桂钞元，约占全省总输出的28%。1937年全省输出总值为9070万桂钞元，而这年贸易处输出总值为6280万桂钞元，约占全省总输出的69%。[①]由此可见，贸易处在广西经济活动中占有非常重要的地位。

广西出入口贸易处除了经营上述业务外，还兼管其他一些事务。一是代收卷烟督销税，缴省政府财政厅。梧州原设有省卷烟督销局，所有到梧香烟，不论是国产还是进口，都要征收卷烟督销税。1936年9月，省卷烟督销局撤销，并入出入口贸易处，原督销局人员全部到贸易处工作。贸易处仍按原办法征收卷烟督销税上缴。

二是进行食盐专卖。广西省政府在龙州设镇南盐务处，向越南法方进口食盐，销于沿海各县，由官方投资，实行食盐专卖，每月销150万吨左右。1937年初，盐务处合并入龙州贸易处后，食盐专卖业务由该处管理。

受战局影响，1940年7月，贸易处总、分各处的活动被迫中断，由广西银行总行信托部及其所属各分行信托课分别接收。贸易处从成立到结束活动，只有五年的时间。[②]

总之，新桂系集团通过设立泉通总号、永康公司、出入口贸易处等机构，全面、严格地控制对外贸易，这在当时的历史条件下是必要的，对广西的对外贸易发展也起到了一定的积极作用。但是统制政策的实施，在另一方面也影响了社会经济的发展。正因为如此，它们不可能长久存在。

（三）外汇起落与对外贸易的关系

外汇的起落与对外贸易有着密切的关系。1935年广西时局相对稳定，桂钞对外汇价平稳。根据省政府统计室的统计，是年桐油出口计11585.2吨。到1936年中，由于“六一事变”的发生，桂钞汇价剧跌（港汇曾一度跌至4∶1），这对广西土货输出，甚为有利。是年桐油出口，除6—10月因军事关系未能运出外，仅7个月就增加约1540吨。[③]1937年，汇价继续低落。该年桐油出口增至14497吨，较

①王逊志：《广西对外贸易概况》，《建设研究》，1939年第1卷第3期，第18—20页。

②刘一恺：《解放前广西出入口贸易概况》，载中国人民政治协商会议广西壮族自治区委员会文史资料研究委员会：《广西文史资料》（第十五辑），1982年，第158—166页。

③1935年广西桐油输出总量为11585.2吨，平均每月为965吨，7个月合计约为6755吨。1936年7个月的桐油输出量为8302.6吨，比1935年7个月的输出数额增加约1540吨。

1935年增3000余吨。可见桂钞汇价低落在很大程度上刺激了广西土货的输出。

但是自1939年6月广西实行土货出口结售外汇办法后，油类及矿产的输出大受影响。据广西出入口贸易处对收购货量进行的统计，在未施行结汇办法的前半年中，每月平均收购桐油810余吨，钨178余吨，锑约112吨，锡约296.5吨。而施行结汇办法后的7月份，所收桐油只有359.5吨，钨97.5吨，锑85吨，锡7.95吨。锐减之势，前所未有。造成这种现象的原因，主要是按法定汇率折算国际市价，各种货物法币价格猛跌，使生产者不但无利可图，而且多告亏损，遂纷纷减产或停业。如锡的生产成本，按照水岩坝机采公司的平均状况，每50公斤的生产成本约为176元，而按结汇办法折合法币之市价尚不及150元。钨矿全系土法开采，每50公斤的生产成本，平均约为99.80元，而按结汇办法折合法币的市价尚不及70元。锑矿也多为土法开采，每50公斤之生产成本，平均为19.40元，而按结汇办法折合法币之市价尚不及10元。矿商资本有限，自然不堪此种亏损，因此出口额锐减也就成为必然的趋势。

国民党政府实施结售外汇政策的目的，在于通过大力搜刮民财，取得外汇，以巩固币制，增强自己的力量。但施行的结果，却使出口贸易一蹶不振。他们忘记了一个基本的道理，即欲谋取大量外汇，必须增加出口贸易始能实现，而欲谋出口贸易得以维持与增进，必须使商人能获适度利润。后来，广西省政府与国民党中央多次商量改善办法，将收购价格略加提高，例如：桐油收购价由每50公斤法币35元增至60元，锡由每50公斤法币150元增至177元，锑由每50公斤5元增至15元，钨由每50公斤60元增至90元。这些油类、矿产的收购价格，较按法定汇率折算的国际市价为高，但是仍不足抵偿生产成本，殊难达到维持生产、发展出口贸易、增加外汇收入之目的。①

全国抗战爆发后，国民政府加强了对各省的控制，广西出入口贸易处的业务由国民政府的经济部门取代，统制措施更为严格。出口货值增加缓慢，进口货值增加相对较快，入超趋势明显，详见表4-19。

①王逊志：《广西对外贸易概况》，《建设研究》，1939年第1卷第3期，第18—20页。

表4-19　1937—1943年广西进出口贸易总值统计　（单位：国币元）

年份	总额		进口		出口		入超	
	货值	指数	货值	指数	货值	指数	货值	指数
1937	89162	117.96	45109	96.25	44053	150.30	1056	6.02
1938	95483	125.29	56753	121.96	38090	131.99	18063	102.89
1939	208368	273.52	168556	359.65	39812	135.83	128744	732.89
1940	453722	395.62	350797	731.31	102925	351.15	247872	1411.99
1941	267932	664.44	113067	587.16	154865	528.35	-41798	5458.38
1942	195681	256.88	190330	461.17	5351	18.23	184979	1053.73
1943	883322	11193.45	883322	188.265	25915	88.38	857407	488.42

资料来源　广西省政府统计处：《广西省对外贸易之回顾与展望》，1948年。

进出口货物及其价值见表4-20和表4-21。

表4-20　1937—1941年广西出口重要商品量值统计　（值单位：国币千元）

货名	量单位	1937		1938		1939		1940		1941	
		量	值	量	值	量	值	量	值	量	值
桐油	千公斤	14479	10433	9739	6241	12450	17836	12738	31365	6406	13869
米	千公斤	23225	2787	18043	2634	1294	236	14927	5968	6371	6991
纯锡	千公斤	2956	8514	3320	8175	2050	7695	3396	25917	977	7351
牛	千头	26858	1047	13117	724	11687	658	6393	814	9705	3264
猪	千头	164882	2288	136241	2168	55666	789	59070	2880	103270	10765
柴	千担	2354	1319	1976	1314	1	4	108	264	8714	475
木材	千担	-	1329	-	995	-	294	-	591	-	3269
谷	千公斤	3291	274	3039	304	743	87	2662	688	1038	706
牛皮	千公斤	2584	1129	1631	989	536	406	335	312	219	912
家禽	千公斤	-	582	-	574	-	495	-	637	-	1734
糖	千公斤	3727	692	1851	322	2416	566	2749	2150	2492	7321
麻	千公斤	1058	446	1141	476	1921	1551	1150	2942	1445	8315
砂矿	千公斤	-	4152	-	2576	-	664	-	3493	-	275
油茶	千公斤	2388	1244	6225	2316	197	183	78	108	393	1274
茴油	千公斤	319	1243	270	1117	174	855	108	1412	9	183

资料来源　广西省政府统计处：《广西省对外贸易之回顾与展望》，1948年。

表4-21 1937—1941年广西进口重要商品量值统计 （值单位:国币元）

货名	量单位	1937		1938		1939		1940		1941	
		量	值	量	值	量	值	量	值	量	值
食盐	千公斤	52984	6845	49471	9148	69510	28050	-	97573	73305	13960
棉纱	千公斤	8330	7518	9096	1044	17792	48369	14087	63203	11008	198257
棉布	千公斤	-	6050	-	5251	-	21112	-	57673	-	355418
纸	千公斤	-	1124	-	1256	-	2818	-	6085	-	22451
中西药品	千公斤	-	571	-	1237	-	1809	-	37300	-	17239
煤油	千罐	1377	7144	1206	9759	520	8754	178	8376	151	13080
卷烟	千罐	-	2687	7131	2479	8323	7332	3965	2527	12884	44288
金属品	千罐	-	1988	-	1865	-	1481	-	3512	-	20115
海产品	千罐	-	519	-	554	-	341	-	538	-	1525
汽油	千罐	32	207	39	438	44	1303	509	36261	174	27792
柴油	千罐	605	24	6987	820	3323	1054	3934	3810	714	20122
汽车及用品	千吨	-	708	-	913	-	5773	-	3021	-	4329
火柴	千箱	55	584	-	48	23	668	36	2186	46	9124
燃料	千箱	-	569	-	620	-	1058	-	992	-	15050
棉花	千箱	-	-	37	265	278	391	865	3183	4071	23069

资料来源 广西省政府统计处:《广西省对外贸易之回顾与展望》,1948年。

究其原因,抗战期间,内迁的机关、工矿企业、文化团体和学校数量增多,逃来的难民也增多,战时物资需求量大,因此,棉纱、棉布、食盐、煤油等生活用品必须依靠大量进口,从而造成入超额增大的趋势。与此同时,战争形势使生产受到很大影响,加上政府的经济统制使生产者难以获利,因此,出口商品数量在1940年急剧下降。

第三节　财政与金融

一、财政

旧桂系陆荣廷统治时期(1912—1924年),广西只有省级财政,没有县级财政。在这一阶段,广西财政实际上是自收自支,既无中央经济和外省协款,也无上缴。此时期,广西经济落后,财政混乱,基本上是入不敷出,主要通过向广西银行借款解决财政赤字。新桂系上台后,即着手整顿财政税收,建立合理的财政制度,使广西财政体系逐渐完善,增强了地方财力。[①]1931年以前的几年,国家和地方收支没有划分,仍为自收自支。1931年12月,国民政府在广西成立财政部广西特派公署,接管国家财务、行政及国税征收。因此,自1932年起遂有国家和地方收支之划分,确定国税占41%,省税占59%。[②]但所谓国家、地方财政分开,仅是收支数字上的划分而已,国款收支完全由新桂系控制,[③]具有较强的独立性。

全国抗战爆发以后,国民政府以统一抗战,统一全国之财力、物力为口号,加强了对各省财政的控制与管理。1938年,财政部广西国款收支管理处成立,广西之国税收支便由财政部接管,支出方面原由广西省直接负担的军务费、党务费等改由中央拨给,这标志着广西财政自收自支阶段的结束。1942年,广西财政体制发生了一次重大变革,国民政府为增强中央战时财政统筹力量,又将省级财政并入中央系统称为国家财政,广西省内只有县市财政,[④]地方财政主体归于县,广西省政府的财政独立性大大削弱,国民政府进一步控制了广西的财政权。

---

①新桂系时期的财政举措分为三个时期:第一期(1931—1933年)整理财政;第二期(1934—1937年7月)建立合理的财政制度;第三期(1937年7月—1945年),在全国抗战背景下,巩固已有基础,采取四权分立制度。

②此时广西省国税包括:盐税、百货统税、烟酒税、印花税、鱼苗税、出厂税、所得税、禁烟罚金、矿税、国有财产收入、国有营业收入、中央拨款收入及其他收入等。

③海关税系直隶财政部,自成体系。

④广西省于1933年建立县财政。

(一)抗战时期广西省级财政收支

自1942年广西省级财政并入中央系统后,省级财政收入不复存在,而省财政支出全由中央拨款,故自此后,在省财政收支表中只有省支出情况。

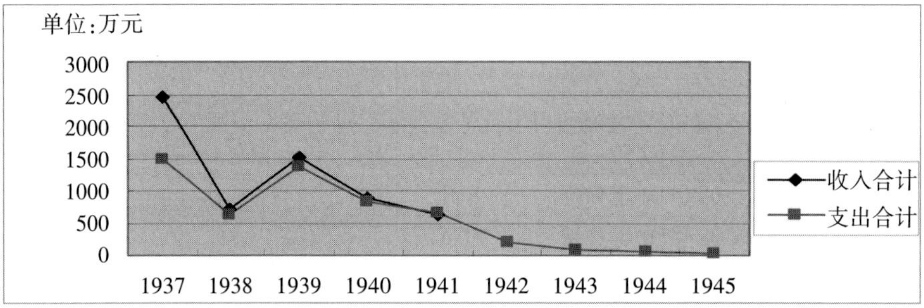

图4-1 全国抗战时期广西省实际财政收支曲线图

由图4-1可知,全国抗战时期广西省财政收支走向是一致的,从1937到1941年大体呈收支相抵状态。省财政收支除在1939年有所回升外,其余年份均在下滑。

1.省地方财政收入

表4-22 1937—1941年广西省实际财政收入 (单位:国币万元)

科目		1937	1938	1939	1940	1941	总计	占比(%)
其他收入	饷捐	455.2	117.1	222.8	275.9	232.2	1303.2	20.76
	卷烟督销费	89.6	19.2	37.6	12.7	96.2	255.3	4.07
	禁烟收入	412.4	79.5	121.6	16.1	0.1	629.7	10.03
	杂项收入	384.8	128.8	243.7	128.8	43.9	930	14.81
课税收入	营业税	331.4	117.1	146.1	145.5	118.3	858.4	13.67
	田赋	193.3	64.4	47.8	31	13.8	350.3	5.58
	契税	32.3	5.5	9.4	6.2	4.6	58	0.92
	房屋税	13.3	6.2	6.1	5.2	2.6	33.4	0.53
	舟车牌照税	7.6	2.1	4.9	3	1.7	19.3	0.31

续表

科目	1937	1938	1939	1940	1941	总计	占比(%)
中央补助收入	26.6	103.4	289.4	135.8	78.2	633.4	10.09
收回债权税	-	48.6	1.2	-	90.6	140.4	2.24
公营事业及事业盈余收入	178.1	2.1	15.1	75.9	23.6	294.8	4.70
公债收入	18.1	-	326.5	-	-	344.6	5.49
规费收入	285.7	10.3	24.1	16.3	9.1	345.5	5.50
收回资本收入	-	2.7	0.8	30.2	2.3	36	0.57
财产及权利售价收入	15.2	2.7	3.3	1.6	-	22.8	0.36
利息及利润收入	-	-	14.3	1.8	1.9	18	0.29
物品售价收入	-	-	1.2	1.6	0.3	3.1	0.05
租金使用费及特许费收入	-	-	1.2	0.6	0.2	2	0.03
总计	2443.6	709.7	1517.1	888.2	719.6	6278.2	100

资料来源　广西省政府统计处:《广西年鉴》(第三回),1948年,第923—924页。

由表4-22可知,广西省财政收入在1938年迅速下跌,但在1939年有所回升,之后起伏不定。总体而言,省库实际收入是逐年下降的。1938年省财政收入下滑,其原因在于:第一,1938年全省先后废除的杂税杂捐达800多种,随同这些税捐,还有各种附加税(有的高达正税的50%)①也被废除;第二,战时财政部接管广西税种集中在1937年末和1938年初②,这些税均为广西的重要税种;第三,1938年10月广州沦陷,广西省进出口货物运输受阻,工矿业随之衰落,财政收入亦受影响。

1939年,广西财政收入骤然上升,约是1938年的两倍。据1939年广西省各项财政收入分析可知,整体而言,多数收入均较上年有所增加。较之于1937年上涨最多的是中央补助收入、公债收入,前者数额从1937年的26.6万元增加到289.4万

①黎灼仁,高言弘:《广西财政史》,广西人民出版社1998年版,第470页。

②笔者所阅资料显示,战时中央接管广西的税种有禁烟税(1937年2月)、印花税(1937年10月)、矿税(1937年10月)、火柴税(1937年12月)、盐税(1938年2月)、烟酒公卖费(1938年5月)。

元，后者从18.1万元增加至326.5万元，两者约占1939年省财政收入的41%。1938年5月，财政部广西国款收支管理处成立后，国税部分归中央所有，广西省税收由此减少，所缺部分需中央补助。另外，1939年桂南会战爆发，中央补助较前增多。

整体而言，1940年至1941年是广西省财政收入下滑阶段。下滑原因：第一，战争影响了经济的发展，最终波及财政收入。桂南会战结束后至1940年11月桂南全境收复期间，战争对广西经济发展的影响是不言而喻的。第二，中央接管或停征了一些省税。如1941年将田赋全部拨归中央接管。1940年6月1日起禁止运销鸦片，停征各项禁烟税，这对广西省的税收而言为一大"损失"。1939年禁烟税的收入为121.6万元，1940年减为16.1万元，1941年只有1000元。第三，到抗战中期，农工矿业均逐渐衰落，税收亦因此减少。1941年，中国抗战进入艰苦时期，对外交通断绝，物资更加短缺，通货膨胀严重，物价飞涨，国民党的统治日渐腐败，广西农工商业日趋衰落，广西省税收亦因此减少。

在财政收入中，第一是饷捐[①]（即百货饷捐），占20.76%。1934年，广西省政府将百货统税合并到百货饷捐，出口货物捐率从5%到15%分4档，进口货物捐率从5%到35%分11档。全国抗战爆发后，饷捐捐率不断上涨。1937年附征20%的救国税，1940年又改为附征50%的抗战预备费，1941年提高应征捐额1倍，7月又提高捐额50%，取消附征，1942年百货饷捐停止征收。第二为杂项收入。杂项包括部分货物税[②]、屠宰税、印花税、所得税、房捐[③]中的部分，税种较多，是历年广西省税收的主要来源之一。第三是营业税，占13.67%。抗战时期，沿海地区纷纷沦陷，东部各省工矿企业大多内迁，广西经济因此而繁荣。这时广西省扩大了征税的范围，如1938年增加了营业牌照税，1940、1941年全省营业牌照税收入分别为29.26万元、74.79万元。由于以上原因，营业税额增加。第四为中央补助收入。1938年，广西省之国税悉归中央所有，为使省财政收支平衡，中央增加了对广西的补助。总体而言，中央补助收入在广西省财政收入中所占比重在增加。由此可见，战时广西之财政日益依附于中央，逐渐被纳入中央财政统收统支的轨道。

---

①饷捐是1927年广西省政府对未纳百货统税和内地税的出入口货物，按百货统税税率及征收办法一次征收的税种。参见黎灼仁，高言弘：《广西财政史》，广西人民出版社1998年，第487页。

②货物税包括矿税、百货饷捐、统税、战时消费税、货物统税，杂项收入不包括百货饷捐。

③房捐包括警捐、商铺捐、房屋税、使用牌照税、土地税、遗产税，杂项收入不包括房屋税。

各项税种收入中,下降最快的为禁烟税。1940年6月1日起禁止运销鸦片,停征各项禁烟税,所以禁烟税从1937年的412.4万元,下降到1941年的0.1万元。

2.省地方财政支出

1938年,广西财政支出下降的原因与财政收入下降的原因是一致的,表现为收入降低,各项支出均减少。1939年广西支出回升,总体而言,是当年为广西战时各项支出最多的一年。在1939年的各种支出中,保安支出、营业投资及维持支出最多,各占本年支出的32.1%、13.4%,二者亦是较1938年增加最多的项目,保安费上涨了284%,营业投资及维持上涨了376%。保安支出上涨与桂南会战的爆发有很大的关系,营业投资及维持支出的增加,则由1939年广西省政府投资建立了诸多企业,如广西面粉厂、广西纺织机械厂、广西造纸试验所等所致。1939年亦是战时营业支出最多的一年,后因广西财政收入的减少及广西经济发展环境的恶化而降低,详见表4-23。

表4-23　1937—1945年广西省地方实际支出分类统计表　(单位:国币万元)

科目	1937	1938	1939	1940	1941	1942	1943	1944	1945	实际支出总额
保安支出	251.4	114.4	439.6	157.3	100	33.1	6.1	6.6	4.3	1112.8
教育文化支出	204.8	132.2	147.8	126.6	110.2	44.3	12.7	6.6	2.6	787.8
行政支出	187.6	67.1	131	87.8	55.8	34	7.9	4.6	1.8	577.6
普遍协助及补助支出	186.7	61	124.1	86.3	80.7	18.7	3.1	-	0.2	560.8
经济建设支出	172.4	47.3	85.3	99	75.4	24.6	0.5	2.7	1.1	508.3
债务支出	145.7	53.4	81.2	60.6	116.3	7.2	0.6	-	-	465
财务之出	157.1	50.7	55.5	67.4	42.9	9	0.4	0.2	0.1	383.3
营业投资及维持支出	-	38.4	182.9	76.1	24.3	4.7	0.6	0.02	0.03	327.05

续表

科目	1937	1938	1939	1940	1941	1942	1943	1944	1945	实际支出总额
司法支出	120	43.8	50.6	21.7	32.6	-	-	-	-	268.7
卫生治疗支出	42.9	17.1	42.9	32	26.9	14.6	4.2	2.1	0.8	183.5
行政行使支出	16.2	5.5	11.8	8.7	7.5	75	-	-	-	124.7
生活补助费	-	-	-	-	-	-	30.7	3.1	17.2	51
保育救济支出	-	-	12.2	9.7	12.3	8.7	4.1	2.2	0.8	50
分配县市国税支出	-	-	-	-	-	-	23.1	14.8	-	37.9
公粮支出	-	-	-	-	-	-	-	16.8	11.9	28.7
公务员退休及抚恤支出	10.5	1.4	2	0.8	0.2	0.3	0.1	0.04	0.2	15.54
第二预备金	-	-	-	-	-	5.3	1.8	3.3	0.8	11.2
立法之出	-	-	2	2.2	3	0.9	-	-	-	8.1
新兴事业费	-	-	-	-	-	-	1	2.5	0.6	4.1
其他支出	-	-	-	-	-	-	0.2	0.1	-	0.3
移垦支出	-	-	-	-	0.4	0.2	0.1	-	-	0.7
合计	1495.3	632.3	1368.9	836.2	688.5	280.6	97.2	65.66	42.43	5507.09

注：1. 据广西省政府统计处：《广西年鉴》（第三回），1948年，第924—926页制作。

2.“实际支出”是指折合战前纸币数额。

需要强调的是，1942年是广西省财政支出下滑速度仅次于1938年的年份，较1941年下降了近60%。在这一年中，省级财政并入中央系统，而省级机关一切经费开支由中央拨付，这与此时整个国统区经济衰落有关。国民政府的国库收入只能维持基本的政务开支，1942年广西省行政支出约占总支出的36%，而对经济建设已力不从心，无力顾及。经济建设支出与营业投资及维持支出所占总支出的比例从1939年的19.3%下降到1942年的14.1%。

在抗战的最后三年(即1943到1945年)，因经济衰退，物资紧缺，物价飞涨，广西财政支出大部分用于公粮支出和生活补助支出，可谓"吃饭"财政。加上财政支出分配于县市，1943、1944两年分配于县市的国税支出分别约占总支出的24%、23%，说明广西省政府在抗战后期较重视县市建设，而用于经济建设的支出却很少。1937—1945年，广西经济建设支出与营业投资及维持支出总额约占所有支出总额的15.4%，从1942年至1945年所占比例分别为11.8%、0.5%、4.1%、2.6%。所以，虽然抗战时期是广西经济发展较快的一个阶段，但对其发展速度和程度不宜估计过高。

从各支出项目来看，保安支出是最多的，其原因主要是新桂系实行"三自""三寓"政策，在全省推行民团制度，对青壮年进行军事训练，实行全省皆兵，"寓兵于团、寓将于学、寓征于募"。如村有后备队，乡设后备大队，区设联队，县设民团司令部。全省分21个监督区，各监督区设指挥部。抗战时期又增设义勇队。其次为教育与文化支出。战时，广西是大后方的文化城，国民政府重视中等教育的发展，1941年中等教育经费支出所占比例达31%。

战时，省级财政划归中央，虽为战时所需，但亦为中央对地方的一种搜刮政策。如在田赋征收方面，1940年粮价飞涨，行政院决定于1941年将田赋全部拨归中央接管，并实行征实。1941年，中央核定广西田赋征实额为100万市石①，另附带征购军粮1倍，合计200万市石。按规定每赋1元，核定征实征购各为2市斗。以后各年折征实物数额有变化，并另带征县级公粮3成。1942年，每赋1元征实征购各为29市斤。1943年，经广西省参议会建议，征购改为征借，分5年摊还，当年每赋1元征实35市斤、征借23市斤。②1943年、1944年带征县级公粮数分别为501000市石、258847市石。由表4-24可知，通过"三征"(征实、征购、征借)国民政府获得了较多的粮食，但是，"三征"实为国民政府竭泽而渔的政策，为此，广大农民饱受痛苦。

①市石，容量单位，10斗为1石，也可作重量单位。根据1947年《广西田粮施政概要》，每市石为108市斤。

②广西壮族自治区地方志编纂委员会：《广西通志·财政志》，广西人民出版社1995年版，第48—49页。

表4-24　1941—1944年广西田赋征实、征购(借)统计　(单位:市石)

年份	预计数			征起数			征起数占预计数之百分比%
	合计	征实	征购(借)	合计	征实	征购(借)	
1941	1571744	-	-	1391554	-	-	88
1942	2962960	1481480	1481480	3058771	1613654	1445117	103
1943	2780000	1670000	1110000	2985383	1800415	1184968	107
1944	2300000	1400000	900000	1530917	946214	584703	66

注:1.广西壮族自治区地方志编纂委员会:《广西通志·财政志》,广西人民出版社1995年,第49页。

2.1943年以后为征借,1943年征起数折法币为537368940元,1944年折法币275565060元,1945年免赋。

(二)战时县财政收支

抗战初期,民国财政采用的是中央、省、县三级制,地方财政的主体在省,自1942年国民政府将省级财政并入国税收入后,则变为中央、县二级制,地方财政主体转为县,县的地位由此提高。

由图4-2可知,广西省县级财政收支是逐年下降的,且1938年县财政收支下降了近56.2%,为历年中下降速度最快的一年,下降最多的为课税收入和收回债权收入。收回债权收入为不稳定收入,其下降是可以理解的,至于课税收入的减少,其原因与1938年省课税收入减少的原因一致。

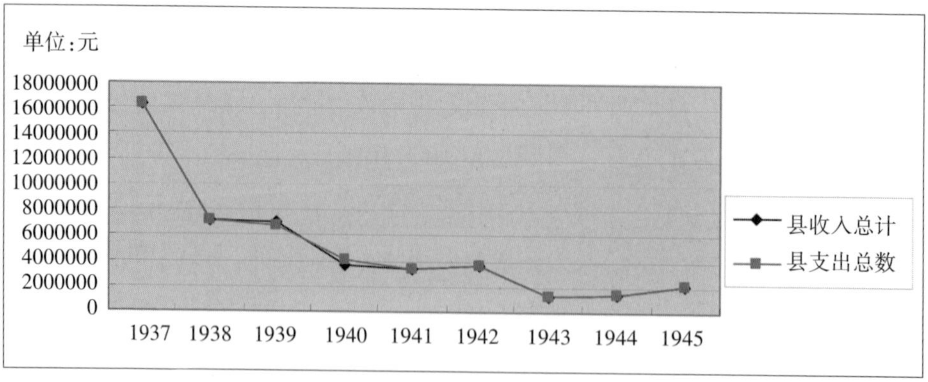

图4-2　抗战时期广西县财政收支曲线图

表4-25　广西各县市地方实际收入统计表　（单位:元）

科目	1937	1938	1939	1940	1941	1942	1943	1944	1945	总计
课税收入	1094778.1	469515.5	4093379.2	2126769.2	2144361.4	1831430	1227800.2	1083978.7	1296396.2	15368408.5
惩罚及赔款收入	2097983.8	534772.6	18518.4	43539.2	44641	11800	4815.6	330.9	42684	2799085.5
规费收入	234890.5	110028.8	483138.8	242071.8	248989.9	178458.2	12137.1	11335.2	34307.6	1555357.9
租金使用费及特许收入	320277.1	230336.3	-	-	-	-	-	-	-	550613.4
利息及利润收入	-	-	-	-	-	-	-	14913.6	28046.6	42960.2
公有营业及事业盈余收入	31164.8	10419.2	38224.5	1040.2	651.3	21163.8	6317.1	22615.2	18566.9	150163
补助及协助收入	180617.1	626610.6	1050283.7	791145.7	506882.8	103206.9	31986	202425.1	236159.4	3729317.3
财产及权利售价收入	-	-	242838	165856.7	185951.6	143181.2	18098.2	3310.3	-	759236
公债收入	-	-	74.3	-	-	-	-	-	-	74.3
收回债权收入	1477757.1	384.2	7037.1	24.1	-	-	-	-	-	1485202.5
收回资本收入	-	-	1095.1	767.8	672.7	815.5	-	85.7	579.37	4016.17
赠与及遗赠收入	-	-	1224.5	30.2	23.6	5048.7	1676.4	22185.7	14990.1	45179.2
其他收入	632349.5	724128.8	1025443.7	296639.4	189745.5	1297817.6	21751.7	51238.7	383032.6	4622147.5
总计	6069818	2706196	6961257.3	3667884.3	3321919.8	3592921.9	1324582.3	1412419.1	2054762.77	31111761.47

注:1.该表根据各科税额总计由高到低排列。

2.课税收入包括自治课税、分配县市国税附加预算;补助收入包括补助及协助、捐献及赠与等项;其他收入包括基金等项。

3.该表根据广西省政府统计处:《广西年鉴》(第三回),1948年,第930—931页制。

1.广西县财政收入

从表4-25可见，在广西的县地方收入中，课税收入在多数年份中居首位，占各县财政总收入的50%～70%，最高为1943年，达到90%以上。就课税收入的发展趋势而言，整体上是下滑的，但在1939年则为上涨，并达到全国抗战期间的最高点。其原因在于，1939年新县制实施后，财政部制定了中央分配县市国税处理办法，把屠宰税除45%解缴省库，其余归县库，房捐税由省税改作县地方税，契税收入中提10%归省，30%作征收费解缴省库，其余为乡镇经费。这些税收大大增加了县财政的收入，如屠宰税在课税收入中居首位，①这对县自治财政实有莫大之裨益也。②公债收入最少。各县财政虽困难，但对于增益库收，尚能采取稳健政策，不至滥行举债，增加民众负担。③

2.广西县财政支出

财政支出额的变动是由财政收入的走向决定的。图4-2显示，与县财政收入走向一致，县财政支出也呈现逐年下降趋势。总体而言，行政支出在各项支出中占据首位，其次为教育文化支出，第三为经济建设支出。可见县市行政及县市事业日趋发达，县市地位日渐提高。

自1942年以后，县收支远远大于省收支，这是由县市之地方财政权日益扩张造成的。通过对岁出科目之比较，可以看出行政支出和事业支出在各县市岁出科目中位居前列，且各年支出较省稳定。通过对岁入科目分析比较，还可以发现课税收入及行政税收入在比例上，各县市较省为多，债款收入及补助收入在比例上，各县市则较省为少。无疑，随着县市财政权之扩张，公营事业日趋发达，税源日趋兴旺，财政渐上轨道。总之，各县市行政基础日渐稳定，行政范围日趋广泛，行政权力日趋扩大，行政组织日趋繁密。④而省级财政自划入中央后，省级经费与实际需求数相差甚远，且请求追加又通常不获批准，因此省财政较前更为困难。

①根据广西省政府统计处编印的《广西统计年报》1947年第130、145页可知。

②广西省政府十年建设编纂委员会：《桂政纪实·政治》，1946年，第269页。

③广西省政府十年建设编纂委员会：《桂政纪实·政治》，1946年，第293页。

④广西省政府统计处：《广西省地方财政与县市地方财政之比较》（手稿），1948年。

表4-26　广西省县财政实际支出统计表　（单位:元）

	1937	1938	1939	1940	1941	1942	1943	1944	1945
总数	16816975.3	10391997	6792919.9	4086894.1	3317658.7	3592922.4	1324036.1	1416159.7	2054762.8
行政支出	6186794.3	3572924	1764254.3	958657.3	1780192.4	2079573.3	426252.7	347063.6	362294.7
立法支出	-	-	117734.7	96904	74713.6	42327.5	15638.1	-	-
教育文化支出	5525791	3281937	1939303.7	1031851.5	747502.1	467867.7	227770	270907.9	116338.1
经济建设支出	1581012	1153041	543417.1	237913.9	138109.8	149901.8	68520	93387.6	71925.4
卫生治疗支出	475085	322473	183604.1	106695	96698.7	75465	77031.9	84108.8	54790.7
保育救济支出	-	-	11840.8	19571	10826.4	22219.5	35224.9	125213.4	44416.8
营业投资及维持支出	83001	61767	5771.4	2579.3	11069.4	1237.9	-	29780.1	3605
保安支出	59297	11818	329109.4	399463.6	248207.2	184693.8	133244.8	117522.6	197108.6
财务支出	323700	230629	161215.5	84077.7	96406	77620.4	36315.2	35799.8	45021.5
债务支出	729977	262337	58277.1	2909.5	6133	10427.3	723	131.3	1048.7
退休及抚恤支出	12468	235142	26103.7	6896	4102.3	3594.2	1615	1684.2	3430
普通协助及补助支出	630573	427110	1510431	982060	63480.9	347588.7	-	7290.3	50732.5
第二预备金	1209277	832819	87126.5	27032.6	-	129740.7	77817.3	73797.4	150974.5
其他支出	-	-	54430.6	130282.7	40216.9	664.6	223883.2	229472.7	953076.3

资料来源　广西省政府统计处:《广西年鉴》(第三回),1948年,第932—933页。1939、1940两年有少数县份动用第二预备金,未注明支出。其他支出,包括乡镇临时事业费在内。

(三)战时广西财政管理体系的变革

战时,因时局的需要,广西省财政税收体系发生了很大的变化,从而引发了财税机构的不断调整。与此同时,国民政府加强了对广西省财政的管理,其结果一方面使国民政府控制了广西省财政;另一方面,广西各级财政的各项管理被纳入法制的轨道。这是广西财政管理制度发展的重要时期。

1.财税机构

(1)财政机构

战时主管广西省财政的机构为财政厅,其内部组织因主管业务的变化而多次被调整。1942年起国民政府改定财政收支系统,省不再是一级财政,按当时财政部制定的《各省财政厅执掌暂行办法(草案)》,财政厅主管自治财政之监督考核与改进及部令所办之各项事项。

县乡财政机构方面,1938年1月,各县政府设立会计室,专管登记账目,造报表册,编制预算决算事宜,实行财务行政、出纳、会计、审计四权分立之联综制度。同年12月,各县临时参议会成立,乃裁撤财政检查委员会,将县财政之审核事项交由该会办理。不久,此项工作又由省政府审计委员会分区设立审计办事处接办。1941年8月,裁撤各区审计办事处,改由财政厅第四科办理。乡镇方面,乡镇公所内设财务干事掌财务行政,设会计员掌会计事务,组织乡镇财产保管委员会掌财务款项之保管出纳,乡镇之收支审核则由县府会计室办理。①

(2)税务机构

战时,广西税务机构有中央、省、县三个等级,因战时税种的变化,各级机构也时有变化。国税机构主要有盐税征收机构、货物税征收机构、直接税征收机构、缉私机构、禁烟税征收机构。各征税机构均有分支伸向各地,并因时局的变迁及财政体制的变化,时而合并,时而分设,或改组扩大,或因税种取消而裁撤。如1937年10月,财政部广西事务管理局成立,下设桂林等13个分所,接管统税、矿税、烟酒税等国税的征收。1939年,广西税务管理局改组为广西区税务局,各分所改为税务分局。1942年,省级财政合并于中央,原广西省属各区税捐稽征局及饷捐局撤销,扩大了广西区税务局,分局增至18个,并设查证所68个、驻县办公室81个。1943年6月,财政部通令广西

---

①黎灼仁,高言弘:《广西财政史》,广西人民出版社1998年版,第554页。

区税务局与广西区直接税局合并成立广西省税务管理局，管理国家财政系统及代管地方自治财政系统应征各税事宜。1945年春，再度分设广西区税务局与直接税局，并与湖南、贵州两区货物税局合并，在贵州成立黔桂湘区货物税局，广西设4个分局。抗日战争胜利后，广西货物税局恢复，下设8个分局。①

广西省税机构主要有饷捐局卡、营业税局。1941年，全省共有饷捐分局8个，饷捐卡7个。1939年12月，全省各县普遍建立税捐分局，县内税源较多的乡镇还设立了办事处，以增加其办理田赋、契税、烟酒牌照税、烟酒公卖费、房产税及省政府命令征收的其他税捐的能力，到1940年，区分局增加到18个。两机构均于1942年因财政收支系统的改订而裁撤。

1940年6月，广西省政府规定各县设立县税征收处，办理田赋、县税捐租费的征收，受县政府第二科指挥监督。1942年改订财政收支系统，征收处改隶县市政府，并在县市境内各乡镇设立征收分处，负责办理县税捐的稽征，以逐渐取消招商承包和委托乡镇公所代征。②

(3)会计机构

全国抗战初期，国民政府通令各省政府设立会计处，办理各省岁计会计事务。为此，广西省政府于1937年6月1日成立会计处，处内分设3科：第一科负责设计、视察、训练、任免、总务，第二科负责岁计，第三科负责会计。随着省政府会计机构的设立，各省属机关亦依据章程纷纷设立会计室。到1941年底，已设会计室的机关共172个。

省会计处成立后，县政府经省政府批准成立会计室，主办县政府、地方及县经管国款、省款岁计会计事务。1937年，全省99县均已成立会计室。1939年，桂林市政府成立，亦设立会计室。③在县市所属机关，如各县金库，县市初级中学、国民中学，县市税征收处，县市卫生院，警察局等，均由省政府派会计员。1940年，部分县市库撤销，其业务由广西银行代理，其会计员也随之撤销。

---

①广西壮族自治区地方志编纂委员会：《广西通志·财政志》，广西人民出版社1995年版，第97页。

②黎灼仁，高言弘：《广西财政史》，广西人民出版社1998年版，第556页。

③黎灼仁，高言弘：《广西财政史》，广西人民出版社1998年版，第557页。

2.预决算管理

(1)预算管理

广西从清末开始办理财政预算,真正形成预决算制度则在民国时期。南京国民政府成立后,进一步加强了对各省的预算管理。1938年1月1日起执行的《预算法》是民国时期预算管理的一个新起点,它把省政府概算及预算之机关单位分为三级,会计年度自1939年起改为历年制,要求省政府于每年5月1日前,将下年度之总概算上报,经中央核定概算之最高机关审核后,于7月1日前发还省政府,按核定之经费及收入概算拟定其预算。国民政府要求省主计机关于每年9月15日以前编成省下年度岁入岁出总预算书,呈送省政府决定后,于10月10日以前送达中央主计机关,如间期尚未送达者,由中央主计机关代编总预算。广西在1937年以前,因代理国家财政收支,故须编造代理国家、省地方和县地方三种预算。自1938年起,不再代理国款收支,只编造省地方及县地方两种预算,区乡镇街预算则按《广西省各县区乡镇村街预算章程》办理。概算编成后,由县政府核定公布,由区乡镇村街长执行。1942年,国民政府取消省级财政,保留县市财政,称为自治财政。省的各项经费由中央于每年度开始前,按上年度预算额酌加30%或50%定一总额,由省照编预算,送经中央核定,按月拨款。①

(2)决算管理

1938年8月9日,国民政府公布《决算法》,把财政决算纳入法制轨道。《决算法》规定各级政府之决算分为总决算、单位决算、单位决算之分决算、附属单位决算、附属单位决算之分决算。各机关之决算,分别呈送上级及审计机关,县市政府之总决算,经审定后,应送请省政府公布,省政府之总决算,经最终审定后呈送检察院提请国民政府公布。1938年前,广西有国家、省地方、县地方三种决算。1938年起,因不代理国款收支,只有省地方、县地方两种,另增设县以下的区乡镇村街决算。全国抗战时历年广西财政决算之编撰,除1937年因敌机空袭桂林,卷宗被炸毁一部分,致汇编未果以外,以后几年,因各机关集中力量于抗战工作,为避免敌机空袭,将档案疏散于安全地带,也未编成。1942年起,省不再是一级财政,省决算实际只是反映省级机关的收支款项。但据1946年会计处工作报告,1943年之决算至1946年4月岁入决算刚刚编成,岁出部分尚在“催速编报”。省

①黎灼仁,高言弘:《广西财政史》,广西人民出版社1998年版,第547页。

决算尚难编成，县市决算能编成的自然就更少了。由此可知，战时各种决算规定实为一纸空文。①

3.会计管理

1935年，国民政府公布《会计法》，使会计工作有法可依。广西省政府依据《会计法》对县会计进行了整理，拟定了县市会计制度，并由省政府颁布，于1936年1月起执行。1937年省政府又把各种会计组织修改为会计制度，于1938年7月起实行。1939年，国民政府规定，会计年度改为历年制，从该年1月1日起实行。同年广西陆续制定了专业会计办法，共18条。1942年起，省地方财政并入国家财政系统之内，省属各机关之普通公务会计事务，都按中央各机关及所属普通公务单位会计制度之规定办理。对县、市，中央主计处于1942年4月20日制定并颁布了县市及所属各机关普通公务单位会计制度的规定。②

4.公库管理

就省库而言，抗战伊始，鉴于广西银行业务的扩充，广西省金库由广西银行及其分支机构代理，同时代理国库。1938年5月，广西国款收支管理处成立，国库业务划归该处掌管。1941年4月开始实行《公库法》，由广西银行代理省金库业务。县库方面，1939年起，各县县库由广西银行所属分行代理。到1941年底统计，全省约有40%的县已由广西省银行代理县库。按第三次财政会议决议，广西决定于1942年度起，3年之内完成县库网，第一年完成50%，第二年完成30%，第三年完成20%。广西省政府指定广西银行代理县市业务，在未设有银行之县，暂由县专设县库办理县市库业务，各县库在各重要乡镇设立分库，未设银行的地方，分库业务由县总库委托乡镇保管委员会办理。到1943年底，全省计划成立的各县市总库100所已全部建成，由广西银行代理39所，市县银行代理2所，其余59所由县专设。③

在抗战这一特殊时期，国民政府为集中全国之人力物力抗战，逐渐加强了对广西财政的控制与管理，广西财税体制及机构因此发生了重大变化，各管理制度得到了跨越性的发展，逐渐纳入制度化、法制化的轨道。但由于时局的混乱、机构的不

①黎灼仁，高言弘：《广西财政史》，广西人民出版社1998年版，第549页。

②黎灼仁，高言弘：《广西财政史》，广西人民出版社1998年版，第550页。

③黎灼仁，高言弘：《广西财政史》，广西人民出版社1998年版，第552—553页。

断变更以及管理制度的不完善，各制度未能彻底贯彻。此外，战时国民政府凭借对广西财政的控制，特别是在抗战中后期，强征税收（如田赋方面的“三征”），加重了人民的负担，其涸泽而渔的政策，造成国统区人民对国民政府信心的丧失。

二、金融

七七事变后，国民政府推行战时金融体系。广西政府一方面以合作的姿态配合中央金融政策的执行；但另一方面，却因利益的冲突表现出反抗的一面。抗战时期，广西与中央在金融领域内既合作又斗争的复杂关系，对广西乃至整个国家而言是利弊相参的。

（一）中央金融政策在广西的实施

全国抗战爆发，东中部地区工厂企业西迁运动加速进行，为了促进西部地区向战时经济转变，在金融方面，首先急需完善大后方各省的金融网，巩固金融，发展大后方经济。广西作为大后方省份之一，国民政府对其金融之巩固与发展极为重视。1939年2月，四联总处首先在桂林设立分处，之后又在梧州、柳州、南宁、郁林（今玉林）设立支处。与此同时，作为战时的“金融总枢机构”，四联总处出台了诸多政策并督导国家各行局在广西设立分支处。

1.金融网的扩张与完善

1938年至1946年，中央银行在广西的分支处及办事处共设有11处，中国银行共设有29处[①]，交通银行设有20处，中国农民银行共设有16处。四行在广西设立分支处最多的年份为1942年，1939年次之。1939年为四行在广西兴办分支处的第一次高潮期，这与国民政府1939年9月8日公布的《巩固金融办法纲要》第四项：“扩充西南西北金融网，期于每县区设一银行，以活泼地方金融，发展生产事业”

①民国时北海尚不归广西管辖，故未将北海兑换所算入其中。

有关。之后，四联总处于1940年3月30日拟定了《完成西南西北金融网方案》，提出筹设西南西北金融网的目的在于适应军事交通运输的需要，同时它也是活泼内地金融，发展后方生产的需要。该方案共分三期施行，限在1941年完成。太平洋战争爆发后，随着西南国际交通运输线的中断，四联总处加强了后方金融网的建设。1942年，四行在广西设立分支处的范围扩大。从这些分支处分布地区和数量来看，桂林有10处，是最多的，柳州次之，梧州、南宁、玉林又次之。[①]这亦可反映战时广西各地区的整体发展水平。战时，桂林经济基础、水路交通（特别是湘桂、黔桂铁路的通车）都优于其他地区，且拥有天然的防空条件，外迁企业多集于此，因此四行在此地设立分支处最多。

2.货币的发行与钞券的调剂

广西银行独霸广西金融界时，曾执掌广西的货币发行权。全国抗战爆发后，这一权力归中央所有，广西银行只能照章发行省地方钞券。

（1）货币的发行

1937年11月2日，行政院会议通过《整理桂钞办法》六条，规定自1937年12月1日起，以中央银行、中国银行、交通银行、中国农民银行四行发行的法币，按桂钞一元折合国币五角的比价，收回广西银行兑换券。四行应于桂省设立兑换机关，于该办法施行之日起，依照法定比率办理兑换，以利流通。[②]至此，广西纸币的发行权归南京政府专有，但广西银行仍可遵照各项制度发行地方钞券。

战时政府主张推行省地方钞券，以辅助法币，活泼地方金融并避免敌伪套取外汇。1940年7月18日，四联总处第38次理事会通过了《管理各省省银行或地方银行发行一元券及辅币[③]券办法》，其中第八条规定，各省省银行或地方银行发行钞券应缴纳现金准备六成和保证（管）准备四成，并由发行准备管理委员会指定银行保管之（实由四行负责保管，按月报由四联总处查核）。1942年7月14日，财政部颁布的《中央银行接收省钞办法》，规定各省省银行或地方银行发行券之准备及已交存之钞券，自1942年7月1日起由中央银行保管，各省地银行如需钞券，得

①广西壮族自治区地方志编纂委员会:《广西通志·金融志》，广西人民出版社1994年版，第79—82页。

②中国第二历史档案馆，中国人民银行江苏省分行，江苏省金融志编委会:《中华民国金融法规选编》，档案出版社1989年，第425页。

③辅币即各种镍币及铜币，据1936年国民政府公布之辅币条例可知，镍币分为二十分、十分、五分三种，铜币分为一分、半分两种。

拟具运用计划及数目，呈经财政部核准照缴准备，向中央银行领回发行。[1]从1938年到1943年，广西银行发行的币券共306544872.7元[2]。

(2)钞券的流通

战时，因国际国内局势的变迁，钞券在桂流通过程中，多有券料不足、小券及辅币缺乏、大小券兑换存有差价、破钞兑换困难等情况。对此，国民政府均采取相应的措施，以维持钞券在广西的顺利流通。

①充实券料。1940年初，各地券料供给间有短缺，究其原因，第一，随着国际局势的变迁，钞券供给受阻。国民政府法币多由英国德纳罗公司印制，因战事影响，不能按时交货。第二，抗战以来，军需浩繁，战区需钞较多。第三，自农业金融处成立后，全国农贷开始，需券尤巨。1940年7月18日，四联总处召开小组会两次，经详密研讨，拟具《调剂钞券缺乏办法》，措施主要在于扩大库存。依此办法，四联总处酌定在桂、粤、湘、鄂等地区，中央银行存8700余万元，中国银行存4500余万元，交通银行、中国农民银行各存3000余万元，共约二万万元。据各行年报，1940年五、六、七各月战区存钞较应存量短缺虽巨，经总处极力督促以后，各月渐有改善，十一月四行存钞数量不但未见短缺，且超出应存数量6300余万元。[3]

②调剂小额券币及辅币。抗战时期，中国沿海通商口岸和经济发达地区的沦陷，使占国民政府财政收入70%至80%的关、盐、统三税大部分丧失，为筹措战时所需资金，弥补财政赤字，国民政府采取的主要办法是靠国家银行垫款，而垫款主要通过大量发行法币来实现。随着法币的大量印制，钞票的印制和运送成为一大负担。为此，国民政府便以印发大额钞券作为应对办法，但因大额钞券发行过多，在国统区的各省份均出现辅币恐慌的情况。因太平洋战争的爆发及欧洲战场的剧烈变化，四行向国外订印钞券损失甚巨，且钞券仅能靠飞机运往国内，运费昂贵[4]，以至国内钞券供不应求。四行为增加产量，降低运钞费用，勉渡难关起见，遂先定印50元、100元之大钞，而停止印制5元以下之小券。而此做法之后果为市场辅币及小券缺乏更加严重。1940年3月间，四联总处决定将存在中央银行已

①中国第二历史档案馆，中国人民银行江苏省分行，江苏省金融志编委会：《中华民国金融法规选编》，档案出版社1989年版，第458页。

②根据《十二年来之广西银行》之《广西银行历年资产负债比较表》计算所得。

③重庆市档案馆，重庆市人民银行金融研究所：《四联总处史料》(中)，档案出版社1993年版，第89页。

④重庆市档案馆，重庆市人民银行金融研究所：《四联总处史料》(中)，档案出版社1993年版，第121页。

铸就之3600余万元镍币，在后方各地酌量发行。广西省各县辅币的需求十分迫切，省政府饬广西银行向中央银行领取一分的铜元输送至各地行使，后广西银行电告该行各行处派员领运，由各县府领取兑换流通。[①]到1941年后期，因各地物价上涨，市面对辅币之需求已较前减少，但对于5元、10元券则需求甚殷，加之各路军运、商运本极拥挤，运券车辆颇难租雇，为此，四联总处函请财政部转商中华书局停印辅币券，而以节余之能力专印5元、10元券。[②]

自1943年起，法币加速膨胀，大票出笼，辅币已失去作用。8月，荔浦、乐业等县上报：当地市场上辅币过多，各银行不予收兑，以其向征收机关及国库缴纳税款，亦多不收受。[③]同月25日，广西省政府函致四联总处："请转知四行收兑，以利民生。"10月12日，四联总处电复称："已由中国、交通、中国农民银行总行先后通知各该行桂林分行饬所属一体照办。"广西省政府即于同月19日以财一字第9437号代电《准四联总处电转中国交农三银行总行函复经转知在桂各分行收兑市面角票缘由文》，通令由县、市政府布告周知：商民所持辅币券，可向四行当地分行兑换主币券。[④]

③解决大小券差价问题。战时辅币的缺乏还引发了大小钞券差价问题，大小券兑换发生贴水。四联总处在未调查差价出现原因之时，便一面督促各地行处尽可能多搭小券，一面分函有关军政机关严禁奸商及不肖军人偷运与套换，同时在各地斟酌当地情形分别处置，如在梧州与各机关商定限制携带小票出境，每人以五百元为限，逾额换给大票，并令梧州找换店自1941年7月27日起停止营业，由四行拨出小券一百万元，交由梧州支处供应市面需要。[⑤]

因未解决问题的根源，至1941年6、7月以降，各地大小券差价现象仍未戢止。为此，四联总处才派人进行调查。据调查分析，其主要原因系大券上印有重庆地名者，在口岸与沦陷区不能通用，而后方商人前往口岸各地办货，以及一些有意逃避资金者，常将现款携往口岸。为便利起见，往往携运大券先至接近口岸或战区地方，再换小券运出，以致此等地方大券充斥，小券缺乏，发生差价。时值英

①季寒筠：《一月来的广西动态》，《建设研究》，1940年第3卷第2期，第74页。

②重庆市档案馆，重庆市人民银行金融研究所：《四联总处史料》（中），档案出版社1993年，第115页。

③兹据荔浦县府请转各银行收兑辅币一案，经电准财政部电复转饬知照并布告周知，《广西省政府公报》，1943年11月财一字第9793号灰代电。

④郑家度：《广西金融史稿》（下），广西民族出版社1984年版，第280页。

⑤重庆市档案馆，重庆市人民银行金融研究所：《四联总处史料》（中），档案出版社1993年版，第115—116页。

美封存我国外存资金，大券流往口岸影响外汇市场者，已不必再行顾虑。四联总处遂与财政部商定办法两项：一是所有已发出之重庆地名大券由四行在口岸畅收；二是以后发行大券停印重庆字样。此办法实施后，据广西分支行电告，该地大小券差价风潮，已渐平稳。[①]1942年2月6日，财政部函请四联总处制裁各地市面拒用四行大票，或以大小票兑换有低折补水现象，并制定取缔大小券兑换贴水办法，由四联总处转函各行局，主要内容为四行所发钞票十足通用；地方政府可视市面情形设立代兑机关，兑换手续费为百分之一；若有贴水现象，依法处置。[②]

④收兑破损钞券。战时，四行在全国各地流通之纸币数量甚巨，对于破损钞票之兑换，1939年6月5日，发行准备委员会制定了《收换破损钞票办法》，对于各种情形之破损钞票皆规定了收兑的办法。全国抗战爆发后，四联总处虽在西南西北设立金融网，但在偏僻之地及较小乡镇犹未能普遍设立分支处，故持有四行破损钞券者，仍苦于无法换掉。此外，各地多有发生拒绝收取四行破钞之现象。广西的四联总处及分支处对此行为予以制止，如1940年3月30日，四联总处柳支处第3次会议决议，函柳区民团指挥部暨县政府以该处名义出示布告，市民对四行破损钞券不得拒收。[③]1940年5月28日，四联总处梧州分处委员会议第20次会议决议，业于0525函请苍梧县政府通函各机关及布告周知对于四行法币，不论新旧或地名券应一律通用，以免中敌人破坏金融奸谋，如有破烂不堪行使者可向当地央中两行换掉。[④]

广西各地拒绝使用破钞的现象较为普遍，仅依靠国家行局兑换破钞，不能从根本上解决问题。为便利各地人民兑换破钞，四行与邮政储金汇业局订立合约，由邮局在四行未设分支行处而邮局设有分局各地代兑所有四行破损钞券。此外，四联总处还与各地银行订立合约，委托各行就地代兑破钞。1940年11月，四联总处与广西银行订立代兑破钞合约，成效颇著。1941年12月31日，四联总处桂分处电陈，以该处前与桂省行所订代兑四行破钞合约已于11月间届满，兹拟照约续订一年，1942年1月15日，四联总处第109次理事会上，发行处核签复准照办。[⑤]

---

①重庆市档案馆，重庆市人民银行金融研究所：《四联总处史料》（中），档案出版社1993年版，第115—116页。

②重庆市档案馆，重庆市人民银行金融研究所：《四联总处史料》（中），档案出版社1993年版，第120页。

③四联总处柳支处第3次会议记录（1940年3月30日），重庆市档案馆藏，0285—00170。

④四联总处梧州分处委员会议第20次会议（1940年5月28日），重庆市档案馆藏，0285—00177。

⑤中国第二历史档案馆：《四联总处会议录》（第十三册），广西师范大学出版社2003年版，第73页。

3.吸收游资与节储运动

抗日战争时期，时局紧张，出于保存纸币或维持币值的目的，东中部沦陷区的法币流往国统区，国统区骤然增加了不少的资金，淤塞在一起，因为一时找不到出路，便成了游资。游资不受地域限制，只要有利可图，便流向市场，以设立银号、组织企业公司或开设保险公司的方式存在，做购囤货物的勾当，这成为国统区市场紊乱、物价飞涨及金融风潮出现的原因之一。若欲减少游资，则需紧缩通货，国民政府回笼纸币的方式之一就是“增加储蓄”。

（1）建立节储机构

储蓄作为建立产销合理关系之动力，资本形成与累积的第一过程，对调节市场纸币流通量及生产的发展是极为有益的。为促进节储运动顺利进行，国民政府在各地设立各类储蓄机构，以促进节储运动的宣传与实施。按照重庆政府的要求，1940年，广西省成立了“全国节约建国储蓄运动劝储委员会广西分会联合办事处”，到1942年7月，即劝储会成立两周年时，广西劝储分会下辖100个支会[①]，在已设立劝储分会的22个省份中，分支机构数量仅次于四川、云南，居全国第三位，由此可见广西在整个国统区节储运动中之地位。[②]1941年3月，四联总处颁布《发动民众组织节储实践会办法纲要》，由劝储总会通令各地分会，普遍征招会员，组织节储实践会。1941年，广西节储实践会会员人数为20569人，超过预定人数10569人。此外，四行还设立了简易储蓄处。1940年9月5日，四联总处第45次理事会通过了《四行普设简易储蓄处办法案》，在广西建立简易储蓄处的为中国银行、交通银行。到1941年，在广西的简易储蓄处共有20个。[③]与此同时，为补充四行分支行处之不足，加强对乡间游资的收集，四联总处通过了《加强邮汇机构充实人员积极办理储金原则》5项。到1941年底，全国邮储局有1754处，其中广西有43处。[④]

以上各储蓄机构的设立，标志着全国储蓄网的形成。从中央到地方，从城镇到乡村几乎都纳入节约建国储蓄运动中。广西作为大后方省份之一，自节储运动发起以来，城乡各地储蓄机构普遍建立，这为储蓄运动的顺序开展奠定了基础。

①重庆市档案馆，重庆市人民银行金融研究所：《四联总处史料》（中），档案出版社1993年版，第212页。

②根据《金融月刊》1942年第2卷第1期，第28页可知。

③重庆市档案馆，重庆市人民银行金融研究所：《四联总处史料》（中），档案出版社1993年版，第238页。

④重庆市档案馆，重庆市人民银行金融研究所：《四联总处史料》（中），档案出版社1993年版，第237页。

(2)广开储源

国民政府迁都重庆后，纸币流通区域日狭，发行量日多，通货膨胀日益恶化。为了扭转残局，吸收存款，恢复经济，四联总处广开储源，开展了名目繁多的储蓄项目，除原有的普通储蓄外，新开设的储蓄项目主要有节约建国储蓄、美金节约建国储蓄、特种有奖储蓄、乡镇公益储蓄、外币定期储蓄存款、黄金存款等。

在储蓄机构和储蓄项目确定之后，如何使储蓄运动发挥其最大的效能，亦是重要问题。针对战时国内外复杂的形势，国民政府采取了诸多举措助推储蓄运动，如开展节储运动、提高存款利率、搭发储券、强制储蓄等。在以上诸多努力下，战时国统区储蓄运动成绩较为显著。

表4-27 各行局储蓄存款总余额分省统计 （单位:千元）

区域	1942					1943			
	总额	节储券	普通	储金	美金券	总额	节储券	普通	储金
重庆	1312867	614784	237709	1292	332941	2686603	904506	537004	2579
四川	324317	210220	105777	536	7786	1173830	345256	370658	44484
西康	3921	681	3435	62	743	11899	1769	8648	84
陕西	98707	53906	19624	367	24830	458653	152100	105908	908
甘肃	80870	22768	55865	389	1848	187616	57465	117860	358
宁夏	873	695	160	6	12	11593	518	1557	10
青海	2271	104	669	5	183	1599	315	1122	10
河南	37599	21434	8722	217	7226	98625	24543	57870	251
云南	186544	41932	76869	1159	66030	683218	52105	318034	4738
贵州	1967	32083	33755	97	3432	239437	48387	167151	889
广西	122486	38012	63671	193	20610	399327	132760	197848	752
广东	160505	40856	111702	2298	5019	510263	115569	366179	18642
湖南	68042	12930	49776	131	5205	252441	54863	174110	771
湖北	16510	3516	11347	60	1587	68745	5042	58616	49
江西	50366	15197	31566	448	5155	164700	29798	117220	680

续表

区域	1942					1943			
	总额	节储券	普通	储金	美金券	总额	节储券	普通	储金
福建	170652	66511	101395	1597	961	311906	116275	188586	1062
浙江	62158	34826	25667	573	1092	130147	53036	54243	635
安徽	11220	7492	3231	159	338	42817	12731	28545	150
江苏	52871	-	52871	-	-	1231	-	1231	-
上海	23143	-	23143	-	-	27659	-	27659	-
山东	8175	-	8175	-	-	4056	-	4056	-
山西	1236	-	1211	1	2	1192	-	1192	-
河北	7925	22	7925	-	-	8025	-	3025	-
北平	8426	-	8426	-	-	8426	-	8426	-
沦陷区	59363	-	59363	-	-	54539	-	54539	-
绥远	-	-	-	-	-	257	132	125	-
新疆	-	-	-	-	-	9099	35	9064	-
国外	123185	95407	-	27778	-	40001	40001	-	-
总计	2996199	1313376	1102054	37368	485000	7587904	2147206	2955476	77052

注：1."总额"为各种储蓄的总额，并非表中所列各项储蓄额的总数。

2. 各行局指中国银行、交通银行、中国农民银行、中央信托局、邮政储金汇业局。

3. 中国银行在重庆吸收之节俭储蓄与普通储蓄均包括在四川省栏内。

4. 资料来源 《金融周刊》1943年第4卷第8期，《金融周报》1944年第5卷第12期。

由表4-27可知，在1942年和1943年，广西的储蓄存款总额在分省统计表中位居第六，可见广西在推行储蓄方面成绩较好。从这两年中各储蓄项目来看，在广西，储蓄金额最多的为普通储蓄，其次为节储券、美金券、储金，这说明广西虽然大力宣传节储运动，但因抗战中后期纸币贬值速度过快，人们更愿意选择存取自由的普通储蓄，而非有期限制约的节储金、储券或美金券。若将这两年中其他省份的各项储蓄额进行对比，亦可发现各项储蓄中普通储蓄额最多的省份是重庆。1943年，各省普通储蓄总额超过了储金与节储券之和。由此可知，国民政府为减轻通货膨胀，抑制物价上涨，防止囤积居奇、物资短缺的现象而在全国发起并曾盛行一时的节约建国储蓄运动逐渐趋于萎靡。

（二）金融政策在广西实施的特点

抗日战争时期，广西与中央保持着表面上合作实际上对抗的复杂关系。在金融方面，表现为国民党对广西经济的控制与管理，以及广西金融界的反抗与一定程度上的合作。

1.中央对广西金融的控制与管理并进

（1）中央对广西金融的控制

金融为经济之枢纽，其盛衰荣枯，足以影响经济事业之发展。自抗战以来，为统一管理全国金融，国民政府于1937年11月下达《整理桂钞办法》，广西省银行为维持其货币发行的“特权”，屡次抗争，但终究还是公开承认了法币的合法地位，并邀请中央银行、中国银行等各行局在广西省设立分支处。抗战期间，中央银行等各行局入驻广西的同时，也控制了广西的金融业。

就存款业务而言，在1943年，南宁市四行在各种存款及汇款方面均远远超过广西银行（见表4-28）。就广西全省而言，情况亦如此，如1942年、1943年，广西银行的存款余额分别约为8937万元、33669万元，[①]而在这两年内四联总处在广西的储蓄余额分别约为12249万元、39933万元。储蓄存款仅为银行存款中的一种，而在1942年和1943两年内四联总处在广西的存款余额就储蓄一项已超过广西银行的存款额，由此可知四联总处在存款业务方面处于垄断地位。在汇款方面亦是如此，表4-29显示，国家行局汇入款项占桂林总汇入量的91.51%，而广西银行的汇入只占7.52%。汇出方面，国家行局占汇出总额的71.44%，广西银行占27.96%。在汇兑业务上，国家行局占主导地位，四联总处在广西金融界之垄断地位由此可见。

①黄钟岳：《十二年来之广西银行》，广西银行总行，1944年。

表4-28 南宁市各银行1943年上半年营业概况表 （单位:千元）

行别	普通存款余额	特种存款余额	储蓄存款余额	汇出	汇入
中央银行	3335	3366	-	5606	33939
中国银行	6317	300	861	9097	59824
交通银行	7257	-	1121	11415	84296
中国农民银行	6295	-	1453	3964	16070
广西银行	3052	1464	-	3720	6848

注:该表根据《金融周刊》1943年第4卷第39期制作。

表4-29 1940年下半年桂林各家银行承办汇出、汇入业务统计表 （单位:元）

名称	汇入		汇出		差额
	汇出额	所占比例	汇入额	所占比例	
中央银行	152020000	36.86%	118400000	32.94%	+33620000
中国银行	144070000	34.93%	97800000	27.21%	+46270000
交通银行	17860000	4.33%	5240000	1.46%	+12620000
中国农民银行	52934000	12.83%	30007000	8.35%	+22927000
广西银行	31000000	7.52%	100500000	27.96%	-69500000
邮储金汇业局	10540000	2.56%	5320000	1.48%	+5220000
上海商业储蓄银行	4020000	0.97%	2170000	0.60%	+1850000
总计	412444000	100%	359437000	100%	+53007000

注:1.据广西省政府统计处:《广西年鉴》(第三回),1948年,第959页制。

2.差额为汇入减去汇出的数额。

(2)中央对广西金融业的管理

抗战前,中国金融市场多处于自由发展状态,政府监管较为松懈。对于金融市场已出现或可能出现的诸多问题没有解决和防范,以致到了抗战时期,金融市场极为混乱。为稳定国统区的金融市场,以利于战时经济的持续发展以及抗战的最终胜利,四联总处对战时金融行业中出现的问题,采取了诸多措施予以解决。

①管理发行。抗战时期，各地方银行发行钞券，多未遵照财政部规定的办法办理，缴纳准备金亦多分歧，若不加制止，则恐影响整个金融市场的正常运行。因此，1940年7月18日，四联总处拟具《管理各省省银行或地方银行发行一元券及辅币券办法》15条，并附有整理办法3项，规定各省银行或地方银行发行钞券应照缴准备金，包括现金准备六成，保证(管)准备四成，并由发行准备管理委员会指定之银行保管。各省省银行或地方银行以前发行钞券之准备金尚未缴足者，其短缺之数，可暂作留存券，但须在该办法公布后6个月内，补缴准备金至留存券递减为发行准额的20%。此后，包括广西省银行在内的14家银行遵照该办法，将发行券及准备明细表交发行准备管理委员会审核。[①]如1942年8月24日，广西银行向财政部呈报《本行发行钞券情形文》。据广西银行发行券及准备金明细表可知，广西银行印制发行辅币5角券500万元，为此，广西银行缴纳了发行总额60%的现金准备300万元(包括国币200万元，占现金准备之40%，以及广西农行仓单1025000元折合国币100万元，占现金准备之20%)，并以广西六厘公债300万元充作保证准备200万元，占发行总额40%。1942年9月30日，广西银行发行钞券累计41993427元，其中，广西银行自行印刷辅币券5000000元，向四行领取法币36993427元。广西银行为此向四行存入20712861.55元，向发行准备管理委员会提交保证准备金13787620元，共缴准备金34500481.55元。[②]在四联总处的督导之下，各省银行或地方银行发行辅币券具有充实的准备，配合了战时政府反通货膨胀政策的实施。

②缴纳存款准备金。法定存款准备金是指存款机构依法按照存款额的一定比例缴存于中央银行的存款及自我保持的库存现金，为银行应付随时可能出现的流动性不足而设的留存基金。战时市场震动，人心惶恐，存户纷纷向银行挤兑，若提取过多而放出款项又不易收回，则银行头寸调拨不灵，库存逐渐减少，信用紧缩，极易造成金融危机，所以金融机构缴纳存款准备金是必要的。

国民政府财政部为稳定金融起见，于1940年8月7日公布了《非常时期管理银行暂行办法》，对银行的设立及经营的各项业务均有相应的规定。该办法的第三条为银行经收存款，除储蓄存款应照储蓄银行法办理外，其普通存款应以所收

---

①重庆市档案馆，重庆市人民银行金融研究所：《四联总处史料》(中)，档案出版社1993年版，第91—92页。

②郑家度：《广西金融史稿》(下)，广西民族出版社1984年版，第283—284页。

存款总额的20%为准备金，转存当地四行中任何一行，并由收存行给以适当的存息。1942年5月28日，四联总处通过了《中央、中国、交通、农民四行业务划分及考核办法》，规定所有金融机构的存款准备金由中央银行管理，这是中国金融制度史上的重大进步，中央银行由此成为“银行的银行”，标志着我国银行集中准备制度的完成。1941年，广西省缴纳存款准备金者仅梧州一银行，缴存金额为10万元。[①]为此，中央银行一再催促，如在1942年4月30日四联总处梧州分处委员会第71次会议上，中央银行通知广西银行缴存款准备金。据函复，该总行正与财部交涉，拟由总行专缴，已由央行电财部訾核。[②]1942年，广西省内缴纳者，桂林有两家行庄，存款余额为9961100元，应缴存款准备金为1992220元，实缴准备金余额2000000元；梧州两家行庄，存款余额为2293259.13元，应缴准备金为458451.85元，实缴准备金余额为500000.00元。[③]由此可知，存款准备制度在广西的施行是有所进展的。各银行向中央银行缴纳存款准备金，可一定程度上调剂通货流通的数额，稳定币值，安定金融，控制恐慌而谋求战时金融之稳健。

③对各行庄经营业务的管理。战争在破坏金融的同时，也为投机者提供了“绝好的发展时机”。1940年上半年以前，政府对于银行的管理，大多侧重公私银行的调整工作，而对于银行的营业方针与资金运用，尚少严格的限制与监督。因此，在金融界，各投机者先在经济较为发达的地区设立行庄，或于外汇有利可图时投机外汇，或以经商可获厚利纷纷囤积居奇，或通过增加商业放款、提高放款利率等方式获取高额利润，以致市场波动、物价上涨、金融紊乱及经济畸形发展。

1940年3月，四联总处桂林分处奉总处电，派该处主任会同财经两部所派人员调查桂林银钱行庄积存货物情形并将办理情形具报。[④]同年5月，为调查桂林各地银钱业存款放款数额及利率情况，四联总处向该地下发调查表一百余份。[⑤]1940年10月2日，财政部制定《修正非常时期管理银行暂行办法》，规定银行每旬应造具存放汇款报告表，呈送财政部查核，财政部可随时派员检查银行账册簿籍、库存状况及其他有关文件。事实上，四联总处对包括广西在内的各省金融业的管

①重庆市档案馆，重庆市人民银行金融研究所：《四联总处史料》（中），档案出版社1993年版，第390页。

②四联总处梧州分处委员会第71次会议记录（1942年4月30日），重庆市档案馆藏，0285—00177。

③中国第二历史档案馆：《四联总处会议录》（第十五册），广西师范大学出版社2003年版，第273页。

④四联总处桂林分处第11次会议记录（1940年3月21日），重庆市档案馆藏，0285—00170。

⑤四联总处桂林分处第17次会议记录（1940年5月2日），重庆市档案馆藏，0285—00170。

理均不理想，金融业中存在的问题很是纷杂繁多。为此，财政部委托包括桂林在内的13个重要城市之四联分支处于1942年1月起，对当地的银行钱庄以及与各行庄往来数目较巨之商号进行切实检查。1942年6月4日，在四联总处第128次理事会上，秘书处对这13个城市之银行钱庄业务进行综合汇报。该报告认为，各地银行钱庄存在的共同问题为：第一，各行庄会计科目名称不一致；①第二，存款数目以活期居多，定期甚少；第三，商业放款居多，生产事业放款甚少，且多属信用放款。如桂林各行庄放款总额为2360余万元，其中除桂南战区农贷928万元外，其余放款中，商业信用放款就有1150余万元；第四，放款数额多有超过各行放款总额之5%者；第五，各行之设有副业者，多由各副业出面承借大宗款项。如桂林上海银行拨借“大业公司”170余万元；第六，各行仓库所存货物，以花纱布为主，间有储存粮食油粮及五金零件者；第七，商业银行间亦有接受政府机关存款者；第八，各省银行仍有设立贸易机构，且由各处供给营运资金贩运商货者。如湖南省银行之食盐部及广西银行之日用品供销处。②1942年6月以后，四行分支处仍继续检查各地区包括川康陕黔湘等五省银行钱庄等，先后共检查银行128家，钱庄124家，合作金库1家，商号12家，信托公司1家。

在对各省行庄调查与监督成效并不理想的情形之下，四联总处进一步加强了对各省金融业的监督管理。如直接在主要城市建立监督机关，以监管各行庄之经营。从1942年12月起，国民政府在桂林、成都、兰州、西安等17个城市设立“银行监理官”，负责审核管辖区银行和钱庄的放款用途，检查管辖区银行和钱庄的有关账目。③为方便检查银行账目，四联总处还拟定划一银行会计科目，经财政部核令全国各银行于1943年起一律遵照办理。1943年，四联总处规定各地四联总处分支处会同当地银钱业同业公会组织放款委员会，负责办理所在地中国、交通、中国农民三行、中央信托局、邮政储金汇业局、省地方银行、各商业行庄放款之审核事业，到1943年4月6日，在广西的桂林、梧州、南宁已成立放款委员会。④此外，四联总处对商业银行还采取限制设立的办法，试图遏制商业行庄的不法行为。

①为加强对金融业的监督，1941年12月11日，四联总处召集各行局主管会计人员举行小组会议，决定划一银钱业会计科目，经四联总处第106次理事会通过。

②中国第二历史档案馆：《四联总处会议录》（第十五册），广西师范大学出版社2003年版，第24—28页。

③陈正平：《金融史话》，社会科学文献出版社2011年版，第95—96页。

④重庆市档案馆，重庆市人民银行金融研究所：《四联总处》（下），档案出版社1993年版，第461—463页。

1942年6月4日制定的《商业银行设立分支处办法》第三条规定:“商业银行呈请设立分支行处之地方,如经部查核其工商业及一般经济金融情形认为无增设必要者,不准设立。”限制桂林等12处增设分支行庄。1943年9月14日,四联总处柳支处电函总处:“略以柳州同业已开业者有十四家之多,现尚有开业者五家,按当地金融情形,似已足应付。”并请总处函知财政部加以限制。财政部亦限制添设分支行庄。①

2.广西省金融界对中央政策的“反抗”与“妥协”并存

(1)反抗

抗战之前,在广西金融界称霸的是由新桂系控制的广西银行。全国抗战爆发后,随着国家各行局及外省银行的迁入,广西银行失去“霸主”地位,取而代之的是国家行局对广西金融界的控制。对此,广西银行则用诸多手段“反抗”着中央突如其来的控制。在这里,“反抗”并不是公然的反对,它既包含在业务方面所开展的合理竞争,也包括在暗地通过非法的手段获取利益。从实际情况看,应以后者为主。

广西银行与国家行局的业务竞争主要在信托方面,而因桐油引发的争夺是其主要方面之一。桐油是制造油漆、油墨的主要原料,大量用于建筑、机械、兵器、车船等,在战时还炼制以替代汽油。广西桐油主要用于出口,在全国抗战爆发之前,桐油在广西出口货物价值中占相当的比例,如1934年广西出口桐油236005担,价值4115418元,占当年广西出口总值的12.2%。基于桐油的重要性,广西省政府于1935年12月设立广西出入口贸易处,把桐油、茴油及锡、钨、锑、锰四种矿产列入统制出口货物之中,规定商人不能自由运销出口。②1939年4月,国民政府财政部根据第二次全国地方金融会议的讨论内容,发出渝钱字第8491号训令,强调各省地方银行有购销物产、平抑物价涨落的责任。在此训令之下,广西省政府扩大改组广西省银行,将广西出入口贸易处和广西农民银行并入广西银行建制,在银行全部资本1500万元中,划出500万元作为信托部的资本,办理物资的收购、运销等。而就在同年,财政部贸易委员会为履行与各国签订的贸易协定,由财政部资源委员会在桂林设立锡业管理处、钨锑管理分处及植物油料厂,广西之锡、

①重庆市档案馆,重庆市人民银行金融研究所:《四联总处》(下),档案出版社1993年版,第472页。

②广西省政府统计处:《广西年鉴》(第三回),1948年,第679页。

钨、锑矿及桐油遂转由国民政府统制，其中，桐油由贸易委员会代理，广西银行信托业务大受影响。为此，广西银行请求重庆国民政府明确业务范围。1940年，广西省建设厅厅长陈雄曾与国民政府及资委会商榷了关于桐油的问题，决定中央与广西适当分配，[①]贸易委员会复兴公司之桐油由广西银行信托部代运至香港。

自太平洋战争爆发后，国际交通线由此中断，桐油外销困难，价格低落，农村砍伐油桐者比比皆是，出口桐油已无利可图，广西银行已不能再以代购代运桐油为国民政府赚取外汇。国民政府全然不顾广西银行的利益，单方面停止履行之前广西银行用桐油抵押之借款合约。1941年7月10日，四联总处第85次理事会讨论广西银行用价值500万元的桐油押借400万元一案(该行拟将存在梧、柳等地之桐油约5万担，每担原价100元，出具仓单连同保险单按八折押借400万元，期限半年，周息8厘。贴放审核委员会审查意见：拟准按七折押借350万元，周息8厘)[②]，会议决定：准广西省银行按七折押借350万，先行拨付100万元。但太平洋战事爆发，桐油出口情形发生变化。在1942年1月15日四联总处第109次理事会上，贴放审核委员会便以“现在情势变迁，出口困难”为由，对于未拨之250万元，即以缓付。[③]1942年2月，广西省政府出面电请四联总处桂分处对广西桐油押款，照约继续借足350万元，其函电内容为：“兹桂省府以此项借款，原系代复兴公司购运桐油，动用资金过巨，上年海运梗阻，桐油屯集，各地为数过巨，无法出口，为维持农村生产计，又复需款继续收购，固特以一部分存油押款运用，其情形实属特殊，与普通押借不同，现付款既未满额，似不宜中途停付，请转电桂分处照约履行，继续借足350万元。”虽然广西省政府已出面申请，并以维持国民政府一向倡导的发展农业为理由，但仍未奏效，12日四联总处第113次理事会上，贴放审核委员会以“查该行收购桐油原代复兴公司已向四行借有巨款，如感资金不敷，自可向复兴商洽周转，拟复财政部洽照”，一再推托。[④]对于国民政府而言，此时的广西银行利用价值已远不如之前。1942年3月，重庆政府改变桐油统购办法，指定由广西企业公司经营，广西银行信托部停止代购桐油业务，与复兴公司所订合约自亦取消。[⑤]虽如此，广西银行仍绞

①季寒筠：《一月来的广西动态》，《建设研究》，1940年第3卷第2期，第74页；中央与广西运销桐油的具体办法，见郑家度：《广西金融史稿》(下)，广西民族出版社1984年版，第130—131页。

②中国第二历史档案馆：《四联总处会议录》(第九册)，广西师范大学出版社2003年版，第378页。

③中国第二历史档案馆：《四联总处会议录》(第十三册)，广西师范大学出版社2003年版，第81页。

④中国第二历史档案馆：《四联总处会议录》(第十三册)，广西师范大学出版社2003年版，第306—307页。

⑤郑家度：《广西金融史稿》(下)，广西民族出版社1984年版，第131页。

尽脑汁，千方百计甚至用地向四联总处申请贷款，夺取利益。

1943年4月，广西银行以存放香港中国银行之港币存款100余万元及法币存款300余万元，因受太平洋战事影响，无法提取，而各存户多系政府机关或公务员，存款冻结日久，所以催请提回应用，拟请四联总处准以前存香港中国银行存款向桂中行办理押款，港币存款照原存本金五折合国币作押，国币部分照十足押借，以资救济。但放款小组委员会以"所请因与各行局受押沦陷行局存款单据办法之规定不符"，予以婉拒。之后，香港中行复商请广西银行予以变通，改以广西企业公司出面，该行担保，以价值500万元之桐油，向桂林中国银行押透300万元（151次理事会），之后又以桐油19000余担押借200万元（156次理事会），先后共押借500万，以协助广西银行应付存户之提款。但广西银行"以牙还牙"，并未依约把此次贷款用于应付存户之提款，事后仍请求将存港存款，港币户以国行挂牌价核算四折作押，国币户以九折作押以应付香港存户提款。1943年12月16日，四联总处第201次理事会上，放款小组委员会认为："桂省以香港存款作押，核与本处核定各行局受押沦陷区存款办法不符，如该省及企业公司允将原欠桐油押款抵还，拟姑准照办，由广西省政府保证。"①

由以上桐油借款案可知，四联总处在维护自己利益的前提下，凭借自己在经济金融领域中的领导地位，单方面撕毁之前所订之合约，这不但损害了广西银行的利益，激化了国民政府与新桂系之间的矛盾，使广西银行在通过正当途径无法维护自己利益的情况下，只好选择非正当方式夺回自己的利益。更为致命的是，四联总处为了自己的利益为所欲为的行为，会造成受其管辖的各经济、金融单位对国民政府丧失信心。此外，还会加大四联总处经济金融政策贯彻与实施的难度。这也是四联总处虽实施了诸多政策，却收效甚微的原因之一。

除信托业务外，广西银行还通过提高利息、增加储蓄业务等方式力图改善自己的经营状况，以维持自己在广西金融界的一席之地。如在储蓄方面，为吸收游资、巩固币信起见，广西银行曾全力推动储蓄业务。1943年起，为紧缩开支加强效率起见，与信托部合并，改称信储部，并提高存款利息，以期大量吸收存款。除积极代理各种储券外，还发行储金礼券，吸收小额资金。此项礼券，面额分5元、10元、20元、100元四种。同时，发行空白礼券，适应顾客需要，临时填写金额，另

①中国第二历史档案馆：《四联总处会议录》（第二十五册），广西师范大学出版社2003年版，第457—460页。

备红色封套，以凭顾客选用。①此外，它还试图通过宣传票据贴现以扩大业务范围，增强银行实力。1944年初，龙飞一向桂林商界人士积极宣传如何使用票据进行商品交易以及如何运用票据向广西银行贴现，其用意，一方面固然是想帮助桂林商人，使他们懂得运用资本主义现代化信用工具，达到资金周转灵活的目的，另一方面，也是想借此把桂林的商号和商人都吸引到广西银行方面来，以提高和扩大广西银行在各银行中的地位和业务。但这一计划尚未实施，便因日军的入侵而流产。②

(2)妥协

虽然四联总处控制广西金融在一定程度上损害了广西银行的利益，但以广西银行为首的广西金融业亦接受了四联总处的管理，并贯彻、执行其制定的各项金融政策。黄钟岳在所写之《十二年来之广西银行》中，自称"从1935年新货币政策实施起，广西银行所负任务：一曰协助中央推行财政金融政策。即尊奉中央命令，将准备金存于国家银行，努力推行法币，稳固法币信用，并代理收兑金银，巩固通货准备。……积极代理推销各种储券，……对于各种公债均积极代理推销，并受中央银行国库总局与各县府之委托，分别代理国库与县库，以利公款之调拨……此外并代各军事机关，迅速承汇款项，以应急需，而取费亦极低廉。至若赈款之汇出，则全属义务性质，凡此种种，皆有裨益于战时之财政金融"③。广西银行之经营实况，虽并非如黄钟岳所述之本分守法，但表面上广西银行还是在履行国民政府所规定之各项制度。如储蓄方面，在1940年第一届节约储蓄运动中，广西全省认储9470000元，超额约35.26%，即2470000元，获得重庆政府的甲等奖状；④第二届节储任务约为上一届的3倍，广西省政府为完成任务，颁布了《广西省节约建国储蓄暂行办法》，规定党政军人员每人须按月薪数额的一定比例认储。此外，它还与国家行局合资在桂林出版《节储之友》半月刊，⑤加强储蓄宣传工作。在推行法币方面，广西省政府为保证法币币值，于1938年1月25日印发财地字第1号《广西省政府布告》："桂钞比价，业经中央核定每元五角，……如有私开市价，即以扰

①黄钟岳：《十二年来之广西银行》，广西银行总行，1944年，第3页。
②龙一飞：《流产的桂林票据承兑所》，《桂林文史资料》(第六辑)，1984年，第191—192页。
③黄钟岳：《十二年来之广西银行》，广西银行总行，1944年，第3页。
④中国第二历史档案馆：《四联总处会议录》(第六册)，广西师范大学出版社2003年版，第475—476页。
⑤郑家度：《广西金融史稿》(下)，广西民族出版社1984年版，第125页。

乱金融论罪，绝不姑宽。”[①]同年4月18日，平南县地主粜谷索价低折法币，广西省政府命令县政府随时侦查究办，以警奸贪而维币值。[②]

3.中央金融政策制定与实施的“脱节”

面对战争以及随之而来的国统区金融市场的动乱，为维持国内金融的稳定以确保抗战的进行，四联总处在国统区实施了诸多政策，力图把国内金融市场调整到战时状态。广西银行虽然在一定程度上顺从了中央的诸多政策，但为了生存发展，也在某些方面进行了暗箱操作，做了一些与四联总处制定的政策背道而驰的事。四联总处虽知广西银行存在投机行为，亦曾屡次采取措施制止，但事与愿违，以广西银行为首的各行庄的投机行为非但没有减少，反而更为猖狂。可见四联总处金融政策的实施效果与其预期目的存在不可解决的“脱节”现象。在这里需要说明的是，“脱节”是国民政府在整个抗战时期都无法遏制各行庄非法行为的结果。

广西银行“违规”经营的出现，原因是复杂的。若从四联总处的政策来分析，原因如下：第一，为控制外汇，四联总处实施出口外汇统制政策，以致广西银行业务受损。广西的主要出口物资，如锡、铜等矿产品均被国民政府统购统销，而在此之前，这些矿产品包括桐油都由广西银行经营。第二，增加税种和提高税率是战时国民政府应付军政费用的方式。国民政府为战时财政之需要，已于1939年1月1日开始征收过分利得税，即对资本在2000元以上之营利事业，其利得超过资本额15%者，除征所得税之外，加征过分利得税，税率最高为50%。1942年11月又制定了《加强管制物价方案》，提高了所得税、过分利得税之税率。[③]由于税率一再提高，各金融机关为了逃避过高的税额，皆实行内外账，内账对内，外账对外。第三，各银行业务受到限制，收益受损。1940年10月2日，国民政府财政部制定《非常时期管理银行暂行办法》，规定各银行须缴纳应收存款总额之20%的准备金；银行之存款，应以投资生产建设事业及联合产销事业为原则，不得经营商业或囤积货物。1941年12月，国民政府财政部限令各银行投资或放款于后方工矿事业。在法币日益膨胀贬值的情况下，经营正当的存款、放款和汇兑等业务，是没有什么利益的。即使在账面上有一定盈利，但由于法币的贬值，原有货币资金的价

①《广西省政府布告》，《广西省政府公报》，第65期，第10页，1938年1月25日，财地字第1号。
②《取缔地主高抬谷价低折钞印一案》，《广西省政府公报》，第139期，第7页，1938年4月24日，财地字第3499号代电。
③重庆市档案馆，重庆市人民银行金融研究所：《四联总处史料》（下），档案出版社1993年版，第313页。

值也不能保持，而且呈贬低的趋势。[①]第四，抗战爆发后，国家各行局代替广西银行垄断了广西金融业，广西银行通过各种手段，力图维持在广西金融界的一席之地。在国民政府种种政策的逼迫下，广西银行为了持续发展，在表面上执行政策的同时，暗地里通过囤积居奇、做投机买卖、设立内账等“违法”方式维持自己的经营。

(1)投机买卖

由新桂系控制的广西银行是以“获得最高利益”为宗旨的，在此思想指导下，它采取各种手段获取厚利。抗战期间，西药进口困难，售价日高，为获得更多利益，广西银行无视四联总处要求执行的《非常时期管理银行暂行办法》中有关银行业务的规定，大做西药生意，如1940年至1941年先后销售西药，获利达38万元。[②]1942年12月，广西银行与安徽、浙江、福建、江西、广东、湖南地方银行成立了七省地方银行联合办事处，合资做生意。之后成立七省地方银行联合办事处战时物资抢购处筹备会，利用各省地方银行认股资金，大量购买纱布、五金器材、交通器材、卫生用品、液体燃料等，以攫取厚利。此外，广西银行还通过内账资金投资商业，投机获利。如1942年，广西银行总行从内账中拨出资金，成立附属企业“新基庄”，经营商业投机买卖，顺便把行员储金一并转账，充作投资资本。[③]当时，把建设性的储蓄基金移用于破坏性的投机买卖，在南京政府属下是司空见惯的。

(2)设立内外账

战时，由于法币日益跌价，无论任何企业和金融机构，若依法经营，都会面临破产的风险。为维持经营，所有营业机构不得不制备两套账目、两套结算：一套是对外的，是假账假结算；一套是对内的，是真账真结算。对外的叫外账，对内的叫内账。广西银行亦设立内账，内账不向股东会报告，亦不向国民政府财政部报告，只定期向黄旭初报告。

广西银行内账的收入始于1937年9月接受中央银行委托代理收兑黄金、白银，按规定收兑的金银须缴纳四行，代兑机关只能领取手续费，[④]而广西银行业务部经办人员为了避免出现亏损，兑入时常有压色减秤，以致汇集转交时，往往出现溢余。此种收入未公开入账，而以“黄桂生”“白逸庵”代名，开立专门存款折，作为

---

①龙一飞：《抗战时期广西金融片断》，《广西文史资料》（第十九辑），1983年，第207页。

②龙一飞：《抗战时期广西金融片断》，《广西文史资料》（第十九辑），1983年，第209页。

③郑家度：广西金融史稿（下），广西民族出版社1984年版，第124页。

④重庆市档案馆，重庆市人民银行金融研究所：《四联总处史料》（下），档案出版社1993年版，第626页。

个人存款，暂行保管。从1938年到1942年，广西银行兑换收入的银币和生金、银共值4752699.78元。[①]国民政府财政部授权中央银行分行制定放款利率限额，广西银行的部分放款利率超过规定，也不公开入账，这些收入同样收归内账。[②]从1937年开始，广西银行就将部分汇水收入计入内账，到1940年便将汇水收入全部转入内账，对外保守秘密，不再在银行损益表内列计反映。[③]此外，广西银行还暗中将大量资金投资于商业，并将所得收入全部归入内账。广西银行大约从1940年以后使用内外账，1942年，为应付监理机构之检查，广西银行进一步完善内账制度，将内账与外账完全分离。[④]

对于内账资金，广西银行用于各类投资。一为商业投资，如1941年广西银行从内账中拨出巨额资金，设立了四个独立营业的企业公司：拨出法币1亿元设立新生盐号，用法币1500万元设立西南建设公司，拨资1500万元建立广西地产公司，投资750万元创立新基庄。二为生产事业的股份投资，如国货公司、广西火柴公司、广西水电公司、合山煤矿股份有限公司、西南运输公司等，其数目也有几千万元。[⑤]三为开展商业投机，套购物资、炒卖黄金与外汇，牟取暴利。广西银行利用分布在各地的分支机构，收集各地金融市场信息，利用各地间的物价差异，牟取巨额利润，例如同一时刻，由广州、南京、衡阳等地买进，在贵阳、重庆等地抛出，或反其方向，牟取暴利。此外，利用白逸庵、黄桂生等假名，收买广西银行商股，从而控制股权，操纵董事会，获取监察委员席位。1942年，广西银行从公积金和内账中拨出8487500元，从而使银行资本实收总额达到国币15000000元。[⑥]

(3)逃避存款准备金

自1940年10月2日，国民政府财政部制定《修正非常时期管理银行暂行办法》后，关于存款准备金的问题，四联总处时有提及，这一点从前文即可得知。不管各行钱庄存款准备金是以何种币券收取，收款机构是国家四行还是后来的中央银行，四联总处管理银行的政策是紧是松，对于广西银行来说，对抗中央的办法即为能免则免，能逃则逃。由《十二年来之广西银行》中的《广西银行历年资产负债

①郑家度：广西金融史稿（下），广西民族出版社1984年版，第279页。

②郑家度：广西金融史稿（下），广西民族出版社1984年版，第143页。

③郑家度：广西金融史稿（下），广西民族出版社1984年版，第120页。

④郑家度：广西金融史稿（下），广西民族出版社1984年版，第245页。

⑤廖竞天：《广西银行史料》，《广西文史资料选集》（第二辑），1982年，第59—60页。

⑥郑家度：广西金融史稿（下），广西民族出版社1984年版，第245页。

比较表》可知，从1940年到1943年底，广西银行所缴纳的存款准备金只有一次，即1943年的存款准备金29991062.32元。[①]但1940年国民政府财政部制定之《修正非常时期管理银行暂行办法》第二条为“银行经收存款，除储蓄存款应照储蓄银行法办理外，其普通存款，应以所收存款总额之20%为准备金，转存当地四行任何一行”[②]，照此规定，广西银行所缴纳之准备金远不足应缴之数。虽然四联总处曾多次催其缴纳，但广西银行对此却屡次推脱。1941年12月4日，四联总处第105次理事会在回复广西银行所提出之“各省地方银行所收之机关存款应否缴存准备金”一案中，财政部请四联总处转饬广西银行补缴准备金。[③]1942年4月30日，央行再次通知广西银行缴纳普通存款准备金，广西银行总行函复“正与财政部交涉，拟由广西银行总行专缴”[④]。9月，中央银行再次托四联总处梧州支处催缴，“准总行函以梧广西银行应缴存款准备金，据该行函称正由总行统筹专缴，烦洽照转，陈已于0903函陈总处”[⑤]。

面对四联总处及国民政府财政部的次次催款，广西银行虽以合作的姿态许诺缴纳准备金，但采取种种手段，减少上缴之存款准备金数额。1943年，广西银行以资金投放于省营各种事业款项为由，申请以单据六折向桂林中央银行办理转抵押500万元，用于缴纳普通存款准备金，年息一分四厘，期限半年。该案于1943年1月21日四联总处第159次理事会予以通过。1944年2月19日，上项广西银行500万元抵押贷款期限届满，广西银行电请展期半年，3月9日四联总处第213次理事会上，放款小组委员会“准予展期半年，利息酌加为一分五厘”[⑥]。表面上，广西银行为缴纳存款准备金借款500万元，实则是从中央要回了自己丧失的一部分资金，四联总处以增加利息为展期条件，实为无奈之举。

①黄钟岳：《十二年来之广西银行》，广西银行总行，1944年。

②1942年5月，财政部规定存款准备金集中缴存中央银行。

③中国第二历史档案馆：《四联总处会议录》（第十二册），广西师范大学出版社2003年版，第266—267页。

④1942年4月30日四联总处梧州分处委员会第71次会议，重庆市档案馆藏，0285—00177。

⑤1942年9月16日四联总处梧州分处委员会第75次会议，重庆市档案馆藏，0285—00177。

⑥中国第二历史档案馆：《四联总处会议录》（第二十七册），广西师范大学出版社2003年版，第320页。

三、广西战时财政金融作用评析

抗战时期，广西与中央在金融领域内既合作又斗争的复杂关系是其政治关系的写照，这对广西乃至对整个国家而言是利弊相参的。

两者在金融领域的合作，对整个国家而言，首先，对支持抗战有一定的积极作用。抗战不仅仅是军队实力的较量，更是一场经济、金融的较量。战时，四联总处在广西金融领域实施的各项政策和对各行业的贷款，有利于战时广西金融及经济的稳定和发展，并最终支持了抗战。其次，有利于全国金融市场的统一。战前，国民党所谓的统一全国并非实质性的统一，如广西在战前仍处于一种半独立状态。抗战爆发后，广西当局与中央的合作，为整个国家金融的统一奠定了良好的基础。

就广西本省而言，首先，四联总处出台的诸多管理金融的政策推进了广西金融业的现代化进程，如在存款准备金方面，在战前，广西银行各分支行的库存现金往往占存款余额的50%以上，甚至100%到200%。在中央各行局的影响下，1941年广西银行设立了资金调拨运用小组，制定了资金调拨运用方法，该方法规定各分支行处的库存现金不得超过存款余额的30%，如有超过，应即调出，如有不足，应即补足，[①]使银行资金得到充分运用。其次，四联总处在广西大力推行的节储运动，有利于战时广西游资的吸收与物价的稳定。最后，四联总处对广西各行业(如农业、工业、商业等)发放贷款，在一定程度上促进了广西生产的发展，这对缓解战时物资紧缺、通货膨胀和稳定经济金融而言，作用是不容忽视的。

就消极方面而言，首先，节储运动损害了人民的利益。为吸收游资，缓解通货膨胀及物价上涨之势，四联总处广开储源，如节约建国储蓄、美金节约建国储蓄、特种有奖储蓄、乡镇公益储蓄等(这些储蓄均不能随意存取)，这虽在一定程度上有利于减少市场游资量，但因战时纸币贬值异常严重，人们最后所取之钱，远远不及原来的价值，所以四联总处推行的节储运动实质上是对劳动人民的剥削。其次，新桂系对四联总处政策的诸多“反抗”，一方面是由于四联总处为了自身利益而损害了新桂系的利益，这在广西银行信托业务方面表现最为明显；另一方面，

①龙一飞：《抗战期间广西金融片段》，《广西文史资料》(第十九辑)，1983年，第212页。

新桂系对国民政府夺取广西金融领域的控制权而进行的反抗，目的在于夺回一些利益。但中央与地方间的钩心斗角，最大受害者实为人民，广西银行的“投机买卖”和“设立内账，并用内账资金从事投机事业”的行为，实为通过榨取人民的利益，获得对抗国民政府与争取自身利益的资本。

第五章

抗战大后方广西的文化建设

抗战时期，广西是全国的文化中心之一，其桂林文化城的形成与发展，为中华民族构建起了坚强的文化阵地，凝聚了抗战的力量，夯实了大后方建设的文化教育基础。

第一节　抗战初期广西的救亡宣传活动

一、抗战刊物不断涌现

自1937年全国抗战爆发以来，广西省内以宣传抗战为中心的期刊不断涌现，除原有的综合性刊物开辟抗战专栏外，还涌现出了一大批专门宣传、动员抗战，以抗日救亡为主题的刊物。

前者主要是广西省内原有刊物，以本省政府及军事机关、团体、学校及各界群众为创办主体，如广西民团干部学校同学总会正路月刊社创办的《正路》杂志。它本是研究报道乡村基层工作的读物，全国抗战爆发以后，出版“卢沟桥事件特辑”“抗日总动员特辑”等，并针对抗战问题发表评论，宣传和动员抗战。其他还有《广西省政府公报》《广西省政府教育施政工作周报》《建设汇刊》《广西建设季刊》《广西统计季报》《广西统计月刊》《广西统计季刊》《广西教育通讯》《国民教育指导月刊》等刊物，都在不同程度上报道过抗战题材。

当然，1938年武汉、广州等地相继沦陷后，省外内迁或复刊的刊物应时局及自身状况的变化，也在不同程度上报道过抗战题材，比如《中国农村》(薛暮桥主编，1934年创刊于上海)[①]、《文丛》(原为《文艺月刊》，1937年创刊于上海)、《宇宙

①迁到桂林后，主编为千家驹。

风》(林语堂主编,1935年创刊)、《十日文萃》(《救亡日报》副刊,林仰山主编,1938年创刊于广州)、《中学生》(叶圣陶主编,1930年创刊于上海)等。

至1938年10月,专门性的抗战刊物只是零星出现。最早是由广西省学生抗敌后援会编辑出版的《歼敌》杂志,该刊于1937年12月11日创刊,编撰者主要是桂林的高中学生,其创刊宗旨是:"我们想达到'歼敌'的目的,我们要有铁一般的民族抗战的纪律与范畴,热烈地讨论一切有利或批判一切有害于民族抗战的诸问题,我们不仅要提高民族抗战的情绪,还要揭穿敌人的黑幕;不独要阐明抗战的理论,还要以实践来补充我们的认识。"①其后,1938年1月5日,第五路军总政训处②出版《全面抗战》杂志,负责人曾育群,内容涉及评论、国际问题谈话、战地通讯等。《克敌》杂志是广西各界抗敌后援会主办的综合性刊物,③该刊栏目多样,既有针对全国抗战初期的国内外局势及战时人民思想认识、观念问题的评论,也有对战时文化、艺术等工作进展情况的介绍,是专门应对战时需要进行改版的杂志。

其他还有专门为抗战相关人士提供信息所创办的刊物,如广西建设研究会编译室(后改为编译委员会)编辑出版的《敌国舆情》(1938年创刊)杂志,它专门摘译战时日本报刊上有关侵略战争的言论及其中所透露出的政治、经济等情况,④为抗战提供参考资料。该编译室于1938年9月起,还编辑出版《时论分析》杂志,内设国际外交、政治、经济、文化4个栏目,以每月相关栏目主题发生的重大问题和事件为中心,介绍国内各方言论和报刊的评论,专门为广西建设研究会研究员提供参考,使其能"于最经济的时间明了最近国内各党派与民间言论的一般趋向及对于当前种种问题所提供之解决方法"⑤。该刊于1943年2月出版,54期后停刊,是战时发行时间较长的一种杂志。相关的还有宋斐如主编、战时日本研究会编辑出版的《战时日本》杂志等。

广西文艺界工作者们创办的以抗战为主题的综合性艺术刊物也不断涌现,如《文化救国》(广西文化界救国会编辑出版,1937年创刊)、《前线》(广西省立桂林高级中学学生自治会出版委员会编辑出版,1937年创刊)、《战时艺术》(司徒华主

---

①龙谦,胡庆嘉:《抗战时期桂林出版史料》,《桂林文史资料》(第三十八辑),漓江出版社1999年版,第353页。

②该处原编辑出版《创进》和《正路》两种期刊,抗战爆发后停刊,为适应抗战的需要改出《全面抗战》。

③原为《克敌半周刊》小报,1938年3月12日改为周刊,1938年11月26日终刊,共出38期。

④最初是油印的内部刊物(标明密件),专供有关人士参考,后改为16开铅印本,出版日期和页数视材料定,总共出版了5期。

⑤龙谦,胡庆嘉:《抗战时期桂林出版史料》,《桂林文史资料》(第三十八辑),漓江出版社1999年版,第356页。

编，1938年3月创刊于桂林）等。其中，《战时艺术》是全国抗战早期国防艺术社（属第五路军总政治部）创办的综合性艺术刊物，社址在桂林象鼻山。该刊在抗战大后方各城市影响极大，由生活书店特约销售，在西安、汉口、长沙、广州、重庆、成都、贵阳、梧州等城市均设有代售处。1938年12月，《战时艺术》因敌机轰炸停刊。1939年5月，《战时艺术》杂志在普陀山重建社址复刊。李文钊在创刊首期发表的《战时艺术》一文中提出："在现时代里，艺术应当是'战斗的'、'大众的'，这伟大的时代……必然要产生伟大的艺术；伟大的艺术是担负着伟大的使命的。"[①]该刊内容较为突出的是戏剧理论和戏剧创作，如廖行健的《田汉谈战时戏剧》，欧阳予倩的三幕剧《青纱帐里》及《〈青纱帐里〉改编后记》，李文钊的《〈梁红玉〉上演与旧剧改良》，舒群的剧本《没有祖国的孩子》，另外还有《曙光》《青纱帐里》《夜光杯》《古城的怒吼》《飞将军》等戏剧公演的剧照及述评，其他作品有诗、歌曲、木刻画、翻译作品等。

专门性抗战刊物的大量出现，是在1938年10月以后。随着武汉、广州等地的沦陷，大批文化人聚于桂林，抗战形势日益严峻，以支持和服务抗战为目的的期刊纷纷出版。其中有新桂系主办、大批进步文化人和学者参与的为适应抗战形势需要，以促进抗战工作和广西建设为目的的《抗战时代》（周振刚主编，1939年10月在桂林创刊），以及广西省建设厅出版的《战时岁计会计审计》、《广西建设特刊》（3册）等。值得一提的还有《民团周刊》社[②]，它出版了《焦土丛刊》《纪念丛刊》等刊物；以报道国际动态和刊登抗日文艺作品为主的综合性期刊，如《东方战友》（李斗山主编，1939年在梧州创刊）；反映少年儿童在抗日战争中工作、学习、生活情况的代表《少年战线》（少年战线社编辑出版，1939年在桂林创刊）、《西南儿童》（陆静山主编，1939年6月在桂林创刊）等；专门为宣传抗战、支持抗战工作创办的《逸史》（龙振济任发行人兼主编，1939年5月在桂林创刊，马君武题写刊名）、《西南青年》（程思远主编，1939年12月在桂林创刊）等；也有主张文化救国的杂志，代表性刊物有《抗战文化》（乐群文化社编辑，1939年5月在桂林创刊）、《教育与文

①龙谦，胡庆嘉：《桂林文史资料》（第三十八辑），漓江出版社1999年版，第354页。

②原国民革命军第四集团军总司令部属下的《民团周刊》编辑部创办的《民团周刊》杂志出至31期后，由广西省政府团务处接办，1936年8月由广西省民团干校编辑出版。抗日战争全面爆发后，《民团周刊》杂志停办，其编辑部扩充为民团周刊社，编辑出版丛书，仍由民团干校管理。1938年9月7日，开设附属书店——建设书店，并附设有印刷厂。1939年春，广西省民团干校撤销，《民团周刊》社归属省政府，单独建制，同年8月从南宁迁至桂林。该社内先后设有编辑、总务、发行、服务、资料等部门。该社出版宗旨为"研究基层建设""介绍广西建设""解释政令"。

化》(广西教育会主办,1939年8月在桂林创刊,马君武题写刊名)。当时在桂林的大批艺术工作者也积极出版刊物。他们主张以创新的、切近时代主题的艺术形式宣传和支持抗战工作,代表性刊物有反映抗日战争题材的漫画和木刻作品及画坛消息的《抗战画刊》(赵望云主编,1938年在桂林创刊),冯玉祥、老舍、田汉、艾青等都曾为此刊撰稿,其他还有《工作与学习·漫画与木刻》(1939年5月创刊,文字版和美术版合刊出版)、《新音乐》(李绿永、林路主编,1939年12月在桂林创刊,是抗战时期国内主要音乐杂志之一,田汉、冼星海等著名音乐家都曾为此刊撰稿)、《音乐阵线》(林路主编,1939年12月在桂林创刊)[①]、《音乐与美术》(张安治、徐杰民先后任主编,1940年1月在桂林创刊)等。

抗战刊物以救亡为目的而创办,其内容也随着抗战形势的变化而不断变化。以《国民公论》为例,它1938年在武汉创刊,后迁至桂林,是广西抗日救亡文化运动的中坚力量,是一份"批判的建设的综合刊物"。除文艺作品外,该刊每期都以大量篇幅刊登战时国内外相关政治、经济、军事等局势述评和通讯报道,及时掌握并发布战争动态。另外,《国民公论》还刊登毛泽东、周恩来等中共领导人关于战争时局的讲话,如毛泽东的《第二次帝国主义战争讲演提纲》、周恩来的《中日战争之政略与战略问题》等,成为桂林的进步刊物,同时也是全国各地知名专家、学者开展抗日救亡宣传和文艺创作活动的阵地,有力地推动着抗日救亡运动的开展。

综上,从依靠力量来看,抗战刊物大体分为两类:一类是以新桂系为首的广西省政府组织出版发行的抗战刊物,一类是文化团体组织出版发行的抗战刊物。新桂系政府为了控制舆论,大力提倡官办期刊,黄旭初发布的《对广西省建设计划大纲之意见》中专门要求所属机关、学校、团体编印期刊,以帮助所属工作人员及毕业学生进修学习,并且新桂系首领李宗仁、白崇禧、黄旭初等常为各种刊物题写刊名或撰写发刊词。这些有政府背景的刊物,一方面有行政力量的支持,另一方面,资金来源比较稳定,因而创刊相对容易,且持续性较强。在内容上,这类期刊通常反映战时特殊环境下政治、军事、经济、文化等各方面的真实状况,为抗战出谋划策,一般只在内部发行。而一般文化团体创办的抗战刊物,其发行虽不如政府性的刊物稳定,但因参与面广且组织灵活,因而种类繁多且发行面广。它们从文学、美术、音乐、戏剧、电影等各方面宣传抗战,主张文艺创作服务战时救亡宣传的需

①该杂志最初利用《救亡日报》第四版的篇幅,1940年7月7日脱离《救亡日报》单独出版。

要，从而鼓舞广大民众积极参与抗战，有力地推动着全民族抗战局面的形成。当然，从总体上看，尽管前者更注重实用性，后者更注重精神方面的引导与斗争，但二者都是为抗战服务的，是战时环境下政府力量和民间力量互动与联合的表现，这对发动一切可以发动的力量进行抗战具有极其重要的作用，也有力地推动了大后方的抗战救亡运动高潮的到来。

自1937年七七事变以来，作为抗战大后方，广西省内陆续出现了280余种抗战刊物。以1938年10月桂林抗战文化城形成为界，抗战刊物的发展分为两个阶段，前一阶段以广西本土抗战刊物为主，后一阶段的抗战刊物既有广西本土的，也有外来的复刊或创刊刊物，且以外来的居多。总体上，抗战刊物是抗战大环境的产物，它的创刊及发行数量随着战争局势的发展而日渐增加，同时，因其发行的连续性及专业性等特点，它们在西南大后方造成的巨大影响，也反过来推动着国内抗战情绪的高涨，这对中华民族抗日战争的胜利具有不可忽视的重要作用。

二、抗战救亡组织的建立及作用

1931年九一八事变爆发后，面对日本法西斯的疯狂入侵，亿万中华儿女为保家卫国奋起抵抗。为激发人们的抗战热情，动员国人参与伟大的抗战事业，把分散的民族力量凝聚起来，各类抗战救亡组织相继产生。这些组织的建立，顺应了整个抗战大环境的需要，获得了政府的默许和社会各界的支持。全国抗战爆发后，抗战救亡组织的建立迎来大爆发时期，有些甚至变成了全国性的组织，组织机构和人员遍及全国各地，影响不可谓不大。

抗战救亡组织在广西建立较早。新桂系在抗战初期就提出了明确的抗日主张。李宗仁强调："救亡图存，少数人努力，是无济于事的，必须人人努力，以救国为己任，国事才有希望。"[①]他认为："要抵抗敌人，惟有克服弱点，加强民众组织，实行全体动员，使我四万万人都能站立起来，抵御日寇，只有这样一座新的长城，是

①广西建设研究会：《李德邻先生言论集》，1941年，第20页。

敌人无论如何残暴、凶恶也不能攻破的。”[1]白崇禧提出：“整个民族，总动员起来，构成坚强的联合战线，共同向敌人奋斗。”同时，必须与“凡表同情于我们这种民族战争的”国家联合起来。[2]新桂系的抗战主张，给广西省内抗战动员和宣传指明了方向，创造了条件，因此抗战救亡组织在广西获得较好的政治环境和政策支持。

自广西各界抗日救国会于1931年在南宁成立后，广西各地就活跃着一批抗日救亡戏剧团体，如广西省学生抗敌后援会暑假工作团、陆川青年学生抗日救国会、上海八一三歌咏团、抗敌演剧四队和九队等。1931年9月至1935年9月间，梧州曾组织广西民众救国分会、梧州妇女联合救国会、梧州工人抗日救国会、梧州救国话剧社等，开展抗日救亡运动。不久，广西工人抗日救国会、广西商人抗日救国会、广西省学生救国会、广西妇女抗日救国会、广西各界民众抗日救国会等群众性组织相继成立。广西学生抗日救国会还出版了以宣传抗日为主旨的《广西学生》，广西文化界抗日救国会出版了《文化救国》月刊。

抗战救亡组织建立的目的在于宣传抗战思想、树立抗战自信、动员抗战力量、救护战时贫弱等。有研究将抗战救亡组织分为三种形式：一是社会各界所组织的“救亡协会”；二是在各战区成立的“战地总动员会”；三是各种形式的“抗敌协会”。[3]抗战救亡组织的创建形式与抗战形势的发展密切相关，其大部分活动具有宣传、动员、募捐、救护等多项功能。一些抗战救亡组织是全国性的，组织机构完善，人员结构复杂；一些抗战救亡组织是地方性的，成员大部分为本地人，开展抗战宣传具有较强的地方文化特色；还有一些抗战救亡组织是某个行业的同行，大家汇聚一起，共同为抗战贡献力量。

抗战救亡组织的第一个重要作用就是通过多种形式弘扬民族团结抗战精神，树立民族抗战自信，让抗战救亡工作落地生根。尤其是在正面战场节节败退，国土不断沦陷，无数人承受着国破家亡的痛苦，看不到前途和光明之时，如何让国人重新振奋起抗战的自信心，成为抗战救亡组织的艰巨任务。正如时人所说：“我们要坚定一般人的抗战胜利的自信，坚定社会上各救国成员的互信，坚定社会上各成员对政府的共信”，暴露汉奸与贪官污吏的罪行，“鼓吹有钱出钱，有力出力，以

①广西建设研究会：《李德邻先生言论集》，1941年，第29页。

②创进月刊社：《白崇禧先生最近言论集》，1936年，第167页。

③张静如，刘志强，卞杏英：《中国现代社会史（下）》，湖南人民出版社2004年版，第814—816页。

资激励，宣传节约献金，使财力物力得以充实而长期抗战得以支持。”[①]当时，抗战救亡工作存在两种不良作风：空谈与盲干。[②]基于此，各地号召爱国民众积极参加抗敌后援团体、同乡会等组织，切切实实参与到各项救亡工作中去，如改良农业和手工业的生产，提倡节约运动、劝募救国公债和救国捐、劝献金银饰物、推广战时常识教育、提高民众自卫力量，等等。[③]可见，抗战救亡组织是开展和落实各项抗战救亡工作的保障。

抗战救亡组织的第二个重要作用就是统一抗战救亡思想，弘扬正确的抗战主张，确保抗战救亡各项工作沿着正确的方向前进。抗战爆发后，日本以建设“大东亚共荣圈”进行奴化政策的宣传，各地伪政府极力宣扬各种投降理论，国民政府消极抗战派也通过各类宣传弱化国人的抗战热情。国共两党以及地方实力派各有抗战宣传的重点，造成当时的抗战救亡思想比较混乱，“正和(如)迷雾漫天，乌云盖日一样的黑漆迷朦。见仁见智，固(故)各不同”[④]。各方宣传主体各执一词，相互攻击，各是其所是，各非其所非，“在今日救亡运动进行中，统一庞杂纷芜的思想界，根据一个基本信仰，而确定一个救亡的中心理论，这无疑是急不待缓的首要工作”。[⑤]抗战期间，为规范和指导省内抗战救亡组织的活动，国民党广西省党部联合广西各界抗敌后援会印发了《抗日救国宣传大纲》(以下简称《大纲》)，并于1938年1月对外发行。《大纲》成为当时广西抗战救亡组织开展救亡宣传的重要指导方针，也是当时广西抗战救亡的中心理论。《大纲》梳理了日本侵华的历史过程和重要事件，分析了国内各战场的形势，对中日两国国力进行了比较分析，指出我们要在抗战中坚持持久战、消耗战、游击战，我们要深刻认识抗战事关整个国家民族的生死，要精诚团结集中力量，要严密组织，要有牺牲精神，要自强不息，要抵抗到底，要党政军民彻底合作，要努力负起战时民众的责任。

抗战救亡组织的第三个重要作用是通过办报纸、办杂志、做演讲、演话剧、放电影等各种形式，活跃抗战文化氛围，丰富抗战文化活动，让正确的抗战思想和抗战主张深入人心，推动抗日民族统一战线的形成。抗战救亡组织的建立，把深刻

①韦永成：《救亡的中心理论与青年的实践问题》，民团周刊社1939年版，第17页。

②钱俊瑞：《抗战与救亡工作》，生活书店1938年版，第65页。

③钱俊瑞：《抗战与救亡工作》，生活书店1938年版，第63—64页。

④韦永成：《救亡的中心理论与青年的实践问题》，民团周刊社1939年版，第7页。

⑤韦永成：《救亡的中心理论与青年的实践问题》，民团周刊社1939年版，第7页。

的抗战理论通俗化，把正确的战略思想平民化，将前方的抗战形势和需要传达给大后方的人们。如当时汇聚柳州的众多广东粤剧戏班，以第四战区粤剧宣传队的名义，在柳州各大剧院、礼堂乃至街巷码头进行多场演出，如演出了《关云长千里走单骑》《岳武穆大战金兀术》《梁红玉击鼓退金兵》等名剧。邹韬奋在他的遗著《患难余生记》中对当时的流亡生活有这样一段描述："我们经过沿途各地点，都有这样的情形，到桂林因学校多，就更忙。我们这一批朋友，戏称自己这一群为'马戏班'，这当然并不是说我们是做什么'马戏'，却是说我们形成了一群：金仲华先生讲国际问题，张仲实先生讲思想问题，钱俊瑞先生讲农村经济问题，沈兹九先生讲妇女问题，杨东莼先生讲战时教育问题，我讲团结抗战问题。到一处便有许多青年朋友和我们商榷这个问题，讨论那个问题，热闹得什么似的。"①

当时的桂林、柳州聚集了各界名人，他们在被迫内迁的过程中，忍受着背井离乡的苦楚，承受着至亲友人逝去的痛苦，目睹了国破家亡。一幕幕令人悲痛的场景，唤醒了他们心中沉睡着的爱国热情，更激起了他们抗战救亡、复兴民族的斗志。在这种爱国热情的驱使下，内迁广西的机关、学校和其他社会团体，纷纷加入抗日救亡运动中。他们创办报纸、出版刊物，走向农村、工厂、学校、街头，进行抗日戏剧演出，传唱抗日歌曲，开展街头演讲活动，大力宣传抗日，使社会上出现了抗日救亡运动热潮。

抗战救亡组织的第四个重要作用是将无组织、无秩序的抗战救亡力量有序地组织起来，建立了组织，团结了人员。广西省各界抗敌后援会即是例证，它的建立使广西名目繁多的救亡组织有了统一管理机制，团结了各界抗战力量，动员了更多的国人参与抗战事业。文艺团体及文艺界人士注重编写民族抗战剧本、小说及通俗读物，发行抗战画报，举行大规模的展览，改进文艺著作之刊行；教育团体及教育界人士致力于抗战时期之教育，设法推动沦陷区域教育工作之进行；自然科学团体及自然科学家努力于战争科学之发明，及有关军事科学工作之进行，向民众传授战时科学常识，提倡科学化运动；社会科学团体及社会科学家努力于抗战建国理论之建设工作，以完成全国人民精神总动员，增强抗战必胜、建国必成之信念，统一全国人民之思想与行动；宗教团体努力于积极救亡工作，发挥其国内与国际宣传之最大效能；各种国际文化团体努力开展对外宣传及联络工作，国民外交

①邹韬奋：《患难余生记》，韬奋出版社1947年版，第36页。

与政府外交方针相呼应。[1]当时的抗战救亡宣传极力弘扬“天下兴亡，匹夫有责”的爱国传统，主张“无论个人力量如何微薄，汇聚四万万国民之微薄分力，即可成擎天之一柱，我们绝不能把救亡的重荷，单独放在某一部分人的肩膀上，而要大家共同担负起来”。[2]

抗战救亡组织的第五个重要作用是协助开展战时医疗救护与难民救济及参与支前活动，比如参与后勤服务、慰问前线官兵等。广西作为当时内迁的重要大后方，难民救济工作十分艰巨。许多抗战救亡组织基于团体优势，直接对难民进行医疗救护、生活帮扶等。抗战期间，广西最重要的救济事项：一种是被轰炸救济；另一种是战区难民救济。被轰炸而需救济的难民，政府会依照相关的办法分别救济，对于入境广西的难民，则登记之后送到各县难民管理处或县赈济会收容。[3]中国红十字会、广西红十字会、广西赈济会等在组织开展战时医疗救护、难民救济等方面做出了很大贡献。

抗战救亡组织还联合国际反法西斯力量，开展相关的救亡活动。如1939年12月25日，鹿地亘在桂林郊外南岗庙发起成立了“在华日本人民反战同盟”西南支部，他还和盟员们分成3个小组奔赴昆仑关，冒着枪林弹雨深入阵地前沿，用扩音器向日军喊话，阐述侵华战争的非正义性，并散发日文传单，这对瓦解敌人的军心起了重要作用。

三、抗日救亡活动持续开展

抗战时期，为了唤醒广大民众的民族自觉意识，去除“精神上的间谍、汉奸”，并激发爱国情绪，引导全民族组成抗战救亡的阵线，抗战宣传工作的重要性日益凸显。

随着抗战刊物的发行，抗日救亡活动迅速渗入文艺界各个方面，文学、戏剧、

①《广西省政府公报》（第599期），1939年，第8—9页。
②韦永成：《救亡的中心理论与青年的实践问题》，民团周刊社1939年版，第22—23页。
③《广西省政府公报》（第664期），1940年，第6页。

音乐、美术等领域都出现了比较有影响的抗战刊物。这些刊物从不同领域、不同视角宣传抗战，持续、稳定而有效地推动着抗日救亡运动的开展，从而为各方面抗战救亡运动的全面开展奠定了基础。

通常情况下，比较有影响力的抗战刊物是由具有统一战线性质的文化团体或组织创立的，它们或是专门组织，如广西音乐会、广西美术会、中华全国木刻界抗敌协会、中华全国戏剧界抗敌协会桂林分会等；或是联合组织，如广西省各界抗敌后援会、广西文化界救国会、中华全国文艺界抗敌协会桂林分会等。它们除了在桂林出版刊物、创办报纸进行文字宣传外，还举行音乐会、美术展、戏剧表演、演讲等多种形式的文化活动，扩大了救亡宣传的影响力。比较有代表性的团体是1937年9月1日正式成立的广西省各界抗敌后援会，由广西省党部、广西省政府、第五陆军总司令部、桂林县总工会、商会、妇女会、广西文化救国会、广西日报等15个单位的负责人或代表组成，设常务理事会，会下设总务、组织、宣传等10个部，并设有宣传、募捐、慰劳3个委员会。该会利用其强大的组织力量，以《抗敌》《克敌》杂志为舆论阵地进行宣传，还编著了《抗日救国宣传大纲》和《抗战剧本选》等宣传材料。在抗日宣传活动方面，1937年，该会四次组织杀敌大会和宣传队欢送出征将士，并进行游行。同年9月18日，该会还组织4万余名各界群众聚集在省政府操场举行九一八国耻纪念暨国民对日抗战宣誓大会，会后进行了大规模的示威游行。此外，该会还发动各剧团，并组织起广西省抗敌后援会抗敌宣传团及广西省抗敌后援会儿童工作团，开展散发特刊（小册子、告民众书）、贴标语、出壁报及演讲、演剧、歌咏等宣传活动，如1938年组织宣传队演出30余场话剧，深入城市和乡村宣传，访问出征军人家属。此外，广西省各界抗敌后援会还以义卖、义演、赠送“抗日救国”纪念章等形式，组织了一些大规模的爱国募捐活动，如1937年9月组织“救国捐”，共募获64万余元桂币，还有一些棉衣、布鞋、袜子、干粮等物资送往前线。所有这些活动形式，都在一定程度上丰富了抗战宣传工作的内涵。尤其是在抗战后期，广西省99个县及其下属乡镇都成立了县、乡、镇、村、街等各级抗敌后援会，极大地增强了抗战宣传力量，促进了抗日救亡活动的持续开展。此外，在广西还组织成立了广西省学生抗敌后援会和广西省妇女抗敌后援会。

除了民间社团组织的救亡宣传活动外，这一时期政府也组织了许多的宣传活动。桂系政府主要官员李宗仁、白崇禧、黄旭初等人的文章及演讲言论，在当时也被集结成册子发行，其中较有代表性的有李宗仁的《从镇南关到山海关》《民族复兴与焦土抗战》，白崇禧的《第一期抗战的教训》《民国政策与民族革命》《民族出路与青年出路》，黄旭初的《抗战的基础工作》《抗战的结果与政治的演变》等，这些具有桂系政府的抗战方针和策略性质的文章的公开发表有利于民众了解政府抗战动向，也起到了很好的宣传作用。

总之，在抗战时期，桂林的文化界人士团结一致，通过组织社团办报刊、文艺汇演、美术展览、广播、电影等方式宣传抗战，并联合进行游行示威、爱国募捐等活动，推动了全面抗日救亡活动的持续开展。

第二节　桂林成为大后方的抗战文化城

全国抗战爆发后，广西成为抗战大后方的一部分，同时也成为许多内迁机关和人员集中避难的省份，这给广西各方面的发展带来了机遇。其中，桂林的发展尤为引人注目。抗战期间，新桂系对桂林各项事业的发展采取开明的政策，吸引了许多国际国内知名人士汇聚于此，直接带动了桂林文化事业的发展。特别是在中国共产党抗日民族统一战线的影响下，桂林的进步文化蓬勃发展，话剧、音乐、美术等活动频繁，各种书报杂志陆续出版发行，各项文化事业繁荣发展，使桂林成为抗战时期著名的文化城。

一、文化城出现的社会背景

桂林，是一座拥有2000多年历史的文明古城。在文化城出现以前，桂林是一座充满乡村社会气息的地方小城，房屋低矮，道路狭窄，人们穿着极为简朴，只在城市的中间一段，有些高大而崭新的洋房，稍稍打破了古朴淳厚的气象。[①]但桂林具有独特的自然环境、优越的地理位置、特殊的政治地位，以及丰富而悠久的历史文化等优势，在抗战时期一跃成为广西最具发展潜力的城市之一。在经济上，水道、公路连通粤湘等省，各地交易货物汇集，且本地物产丰饶，不仅自给自足，还能支援邻省。在交通上，除原有连接广东、湖南及桂南的桂八路（桂林—贺县八步）、桂黄路（桂林—黄沙河）、桂柳路（桂林—柳州），抗战爆发后又修通了连接贵州的桂穗路（桂林—贵州三穗）。随着湘桂铁路、黔桂铁路的修通，以及临桂、秧塘等机场的修建完成，桂林成为连接整个西南大后方和香港、澳门等地的重要交通枢纽。在地理位置上，桂林地处湘桂要冲，不仅内迁的国家机关、工厂、学校等要经过这里，从长沙、武汉、香港、广州等地前往贵州、云南、四川三省避难的人员也要路过桂林。在政治、文化上，桂林曾与南宁同为抗日救亡运动的南方策源地，自1936年国民党广西当局将省会由南宁迁至桂林后，桂林很快发展成分布在大江南北各省英勇抗敌的仁人志士的根据地，同时也是全国抗战最坚固的后方阵地。[②]新桂系自定省会于桂林，对桂林的政治、经济、文化等社会各项事业的发展采取较为开明的政策，以此来招揽人才，振兴广西。同时，省内当局励精图治，紧急动员，组织抗日物资与兵员，使广西迅速成为当时享誉一时的全国模范省。

全国抗战爆发后，我国华北、华东等大片国土相继沦陷，至1938年10月，武汉、广州等地相继失守，华中、华南又有部分国土沦入敌手。以武汉、广州的沦陷为标志，我国抗日战争进入第二期，即战略相持阶段。从当时的战争局势来看，日军由于侵占我国大片领土，兵力消耗大且分散，军费开支庞大，其国内财政、经济、社会等各方面的危机加深，同时，机动部队已不能推进到我国中西部地形复杂的山岳地带。与此相反，我国则军民一心、上下团结，内外情势亦是日趋有利，毛泽东《论持久战》等文的发表，更是坚定了全国人民抗战必胜的信心。国民党五中全会对全国民众提出了战略相持阶段的三大任务：加强团结，积极奋斗，努力建设。这也成为第二期抗战宣传的政治方针。[③]抗战进入相持阶段，宣传工作显得

①上海抗战编辑社：《抗战中的广西动态》，1938年，第72页。

②上海抗战编辑社：《抗战中的广西动态》，1938年，第74页。

③军委会政治部：《第二期抗战宣传纲要》，民团周刊社1939年版，第15页。

尤为重要，因为第二期抗战的中心任务是发挥一切抗战的力量，去争取战争的胜利。[①]随着抗战阵线进一步向西南收缩，战争形势的发展将桂林推到了抗日斗争的前沿，使其很快成为中国南方的重要战略据点，在中国抗日阵营的政治、军事和社会民生格局中的重要性日益凸显。[②]作为前沿阵地，桂林逐步担负起抗战宣传的重任，以团结一切抗战力量。为此，广西地方当局急需汇聚各种切合抗战宣传需要的文化与人才，为桂林的抗战宣传工作储备资源和力量。

1938年10月武汉会战后，原本云集武汉等地的一大批作家、诗人、画家以及剧团、歌咏队、报刊社、出版社、书店等被迫陆续内迁。他们跟随大批难民与败退的军队，沿着湘桂铁路进入广西。位于湘桂交通要道的桂林，成为内迁人员首选的聚集地。据相关统计，1937年桂林市户口数为17325户，人数总计80916人；1938年桂林市户口数为18638户，人数总计91622人；1939年为18464户，人数总计98167人；1940年户口数突增至36526户，人数总计167744人；1941年户口数为41133户，人数总计236226人；1942年户口数为46261户，人数总计236329人；1943年户口数为55379户，人数总计306036人；1944年户口数为56227户，人数总计309460人。[③]由此可知，桂林市的人口总数在1940年之后呈快速增长的趋势，且1939年至1940年户口数及人口数的增长远非自然增长所能企及。也有学者指出，1936年广西省会迁至桂林时，桂林人口为7万，1938年底桂林人口已增至近12万，1942年已增至31万，1944年豫湘桂大撤退时，桂林人口超过了50万。[④]前后两个人口数据虽不一致，但总体上反映了武汉会战后大量人口流动至桂林，直接导致桂林市人口总数的非自然增长。据广西省政府统计处的统计，湘桂铁路1938年的客流量为205167人，至1939年客流量突增至1580067人，1940年客流量更增至3339212人。[⑤]市政建设方面，随着人口的骤增，桂林市日趋繁荣，市政当局开始积极从事市政建设，筹划新市区，开辟马路，修建桥梁，桂林市区因而得到空前扩大，西面市区扩展到甲山，南面市区扩展到将军桥以南，北面

①军委会政治部：《第二期抗战宣传纲要》，民团周刊社1939年版，第15页。

②李建平：《战时桂林的崛起及其抗战文化繁盛景观》，《抗战文化研究》（第五辑），广西师范大学出版社2011年版，第178—179页。

③广西省政府统计处：《广西年鉴》（第三回），1948年，第181页。

④李建平：《战时桂林的崛起及其抗战文化繁盛景观》，《抗战文化研究》（第五辑），广西师范大学出版社2011年版，第179页。

⑤广西省政府统计处：《广西年鉴》（第三回），1948年，第1042页。

市区延伸至灵川县境，建干路、三里店、施家园、六合路等新居民点成为外地迁桂人员的主要聚集地。[①]伴随着人员的内迁，许多机关单位、文化团体、学校、报刊社以及工厂等也相继迁往桂林。工业方面，据当时的广西银行1941年实地调查的材料显示，桂林各业工厂总数达123家，而柳州至1942年工厂总数也才65家，梧州至1943年工厂总数为66家，两地均比桂林的工厂总数少了将近一半。[②]至1943年12月，桂林较有规模的工厂已达207家，超过同一时期柳州、南宁、梧州三市工厂数的总和。[③]金融、商业方面，自1938年5月中央银行首先在桂林设立分行，中国农民银行、中国银行、交通银行等亦相继在桂林设立分支行，银店银楼亦先后增加，信托、储蓄、保险等业陆续举办，存放款及汇兑业务蒸蒸日上。[④]至1940年，桂林全市商店已达2593家，银楼30多家，商业银行至1944年已达20余家，整个市场呈现一片繁荣昌盛的景象。教育方面，桂林市沦陷前，原有市立中心校8所，乡镇中心校6所，村街立国民校83所，及私立小学校29所，合计全市公私立各级国民学校126所，共460个班，学生数总计18823人。[⑤]除以上所述，这一时期桂林市其他各方面也均获相应发展。

人口的剧增以及各机关团体的内迁，使桂林工业、运输业、城市建设、商业、金融业、各级各类学校、报刊、出版、印刷、广播电台、音乐、美术等发生了变化，这些变化是战前的桂林无法想象的。大量内迁桂林的机关团体以及人员，不仅被桂林优美的自然风光所吸引，而且桂林市区众多天然的防空洞为其提供了良好的避难所，许多机关团体以及人员为此而选择留驻桂林。广西的抗战动员及人民的抗战热情，更是深深触动了许多避难来桂的人们的内心，在爱国主义与抗日民族统一战线的影响下，那些聚集一堂的文化人与广西人民一起，共同肩负起了抗战建国的伟大使命，且少了许多争名夺利的现象，加上新桂系对文化人的亲和政策，让这些文人志士感受到创作的自由与宽松，桂林文化事业由此展现出一种其乐融融的升平景象，直到1944年豫湘桂大撤退时这一景象才逐渐消失。

---

①李建平：《战时桂林的崛起及其抗战文化繁盛景观》，《抗战文化研究》（第五辑），广西师范大学出版社2011年版，第179页。

②广西省政府统计处：《广西年鉴》（第三回），1948年，第594页。

③广西省政府统计室：《三十二年度广西统计年报》，1944年。

④桂林市文献委员会：《桂林市年鉴》，1949年，第1页。

⑤桂林市文献委员会：《桂林市年鉴》，1949年，第1页。

二、文化城的盛况

桂林在抗日战争期间成为文化城，始于1938年10月广州、武汉相继沦陷以后。当时大批文艺工作者、文化机关、社会团体等陆续迁到桂林，使桂林各项文化事业热闹非凡，它自然而然地成了我国抗战大后方的文化中心之一，直接推动着我国抗日救亡宣传及各种社会政治文化活动的发展。桂林文化繁盛的时期，不仅汇聚了全国各地远道而来的人数众多的文化人士，而且还获得国际友人的鼎力支持和诸多帮助，由此，产生了许多杰出的文艺作品，带动了新闻、印刷、出版等相关行业的发展，促进了桂林抗日救亡艺术活动的开展。同时，桂林文化的兴盛，还为抗战建国的伟大事业积蓄了力量，留下了宝贵的精神财富，对我国夺取抗日战争的最后胜利做出了卓越的贡献，谱写了世界反法西斯战争史上一段可歌可泣的佳话。

（一）各方文化人士齐聚桂林

传统上认为，抗战时期的桂林在其文化兴盛时期曾聚集了超过1000名文化人，其中全国知名的就有200多人。魏华龄、李建平主编的《抗战时期文化名人在桂林》及魏华龄主编的《抗战时期文化名人在桂林（续集）》两书共收录了239名文化人在桂林活动的史实。之后，李建平[①]对此又有了新的推测，他参照1944年2月至5月参加在桂林举办的西南剧展的演艺人就有近1000人，这还不包括新闻、出版、学校、科研机构的记者、编辑、书店文员、教师、科技人员等这一记载推断，在桂林活动的文化人应有两三千人，而且这还是一个保守的估计。[②]因人员流动及战时条件的限制，根据所存史料展开统计难度相当大，直至目前，对此还没有一个准确的统计数据。但抗战时期因避难或其他原因迁到桂林的文化人总数确实不少，这是一个不可否认的事实。这些文化人主要从几个方向迁至桂林：一是以北平、天津为中心的华北地区；二是以武汉为中心的华中地区；三是以上海、杭州、南京

①李建平（1952—），广西陆川人，广西社会科学院研究员。

②李建平：《战时桂林的崛起及其抗战文化繁盛景观》，《抗战文化研究》（第五辑），广西师范大学出版社2011年版，第182—183页。

为中心的华东地区；四是以广州、香港、澳门为中心的华南地区。他们是随着抗战形势的变化而逐步迁到桂林的，其中有文化工作者、新闻工作者、社会科学家、自然科学家、作家、诗人、学者、戏剧家、美术家、音乐家等，如著名的作家、艺术家有郭沫若、茅盾、巴金、夏衍、柳亚子、徐悲鸿、田汉、艾青、胡愈之、胡风、贺绿汀、杨朔、秦牧、欧阳予倩、王鲁彦、周立波等，著名的记者、报人、学者有范长江、陶行知、梁漱溟、马君武、雷沛鸿、沈志远、李四光等，著名的戏剧家有李文钊、焦菊隐、马彦祥等，著名的美术家有丁聪、丰子恺、马万里、万籁天等，著名的音乐家有满谦子、陆华柏、张曙等，著名的舞蹈家有吴晓邦、盛婕、戴爱莲等。这些文化人，按年龄划分，大体上可分为壮年（45岁以上）、中青年（25～45岁之间）、青年（25岁以下）三类。其中壮年人数约占10%，他们在文化界德高望重，是整个文化队伍的坚强柱石；中青年人数最多，占50%～60%，是整个文化大军的骨干力量，也是出成果最多的一部分人；青年人数则占有30%左右，他们有朝气、有冲劲，在前辈带领下敢于拼搏，施展自己的才华。[①]从这些文化人的年龄构成来看，大部分处于风华正茂的中青年阶段，这对推动抗战救亡宣传活动是极为有利的。各式各样的人才聚集在山水秀丽的桂林，共同构成了开展各项文化活动的重要力量，对文化城的形成、发展与兴盛发挥了不可替代的作用。

除了汇聚国内众多的文化人士，抗战时期的桂林还吸引了当时世界各国的许多政治家、进步人士、新闻记者等的关注。不少人来到桂林，与我国各地聚集桂林的文化人士一起，共同开展各种抗战宣传和援助活动。当时在桂林活动的国际进步团体有中越文化工作同志会、“在华日本人民反战同盟”西南支部、朝鲜义勇队、朝鲜东方战友社、国际反侵略运动大会中国分会广西支会、中苏文化协会等。各国到桂林活动的进步文化人有越南政治家、革命家胡志明，越南革命家与文化人范文同、黄文欢、武元甲；朝鲜作家李斗山与李达、编导金昌满、艺术表演家金炜；日本反战作家鹿地亘与夫人池田幸子，进步人士坂本秀夫；苏联塔斯社总社副社长诺米洛斯基，《消息报》记者卡尔曼，亚洲影片公司总经理谢雅法；美国记者与作家史沫特莱、爱泼斯坦、格兰姆·贝克、白修德、贾安娜，戏剧评论家爱金生，驻华大使馆新闻处编辑主任裴克，史学家费正清；法国记者兼东方问题专家李蒙及其夫人郭士美；德国记者与作家王安娜；英国技术专员艾黎；等等。在桂林期间，这些

①魏华龄，曾有云等：《桂林抗战文化研究文集》，漓江出版社1992年版，第79页。

国际友人不仅深入了解中国战时的社会情况，还积极主动地和进步人士、文化团体相互交流与合作，甚至直接参与中国抗日救亡文化工作。如1939年12月23日，“在华日本人民反战同盟”西南支部在乐群社召开成立大会，会后，支部前线工作队即开赴昆仑关用日语向日军作反战宣传。①1941年12月20日，桂林市各界与“在华日本人民反战同盟”、朝鲜革命党代表等10万余人在市体育场举行拥护中国军队反侵略运动大会。②1944年1月7日，美国大使馆新闻处桂林分处在依仁路广播电台礼堂展出德黑兰会议及开罗会议的照片，同年1月，中、美、英、法各国驻华武官暨驻渝记者团由衡阳抵桂林考察。③国际友人开展的这些活动，对推动我国抗日救亡文化工作的发展具有重要影响。为了联合聚集桂林的各国进步团体、文化人士，1943年1月2日，桂林国际联谊社成立，社长是凌士芬(副社长是班以安)。其会员34人，其中有日军侵占广州、香港后撤退到桂林的美国、英国、荷兰、葡萄牙和挪威等国的友人及领事馆人员。④这些国际友人的到来，以及国际进步组织、团体的成立，对桂林各项文化活动的发展、兴盛可谓锦上添花，增添了不少国际色彩，成为世界反法西斯战争史上不可磨灭的记忆。由此可见，桂林在文化兴盛时期，已向国际化大都市的方向迈进，部分文化事业的发展已经走上了国际合作的道路，凝聚了世界各国、各地区人民的智慧。

(二)丰富多彩的文艺作品

抗日战争时期，重庆、昆明、桂林被认为是支撑大后方的三大据点。而在国统区抗日文艺运动中起主要作用的是重庆、桂林两大据点，重庆是国统区抗日文艺运动的指挥部，桂林是国统区抗日文艺运动的主要战场。⑤从1938年10月广州、武汉沦陷，大批文化人陆续来到桂林，至1944年9月豫湘桂大败退、桂林大疏散期间，桂林文化有将近6年的光辉岁月。在这段岁月里，大批文艺工作者在桂林这个抗日文艺运动的战场上，谱写了许多可歌可泣的感人故事，创造了许多动人心弦的文艺作品，给我国抗战文化留下了宝贵的财富。

---

①桂林市地方志编纂委员会:《桂林市志·大事记》，中华书局1995年版，第67页。
②桂林市地方志编纂委员会:《桂林市志·大事记》，中华书局1995年版，第69页。
③桂林市地方志编纂委员会:《桂林市志·大事记》，中华书局1995年版，第71页。
④广西壮族自治区地方志编纂委员会:《广西通志·大事记》，广西人民出版社1998年版，第227页。
⑤魏华龄，曾有云等:《桂林抗战文化研究文集》，漓江出版社1992年版，第36—37页。

就文学作品而言，这里汇聚了茅盾、郭沫若、巴金、艾芜、艾青、叶圣陶、力扬、王鲁彦、田汉、欧阳予倩、冯乃超、李文钊、林焕平、司马文森、夏衍、柳亚子、胡愈之、秦牧、胡风、周立波、孟超、许觉民、梁漱溟、廖沫沙、熊佛西、于逢、马宁、方敬、王坪等知名作家(由于篇幅所限，这里不能一一列举)，作品有小说、诗歌、散文、杂文、戏剧等。

小说方面，有长篇小说、中篇小说、短篇小说等。长篇小说如茅盾的《霜叶红似二月花》、艾芜的《山野》和《故乡》、王西彦的《古屋》、王鲁彦的《春草》、周钢鸣的《浮沉》、马宁的《无名英雄传》和《动乱》、欧阳山的《战果》、骆宾基的《混沌》、杨朔的《疮痍》、路翎的《饥饿的郭素娥》、巴金的《火》、熊佛西的《铁苗》和《铁花》、司马文森的《人的希望》和《雨季》、孙陵的《大风雪》、郑拾风的《飘零》等；中篇小说如于逢的《乡下姑娘》和《冶炼》、司马文森的《希望》和《转形》、王鲁彦的《胡蒲妙计收伪军》、易巩的《杉寮村》、于逢的《深秋》、舒群的《渔家》、骆宾基的《仇恨》和《边陲线上》、丁玲的《泪眼模糊中的信念》、巴金的《还魂草》等；短篇小说或小说集如艾芜的《秋收》、孟超的《戍卒之变》和《渡江》、丁玲的《我在霞村的时候》、沈从文的《黑凤集》和《春灯集》、骆宾基的《北望园的春天》、司马文森的《人间》和《一个英雄的经历》、韩北屏的《荆棘的门槛》、吴奚如的《萧连长》、沙汀的《磁力》、张煌的《饶恕》、胡明树的《甘薯皮》、梅林的《乔英》、葛琴的《磨坊》、王西彦的《海的呼啸》和《家鸽》、姚雪垠的《红灯笼故事》、邵荃麟的《英雄》和《宿店》等。以上所列仅为部分名家的部分作品，只是他们在文化城时期小说创作的很少一部分成果，还有大部分作家作品未列出。据不完全统计，自1938年10月至1944年9月，在桂林逗留和居住过的文化人有1000多人，在桂林发表作品的有2000人以上，其中小说作者就有近400人，他们先后发表的作品有长篇小说近40部，中短篇小说集近120部，短篇小说至少有1200篇之多。[①]这些小说的创作，或直面抗战的现实生活需要，或展现文艺创作的上层追求，对文化城的发展兴盛具有不可忽视的影响，奠定了中国现代小说发展的基础。《桂林文化城小说研究》[②]一书，细致而全面地讨论了桂林文化城小说的主题嬗变、艺术风格演变，融合了新的理论、思维、方法，来

①雷锐：《抗战时期桂林文化城小说概论》，载魏华龄，曾有云等：《桂林抗战文化研究文集》，漓江出版社1992年版，第128页。

②作者为雷锐。本书是对桂林文化城的小说创作、发展、主题嬗变、风格演变等各方面的专题性研究成果，2006年由中国社会科学出版社出版。

分析、评价桂林文化城小说的贡献与局限。[①]

诗歌方面，主要是以诗集的形式在桂林整理出版，不少诗歌是诗人在桂林活动期间创作的，每本诗集均凝聚了诗人的心血和智慧，是诗人艺术创作的结晶。如艾青的《他死在第二次》和《黎明的通知》、冯至的《十四行诗》、田间的《她也要杀人》和《给战斗者》、覃子豪的《自由的旗》、臧克家的《呜咽的云烟》和《泥土的歌》、冯玉祥的《抗战诗歌集》、韩北屏的《人民之歌》、何其芳的《预言》、卞之琳的《十年诗草》、彭燕郊的《第一次爱》和《战斗的江南季节》、袁水拍的《冬天，冬天》、黄宁婴的《荔枝红》、征军的《红萝卜》、陈原的《母与子》、绿原的《童话》、孙钿的《旗》、邹荻帆的《意志的赌徒》、杜谷的《泥土的梦》、鲁藜的《醒来的时候》、天蓝的《队长骑马去了》、冀汸的《跃动的夜》、任钧的《后方小唱》、方敬的《声音》和《行吟的歌》、刘雯卿的《战地诗歌》、萧野的《途中》、郑思的《吹散的火星》、徐迟的《最强音》、柳无忌的《抛砖集》、芦荻的《远讯》、陈迩冬的《最初的失败》、胡危舟的《投枪集》等。以上所列举的仅为部分诗人的诗集，大部分是为满足抗战的需要而作，且均在桂林整理出版发行，直接推动了文艺创作的发展繁荣。在诗歌创作与各项诗歌活动越来越活跃与频繁的同时，桂林也出现了专门的诗刊，如《拾叶》《诗创作》《诗》《中国诗坛》《顶点》《诗绍丛刊》《诗月躍》及《救亡日报》上的《诗文学》共8个诗刊，其中《诗创作》刊载全国各地诗人的诗作，成为抗战时期国统区内极有分量的一个大型诗刊。[②]在当代学者的研究中，《桂林文化城诗歌研究》[③]一书，从新的理论高度和新的美学视角，写出了桂林文化城诗歌的思想艺术成就和历史贡献，对桂林文化城诗歌对传统诗歌的继承性，在战争状态下的创新性、变异性以及桂林文化城诗歌新颖独特的艺术气质，均有恰当的分析。[④]

散文、杂文、报告文学、传记文学等方面的成果也很丰硕，具有代表性的散文集如茅盾的《白杨礼赞》和《见闻杂记》、巴金的《旅途通讯》、李广田的《回声》、方敬的《保护色》、司马文森的《过客》、熊佛西的《山水人物印象记》、楼栖的《窗》、马国

①李江：《确立多重视野　深入推进桂林文化城研究——〈桂林文化城文学研究〉丛书评介》，《抗战文化研究》（第一辑），广西师范大学出版社2007年版，第290—291页。

②李建平：《抗战时期桂林的诗歌创作》，载魏华龄，曾有云等：《桂林抗战文化研究文集》，漓江出版社1992年版，第167—168页。

③黄绍清主持编纂，是对桂林文化城诗歌创作的专题性研究成果，2008年由中国社会科学出版社出版。

④李江：《确立多重视野　深入推进桂林文化城研究——〈桂林文化城文学研究〉丛书评介》，《抗战文化研究》（第一辑），广西师范大学出版社2007年版，第291页。

亮的《人的声音》和《春天，春天》、姚雪垠的《M站》和《四月交响曲》、孙陵的《突围记》、柳亚子的《怀旧集》、彭燕郊的《浪子》、华嘉的《海的遥望》、马宁的《南洋风雨》、何其芳的《还乡记》、曾敏之的《拾荒集》、缪崇群的《废墟集》等。具有代表性的杂文集，如茅盾等的《大题小解》、巴金的《无题》、欧阳予倩的《闲事闲谈》、何家槐的《冒烟集》、罗荪的《小雨点》、聂绀弩的《早醒记》和《婵娟》、秦牧的《秦牧杂文》、夏衍的《此时此地集》、秦似的《感觉的音响》和《时恋集》、孟超的《未偃草》和《长夜集》、宋云彬的《破戒草》、林林的《崇高的忧郁》等。具有代表性的报告文学作品，如华嘉的《香港之战》、萨空了的《香港沦陷回忆》、唐海的《香港沦陷记——十八天的战争》、杨刚的《东南行》、孙陵的《从东北来》、刘盛亚的《不自由的故事》、茅盾的《劫后拾遗》等。具有代表性的传记文学作品，如梁漱溟的《我的自学小史》、司马文森的《天才的悲剧》、欧阳予倩的《我的戏剧生活》、柳亚子的《五十七年》等。

此外还有文学理论方面的创作，如欧阳凡海的《马恩科学的文学论》、胡愈之等的《现阶段的文化运动》、艾青的《诗论》、艾芜的《文学手册》、周钢鸣的《文艺创作论》、林焕平的《文艺的欣赏》、冯雪峰的《鲁迅论及其他》、林山的《通俗文艺的基本问题》、钟敬文的《诗心》、黄药眠的《论诗》、徐迟的《诗歌朗诵手册》等。综合文集方面，如以群的《旅程记》、郭沫若等的《二十九人自选集》和《孟夏集》、茅盾等的《红叶集》和《青年与文艺》、夏衍的《长途》、司马文森等的《寂寞》、胡风等的《死人复活的时候》、欧阳凡海的《长年短辑》、谷斯范等的《荒谷之夜》等。

除了国内作家的创作以外，抗战时期聚集在桂林的部分文化人还热衷于翻译国外名家的著作，如巴金翻译的俄国屠格涅夫的著作《父与子》《处女地》和斯托姆的著作《迟开的蔷薇》，邵荃麟翻译的苏联小说《意外的惊愕》，柳无垢翻译的英国小说《裘儿》，林林、冯乃超等翻译的鹿地亘的报告文学《和平村记》，朱雯翻译的德国H.列普曼的报告文学《地下火》，曹辛翻译的俄国普希金诗选《高加索的俘虏》，秦似翻译的美国斯坦倍克的小说《人鼠之间》，夏衍翻译的苏联高尔基作品《没用人的一生》，王鲁彦翻译的波兰显克微支的小说集《老仆人》，等等。

戏剧方面，当时桂林汇聚了全国戏剧界众多的知名人士，如郭沫若、夏衍、田汉、欧阳予倩、洪深、熊佛西、蔡楚生、丁西林、焦菊隐、于伶、阳翰笙、马彦祥、金山等。在桂林期间，他们用独幕剧、多幕剧、活报剧、街头剧等多种形式进行话剧创作，其中的代表作品有：田汉的《秋声赋》《黄金时代》《江汉渔歌》，欧阳予倩的《青纱帐里》《桃花扇》《梁红玉》《忠王李秀成》《木兰从军》，夏衍的《一年间》《心防》《愁城记》《法西斯细菌》，郭沫若的《高渐离》《孔雀胆》，于伶的《长夜行》，丁西林的《妙峰山》，熊佛西的《袁世凯》，洪深的《包得行》，田汉、洪深、夏衍的《风雨同舟》等。这些剧本的创作，多以抗日救亡为主题，紧贴现实生活，充满强烈的时代气息，在桂林上演多次，获得广泛好评。除了这些戏剧界的知名人士以外，当时全国一些有影响的进步话剧团体，如中国联艺剧团、广州儿童剧团、上海救亡演剧二队、抗宣一队（后改演剧五队）、演剧一队（后改演剧四队）、演剧九队、旅港剧人剧团等团体，也纷纷来桂林登台演出，一些桂林当地的话剧团体如广西省抗敌后援会宣传团话剧组、广西学生军艺术宣传工作队、七七剧团、广西省立艺术馆话剧实验团、海燕剧团和共产党领导下的新中国剧社等数十个剧团，也同时登台演出，形成百花齐放的局面。[①]文化城兴盛的时候，汇聚了60多个演艺团体，同时上演10多个剧种，让人应接不暇。据统计，戏剧家欧阳予倩在广西驻留的时间达7年之久，其间创作的剧本有28部，涵盖话剧、戏曲和歌剧。[②]这些戏剧家汇聚桂林，除开展创作、演艺活动外，还积极参与戏剧改革运动，部分戏剧家还成了戏剧运动的领军人物。如戏剧家欧阳予倩应马君武的邀请，帮助其从事桂剧的改革工作，并先后兼任广西戏剧改进会会长、广西艺术馆馆长、桂剧学校校长、西南八省戏剧展览会筹备委员会主任等职。欧阳予倩清除了桂剧中腐朽的内容，把京剧、曲艺等不同样式剧种的长处融入桂剧中，使其贴近抗日救亡的时代主题，并整理了传统戏《关王庙》《断桥会》《打金枝》等，改编了传统戏《梁红玉》《渔夫恨》《桃花扇》《木兰从军》等，还创作了桂剧现代戏《广西娘子军》和《搜庙反正》，开创了桂剧表现现代题材的历史。与此同时，田汉则领导了平剧（京剧）和湘剧方面的改革，两者在旧剧改革中互相支持和借鉴，还共同创办了大型戏剧月刊《戏剧春秋》，连同在桂林创办的其他戏剧刊物一起，凝聚了夏衍、洪深、熊佛西、蔡楚生等戏剧家的力量，共同开展了戏剧改革的大讨论。此外，桂林在1944年的春天举办了“西南第一届戏剧展览会”（简称“西南剧展”），参加此次西南剧展的团队之众，演出剧目之多，涉及问题之广，产生影响之大，在中国现代戏剧运动史上可谓盛况空前。[③]

①李贵年：《略论广西抗日救亡戏剧》，《广西社会科学》，1995年，第5期。

②蔡定国：《欧阳予倩抗战剧作述评》，载魏华龄，曾有云等：《桂林抗战文化研究文集》，漓江出版社1992年版，第496页。

③邱振声，吴辰海：《“旌旗此日会名城”——西南剧展概述》，载魏华龄，邱振声：《桂林抗战文化研究文集》（二），广西师范大学出版社1995年版，第127—128页。

就美术而言，抗战时期，桂林汇聚了全国美术界的高手，其中比较著名的画家就多达250人。著名的木刻家如李桦、赖少其、黄新波、刘建庵、陈烟桥、温涛、杨秋人、杨纳维、梁永泰、蔡迪支、陆田、易琼、武石、野夫、陈望等；著名的漫画家如叶浅予、廖冰兄、余所亚、特伟、沈同衡、丁聪、刘元、汪子美、张光宇、黄尧等；著名国画家如徐悲鸿、丰子恺、张大千、何香凝、关山月、马万里、赵少昂、李可染、周千秋、张安治、张家瑶、宋吟可、黄养辉、朱培钧、罗鼎华、陈田雨等；其他著名画家如李铁夫、曹若、符罗飞、沈逸千、艾青、黄茅、张仃、沈士庄、徐杰民、傅天仇、赵望云、梁鼎铭等。这些名家聚集一堂，组成了桂林抗日美术运动的生力军。由此，桂林的美术团体、美术院校、美术刊物、美术专著（包括画册）等层出不穷。根据《桂林文史资料》（第三十辑）的记载，从1937年7月全国抗战爆发至1944年9月桂林大疏散期间，有关全国抗战时期桂林美术运动的记录多达575条，有记载的美术团体及美术院校总计40多个，创办的美术刊物有记载的有26个（包括报纸的美术副刊）。这些美术刊物的销量少则两三千份，多则上万份，且远销全国各地乃至南洋。[①]美术专著的数量更是可观，初步统计多达107种，其中代表画册有：丰子恺的《漫画阿Q正传》（53幅），黄新波的《老当益壮》（又名《不落的太阳》，80多幅），刘建庵的《高尔基画传》（30幅），廖冰兄、陈仲纲的《抗战必胜连环画》（112幅），张安治的《苦难与新生》（16幅），叶浅予、李桦、丁聪等的《奎宁君奇遇记》（40幅）等；代表论著有丰子恺的《漫画的描法》，李桦的《木刻教程》，黄茅的《绘画书简》和《漫画艺术讲话》，张家瑶的《中国画法概说》，野夫的《木刻手册》等。[②]这些专著、画册直接推动了桂林抗战美术运动的发展，为我国现代美术事业的发展奠定了坚实的基础。有研究统计，在1937年7月至1944年7月的7年时间里，桂林共举办画展230多次，平均每年举办画展30余次。1943年元旦，同时举办的画展就多达六七次，次数之多，实属罕见。[③]

以上仅就桂林文化城兴盛时期，在小说、诗歌、散文、杂文、报告文学、传记文学、戏剧、美术等方面的创作做了介绍。此外，还有电影、音乐、舞蹈等许多方面的情况未列出。这些丰富多彩的文艺作品，不仅是抗战时期桂林城市变化的历史记

①杨益群：《抗战时期桂林美术运动》，漓江出版社1995年版，第5—6页。

②杨益群：《抗战时期桂林美术运动》，漓江出版社1995年版，第6页。

③杨益群：《抗战时期桂林美术运动》，漓江出版社1995年版，第7页。

忆，还凝聚了全国各地乃至世界各国人民的智慧，保护和传承了我国有价值的历史文化资源，是中国抗日战争以及世界反法西斯战争历史的重要见证。

（三）新闻、出版、印刷等行业的繁荣

文艺作品的大量创作，直接带动了新闻、出版、印刷等相关行业的发展繁荣。抗战期间，桂林创办发行的报纸，有记载的已达12种，如《广西日报》《救亡日报》《力报》《扫荡报》《大公报》（桂林版）《大公晚报》《自由晚报》《广西晚报》《桂林晚报》《小春秋》《戏剧日报》《民众报》，另有国际新闻社、中央通讯社、新华日报社桂林分馆、桂林广播电台等新闻机构。[①]这些新闻机构广泛收集和播报各项时事要闻，以帮助桂林的人们及时了解战时的国际国内最新动态，对我国抗战事业的发展起到了不可替代的作用。抗战前，桂林还没有民营出版社，只有省政府的几个编辑出版部门，民营书店也仅有5家。全国抗战爆发后，随着抗战形势的发展，桂林成为大后方重要的文化中心之一，许多出版社和书店相继迁来或成立。据统计，整个抗日战争期间，桂林先后有各类大小出版社和书店总计178家，[②]其中民营的有166家，其余则主要为政府行政部门所属。民营的166家中，1937年以前开业的有5家，1937年开业的有3家，1938年开业有21家，1939年有10家，1940年有5家，1941年有22家，1942年有23家，1943年有22家，1944年有1家，其余54家均是开停业时间不详的。[③]除去这54家开停业时间不详的民营书店、出版社，从1938年至1944年，有记载并成功开业的民营书店、出版社，占已知开停业时间民营书店、出版社总数的近93%。由此可见，抗战时期桂林市的民营书店、出版社的创办始终是与桂林文化城的兴盛密切相关的。各种大小书店和出版社分布在桂林的大街小巷，当时的桂西路（今解放西路）两旁书店、出版社林立，成为名副其实的“书店街”。抗战期间中国出版的书籍，有80%是由桂林出版发行的。与其说桂林是文化城，不如说它是出版城更为恰当。[④]“假如以中国出版业的发展

①李建平：《战时桂林的崛起及其抗战文化繁盛景观》，《抗战文化研究》（第五辑），广西师范大学出版社2011年版，第184页。

②有另一种说法是“整个抗日战争期间，桂林先后有各类大小出版社和书店总计200余家”（魏华龄：《抗战时期桂林的出版事业（代序）》，载龙谦，胡庆嘉：《抗战时期桂林出版史料》，漓江出版社1999年版，第2页。）

③龙谦，胡庆嘉：《抗战时期桂林出版史料》，漓江出版社1999年版，第71页。

④魏华龄：《抗战时期桂林的出版事业（代序）》，载龙谦，胡庆嘉：《抗战时期桂林出版史料》，漓江出版社1999年版，第2页。

史而言，桂林的这一阶段是值得大书特书的。”[①]当时的一些出版发行单位，为了满足宣传马列主义和进步思想理论的需要，积极出版印行毛泽东及中共领导人的著作、文章，极大地推进了桂林文化城进步文化事业的发展。

为适应新闻、出版等行业发展的需要，桂林的印刷业也很快发展起来。抗战前，桂林市的印刷企业仅有10余家。自1936年省会迁至桂林后，桂林市的印刷厂才逐渐发展至将近30家，且大部分工厂还在用手工印刷，设备极为简陋。当时，整个桂林市的印刷工人还不足300人，其中还有部分工人来自湖南、广东等省。由此可见，当时印刷业的发展是相当落后的。随着抗战形势的发展，广州、武汉沦陷之后，大批文化机构、团体以及文化人集聚桂林，以各种形式开展抗日救亡艺术活动和创作出版活动，使桂林的印刷厂业务量剧增。由此，省外大批出版印刷机构内迁至桂林，如上海科学印刷厂、中国科学公司印刷厂、汉口中国印书馆、国光印刷厂、鼎丰美术制版印务厂、衡阳岳南印刷厂、军训部印刷厂、陆军测量局印刷所等。同时，桂林本地的印刷企业也大量出现，1941年底，已有印刷厂50余家，至1943年7月，桂林大小印刷厂及印刷相关工厂总数已达104家。[②]据不完全统计，至1943年7月，桂林市印刷企业新增资金额较战前增加了50余倍，仅1942年至1943年上半年，新增资金总额比1941年增加了82.07%，为战前的40余倍（未扣除通货膨胀因素）。[③]在桂林出版印刷事业兴旺的时期，桂林出版等机构出版图书总数达2200多种（包括重印品种），繁忙的时候，每月印刷图书用纸量达到1万令至1.5万令，排字月产量达到3000万到4000万字，每月平均出书40种，每种新书印数平均3000到4000册，期刊有的超过1万册。[④]由此可知，抗战时期桂林市印刷业的发展是跨越式的，为桂林抗战文化活动的顺利开展，为新闻、出版等相关行业的发展提供了坚强的保障。

在桂林文化城兴盛的时期，不仅文化事业繁荣活跃，为保障这些文化人的饮食、住宿、娱乐等，饭店、酒馆、舞厅、歌厅、招待所等也相应发展起来。当时，桂林

①赵家璧：《忆桂林——战时的“出版城”》，上海《大公报》1947年5月18日。转引自魏华龄：《抗战时期桂林的出版事业（代序）》一文。

②龙谦，胡庆嘉：《抗战时期桂林出版史料》，漓江出版社1999年版，第439页。有另外一种观点认为“至1943年7月，据统计，桂林已有大小印刷厂109家，其中从事书版印刷有8家，书版兼彩印杂件的6家，书版兼杂件的12家，彩印5家，铸字2家，装订3家，设备比较齐全。”（魏华龄：《抗战时期桂林文化城的形成》，《学术论坛》，1982年第2期。）

③龙谦，胡庆嘉：《抗战时期桂林出版史料》，漓江出版社1999年版，第442页。

④龙谦，胡庆嘉：《抗战时期桂林出版史料》，漓江出版社1999年版，第75页。

市东巷、西巷的繁荣昌盛就是很好的见证。时隔多年,当年驻留桂林的文化人黄药眠[①],仍有这样一段回忆:“我们这些穷文化人,一年之中,有几个节日也会凑钱到饭馆聚餐,每当酒酣耳热,有些人会高声朗吟‘国破山河在……’的诗,击节悲歌,有些人则一起合唱‘我的家在东北松花江上……’,歌罢,不少人潸然泪下。”[②]可见,当时的饭馆也成为文化人活动的根据地之一。他们借着聚餐之名,齐聚一堂,抒发内心的爱国热情,这种忧国忧民的情怀,是当时每一位进步文化人内心的真实写照。在战事不断、社会动乱,人们被迫四处逃难的日子里,这些文化人肩负着宣传抗战救亡的重任,面对国破家亡,内心也充溢着数不尽的苦难,唯有好友相聚,相拥而泣,才得以一诉衷肠。由此推断,抗战时期桂林市餐饮业、娱乐服务业等行业的发展繁荣,对汇聚于此的文化人的生活起居,对其从事各项抗日救亡文化活动等,均发挥了不可替代的作用,它们也是文化城繁荣昌盛的一部分。

(四)活跃的抗日救亡艺术活动

各方文艺工作者汇聚桂林,各种文艺创作层出不穷,特别是各种文艺团体组织的内迁和成立,必然推动抗战时期桂林抗日救亡艺术活动的发展繁荣,而抗日救亡艺术活动众多,影响广泛又是桂林文化城文艺繁荣兴盛的重要体现。1939年7月27日,国民政府中央社会部颁布《抗战时期文化团体指导工作纲要》,对全国各文化团体提出了工作指导和要求。在工作上,“指导并奖励文艺团体暨文艺界人士建立三民主义文艺基础,努力编著民族抗战剧本、小说及通俗读物,发行抗战画报,举行大规模之展览,改进文艺著作之刊行”[③],并要求“凡抗战时期所必需之文化团体而尚未组织者,应即发动并指导其组织”[④]。由此,桂林的文化团体、组织如雨后春笋般涌现,以文艺工作者和各文化团体、组织为主体的抗日救亡艺术活动,在广西当局的支持下也开展得如火如荼。

在桂林举办的抗日救亡艺术活动,兴盛之时,音乐救亡运动、美术救亡运动等

①黄药眠(1903—1987),我国著名作家、文艺理论家,抗战时期先后两次到桂林,是筹建和创办国际新闻社的主要成员之一。国际新闻社桂林总社开办后,曾任总编辑,并担任文协桂林分会秘书工作。1943年第二次到桂林,从事文学创作,在青年文艺写作研究会任导师,代表作有小说集《暗影》《再见》,长诗《桂林底撤退》,论文集《论走私主义者的哲学》等。

②罗标元,左超英等:《桂林旧事》,漓江出版社1989年版,第4页。

③《抗战时期文化团体指导工作纲要》,第789号训令,选自《广西省政府公报》,1939年,第621期。

④《抗战时期文化团体指导工作纲要》,第789号训令,选自《广西省政府公报》,1939年,第621期。

各项艺术活动高潮不断，万人歌咏大会、街头剧、话剧、桂剧、戏曲、音乐会、魔术、马戏团等演出频繁，还有各种街头美术展览、诗朗诵、文艺讲座、体育比赛等。甚至国外艺术家也登台演出，如1942年6月4日，美国著名音乐家黑石夫妇自湖南抵桂林，次日，桂林青年会主办黑石歌乐会，黑石夫妇应邀演出。[①]在桂林的部分英国人还成立文化团体——“1943团”和“英国服务团音乐队”，并进行了多次演出，他们还将演出收入捐给中国的慈善机构。[②]国内文化团体所举办的抗日救亡艺术活动更是不胜枚举，比较著名的有：1941年5月28日，桂林市各界音乐会在公共体育场举行，音乐会最后，全场近万人齐唱《义勇军进行曲》；同年9月9日，广西美术作品展在松坡中学举办，展出国画、油画、书法、金石、摄影、水彩、素描、木刻、刺绣、雕刻等作品500余件；1944年2月15日，桂林市在省立艺术馆举行“西南第一届戏剧展览会和西南戏剧工作者大会”（也称“西南剧展”），影响远及国内外。其他方面，还有：1941年9月13日，桂林市第一届水上运动会开赛；同年9月15日，在桂林市的戏剧界、电影界名人田汉、洪深、欧阳予倩等197人致信慰问苏联戏剧、电影界友人，声援苏联抵抗纳粹德国侵略的战斗；10月10日，桂林市第一届运动会开幕，有工农商学兵47个单位1690人参赛，项目有田径、球类、游泳等50余项；1942年12月13日，桂林市励志队与葡萄牙队在市体育场举行足球友谊赛；等等。在这些名目众多的抗日救亡活动中，特别值得关注的是抗战时期桂林的戏剧活动，其被当代学者称为抗战时期桂林市最为活跃和影响最大的抗日救亡艺术活动。[③]从1938年5月的一份戏剧公演记录可一窥当时戏剧活动的热烈情景：

1日：《民族公敌》《撤退》（国防艺术社在民众运动场为纪念五一节演出）。

6、7、8日：《飞将军》（国防艺术社在新华戏院演出）。

9日：《盲哑恨》《放下你的鞭子》（抗战后援会话剧组在街头演出）。《没有祖国的孩子》《三江好》《再上前线》《孩子流亡曲》（桂初中剧团在桂初中礼堂演出）。《欢送曲》《盲哑恨》《扫射》《放下你的鞭子》（东江分局剧团在新华戏院演出）。

---

①广西壮族自治区地方志编纂委员会：《广西通志·大事记》，广西人民出版社1998年版，第225页。

②广西壮族自治区地方志编纂委员会：《广西通志·大事记》，广西人民出版社1998年版，第227页。

③李建平：《战时桂林的崛起及其抗战文化繁盛景观》，《抗战文化研究》（第五辑），广西师范大学出版社2011年版，第186页。

10日:《撤退》《新难民曲》(妇工校在该校礼堂演出)。《中国妇女》《打鬼子去》(桂国中在该校操场演出)。

16日:《春之笑》《八百壮士》(前线剧团在乐群社演出)。

17日:《春之笑》《最后一计》(前锋剧团在乐群社演出)。

18日:《飞将军》(国防艺术社在新华剧院演出)。

19日:《八百壮士》《最后一计》(前锋剧团在新华剧院演出)。

30日:《民族公敌》《咆哮的农村》(国防艺术社在民众运动场演出)。[①]

由此可见,在戏剧活动的抗战宣传上,那些经典的抗战宣传剧本分由不同的剧团轮番演出,可以说天天好戏不断,让人眼花缭乱,应接不暇。据学者统计,戏剧活动方面,抗战时期在桂林建立和来桂林演出的文艺团体共有64个,演出剧目395个;美术活动方面,前后共举办画展230多次;音乐和舞蹈方面,群众性歌咏集会和文艺演出185次,专业性音乐会106次,演出歌剧、舞剧14场。[②]这些抗日救亡的艺术活动,以通俗的艺术表现方式,不仅丰富了桂林文化城的文化内涵,还直接推动了我国抗日救亡文化宣传活动的发展,对我国最终取得抗日战争的伟大胜利也发挥了重要的作用。

三、抗日民族统一战线在桂林文化城建设中的作用

建立抗日民族统一战线的主张,最早是在共产国际的直接影响下,由中共驻共产国际的代表团提出的。当时驻共产国际的中共代表团,在1935年召开的共产国际第七次代表大会的精神指导下,起草了《为抗日救国告全体同胞书》(即《八一宣言》),号召停止内战,建立抗日民族统一战线。[③]在国内,中国共产党于1935

①根据强邻:《五月公演记录》整理,原载《战时艺术》第2卷第1期。转引自李建平:《战时桂林的崛起及其抗战文化繁盛景观》,《抗战文化研究》(第五辑),广西师范大学出版社2011年版,第187页。

②李建平:《战时桂林的崛起及其抗战文化繁盛景观》,《抗战文化研究》(第五辑),广西师范大学出版社2011年版,第187页。

③蒋建农:《关于抗日民族统一战线的若干问题研究》,《中共党史研究》,2013年第12期。

年12月召开中央政治局会议（即瓦窑堡会议），会议通过了《关于目前政治形势与党的任务决议》。瓦窑堡会议决议对当时中国国内外形势、阶级关系的变化做了完整的分析，确定并系统地阐明了党的抗日民族统一战线的策略、路线和各项方针、政策。此后，中国共产党的领导人依据国内外形势的发展变化，适时调整其方针策略，由"抗日反蒋"改为"逼蒋抗日"以至"联蒋抗日"，并全力推进西安事变的和平解决，促成国共第二次合作，使抗日民族统一战线得以最终建立。[①]以"国共合作"为核心的抗日民族统一战线，是我国取得抗日战争伟大胜利的重要法宝。

关于桂林文化城的形成，学者们提出了不同的看法。魏华龄在1982年发表《抗战时期桂林文化城的形成》[②]一文时，提出桂林在抗日战争时期能成为"文人荟萃"的文化城，有四个方面的原因：第一，抗日战争的客观形势影响；第二，桂林特殊的地理位置与政治地位；第三，在国民党和桂系里面，有一部分国民党民主派（国民党左派）；第四，中国共产党的领导。[③]多年后，在《试析"一个独特的历史现象：桂林文化城"》一文中，他再次强调了上述观点，并提出：桂林之所以会出现一个文化"特区"，主要是有中国共产党的正确领导，有一条革命的统一战线，有一批为了抗日战争的胜利、为了崇高的理想和信念而艰苦奋斗的共产党人和进步文化人，[④]肯定了桂林文化城建设过程中中国共产党的领导，及抗日民族统一战线的主张在桂林文化城的形成过程中发挥的关键性作用。另有学者认为：中国共产党的组织领导和共产党人的自觉行动，对抗日民族统一战线策略方针的正确运用，对中国共产党的全民抗战主张和持久战略思想的积极宣传有重要作用。中国共产党是推动桂林抗日救亡运动和发展抗日民族统一战线的文化核心力量。因而，桂林文化城的形成，中共起主要作用。新桂系客观上提供了有利的政治条件，主观上起了有限度的作用。[⑤]还有学者对桂林文化城成因进行分析后，做了这样一个比喻：桂林文化城的建设是一个庞大的文化工程，在这个工程里，中国共产党承担了总设计师、总建筑师的职责，而作为当时执政主体的广西当局（即新桂系），则是从

①程中原：《中国共产党与抗日民族统一战线的建立》，《抗日战争研究》，2005年，第3期。

②魏华龄（1919—），广西龙胜人，广西省立桂林师范学校毕业，曾任桂林市政协副主席、广西抗战文化研究会副会长，代表作有《桂林文化城史话》《桂林抗战文化史》等，参与主编《桂林抗战文化研究文集》（一到八集）、《桂林文史资料》等。

③魏华龄：《抗战时期桂林文化城的形成》，《学术论坛》，1982年，第2期。

④魏华龄：《试析"一个独特的历史现象：桂林文化城"》，《桂林师范高等专科学校学报》（综合版），2001年，第3期。

⑤姚蓝：《桂林文化城的形成及党的领导作用新探》，载魏华龄，邱振声：《桂林抗战文化研究文集》（二），广西师范大学出版社1995年版，第520—532页。

政府层面为桂林文化城的形成建立了较为完整的保障体系和运转机制，并有所担当，形成了抗战文化旗帜下的琴瑟和鸣。[①]

中国共产党领导的抗日民族统一战线对桂林文化城的建设确实产生了重要的影响。

第一，抗日民族统一战线的提出，适应我国抗战形势发展的需要。九一八事变发生之后，日本加紧了其侵华步伐，在短短的三四个月内，侵占了我国东北全境，并在长春成立了伪满洲国傀儡政权，进而策划“华北五省自治”，企图强占我国华北大片领土。日本法西斯的侵华行为，激起了全国人民的抗日怒潮，各地学生纷纷罢课，工人罢工，商人罢市，要求国民党政府停止内战，一致抵抗外敌入侵。面对日本法西斯的疯狂入侵，中国共产党在共产国际的影响下，发布《为抗日救国告全体同胞书》（即《八一宣言》），提出停止内战，建立抗日民族统一战线的主张。中国共产党这一主张的提出，以民族利益为重，适应了我国抗战形势发展的需要，获得了全国各界及广大人民群众的热烈拥护。与此同时，在抗日民族统一战线思想的指导下，共产党员和进步文化人在广西桂林积极活动，传播中国共产党的抗战主张与共产主义思想，培养进步文化团体和进步文人，从而为桂林文化城的形成打下了坚实的思想理论基础，储备了文化干部。

第二，在抗日民族统一战线的影响下，各界文化人士齐聚桂林，共同开展抗日救亡文化活动。广州、武汉沦陷以后，我国抗日战场扩大了，许多机关、团体、学校以及工商企业等纷纷来到桂林。文化界、新闻界、文艺界等团体组织，在桂林每周举行定期座谈，交流心得，其中有战地情况报告，有时事问题讨论，也有简单的文娱节目演出，使战时桂林文化呈现一片繁荣景象。[②]就当时文化界的情况来看，绝大多数文化人士是坚持抗日救亡的，是团结在民主进步阵营方面的。[③]桂林的国民党和新桂系的民主派，在中国共产党统战工作的努力下，与中国共产党及各民主党派保持着密切的联系，他们积极帮助共产党员及进步文人开展各项抗日救亡活动，如《救亡日报》的复刊、文化供应社的创办等，对进步文化事业给予了有力的支持，这在某种程度上也扩大了中国共产党抗日民族统一战线的影响。正是中共

①韦芳：《抗战时期桂林“文化城”形成的因素》，《社会科学家》，2014年，第11期。

②王文彬：《回忆桂林〈大公报〉、〈大公晚报〉和新闻界、文艺界的团结合作》，选自罗标元，左超英，等：《桂林旧事》，漓江出版社1989年版，第91—92页。

③雷蕾：《回忆桂林生活》，选自罗标元，左超英，等：《桂林旧事》，漓江出版社1989年版，第133页。

中央与新桂系内部民主派及各民主党派的共同努力，桂林形成了相对宽松自由、百家争鸣的文化环境，吸引着文化人士集聚桂林。他们怀着共同的抗战建国理想，搁置争议，求同存异，凝聚成一条抗战文化统一战线，这与中国共产党提出的抗日民族统一战线，即团结一切可以团结的力量，共同抵抗外来侵略相一致。

第三，中国共产党的领导及进步文化人的推动，使抗日民族统一战线的影响深入人心。在全国抗日民族统一战线的影响下，中国共产党积极倡导建立了广西抗日民族统一战线，促进了中国共产党对地方实力派的整体统战策略和逼蒋抗日策略的产生，促进了抗日民族统一战线的权力秩序的构建，奠定了国共合作抗日格局的坚实基础，为全国抗日民族统一战线的建设做出了重要贡献。[①]在我国进入抗战的第二阶段时，中国共产党始终坚持抗日民族统一战线的主张，积极加强对新桂系当局以及桂林的教育界、新闻界、文艺界等各团体的统战工作。同时，中共中央把党的一部分文化力量集中到桂林，通过八路军驻桂林办事处把他们安排到文化团体、群众组织和广西当局的一些党政机关中，作为抗日救亡运动的领导力量。除八路军驻桂林办事处外，当时的广西建设研究会、广西地方建设干部学校、救亡日报社、新华日报社桂林营业处、文化供应社、生活书店、新知书店、读书生活出版社、三户图书社、生活教育社、新安旅行团、孩子剧团、汉口基督教女青年战时服务团、抗敌演剧队、新中国剧社、国际新闻社、中华全国文艺界抗敌协会桂林分会、中华全国木刻界抗敌协会、中苏文化协会、西南印刷厂、建设印刷厂等多个单位，均有我们党的地下组织和地下党员在活动。中共中央在桂林先后建立20多个党组织支部，分设在学校、工厂、三青团、学生军等部门。[②]这些在桂林建立的党组织同外地党组织一起，在桂林共同开展广泛的抗日民族统一战线工作，通过报纸、杂志、图书等积极宣传党的抗日主张，团结一切能够团结的抗战文化力量，推动了桂林抗战文化运动的全面发展。抗日民族统一战线就像一面旗帜，而中共中央南方局领导的桂林八路军办事处、桂林统战工作委员会、广西省工委、桂林特支等党组织则是高举这面旗帜的旗手。旗手们在贯彻执行抗日民族统一战线政策的同时，为桂林源源不断地带来先进的思想，提出了顺应时代的先进抗战文化理念，用民族的、科学的、大众的新民主主义文化即抗日民族统一战线文化，

①刘绍卫：《中国共产党与广西抗战——政治交往理性的实践》，广西人民出版社2006年版，第54页。

②刘绍卫：《中国共产党与广西抗战——政治交往理性的实践》，广西人民出版社2006年版，第178页。

开辟了反法西斯的另一条战线——文化战线，为桂林的抗日救亡文化运动指明了方向。[①]

第四，新桂系当局积极的抗日行动及施行开明的政策，营造了桂林良好的政治、文化环境。在整个抗日战争时期，新桂系当局同国民党蒋介石政府之间既有合作又有矛盾，处于若即若离的错综复杂的状态中，而新桂系当局从自身利益出发，在一段时期内和一定程度上对进步文化人士采取了比较开明的政策。[②]当时，中共中央在桂林对新桂系及其他各界团体积极开展统战工作。张云逸在1937年6月13日致电毛泽东、朱德和周恩来时称："昨与李、白初次会谈，依情形看，抗战情绪还高，抗日统一战线同意，并愿共同对外。李对蒋还不满，我以抗日前途为要相劝，彼表同情。"[③]可见，中共中央充分利用了蒋、桂之间的矛盾，以国家、民族利益为中心，促进了中国共产党在桂林的统战工作的顺利开展，使全国各地的进步文化人纷至沓来，为中国共产党抗日民族统一战线主张的广泛传播，营造了良好的政治、文化环境。其实早在抗战初期，面对日本帝国主义的入侵，李宗仁在桂林即发表"训词"，提出："我们要精诚团结起来，联合一切势力，必须于短期内发动整个的抗日战争，因为不抗日，国家就会灭亡，民族就会变成日本帝国主义者的牛马奴隶。"[④]在文化动员上，他主张要在文化界进行广泛的动员，团结一切愿意抗日的文化人士，组成抗战文化统一战线，开展战时文化工作，使其与"政治、军事、经济配合并进"。[⑤]新桂系强调全民族的团结抗战，与中国共产党抗日民族统一战线的主张不谋而合，加上国民党民主派李济深、李任仁、陈劭先、陈此生等的积极撮合，新桂系当局与共产党员及进步文人在各项抗战文化事业上开展了多方面的友好合作，促进了桂林抗战文化的发展繁荣。

①刘绍卫：《中国共产党与广西抗战——政治交往理性的实践》，广西人民出版社2006年版，第179—180页。

②魏华龄：《抗战时期桂林文化城的形成》，《学术论坛》，1982年，第2期。

③黄铮：《广西抗日战争史料选编》(第二卷)，广西人民出版社2005年版，第45页。

④李宗仁：《团结全国力量，实行焦土抗战》，载《李总司令抗战言论集》，转引自钟文典：《20世纪30年代的广西》，广西师范大学出版社1993年版，第586页。

⑤谭肇毅：《桂系史探研》，中国文史出版社2005年版，第327页。

四、八路军驻桂林办事处为文化城的盛况奠基

八路军驻桂林办事处(简称“桂林八办”)是抗战期间中国共产党为坚决贯彻抗日民族统一战线政策,在新桂系统治区广西桂林设立的一个机构。该机构充分利用蒋介石集团与新桂系集团之间的矛盾,在桂林乃至整个广西积极开展党的活动,兼顾领导和办事职能于一身,肩负着战时重要而特殊的历史使命。桂林八办的建立,加强了中国共产党在桂林对抗战文化运动的领导。

一是引导桂林抗战文化向正确的方向发展,推动形成抗日民族统一战线,为桂林文化城播下兴盛的种子。抗战爆发时,国民政府对全国并未形成实质性的统一,各地拥兵自重,形成实力派割据一方的局面。面对日本法西斯的疯狂入侵,各方势力主张不一,出现各种抗战言论,各界抗战主张和抗战宣传口径混乱。中国共产党自九一八事变后即提出“武装人民,遂行民族战争,反对日本帝国主义,以保障中国的民族独立、国家统一、领土完整”的口号,并于1935年8月1日发表《为抗日救国告全体同胞书》(即《八一宣言》),同年召开瓦窑堡会议,正式确立建立抗日民族统一战线的基本政策。面对汪精卫的叛国投降行为和国民党反动派掀起的反共高潮,1939年7月中国共产党又提出“坚持抗战到底反对中途妥协;巩固国内团结——反对内部分裂;力求全国进步——反对向后倒退”的口号。中国共产党的抗战主张获得各界积极拥护,提升了中共的影响力。当时,各界团体和文化人士内迁桂林,桂林的抗战文化勃兴,如何引导繁盛的抗战文化沿着正确的方向前进成为亟待解决的问题。桂林八办的建立,全面贯彻了中国共产党抗日民族统一战线主张,顺应了桂林抗战文化的发展需要。桂林八办致中共中央南方局的工作报告中提到:桂林八办与广西上层有联络,遇有问题均通知其左右协商;有时白崇禧的讲演稿由八办同志代拟,如反汪及招待文化人士的讲稿;三民主义青年团与广西大学青年团则邀请八办同志去讲演,广西群众团体大都能接受我们的建议,团体中的成员每以达到八路军通讯处为荣。[1]可见,桂林文化城兴盛初期,桂林八办在文化宣传引导上的影响力和号召力是很大的。在桂林八办的帮助下,《新华日报》《救亡日报》和《国民公论》等进步刊物相继在桂林复刊,这些刊物

①《桂林办事处致南方局工作报告》,载黄铮主编:《广西抗日战争史料选编》(第2卷),广西人民出版社2005年版,第200页。

积极宣扬中国共产党的抗日民族统一战线主张，推动桂林抗战文化沿着正确的方向深入发展。抗日民族统一战线很快成为当时社会抗战文化的主流，这极大地激发了桂林各界的抗战热情，为文化城的兴盛奠定了思想基础。

二是积极做好新桂系集团统战工作，为桂林抗战文化的兴盛创造了开明的政治环境。抗战初期，新桂系提出了明确的反蒋抗日主张，且积极团结各方力量以提升自身实力，其坚决抵抗外来侵略的思想与中国共产党提出的抗战主张遥相呼应。加上新桂系与蒋介石又存在矛盾，中国共产党很早就与新桂系建立了联系，有了统战的基础。为推动抗日民族统一战线的形成，中共中央派员深入新桂系集团，积极做新桂系上层领导的统战工作，让其由“反蒋抗日”主张向“逼蒋抗日”“联蒋抗日”转变。在撤离武汉途中，周恩来就与白崇禧口头议定，中共要在桂林设立八路军办事处，白崇禧对此也表示支持和欢迎，为办事处之后的各项工作铺好了路。桂林八办建立前后，周恩来三次来桂林指导工作，并做李宗仁、白崇禧等上层的统战工作。①1938年9月，周恩来还应邀出席国际反侵略运动中国分会在桂林大华饭店召开的招待广西各界人士的会议，并作了演讲。②在桂林八办的协助下，叶剑英、李克农、杨东莼等也相继抵达桂林开展活动。叶剑英应邀对广西学生军第二团作题为“现阶段的游击战与正规战”的演说，还到广西建设干校、广西大学作形势演说。③李克农作为当时桂林八办的直接负责人，在周恩来引荐下曾多次拜访新桂系集团上层，并与汇聚在广西的具有较大影响力的民主人士和进步人士，如李任仁、陈劭先、陈此生、千家驹、欧阳予倩、陶行知等密切交往，甚至结成挚友。李克农还单线联系着一批秘密党员，如白崇禧的机要秘书谢和康，张发奎的机要秘书左洪涛，广西三青团组训组长周可传，广西绥靖公署政治部科长侯甸，桂林行营参议刘仲容（进步人士）等，通过他们做新桂系上层的工作，了解新桂系以及国民党的情况，及时向中共中央、中共中央南方局汇报。④杨东莼则担任广西建设干校教育长，《救亡日报》抗宣一队等单位的部分共产党员和进步人士都曾到广西建设干校工作。⑤杨东莼以干校为据点，安置撤退到桂林的进步文化人士和爱

①冷德慧，毛国斌主编：《八路军桂林办事处》，广西人民出版社1990年版，第32—35页。

②冷德慧，毛国斌主编：《八路军桂林办事处》，广西人民出版社1990年版，第506页。

③冷德慧，毛国斌主编：《八路军桂林办事处》，广西人民出版社1990年版，第507页。

④沈奕巨：《广西抗日战争史稿》，广西人民出版社1995年版，第173—174页。

⑤冷德慧，毛国斌主编：《八路军桂林办事处》，广西人民出版社1990年版，第506页。

国民主人士，按照中国共产党的路线、方针、政策，学习陕北公学、抗日军政大学办学经验，培养抗战人才。[①]这些都为中国共产党在桂林的抗战宣传活动和群众动员工作提供了正确的指导和帮助。桂林八办成为中国共产党在广西开展统战工作与推动形成抗日民族统一战线的前沿阵地，促使新桂系在文化上更加开明与包容，奠定了桂林抗战文化兴盛的政治基础。

三是吸引进步人士和各界团体，充分调动各方力量，活跃桂林抗战文化，营造更为热烈的抗战救亡氛围。抗战初期，新桂系集团为招揽人才，发展自己的实力，对抗蒋介石集团，对中国共产党在广西境内的活动，尤其是在桂林的抗战宣传活动采取开明政策。在此背景下，桂林八办以公开合法身份在桂林建立起来，肩负转移、安置内迁进步文化人士和民主人士的重要职责。由于八路军驻桂林办事处的声望和影响，那时全国进步文化人士云集桂林，如郭沫若、茅盾、巴金、柳亚子、胡愈之、田汉、夏衍、欧阳予倩、廖沫沙、艾芜、徐悲鸿等，他们在桂林掀起了抗日救亡文化运动的热潮，使当时桂林在新闻出版、文学艺术、戏剧、音乐、美术等各方面都获得了长足的发展。[②]许多进步人士后来成为中国共产党的骨干，他们在各行各业尤其是文化界中有广泛的人缘。许多进步人士通过桂林八办的帮助，得以安置在政府机关、社会团体、各类学校之中，为桂林文化城的兴盛奠定了人员基础。活跃在桂林的中国共产党人和进步文化人士，是桂林抗战文化运动的核心力量。他们在“文人入伍、文人下乡”“艺术大众化”等口号的激励下，走向街头、走向农村、走进工厂，进行演讲、举办画展、进行文学创作，利用演讲、传单、标语、墙报、画刊、戏剧、歌咏等形式，广泛宣传抗日文化。千人大合唱、万人火炬歌咏大游行、群众性的歌咏会、诗歌朗诵会、街头诗一波接一波，“救亡”“抗战”“保卫祖国”成为那个时代的呼声。如新安旅行团迁至桂林后，受桂林八办领导，多次派出工作队（组）深入军队、农村、学校、医院和湘桂边、桂南前线，以各种形式进行抗日宣传。[③]

四是搭建了华中、华南沿海地区各级党组织与各界进步人士沟通联系的平台，各界进步人士得以汇聚桂林，客观上促进了桂林抗战文化的兴盛。1939年1

①中共桂林市委党史研究室：《桂林市党史通讯　八路军桂林办事处资料专辑》（总第15期），1992年，第3页。

②王福琨：《抗战救亡的壮丽史诗：桂林抗战文化城》，广西人民出版社2009年版，第3页。

③中共桂林市委党史研究室：《桂林市党史通讯　八路军桂林办事处资料专辑》（总第15期），1992年，第10页。

月16日，中共中央南方局报中央书记处电："南方局设重庆、桂林设办事处，联络湘、赣、粤、桂及香港运输。"[①]由此可知，桂林八办担负着重庆、广东、广西、湖南、江西、香港以及东南亚等地的中共地下党组织的联系工作，积极开展抗日救亡运动。当时，桂林八办在组织和人员分配上较为严密，许多时候大家都采取单线联系，有负责文化统战工作的，有负责组织工作的，有负责党内秘密工作的。桂林八办在阳朔设有仓库，在桂林城北郊区莫路村设有秘密电台和招待所，在开展统一战线工作与联系各界人士的同时，还联系华南各省党组织与新四军总部。当时，无论是进步文化人士的迁移安置，还是重要战略物资和党内干部的转移调派等，桂林八办都发挥了重要的中转站作用。从1939年到1941年，经办事处向抗日前线输送的军需品如汽油、汽车、毛毯、被服、电讯器材和药品等就有数百种之多，输送的干部、进步青年则达千余人。[②]

虽然皖南事变后桂林八办被迫撤销，但办事处在撤退前安排留守的地下党员仍继续坚守岗位，秘密领导着抗战文化运动，而且不久后，中共中央和南方局又及时派出李亚群、刘隆华、孙士祥等负责桂林的文化统战工作，始终有效地领导着桂林的抗战文化运动。[③]

第三节　抗战时期的桂林科技盛会

1943年10月21日—26日，中国工程师学会第12届年会在桂林召开。这是抗战时期中国科技力量的一次大检阅及动员，被称为"桂林盛会"，对推动大后方经济建设起到了非常重要的作用，在中国现代史上具有重要的地位。

①冷德慧，毛国斌主编：《八路军桂林办事处》，广西人民出版社1990年版，第478页。
②冷德慧，毛国斌主编：《八路军桂林办事处》，广西人民出版社1990年版，第2页。
③王福琨主编：《抗战救亡的壮丽史诗：桂林抗战文化城》，广西人民出版社2009年版，第4页。

一、会议在桂林召开的背景

中国工程师学会成立于1913年，是辛亥革命后实业发展的产物。1923年举行了全国性的第1届会议，会员约350人。至1942年召开第11届年会时，会员已发展到2000多人，而1943年第12届年会召开时，会员又进一步发展到7000多人。学会之下，还有土木工程、化学、机械、矿冶、电机、市政及卫生、水利、纺织等各种专门学会，分布在14个省区，分会共有35处。[①]这说明该学会的发展非常迅速，在抗战后期更是如此。

众所周知，七七事变之后，西南和西北地区成为中国抗战的大后方，重要的工矿企业大都集中在这里，仅资源委员会创办的企业就有100多家。[②]1943年，抗日战争已经进入后期。由于战争的巨大消耗，以及由此引起的经济形势的恶化，大后方的工矿企业遭遇到很大的困难，有的生产停滞不前，有的产品大量积压，还有的甚至被迫关闭。与此同时，中国和世界的反法西斯战争却不断地取得胜利，德、意、日等法西斯国家日益衰败。在这种情况下，作为领导中国科技力量的中国工程师学会，在桂林召开第12届年会，研究抗战后期的经济形势，交流生产技术及创新成果，推动工矿企业的生产，研究和制订战后的工作计划，无疑是十分必要和重要的。

中国工程师学会第12届年会在桂林召开，有一些必然的因素。

（一）桂林是大后方文化科技氛围最好的城市之一

抗战期间，桂林不仅是广西的省会，也是著名的文化城，聚集着大量的文化名人及科学家，总数达1000多人，其中自然科学技术人才有300多人。[③]另外，桂林还有不少科技团体和组织，如中国工程师学会桂林分会（1942年1月1日成立）、中国化学学会桂林分会（1942年9月11日成立）、中国物理学会桂林分会（1942

①《中国工程师学会第11届年会特辑·学会简史》，《资源委员会公报》，1942年第3卷第2期，第85—86页。另见《中国工程师学会第12届年会特辑·桂林盛会》，《资源委员会公报》，1943年第5卷第5期，第52—53页。

②郑有揆等：《旧中国的资源委员会——实史与评价》，上海社会科学出版社1991年版，第107页。

③颜邦英：《桂林市志》（下册），中华书局1997年版，第2867页。另见广西建设研究会：《建设研究》1940年第2期。

年9月成立)、中国机械工程学会桂林分会(1943年1月17日成立)、桂林土木建筑工程学会(1942年12月成立)等,这些学术团体及其科技人才在参与抗战文化宣传的同时,着力于科技的推广普及工作。据《桂林文化大事记》统计,1938—1943年,各研究团体举办的较有影响的学术报告会或研讨会有43次。科技人员在桂林还创办或发行了一批学术刊物,如《科学知识》月刊(1942年3月创刊)、《科学画报》月刊(1935年在上海出版,1941年10月在桂林由科学书店翻印发行)、《中国工业》月刊(1942年1月创刊)等。①资源委员会所办的《资源委员会季刊》也主要在桂林编印。该刊除登载经济建设方针、法规、统计以及动态等内容外,主要介绍各种技术、管理方法。②桂林的一些厂矿为了及时报道业务进展情况,也创办了一些刊物,如中央电工器材厂桂林第四分厂创办的《桂四讯息》,分"厂闻""杂俎""专载"等栏目,在大后方有较大的影响。③这些学术团体及刊物传播了科学技术,促进了大后方经济建设的发展。桂林当时所具有的这种浓厚的文化及科技氛围,为中国工程师学会第12届年会的召开奠定了很好的基础。

(二)桂林是当时许多科学技术的发明地

全国抗战爆发后,不少企业迁到桂林,同时,广西省政府也鼓励社会各界创办工矿企业。至1943年,桂林已有大小工厂123家④,大量的科技人员集中在这些工厂里。为节约生产成本,提高劳动效率,发展大后方经济,科技人员在非常艰苦的条件下开展各种科学实验工作,取得了不少成果。例如,1942年国民政府公布的工业技术发明中,就有"江氏计算盘""仲明动力机""植物油灯"等项是在桂林研制出来的。⑤另一些在桂林产生的工业技术发明如"万能白光灯""各色玻璃刻度盘""大叶鹿角果橡胶""薜荔橡胶""感光胶""木质可型粉"等,虽然获得专利的时间是在1944年,而事实上,中国工程师学会第12届年会召开前,这些技术在桂林

---

①覃静:《抗战时期桂林的自然科学概况》,载魏华龄,左超英:《桂林抗战文化研究文集》(第六辑),广西师范大学出版社2001年版,第321—323页。

②资源委员会:《本会要闻及事业消息》,《资源委员会公报》,1942年第3卷第4期,第53页;第6期,第38页。

③资源委员会:《本会要闻及事业消息》,《资源委员会公报》,1942年第2卷第2期,第69页。

④广西省政府统计处:《广西年鉴》(第三回),1948年,第594—597页。

⑤《经济部依照奖励工业技术暂行条例核准奖励各案》,载《资源委员会公报》,1943年第4卷第3期,第49—57页。

的企业中已不同程度地得到了运用。[①]还有些技术尽管没有获得专利，却同样具有较大的应用价值。如中央无线电器材厂设计制造的3000瓦长波发送机、永久磁石式电动扬声器、短波无线电定向器、电话秘密终端器等，都是大后方经济建设及政治、军事工作中不可缺少的技术的产物。这些技术也主要产生在桂林。[②]

中国工程师学会的主要任务之一，就是研制和推广先进的科学技术。选择桂林作为该学会第12届年会的召开地，一个很重要的目的就是便于科技工作者进行现场考察与交流，使先进技术得到进一步的推广。

（三）桂林当时具有比较优越的交通条件

全国抗战爆发后不久，国民政府为了发展西南经济建设和确保国际交通线的畅通，就与湖南、广西、贵州等省联合投资修筑湘桂铁路和黔桂铁路。至1942年，两条铁路干线均已基本开通。[③]中央政府与广西省政府还在1938—1943年，三次对桂林的二塘和秧塘机场进行扩建，以适应中国航空公司和欧亚航空公司开辟国内国际航线，并扩大中国及国际志愿航空队对日空战的需要。[④]在此期间，广西省政府还新修了桂永榴（桂林至榴江、长塘）、桂青（桂林至青龙界）等公路。[⑤]这些交通线的新修和机场的扩建，大大提升了桂林的交通水平，扩大了桂林与外界的联系。在战争环境下，便捷的交通有利于中国科技力量的迅速集聚与疏散，这无疑是桂林成为中国工程师学会第12届年会召开地的又一个重要原因。

（四）桂林是抗战后期中国的重要屏障

1943年，日本为了弥补其在太平洋战场失败所造成的损失，加紧了对中国的掠夺，华北、华中、华南地区的许多矿厂因此遭到严重破坏。同时，日本为了打通大陆交通线，密谋发动豫湘桂战役，调集重兵由北向南推进。桂林位于湘桂走廊

①《经济部奖励工业技术审查委员会审查合格应予奖励各案》，载《资源委员会公报》，1944年第6卷第3期，第57—58页；1944年第5期，第44页；1944年第7卷第3期，第49页；1944年第4期，第40页。

②资源委员会：《工业技术进步简讯》，载《资源委员会公报》，1944年第6卷第5期，第42页；1944年第6期，第48—49页。

③广西省政府十年建设编纂委员会：《桂政纪实·经济》，1946年，第153—158页。

④广西省政府统计处：《广西年鉴》（第三回），1948年，第1155页。另见广西省政府十年建设编纂委员会：《桂政纪实·经济》，1946年，第169—171页。

⑤颜邦英总纂：《桂林市志》（中册），中华书局1997年版，第2238—2239页。

中间，战略地位十分重要。此大战之前，在这里召开中国工程师学会年会，一方面起到了鼓舞企业职工士气的作用，另一方面也有助于中国科技和经济领导层准确地了解情况，加强工作的指导性。事实上，资源委员会主任翁文灏等人在会后便立即到后方各厂矿企业视察，布置和指示有关工作。①湘桂各企业更是做好迎战和疏散的准备。从这个意义上说，在桂林召开的中国工程师学会第12届年会，是一次将科技、经济及军事相结合的会议。

总之，桂林成为抗战时期中国科技盛会的召开地，既是中国工程师学会的选择，也是历史的选择。

二、会议概况

根据会议的安排，中国工程师学会的代表1500多人于1943年10月21前陆续到达桂林。

21日会议正式开幕，中国工程师学会会长兼资源委员会主任翁文灏、副会长杜镇远、经济部次长谭伯羽，以及美国机械工程学会代表伊登教授、电机工程学会代表麦美伦教授等出席了会议。翁文灏致开幕词并宣读了国民政府主席蒋介石为会议所写的训词。之后，学会负责人做学会工作报告，主要陈述学会及各分会开展活动的有关情况，以及即将成立或恢复的卫生工程、造船工程、自动车工程等学会的筹备情况。

22日—26日，学会的主要活动是研讨及考察，这些活动既有中国工程师学会的基本属性，也有抗战时期的基本特征。对此，分述如下。

第一，各专门学会或专题组主要针对科学技术的规范化、实业的推进，以及学会力量的壮大等问题进行了讨论及报告。

22日，土木工程、化学、机械、矿冶、电机、市政及卫生、水利、纺织等专门学会进行了讨论和报告，其中土木工程学会由侯家源主持，讨论通过学会下年度的中

①资源委员会:《本会要闻及事业消息》，载《资源委员会公报》，1944年第6卷第5期，第39页。

心工作:(1)仿照美国工程师学会的办法,组织专门委员会研究讨论专题,形成方案,提交下届年会报告;(2)审订土木工程名词;(3)翻译土木工程新名词;(4)分铁路、公路、筑港、居室四组研究孙中山的实业计划。

化学学会由顾毓珍主持,推选部分会员分别审查有关企业部门执行孙中山实业计划的情况,并对广西省政府所提出的"如何解决广西化学工程"的问题展开讨论,提出具体意见。

机械学会由程孝刚主持,讨论的核心问题是如何通过增设分会和增加会员来扩大学会的力量。

矿冶学会由胡传渊主持,讨论通过煤炼焦及精炼设计与改进的方案。

市政及卫生学会由谭炳训主持,讨论确定学会研究的中心工作:(1)战后建都之工程观;(2)战后建筑之风格问题;(3)都市计划法;(4)市政工程材料的收集与整理;(5)提请中央增设公共工程部。

水利学会由沈百先主持,讨论通过:(1)摘录本会各项水利建设目标范围及人才、物资基本数字,以供政府决策之用;(2)编辑实业计划中之水利教材;(3)继续研究水运部门轮航计划,及防洪部门筑堤栏水库计划。

电机学会由徐恩曾主席主持,讨论通过:(1)设立服务部;(2)草拟5年工作计划。

纺织学会由朱仙舫主持,讨论通过:(1)将中国纺织学会改为纺织工程学会;(2)推举会员研究战后推行民生工业数字。①

23日上午又分5个专题组,分别讨论中国铁路路线、矿产、化学工业、广西民力在实业发展中的利用、广西水力发电等问题。24日下午,包括翁文灏、谭伯羽、徐恩曾、杜镇远等在内的千余人听取了5个专题组代表的总结性发言。②

第二,会员提交的论文主要围绕新式生产技术的实验以及国家经济建设的科学实施展开交流。

本届年会共收到论文240多篇,内容可分为两大类:一类是关于经济建设的计划,另一类是关于具体生产技术的研制及使用。会议期间,中国工程师学会会

---

①《工程师年会之第二日》,载万仁元,方庆秋:《中华民国史史料长编》(影印本),第62册,南京大学出版社1993年版,第475—476页。

②《中央日报》1943年10月23日,转引自万仁元,方庆秋:《中华民国史史料长编》(影印本),第62册,南京大学出版社1993年版,第480—481页。

员分别在大会或专业学会上交流自己的论文。22日下午2—4点，分8处举行论文报告会。宣读者及其宣读的论文题目分别是：王景斯、张可治：《内冷内燃机研究及初步实验》；吴毓昆、沈缄：《木炭汽车动力机之设计及试验》；吴毓昆、沈缄：《电石汽车之设计试验》；张永惠等：《高放式打浆机之设计》；荣沛霖：《飞行之研究》；吴有荣：《我国盐业所用钢绳钣速率及费用》；倪超：《新中国之铁路建设》；陆韫山：《铁路路线越岭之技术问题》；徐人寿：《战后东方大港建设问题之商榷》；茅以升、顾懋勋：《我国铁路钢桥之标准设计》；高澜之：《国产高锡钨砂之分选》；李炳殿：《实验选矿程序设计及浮油法中有关特点之介绍》等。[①]

23日继续分组宣读论文，宣读者及其宣读的论文题目分别是：朱仙舫：《建设今后国防纺织工业之我见》；过守正：《大青岛市之都市计划》；谭炳训：《北平市构筑之计划》；马育骥：《南京市之水道计划》；陆绍云：《战后中国纺织业合理化经营》；李白云：《纺织工程师之栽培》；孙家鼎：《如何建设中国纺织业》《世界棉产分类与棉花品级》；李庆善：《自裂木型纺纱机工作效能》；李达钦：《酒精与国防》；周大瑶：《中国最近十年的糖业》；呈诗鸿：《如何建立我国人造颜染料》；孙增爵等：《竹制酒精之研究》；刘伯文：《利用糖蜜槽水循环酿造法研究》；金允文等：《植物质油润料实验报告书》；顾毓珍：《蓖麻油之触媒叠合试验》；杨克球：《湖北水泥筹备经过》；孙增爵等：《植物油热裂提炼润滑油之研究》《植物油漆合矿物性润滑油之研究》；郭钟福：《松香制炼变压器油之研究》；彭光钦等：《国产橡胶之发现及其前途》；金培松等：《酵母精之制造试验》；李方城：《平桂矿务局炼铁及精炼锡概况》；王子□：《辰□煤炼焦问题初步研究》；靳树梁：《小型炼铁炉布料之特征与炉喉设计之演进》；吴威孙：《铋及其冶炼试验报告》等[②]。

显然，这些论文大都是工程师对自己所研制或使用的生产技术的理论总结，具有很强的实操性。另外，一些论文从不同的角度对国家经济建设发展提出设想或建议，同样具有很强的科学性。这次交流，不仅扩大了作者的思路，也促进了各专业学科的交叉与渗透。

①《工程师年会之第二日》，载万仁元，方庆秋：《中华民国史史料长编》（影印本），第62册，南京大学出版社1993年版，第475—477页。

②《中央日报》1943年10月25日。转引自万仁元，方庆秋：《中华民国史史料长编》（影印本），第62册，南京大学出版社1993年版，第483—485页。

第三，学术演讲注重对国外科学技术发展趋势的介绍，同时也注重对中国工业发展道路的探索。

众所周知，学会对学术公开演讲的选择通常都有自己的标准。一般要求演讲内容具有较高的学术水平，同时还要具有一定的引导作用。本次会议期间共进行了10多场公开演讲。23日下午，美国机械学会代表伊登、电机学会代表麦美伦应机械工程学会的邀请，做了公开学术演讲，分别介绍了美国现代机械工业和电气工业的情况，辅之以幻灯显示，听众千余人，讲了2个多小时，会场气氛十分活跃。[①]在当时，美国的电气工业和机械工业在世界上处于先进水平，两位美国工程师的演讲，使与会者认识到了世界电气及机械工业技术的发展走向。

25日，与会代表分区举行公开学术演讲，其中，郭彝演讲的主题为“中国铁路应采之十大政策及全国路线系统”，笪远纶为“机械工程在工业化运动中之重要性”，虞炳烈为“真善美之建筑物”，李查云为“纺织工程师之培养”。当晚，交通部部长徐恩曾及庄智播又分别发表了题为“中国电气工程”“建国中之桂林”的演讲。

26日，学术演讲继续进行，其中，杨毅演讲的主题为“铁路机械事业之演进”，彭开熙的主题为“中国水泥事业”，茅以升的主题为“铁路与工业建设”。晚上8点的广播，由曾养甫播讲“工业化之途径”，支秉渊播讲“工程与工业”，顾毓珍播讲“中国工业科学家会本届年会之收获”。[②]

这些演讲者所涉及的内容虽然各不相同，但是都非常注重对中国工业化发展道路的探索，使与会者深受启发。

第四，会议主办者组织工程师到工业技术产品展览会和在桂企业参观考察，开展联谊活动，增强了学会的凝聚力。

学会召开期间，广西省政府委托中国工程师学会桂林分会代办技术产品展览会，由资源委员会中央电工器材厂桂林第四分厂厂长许应期负责主持，并向各地厂矿征集工业及交通类的展品。学会开幕的当日，展览会也在桂林文昌门外忠烈祠开幕。参加展览的单位中，工业组有120个单位，交通组有11个单位。展览品共2600种，其中以机器类最多，占陈列面积的40%，其余交通组为30%，电器类

①《美工程学会来两代表在工程师年会演讲》，载万仁元，方庆秋：《中华民国史史料长编》（影印本），第62册，南京大学出版社1993年版，第485—486页。

②《工程师年会第五六两日》，载万仁元，方庆秋：《中华民国史史料长编》（影印本），第62册，南京大学出版社1993年版，第492—493页。

14%，化工类4%，矿产类4%，科学仪器类1.5%，纺织类1%，其他5.5%。展会分6个展区，与会代表参观了2小时，详细了解了展品的性能及其用途。[①]25日，与会者还在学会工作人员及在桂企业负责人的引导、陪同下参观了桂林市内各工厂，了解了其生产技术及产品的营销情况。[②]通过参观考察，工程师们开阔了眼界，初步认识、掌握了新的生产技术或管理方法。27日，会议主办者还在大会闭幕后组织部分会员游览兴安建于秦始皇时代的水坝，并分组参观柳州等地的工厂，使其认识进一步深化。

战争时期，同窗有机会相聚十分不易。因此，会议过程中，工程师们开展了多种形式的联谊活动。例如，24日北京大学的同学举行晚宴，欢迎会长翁文灏，同时借此机会共叙友情。其他大学的留桂同学亦分别邀请出席年会的师长、同学叙聚。最有趣的是一对夫妇，他们同为中国工程师学会会员，常年分居昆明、重庆两地，只有在年会开幕时才得以聚会。此次年会，夫妇来桂参加，会议筹备组特拨专房供二人同住，"颇类七夕鹊桥，一时传为佳话"。[③]这些联谊聚会活动虽然没有正式纳入会议的程序，但是通过会议组织者的精心安排或推动，营造出了颇为浓厚的团结气氛，增强了会议的效果。本次会议还决定，学会今后不仅举行年会，还将举行分区会，以加强联络。这为学会凝聚力的增强和影响力的扩大创造了更为有利的条件。

第五，做出突出成绩的科技人员受到表彰，新的以促进工程学术发展为目的的奖学金项目被确定。

中国工程师学会经常向做出突出贡献的科技人员颁奖，以激发他们的工作热情和创造性，本次年会也不例外，有的以专业学会的名义进行，有的则以中国工程师学会的名义进行。23日，中国机械工程学会在会务报告时，宣布授予周仁奖章，以表彰他在电炉炼钢方面所取得的成就。[④]同日，中国工程师学会宣布将本届工程奖章授予支秉渊工程师。支秉渊工程师为浙江人，时年47岁，是交通大学电机系学士。他的主要贡献是创制了20～120匹墨油引擎及矿山抽水压风机等，并且完成了当时国内最大的煤气引擎——250匹煤气引擎的设计制造，且其性能堪称优

①《资源委员会公报》，第5卷第5期，1943年，第52—55页。
②《桂开产品展览会》，载万仁元，方庆秋：《中华民国史史料长编》（影印本），第62册，南京大学出版社1993年版，第467页。
③《工程师夫妇鹊桥会》，载万仁元，方庆秋：《中华民国史史料长编》（影印本），第62册，南京大学出版社1993年版，第467页。
④《机工奖章授予周仁》，载万仁元，方庆秋：《中华民国史史料长编》（影印本），第62册，南京大学出版社1993年版，第480—481页。

越。此项荣誉奖章授予仪式于26日年会闭幕式前举行。[①]本届年会还决定，为奖励和帮助国人研究工程学术，中国工程师学会增设下列四项奖学金：(1)朱母纪念奖学金5名；(2)诵芬奖学金1名；以上两项奖学金给予任何工程，每名1500元；(3)石渠奖学金1名，给予土壤工程，1500元；(4)天佑纪念奖学金1名，给予任何工程有特殊成就者，1500元。[②]在条件非常艰苦的情况下，这些奖励措施使科技工作者深受鼓舞。

第六，学会及政府部门负责人对战时生产及战后经济建设做出重要指示，引导实业发展方向，并领导学会顺利实现了换届，通过了一批急需而重要的技术提案。

26日上午，资源委员会主任兼中国工程师学会会长翁文灏、资源委员会专门委员陈伯庄等发表了重要讲话，提出了战时及战后经济建设的各种方略。全体与会者听取了他们的报告。会议要求各专业委员会和与会者结合自己的工作实际，理解其要领，正确处理战时与战后工作的关系。新闻媒体对此做了大量的报道。学会利用社会舆论力量，进一步加强了对中国实业建设的引导。

26日下午学会举行闭幕式，会上通过了两个方面重大的决定：一是设立新的学会机构。中国工程师学会根据工作的需要进行了改组，选举曾养甫为下届(即第13届)中国工程师学会会长，侯家源、李熙深为副会长，翁文灏、陈立夫、顾毓珍、茅以升、吴承洛、杜镇远、赵祖康、徐佩璜、赵曾珏、程孝刚、胡博渊等11人为董事，韦作民为基金监事。二是通过提案40余件，其中重要的有：(1)请政府增列给水工程补助费预算及贷款案；(2)请政府设立公共工程部案；(3)选派卫生工程师出国深造案；(4)大学增设卫生工程系及高专增设卫生工程科案，送请教育部参考；(5)各地分会兴办业务，拟由全体会员合力图成案；(6)组织技术及购料咨询机构案；(7)确定湘桂两省为工业区，并审定具体方案，逐步实施案；(8)政府近有派遣大批工程人员出国实习，拟请保留若干名额，由本会考核保送案；(9)建议政府每年拨100万元交广西大学，会同广西建设厅办理研究新橡胶原料，以10年为期，以解决国防工业重要原料案；(10)请政府购备全世界发明专利法则，并利工

①《支秉渊得工程奖章》，载万仁元，方庆秋：《中华民国史史料长编》(影印本)，第62册，南京大学出版社1993年版，第480—481页。

②《工程师学会之第二日》，载万仁元，方庆秋：《中华民国史史料长编》(影印本)，第62册，南京大学出版社1993年版，第475—477页。

业之研究改良案等。[①]

从上述可知，中国工程师学会第12届年会的内容十分丰富，涉及当时工程技术的方方面面。会议的程序十分严谨，每天每一时段都合理安排，充分有效地利用，效率高。会议的成果十分显著，不仅推动了先进工程技术的传播，而且促进了工程技术管理方法的更新与完善，同时还在研讨的基础上产生了许多经济建设的新计划与实施方案。这说明，中国工程师学会第12届年会是一次十分成功的会议。

三、会议的特点

从近代科技发展的角度来看，中国工程师学会第12届年会具有一些显著的特点，具体表现为注重对以下四个方面的研讨：

（一）注重贯彻孙中山实业计划及工业标准化的研讨

中国工程师学会的基本宗旨就是积极推进国家的实业建设。孙中山的实业建设计划，是国民政府经济工作的方针。本次年会所提交的论文中，凡论及建设计划的，莫不以孙中山的实业思想为指导。各专业学会的研讨，大都关注孙中山实业计划的促进情况。根据世界工业化发展的趋势及国家经济建设统一化的要求，各专门学会还分别研讨了工业标准化的推进步骤与方法，认为推进工业标准化进程对中国的实业建设关系甚大。其中土木工程名词的规范和铁路钢桥之标准设计成为此次会议研讨工业标准化的代表性成果。其他技术领域的工程师也从不同的角度论述了工业标准化的问题。《资源委员会公报》在报道本次会议时，对工业标准化的研讨给予了充分肯定，认为这是工业化研究的新内容，体现了学术的主流。[②]

---

①《工程师年会通过提案多件闭幕》，载万仁元，方庆秋：《中华民国史史料长编》（影印本），第62册，南京大学出版社1993年版，第496—497页。

②《资源委员会公报》，1943年第5卷第5期，第52—55页。

（二）注重国营事业发展的研讨

中国工程师学会第12届年会虽然研讨内容主要是技术方面的问题，但是由于它当时肩负着领导科技工作的重任，同时也由于其负责人还做着国民政府经济部门的工作，所以其主要任务是对大后方的经济建设进行部署和指导。抗战后期，日军的封锁和通货膨胀的影响使大后方的经济形势日益恶化。振兴企业不仅需要提高技术，还需要制定正确的政策，进行宏观调控。国营企业是支撑战时国家经济的重要力量，因此，本次年会上，资源委员会主任兼中国工程师学会会长翁文灏代表国民政府就国营事业的有关问题做了重要讲话，其要点有三：(1)根据孙中山先生的思想，在从事经济建设的过程中，不仅要节制私人资本，还要大量发展国家资本。全国所用的货物，都靠外国制造运输而来，所以利权总是外溢。要挽回这种利权，必须赶快用国家力量来振兴工业；(2)由国家管理资本，发展资本，所得的利益归人民所有，这样的办法和资本家不冲突，是很容易做到的；(3)事业的成功或失败，制度至为重要，所以不能不就自己的需要，创造良好的经营管理制度。应想方设法提高工人的技术水准和工作效能。同时，避免用不必要的人，不必要的钱，与建筑不必要的建筑物。①

本次会议结束后不久，即1944年1月，翁文灏在资源委员会第一次纪念周活动中，又发表了题为"中国经济建设中的几个根本观念"的演讲，再次阐述了上述意见。这些意见，实际上相当于抗战时期国民政府发展国营企业的基本方针，对大后方经济建设具有很大的指导性。认真研究本次会议所提供的论文及演讲内容，不难发现，几乎所有的生产领域都与国营企业有关。在实际工作中，国营企业一方面依靠国家加大投资扩大生产规模，另一方面也依靠自身的力量努力提高生产和管理水平，例如，在生产层面，资源委员会一直致力于提炼技术的改进与提高。经过长期的努力，平桂矿务局在政府部门的支持下，终于在1943年采用沸腾氧化法成功地对收购的土锡进行提炼，纯度达99.85%以上，"引起美政府及纽约市场之注意，认为可与任何国家精锡媲美"②。锑业管理处通过组织协调，引导企业采用纯碱去砒法，将劣质国产锑加以重炼，使其纯度达到99.80%，砒含量低于

①《翁部长对桂林部属机关人员训辞》，载《资源委员会公报》，1943年第5卷第5期，第49—52页。

②《工业技术发明简讯》，载《资源委员会公报》，1943年第5卷第4期，第41—42页。

1%,“品质之佳,足与美国柯克生及英国拉瑞多两公司产品相伯仲”[1]。在管理层面上,川、湘、黔、桂、滇、陕、甘等地的国营煤矿企业根据资源委员会的指示,大力推行工作竞赛办法,以工作竞赛成绩作为评定工资和奖金的标准,使“各种生产及运输数量,均较平时增加甚多”[2]。锡业管理处为激发司机的工作热情,制定了司机技术奖金办法,规定司机每月按其考核成绩发给技术奖金,考核分品行、工作及功过三项,每项分甲、乙、丙三种,以三项之平均数发给。[3]这一措施的实施收到了积极的成效。

以上技术和方法,在本次会议中都得到了交流和推广,促进了国营企业的发展。中国现代科学技术力量大都集中在国营企业,工程师研究的通常都是生产技术方面的问题,很少受到政治因素的影响。抗战后期,严峻的经济形势使中国工程师学会不得不更多地从科学和技术的层面研究如何利用国家力量维持和发展社会经济。从这个意义上说,本次会议的确承担着特殊的使命。

(三)注重战后经济建设的研讨

本次会议召开时,抗战已经历了12年多的时间。虽然大后方的经济形势非常严峻,但是,中国工程师学会的领导及广大会员都清楚地认识到,因战争的消耗,日本的国力同样严重衰退。尤其是太平洋战争的爆发,使日本背上了更为沉重的包袱,不论对内还是对外,其处境都越来越艰难,走向灭亡已指日可待。重建国家的任务已经不容置疑地摆在了自己的面前。因此,本次年会上,研讨战后国家的重建成为一个重要内容。市政及卫生学会在本次会议的召开过程中,不仅研讨了战后建都的工程观,还研讨了战后建筑的风格、都市计划法的制定与实施、市政工程材料的收集与整理等一系列问题。《大青岛市之都市计划》《北平市构筑之计划》《南京市之水道计划》《建国中之桂林》等论文更是具体阐述了一些城市的建设目标与方法。《战后中国纺织业合理化经营》《建设今后国防纺织工业之我见》《战后东方大港建设问题之商榷》等论文则具体阐述了战后纺织业及港口的建设方案。至于会议所通过的“选派卫生工程师出国深造”“派遣大批工程人员出国实

①资源委员会:《工业技术发明简讯》,载《资源委员会公报》,1943年第5卷第5期,第46页。

②《本会要闻及事业消息》,载《资源委员会公报》,1943年第5卷第1期,第39—40页。

③《锡业管理处司机技术奖金办法》,载《资源委员会公报》,1943年第4卷第2期,第25—26页。

习”“大学增设卫生工程系及高专增设卫生工程科”等提案，更是为了适应战后经济建设的需要。

资源委员会专门委员陈伯庄代表中国经济建设协调会在会议闭幕式上做了题为“战后经济建设”的报告，提出了战后经济建设的五大原则：(1)整个经济建设的定期计划，宜就国家之需要，以及国力之可能，预为制定。废除追加预算制度(必要国防及紧急救济除外)；(2)维持管理通货制度，稳定对内货币；(3)国营事业必须改进制度，其预算、会计、审计、人事、业务等，均据实际订立专法。国营与民营事业，依其业别，各谋联系，以同业组合或其他产销合作方式，在政府指导下，谋求技术管理之改进，品质标准之统一，产运成本之减低，推销分配之统筹，及生产过剩之防免；(4)凡与重要工业有关系，并在幼稚时期者，暂取适当之保护关税；(5)利用外资，宜取国别投资原则。国家借入各种建设款项，宜以整个国家信用为担保，不宜以事业本身之财产及收入为抵押。外资企业不论合办或单独投资，均以养成我国技术及管理人才为必要条件之一。①

这一讲话，既对学会关于战后经济建设的研讨进行了总结，也为未来的工作确定了方向。会后，会员根据这些原则，同时根据各地工程技术及经济建设的实际，开展了更为深入细致的调查研究工作，为战后国家重建做科学技术方面的准备。在抗战最艰难的时期，中国工程师学会第12届年会把战后的国家经济建设问题作为重要内容加以研讨，充分体现出广大科技工作者具有的科学预见性和高度的社会责任感。

(四)注重广西建设的研讨

按照惯例，学会为了回报承办者，往往会组织一些力量对会议主办地的工程技术及经济建设进行科学的诊断，在此基础上提出若干有针对性的意见，以促进当地工矿企业及社会经济的发展。将本次年会与过去的年会进行比较可以发现，学会对广西工程技术及经济发展的问题尤为关注。会议的第二天，第一次分组讨论时，广西水利便被确定为讨论的主题之一。次日，第二专题组的代表们又集中力量对广西矿产种类分布、矿产调查、冶炼等进行了详细的分析。第三组推选姚

①陈伯庄：《战后经建》，载《资源委员会公报》，1943年第5卷第5期，第53—55页。

万华等15人为专题讨论委员，围绕“如何解决广西化学工程”这一中心话题发表各自的意见，涉及硫酸制造、水泥制造、矿产加工过程中的化学运用、造纸、制糖和制革工业技术的运用、新橡胶原料之利用、茴香油之利用等内容。第四组专门就广西水电计划进行讨论。[①]23日晚8时，会议还安排广西建设厅厅长关宗骅做“桂林展览会之意义及筹备经过”的专题广播讲话，以扩大展览会的影响。25日的大会发言中，广西的水利建设和化学工业发展再次成为重要的论题。工程师们在考察和研究的基础上所提出的有关广西工程技术及经济建设的意见具有很强的针对性和指导性。例如，他们指出，广西的农田水利应利用民力，节省资金支出，同时研究技术改进，尽量实现机械化。就矿产加工，全省仅锑、锰等矿有所需要，其余油类提炼，因油源较小，可不加工。制糖及酒精工业，由于原料丰富，且该省已设厂，应大量生产。当时广西制革工业之所以出现减产现象，主要原因是仅有原料而无制革药剂，因此，应加强药剂的生产。广西造纸的原料非常丰富，而现有的工厂规模过小，建议由政府出资建设现代化的工厂，提高生产能力，以获取更大的效益。还建议广西省政府每年拨100万元交给广西大学，会同广西建设厅研究新橡胶原料，以10年为期，解决国防工业所需的重要原料问题。[②]这些意见，对广西工程技术的提高和经济建设的发展都具有重大的借鉴价值。会议期间所举办的工程技术展览，广西的产品也占相当大的比重，其中资源委员会在桂企业的产品，如中央电工器材所制的荧光灯，中央无线电器材厂所制的无线电传全套设备等，被重点推出。[③]

中国工程师学会第12届年会之所以非常关注广西的工程技术及经济建设，主要是因为当时广西已成为抗战大后方越来越重要的生产基地，尤其是矿业和化学工业更是如此。其生产的发展一方面需要扩大规模，另一方面则需要提高技术。而广西由于历史的原因，实业基础和文化教育基础都比较薄弱。全国抗战爆发后，虽然大批工厂迁入，但是科学技术人才仍然不能满足工矿业发展的需要。中国工程师学会之所以把广西的工程技术作为研讨的重要内容，目的就是要促进

---

①《工程师年会第三日》，载万仁元，方庆秋：《中华民国史史料长编》（影印本），第62册，南京大学出版社1993年版，第480—481页。

②《工程师年会第四日》，载万仁元，方庆秋：《中华民国史史料长编》（影印本），第62册，南京大学出版社1993年版，第483—485页。

③《中国工程师学会第12届年会特辑·建设展览》，载《资源委员会公报》，1943年第5卷第5期，第53页。

其工程技术的研制或改进，以提高生产力，把广西丰富的自然资源转化为生产要素和社会财富。另外，以李宗仁、黄旭初为首的广西省政府比较重视经济建设和科学技术的发展。他们大力聘请国内著名的专家学者到广西考察或工作，其中矿业和地质方面的专家有丁文江和李四光。随着经济建设的深入，又聘请了国外的一些专家到广西工作，如1932年，英国工程师邓安受广西建设厅之聘请，到广西进行为期半年的技术指导工作。[①]1937年，广西省政府组织成立“广西建设研究会”，其宗旨是“根据三民主义及广西历年来建设经验，为适应对日抗战之需要，从事于广西政治、经济、文化诸方面问题之研究”[②]。通过这一团体的推动，更多的专家学者参与到广西的经济建设之中。他们从各个领域开展实业调查研究，提出了许多建议和方案。中国工程师学会第12届年会决定在桂林召开后，广西省政府及广西建设研究会把其中的一些方案提交会议筹备组，利用政府的力量，积极协助中国工程师学会落实各项有关工作，省政府主席黄旭初还参加了桂林展览会的揭幕仪式。[③]

会议召开时，资源委员会在桂企业的工程技术人员又结合自己的工作实际，介绍了广西的资源及有关技术，进一步引起了与会者对广西建设问题的关注。通过中国工程师学会第12届年会的研讨，广西经济建设的思路更加明晰，许多具体的工作方案也进一步完善。显然，广西是本次会议最大的受益者。

四、会议的历史地位

中国工程师学会第12届年会是中国科技界的一次盛会，不论在抗日战争还是国家经济建设的历史上，它都具有十分重要的历史地位。

---

①《呈省政府为报聘用英籍工程师邓安计划发展本省矿业请核备案示遵由》，载《广西建设特刊·公牍》，第3期。

②陈劭先：《广西建设研究会一年来概况》，载广西建设研究会：《广西建设》，建设书店1939年版，第683页。

③《桂开产品展览会》，载万仁元，方庆秋：《中华民国史史料长编》（影印本），第62册，南京大学出版社1993年版，第467页。

（一）会议规模创历史之最

在中国工程师学会成立以来所召开的年会之中，参加第12届年会的代表人数是最多的，所代表的会员人数也是最多的。如前所述，上一届年会（即第11届年会）召开时，该学会的会员还只有2000多人，会议代表为520人。而这次年会召开时，会员已发展到7000多人，是上届的3倍多；会议代表为1500多人，也约为上届的3倍。如此大的会议规模，为中国近代科技界所仅有。这次会议在抗战最艰难的时刻召开，显示了中国科技界坚持实业救国、坚持抗战的信念和决心。由于这次会议既研讨了战时中国工程技术的创新与推广，也研讨了战后中国经济建设的规划，所以肩负的使命十分重要，影响十分深远。《大公报》在评价这次会议时说道："这次年会有其划时代之意义，至少，在工程界本身，应以此次大会为建国大动员之始。"毫无疑问，这是一个比较客观的评价。

（二）会议促进了先进工程技术的推广和科学管理方法的运用

由于日军的封锁和破坏，各地企业的生产基本上处于孤立的状态，技术及方法的传播受到很大的制约。在这次年会上，全国各地各企业的工程师聚集桂林，除了研讨实业救国的方略之外，更重要的任务就是交流先进的工程技术及有关的管理方法，尤其是与战时经济发展有密切关系的技术与方法。要清楚地认识本次会议在这方面所做出的贡献，可参看表5-1。

表5-1　资源委员会所属企业科技人员提交第12届年会论文目录（部分）

类别	题目	作者	所属单位
普通	展开一般行列式之简法	蔡金涛	中央无线电器材厂
土木	※铁路路线越岭之技术问题	陆辒山	钢铁厂迁建委员会煤铁两矿联络铁路工程处
机械	航空发动机之研究	李植阳	钨矿管理处
电工	三万伏八十九公里井宜输电线设计报告	曹　垒	自流井电厂
	相序指示器	曹　垒	自流井电厂
	反相序继电器	曹　垒	自流井电厂

续表

类别	题目	作者	所属单位
	压力简易指示器	曹　垒	自流井电厂
	机动三相交流感应电动机	曹　垒	自流井电厂
	超等他拍接收中最佳之调准频率	蔡金涛　沈家楠	中央无线电器材厂
	电气事业主要设备初期暂行标准	电业处	本会
	非平行边线槽磁漏导之演算	王宗素	中央电工器材厂第四厂
	战后开发水力之研讨	李津身	龙溪河水力发电厂
	荧光灯	张朝汉　冯家诤	中央电工器材厂第二厂
	屈兰西特龙(Transitron)震动器之特性	谢家鏖	中央无线电器材厂
	连锁电路之分析	蔡金涛　丁　俞	中央无线电器材厂
	发射交连之应用——发射回授式振荡器	王辅世	中央无线电器材厂
	抗战期间无线电器材标准化所发生之限规	罗容思　刘培德	中央无线电器材厂
	电阻控制式定压器之研究	李路得	中央无线电器材厂
	炭质特性之处理	李路得　许以华	中央无线电器材厂
化工	水利工程与水泥替代品问题	陆宗贤	钢铁厂迁建委员会第六所
	以炼铁炉渣及直窑制造波特兰水泥之商讨	杨德骧	钢铁厂迁建委员会第六所
	氧化□之新型制造	魏彦章　刘卓芳	中央电工器材厂桂四厂
	桐油重叠产物之应用	方大中　王堤全	中央电工器材厂桂四厂
	近十年来之中国酒精工业	陆宝愈	泸县酒精厂
	※植物油漆合矿物性润滑油之研究	孙增爵　郑蕴华	动力油料厂
	※竹制酒精之研究	孙增爵　雷天壮　卢明道	动力油料厂
矿冶	小型炼铁炉布料之特征及炉喉设计之演进	靳树梁	威远铁厂
	Some Technical Considerations Respecting Future Chinese Blast Furnace Practice	叶渚沛	电化冶炼厂

续表

类别	题目	作者	所属单位
	广西矿产	李方城	平桂矿务局
	平桂矿务局炼铁厂概况	李方城	平桂矿务局
	※平桂矿务局精炼锡之改良	李方城	平桂矿务局
	※铋及其冶炼试验报告	吴威孙　赵声蒸	锡业管理处
	国产高锡砂之分选	陈炳兆　高闰芝	锡业管理处

资料来源 《资源委员会公报》,第5卷第6期,第52—54页。有"※"号者为在年会上宣读或报告过的文章。

在本届年会上,上述成果只有少部分以大会报告的形式推广,其余均以散发论文的形式进行交流。资源委员会所属企业科技人员提交的这些成果,大致反映了当时中国工程技术的发展水平,因为在当时,这些企业集中了较多的资金、技术设备及科技人才。本届年会虽然只召开了短短的6天,但是各地的工程师利用会议收到了许多新的信息,掌握了许多新的工程技术及方法,这对改善抗战时期因日军封锁而导致的生产技术孤立发展状况,促进工程技术、先进方法的运用与提高起到了重要的作用。认真研究分析《资源委员会公报》所刊发的"工业技术发明简讯",可知本届年会之后,资源委员会在各地的企业普遍加强了对新的工程技术的发明与推广,与上述成果有关的技术发明不断增多,推广使用的范围也越来越大。[①]这一方面得力于国民政府制定了相应的奖励技术发明的条例及政策[②],另一方面,则得力于本次年会的大力推动。

如果说各专门学会的科技人员侧重于先进工程技术的推广运用的话,那么,学会及经济部门的负责人则侧重于先进管理方法的普及与提高。资源委员会的负责人大都具有较丰富的学识和管理企业的经验。在本次年会上,他们通过各种方式宣传介绍国外先进的企业经营理念和经验,例如,翁文灏极力宣扬制度创新的重要性和必要性,并且把苏联管理外资企业的设计委员会的运作模式和激励工

①资源委员会:《工业技术发明简讯》,载《资源委员会公报》,第6、7、8卷各期,1944年1月至1945年6月。

②资源委员会:《政府机关场厂人员发明或创作专利权处理及奖励办法(1944年4月)》,载《资源委员会公报》,1944年第6卷第6期,第11—12页;《资源委员会奖励员工发明创作办法》(1944年7月)》,载《资源委员会公报》,1944年第7卷第3期,第21—23页;《发明创作给奖办法》,载《资源委员会公报》,1944年第7卷第4期,第14—15页。

人开展创造性工作、提高生产效率的“斯达哈诺夫运动”介绍给中国的实业界。①曾养甫、陈伯庄以及各专业学会的领导人也从不同的角度或层面介绍了科学的企业管理方法或方案。②

通过中国工程师学会第12届年会的推动，这些先进的企业管理理念及方法也在大后方地区进一步得以推广运用，成为维持战时经济的重要因素。

（三）会议为国家实业建设的进一步发展奠定了基础

中国工程师学会一直以振兴实业、实现国家工业的现代化为己任。面对抗战后期严峻的经济形势和战后繁重的建设任务，与会者认识到培养工程技术人才是一件刻不容缓的事情。因此，尽管经费十分缺乏，各企业的技术力量也严重不足，学会仍然做出决定，选派科技人才出国深造，并请求教育部增设战后建设急需的卫生工程专业，培养有关的技术人才。同时，积极开展工业标准化问题的研究，为战后经济建设做好理论和实践方面的准备。学会所采取的这些颇具前瞻性的措施，使中国社会受益匪浅。抗战结束后，虽然国民政府忙于发动内战，无暇顾及国家的经济建设，但是中国工程师学会所采取的这些措施并未因内战的爆发而完全中止。事实证明，至少在资源委员会所属的企业里，学会所培养的人才和推行的工业标准化，都发挥了积极的作用，产生了积极的影响。从历史发展的进程来看，中国工程师学会在科技人才培养及工业标准化方面所做的工作是有限的，而其意义却是不容忽视的。因为上述措施超越了学会本身的利益，体现的是国家利益至上的原则。正是这种原则，使本次年会的历史地位得到了提高。

①《翁部长对桂林部属机关人员训辞》，载《资源委员会公报》，1943年第5卷第5期，第49—52页。

②《资源通讯》，第2卷第1期，第6—7页。

第四节　教育事业的曲折发展

新桂系时期，广西政府把教育作为推动民众组训、唤起并提高民众的民族意识的关键，因此致力于发展公民教育，且实行免费国民基础教育，强制各级政府限期普及，广西的教育获得较快发展。全国抗战爆发后，广西各项教育事业虽经历了多重曲折，但均奉献于民族抗战与复兴，以争取抗战的胜利。

一、广西《战时各县教育设施要项及考核标准》的制定及实施

《二十六年度广西县政设施准则及进度考核表》列出了三类政务，第一类为本年度省内各县迫切要求的重要政务，各县府照各政务规定的程度或数量，完全办到；第二类为本年度省内重要政务，推行较易，但仍须照所定办法，逐一办到；第三类政务，重要性虽不及一、二类，但各县按照地方实际情形，有选择地办理。一、二两类带有强制性、普遍性，各县政府须一律举办，第三类由省政府指定，或县政府选呈核定办理。[①]关于教育设施事项，为适应抗战需要，广西省政府要求各区行政监督及各县政府，应斟酌轻重缓急，予以适当变更。除第一类全部事项及第二类中办理国民中学与设置特种部族区域的国民基础学校两项外，余则暂缓办理。广西省政府还制定了《战时各县教育设施要项及考核标准》，令各县及所属乡镇村街基础学校遵照办理。此后各县府对各校成绩的考核及省政府对各县办理教育成绩的考核，均依照此项考核标准进行。具体参见表5-2。

①《电区行政监督等颁发战时各县教育设施要项考核标准》，载《广西省政府公报》，1938年第193期，第132—135页。

表5-2　战时各县教育设施要项及考核标准

<table>
<tr><th>设施事项</th><th>辨别的程度
（或数量）</th><th>办理方法</th><th>考核标准</th><th>考绩分数</th></tr>
<tr><td rowspan="6">宣传</td><td rowspan="6">1. 激发民众抗敌救国情绪
2. 传达战时消息，宣扬政府法令，民众有深切的了解
3. 鼓励壮丁应征入伍</td><td rowspan="6">1. 受当地政府及抗敌后援会的指挥，组织宣传队及（话剧团）歌咏团等
2. 制定各种服务进行计划及实施方法
3. 每一星期应出版壁报、漫画一次
4. 利用村街民大会扩大宣传</td><td>1. 各校各种服务设施均已组织完备</td><td>100</td></tr>
<tr><td>2. 每周出发宣传</td><td>40</td></tr>
<tr><td>3. 按期出版壁报、漫画</td><td>40</td></tr>
<tr><td>4. 实施经过均有切实记载</td><td>40</td></tr>
<tr><td>5. 每月参加村街民大会</td><td>40</td></tr>
<tr><td>6. 当地民众对所宣传事项均有深切的了解</td><td>40</td></tr>
<tr><td rowspan="4">慰劳</td><td rowspan="4">1. 执行出征家属优待条例
2. 慰问出征军人家属
3. 帮助出征军人家属处理事务
4. 救助战区难民</td><td rowspan="4">1. 设法切实执行出征家属优待条例
2. 代出征军人家属写信
3. [邀请出征军人家属开联欢会]
4. 向出征军人家属报告战争胜利消息
5. 设法帮助出征军人家属处理特殊事务</td><td>1. 能依照出征家属优待条例优待出征家属</td><td>100</td></tr>
<tr><td>2. 附近出征军人家属每月至少前往慰问一次</td><td>40</td></tr>
<tr><td>3. 开出征军人家属联欢会结果良好</td><td>20</td></tr>
<tr><td>4. 能设法帮助军人家属处理特殊事务妥善无误</td><td>40</td></tr>
<tr><td>生产</td><td>1. 垦殖学校附近可供耕种的土地</td><td>1. 将学校农场及附近土地设计开垦，并分季节栽种番薯、小麦、苞粟等食粮</td><td>1. 各校校园农场均已利用种植，附近空地亦完全开垦，并栽种食粮成绩良好</td><td>100</td></tr>
</table>

续表

设施事项	辨别的程度（或数量）	办理方法	考核标准	考绩分数
生产	2. 利用劳作课及课外运动时间，每周至少十小时，从事栽种杂粮 3.［代制军用品、衣履及伪装网，其数量与学生成正比例］ 4. 竭力协助粮食管理并充实农村仓库 5. 劝导民众增加短期耕作及畜养	2. 将劳作及课外运动时间拨作生产工作 3.［制造军用衣履及伪装网］ 4. 协助乡镇村街公所充实仓储	2. 全校员生每人每期参加生产劳动140小时以上	50
			3. 各校至少每期制造军用品10件以上	60
			4. 协助仓储有特殊成效	50
			5. 民众能切实施行短期耕种及畜养	40
教育成人	1. 各校至少设立成人班一级，人数在40人以上 2. 除省颁之课程外，能加授战时常识及时事等课 3. 在本年度内，所在村街的失学成人，至少有半数毕业	1. 设法开办成人班 2. 全体教师参加成人班教学 3. 每周举行战时常识及时事演讲 4. 尽量利用民众休闲时间并设计各种工具方法借便施教	1. 各校成人班人数均在40人以上，出席者占80%以上	50
			2. 能加授战时常识及时事等课	50
			3. 对于成人教育的实施定有具体计划	40
			4. 本年度内各校所在村街的失学成人，已有半数以上毕业并呈报备案	60
劝募	1. 劝募五金、衣履、粮食、药品等前方用品，每校每人至少一种 2. 劝募救国公债，每校每人至少募得一角以上 3. 竭力救济征兵家属	1. 受当地抗敌后援会的指挥，并组织劝募队 2. 规定劝募方法及进行方式 3. 利用放学时间及星期休假日进行募捐工作 4. 募集财物分期量交当地抗敌后援会	1. 各校均已组织就绪，并有妥善办法	40
			2. 每校每人至少劝募前方用品一种	60
			3. 救国公债每人已劝募一角以上	60
			4. 救济征兵家属卓有成效	40

续表

设施事项	辨别的程度（或数量）	办理方法	考核标准	考绩分数
调查	1. 协助政府或当地抗敌后援会进行各种调查工作 2. 调查本乡村出征军人家庭概况及所受优待情形 3. 调查本乡村农业生产概况	1. 挑选能力较强的学生分组举行调查 2. 调查须力求正确 3. 调查方法与目的，事前应有充分的检讨 4. 调查时须有详细的记载，事后须有系统的报告	1. 各校对于应行调查事项均已组队负责进行	40
			2. 调查表格适合，方法亦适当	20
			3. 已将调查事实做成系统的报告	40
防护	1.[防空隐蔽处所或防空壕已设备妥当] 2. 建筑物已加涂和环境相似的色素 3.[各种消防用具如水桶、沙包等已设备就绪] 4.[受当地抗敌后援会的指挥，参加当地防护团的组织] 5.[宣传防空防毒的常识]	1.[参加当地防护团的组织] 2.[按照各校实际情形制备各种消防等用品] 3.[开讲习会，演讲防空防毒常识，并设计招徕民众参加] 4.[利用岩洞、森林为隐蔽处所，必要时可就校旁空地设计挖掘防空壕]	1. 各校防护团已组织就绪，并有专人负责	20
			2. 各种消防用品已设备妥善	30
			3. 各校员生对防空防毒常识已听讲 10 小时以上，有相当了解	20
			4. 防空已设计就绪，并举行避灾练习，能在最短时间内极有秩序地避难	30
战时服务团的进行	1. 各校应组织一团分队切实进行各种服务 2. 各种服务进行前须确定实施办法	1. 由员生组织战时服务团，依照广西省各级学校员生战时服务纲要一、二两条办理 2. 各种服务于每次实行前，须根据当地情形，确定实施办法，充分准备，事后必须将办理经过及结果详细检讨	1. 各校服务组织均能照省定办法办理	20
			2. 能接受当地政府及抗敌后援会的指挥	20
			3. 能根据当地情形确定办法	40
			4. 各种服务进行后，曾将办理经过及结果详细检讨	50

续表

设施事项	辨别的程度（或数量）	办理方法	考核标准	考绩分数
战时服务团的进行	3. 各种服务进行后，其结果须切合要求，并合于时间、人力均极经济的原则	3. 各校须将实施经过每三个月呈报主管机关一次	5. 实施经过能按期呈报主管机关	30
			6. 各种服务均合于时间、人力均极经济的原则	40
合计				1600

说明：
1. 表中加有( )之项如学校能力办不到时可以不办。
2. 表中加有[ ]之项如当地不需要时可以不办。

资料来源 《电区行政监督等颁发战时各县教育设施要项及考核标准》，载《广西省政府公报》，1937年第193期，第132—135页。

《战时各县教育设施要项及考核标准》颁行于1937年10月，即全国抗战爆发后。与之同时颁行的还有《广西省各级学校员生战时服务实施纲要》，加上1937年6月颁行的《广西省中等学校与中心国民基础学校推动暨参加村街民大会工作纲要》与1938年12月颁行的《战时广西各县基础教育实施办法》，是战时广西关于国民基础教育的主要法规。战时各县教育法规的实施，集中在抗战动员工作上，规定以宣传、慰劳、生产、教育成人、劝募、调查、防护及战时服务团的进行等8项工作为各级国民基础学校应进行的中心工作，并逐项修订其辨别程度、办理方法、考核标准及考绩分数，作为督导考核的依据。①各县集中人力、物力，为达到预期成效，为抗战多做贡献，要求各级国民基础学校切实遵照《战时各县教育设施要项及考核标准》执行各项工作。除教育成人部分须另定办法实施外，儿童教育有因军事影响而不能利用原有校舍上课的学校，则采取综合编队的形式，进行具有机动性的教育活动，以适应不断变化的战时环境。编队施教的要点如下：

（1）以乡镇为单位，由县府督饬所属各乡镇中心国民基础学校，负责将乡镇内的失学学生，无论原属本乡镇籍或外籍，都分别编入国民基础教育队，队下再分若干组，运用“互教共学”的方法，充分利用露天、野外或岩洞，进行教学。每队学生50～80人，不能依据乡镇单位集中编队者，得由一校单独编队施教。

①广西省政府十年建设编纂委员会：《桂政纪实·文化》，1946年，第86页。

(2)每一个国民基础教育队，设教员1人或2人，担任(承担)该队教导事宜；由县府就原有乡镇村街学校教员中指派充任。每组设组长、副组长各1人，由各组学生互相推举充任。

(3)国民基础教育队的学生活动，以宣传、慰劳、生产、教育成人等为各项中心工作。凡辖有是项教育队的中心国民基础学校，应派辅导主任经常辅导各队的教育工作；并每星期召集各队教员，举行工作检讨一次。县政府随时派人巡回视导。

(4)各县在战事波及县境而无法施教时，应将年龄较大、能力较优、意志坚定、身体强健而不能离开战区的学生，组织战区儿童服务团，斟酌情形，派教员领导，从事宣传、通讯、慰劳、看护等后勤工作。

在桂南会战中，战区及接近战区的各县，遵照以上办法，得以维持教育的设(实)施。南宁附近各县各级国民基础学校的学生战时服务团及教师战时工作队，曾在多方面取得较好成绩。①

由以上可知，受战争破坏及民族危机的影响，广西各县教育已不能按原有方针继续发展。为了在抗战中求得生存，同时激发民众的抗战情绪，各级国民基础学校被迫担负新的历史使命，一切以抗战动员为中心展开工作，以此显示民族抗战的信心与决心。

二、战时广西各类学校发展概况

战时广西各类学校，包括高等教育、中等教育、师范教育、职业教育、国民教育、社会教育、健康及体育教育、留学教育等多个方面均得到发展。以下仅就战时广西各类学校的发展作简要概述。

①广西省政府十年建设编纂委员会:《桂政纪实·文化》,1946年,第87页。

（一）高等教育

广西省办理高等教育，按照省教育厅厅长苏希洵的说法，向来注重质量而不偏看数量，所以高等教育机构仅设广西大学一所。①1912年以后，由于各项建设事业不断增多，广西各方面专门人才一直处于供不应求的紧张状态。自1931年起，广西规定高等教育的实施先从设置专修科入手，授以应用科学，养成专门人才，而后再发展完善。新桂系执政后，依照广西高等教育整理案，切实改组各类高等教育学术机关。至抗战时期，省内高等教育仍有发展，如1938年省政府规定：广西大学开设文史地专科及训练中学师资，以适应省内中学师资短缺的需要；同时，在省内筹设医政学院，以增加省内医务人员；继续坚持训练各种专门人才。1939年至1941年，省政府仍依照历年一贯主旨，从事高等教育的扩展，且逐年增加中等学校师资培育的数量，同时积极充实省立医学院。②

1936年，在梧州有广西大学，在南宁有医学院，在桂林有师范专科学校。至1937年10月，广西大学本部及文法学院随省政府迁到桂林，以良丰西林公园为校址，农学院迁于柳州沙塘，理工学院仍设于梧州。1938年广州沦陷后，理工学院由梧州迁到桂林。1939年秋，省立广西大学改为国立，对省内专门人才的培养更为有益。该校设立的目的，在于培养实科人才，以满足省内各项建设的需要，科系的设置，以理工科为主。③随着广西战事日紧，广西大学被迫迁离本土，于1944年迁到贵州榕江借用一些会馆公房坚持办学，直至抗战胜利，始迁回广西。省立医学院在1938年改为军医学校，同年10月广州沦陷，桂南战事危急，乃举校迁往田阳。至1939年11月，军医学校又改为省立医学院。1940年夏，该校由田阳迁设桂林，并增设先修班。1944年7月省内战事日紧，桂林被迫疏散，医学院分两部分迁移，一部分迁往三江福禄，一部分迁贺县八步，因人员分散，难以集中，以致校务停顿。直至1945年8月抗战胜利在即，桂林光复，该校才分别迁回原校址复课。省立师范专科学校成立于1932年，设立目的在于培养各县乡村师范教育师资，发展乡村教育，改造乡村社会，以达到组训民众的要求。在1936年，它一度并入广西大学文法学院，未曾复办。后来，广西省政府出于对中等教育师资严重缺乏的考虑，于1942年4月成立省立桂林师

①苏希洵：《广西教育概况》，1942年，第23页。

②李彦福，黄启文等：《广西教育史料》，广西人民出版社1990年版，第405—406页。

③李彦福，黄启文等：《广西教育史料》，广西人民出版社1990年版，第407页。

范学院，至1943年改为国立桂林师范学院，这也是广西省设立国立师范学院的开始。广西高等教育的发展速度是缓慢的，规模也相对较小，其创办出于本省建设事业发展的需要，因建设人才需求的变化而变化。受抗战的影响，广西高等教育更是被迫兼并办理，甚至部分停办，发展可谓一波三折。

（二）中等教育

广西中等教育的办理，除有与全国一致的普通中学外，还有本省独特的国民中学。两者虽然均属中等教育，但创立的本意却不一样，学制也不尽相同。就普通中学而言，广西省的设置分为高级中学、完全中学、初级中学、女子中学四类，参照各地人口、交通、经济、文化等情况均衡配置，避免过度集中。1939年至1941年，教育部为使各省中学教育在省内各地得以均衡发展，使供求相应，没有畸轻畸重的弊端，还颁布了《划分中学区调整设施应行注意各点》。广西依照此项规则，将全省原有行政区域划分为12个中学区，每区至少设置完全中学1所。人口众多且升学率高的地方，或在原有学校增加学级数，或增设学校，以满足需求。此外，广西省政府为适应一般青年的入学需求，弥补政府财力的不足，于1940年4月颁布《广西省私立中学经费及设备标准》与《广西省私立中学奖进办法》，以鼓励私人出资创办中学，扩大青年的入学机会。此时，还有两所外省的中学迁来。就国民中学而言，广西省国民中学的设置，由各县政府划入县财政预算，拨专款自行办理，对于财政不支、较为贫弱的县区，则采取联合办理或由省政府扶持办理。其毕业生除少数能继续升学外，余则直接服务于地方基层，对地方建设贡献颇大。国民中学制度初创之时效果不佳，后经省政府大力推广，设校日增，所需经费也日渐增多。即使是在抗战期间，广西国民中学的办理亦有所发展，详见表5-3。

表5-3　1938—1940年广西国民中学概览

年度	学校数	班级数	学生数	毕业生数	经费(单位:未知)
1938年	36	120	5761	718	608326
1939年	37	144	7045	2076	663678
1940年	47	204	20028	3553	1046085

资料来源　苏希洵：《广西教育概况》，1942年，第42页。苏希洵时任广西省教育厅厅长一职。

国民中学的办理虽有发展，但属广西省政府草创，且办理时间不长，各项筹备不尽完善，本身存在不健全的地方，所以办理过程中未能尽量发挥它的功能，也未能担负起建设地方的历史使命。加上抗战的严重破坏，各地国民中学的发展严重受阻。

全国抗战爆发后，广西省东北和东南临近战区，中等教育为适应时局的变化，需要有新的教育设施。由此，省政府于1938年12月颁布《战时中等学校实施办法》，将全省中等学校区分为原有学校、联合中学、抗战建国干部学校等三类。视战局的演变与学生的年龄、体力、志趣、家庭环境等，分别将学生收容于各类学校，使中等教育在抗战期间，不但不致中断，还能充分发挥其国防教育的功用，强化抗战建国的效能。此外，省政府还制定《广西中学学生战时自行修学办法》，便于在省境沦陷后，中学学生仍可继续学习。1939年2月，省政府颁布《广西省政府战时指挥监督公私立中等学校办法》，其中规定：在抗战期间，关于追加预算、增减学生班数、教职员薪级及津贴、册据、毕业考试、课程变更、教职员更调、学校停办改办、招生简章、校长请假、学校经济、学生开除等事项，省立学校须呈准省政府始得办理，县立与联立学校，除校长请假及拨用经费在100元以内的事项，由县核办外，余则呈省政府核办。除以上各项外，均由各校自行办理。[①]同年11月，省政府特定各级学校朝会问答十则，颁发各校，要求各校于每日朝会时，由学校领导人员依照发问，学生齐答，以此提高学生对国家、民族与自身关系的认识，激起学生的抗战情绪，坚定其抗战必胜的信念。关于战时服务，省政府于1937年颁行《广西省各级学校员生战时服务实施纲要》，通饬各校一律组织战时服务团，由校内员生构成，每3个月将实施经过向上级主管机关呈报稽核。战时服务团负责的主要工作包括抗战宣传、慰劳、生产、劝募、调查、防护等。在学生救济方面，由于北平、天津、上海等多地相继沦陷，战区不断扩大，外省学生迁入广西求学者日众。省政府令各校遵照《处理校务临时办法》办理，而后制定《广西省设置中学战时扩充部办法》，至1938年，办理战时扩充的学校有桂林、宾阳、平乐各初中及梧州女子中学等，但因经费短缺，每校仅能办理一班，收容的战区学生十分有限。省政府为弥补不足，制定了在广西省内各种补习学社开设战区中学生自修辅导办法，及广西中学学生战时自修学办法，以充分发挥省内各种民间力量，帮助沦陷区学生共渡难关。

---

①广西省政府十年建设编纂委员会：《桂政纪实·文化》，1946年，第198页。

(三)师范教育

广西省政府在全国抗战爆发前,极力普及国民基础教育。在这一时期,乡镇中心学校及村街国民学校发展迅速,但所需师资严重匮乏,合格的师资更是为数不多,在很大程度上影响了广西国民教育的推行。因此,广西省政府于1938年8月制定了《广西国民基础教育师资培养方案》,将全省划分为7个师范区。该方案对师资训练采用分期循环推进方式,先办简易速成的训练班,以满足最基本的需要;后分期进行继续训练,逐渐提高其质量,以达到全省师资日臻完善的目标,并以养成乡村教师为主要任务。正当广西省按原定师资培养方案如火如荼地进行时,1940年3月,国民政府教育部公布了《国民教育实施纲领》,规定自1940年8月起,各省一律普及国民教育,分3期进行,并限定5年内完成。广西省政府则指示各县,要求国民教育应在3年内整理完成,且合格师资须达到60%以上。为了加快师资培养,省政府在原行政区域的基础上,将全省改划为12个师范区,对之前的培养方案亦加以修订后颁布,其内容包括:所需培养师资总数;师资培养训练的基本原则;训练方式及课程教材;师范区划分及设校程序;所需师资培养进度;实习与辅导;视导与检定;研究实验;经费支配;其他。[①]广西省计划3年内培养合格师资26257人,以适应国民教育发展的需要。而当时广西省内普及国民基础教育预计所需师资为72703人,除去校长由地方行政干部训练委员会另设训练班培养外,须由师资训练机关训练的仍有46446人。这是一个巨大的师资缺口,摆在广西省政府面前的任务异常艰巨。当时广西省内合格师资约5000人,尚需训练培养42761人,以3年后受训达到合格者占总数60%的标准计算,则3年内须培养训练16257人,每年须训练8752人。即使考虑到年老退休、死亡、改业、离职等因素,其基数依然较大。

广西办理的师资训练,根据培养的师资类型,大体上可分别对应简易师范学校、国民基础师范学校、师范学校、幼稚师范学校等,各类师范学校依据师资缺口,相应培养各级学校所需师资。对于师范毕业生的实习及服务,在实习上,省政府为便利起见,商定在师资训练班所在地,由各县政府指定乡镇内的一所中心学校或国民学校作为师资训练班特约实习学校,以供师范生开展实习。至于服务,省

①苏希洵:《广西教育概况》,1942年,第57页。

政府除转发师范学校毕业生服务规程外，还颁行师范学校服务实施细则及毕业生拒绝服务追缴费用办法，规定师范毕业生须遵照规定达到服务年限，接受原毕业学校的指导，服务于国民教育。在师范生的待遇上，省立师范学校学生实行完全免费制度，制服、书籍、膳费均由学校提供。战时因物价上涨，特订立《省立中等以上学校公费生膳费救济办法》，以此保证师资训练的正常进行。至于县立中学校师资训练班学生的膳费，规定每名学生由省款补助7元，如有救济必要时，当由县斟酌财力，给予膳食津贴或贷金。

（四）职业教育

广西受历史、地理等因素影响，堪称地瘠民贫，收入主要依靠农林、水利、矿产、工业等。而这些方面的工作需要大量的专门人才，而对中下级干部与技术人员的培养，更是当务之急。职业教育由此而渐兴。学校有劳工学校教育、职业补习学校教育、职业短期训练班、初级职业学校、高级职业学校等，辅助部分则有职业指导、职业陶冶、职业调查、职业测验等，且与社会及政府各部门建设相贯通、配合、适应，以满足当时的生产与建设需要。

广西自1931年至1941年，职业教育的规划大体上设计多而执行少。抗战爆发后，广西很快成为西南大后方的重要支撑点，“虽然偏处一隅，但因为工厂内迁，交通发达，公私企业，均呈跃进现象。环境既变，职业教育与之配合，互相为用，工效显著”①。广西职业教育的实施，大体上分为两个时期：短期职业训练中心时期与职业学校教育中心时期。短期职业训练中心时期自1931年至1939年4月，在这个时期最值得记述的是1938年广西省立平乐初级实用职业学校的设置。这是由广西省政府委托中华职业教育社筹划兴办、成绩较为卓著的职业学校，广西的职业教育、职业学校由此走上“正名定义”的阶段。在短期职业训练的9年间，培养了一定数量的各类专门人才，基本满足了省内供求，学校更是由2所增至17所，学生由每年100余人增至1900余人，毕业生由每年15人增至900余人，经费由每年2万余元增至29万余元。

自1939年4月始，广西省政府颁布《广西省推进农工职业教育实施办法》，自

①李彦福，黄启文等：《广西教育史料》，广西人民出版社1990年版，第472页。

此广西职业教育的发展进入职业学校教育中心时期。1939年省政府筹设省立柳州及桂林高级、初级农业职业学校各一所，并充实省立平乐初级实用职业学校与职工训练所的设备。1940年实行建教合作制度，如：柳州高级农业职业学校与广西农事实验场通力合作，桂林初级工业实用职业学校与广西纺织机械厂通力合作，桂林高级工业职业学校与国立广西大学理工学院合作，省立南宁、浔洲、龙州、百色各农业职业学校与当地的省营农场合作等。1942年，省立职工训练所改为桂林职工学校，附设于省立桂林医学院的助产护士学校改为省立桂林高级护士助产职业学校，与中华职业教育社合办中华职业补习学校。1943年，增设桂林高级商业学校，将省立梧州医院附设助产护士学校改为梧州高级护士助产学校，设省立桂林高级工业职业学校于良丰。1944年，增设省立南宁高级农业学校于南宁四区农场附近，指定上林、苍梧、桂平、贵县、北流、博白6县筹设县立初级实用职业学校。湖北、湖南战事均告失利后，广西省开始疏散，日本侵略者很快进入广西省境，历年来惨淡经营的职业教育，亦随其他各项建设遭到破坏。战时广西职业教育发展概况，可参见表5-4。

表5-4　1937—1944年广西职业教育概况

年度	学校数	班级数	学生数	毕业生数	教职员数	经费数
1937年	10	29	962	-	-	-
1938年	15	35	1202	417	301	228190
1939年	17	45	1639	808	289	293738
1940年	19	49	1547	795	254	448113
1941年	15	46	1671	1089	185	575824
1942年	20	48	1485	1486	422	2898116
1943年	19	60	1713	683	416	3312729
1944年	22	8	336	47	111	985420

说明：1944年度因本省大部沦陷，故表列各项数字均突减。

资料来源　李彦福，黄启文等：《广西教育史料》，广西人民出版社1990年版，第475页。

（五）国民教育

1935年，广西公布《广西国民基础学校办理通则》，国民基础教育的实施即以此为准则。1940年9月，因形势变化进行了第二次修正，进一步规定学校的任务为：普及基础教育；助成基层建设；树立地方文化中心。在设校上，国民基础学校均以所在地乡镇村街的名字命名，校舍以与乡镇村街公所的场所合用为原则。在经费上，国民基础学校由各县依照六年计划大纲的规定统筹分配，并采取“因地为粮”的政策，以政府酌量补助为过渡，鼓励各学校自筹资金，自给自足。修正办理通则后，村街国民基础学校的经费由村街进行筹集，不足部分由县款补助；中心国民基础学校的经费，除教师薪金由县款拨付，余则由地方自行筹集。在设备上，国民基础学校按政治、军事、教育三方面的需要，综合成三位一体的设施。在组织上，国民基础学校的校长由乡镇村街长兼任，第二次修正通则后，为加强教育与政治、经济、军事、文化四大建设的联系，中心国民基础学校校长改为专任。村街国民基础学校为适应校长专任，所有教师须分别兼任乡镇村街公所各股职务，以协助政务的推行。1941年，省政府制定《各县市设置表证中心学校办法》，特别强调劳动生产、公共造产及协助基层建设等社会活动。

国民基础教育自创办伊始即以民族运动为其动力，以民族解放为实施目的，着重于政治教育与生产教育的推进，以配合抗战建国的政治要求。为此，省政府于抗战期间制定了许多相关法规，以使国民教育适应抗战形势的需要，包括《战时各县教育设施要项及考核标准》《战时广西各县基础教育实施办法》等。截至1941年底，全省总计已设立中心国民基础学校2236所，村街国民基础学校19506所。全省应就学儿童总计4120396人，除已受国民基础教育者1754098人及在学者1578265人外，尚有失学儿童788033人，约占应就学儿童总数的19%。成人应就学者全省总计达4656899人，除接受短期国民基础教育者3754479人及在学者329498人外，尚有失学成人572942人，超过应就学成人总数的12%。战时广西国民教育发展的概况，可参见表5-5：

表5-5 1937—1941年广西国民基础教育实施概况

项目年度		1937年	1938年	1939年	1940年	1941年
学校数	中心学校	2291	2301	2163	2723	2236
	国民学校	19594	19693	18534	19298	19506
	合计	21885	21994	20697	21571 (22021)	21742
学生数	儿童	1174061	1698534	1508950	1587097	1578266
	成人	1407370	973059	1007938	329498	329498
	合计	2581431	2671593	2516888	1916595	1907764
毕业生数	儿童	203813	207058	427960	465465	-
	成人	299559	312457	913917	250997	-
	合计	503372	519515	1341877	716462	-
教职员数	中心学校	16265	18907	18160	19946	19946
	国民学校	49151	53938	51082	52833	52833
	合计	65416	72845	69242	72779	72779

资料来源 李彦福，黄启文等:《广西教育史料》，广西人民出版社1990年版，第551页。表格中括注数据为已修正数据。

特别值得一提的是，1939年为广西“成人教育年”，省政府制定了《广西省实施非常时期成人教育方案》，定下三大目标:使知我国历史及目前危机，以激发民族解放情绪;使知日本帝国主义者侵略我国实况，以阐明抗日救国的必要，致使能积极参加;使能应对民族战争过程中的特殊环境。广西省政府借助短期国民训练，集中力量扫除省内文盲约180万人。至1940年3月，国民政府教育部召集全国国民教育会议，决定在全国各地普遍推行国民教育，以配合新县制的实施，利于抗战建国大业的推进。由此，国民教育为全国一致推行，广西国民教育的实施亦步入新的发展阶段。

（六）社会教育

广西省兴办社会教育，是根据本省人才缺乏、物力艰难的实际情形，为谋求经济快速合理地发展，力行社会教育与学校教育合流，政治与教育一致，经济、军事与教育相贯通而制定的政策。社会教育的任务，在于协助地方各项建设工作。涉及特殊技术或专门性的社会教育，设有特殊的教育机构，以便示范推广，如省立艺术馆、电化教育服务处、科学馆、图书馆、公共体育场等。省政府颁布的《广西省教育今后施政纲领》中第6款规定："社会教育，注重推广民众教育。"由此，广西计划于1942年设置省立民众教育馆一所。

广西的社会教育，均依照教育施政纲要规定的目标，考察本省实际情形，逐步实施。它主要分为两个时期：以民众教育馆为中心时期，属抗战爆发前的情况；学校教育与社会教育合流时期，反映抗战期间广西的社会教育情况。1937年，省政府将成人教育划入强迫教育的范围，要求失学成人入学接受基础教育。1939年广西"成人教育年"期间，省政府更是要求限年扫除省内政治文盲，使全省民众能够统一意志、精诚团结，共同肩负抗战建国的伟大使命。对于教育内容，则根据目前情形而定，军事上教以抗战锄奸，政治上教以推行自治，经济上教以生产节约等。1940年3月，省政府饬令各县市政府及各级学校，依照教育部1939年5月颁布的《各县市社会教育推行委员会组织纲要》及《各级学校社会教育推行委员会组织纲要》，分别组织社会教育推行委员会，实施兼办社会教育工作。桂南战役中，民众积极参与并协助抗战，使桂南多地得以收复，部分显示了民众教育的成效。1941年，省政府在省政建设检讨会上，高度赞扬了学校教育与社会教育合流的政策，指出这一政策很符合广西的实际，应大力推行，要求各级学校遵照法令，积极实行社会服务，协助地方进行社会建设。抗战期间，社会教育的员生充分发挥自身优势，积极组成战时服务团，利用假期从事抗战宣传、劝服兵役劳役、劝募、生产、防护等工作，还积极参加学生军，直接参与抗战事业。

此外，在图书教育方面，省政府设有省立图书馆3所，县立图书馆及乡镇民众图书馆、村街报阅览室等多所，分别位于桂林、南宁等地，后受战事影响，部分被迫停办。1939年，南宁及附近地区成为战区，桂西各地学校交通阻塞，图书供应困难，省立南宁图书馆迁至百色。省政府抓住时机，颁布了《战区及边区中等学校实施流通图书计划》，拨款给该馆购置更多图书运往百色，并委派该馆办理疏散区及边区中等学校图书的流通事宜，暂时解决了桂西中等学校图书匮乏的问题。

在电化教育方面，省政府一方面选员入国民政府教育部组织的电化教育训练班受训，另一方面，请求中央派员来广西，帮助办理电化教育，并设电化教育服务处，该处分总务、电影教育、电播教育三组，分别管理各项工作。电影教育设有电影教育巡回施教队，以慰劳的形式，用电影进行战时教育。电播教育则以广播、收音机等形式进行宣传施教，省政府为杜绝敌人假冒播音造谣，制定了《广西全省收音统制办法》，以坚定民众的抗战信念。

在艺术教育方面，1940年设置省立艺术馆，以推进省内艺术教育工作，还颁布了《广西省中等学校及国民基础学校实施课外音乐活动暂行办法》，规范各校音乐团体的组织及其活动等。1941年又颁布了《广西省30年度推进艺术教育计划》与《中等以上学校娱乐指导委员会组织规程》，对于省内艺术人才的培养，充分发挥艺术教育的抗战作用，具有重要指导意义。

在民众科学教育方面，省政府设有博物馆、科学集中实验所两个机构，抗战期间，博物馆及科学集中实验所虽被迫疏散，但仍坚持向各级学校提供教学设备，向民众开展科学普及工作。

（七）健康及体育教育

在健康教育方面，广西省设有健康教育委员会，负责办理各县市校健康教育事项，一切设施均以1940年4月颁布的《广西省实施健康教育计划纲要》及《广西省政府继续训练卫生医药人员五年计划纲要》为依据。为鼓励学校、家庭及社会关注青年学生的健康，广西省政府颁布了《广西省各级学校健康学生奖励办法》，对达到健康标准的学生予以奖励。在抗战时期，广西省政府还组织学生开展健康比赛、儿童健康竞赛等活动。在体育教育方面，全国抗战爆发后，学校中的军训长官纷纷被调往部队服役，部分学校被迫停止军训，学校军训处亦被迫撤销，各校体育教育大不如前。为振兴体育教育，广西省政府于1939年6月颁布《广西全省中等学校体育实施纲要》，规定各学校于1939年度上学期起，一律组织体育委员会，办理全校体育及卫生事宜；学校体育指导员每4班设1员，体育指导员达3人者，指派

1人为主任指导员;各校体育课程自1939年起,依照部颁课程标准,恢复正课,每周2小时;体育教学应特别注重体育德性的训练;成绩考核方法,依照省政府所颁的体育成绩测验标准办理,不及格者不能升级或毕业。[①]

关于体育教育的措施,还有添加各中等学校体育设备,组织体育委员会,举办中小学校学生体育测试,加强小学体育,举办各区县市运动会,继续督促各县中心校倡导民众体育等。

(八)留学教育

广西留学教育分为省外留学教育和国外留学教育。广西省政府为自费肄业省外各专科以上学校的学生设置奖学金,鼓励和资助省外留学。1933年废止奖学金制,改为贷学金,颁布有《广西省自费肄业专科以上学校贷金暂行章程》《广西省自费肄业专科以上学校学生贷学金贷予标准及偿还办法》等法规。自1936年至1941年,核准贷予自费肄业省外各专科以上学校的学生名额及金额情况,见表5-6:

表5-6　核准贷予自费肄业省外各专科以上学校的学生名额及金额情况

年度	名额	金额	附注
1936年	150	52637	本年省内专校生无续贷者,留学日本续贷、新贷者15名,留学欧美续贷、新贷者7名
1937年	140	54600	
1938年	-	-	本年因抗战关系,支出浩繁,暂停贷出
1939年	62	5680	本年新颁布《广西自费肄业省外专科以上学校学生修学贷金章程》,以前的贷学金规程废止
1940年	300	19230	本年依照《广西自费肄业省外专科以上学校学生修学贷金章程》,贷发除规定有定额贷金及特别贷金外,为救济桂南沦陷区学生起见,临时贷发膳食特别贷金
1941年	191	48380	本年同上年,但已无膳食特别贷金的贷发

资料来源　广西省政府十年建设编纂委员会:《桂政纪实·文化》,1946年,第275页。

广西省对国外留学向来是心有余而力不足,因本省社会经济落后,教育文化设施未尽完善,学生能长期出国留学深造的不多。七七事变后,因抗战影响,国民

①苏希洵:《广西教育概况》,1941年,第57页。

政府控制外汇，省政府因库币不易筹集，致使先前已考取国外留学的学生未能出国，虽屡次向中央请求，中央都以暂缓执行推脱。广西省自1931年至1941年，留学国外的公费生总计有59名，其中1938年最多，有12名。以国别言，以留学美国者居多，有21名。学习科目主要有会计、经济、机械工程、农科、法科、医科等，其中工科最多，有15名。国外留学经费，每年列预算5万至10万元。

三、内迁高校在广西

抗战以来，日寇对我国高等教育机构极力破坏，导致我国大部分专科以上学校为寻求安全避难地而辗转迁移。其迁移方向除西南、西北外，还包括我国东南沿海丘陵地区及上海、港澳等租界。迁移的院校达百余所，大部分院校的迁移历经艰辛，还不时受到敌机的狂轰滥炸，众多院校损失惨重。抗战时期高校内迁是我国历史上罕见的一次教育大转移，师生员工历经坎坷的同时，也留下了许多可歌可泣的感人事迹，它们见证了中华民族面对外敌入侵时不屈不挠的爱国精神。

抗战时期，广西省作为西南大后方的对外门户，吸引了部分内迁高校入驻，并在此扎根复课，如国立浙江大学、国立同济大学、江苏省立教育学院、广东省立勷勤师范学院、私立无锡国学专修学校、私立武昌华中大学等。以国立浙江大学为例，该校于全国抗战爆发后4个月，即1937年11月淞沪会战后期开始迁离杭州。途中多次迁移，经建德、吉安、泰和等地，而后于1938年秋（即九江沦陷后）内迁广西宜山复课。同年11月1日，竺可桢校长主持开学仪式。国立浙江大学内迁广西宜山，面临两大艰巨任务：一是图书、仪器等校内财产的迁移；二是师生、员工及家属等校内人员的迁移。“本大学由赣迁桂，所有图书仪器共计一千七百余箱，除其中最急要的一百余箱由泰和直达车装运，已运抵宜山外，其余一千六百余箱，为减轻运费起见，原定循水道装运。”[①]校内财产走水路运输入桂，很大程度上是出于减少运费起见，但也有安全问题的考虑，“在原则上订为图书仪器遵赣粤间水道入

①《图书仪器运输近讯》，载《国立浙江大学季刊》，1938年，第1期。

桂，以其比较安全”[①]。人员内迁灵活性相对较大，其路线选择可以有多种，总体而言，“校内师生循赣湘公路湘桂铁路西行，以其时间比较经济”[②]。

在确定财产和人员的迁桂路线之前，国立浙江大学还做了多项筹备工作：一方面派胡刚复入桂接洽；一方面组设迁校委员会，作为迁校期间的最高机关，商议决定一切内迁事项。迁校委员会由七个委员组成，第一届有吴馥初、蔡作屏、梁庆椿、张晓峰、夏济宇、储润科、沈鲁珍七人。委员会针对不同的内迁事项，分员负责管理，对于重大事宜，则全体开会议决，加上竺可桢、胡刚复等的指导，在实地调查的基础上，制订各项内迁计划，具有一定的科学性与可行性。与此同时，国立浙江大学由竺可桢等出面，与陈立夫、黄旭初、雷沛鸿、张君劢、马君武等人积极沟通，寻求支持和帮助。确定广西可迁后，国立浙江大学组织校内师生、员工及家属等分队内迁，并按层次发给特定的补助金额，以确保沿途开销。在既定的内迁路线上，迁校委员会还设有地方中转站，以接应内迁的本校人员、财物等。这些完善的筹备工作及内迁安排，均是国立浙江大学为顺利内迁广西宜山所做的努力。

此外，国立浙江大学内迁宜山，还得到广西当地政府及人民的热心帮助，这对其顺利内迁至关重要。政府方面，广西当局对国立浙大内迁颇为重视，不但亲自派人协助完成搬迁事宜，而且还通过宣传提高国立浙江大学在宜山百姓中的威望，为其在宜山地区办学营造了良好的社会环境。在广西当局的帮助下，国立浙大基于宜山标营、文庙、湖广会馆等地的房屋复课，还在标营空地上新建校舍、膳厅、篮球场等，获得宜山农场部分土地作为农业科学实验基地。如竺可桢所言：“凡讲艺之堂，栖士之舍，图书仪器之馆，校长百执之室，以至庖湢之所，电工之厂，游息树艺之场，莫不具备。”[③]其中，标营是地方民团所在地[④]，出让最为困难。而当时标营所在之地，土地平坦开阔，旧房较多，又是最为理想的办学之所。“接刚复

①李絜非：《浙江大学西迁纪实》，1939年，第27页。

②李絜非：《浙江大学西迁纪实》，1939年，第27页。

③竺可桢：《国立浙江大学宜山学舍记》，载李楚荣：《宜州碑刻集》，广西美术出版社2000年版，第55页。

④民团原是保卫地方治安的民间武装团体，清末年间广西已有之。新桂系整理正规军之后，在“寓兵于团”的口号下改造旧民团组织，建设新民团武装，把民团组织与行政组织结合起来，从省到乡村建立了一套严密的民团组织。民团建立后，不仅进行军事训练，维持地方治安，还被组织去筑路、造林、垦荒、举办成人教育等，对维护地方社会秩序和经济文化建设发挥了重要作用。（参照钟文典：《广西通史》第三卷，广西人民出版社，1999年。）此外，抗日战争爆发前，广西民团就发出了抵抗日军侵略的呼声；抗战爆发后，广西民团在抗战征兵、征工、保卫和巩固大后方等方面都做出了巨大贡献。（参照刘文俊：《广西民团与抗日战争——从两份档案文献说起》，民国档案，第三期，2007年。）

（即当时的浙大教授胡刚复）电，知宜山标营因团部出让尚有问题”[1]，这无疑是摆在竺可桢面前的又一道难题。广西当局为帮助国立浙大在宜山尽快复课，对民团做了多次思想工作，使地方民团愿意腾出标营之地，同时为民团寻找新的驻地，以稳定民心，才最终确保国立浙大的顺利内迁。国立浙大在宜山期间，积极联合地方各界开展抗战宣传活动，演话剧、办壁报、出版《呐喊》周刊等，还多次举办抗战募捐、慰劳、义卖等活动，协助地方各级学校组织战时服务团，与广西省政府合作，办理地方国民教育与成人教育等，对地方各项建设贡献颇多。

民间方面，“工不劳而集，费不侈而完”[2]。广西人民不但为国立浙大新建校舍提供了足够的建材，还提供了廉价的劳动力，从而用时不多即帮助其完成新校舍的修建，使其得以很快复课。此外，国立浙大内迁广西宜山，虽新建了校舍，仍不足以妥善安置全部师生，许多教师是租借民房居住的，所使用的家具及其他生活用品，均由广西人民廉价提供，如手工编织的竹床、竹桌、竹椅等。同时，宜山各界团体广泛接纳与积极配合国立浙大师生的抗战宣传，如慰劳伤兵的游艺活动、救亡宣传、优待征兵家属联欢大会、出版《呐喊》周刊等。抗战宣传之余，国立浙大开展的其他多项活动也都得到了当地民众的积极配合，如农学院章恢志先生带领该系学生前往容县一带，对广西柑橘类果树之栽培展开调查，以求明了实际情形而加以研究改良，所经容县、玉林、桂平、柳州等地，均得到当地民众的热心帮助，使调查所得材料颇多。农艺学系则租得民田四十亩，内有水田二十余亩，拟作为水稻试种之用，余作种植大豆棉花之用，并向宜山各方征求下季作物种子，以便广为栽培和试验。[3]正因为得到了广西人民多方面的热心帮助，国立浙大才得以顺利内迁宜山且很快复课，为我国抗战事业贡献良多。自离杭州，国立浙大沿途滞留，以宜山最为长久，但也以在宜山所遭遇的破坏最重。国立浙大内迁宜山不久，校内众多师生染上疟疾等病，导致人心惶惶。1939年间，日机时来轰炸，且对国立浙大标营等校舍进行集中轰炸，仅标营一地就落下百余枚炸弹，教室、宿舍、球场等均遭破坏，幸得师生无人遇难。同年9月，国立浙大院系调整，将本校扩大至5个学院，学生由549人发展至1045人，全校师生职工共1500余人。但因战争形势的恶化，被迫于同年底内迁贵州遵义。

①竺可桢：《竺可桢全集》（第六卷），上海科技教育出版社2005年版，第576页。

②竺可桢：《国立浙江大学宜山学舍记》，载李楚荣：《宜州碑刻集》，广西美术出版社2000年版，第55—56页。

③《本校农场近讯》，载《国立浙江大学季刊》，1939年，第17期。

其他内迁广西的高校，沿途遭遇亦颇为坎坷，但无疑均得到了广西当局及当地人民的热心支持和帮助。此处受材料及篇幅所限，其余内迁高校在广西的情况，仅作简要叙述。

国立同济大学于1938年秋从江西赣州内迁到广西贺县八步，面对日寇暴行，国立同济大学人人同仇敌忾，校内组织的战时服务团在八步地区坚持开展抗日宣传活动，用小红旗制作阵线图，分析敌我战争形势，还宣传毛泽东论持久战的思想，鼓舞当地民众的抗战士气。在设备缺乏的艰苦条件下，坚持演出舞台话剧和街头活报剧。在桂林，国立同济大学话剧团为矿工、士兵和群众义演，收入作为筹募当地抗日后援会的经费，得到了马君武、艾青等知名人士的支持。桂林文艺界为同济话剧团举行盛大的招待会，并介绍全体团员与桂林文艺界知名人士认识。回八步后，该团举行总结演出，向八步广大群众宣传抗日救亡，取得了很好的效果。后终因敌机时来轰炸，学校无法正常上课，国立同济大学于1938年11月被迫内迁云南昆明。

江苏省立教育学院于1938年9月由江苏无锡内迁至广西桂林，在桂林园背村（即今天的六合路附近）设校。该校1939年与广西地方建设干部学校，与桂林农业推广实验中心推广区联合建立辅导区作为学生试验场所，在辅导区内开办国民基础学校和成人教育班，并协助当地农民改良农作物品种，开展各种文化活动。[①]1940年，江苏省立教育学院协助广西省政府举办国民中学教育研究班，抽调国民中学中有丰富工作经验且热衷于教学岗位的教师开展培训。受广西省教育厅委托，开办广西省立实验国民中学1所。还受广西省政府的委托，由童润之、董渭川教授等人组织编写国民中学教材。[②]后因经费困难，学院不得不停办，直至抗战胜利后，始能在无锡恢复。

广东省立勷勤师范学院于1938年下半年迁至广西梧州复课，后又迁往藤县、融县等地。在极端困难的条件下，全院师生仍维持课业与教学科研工作，完整地保存了校内的图书资料、仪器设备等。1939年8月迁回广东乳源。私立无锡国学专修学校于1938年2月，在校长唐蔚芝的率领下迁至广西桂林，在正阳街、环湖路租借民房招生上课。后因桂林屡遭敌机空袭，师生无法正常上课，乃决定迁往

①广西壮族自治区地方志编纂委员会：《广西通志·教育志》，广西人民出版社1995年版，第450页。
②广西壮族自治区地方志编纂委员会：《广西通志·教育志》，广西人民出版社1995年版，第450页。

北流县复课。1941年学校成立校董会，由李济深任董事长，筹集资金，在桂林穿山购地300亩，先后修建办公室、教室、学生宿舍、教师宿舍等多幢，还有膳厅、图书馆等砖木结构平房。同年8月，由北流县迁往桂林穿山新址。[①]豫湘桂战役期间，日军进犯广西，桂林紧急疏散，无锡国专被迫迁往蒙山县，在蒙山得到当地人民的大力支持和帮助，而后又迁至北流山岗村上课。抗战胜利后第二年，始迁回无锡办学。私立武昌华中大学在日军进犯武汉期间，携带重要的仪器、图书，经千难万险，终在1938年8月下旬迁至广西桂林。在条件极为艰苦的环境下，全校师生借着简陋的教室开展教学活动。日军轰炸桂林期间，部分教师与学生宿舍遭到严重破坏。考虑到师生难以继续开展正常教学，学校乃决定迁往云南，以期获得安宁的环境。在香港沙田创办的私立华侨工商学院，于1943年秋，在广西柳州河北琴园复校，翌年因敌陷柳州，乃内迁四川江津。

由以上可知，抗战期间内迁高校为获得理想的办学环境，避免敌机的侵扰，同时在大后方积极开展抗战救援各项活动，曾多次迁移，异常艰辛。其“文军长征”的历史事迹，成为我国抗战史上不可磨灭的精神源泉。

第五节　新闻出版与戏曲美术业的勃兴

一、新闻出版及发行机构的设立

广西的新式新闻出版及发行机构始建于清末，旧桂系时期得到一定程度的发展。新桂系时期，随着地方行政机构的健全及政治形势的日趋稳定，加上新桂系

①广西壮族自治区地方志编纂委员会：《广西通志·教育志》，广西人民出版社1995年版，第450页。

政府较为开明的文化政策，广西的新式新闻出版及发行机构得到了很大发展。抗战时期，战争形势的发展及大批文化人士入桂为广西新式新闻出版及发行机构的发展提供了历史契机，使其进入了空前的大发展、大繁荣时期。

（一）新闻出版机构

1906年，在广西巡抚林绍年、布政使司张鸣岐等人的主导下，广西创办了广西官书印刷局（简称广西官书局），隶属省提学司，这是广西第一家集编辑、印刷、发行于一体的官方专业出版机构。该机构拥有先进的印刷设备和技术，主要工作是编印和发行《广西官报》及官府文件、新式学堂教科书，另外还有《广西教育杂志》（月刊）、《广西学务提要》（专刊）等期刊。此外，这一时期除了官方出版机构，还开设了一些民营出版机构，如1908年南宁天主教会拉丁书院在南宁创办的玫瑰书局（又称南宁天主堂玫瑰印书局，1908—1925年），1911年传教士翟辅民在梧州创办的宣道书局（约1910—1932年）等。

辛亥革命爆发后，陆荣廷政府改广西官书印刷局为广西印铸局，以印刷业务为主，官方文书改由各司、处及道署部门编辑出版，使官方出版发行权分散至各下属机关。广西教育司、广西省临时议会、广西省议会、广西高等巡警学堂、广西陆军速成学校、广西省立国语讲习所、广西第一监狱、广西警察传习所、广西漓江观察使署等，在这一时期都有文书出版，各县甚至还出版了县志和县议会报告书。民营出版机构如玫瑰书局、宣道书局等在这一时期有所发展，但总体上不明显。

新桂系以"建设广西，复兴中国"为口号，加强了文化建设。在文化舆论方面，新桂系将新闻出版视为政治统治的有力工具，力图把书刊出版特别是编辑权紧紧掌握在政府手中。在形式上，同旧桂系一样，新桂系仍然不设专门的官方出版机构，而是将书刊出版作为政府机关及其所属机构的重要职能与任务之一，编辑出版本部门业务范围内的图书。如广西省民政厅主要出版民政管理工作的指导用书和各种报告、手册、须知等；广西省建设厅主要出版与广西各项建设相关的报告书、合作事业方面的图书和其他一些指导工作的通俗读物、丛书等；广西省教育厅于1928年设立广西省教育厅编写组，其任务是编辑与审查教科书及教学参考书、教学补充读物等。其他如广西省政府统计处、广西省工商局、广西省矿务局、广西省农林局、广西省修志局、广西大学出版社、广西省普及国民基础教育研究院出版科、广西农林试验场、广西省立民众教育馆、国民革命军第四集团军总司令部属下的《民团周刊》编辑部等，都有相关书刊出版。由于新桂系政府推行开明的文化教育政策，在一定程度上促进了民间出版事业的发展。这段时间，民间也先后出现了一些出版机构，如桂林的全面战周刊社、大我出版社、广西史地学出版社，柳州的大道出版社，梧州的梧州文化印刷公司等，这些民间出版机构多在桂林、南宁、柳州、梧州等政治、文化、经济较为发达的城市，机构规模相对较小，出版的书刊也不多。

1937年以后，随着抗日战争的逐步推进，大批文化人南迁入桂，整个广西的文化氛围愈是浓厚，当时的省府所在地桂林更是成为文化名城。应战争形势的需要，加上大批优秀文化人士的推动，抗战大后方的广西迎来了出版事业发展的高峰。

在官方出版方面，原来各厅、局级机构继续执行书刊出版职能。应战争的需要，这些部门也出版了一些抗战主题读物，如广西省民政厅出版的《优待出征军人家属手册》《优待出征军人家属在广西》等宣传册，以及新桂系重要领导人关于抗战的言论集，这些可看作原各部门出版机构中适应抗战需要的典范。当然，此时新桂系政府还设立了一些官方出版部门，比较有代表性的有以下几个。

广西省政府秘书处编译室：隶属于省政府秘书处，1937年建立，原名广西省政府编译委员会，1940年改为广西省政府秘书处编译室。其主要出版工作是：公报及施政记录的编辑；广西建设丛书的编辑；外国书报的翻译；省政府消息及建设实绩的发布；重要政令及领袖言论的阐述等。编译室共出版图书28种，其中政治动员丛书3种：《怎样应付敌人》《国民月会演讲材料》《战时紧急法令》；广西建设丛书4种：《广西人事行政》《广西对外贸易统计》《广西特种教育》《广西国民中学教育》；黄旭初言论集6种：《怎样去长期抗战》《广西建设应走的路线》《改良社会要从健全乡村做起》《国民基础教育与广西建设》《如何推进新政》《青年学生应有的修养》；民族英雄传记5种：《袁崇焕传》《唐景崧传》《苏元春传》《冯子材传》《刘二传》；其他书籍10种：《战时民众读本》《莅桂名人演讲集》《学术演讲集》《广西历代大事年表》《民元至民十九年广西大事记》《档案管理法》《战时国民经济建设概要》《人事行政之管理与实施》《广西省政府合署办公经过概要》《抗战建国手册》。从这些出版物也可以看出战时新桂系政府的政治和战争政策与导向。

广西建设研究会编译室(1937—1944年):是抗战时期新桂系组织的政治团体广西建设研究会下属的出版部门。该室的出版宗旨是促进民族文化,适应战时需要,着重宣扬广西政绩,提倡学术研究,鼓励著作事业;其主要工作之一就是出版各种问题研究之成果及广西建设实绩。共出版图书15种,除《广西建设》《李德邻先生言论集》《白健生先生言论集》《黄旭初先生言论集》等政治研究作品之外,还有《土耳其抗战与中国抗战建国前途》《政治抗战论》等关于抗战问题的研究成果。此外,还出版有4种期刊。该室撰稿者除了当时广西军政和文化方面的官员,还有一批进步文化人士和学者。

广西学生军:是1938年广西省政府为了配合正规军作战,动员和组织民众起来抗日救国而建立的准军队建制的学生组织。学生军运行期间,共筹办了87种报刊,其中抗战丛书12种,如《抗战知识读本》《论敌我战略战术之演变》等;抗战知识小册子33种,如《抗战问题的基本知识》《民众抗战手册》《抗战歌集》等;文艺图书4种,如《音乐通讯》《音乐与木刻》《艺术阵线》《漫木旬刊》;抗战特刊4种,如《献金运动》等。此外,学生军还编辑出版了一批宣传学生军的图书,如《广西学生军在前线》《广西学生军纪实》《广西学生军特刊》《广西学生军》等。

此外,国民党广西省党部主办的官方出版机构不仅同广西省政府合作出版了《南宁民国日报》,其旗下还有正中书局、拔提书店、中国文化服务社、国防书店、军民书店、青年书店等七家半官方的出版机构,凭借中央新闻媒体政治权威,在战时以抗战为导向,影响力也较大。如1940年创办的青年书店,由国民党、三民主义青年团主办,曾出版何炯编著的《忠勇事迹》、陈伯康著的《日本研究》、邬翰芳著的《日本国力的剖析》和蜡山政道(日本)著、何炯译的《行政学原理》等宣传抗战的书籍。再如国防书店(1941—1944年),是1941年2月皖南事变后,在生活书店桂林分店原址上创办的。书店主要出版外交、国防、军事技术等方面的图书,如刘为章著的《闪电战概论》、程晓华著的《现代战争理论与实际》、黄先明著的《日本间谍在中国》、陈忠诰著的《欧战中国际关系一瞥》、王世昭著的《思想的国防》、金极著的《国防科学原理》以及程晓华编的《国防周报》等书刊,也具有鲜明的抗战宣传色彩。

抗战时期,广西的民营出版业发展迅速,主要分布在桂林、南宁、梧州、柳州等城市。在这一时期，尤其是文化城——桂林的民营出版机构更是如雨后春笋般出现。据不完全统计，抗日战争时期，桂林的各类书店和出版社达200余家，其间出版的图书达2000多种，期刊280余种，报纸15种，出版业可谓空前繁荣。这些出版机构大多是抗战时期内迁，或为抗战形势所激发而建立，具有鲜明的时代特征和宣传主题。如以出版社会科学、哲学和政治理论读物为主的生活书店桂林分店、新知书店、读书生活出版社桂林分社等；以出版经济、会计、政法、史学书为主的立信会计图书用品社等；以出版文艺理论、音乐等书刊为主的上海杂志公司、开明书店、光明书店、文艺出版社、春草书店·春潮社、良友复兴图书公司、文献出版社等；以出版中国文学作品、外国文学名著为主的文化生活出版社、国光出版社、东南出版社等；以出版通俗读物、实用知识读物和综合性期刊为主的文化供应社、实学书局、创作出版社等；以出版文艺丛书为主的南方出版社、文化出版社等；以出版和翻印外文、影印书刊为主的远东书局、华联出版社等；以出版画册、地图和美术书为主的艺术书店、亚光舆地学社等；以出版古典小说、经史纲鉴图书为主的侨兴出版社等。其中，战时影响较大的民营出版机构主要有生活书店桂林分店、新知书店、文化供应社、开明书店桂林分店等。

生活书店桂林分店：1938年建立，是中国共产党领导的编辑、印刷、发行三合一的出版机构。1939年设立的西南管理处，是生活书店在西南地区的出版发行中心。生活书店桂林分店出版的书刊以社会科学和文艺读物为主，在战时，它们积极宣传抗战救国的进步思想和文艺理论。具有代表性的有范长江主编的“抗战中的中国丛书”、白桃主编的“战时大众知识丛书”、柳堤主编的“战时社会科学丛书”等9套丛书。此外，邓初民的《新政治学大纲》、李达的《社会学大纲》等图书和杂志，对当时的青年读者有着较为广泛的影响。该出版机构运营至1944年9月日军进犯桂林前结束。

新知书店：1938年，它由武汉迁往桂林，也是中国共产党领导下的编辑、印刷、发行三合一的出版机构。新知书店以出版政治理论读物为主，也曾出版部分少儿读物和文艺读物。其出版的政治理论读物有薛暮桥的《经济学》、胡绳的《辩证法唯物论入门》、钱俊瑞的《论战争》《中国经济问题讲话》、列昂捷夫的《大众政治经济学》、史枚的《抗战中世界大势》、思慕的《欧战纵横谈》等，都是在当时有影响力的畅销书籍。此外，新知书店还出版发行有6种期刊。

桂林文化供应社：1939年，它由胡愈之等进步文化人士联合广西地方民主人士发起成立，也是编辑、印刷、发行三合一的机构。一批共产党员是其社内业务骨干，对该社有重要影响。抗日战争时期，桂林文化供应社共出版图书600余种，以出版通俗读物为主，也出版了少量理论学术著作。如通俗刊物《新道理》，丛书“文化室图书”“通俗文库”等，深受广大农村读者青睐。其出版的通俗小说《新水浒》，多次再版，广为流传，在广西影响也较大。

开明书店桂林分店：它于1939年建立，以出版文学作品、青年读物和开明版教科书、参考书为主。其出版的文学作品有茅盾的《子夜》《虹》和巴金的《家》《春》等长篇小说，并收录了鲁彦、叶绍钧、夏丏尊、施蛰存、冰心等人的文学作品。它还出版了《中学生》《开明少年》《国文月刊》《文学集林》等进步杂志，在广西有一定的影响。

以上是广西新闻出版机构在战时的设立状况。自清末至民国，官方出版业务逐渐分散至省政府各部门及下属行政机构，这有利于各部门准确、有效地收集并掌握相关信息，同时进行因地制宜的管理，高效完成新闻出版工作。在战争状态下，这种方式无疑对战时舆论宣传有着相当大的推动作用。同时，民间出版机构在战时的特殊环境下得到空前发展，因其组织灵活、数量众多而推动着战时宣传动员工作的有效开展。可以说，战时官方出版机构和民间出版机构相辅相成，共同促进了抗日救亡事业的发展。

（二）新闻发行机构

相对于其他省区而言，广西的新闻机构出现较晚。辛亥革命后，清末设立的广西官书印刷局被取消。在之后长达十余年的时间里，广西没有出现新式的官方新闻发行机构。但是这一时期，广西民办的新式书刊发行机构及各类书店达到60余家，初步建立了具有新运行机制的发行和销售网络。新桂系统治时期，广西省政府直属机关下设的图书出版机构仍不设发行机构，其编辑出版的书刊，大多是通过行政力量发行，或是和一些发行单位签约经销，在市场上流通较少。

抗战时期，广西官方新闻发行机构有国民党中央在桂林办的中国文化服务社、正中书局和拔提书店，三民主义青年团办的青年书店，国民党军队办的军用书刊社和国防书店等。这些机构规模相对较大，同时也是新闻出版（部分还有印刷）

机构，主要是出版和发行国民党党政军领导人的言论著作、国民党政府的理论政策读物及政府各部门出版的刊物。其中，国民党主办的出版机构——正中书局除了出版“国防教育丛书”“时代丛书”“正中文艺丛书”等丛书以及《文潮月刊》《学生月刊》等期刊外，还发行正中版的大、中、小学教科书及其参考书。国民党军队的军用书刊社和国防书店等发行军用图书和《国防周报》等。广西的官方出版机构——建设书店（1938—1944年）作为民团周刊社的附属书店，是当时广西最大的也是唯一的省营官办书店，除了总经销民团周刊社出版的各种书刊外，也发行了一批用建设书店名义出版的图书，其中比较热门的除了李宗仁、白崇禧、黄旭初等新桂系领导人关于抗战的主张和战时广西建设等言论集或专著外，还有“广西的基层建设”丛书，如《广西建设与抗战》《抗战中的广西乡镇村街长》《战时民团的运用》《第五战区见闻记》等。建设书店也发行一些其他单位的出版物。

民办新闻发行机构在这一时期也得到了扩展，并且打破了原来大型出版机构出版、印刷、发行三位一体的垄断格局。据统计，在抗战时期涌现出一批专门的发行机构，仅桂林的图书发行机构就有130余家，多是1938年后从沦陷区迁桂或流亡至此的文化人创办起来的，比较有名的如商务印书馆桂林分馆、中华书局桂林支局、新华日报桂林营业处图书部、世界书局桂林分局等。除了专门的发行机构以外，桂林还有一些大型出版机构办理发行业务，比较有代表性的有生活书店桂林分店、读书生活出版社桂林分社、新知书店、文化生活出版社、文化供应社、南方出版社等。以下是几个比较著名的发行机构：

商务印书馆桂林分馆：商务印书馆于1897年在上海创办，1912年在桂林设立分馆，1915年迁至梧州，1938年迁回桂林，分别在柳州（1938年）、梧州（1940年）、南宁（1946年）建立支馆。其主要发行商务印书馆版的大学丛书和中小学课本及参考书和工具书，也兼发行其他图书。其中工具书《辞源》和“万有书库”最为畅销。1944年，其疏散至昭平，次年年底迁回桂林，直至中华人民共和国成立。

中华书局柳州分局：1912年中华书局在上海创立，1938年在柳州设立分局，支局有梧州、桂林、南宁三处。桂林支局于1938年7月正式营业，主要发行中华书局版大、中、小学课本及相关参考书和工具书，也兼发行其他图书。其中中华书局版的《古今图书集成》《四部备要》较为畅销。1944年，其迁至重庆，次年年底迁回上海，直至中华人民共和国成立。

《新华日报》桂林营业处：它于1938年12月建立，主要发行中共党报——《新华日报》（重庆出版）以及其他一些马列主义和中共领袖著作，是中国共产党直接领导的发行机构。其发行的马列主义著作有《共产党宣言》《列宁选集》《列宁主义问题》《斯大林传》《联共（布）党史简明教程》等。还发行中共领袖的著作，如毛泽东的《论持久战》《抗日游击战争的战略问题》《新民主主义论》等，周恩来的《论目前抗战形势》，朱德的《抗日游击战争》，林伯渠的《十月革命的经验和中国抗战》等，以及《中共中央六中全会决议和宣言》等。此外，还秘密发行中国共产党党刊《解放》《群众》以及俄文版《在马克思主义旗帜下》《星》《真理报》《文学报》等报纸杂志。这些刊物的发行有力地促进了抗战大后方马克思主义的传播以及中国共产党抗战主张的宣传。1944年，撤至重庆。

世界书局桂林分局、梧州分局：1917年，成立于上海，1918年在桂林设分销处，1941年改设分局。梧州分局设立于1926年，主要经营本局图书。除发行世界书局版本的教科书外，还发行报纸《环球画报》，以及《世界》《农村》《交通》等月刊，其出版的工具书《新词典》《英汉四用辞典》等在广西最为畅销。世界书局是当时仅次于商务印书馆、中华书局的第三大书局，但其运作较为商业化，且其出版的图书选材比较具有时代性，在当时影响也比较大。

由以上可以看出，随着广西现代新闻出版机构的发展，加上战时救亡宣传的需要，广西现代新闻发行事业也得到了较大程度的发展。这一方面表现在现代官方发行机构的增多，如不仅有国民政府旗下的国营官方发行机构，也出现了如建设书店这样的省营官方发行机构。这对国民党政府及新桂系政府战争时期相关出版物的发行及传播有着不可忽视的作用，也是战时政府文化建设的重要成果；另一方面，表现在民间发行机构的扩展上。据新桂系对广西各地书店的统计，抗日战争前广西有书店77个，抗日战争时期有111个，解放战争时期有79个，另有25个时间不详。这些民间发行机构除了发行文教书籍外，还发行了大量的文艺、哲学、政治、经济、军事等方面的作品，尤其是发行了大量的马列主义和中国共产党领导人的著作，以及《救亡日报》《野草》等进步的报纸杂志，这对抗战的宣传和动员无疑是有促进作用的。

二、西南剧展

抗战初期，戏剧工作者们组织抗日演剧队，深入阵前、敌后，迅速投入抗战文化宣传中，并形成了一场声势浩大的戏剧运动，有力地推动了抗战时期的救亡宣传活动。但自皖南事变后，受国、共两党之间政治、军事斗争的影响，国民党政府对抗战戏剧运动进行破坏，不仅对剧团征收重税，并且严格审查剧本，阻止抗日演剧队到前方。戏剧工作者们的工作和生活都遭遇到了前所未有的阻碍，戏剧运动进入低潮，危机四起。在抗战进入最后阶段的背景下，寻求历史契机，集合戏剧文化运动的力量，总结抗战戏剧文化宣传经验，寻求新的戏剧发展出路，成为每个戏剧工作者面临的问题。

1938年以后，在广西相对宽松的政治环境下，"桂林文化城"形成，欧阳予倩、田汉等著名戏剧工作者南迁入桂，并在桂林创造了良好的戏剧工作基础。1940年，欧阳予倩任广西省立艺术馆馆长。1941年，田汉主持成立新中国剧社，其主要社员都参加过抗敌救亡演剧队。该社除在桂林演出外，1942年底甚至到衡阳、湘潭、长沙等地公演，1943年9月回桂，壮大了桂林戏剧运动的力量。1943年11月，在广西省立艺术馆新馆即将落成之际，欧阳予倩等人主张邀请桂林及附近剧团演戏庆祝，以加强戏剧界的联系，共商戏剧运动前途。这个提议在田汉等新中国剧社成员的推动下，变为一场波及西南各省的戏剧展览会。这便是西南第一届戏剧展览会。

本次剧展由广西省立艺术馆主办，参加单位除广东、广西、湖南、贵州、云南等五省的戏剧工作者外，还有相邻的湖北、福建、江西三省的戏剧工作者，共计30多个演剧队，900多名戏剧工作者。剧展以黄旭初为会长，李济深、李宗仁、白崇禧、张发奎、陈诚等16人为名誉会长，蒋经国等19人任指导长，欧阳予倩、张家瑶、田汉等35人任筹备委员，其中欧阳予倩任常务委员会主任委员，张家瑶、田汉、熊佛西等12人任委员。戏展还设有秘书处、总务部、招待部、宣传部、演出部、资料部等部门协助大会的进行。

大会包括戏剧演出展览、戏剧资料展览、西南戏剧工作者大会三大中心活动，还有活报会串、前期话剧表演、广场公开演出、音乐会、诗歌朗诵会、座谈会等活动。其中，戏剧演出展览自1944年2月15日起至5月19日，共展出话剧23种、歌剧1种、平剧29种、桂剧8种。除此之外，还有民谣、舞蹈、傀儡戏、魔术、马戏等活动。总演出场数170场，其中话剧133场，歌剧6场，平剧8场，桂剧3场，其他20场。观众人数达15万以上。在演出展览中，成立了由瞿白音、洪遒、赵越、王小涵、张客、赵明、陈卓遒、李昌庆、汪巩等九人组成的"剧展演出检讨会"，针对每场演出的团队在演出过程中的工作方式、作风以及艺术倾向进行讨论，并形成意见交由相关演出团队评议，以总结经验和教训，从而提高参演人员的演出水平。此外，在外部宣传方面，中华全国文艺界抗敌协会桂林分会还组织了由田汉、韩北屏、孟超、秦似、周钢鸣、华嘉、骆宾基、洪遒、秦牧、陈迩冬等十人组成的演出批评团，又称"十人团"，对每场演出进行讨论，并提出具体的评论意见，写成评论文章，发表在当时桂林各大报纸上，对剧展进行广泛的宣传，扩大了西南剧展的影响。

戏剧资料展览自1944年1月11日起面向全国戏剧团队和戏剧工作者广泛征集展出文献，题材范围包括导演手记、剧本原稿、演员及导演的台本，甚至戏剧人的生活、著作、素材等。3月17日至4月5日，每天下午1点至6点在广西省立艺术馆展出，共10多个单位参加，内容包括团队历史文献资料、统计图表、舞台模型、戏剧照片、人物模型、舞台画片、剧作家手札、手稿、戏剧脸谱、海报、说明书、世界各国戏院门票等，资料总数达千余件，集中展示了戏剧运动的历史进程，尤其是抗战以来戏剧工作的情况，反映了抗战时期戏剧工作者在艰苦的条件下不屈不挠的战斗精神。为弥补本次剧展期间的经费支出，观众参观需购买参观券，费用为5元。即便如此，剧展第一天的观众亦达3000多人。邮局还在展览会场设临时办事处，发放纪念邮戳以作留念。至展览结束，总参观人数达36000余人。

西南戏剧工作者大会于3月1日上午9点在广西省立艺术馆礼堂开幕，主席团成员有黄旭初、欧阳予倩、田汉、瞿白音、熊佛西、赵如琳、向培良、黄朴心(代孟君谋)，下设论文审查委员会，由田汉任主委，委员7人；提案审委会委员7人，赵越任主委，(分学术研究、生活教育、运动实践三组，委员6人)。还设有秘书室、总务组、会程组、会场组、宣传组、学术组等分管各项事宜。参加人员除已到达的29个团队外，时任赣南专员的蒋经国也派代表参加，共计会员530人。

开幕式上，黄朴心致开幕词，他肯定了本次会议于抗战建国的重大意义，并提出了对戏剧工作者的三点希望：第一，戏剧主义化；第二，戏剧民众化；第三，戏剧教育化。其后,大会筹备委员赵越报告了会议筹备经过,监察委员白鹏飞也发表了演说。大会还宣读了向蒋介石及大会名誉会长、各指导长致敬电及向全国戏剧工作者致慰电。开幕式以各剧团歌咏队合唱大会会歌并集体合影留念结束。

3月2—4日,为了让迟来桂林的团队有充分的时间准备,以使大会内容更加充分,各团队分别开会,初步整理讨论各项论文及提案。3月5—17日,大会主要进行了以下活动:1.北方剧运及重庆、广东、江西、云南等地的剧运情况汇报;2.各团队工作报告;3.修正并通过了53项提案;4.举办多场专题讲座和座谈会;5.草拟了《剧人公约》。3月17日,西南戏剧工作者大会圆满闭幕。在闭幕式上,西南戏剧工作者大会所有参会者一致通过了《剧人公约》,其内容包括:(1)认清形势;(2)砥砺气节;(3)面向群众;(4)面向整体;(5)勤研学术;(6)磨炼技术;(7)效率第一;(8)健康第一;(9)尊重集体;(10)接受批评。这是戏剧工作者们"对过去工作检讨的结论,它是针对过去的缺点与今后的需要而提出的",并且在这次轰轰烈烈的戏剧运动中达成了共识,有力地推动了戏剧事业的发展。19日,西南剧展名誉会长李济深向全体会员训话,指出戏剧具有教育人生之重要意义,勉励戏剧工作者担负"用戏剧转移奢靡之社会风气,及建立民族自信之重大任务",肯定了西南剧展对抗战时期民族文化及精神的积极影响。

西南剧展自1944年2月15日全国戏剧节当天开幕,至1944年5月19日圆满结束,共进行91天,是一场规模宏大的戏剧展览,是对国统区抗日进步演剧活动的空前大检阅。美国著名剧评家曾在《纽约时报》撰文介绍剧展的情况,并认为本次剧展是有史以来"自罗马时代曾举行外,尚属仅见"的一次盛会。在中国环境极度艰辛的情况下,戏剧工作者百折不挠,为保卫文化、拥护民主所进行的战斗,对当时国际反法西斯战争贡献巨大。英国赖贻恩神父将此次剧展看作"中国新戏剧发展史的分界石"。在战时环境里,戏剧对维护和鼓舞民气起到了重要作用。

从整体来看,本次剧展由欧阳予倩、田汉等著名戏剧工作者发起,在抗战相持阶段进行,在举办过程中得到了新桂系政府的支持,迅速发展为战时大后方一场规模宏大的戏剧运动。

毫无疑问,这场戏剧运动对戏剧事业本身以及中国抗日战争和世界反法西斯战争都具有重大意义。这场政府大力支持、民众广泛参与的文化宣传和争鸣,无疑是深入人心并影响深远的,在中国文化史上具有举足轻重的地位。

三、广西美术展

全国抗战爆发后，大批美术工作者流亡到广西。聚集在文化城——桂林的知名画家多达250位，如国画家徐悲鸿、阳太阳、张安治、关山月、马万里等，漫画家叶浅予等，木刻家李桦、建庵、冰兄、温涛、黄新波等。他们在桂林组织起来，成立了一些大型的为抗战服务的美术团体，如中华全国漫画作家抗敌协会桂林分会、中华全国木刻界抗敌协会、国防艺术社美术部、中华全国美术协会桂林分会、广西美术会、广西版画研究会，以及一些美术工作和教育机构，如广西省立艺术馆美术部、广西胜利艺术师资训练班、初阳美术学院、私立桂林榕门美术专科学校等。

大批美术工作者因战乱而流亡至桂林，一路上山河破碎的惨状及民族危亡的时局不断刺激着他们的敏感神经。他们把自身强烈的感受融入社会现实，用画笔、刻刀创作出一件件震撼人心的作品，并通过举办大大小小的美术作品展览，向大后方的人民传播战时动态，弘扬民族精神。据统计，1937年7月至1944年6月，仅在桂林一地举办的美术展就多达270余场，其类型包括国画、漫画、木刻、版画、素描、摄影、综合等。

美术展的组织者以个人为多(除了一些著名画家的展会规模相对较大之外，其他人的展会规模较小，多在百幅以内)，组织灵活，举办频繁，在抗战宣传方面有一定的影响。为抗战服务的美术社团、学校以及政府等机构组织的美术展是这一时期美术界进行抗战宣传的主要方式。应战时艺术宣传的需要，这些组织或单独或联合举办美术展览，规模和影响都较大。如广西艺术馆1941年9月9—11日举办的“广西全省美术作品展览”，该展会发布了征品办法，由广西省政府通令各县市政府、各县市私立中等学校代为征集展品，并设审查委员会对征集到的作品进行审查，对其中的优秀作品呈请广西省政府给予“物质或名誉之奖励”。此次展览征集的作品达500余件，分8个展厅展出。展出当日，《广西日报》专门出版《三十年度全省美展特刊》，并刊登了白崇禧、黄旭初的题词，以及刘建庵、徐杰民、徐德华、李任仁等人的评论。此次展览从筹备到展出以及过程中的舆论宣传，规模及影响力都非常大。还有1937年广西抗敌后援会举办的“妇女抗敌后援会书画用品展览”(展出作品230余幅)、1938年国防艺术社同广西美术会合作举办的“广西全省美术展览会”(展出作品多达500余卷,此次展出还特设“抗战胜利品展览”,展卖款项用于支持抗战将士)、1938年国防艺术社举办的“抗战美术展览会”等。这些机构组织的美术展与个人美术展相呼应,共同促进了广西乃至全国美术事业的勃兴。

这一时期的美术作品在创作内容上,以抗战题材为主。1938年以后,随着战争形势的紧张和文艺工作者的大量内迁,更是出现了许多以宣传抗战或为抗战募捐为主题的美术展。宣传抗战的作品主要以战争为题材,其目的主要是通过艺术为战争作动员和宣传,以鼓舞人们积极支持抗战。其中,漫画工作者利用漫画这种通俗易懂的形式举办了多次展览,比较大型的有国民政府军委会政治部漫画宣传队和桂林行营政治部漫画宣传队分别举办的多次固定或流动的抗战漫画展览。其展出的漫画切近时局,能够很好地利用舆论宣传,取得的成效较大。全国漫画作家协会华南分会于1938年11月在桂林十字路口举行“抗战漫画街头展览”,展出百余幅彩色漫画和布画,内容以肃奸、兵役、生产等现实题材为主,影响也较大。个人漫画展以“叶浅予个人漫画展”(1942年6月)为代表,其共展出70余幅作品,展览分“重庆小景”“走出香港”两部分,前部分展示陪都重庆在日寇轰炸下的惨状,后部分则刻画香港沦陷前后的险恶境况。此外,反映战争实况的素描展也较多,如木刻家李桦于1939年6月应桂林漫画与木刻社之邀举办的“李桦战地素描展”,共展出了170余幅战地素描作品,《救亡日报》称此次素描展“不但为中国绘画开拓了一条新的途径,且其收获实为抗战最可宝贵的材料”。1940年4月,广西绥靖公署举办的“黄超桂南战地素描画展”,展出了广西绥靖公署政工员黄超在桂南会战后历经桂南昆仑关高峰坳、八塘等地的战地素描。李桦在4月27日《救亡日报》的《黄超桂南战地素描画展特辑》上发表文章《跳出了画室,再跳到战场》,称颂其意义重大。其后还有曹若的“个人前方素描展览会”(1940年11月,中华全国木刻界抗敌协会主办),李桦的“第二次长沙大捷战地素描”(1942年1月—2月),沈逸千等人的“战地写生画展”(1942年3月,展出作品600余幅),刘仑、赵延年、陆无涯等人的“湘北战地写生素描”(1942年3月,展出作品200余幅,闭幕后赴广东曲江展出),军委政治部艺术部主任崔翊主持的“湘北会战历史画稿展”(1942年5月)、“李桦常德会战画展”(1944年3月)等。这些素描展在反映战争实况、促进民众了解战争等方面起了很重要的作用。除了反映国内战场状况的专场展出，也有部分反映世界战场及战争形势的专场展出，如1943年中苏文化协会桂林分会举办的“苏联抗战与文艺图片展览”，展出了苏联的卫国英雄以及高尔基、普希金等进步作家的工作及生活图片，还有德国侵略苏联时期的受难儿童图片。其他还有“苏联卫国战争图片、宣传画展览”（1941年12月，中苏文化协会主办，沈士庄主持）、“香港的受难”（1943年1月，郁风、新波等人举办）、“联合国战况照片展”（1944年3月26日）、“盟国战争图片展览”（1944年4月28日，英国驻华大使馆新闻处桂林分处举办）等。

以抗战募捐为主题的美术展也时有出现，其内容题材多样，多展出名家作品。最早是广西抗敌后援会会长郭德洁筹办的“妇女抗敌后援会书画用品展览”（1937年10月31日至11月2日），展出了徐悲鸿、马万里、张淡叔等名家作品230余幅，其收入捐给广西抗敌后援会。其后的展会多以“劳军”为主题，主要集中在1938年和1940年。其组织者既有大型社团，也有个人，总体以民间自发组织为主。如1938年1月广西美术会举办的“慰劳画展”，香祖书画社主事王兰举办的“劳军画展”，11月浙江名画家杜士豪举办的“鬻画劳军画展”等。1940年4月，中华全国木刻界抗敌协会和中华全国漫画作家抗敌协会联合举办“刘仑战地素描画展”时，留桂画家梁中铭、李桦、刘仑等在现场画像义卖劳军；同月，广西抗敌后援会在国民党广西省党部举办“广西劳军书画会”，展出古今名人绘画作品数百幅；9月，桂林美术界举行“‘九九’募寒衣画展”等。

表5-7　抗战时期广西美术展分类统计表（1937—1944年）

年份	全部	抗战宣传	抗战募捐	抗战主题百分比
1937	14	4	1	35.7%
1938	23	10	4	60.9%
1939	23	16	1	73.9%
1940	18	8	3	61.1%
1941	33	7	1	24.2%
1942	61	8	4	19.7%
1943	63	9	3	19.0%
1944	35	4	1	14.3%
共计	270	66	18	31.1%

资料来源　据杨益群:《抗战时期桂林美术运动》,漓江出版社1995年版;冯燕:《抗战时期桂林美术展览纪事》,《艺术探索》,2012年第1期等相关研究和资料辑录综合统计。

从表5-7可以看出,自1937年至1944年共举办270次美术展览会,基本呈现出递增趋势,于1943年达到最高峰。而与抗战主题相关的美术展共计84场,占总数的31.1%。这些展览大部分集中于1938年至1940年,共42场,占总数的50.0%。由此可见,抗战时期的美术创作在内容和形式上都迎合了战争的需要,从而拉开了艺术服务现实的序幕,这是战时美术事业发展的新突破,也是抗战大后方文化建设的一部分。而以抗战为主题的美术展览凭借其能感人之强大力量,作为"一种'攻心'上之武器",确为宣传战中极能得到最大之收获之宣传工具。

第六章

抗战国际援助在广西

中国的抗战是第二次世界大战的重要组成部分。为了反击法西斯的侵略,中国以各种方式支持世界各国,世界各国也以各种方式支持中国。广西是抗战中后期中日激烈较量的主战场之一,在这里,中外军民紧密合作,共同打击日军,谱写了生动壮美的国际援助历史篇章。

第一节　广西政府创造条件迎接苏美援华空军志愿队

一、修建和扩建机场

抗战期间,苏联和美国从维护本国利益及加强反法西斯力量的立场出发,组建航空志愿队,帮助中国打击日军。

全国抗战爆发前,广西所建机场为数不多。随着抗战的深入,因各项战备与军运的紧迫,广西省政府根据国民政府的指令,开始在全省范围内大规模兴建机场,以满足盟军重型战机、运输机等着陆的需要。具体情况如下:1937年11月,柳州机场开工扩建,次年5月完成,扩建后的机场长1200米,宽100米。1938年1月,融安长安机场动工扩建,同年7月完成,扩建后的机场长1200米,宽420米;2月,桂林二塘机场动工扩建,同年5月完成,扩建后的机场长1200米,宽400米;龙州机场动工扩建,1938年11月完成,扩建后的机场长850米,宽400米;5月,梧州机场开工建设,同年7月完成,机场长1100米,宽240米;6月,武鸣永兴机场开工建设,同年8月底完成,机场长810米,宽390米;9月,邕宁下楞机场开工建设,同年10月完成,机场长1200米,宽500米;都安机场开工建设,同年11月完成,机场长1200米,宽500米。1939年6月,桂林秧塘机场扩建,1940年4月其再次扩建，至1941年止，前后共扩建3次，扩建后的机场长2000米，宽500米。据不完全统计，截至1940年，广西全省总计有百色、都安、梧州、柳州、龙州及桂林的秧塘、二塘，邕宁的下楞，融安的长安，武鸣的永兴等机场共10处，又建成南丹、庆远等2处飞机迫降场。

每一次对现有机场进行大量维修或扩建，广西省政府都要耗费大量的人力、物力和财力。以桂林秧塘机场的扩建为例，该机场最初由广西省政府出资建成，仅设有一条西南—东北向的跑道，还有规模较小的停机坪、机堡、电站、油库、指挥台、营房等设施，主要供小型飞机使用。全国抗战爆发后，为适应抗战需要，秧塘机场经中央航委会顾问陈纳德（当时为美国航空队退伍军官，后组建美国援华航空队，即"飞虎队"来华）派人勘察后，由空军第2路司令部联合广西省建设厅、桂林县政府共同投资国币22.76万元，征调桂林（含临桂）、荔浦、平乐、龙胜、恭城、灌阳、资源等7地的民工14000多人，在1939年6月15日至11月20日期间，进行了第一期扩建，扩建为正式的军用机场。[①]此后，秧塘机场又经过两次大规模的扩建，不仅投入了巨额资金，而且每扩建一次都从桂林周边各县征调了成千上万的民工。机场的一次次扩建，可谓兴师动众，很快引起了日军大本营的注意，于是敌人经常派飞机前来轰炸破坏，企图阻挠工程的进行。工人们一次又一次冒着生命危险进行施工，使工程不被中断。如桂南会战期间，为迎接苏联空军志愿队的到来，配合友军作战，广西省政府动员和征调民工数万人，对桂林、柳州、南宁等地的多处机场进行扩建。但因战争形势的恶化，广西多地屡遭敌机轰炸，导致部分扩建机场被严重破坏，弹坑随处可见，且多不能及时填补，贻误军用。为此，广西省政府于1939年10月颁发了《非常时期各县抢修机场民工大队组织暂行办法》，规定机场所在地各县，为协助空防，便利中国军机起落，悉依照暂行办法组织民工抢修大队，以备遇到紧急事件，随时集合到场工作。[②]该办法还严格规范了民工抢修大队的组织与活动，令各县限期办理，以确保各机场能充分发挥其战时效用。这些工程的修建，广西各级政府投入了大量资金，且均由广西省政府负责就地征调民工，定期完成扩建或修建工作。具体征调人数详见表6-1。

①赵平，韦芳等：《飞虎队在桂林：从桂林出发的中美空军》，广西师范大学出版社2011年版，第5—6页。

②《抄发非常时期各县抢修机场民工大队组织暂行办法》，载《广西省政府公报》，1939年第612期，第11—12页。

表6-1　广西部分市县征调建筑飞机场民工人数　(单位:人)

年份	桂林	临桂	柳江	融县	邕宁	百色
1937年	—	3109	3800	—	—	—
1938年	7126	6694	12280	10460	2520	7500
1939年	4487	7088	3700	—	—	500
1940年	—	4750	—	—	—	—
1941年	8875	4579	—	—	10304	—
1942年	21550	2065	13412	—	11517	—
1943年	34110	9013	17015	—	10813	—
1944年	49871	16320	—	—	14986	—
1945年	—	5000	24132	8296	16524	6000
总计	126019	58618	74339	18756	66664	14000

说明:表中的统计,仅就抗战期间广西省为建设飞机场征调民工人数达万人以上的县市,不足万人的县市则未列出。

资料来源　广西省政府统计处:《广西年鉴》(第三回),1948年,第659—661页。

此外,从广西省政府对全省59个县市的统计来看,全国抗战期间,广西省为修建机场征调的民工总计达521351人。其中,1937年征调民工19533人,1938年为89653人,1939年为27764人,1940年为5980人,1941年为26258人,1942年为48544人,1943年为94065人,1944年为88093人,1945年为121461人。[1]修建飞机场属于大型工程,在战时设备落后的情况下,动辄征调民工上万人,且民工吃住均在工地,搭上简易工棚解决,工作和生活环境十分艰苦,可见广西人民为此付出了相当大的代价。但这项工作有力地支援了中国军队与盟国军队的联合作战,使盟国及中国空军得以依托广西的基地,对日展开空战,挫败了日军侵华锐气。

①广西省政府统计处:《广西年鉴》(第三回),1948年,第659页。

二、组建战地服务团，鼓舞外国飞行员的斗志

除提供劳力、设备等支持外，中国方面还在各地设有战地服务团，专门负责接待国际援华部队及处理相关物资等。如抗战中援华的苏联空军志愿队、苏联援华专家及军事顾问、苏联援华武器装备的运输队等，均由战地服务团负责接待。1941年援华的美国“飞虎队”及陆军部队、物资等，也由战地服务团接待和处理。各地凡有空军和陆军驻扎的地方，均设有美军招待所。当时全国共有194个美军招待所，8万多个床位，13000多名员工，招待费开支相当大。除军政部、航空委员会、资源委员会外，战地服务团招待美军的费用占全国财政开支的第四或第五位，折合美金达17661万余元。①

广西省政府在桂林、柳州等地均设有战地服务团，在桂林还设有美军招待所、基地医院及咖啡厅、舞厅等。除了负责国际援华部队的住宿、医疗、娱乐外，广西人民在后勤保障、精神慰藉等方面对援华部队也多有贡献。如在后勤保障上，工人们不仅冒着生命危险确保遭到破坏的机场及时得到修补，保证航空队的起降，还随时应急出动，清理被敌机轰炸的铁路交通专线，使空中运输与地面运输得以畅通，确保航空队的后勤保障及物资供应。在航空队飞机再次起飞之前，中方地勤人员协助进行加油、挂弹等工作，以最快的速度保证航空队飞机迅速起飞。同时，社会各界还组织民众主动向援华航空队提供日常生活所需的食物等。

在精神慰藉上，广西民众对航空队的每一次胜利归来都欢欣鼓舞，与航空队员一起举行联欢大会，以此向援华的志愿队致以慰问与敬意。在作战间隙，广西各文艺团体则受命前往援华志愿队的营地开展文艺活动，以排解援华战士的思乡之情，鼓舞士气。如桂林的国防艺术社，在1938年7月第一批苏联志愿航空队到来之时，奉命前往桂林二塘机场开展慰问活动。在活动的过程中，社员们积极与苏联航空队的队员们互动，先由苏联空军上台合唱了《国际歌》，随后由国艺社音乐部的演员合唱《义勇军进行曲》与《伏尔加河船夫曲》，还演出了欧阳予倩编导的《青纱帐里》。②此外，在美国“飞虎队”援华驻桂期间，广西民间出现了许多救护飞

①赵平，韦芳等：《飞虎队在桂林：从桂林出发的中美空军》，广西师范大学出版社2011年版，第223页。

②赵平，韦芳等：《飞虎队在桂林：从桂林出发的中美空军》，广西师范大学出版社2011年版，第48—49页。

虎队员的事迹。如塘南村民背着飞虎队伤员到乡镇府抢救，荔浦民众痛悼飞虎队员，茶洞壮族同胞担架传送飞行员等。[①]广西人民的热情，给苏联航空志愿队和美国“飞虎队”的战士们留下了深刻的印象。他们说：“中国之行是我们一生中的一件大事，中国人民和朋友们的热情友好，我们将永志不忘。”[②]

第二节　苏联援华空军志愿队遏制日机对桂南的狂轰滥炸

一、苏联援华空军志愿队的组建

全国抗战爆发后，由于敌我空中力量悬殊[③]，中国空军损失惨重。据1940年8月的统计，中国空军仅剩37架战斗机和31架轰炸机[④]，且部分因损坏而无法升空作战，基本丧失了空战能力，中国抗战陷入艰难期。国民政府向国际社会发出紧急求助，在美、英、法等西方国家对中国抗战持观望态度的时候，苏联当即从空军中调拨人员组成援华部队。该志愿队分前后两批相继来华，第一批由马琴率领21架CB轰炸机、库尔丘莫夫（途中殉职后改为普洛柯非也夫）率领23架H-16战斗机来华，随行部队飞行员和机械人员共254名。[⑤]第二批共447人，其中大部分

①赵平，韦芳等：《飞虎队在桂林：从桂林出发的中美空军》，广西师范大学出版社2011年版，第224—230页。

②赵平，韦芳等：《飞虎队在桂林：从桂林出发的中美空军》，广西师范大学出版社2011年版，前言第6页。

③七七事变前，日本共91个飞行中队，拥有飞机共计2700架，而同时期的中国仅有各式飞机600余架，其中能作战的飞机仅305架。（参见刘庭华：《中国抗日战争与第二次世界大战系年要录·统计荟萃（1931—1945）》，海军出版社1988年版，第476页。）

④赵平，韦芳等：《飞虎队在桂林：从桂林出发的中美空军》，广西师范大学出版社2011年版，第41页。

⑤军事科学院军事历史研究部：《中国抗日战争史》，解放军出版社1994年版，第282页。

为空、地勤人员，于1937年10月21日由阿拉木图集中来华，与第一批人员共同组成4个大队，拥有飞机124架。[①]苏联援华部队同时带来的还有大批战略物资和武器装备。正是依靠这些援华的苏联专家、航空队及武器装备等，中国空军得以迅速重建和恢复战斗力。至1938年初，中国空军已建立3个飞行大队，其中规模最大的第一飞行大队及第三飞行大队，都是在苏联援华的飞机和武器装备的基础上建立起来的。[②]从1937年10月起，第一批苏联援华空军志愿队到来，至1939年2月中旬，来华参加过对日作战的苏联飞行员共计2000余人。[③]援华期间，一部分苏联飞行员进入广西，与中国飞行员并肩作战，积极支援广西方面的抗战，有的甚至在广西天空洒下了鲜血。

二、苏联援华空军志愿队的贡献

在援华期间，苏联援华空军志愿队共击落日机986架，击沉战舰100多艘，同时，苏联援华航空队也牺牲了211人。[④]其中，他们在桂南战役中的贡献尤为突出。1939年11月，日军为切断中国桂越国际交通线，派兵由钦州湾入侵广西，企图占领南宁。中国军队为保护交通线，与日军在桂南地区展开激烈的战斗。在地面部队进攻前，日军多次派飞机对桂省多个地区进行狂轰滥炸。1939年9月2日，敌机轰炸贵县之后，3日随即轰炸桂平、宾阳、迁江，4日轰炸玉林、宾阳、贵县、柳州，11日再袭贵县、玉林、兴业，14日轰炸龙州，15日再次轰炸龙州、宜山，18日又袭击了龙州和南宁。广西几个重要的城市如桂林、南宁、柳州、梧州，在整个抗战期间均遭遇数百次空袭，造成众多人员和财产损失。据相关统计，仅1938年11月至12月，桂林即遭日本海军航空队80多架飞机空袭，炸毁房屋2200多栋，

①军事科学院军事历史研究部：《中国抗日战争史》，解放军出版社1994年版，第282页。

②中国人民抗日战争纪念馆：《抗战时期苏联援华史论》，社会科学文献出版社2013年版，第87页。

③军事科学院军事历史研究部：《中国抗日战争史》，解放军出版社1994年版，第282页。

④李延凌：《碧血蓝天写青史——中、苏、美航空战士在广西抗日记述》，《文史春秋》，2005年第10期，第16页。

几乎是桂林房屋的一半，人员伤亡达220余人。①工业城市柳州则被日军视为打击重点，整个抗战期间共被轰炸780多次，仅1939年7月15日1天就遭遇18架日机狂轰滥炸，造成384人死亡，245人受伤的惨剧。②广西繁华的商埠梧州在整个抗战期间遭日机轰炸达400余次，仅1939年5月26日就遭18架日机轮番轰炸，死伤人数达640人。③南宁战前为广西省会，城市建筑已初具规模，抗战期间遭遇日机轰炸达200余次，仅1938年8月30日，南宁就遭12架日机空袭，投弹300多枚，造成人员死伤达360多人。④

面对日机对桂省多地的肆虐，我国空军与苏联空军志愿队英勇出击，正面迎敌，有力地遏制了日军的嚣张气焰。如柳州地区在1939年12月共发生两次空战，其中一次全部由苏联空军志愿队的飞机迎战，击落敌机1架；另外一次为中国空军和苏联空军志愿队联合作战，击落敌机8架，这是当年中国空战最辉煌的战绩。昆仑关战役中，敌我双方投入大量兵力，展开激烈争夺，敌机更是对中方前线阵地进行集中轰炸，造成中国军队重大伤亡。我国空军与苏联空军志愿队并肩作战，多次有效地遏制了敌机的轰炸，大大鼓舞了前线士气，有力地配合了地面部队的作战。在一次联合作战中，中国空军与苏联空军志愿队受命轰炸敌军阵地，但遭遇敌机伏击，双方展开激烈空战。苏联空军志愿队的3架轰炸机趁敌我混战之际，迅速对昆仑关日军阵地实施投弹，重创敌军，然后安全返航。中方第三大队的3架战斗机为掩护苏联空军志愿队战机，与明显占据优势的日机在空中展开激烈角逐，最终因敌众我寡而遭遇惨败，队长韦一青中弹牺牲，陈瑞钿和陈亚新机毁跳伞，均负重伤。此后，敌机为消除昆仑关日军的后顾之忧，以南宁机场为阵地，对桂省多处机场进行轰炸，柳州、桂林等多处机场都遭到空袭。在敌军袭击柳州机场时，中国空军第四大队和驻柳州苏联空军志愿队联合迎击，经过激烈战斗，击落敌机6架，中苏飞机则全部安全返航。1940年1月10日，敌机分两批，每批27架空袭柳州，苏联空军志愿队积极应战，击落敌机3架，苏联空军志愿队也牺牲了1名飞行员。⑤1940年，苏联援华空军驱逐机大队驻扎在桂林秧塘机场，队长为巴

---

①唐凌：《桂柳会战前后的美国"飞虎队"》，《抗日战争研究》，2007年第3期，第89页。

②唐凌：《桂柳会战前后的美国"飞虎队"》，《抗日战争研究》，2007年第3期，第89页。

③广西区党史研究室、广西军区政治部：《广西抗战纪实》，广西人民出版社1995年版，第285页。

④广西区党史研究室、广西军区政治部：《广西抗战纪实》，广西人民出版社1995年版，第285页。

⑤李延凌：《碧血蓝天写青史——中、苏、美航空战士在广西抗日记述》，《文史春秋》，2005年第10期，第16页。

布什金中校。[①]该大队原定前往支援昆仑关战役，却因飞机续航时间过短，只好暂留桂林秧塘机场。此间，日机对桂林及其周边地区（包括大队驻地秧塘机场）进行多次空袭，巴布什金中校率领驱逐机大队与中国空军江秀辉（时任领航员）等联合迎敌。但由于当时广西的防空通信全部是用广西省原有的乡村有线电话传达情报，没有专设的无线电话网[②]，导致敌机奔袭桂林时，中方接收情报较迟，空军被动应战，几乎每一次出击迎敌，都面临着敌快我慢、敌高我低的不利局面，给了敌人以可乘之机。巴布什金中校为此多次强调情报及时的重要性，要求空军第2路司令部对此加以改善。但一次次的失利，使巴布什金中校认为短期内情报通话不会达到理想的境地，机队驻扎此地既不能支援前线陆军作战，也不能完成都市防空的责任，要求飞回重庆。[③]可就在其等待上级通知之时，日机再次来袭，中方依然处于不利态势。敌机这次的攻击重点是中方的领队机。在激烈的空中角逐中，队长巴布什金中校不幸被击中，壮烈牺牲，在广西的天空洒下了鲜血。据江秀辉回忆，在整个桂南空战中，中国空军和苏联空军志愿队共投弹28吨，炸毁日机15架，并在桂林、柳州、零陵、芷江等地上空与日机进行空战18次，击落日机11架，中国方面损失15架（含迫降）、伤15架，中苏飞行员牺牲9人，受伤12人。[④]

以上所述，都是苏联援华空军志愿队援华抗战期间在广西的大地上谱写的感人篇章。此外，志愿队还参与了我国其他地方的战役。据统计，苏联援华空军志愿队参加的战役包括保卫南京、武汉、南昌、重庆、成都、兰州、柳州、桂林等地的空战，[⑤]甚至远程奔袭日本驻扎在台湾的机场，并为此付出了重大牺牲，同时也创下了辉煌战绩，即便始终未能扭转南京、武汉、桂南等地的战局。苏联援华也是出于对自身利益的考虑，即当时法西斯德国正积极备战，英、法等国意图将德国法西斯这股祸水引向苏联。与此同时，日本在中国东北驻扎大量军队，且时常在中、朝、蒙、苏边境挑起日苏武装冲突，似有北进之势。为避免两线作战，苏联决定积极援华抗日，借助中国战场拖住日军的步伐。对当时的苏联来说，最大的威胁是来自

---

①在我国抗战史上，曾有两位同叫巴布什金的苏联红军中校在桂林献身。一位是陆军中校，另一位是空军中校。前者曾担任杜聿明第5军顾问，已永远安息在桂林的西山南麓；后者空军巴布什金中校的遗体当时已运回了苏联。（赵平，韦芳等：《飞虎队在桂林：从桂林出发的中美空军》，广西师范大学出版社2011年版，第53页。）

②江秀辉：《回忆巴布什金中校》，《环球飞行》，2005年第5期，第77页。

③江秀辉：《回忆巴布什金中校》，《环球飞行》，2005年第5期，第78页。

④赵平，韦芳等：《飞虎队在桂林：从桂林出发的中美空军》，广西师范大学出版社2011年版，第53页。

⑤中国人民抗日战争纪念馆：《抗战时期苏联援华史论》，社会科学文献出版社2013年版，第105—111页。

西线的德国，因此其援华的力量是有限的。第二次世界大战爆发前夕，苏联在加强国内战备，准备应付德、日法西斯侵略的极其困难的条件下，向中国提供易货贷款，用以帮助中国的抗日战争，实属难能可贵。[①]1940年底，欧洲局势趋紧，德国不仅吞并了捷克，还迅速占领了波兰、法国，其嚣张气焰使苏联意识到形势的危急，随即将援华的苏联空军志愿队分批撤回。1941年初，德军大举入侵苏联，此时苏、日两国签订了中立条约，加上国民党内部顽固派开展的反共反苏活动，使援华的苏联空军志愿队于1941年底尽数撤回国内。

第三节　桂柳会战前后的美国“飞虎队”的作用

一、美国“飞虎队”的组建

抗战后期，进行国际航空援华的队伍主要是美国的志愿航空队。

1941年8月1日，克莱尔·陈纳德在昆明组建美国志愿航空队（即“飞虎队”），以衡阳、桂林、柳州、南宁、遂川各机场为基地，担负华南空防和歼击日军海上运输船只的任务。太平洋战争爆发后，美国国内出现了强烈的反日情绪，坚决支持政府开展各种形式的反击日本侵略者的斗争，其中包括对中国战场的支持。对于中国政府提出的加强空军力量的请求，罗斯福总统明确表示：“务将陈纳德将军所指挥之飞机增至500架之最低数……陈纳德将军报告吾人谓种种设备业已扩充，吾人即增派飞机来华。在1943年内，中国应有力量雄厚之空军，俾陈纳德将军能给

①中国人民抗日战争纪念馆：《抗战时期苏联援华史论》，社会科学文献出版社2013年版，第84页。

敌人以重大之打击，此事之极关重要，余有深切之了解”[1]。为了准确了解当地的情况，以便更有效地开展战斗，美国政府和空军开始派出代表到有关驻地，加强了与中国当地政府和军队的联系。例如，1942年10月19日，美国空军代表开莱等6人抵达桂林。[2]此后，美国“飞虎队”越来越多地投入中国战场的战斗。桂柳会战前，桂林市是“飞虎队”的重要基地，驻守在市区二塘、李家村和临桂县秧塘机场的主要是第76战斗机中队。1942年6月，其增调了1个中队驻桂林市。12月，驻桂林美籍官兵有数百名。1943年3月10日，美国驻华空军特遣队扩编为第14航空队（因其队徽为飞虎，故又称“飞虎队”），第23战斗机大队和第308轰炸机队驻桂林市，基地司令为芬逊·凯西准将，大队长为霍洛威上校。3月15日，他们完成了机群的测试工作。7月，其前方梯队司令部由昆明迁到桂林。1944年1月，计有驻桂P-40型机55架，B-29型机20架，飞行员中有4名中国人。[3]柳州和南宁也是“飞虎队”的基地。

二、美国“飞虎队”的贡献与失误

1944年，日本侵略者为了打通大陆交通线，发动了豫湘桂战役，即所谓“一号作战”。其间，中日双方在河南、湖南、广西等地展开了激烈的争夺。在此过程中，美国“飞虎队”积极协助中方打击日本侵略者。

抗战的中后期，日军将战线逐渐向中国的南部推进。因此，他们在东南沿海地区建立了一批空军基地，以有效地配合其陆军的地面作战。这些基地除了分布在台湾外，还分布在广州、香港、涠洲岛等地，其中涠洲岛距离南宁仅300千米左右。日军正是利用这些基地，频繁地对中国的后方军事目标和城镇进行狂轰滥炸。美国“飞虎队”将基地设于桂林、柳州、南宁等地，从空军作战的情况来看，是

①参见《罗斯福总统致蒋委员长电》，载中国国民党中央委员会党史委员会编：《中华民国重要史料初编·对日作战时期》（第三编），第216—217页。

②颜邦英：《桂林市志》（上册），中华书局1997年版，第70—72页。

③颜邦英：《桂林市志》（上册），中华书局1997年版，第1159—1160页。

非常靠前的布阵。这就对日本空军形成了很大的威慑。所以，日军在打通大陆交通线的过程中，美国的“飞虎队”是无法绕开的一个障碍。费正清教授在其主编的《剑桥中华民国史》中指出，1944年4月，日军发起代号为“一号作战”的攻势，其目的是“要夺取并摧毁华南、华中地区的空军基地，使陈纳德的第14航空队，不能从这里发动他那十分有效的空袭”①。

如果说1941年前中国战场还是相对比较独立的话，那么，太平洋战争爆发后，中国战场与世界战场（至少是东南亚战场）已经连为一体了。美国“飞虎队”在桂林、柳州、南宁等地建立基地，封锁日军的海上运输线，同时阻止日军从中国陆地南下支援东南亚战场，这既符合美国自身的利益，也符合中国人民的利益。正是在这种背景下，中美两国人民和军队才有可能携起手来，共同抗击日本侵略者。

据广西地方志的记载，“飞虎队”进驻广西各基地后，一方面主动攻击日军设在我国沿海地区的军事目标，另一方面也担负着保卫中国大后方城市及军事目标的重任。其中，他们在桂柳会战前后所做出的贡献最为显著。在此过程中，他们也付出了沉重的代价。

1942年6月28日，日机空袭桂林，中国空军及美国“飞虎队”与其发生空战，击落日军飞机14架。②

1943年7月，“飞虎队”下属的中美混合联队第23战斗机大队76中队多次与日机在柳州上空激战，并对日本占领下的香港、广州、台湾等地进行轰炸。③同年4月7日8点，“飞虎队”在北海上空与3架日本飞机遭遇，并与之进行战斗。④1944年2月26日晨，“飞虎队”2架飞机轰炸涠洲岛的日军基地。⑤4月8日和9日，又连续轰炸该岛上的日军，迫使盘踞岛上的日军自行毁坏机场及军事建筑。6月25日，“飞虎队”3架飞机对涠洲岛进行扫射，正在演习的日军死伤多人。1945年5月31日8点，“飞虎队”再次轰炸涠洲岛上的日军设施。⑥

1943年9月6日，日机24架又一次侵犯桂林，驻守在秧塘机场的“飞虎队”升空与日机展开激烈空战，共击落日军德制战斗机2架，击伤数架。半小时后，日机

①费正清：《剑桥中华民国史》（第二部），上海人民出版社1992年版，第633页。

②颜邦英：《桂林市志》（上册），中华书局1997年版，第68—72页。

③柳州地方志编纂委员会：《柳州20世纪大事记》，广西人民出版社2002年版，第59—94页。

④北海市志编纂委员会：《北海市志》，广西人民出版社2002年版，第33—34页。

⑤潘乐远：《合浦县志》，广西人民出版社1994年版，第19页。

⑥北海市志编纂委员会：《北海市志》，广西人民出版社2002年版，第33—34页。

仓惶向湖南方向逃遁。10月15日，日机9架进犯义宁县，“飞虎队”6架飞机追击拦截，1架日机被击中坠落于保宁新墟。[①]1944年2月11日，驻守在桂林机场的美国“飞虎队”纳尔·克尔中尉率战斗机20架、轰炸机12架飞袭驻扎在香港的日军。[②]

1944年4月5日，32架日机突袭南宁。9架美军飞机迎战，击落、撞毁日机9架。[③]

“飞虎队”的上述行动，最明显的效果之一就是使日军轰炸中国大后方城市的次数有所减少。例如，新兴工业城市柳州在全国抗战期间共遭到日机66批785次轰炸，投弹共2400多枚。其中，1938年10批，142架次，投弹500余枚；1939年20批，305架次，投弹1000余枚；1940年8批，91架次，投弹200余枚；1941年8批，86架次，投弹100余枚；1942年2批，21架次，投弹数枚；1943年4批，53架次，投弹近百枚；1945年14批，87架次，投弹500余枚。[④]可见，1942年后日军飞机对柳州的侵害有所缓解。再如，1938年11月—12月，日军共出动5批53架飞机对桂林市区进行轰炸，投弹290多枚。[⑤]1942年后，日军对桂林的轰炸共有6次，出动的飞机共80多架，但是，由于遭到“飞虎队”及中国空军的拦截，所投炸弹大都落在郊区，人民的生命财产未受太大的损失。[⑥]

“飞虎队”除了在空中打击日本侵略者外，也经常配合中国军队的地面作战。例如，1944年6月，当日军开始进攻衡阳的时候，“飞虎队”的战斗机和轰炸机帮助薛岳的广东部队与日军进行了6个星期的激烈战斗，这是在整个所谓的“一号作战”中，“中国军队唯一的一例大规模的抵抗”[⑦]。6月上旬某日，“飞虎队”飞机9架轰炸桂平县城日军驻地。[⑧]9月23日，日军的先头部队从黎村经杨梅到达容县县城，宿营于西站及城根坡。24日，“飞虎队”分两批进入市空，第1批9架，第2批12架，分别在西大街商会及南门街瀛潭寄庐门前投弹，两处街道及日军的宿营处

①《临桂县志》编纂委员会：《临桂县志》，方志出版社1996年版，第622页。

②颜邦英：《桂林市志》（上册），中华书局1997年版，第68—72页。

③陈谟志：《南宁市志》（政治卷），广西人民出版社1998年版。

④柳州地方志编纂委员会：《柳州20世纪大事记》，广西人民出版社2002年版，第59—94页。

⑤重庆《新华日报》，1938年11月22日，12月2日、3日、25日、31日。

⑥颜邦英：《桂林市志》（上册），中华书局1997年版，第68—72页。

⑦费正清：《剑桥中华民国史》（第二部），上海人民出版社1992年版，第633—634页。

⑧凌崇征：《桂平县志》，广西人民出版社1991年版，第33页。

均受到破坏。[①]10月31日中午，日军部队逼近桂林，“飞虎队”的3架飞机冒着枪林弹雨，“向尧山直扑过去，接着向日军投掷炸弹……”，给我守城的官兵以很大的鼓舞。[②]11月2日和3日，中美航空混合大队机群空袭兴安日军供应线，毙敌475名，马105匹，击毁卡车51辆。5日，“飞虎队”助战桂林前线，轰炸大墟一带敌占村庄，毙敌130名。[③]11月19日至12月下旬，美军第14航空队多次派出飞机，袭击由柳州向宜山开进之日军和日占柳州机场及日军后方供应线。[④]1945年7月，日军被迫撤离广西，19日，“我向桂林以南地区挺进之部队，本日攻克良丰，毙敌甚多。又盟机在前线助战毙敌二百余”[⑤]。上述事实说明，从1942年6月到1945年7月，美国“飞虎队”一直在桂林、南宁、北海等地与日机进行鏖战，其中1944年上半年的战事最为频繁，这是因为豫湘桂战役已经打响，日军在占领了河南和湖南之后，加紧向广西推进，以尽快打通大陆交通线。美国“飞虎队”为了帮助中国军队阻止日军的推进，同时也是为了支援东南亚战场上美军的行动，坚决地抗击日本侵略者。

美国投入中国战场的力量毕竟是有限的，在抗击日本侵略者的斗争中，“飞虎队”虽然取得了许多胜利，给中国人民和军队提供了许多支持和帮助，但是由于他们所面对的是疯狂而强大的敌人，因此，战斗中不可避免地遭受损失，有的飞行员甚至血洒疆场，永远倒在了中国的土地上。根据广西各地方志的记载，桂柳战役前后，广西境内“飞虎队”飞机、飞行员及相关的遇险、遇难事件有20起，详见表6-2。

表6-2　桂柳会战前后广西境内美国“飞虎队”遇难、遇险事件统计

时间	主要事实	资料来源
1942年4月	美国第14航空队队员巴拉扎驾机抗击日本飞机，返航时因燃油耗尽在练滩机场降落。	昭平县志编纂委员会：《昭平县志》，广西人民出版社1992年，第21页。
1942年6月28日	在与袭击桂林的日机空战中，美国“飞虎队”损失飞机4架。	颜邦英：《桂林市志》（上册），中华书局1997年，第70页。

①韦荫炎：《容县志》，广西人民出版社1993年版，第846页。

②宁德星：《守城日记》，载《桂林文史资料》（第五辑），1984年，第73—74页。

③廖江：《灵川县志》，广西人民出版社1997年版，第733页。

④柳州市地方志编纂委员会：《柳州大事记》，广西人民出版社1995年版，第133页。

⑤《桂林光复特记》，原载桂林市文献委员会：《桂林市年鉴》，1949年，第33页。

续表

时间	主要事实	资料来源
1943年2月19日	美国空军“飞虎队”飞机1架在龙头乡九磨村附近触山坠毁，6名飞行员中5名得救，1名失踪。	韦甘睦:《宜州市志》，广西人民出版社1998年，第13页。
1943年4月	驻桂林的美国空军第14航空队03号油库被日机轰炸，损失航空汽油1万多加仑。	颜邦英:《桂林市志》(上册)，中华书局1997年，第70-72页。
1943年9月	1架出了故障的美国飞机从罗定飞到大汫坠毁，机上4名机组人员全部遇难。	陈旭相:《岑溪县志》，广西人民出版社1996年，第13页。
1944年2月6日下午5点	1架美国飞机发生故障，降落在镇流村境。	陆顺天:《隆安县志》，广西人民出版社1993年，第11页。
1944年春	美国援华空军“飞虎队”与日机在桂西上空发生遭遇战，1架美机被击落，5名飞行员跳伞，分别降落在河西乡和板升乡，1人死亡，4人获救，由县政府派人送其归队。	黄相:《东兰县志》，广西人民出版社1994年，第7页。
1944年4月5日	在与袭击南宁的日机空战中，美机被击落、撞毁各1架。	陈谟志:《南宁市志》(政治卷)，广西人民出版社1998年。
1944年4月8日上午8点	美国空军1架B-24型轰炸机途经合山，因故障坠落于马安村附近的红水河中，飞行员溺死，机上其余4人被救生还。合山煤矿股份有限公司派人捞起尸体，予以厚葬。	合山市志编纂委员会:《合山市志》，广西人民出版社1998年，第3页。
1944年5月3日	美国1架飞机因缺油迫降在百色惠林乡，机内12人幸存。	梁名就:《百色市志》，广西人民出版社1993年，第12页。
1944年7月	美国“飞虎队”1架飞机因与日寇空战受创，迫降于新联村江边。	刘海寿:《蒙山县志》，广西人民出版社1993年，第15页。
1944年8月29日晚	美国空军第14航空队一大型轰炸机在黄姚猪头岩田坠落，7名随机人员跳伞生还，3人在机舱内遇难。	昭平县志编纂委员会:《昭平县志》，广西人民出版社1992年，第21页。另见遇难飞行员墓碑。该碑现存昭平县黄姚镇历史陈列馆。
1944年8月31日	隶属于“飞虎队”的1架编号为40783的B-24远程轰炸机在柳州机场起飞，轰炸日本驻扎在台湾的军舰，返程中得知柳州机场被日军轰炸，折返桂林秧塘机场，在广西兴安猫儿山失事，10名机组成员全部遇难。	柳州文献丛书编辑委员会:《柳州20世纪图录》，广西人民出版社2001年，第292页。另见桂林市政协文史资料委员会:《猫儿山美机残骸发现前后》，漓江出版社2005年。

续表

时间	主要事实	资料来源
1944年9月	1架美国飞机从平南县丹竹机场起飞后，沿马练河谷飞入金秀瑶山上空，在金秀镇强仰村附近与石山相撞坠毁，机上13名美国乘员全部遇难。	刘明原：《金秀瑶族自治县志》，中央民族学院出版社1992年，第8页。
1944年10月8日上午	1架美国飞机坠毁于崇兴乡（今东兴乡）平安村江芝屯前大高坡顶处。飞行员跳伞，在距机身坠落点1里处安全着陆。宜北县政府闻报，令懂外语的民政科长黄民德前往将飞行员接回县城。2天后，在黄科长伴随下，由1个班的警兵徒步护送到宜山公署。翌日，宜山城陷落，飞行员下落不明。	谭鹏星等：《环江毛南族自治县志》，广西人民出版社2002年，第13页。
1944年12月	1架被击伤的美航空“飞虎队”战斗机，在木格犁尾洲降落，飞行员无恙，乡民队将飞机妥加保护。之后，将飞机拆散用船运至桂林。	昭平县志编纂委员会：《昭平县志》，广西人民出版社1992年，第21页。
1945年3月15日中午	1架美国飞机坠落在百寿县吉良乡佳境村内（今融安县桥板乡所属），1名美军死亡，机身全毁。	潘健康：《永福县志》，新华出版社1996年，第16页。
1945年6月	百寿县保安乡驿马村长沟后背山丛林中，坠落美国飞机1架，机身号码2593，飞机大部损坏。	潘健康：《永福县志》，新华出版社1996年，第16页。
1945年8月	美国小飞机1批6架，由百色飞往柳州，在大塘上空迷失方向，2架在大塘街附近降落。飞行员下机问路，外语教师韦炳猷以英语回话，其旋起飞向柳州飞去。	罗富清：《忻城县志》，广西人民出版社1997年，第15页。
1945年10月1日	美国1架飞机经过兴安上空发生故障，在道冠乡董田村迫降，驾驶员受伤，被村民侯长仔等4人护送到县政府。村民每人受到减免义务工役5天的奖励。	张永年：《兴安县志》，广西人民出版社2002年，第10页。

上表中的数据显示，从1942年4月到1945年10月，在广西境内被日机击落或在执行任务的过程中撞山、迷路坠毁的美国“飞虎队”飞机共有16架，因故障或燃油耗尽迫降受伤的飞机有6架，其中不少是重型轰炸机。牺牲的飞行员有33人，失踪2人，受伤多人。必须指出，这并不是完整的统计，因为当时不少飞机在广西境内与日机激战后坠毁在其他地方，还有些飞机作战受损后降落在桂林、柳州、南宁等基地，由于保密的原因，并未向外公布。另外，广西山高林密，有些飞机

失事后外界根本无法知晓。编号为40783的B-24远程轰炸机于1944年8月在广西兴安猫儿山撞崖失事，飞机及飞行员的遗骸直到1996年10月才被两位采药的农民发现。[①]据统计，抗战时期柳州机场被日军轰炸毁坏的各种飞机有102架，其中不少为“飞虎队”的飞机。桂林机场和南宁机场同样遭到日军飞机的反复轰炸，在此过程中，“飞虎队”的飞机也难免被炸毁。由于缺乏史料，我们无法对“飞虎队”在桂柳会战前后遭受的损失进行准确的统计。上表统计的只是被中国政府及军民在基地之外发现的“飞虎队”遇险及遇难的情况。

然而，根据上表的统计已经可以肯定，大陆交通线争夺战的最后关头即桂柳会战前后，“飞虎队”担负着非常繁重的军事任务。他们的作战范围绝不仅限于中国的西南地区，而是广及中国南方。他们与中国军队虽然没有完全达到截断大陆交通线的目的，却给日本侵略者以重创，使其战略意图未能有效实现。美国“飞虎队”以自己的英勇行为，谱写了第二次世界大战期间的壮美诗篇，为中国人民做出了重大贡献，对此，中国人民永远都不会忘记。

受历史条件的限制，美国“飞虎队”的部分行动也对中国尤其是广西地区造成了一定的破坏。同时，国民政府方面工作的失误，也给“飞虎队”造成了一些不必要的损失，留下了历史的遗憾。正确了解这方面的情况，有助于我们公正地评价“飞虎队”的作用及其有关的历史。

长沙和衡阳失守后，国民政府惊慌失措。为了确保西南门户的安全，负责守卫广西的国民党军队实施“焦土抗战”政策。在这种情况下，1944年9月21日，“飞虎队”派出20架飞机轰炸梧州，城区五坊路、大南路、小南路、九坊路、大东路、竹安路、四方井路等一片火海，燃烧了3天3夜。[②]

梧州是广西乃至西南的商业重镇。全国抗战爆发后不久，日军飞机就开始对其进行轰炸，使其受到很大的破坏。而“飞虎队”的轰炸则进一步将其变成了废墟。9月26日，为防止日军掠夺利用中国的物资，“飞虎队”轰炸恭城的龙虎关，将

---

①据媒体报道，1996年10月2日，华江瑶族农民潘奇斌、蒋军在猫儿山自然保护区黑山崖（仙愁崖）采药时，于原始丛林中意外发现一架战机残骸，后经有关部门调查，确认为美军二战时期的飞机残骸。飞机残骸散落在戴云山黑山崖1828米附近，包括多门机关炮、多枚炸弹、多挺机关枪、多台发动机、多名美军空勤人员遗物和遗骸。部分残骸有火烧痕迹。为纪念美军飞机被发现这一重大事件，广西壮族自治区人民政府和中国人民解放军广西军区于1998年5月30日在猫儿山八角寨联合立碑，让人们铭记中美两国联合抗击日本侵略者的伟大友谊。见桂林市政协文史资料委员会：《猫儿山美机残骸发现前后》，漓江出版社2005年版。

②陈云枢：《苍梧县志》，广西人民出版社1997年版，第30页。

第九战区囤积在关内的军粮300万公斤全部烧毁。在此过程中，西岭对河村也被炸。[①]当时，广西许多县城都落入日军之手。为了打击日军，“飞虎队”奉命进行轰炸，但是由于对地形不熟悉，误炸了一些地方，造成了我人员和财产损失，例如，1944年9月20日上午，“飞虎队”4架飞机飞往容县对日军进行侦察轰炸，误将玉林县当作容县，而驻玉林县里达村的税警也误认为美机是日本飞机，对其开枪射击。美机认为遇上日军，乃轰炸里达村，并用机枪扫射，死1人，伤2人，下午又有4架美国飞机在榕根村附近投弹轰炸了3辆汽车。[②]两天之后，即9月22日，“飞虎队”6架飞机奉命到北流县扶来新墟阻截日机，但误炸北部新墟，造成损失。[③]1945年4月，“飞虎队”飞机袭击驻宜山县城的日军，炸毁东门城楼一部分及北门大街两侧房屋。[④]桂林、柳州、南宁以及其他一些城镇也有被“飞虎队”误炸而造成损失的情况。桂柳会战期间，大量的难民逃向云、贵、川等省，其中，黔桂交界的六寨聚集的难民最多，他们与军队混合在一起，加上美军联络组发来电报，称日军已经到达金城江北侧之六甲，“飞虎队”误认为是六寨，结果，投弹轰炸造成数千难民伤亡，情景“惨极人寰”[⑤]。这些损失的根源虽然是日军的侵略，但是由于事件的具体实施者是美国的“飞虎队”，因此，也激起了不少民怨和民恨。

中国政府和军队对美国“飞虎队”的各种军事行动都尽量给予支持，但是，1945年6月下旬，当日军开始溃败时，驻守在柳州、宜山等地的中国守军麻痹大意，报告称三都这个地方已经光复。一天，美军两辆吉普车误入该地，遭日军伏击，9名官兵被俘，除1名上校外，余均遇害。[⑥]第二天，美机飞至三都附近轰炸，以期报复。附近群众闻讯躲进山中，但村舍却遭炸毁，蒙受了损失。[⑦]

日军溃败之前，地方武装为了争夺地盘，居然借助“飞虎队”的力量，造成我人员和财产损失。例如，1945年3月17日，桂林民团指挥官率部裹胁恭城自卫队200余人，配合平乐自卫队进攻八步，鏖战4昼夜，战败后退回瑶山，谎报恭城驻

①莫辛麟：《恭城县志》，广西人民出版社1992年版，第18页。

②陈国河：《玉林市志》，广西人民出版社1993年版，第20页。

③梁树礼：《北流县志》，广西人民出版社1993年版，第28页。

④韦甘睦：《宜州市志》，广西人民出版社1998年版，第13页。

⑤李汉冲：《1944年“桂柳会战”》，载中国人民政治协商会议广西壮族自治区委员会文史资料研究委员会：《广西抗战亲历记》，1987年，第77—78页。

⑥柳州市地方志编纂委员会：《柳州大事记》，广西人民出版社1995年版，第135页。

⑦梁镇海：《1944年柳州沦陷前后》，载《广西文史资料》（第二十辑），1984年，第154页。《柳州大事记》记载美军遭伏击的时间为1945年6月中旬的一天，见柳州市地方志编纂委员会：《柳州大事记》，广西人民出版社1995年版，第135页。

有日军，请省派美机数十架沿恭城河两岸扫射，殃及附近的村庄及百姓。[①]国民党军队及地方武装的这些失误及欺骗行为，既使“飞虎队”付出了血的代价，也使他们的形象受到了一定的影响，还使中国民众遭受了无谓的牺牲和损失。

桂柳会战前后，国内外的形势非常复杂。在这种背景下，“飞虎队”作为美国的一支空军力量，要想在异国他乡准确地打击敌人和有效地帮助盟友并非易事。所以，我们无意指责他们的上述行为，但是，这并不等于我们认为他们在中国的表现是完美无缺的。我们在充分肯定他们为中国的抗日战争做出重大贡献的同时，也需指出他们的失误和缺陷，这既是对历史的尊重，也是对他们的尊重。因为只有实事求是，世人才能对他们的所作所为进行正确的评价，他们的历史地位才能真正得到确立。

如前所述，桂柳会战时期是抗战时期大陆交通线争夺战中最为惨烈的阶段。中美两国人民和军队为了打败共同的敌人，互相帮助，互相支持，结下了深厚的战斗友谊。回顾这段历史，可以发现，“飞虎队”之所以能在这次会战中发挥积极且重要的作用，首先是因为他们有着高尚的爱国主义和国际主义精神。在法西斯主义肆虐，人类面临重大灾难的时刻，“飞虎队”挺身而出，以大无畏的英雄气概投身中国战场，无私地奉献自己的力量，这不能不令人敬佩。桂柳会战期间，中国政府和民众的处境都非常艰难，“飞虎队”赶来参战，这不仅是一种军事上的支持，更重要的是一种精神上的支持。当时，日军投入攻打桂林的兵力达7万多人，中国守军只有2.5万人。国民政府军事委员会副总参谋长白崇禧在动员部队守卫桂林时，以“盟军有优势空军，机场近在广西各处，可以随时出动打击敌人”[②]作为重要的战场要素。会战过程中，“飞虎队”的助战给了中国军民很大的鼓舞。事实证明，“飞虎队”参战后，日军飞机的破坏力的确受到了较大的制约。桂柳会战虽然以中国军队的失败而告终，但是，把这次会战放到整个抗战乃至整个第二次世界大战的背景下进行考察，可以发现，随着“飞虎队”的到来，中国战场的军事力量尤其是空中力量发生了改变，这对扭转战争局势有着重要的作用。1944年底，日军

①莫辛麟：《恭城县志》，广西人民出版社1992年版，第18页。

②冯璜：《我所耳闻目击的桂林防守战》，载中国人民政治协商会议广西壮族自治区委员会文史资料研究委员会：《广西抗战亲历记》，1987年，第91页。

的前锋部队已经到达贵州的独山，国民政府军队抵挡不住日军的进攻[1]，在这种情况下，如果没有“飞虎队”的威慑，日军就可以肆无忌惮地继续攻击。当时日本侵略军的确有远程奔袭四川，攻陷重庆，以迫使国民政府最后屈服的冒险计划。但是，由于制空权的逐渐丧失和美军在东南亚战场的逐步推进，同时国民政府在各地组织起了一波又一波的反击，他们不得不放弃了这一计划。飞机的远距离作战能力使战场变得越来越小，也使战场的变化更为复杂和微妙。因此，我们不能仅看到桂柳会战后中国失去了桂林、柳州、南宁等拱卫西南的门户，也要看到会战后“飞虎队”的力量并未明显减弱，相反，在美国和中国政府的支持下，他们在中国战场和东南亚战场上开展了更为猛烈的打击日机的斗争。[2]正是这些斗争，牵制了日军的力量，迫使他们不断地在中国战场上消耗自己，最终走向灭亡。中国战场是第二次世界大战的主战场之一，中国政府、军队和人民是打败日本侵略者的主要力量，“飞虎队”的支持加强了这种力量。中国战场对日本侵略者的打击，也在客观上支持了美国及其他国家在太平洋战场和东南亚战场的军事行动。只有遵循整体的历史观，我们才能对“飞虎队”在桂柳会战前后的作用进行正确的评价，因为中国的抗日战争并不是孤立的，而是与其他战场有着密切联系的。

三、美国“飞虎队”的功绩与失误之原因

“飞虎队”在中国战场上能有所作为，一方面是因为他们有坚强的斗志和高超的技术，另一方面，则是因为中国政府的高度信任和中国人民的支持。从始至终，中国的中央政府和地方政府都让“飞虎队”享有非常大的自主权，不仅所有的军事行动由美国指挥官进行指挥，而且规定凡是参加“飞虎队”的中国飞行员也一律听从美国方面的指挥。与中国军队配合作战时，原则上都是通过联络官确

①黄淑：《第97军在黔桂边界对日作战溃败忆述》，载中国人民政治协商会议广东省委员会文史资料研究委员会：《广东文史资料》（第十七辑），广东人民出版社1964年版，第20—26页。

②参见彭光谦，彭训厚编著：《援华抗日的美国飞虎队》，中共党史出版社2005年版。

定有关计划。美国的联络官除了参与有关的军事会议外，还经常出席一些重要的政治活动。中美空军经常以混合编队的方式采取行动，由于建立了有关的协调组织及机制，故每次行动都取得了较好的成效。美国的空军通讯机及人员可以在中国自由起降及活动，甚至在十分偏僻的桂西小城万冈，都有美机及其人员的活动场所。[①]在紧急时刻，“飞虎队”的指挥官甚至有权处置中国的一些军事设施，例如，桂林、柳州、南宁机场及其设施，都是在日军逼近的情况下，由陈纳德将军分别于1944年9月和11月下令炸毁的。[②]

鉴于空中作战具有非常大的危险性，中国政府通过发布通告与标语、宣传画等多种形式，晓谕各界人士，动员中国广大军民一旦发现有美国飞行员遇难或受伤，便立即参与到救助活动中。同时向美国飞行员提供专门的标识，中英文对照手册、详细的中国地图，并成立专门的救护组织，制定奖惩办法，建立起救助的体制和激励机制等。[③]不难看到，桂柳会战前后，每当美国飞行员在中国遇险时，政府和民众都尽力给予了救援和帮助。对遇难的飞行员，都及时进行了安葬。民团组织在援救“飞虎队”队员的过程中发挥了较大的作用。这些组织遍布各乡村。在战争环境下，正是通过这些组织，遇难和遇险的“飞虎队”队员才能及时被发现和得到援救。这是广西不同于其他地区的一个显著特征。

“飞虎队”在桂柳会战前后遭受了较大的损失，主要原因在于，就大陆交通线争夺战而言，日军在力量上处于优势地位，而“飞虎队”则处于劣势。通常，“飞虎队”都要与数倍于自己的日机作战，有时候还要应对日机的连续攻击，消耗非常严重。“飞虎队”的任务除了协助中国军队阻截日军沿大陆交通线南下外，还要轰炸日军在中国强占的军事基地，这就不可避免地分散了兵力，从而间接地加强了日军在桂柳会战中的实力。广西是一个多山的地区，当时，“飞虎队”驻桂的P-40型战斗机和B-29型轰炸机体型相对较大，在这样的地区作战，受到一定的限制。相比之下，日军的零式战斗机由于轻便和灵活，机动性相对要比“飞虎队”强。这几个因素的结合，使“飞虎队”付出了较大的代价。

①黄大权：《巴马瑶族自治县志》，广西人民出版社2003年版，第10页。

②颜邦英：《桂林市志》（上册），中华书局1997年版，第1159—1160页；陈谟志：《南宁市志》（综合卷），广西人民出版社1998年版，第55页。

③彭光谦，彭训厚：《援华抗日的美国飞虎队》，中共党史出版社2005年版，第102页。

桂柳会战已经过去70多年了，但是，我们永远也不会忘记美国“飞虎队”对中国所做出的贡献。桂柳会战作为第二次世界大战的一个组成部分，有许多经验教训需要总结。通过对“飞虎队”历史作用的梳理与分析，应该认定一个事实，那就是：近代以来，世界的联系变得越来越密切。每个国家和民族的发展，都离不开其他国家和民族的支持。因此，中国在走向世界的过程中，必须保持应有的历史记忆，把各国各民族对自己所做的历史贡献铭刻在心里。肯定美国“飞虎队”的作用，其实就是肯定中国是第二次世界大战的主战场之一，换句话说，就是肯定自己的历史。

第四节　战时国际社会对难民和难侨的救援

一、武汉会战后大量难民、难侨涌入广西

全国抗战爆发后，日寇对我国华北、华东、华南等地区进行大规模入侵，对许多人口集中的城市实施狂轰滥炸，导致被占领区的民众与频繁遭受空袭的城市居民被迫迁离故土，形成一股又一股巨大的难民潮。其中，武汉会战后期，由于日军的猛烈进攻，以及国民党抵抗失策，中国军队全线溃败，原本随国民政府迁移到武汉等地的难民，被迫再次内迁。当时，难民西迁的方向大致分为三路：一路进入四川、陕西；一路进入贵州、云南；一路进入广西。[①]内迁广西的难民，于1938年9月起，由武汉等地开始陆续迁入。截至1939年3月，迁入人数总计16398人，其中

①苏智良等:《去大后方:中国抗战内迁实录》,上海人民出版社2005年版,第289页。

由湖南迁入的难民占2/3,其余均由广东迁入。[①]由湖南入桂者,大部分沿湘桂铁路沿线迁移,这是桂省联系华北、华中、华东等战区的捷径,也是当时机关单位、人员等内迁的便利之途。据统计,湘桂铁路在1938年的客流量为205167人,至1939年客流量突增至1580067人,1940年客流量更增至3339212人。[②]短短两三年时间,湘桂铁路客流量增长了十几倍。武汉会战后,由于难民迁桂多数由湖南迁入,桂省直接受到影响的首先是桂林等地。据统计,桂林1944年的人口数几乎是1937年的4倍,同时期的柳州人口增长约2倍,南宁、梧州等城市人口数则变化不大。[③]这反映了内迁难民在地区分布上的不均衡,对桂省部分城市的难民救济工作造成的压力是集中且巨大的。当时广西省赈济会所属各机关发放难民证的统计数据显示,1939年仅临桂县一地就发放难民证共计17809张;1940年,桂省的宾阳、扶南、隆安等32个县乡,总计发放难民证373539张,其中仅宾阳一地即发放224025张,约占总数的60%;1942年,桂林管训会、柳州赈济会、永福赈济会3个机关共计发放难民证3091张。[④]这不仅是内迁难民地区分布不均的印证,同时也反映了武汉会战后难民入桂的集中程度和人数。

大量难民涌入广西境内,首先是迫于战争形势,即沿海及华中、华北等地区已陷入危机;其次是广西属于抗战大后方的西南门户,地理位置优越,能进能退,且当时全省抗战热情高涨,给人一种相对安全的印象;最后是入桂的陆路及水路交通便捷,在进入云、贵、川等地的交通陷于饱和的情况下,分散入桂或主动选择入桂的难民为数不少。当然,不排除部分难民是因投靠亲朋好友,或跟随流亡大军潮流而做出入桂的选择。《广西善后救济调查报告》的统计数据显示,整个抗战期间广西共接收难民2562400人。各地难民人数统计可参见表6-3。[⑤]

①滕兰花:《抗日战争时期广西难民救济工作试析》,《广西民族学院学报》(哲学社会科学版),2003年11月,第131页。

②广西省政府统计处:《广西年鉴》(第三回),1948年,第1042页。

③唐凌:《抗战时期的桂林:难民悲惨命运的见证及承载者》,《玉林师范学院学报》(哲学社会科学版),2006年第1期。

④广西省政府统计处:《广西年鉴》(第三回),1948年,第1360—1361页。

⑤张根福:《抗战时期的人口迁移兼论对西部开发的影响》,光明日报出版社2006年版,第186—187页。

表6-3　广西战时难民人数统计

县别	沦陷部分占全数百分比/%	难民人数	县别	沦陷部分占全数百分比/%	难民人数
桂林(市)	100	100000	苍梧	100	156000
临桂	100	100000	藤县	100	78600
灵川	100	42000	岑溪	60	20000
灌阳	80	28000	容县	60	15000
兴安	100	48700	平南	100	93000
全县	100	105000	桂平	100	250000
资源	60	2900	武宣	100	37800
龙胜	60	13500	贵县	100	102500
义宁	100	9000	北流	10	700
百寿	100	20000	陆川	10	600
永福	100	19500	博白	5	500
阳朔	100	16700	邕宁	95	158000
怀集	40	1500	永淳	80	4000
信都	40	700	横县	50	2000
昭平	40	20000	宾阳	100	87500
钟山	40	500	上林	95	46000
富川	40	500	武鸣	100	52000
恭城	100	29000	隆山	65	2500
平乐	80	37000	都安	75	12500
荔浦	100	37000	那马	90	1000
蒙山	90	37300	平治	7	500
修仁	90	15000	果德	25	500
柳江	100	88900	隆安	95	2500
忻城	100	31600	同正	60	7000
迁江	100	28800	扶南	100	21000
来宾	100	30000	绥渌	100	18000
象县	100	14000	上思	80	2200
雒容	100	15000	靖西	10	500
榴江	100	20000	龙津	80	33000

续表

县别	沦陷部分占全数百分比/%	难民人数	县别	沦陷部分占全数百分比/%	难民人数
中渡	100	12000	上金	50	15000
柳城	100	31500	左县	20	1000
融县	80	51500	崇普	70	16500
三江	50	5000	思乐	40	10000
罗城	80	41600	明江	100	15000
天河	100	24800	宁明	100	14000
宜北	80	7500	凭祥	100	15000
思恩	80	20000	宜山	100	90000
河池	100	37500	南丹	50	27000
金秀（设治局）	80	10000	总计		2562400

资料来源　张根福:《抗战时期的人口迁移兼论对西部开发的影响》,光明日报出版社2006年版,第186-187页。

继武汉会战的难民入桂之后,紧接着就是大量的难侨回国。广西多地有难侨迁入,他们进入广西主要分三个方向:一是南洋一带的侨胞,途经广东(非敌占区)进入桂东南;二是越南华侨,从镇南关、水口、岳圩等处入境;三是缅甸华侨,由云、贵方向而来。①虽然广西属于侨乡,但抗战前侨民总数并不多,且省政府并未积极吸引侨民入桂。1940年,南洋多地华侨的生存已陷入异常困难的境地,各地排挤华侨的现象时有发生。日军在1940年对越南多地进行狂轰滥炸,许多华侨被迫迁入广西境内。据统计,仅逃入凭祥、龙州、那坡、宁明的华侨即达1900多人,逃入靖西境内的达数千人。②1941年12月7日,日本突袭美国珍珠港,太平洋战争随即爆发,日本侵略者投入大量兵力,陆续攻占泰国、马来西亚、新加坡、菲律宾、印度尼西亚等多国土地,南洋多地华侨不堪忍受,纷纷携老扶幼回国寻求避难,数以万计的华侨由此沦为难侨。当时广西在教育建设与抗战动员等方面获得好评,被称为全国模范省,吸引了众多华侨的关注。截至1942年11月,先后疏散到广

①广西壮族自治区地方志编纂委员会:《广西通志·侨务志》,广西人民出版社1994年版,第118页。

②广西壮族自治区地方志编纂委员会:《广西通志·侨务志》,广西人民出版社1994年版,第118页。

西境内的难侨总数达11万多人。[1]仅桂林一地接待的难侨就达到2.57万人。[2]广西当局为接待和救济难侨，成立了多个接待所和护送站，还发动各地捐钱捐粮，援助受难侨民。此外，广西省各界联合成立紧急救济归国侨胞委员会，帮助源源不断地流亡入境的海外侨胞。

二、难民和难侨的悲惨命运

抗战时期，难民、难侨的流亡生活成为众多华人心中始终无法抹去的沉痛记忆。由于日本帝国主义的疯狂入侵和残酷迫害，我国大片沦陷区的原住居民及海外侨胞不堪忍受，被迫背井离乡，开始了颠沛流离的逃难生涯。大部分逃难的人都不知何去何从，更不知道将来要怎样生活下去，什么时候才能回到故土。大家都不愿留下苟且偷生，也不愿冒着生命危险沦为亡国奴。国人历来安土重迁，对迁离世代久居的故土，谁又能抑制住内心的那份眷恋？西迁路上，面对远去的家乡，众人内心百感交集。但只有逃出去，才有可能活下来。在战争的环境里，政府无暇顾及方方面面，社会已然失序，奸人趁势而起，人们的道德因生存问题而陷于沦丧。失去了故土家园、失去了财产、失去了生命安全保障的人们，从一开始就踏上了一条满是荆棘的道路。每向前跨一步，都有意想不到的苦难在等待着他们。[3]在逃亡的路上，交通堵塞、翻车、撞车、飞机误炸、奸商和关卡敲诈盘剥、匪盗抢劫甚至杀人越货的事情不断发生，危险、饥饿、疾病、意外事故、死亡始终伴随着逃难的人们，多少家庭在这次大流亡中妻离子散，或一去不归，至今已无法统计。[4]

逃难路上面对的最大问题是饥饿。战争使各地农业大大受损，正常的生产已无法进行，粮食产量急剧下降。逃难的人们经过长途跋涉，身心备受折磨，虽逃离

①广西壮族自治区地方志编纂委员会：《广西通志·侨务志》，广西人民出版社1994年版，第118页。
②桂林市地方志编纂委员会：《桂林市志》（下），中华书局1997年版，第3157页。
③孙艳魁：《苦难的人流——抗战时期的难民》，广西师范大学出版社1994年版，第131页。
④中共广西柳州市委员会宣传部等：《抗战烽火中的柳州》，广西人民出版社2005年版，第81页。

了日本帝国主义的魔爪，但所携带的粮食不多，身上仅有的一点儿积蓄，在逃难途中不是遭遇小偷小摸，就是被杀人越货、拦路抢劫的匪徒一扫而空，让失去了生活来源的人们雪上加霜。武汉会战期间，大量难民逃入广西，“开始逃难的时候，身上也许还有几个钱，但一逃再逃之后，到桂林时就一无所有了”[①]。逃难的人们逐渐面临挨饿的困境，在别无选择的情况下，不得不边逃边向沿途的居民乞讨食物充饥，在讨不来食物的时候，则吃树皮、刨树根，甚至有人把泥土直接塞到嘴里。为了争夺少量的食物，难民间常常发生流血事件，许多人被打得头破血流才弄到一点儿食物，这已经是幸运的了。[②]豫湘桂战役期间，桂柳大疏散，当时《新华日报》的一篇《桂筑二千里》的报道中有这样一段描述：

中途小站很难买到食物，有时偶然有人挑一担饭来卖，大家蜂拥奔上去抢购，饭一下子被抢光了，碗也不见了，钱却不易收得。乡人经过这一教训后，再也不敢挑饭出来卖了。在波寨站，有人提了一大篮粽子来卖，每个5元，立刻被强有力者全部买下，一转手间，就以每个20元再行卖出。车上有些有家属的多数自带饭锅，车子在站上停下，就下来做饭。站上的木栅都被取来做柴火，沿路两旁的蔬菜瓜果被一扫而空，火车所停留的地方，就像蝗虫过境一样。

饥饿容易使人丧失理性。在逃难沿途，能吃、能咽、能用的东西，无论属于谁，凡是无人看管的，均被饥饿的人们据为己有，加以利用。在无钱可用的情况下，有人典卖家当，还有人卖妻卖儿。

这样的场景实在令人心寒。战争加上天灾与人祸，逃难途中的人们可谓祸不单行。1945年春，桂林一带出现严重饥荒，饿死的人随处可见，在一些民房里，许多人死后都无人收尸，有的人甚至将自己的亲生儿女抛弃在公路上，任车马践踏或饥饿而死，情景惨不忍睹。[③]“仓廪实而知礼节，衣食足而知荣辱。”在一个连基本温饱问题都无法解决甚至危机四伏的社会环境里，生存的欲望支配着人们的行为与选择。对每一个逃难的人来说，信念也许只有一个，那就是逃出去并生存下去。

无家可归的人们除了饥饿，沿途还需要寻找落脚的地方，作为临时的“家”。

---

①古曼：《在疏散的日子里》，《新华日报》，1944年7月。

②孙艳魁：《苦难的人流——抗战时期的难民》，广西师范大学出版社1994年版，第111页。

③唐凌：《抗战时期的桂林：难民悲惨命运的见证及承载者》，《玉林师范学院学报》（哲学社会科学版），2006年第1期，第99页。

幸运的人，可以寻亲投友或进入沿途设立的难民收容所、避难所等获得帮助；不幸的人，只能寻找破庙残屋暂时住下，甚至流落街头、乡野，以天为被，以地为席，十分悲惨。不少人因长期处于恶劣的环境中，加上对异地气候的不适应，被病魔侵袭。在广西的桂林、柳州等地，战时曾发生过大规模的霍乱、疟疾等传染病，导致部分医院收容不下，只好暂借一些学校的教室作为临时的病房。逃难进入广西境内的人们，也难免遭此厄运。如国立浙江大学内迁广西宜山，大部分师生因难以适应当地潮湿的气候，很快染上疟疾，时人称“宜山宜水不宜人”。广西方面对此疾病曾有相应的医药，但因逃难迁入的患者人数过多，加上省内原有或新的病号，相应的医药严重缺乏。国立浙江大学不得不派人紧急从广州、香港等地购进所需药品，才遏制了校内的疾病蔓延。对于许多普通的难民、难侨来说，逃难途中因医药缺乏，或根本看不起病，难以得到及时的救治，只能听天由命。只有少部分幸运的人可以得到政府或社会各界救济机关的医药援助。但面对人数众多的难民，救济机关有限的资源也是杯水车薪，难以解决问题。如广西全县难民总站，1938年9月共有难民1215人过境，其中患病者59人，重病者16人；1939年4月过境难民共390人，病9人，治疗过程中1人死亡。[①]得到救济的难民尚且如此，那些无法得到救济的人们的命运可想而知。

战时条件下，交通运输资源极为匮乏。汽车多被征为军用，不易获得，且汽车运输价格昂贵，普通民众根本承担不起。坐火车与坐船相对便宜，这也成为众多逃难人们的选择。但只有在水运发达的地方才便于行船，很多地方无法连通，且船的速度极为缓慢，沿途还避免不了趁火打劫、意外事故等情况，加上内迁机关、单位、工厂等争相租用船只搬运货物，造成船价抬升，船只亦难寻得。更多逃难的人们选择步行或坐火车。在复杂的战争环境里，选择步行逃难是需要极大的勇气的。在路上，有人因体力不支而累死；有人因缺乏食物和水而饿死、渴死；有人因遭遇劫匪而被洗劫一空，甚至被打死；有些步行山野的人因遭遇野兽而丧命；还有些走在路上的人们被误以为是军人而遭轰炸致死；等等。如1944年豫湘桂战役期间，广西桂林、柳州等地大疏散，原本由外地逃到广西的人们，尚未得到歇足喘气的机会，又不得不拖家带口往内地迁移。“走不动的人们横卧在马路上，后边的人就踏在倒下去的身子上走过去了，有时先倒下去的人将后者绊倒，一连倒下几

①孙艳魁：《苦难的人流——抗战时期的难民》，广西师范大学出版社1994年版，第132页。

个，也是常有的事。有些人走得脚都肿了，就用破棉花包着，左右摇摆地走着；大人小孩饿死在路上，肚子却胀得像一面鼓；父不能顾子，夫不能顾妻，我走我的路，你走你的，虽至亲骨肉，亦不能料理一下后事。”[①]步行路上可谓危机四伏，只有在万不得已的情况下，逃难的人们才会选择步行。这样一比较，似乎坐火车就显得安全多了，但其实不然。如桂林大疏散时，由于日军入侵迅猛，桂省政府要求三天内完成全城大疏散，许多人来不及收拾家当便被迫离城，“要40多万人口和物资，在三天中间走光，不仅交通工具不足，装不完那么多物资，即使光是疏散人，也是不可能的。”[②]流亡到桂林的人们，加上桂林原住居民，大量的人流同时涌向火车站，每一辆火车的车厢、车顶、车厢与车厢之间，凡是能够站或坐的地方均挤满了人，被人们戏称为“地狱列车”。坐在车厢内的人因拥挤而容易发生窒息，坐在车顶的人白天风吹日晒，夜里冷得发抖，且须时刻谨慎小心，不能睡觉，一不留神就有可能被挤下车去。一些火车行至中途燃煤耗尽，被迫停驶；另一些火车行驶途中被路过的军队占用，发生军民纠纷。当时有这样一段描述：

桂林疏散的那天，从北站非法开出一列火车，这火车当中附挂着一辆特别车，装载了一位年高德昭的老太太，她是某要人的母亲，带来家属也还有副官，他们用枪要挟北站负责人，要求发签。可是因为前站正有车开过来，怎能放行呢？他们可不管这些，绑了一个行车站长上车就开了，纵然北站通知各站停放车辆，以谋补救，事实上已来不及，在苏桥附近与来车对撞，造成一千余人死伤。[③]

在整个抗战期间，类似的交通事故不曾停止，整个铁路交通已陷入混乱。一位地方老者回忆柳州疏散时说道：“群众疏散和各机关的撤走，都是各顾各的，没有任何上级领导组织指挥行动，谁也顾不了谁。”[④]当时有这么一件意外：有一个人被突然开动的火车轧断了腿，痛苦不堪，竟拱手哀号着：“哪个有枪的，赶快行行好补我一枪，求求你。”一个不知是什么身份的持枪者，果然拔枪朝他的心窝开了一枪，然后扬长而去。[⑤]

---

①曹福谦：《湘桂黔大溃退目睹记》，载政协广西委员会文史资料研究委员会：《广西抗战亲历记》，1987年，第133—134页。

②洛文：《受难的人民——桂林疏散记》，联益出版社1946年版，第7页。

③洛文：《受难的人民——桂林疏散记》，联益出版社1946年版，第25—26页。

④中共广西柳州市委员会宣传部等：《抗战烽火中的柳州》，广西人民出版社2005年版，第83页。

⑤中共广西柳州市委员会宣传部等：《抗战烽火中的柳州》，广西人民出版社2005年版，第87页。

这样的悲剧实在令人心寒，但却是逃难途中人们遭遇的真实写照。战争是可怕的恶魔，由战争引发的一系列社会问题更是对人们生命的摧残。

三、中国政府及国际社会在广西设立的救援机构

面对如此众多的难民、难侨，广西省原有的救援机制不堪重负。为了使难民、难侨不至流落荒野，忍饥挨饿，同时为了把难民、难侨团结到抗日民族统一战线中来，夺取抗战的最后胜利，保存我国战后复兴的有生力量，国民政府与广西省各级政府及社会各界采取了多项措施救济难民、难侨。

在难民的安置、救济方面，广西省政府在省内各县市设置了多个难民收容所，直接收容各地流亡的难民，并设有难民管理处，负责管理难民的日常活动。武汉会战后，广西省内难民人数骤增，为适应救济工作需要，广西成立了省赈济委员会，并在省内各地设立相应的机构。对于难民较为集中的地方，省政府更是加强了安置、救济工作，仅桂林一地，即设有桂林难民管训处、桂林难民工场、桂林市赈济会、桂林市空袭紧急救济联合办事处4个机构，且每个机构均配有专人负责管理，有相应的组织规程。此外，为使内迁难民能够自食其力，减轻政府及社会各界的救济压力，以帮助难民共渡难关，广西省赈济委员会拨巨款并动员全省各县市捐款捐物，筹集资金向难民发放小额贷款。如1940年，广西省赈济委员会拨发给各县用于救济难民的贷款共242000元（国币），邕宁、龙津、凭祥、明江、扶南、武鸣、上思等县的难民获得了这些贷款。[①]往后各年均有相应贷款发放，难民以此为本钱可开垦种植或经营小本生意，以谋生存。除发放小额贷款，省赈济委员会还向难民直接发放救济金，如1945年下半年，临桂县政府发给被遣送过境的505名难民每人200元，共计10.1万元，另救济境内灾民5547人，发出救济款445.76万元。[②]各县救济机构在发放救济金的过程中，还特地邀请当地党政机关或公正士

①广西省政府统计处：《广西年鉴》（第三回），1948年，第1360—1361页。

②《临桂县志》编纂委员会：《临桂县志》，方志出版社1996年版，第567页。

绅到场监督。难民群中的儿童、妇女及老人，在逃难途中最易受到伤害，对此，广西省各级政府联合社会各界团体，设立了多个妇女儿童救济院和教养所，对妇女及老幼病残等弱势群体展开专门救护。如李宗仁夫人郭德洁筹办桂林儿童教养院，由国民政府赈济委员会拨款10万元，至1940年底，共收养了全国15个省份的难童、遗孤达1600多人。对沦陷区学生，省政府则拨专款要求各级学校调整班级数，以谋收容更多的失学员生。

桂南战役爆发后，广西的难民救济工作变得更为繁重。省政府紧急调整赈济委员会，加派专人管理相应安置、救济工作，以扩大省内救济范围。督饬各县市政府，并策动各慈善团体，赶紧设法救济遗漏难民，以重人道。各处已设立的救济院、收容所、育婴所或游民医疗所等，应加大整顿，以广收容。[①]1940年6月6日至19日，广西省临时参议会第三次大会在桂林举行，针对战时工作需要，大会主要讨论了十项内容，其中第二项即为安置难民，把难民救济工作放到更为重要的地位。随着战区的扩大，广西省政府加强了救济力度，一面派人深入战地救济抚慰，一面在后方积极办理难民恢复生产的事宜。战事日紧之时，各县政府既忙于征工、征夫及筹办军粮，又要兼顾办理难民安置、救济的工作，实属不易。为增加救济效能，县政府特别选定适当地址，设置难民救济站，设主任1人，干事若干人，由省政府及所属各机关人员调用派充，指导并协助各县政府赈济会办理救济。[②]广西省政府还对接近战区的各县乡划定救济区，各区均设正副主任，以就近指导各县救济站的工作，并计划本区内救济事业的推进。第一区主任驻柳州，以柳州等14县为工作区域；第二区驻百色，以百色等30县为工作区域。[③]

在难侨的安置、救济方面，1942年1月31日，国民政府军事委员会桂林办公厅主任李济深、广西省政府主席黄旭初共同发起救侨运动，在桂林王城成立了广西省各界救济归国侨胞委员会，该委员会由下列机关团体发起成立：军事委员会桂林办公厅、三民主义青年团广西支部、两广监察使署、广西赈济会、军事委员会战区军风纪第四巡察团、第九救济区特派委员事务所、广西省党部、粤西盐务管理局、广西省政府、广西绥靖主任公署、广西省临时参议会、桂林市政府、桂林市党部、桂林市青年会、湘桂铁路理事会、社会部桂林社会服务处、红十字会桂林分会、

①《转饬扩充救济事业》，《广西省政府公报》，1943年第1770期，第2页。

②《抄发修正赈济委员会组织法》，《广西省政府公报》，1941年第974期，第12—14页。

③《抄发修正赈济委员会组织法》，《广西省政府公报》，1941年第974期，第12—14页。

广西电政管理局、广西邮政管理局、暨南大学同学会桂林分会、桂林市商会、大公报社、广西妇女工作委员会、广西省商会联合会、桂林市银行公会、桂林市总公会、桂林市妇女会、扫荡报社、力报社、广西日报社、自由报社、桂林市记者公会、江苏旅桂同乡会、福建旅桂同乡会、广东旅桂同乡会、湖南旅桂同乡会、安徽旅桂同乡会等37个单位。①同年4月10日，应救侨事务及国民政府赈济委员会的要求，改为广西省紧急救侨委员会。该委员会的成立，对战时广西救侨工作的顺利开展至为关键。救侨委员会一成立，随即在广西各地展开大规模的筹款活动，并组织各机关工作人员，在其薪俸中扣除一定金额(中心学校和国民基础学校的教职员以及基层工作人员可免)，以充捐款。各县政府、党部、参议会、商会、妇女会等各派员挨家挨户劝募，或到附近大圩市劝募。从1942年3月至9月，广西紧急救侨委员会共收到救侨资金5212077元，其中500万元由中央赈济委员会拨付，其余21万多元由募征获得。②是年，李宗仁夫人郭德洁在桂林举办救侨美术展览会，展出国画、油画、木刻、书法、浮雕、摄影等作品300多件，展览前后举办共4天，所募得款项达2.49万元，全部用于救济归国难侨。③1942年9月，广西省紧急救侨委员会将国民政府所拨救侨款100万元派发省内各地救济难侨。同年10月11日，桂林还专门召开筹募救济归国侨胞捐款会议，会后举办了音乐会、球类义演等活动，募集了更多救侨资金。④除募集捐款外，广西省各级政府及社会各界还为救济难侨做了许多工作。如设立归国招待所及护送站，以解决难侨的住宿及行程等问题；设立华侨村、华侨农场等，为归国华侨提供谋生的场所与机会；将有工矿技术的归国华侨安排到大后方工矿企业就业；为华侨子女发放救济费或提供特种救济金，以帮助其入学读书；还为归国侨胞兑换港钞给予特殊照顾。⑤

除以上所述外，广西省政府在难民、难侨的安置、救济方面还获得了国民政府赈济委员会多方面的支持。如1940年10月2日，因日军疯狂入侵越南，大部分华侨回国寻求避难，情形甚为惨烈。国民政府赈济委员会很快拨款60万元，并派员前往中越边境收容，进行安抚。

---

①唐凌:《抗战时期广西的救侨工作》,《八桂侨史》,1999年第4期,第22页。

②广西省紧急救侨委员会:《半年来之广救运动》,《救侨工作》,1942年。

③桂林市地方志编纂委员会:《桂林市志》(下),中华书局1997年版,第3157页。

④桂林市地方志编纂委员会:《桂林市志》(下),中华书局1997年版,第3157页。

⑤唐凌:《抗战时期广西的救侨工作》,载《八桂侨史》,1999年第4期,第24—25页。

国际社会在广西也设立了相应的救援机构，它们或直接或间接地参与到广西难民、难侨的救济工作中，展现了国际人道主义精神。

七七事变后，全国抗战爆发。1938年，一支由法国、英国、美国、瑞士和罗马尼亚等国的医护人员组成的名为“国际防疫委员会第三防疫团”（简称“国联防疫第三分团”）的国际防疫组织，由法国马赛来华，经海上航行到达香港，随即转入广西南宁。该团在我国的活动前后三年，活动范围主要在我西南各省，而具体工作则在广西。[①]它与国民政府内政部卫生署华南区防疫委员联合组成办事处，在广西省政府的支持和配合下，与广西各地的防疫医疗工作者通力合作，建立防疫联合办事处，其下设研制防治人畜各种疫病药物的实验所。1938年2月，国联防疫第三分团将广西划分成三个防疫区，在桂、梧、柳三处设办事处。9月，广西省防疫委员会成立，全国第二次防疫会议在桂林开幕。

该团来华期间，除了随同的眷属外，还携带了价值约36万法郎的各种实验用具、医疗器械、药品和其他用品，另有价值近40万法郎的3辆载重1吨的小型卡车、3辆短途小汽车和1艘小艇。还有第一分团提供的药品、消毒剂和其他物品，价值近57万法郎，这些对战时防疫工作的顺利开展发挥了重要作用。[②]国联防疫第三分团在广西开展的各项基层防疫、卫生宣传活动、防疫药物实验及设施建设等工作，对抑制疟疾、霍乱、天花、麻疹等流行性传染病在广西全省的蔓延具有一定作用，间接支持了广西当局开展的难民、难侨救济工作，直接援助了我国伟大的民族抗战事业。

在医疗救助上，全国抗战爆发后，有多个国际援华医疗队为支援中国抗战来到我国，如印度救护队、“西班牙大夫”、美国医药援华会医疗队、英国援华医疗队、世界红十字会等。其中，在国民政府的支持下，世界红十字会第三队于1939年2月14日抵达桂林[③]，与广西当地医疗工作者密切合作，开展各项战时医疗救助工作。不久，缅甸社会动荡，在缅华侨纷纷回国寻求避难。与此同时，一支由36人组成的缅甸华侨救护队也于1939年6月3日抵达桂林，在国民政府与广西省政府的协助下，对回国避难的侨民开展救助、抚慰等工作。武汉会战后，大量难民、难

①钟文典：《抗战防疫进行时：国联防疫分团在广西（1938—1940）》，广西师范大学出版社2014年版，第3页。

②钟文典：《抗战防疫进行时：国联防疫分团在广西（1938—1940）》，广西师范大学出版社2014年版，第23页。

③桂林市地方志编纂委员会：《桂林市志》（上），中华书局1997年版，第66页。

侨涌入广西，医疗救助工作变得更为繁重。出于扩展救助工作并进行长期援助的需要，世界红十字会在国民政府与广西省政府的帮助下，于1940年在桂林成立世界红十字会桂林分会。该会的成立，对来到广西省的难民、难侨的医疗救助工作贡献颇大，在争取国际援助上发挥了重要的作用。

除此以外，在战时援华医疗上，还有许多国际友人出于人道主义，主动来到中国加入中国红十字会或其他救援机构进行服务，如1939年4月，瑞士红十字会派遣伯尔乐、霍尔曼两位医生携带药品来华，在贵阳图云关中国红十字会救护总队部服务；1939年夏，据报道，由美国主动来华加入红十字会的外科医生有5名，被德国驱逐出境的犹太籍医生多名亦已加入。[①]中国红十字会在广西各地设有多个分支，直接参与战时救护工作，同时协助地方开展难民、难侨的医疗救助。由来自世界不同国家或地区的医护人员组成的中国红十字医疗队，在某种程度上也可看作国际援华的一种表现。

除以上所述的救援机构外，国际社会在广西还成立了其他组织，如1939年1月25日，国际反侵略运动大会中国分会广西支会在省政府礼堂成立，并选出主席团、理事、名誉理事多人。大会成立后，致电日内瓦国际反侵略运动大会，强烈谴责日军轰炸桂林的暴行。1943年1月2日，桂林国际联谊社成立，社长凌士芬，副社长班以安，会员34人，其中有日军侵占广州、香港后撤退到桂林的美国、英国、荷兰、葡萄牙和挪威等国的友人及领事馆人员。[②]这些组织机构的设置，限于史料记载不多，不能一一详细叙述。但其在历史上所发挥的作用，正是世界反法西斯战争史上，各国各地区的人民团结一致争取和平的历史见证。

四、国际救援的主要举措及成效

国际社会在广西开展救济难民、难侨的工作，得到了广西省政府及社会各界

①池子华等：《中国红十字会百年往事》，合肥工业大学出版社2011年版，第108页。

②广西壮族自治区地方志编纂委员会：《广西通志·大事记》，广西人民出版社1998年版，第227页。

的大力支持。除设置相应的救援机构外，国际社会还通过这些机构及其他合作方式，实施了多种救援措施。这些救援措施充分体现了抗战背景下“外援”和救济的特点，配合国民政府与广西当局的救济机制，在战时救济方面取得了一定成效。以下分几方面对国际救援的主要举措及其成效进行说明。

1.提供资金与物品

充足的资金和物品，是战时救济难民、难侨工作得以顺利开展的重要保障。当时的广西属于我国西部贫弱省份，社会经济不发达，财政收入来源少，在抗战时期，更是遭遇天灾人祸，地方生产遭受严重破坏。如1942年，广西各地雨水失调，全省16个县因雨水过多受灾，出现上百万灾民，其中怀集县饿死600人；同一年，全省33个县又发生旱灾，受旱面积440多万亩，损失稻谷646万担。[①]战争、天灾等使广西各方面支出都很庞大，对外来难民、难侨的救济力量极为有限，不得不求助国民政府及国际社会。

自全国抗战爆发后，国际社会多方援助中国抗战。美国组织成立了美国援华委员会、联合救济中国难民运动委员会、美国医药援华会、美国红十字会等，多次发起募捐运动援助中国抗战。如著名的“一碗饭运动”就是由联合救济中国难民运动委员会发起的，所获捐款多数用于救济中国难民。据《新华日报》1939年4月15日报道，美国红十字会捐赠的12000袋小麦运往中国，救济难民；此外，美国红十字会1940年12月18日公布的数据显示，通过美国红十字会救济中国战区灾民的捐款达100万美元，运往中国的小麦、大米、药品、衣服共值29万美元。[②]自1938年7月至1939年7月，《申报》有关“外援”救济我国难民的报道也有多次，特别是美国数次捐助美麦馈赠我国难民。[③]广西在美国援助上也受惠甚多，如1942年1月25日，美国红十字会赠予广西省的10吨蓝布运抵桂林，供制作桂南战区难童衣服之用。1943年5月，广西省政府电饬各县市卫生院填报领用美国红十字会捐赠的器械表，各卫生机关将所填报表上交省政府，经审核，即可领取相应的医药器械。[④]这些医药器材对广西落后的医疗卫生事业的发展帮助甚大，同时也挽救了许多宝贵的生命。

①广西壮族自治区地方志编纂委员会：《广西通志·民政志》，广西人民出版社1996年版，第93页。

②沈庆林：《中国抗战时期的国际援助》，上海人民出版社2000年版，第81页。

③孙柏秋：《百年红十字》，安徽人民出版社2003年版，第186页。

④《电饬填报领用转发美红会捐赠药械表》，载《广西省政府公报》，1943年第1686期，第3页。

1943年初，英国政府捐助8万英镑救助中国难民。[①]此外，英国的民间援华运动也非常活跃。联合援华募款委员会自成立后，多次发起募款运动，至1944年2月，所募集捐款达1437457英镑，捐款人数达3000万人。中国接受英国捐款的单位有全国儿童保育会、保卫中国同盟、工业合作协会、全国儿童福利协会、妇女战时赈济委员会、伤兵之友社、中国红十字会、全国学生救济委员会及教会学校等。[②]

除英、美两国外，法国、加拿大、西班牙等许多国家和地区也都发起了轰轰烈烈的援华运动，所募集捐款多通过中国相应救济组织发放到难民、难侨手中。据不完全统计，1942—1945年，中国红十字会所获收入90%以上来自外援，且大部分为民间捐款。[③]广西方面，1939年，新安旅行团、广州儿童剧团、厦门儿童剧团、育英儿童剧团、少年战线社5个团体在桂林联合发起组织"中国儿童之友社"，开展中国儿童抗战建国运动。不久，广西战时儿童教养院与广西赈济会儿童教养院（后改为广西省会育幼院）相继成立。这些组织均获得相应的救济捐款，用于战时儿童的救济及养育。1940年3月，陈嘉庚亲率"南洋华侨回国慰劳视察团"归国慰问，其间两次到桂林，并两次捐资赈济儿童。[④]这些捐款或物品，充实了中国救济组织的资金，挽救了部分因战争而被迫流亡的难民、难侨。

2.提供人力与舆论支持

国际社会在人员的支援上，除了前文提到的多个国际援华医疗队及部分国际友人直接参与中国红十字会等国内救济组织外，还有一些其他救援人员到来。如1939年初，马来西亚、泰国、缅甸、越南等地的华裔汽车司机和机修工人组成机工队回国参战，他们活跃在湘、桂、滇、黔交通沿线。在机工队中，仅玉林籍就有200多人。[⑤]机工队在交通运输线上，或直接或间接地参与到难民、难侨的救济工作当中。这些医疗人员及其他方面的来华人员，虽因缺乏材料无法准确统计出来，但他们协助我国政府及相关组织救济难民、难侨的事迹，在历史上已是不争的事实，这是世界反法西斯史上各国各地区人民同甘共苦、患难与共的见证。

抗战时期，我国要获得国际社会的援助，首先就要在舆论上取得世界各国各

---

①沈庆林：《中国抗战时期的国际援助》，上海人民出版社2000年版，第89页。

②沈庆林：《中国抗战时期的国际援助》，上海人民出版社2000年版，第97页。

③孙柏秋：《百年红十字》，安徽人民出版社2003年版，第186页。

④郎敏路：《广西抗战纪实》，广西人民出版社1995年版，第103—104页。

⑤广西壮族自治区地方志编纂委员会：《广西通志·大事记》，广西人民出版社1998年版，第206页。

地区人民的同情和支持。要让国际社会了解我国的抗战形势，关注我国各族人民的团结抗战，就必须做好国际宣传工作。“国际宣传与国民外交必须与国际反侵略、援华运动密切地配合起来。换句话说，国际宣传与国民外交做得好时，国际援华运动也就可以加强，不然，我们就要错失许多机会，而不能得到饱和的外援。”① 抗战时期，广西在宣传上获得了相当的资源。首先是各界文化人士避难广西桂林，如1941年5月25日，李济深、黄旭初在乐群社举行茶会，招待从香港脱险来桂林的文化、新闻界人士梁漱溟、沈雁冰、金仲华、蔡楚生、叶浅予、马思聪、王人美等100余人；②其次是各文化宣传团体相继成立，如1939年10月1日，中苏文化协会桂林分会成立，2日，中华全国文艺界抗敌协会桂林分会成立，12月23日，“在华日本人民反战同盟”西南支部在桂林成立；③1941年12月20日，市各界及日本反战同盟、朝鲜革命党代表等10万余人在桂林市体育场举行拥护中国军队反侵略运动大会。各界文化人士及宣传团体不但直接协助广西当局开展难民、难侨的救济工作，还通过报刊、演说等宣传方式，让外界充分了解广西当局在难民、难侨救济工作方面所取得的成绩及其面临的困境，以此呼吁外界伸出援助之手。

此外，英、美等国在广西桂林也设有新闻处分支。1942年11月25日，英国大使馆新闻处桂林分处设于太平路48号；④1943年5月21日，美国驻华领事林华德、副领事谢伟志来到桂林市筹设美国驻桂林市领事馆，并设立美国大使馆新闻处桂林分处，该新闻分处于1944年1月7日在依仁路广播电台礼堂展出德黑兰会议及开罗会议的照片。⑤同年1月，美、英、法各国驻华武官暨驻渝记者团由衡阳到桂林考察；2月，国民政府交通部同意桂林电信局就地优先拍发美联社、合众社、时代杂志社新闻电讯，使战时广西与世界各国的新闻信息互通。这些外国新闻处及新闻记者，真实报道了我国抗战时期难民、难侨的悲惨遭遇，及政府救济工作的实际情形，不仅为我国及时调整救济举措提供了帮助，也满足了国外各援华团体及组织了解与监督的需要。如美国著名记者白修德，抗战期间冒着生命危险深入中国战区及流亡难民当中，真实记录了当时我国难民逃亡路上的悲惨情景，

①王礼锡：《在国际援华阵线上》，生活书店1939年版，第1页。

②桂林市地方志编纂委员会：《桂林市志》（上），中华书局1997年版，第69页。

③钟文典：《20世纪30年代的广西》，广西师范大学出版社1993年版，第914—916页。

④桂林市地方志编纂委员会：《桂林市志》（上），中华书局1997年版，第70页。

⑤桂林市地方志编纂委员会：《桂林市志》（上），中华书局1997年版，第71页。

并就此写了许多相关的报道，为我国政府及国内社会团体与国外政府及相关援华团体等了解我国难民的真实生活提供了可靠的信息。他在战后写下《中国的惊雷》一书，为我们了解和考证抗战时期难民、难侨流亡的历史提供了可靠的材料。又如美国著名记者史沫特莱女士，以《曼彻斯特卫报》特约通讯员的身份深入当时的新四军战地，详细报道中国陆军医疗工作和红十字医疗队救护实况；还向国际组织写报告呼吁医药、救护车辆等物资援助；同时，将战地调查寄送红十字会救护总队部，使总队部了解了敌后战场，作为调整救护力量的依据。[①]这些国外记者的新闻报道，成为抗战时期我国呼吁国际援助的有力宣传，同时也是支援我国战时难民、难侨救济工作不可忽视的力量。

3.提供医疗救济和精神抚慰

除上述专项救济之外，部分国际援华医疗队和相关援华团体还采取了综合救济举措。他们不仅设立医疗救护站，还在广西当局的支持下，设立难民、难侨收容所，附带有教养、心理疏导、医疗等功能，尽可能全面地照顾到难民、难侨的各项需求。如世界红十字会自成立后，凡遇国内外水火刀兵之灾，都会组织临时救济队实施救济、收容、医疗、急赈、掩埋等工作，平时则在各省区设有医院、学校、贫民工厂、恤养院、育婴所，兼及施药、施粥、施米、施材等事；抗战时期则组织了多个救济队分赴各地，负责救护、掩埋和提供医药、担架等工作，设立桂林施诊所及桂林巡回医疗队，不取号金，不收药费，前后接诊数万名病人；还协助桂林防疫委员会办理防疫工作，并设立难民指导所、施材所、战时难童工读训育院等。其他的国际社会援华团体也采取了相应的救济举措。这些综合救济措施，适应了战时我国难民、难侨救济工作的需要，并取得了一定成效。

除了有组织的团体援华外，还有民间国际友人的援华之旅。如1942年6月4日，美国著名音乐家黑石夫妇自湖南抵桂林，次日，桂林青年会主办黑石歌乐会，黑石夫妇应邀演出，所有演出收入用于救济难侨学生；1943年2月，英国国际友人杰克在桂林演讲日军占领下的上海和印度问题。在桂林的部分英国人成立了文化团体“1943团”和“英国服务团音乐队”，将演出收入捐给中国的慈善事业。[②]

①孙柏秋：《百年红十字》，安徽人民出版社2003年版，第180页。

②广西壮族自治区地方志编纂委员会：《广西通志·大事记》，广西人民出版社1998年版，第227页。

在抗战胜利后，国际社会的援华举措依然延续着，如抗战胜利初期，1945年9月，广西桂林成立了联合国善后救济总署桂林医院。桂林光复之后，疏散到邻县的市民纷纷迁回桂林，房屋顿成问题，市政府临时搭盖房屋数处，收容贫病市民，无告者亦酌予救济，并由联合国救济总署桂林医院施赠医药。[1]1946年3月1日，桂林医院为市政府接收，改名为桂林市公立医院。

①易熙吾:《桂林市年鉴:中华民国三十八年第一次》,1949年,第38页。

第七章

广西抗战损失

抗日战争时期，日军根据其侵华的需要及国际战局的变化，于1939年11月至1940年11月和1944年9月至1945年8月两次入侵广西。期间，日军以“以战养战”为方针，推行“三光政策”和“适地适产主义”，对广西造成了极大破坏，并产生了极其严重的后果。战后，广西当局曾组织了大量有关抗战损失的调查，将调查结果整理成册并公布，为我们了解这段历史留下了宝贵的史料。

第一节　日军侵桂造成的破坏

抗战期间，日军曾两次入侵广西，共盘踞广西两年之久，以炸、烧、抢等方式疯狂破坏，给广西造成了重大的灾难和损失。

一、狂轰滥炸

日机的轰炸是有目的性的，他们的主要目标是广西当时的各大城市。战时航空委员会防空总监部编印的《民国二十八年度全国空袭状况之检讨》一书就指出了这种情况：“广西方面——敌机袭桂主要目的在破坏中国国际交通线运输及桂柳梧邕等重要城市……”[①]当时省府桂林先后遭日机30多批、400多架次的轰炸，梧州在抗战期间也遭到日机400多架次的轰炸。此外，南宁和柳州也多次遭受日机蹂躏。这种轰炸对城市建筑造成了极大损害。如1939年7月22日，敌机轰炸柳州，毁坏房屋多达3440间，而1942年1月18日南宁所遭空袭也炸毁、烧坏房屋约400间。[②]日机除了轰炸桂、柳、梧、邕等重要城市外，广西各县城、圩镇和农村

①广西壮族自治区委党史研究室：《广西抗日战争时期人口伤亡和财产损失》，中共党史出版社2014年版，第88页。
②广西壮族自治区委党史研究室：《广西抗日战争时期人口伤亡和财产损失》，中共党史出版社2014年版，第94页。

也不同程度地遭到敌机的轰炸。《大公报》(桂林)1941年4月12日报道的《敌机肆虐,前昨两袭龙津》一文指出:“敌机十二架(1940年4月)10日两次由越南起飞,侵入广西境内肆扰。首批三架,于上午十二点窜至凭祥属下轮投弹;二批九架,于午后一点半飞至龙津(龙津即今龙州县,笔者注)市区上空投弹。”[①]此外,敌机的轰炸也给广西民众造成极大伤亡。桂南会战期间,桂南19县遭受日机轰炸,致死者1225人,受伤628人。[②]边城龙州尤为惨烈,抗战期间竟遭受日机轰炸174次,有时候一次空袭就造成群众伤亡1200多人。[③]

日机对广西的轰炸是全方位的,严重违反了战争法和国际法。民国时期的报纸及地方志书为我们了解日军的这一罪行保留了历史的碎片:“敌机于最近频频来桂滥施轰炸,被炸的梧州、柳州、南宁等处,都是未设防的城市……”[④];“一九四〇年五月十五日八点四十五分,敌机两架,先后在都安投弹,损失待查。十点四十分,敌机二十七架,由茂名北区,经罗定、岑溪、都城,十一点零七分窜入梧州市空北飞,经信都、贺县、乐昌、曲江、怀集,复由信都到梧州分批向西南逸去……”[⑤];“两年来(1940和1941,笔者注),日机到邑狂炸约五六十弹,城中落四弹……东门外落四弹……西门外落十一弹……南门外旁落八弹”[⑥];“又曾投弹十余枚于古龙某村,敌机妄疑某村娶妇,为我军驻地,故投弹……”[⑦]。日机有目的而又灭绝人性的狂轰滥炸,以致广西各县市出现极为悲惨的景象。萧中勤在《敌机轰炸下的梧州》一文中记叙道:“远在后方的一个毫无军事关系的地方,却遭受了敌机几次完全失了人性的疯狂蹂躏!整个梧州市区,被敌人毁灭了!从东门到西门,从南街到北街,从西大到高中而初中,所有房屋,在轰炸声、炮弹下变成平地,跟着死人尸体,血肉模糊地呈现在生人的面前……乌蝇一般的人群,围着在端详一具一具血肉横飞的尸体,他们和她们来认着被敌人屠杀的父母、妻儿、兄弟、姐妹、丈夫、亲戚……顿时间,由尸体边,发出震动大地的哭声!从此,谁都深深地明白了日本

---

①《大公报》(桂林),1941年4月12日;载黄铮:《广西抗日战争史料选编》(第一卷),广西人民出版社2005年版,第59页。
②广西省政府统计室:《广西省抗战损失调查统计》,1946年,第76页。
③龙州县地方志编纂委员会:《龙州县志》,广西人民出版社1993年版,第13页。另见《近代史资料》编辑部,中国人民抗日战争纪念馆:《日军侵华暴行实录》(四),北京出版社1997年版,第435页。
④《克敌周刊》,1938年9月第29期。载黄铮:《广西抗日战争史料选编》(第一卷),广西人民出版社2005年版,第56页。
⑤《救亡日报》(桂林),1940年5月10日。载黄铮:《广西抗日战争史料选编》(第一卷),广西人民出版社2005年版,第59页。
⑥《靖西县志》,1948年,第98页。载黄铮:《广西抗日战争史料选编》(第一卷),广西人民出版社2005年版,第58页。
⑦《藤县志稿》(第三卷),1947年,第40页。载黄铮:《广西抗日战争史料选编》(第一卷),广西人民出版社2005年版,第58页。

军阀是我们最大的仇敌……在医院，在山脚，在马路，在小街，在河边，到处都令人听到那凄惨而坚决的呼号：‘妈呀，你死得好惨啊……’‘儿呀，你怎么离我老命而去……我也随你一道去吧……’‘哥哥，你不死在前线，你曾说去砍几个敌人的头，你的志愿未遂，而先死在这敌人的炸弹下，真是……’”①。当时的见证人陈志荣则回忆说：“日机俯冲下来，飞得很低，分两路向下扫射，又丢炸弹，打死打伤了很多人，死人像冬瓜一样倒下，有的头断脚断，有的肠子还挂在树上。有个母亲正给孩子喂奶就被炸死了，母亲和孩子被炸死时，孩子还在吮着妈妈的奶头。”②知情者李梦秋则提及：轰炸后，柳州河南北两岸一片哭声，全城大哭，死人多，把棺材、木板、草席都用光了。③上述只以梧州市区和柳州市区为例，诸如此类的情况实在数不胜数。

总之，从1937年7月24日首次空袭广西开始，至1945年4月10日对昭平县的最后一次轰炸，日机空袭广西长达7年之久，对广西造成了极大破坏。目前所掌握的统计资料显示，抗战时期，敌机单次空袭造成平民百人以上伤亡的就有15起。④而日机的空袭带来的直接后果还有巨大的财产损失，包括房屋建筑、公共设施、工矿业、道路交通、人民财产等方面。见诸史料的较为大宗的损失有房屋损失，如前文提到的日机对广西各大小城市的轰炸；还有交通运输的损失，如日军第二次入侵造成全省损失汽车546辆，机船111艘，拖渡21艘，登记在册的民船11345艘。⑤此外，还有对城市基础设施的极大破坏。如桂林、南宁、柳州、梧州四大城市的水电厂破坏程度极深，据档案记载，四大城市自来水事业损失高达90%以上⑥，而南宁市在1945年6月3日恢复供电后发现，市内高压线多被损坏，低压线80%受损，只有少数未受损及临时安装了灯的房屋有灯光。⑦上述交通运输和水电事业的损失，大多是由日机的轰炸所造成的。

①《克敌周刊》，1938年10月第31期。见黄铮：《广西抗日战争史料选编》（第一卷），广西人民出版社2005年版，第62—63页。

②根据亲历者陈志荣2006年10月10日在“抗损座谈会”上的发言录音材料整理，原件存中共柳州市委党史研究室。见广西壮族自治区委党史研究室：《广西抗日战争时期人口伤亡和财产损失》，中共党史出版社2014年版，第135页。

③根据知情人李梦秋2006年10月10日在“抗损座谈会”上的发言录音材料整理，原件存中共柳州市委党史研究室。见广西壮族自治区委党史研究室：《广西抗日战争时期人口伤亡和财产损失》，中共党史出版社2014年版，第135页。

④广西壮族自治区委党史研究室：《广西抗日战争时期人口伤亡和财产损失》，中共党史出版社2014年版，第91页。

⑤广西省政府统计室：《广西省抗战损失调查统计》，1946年，第10页。

⑥《广西工业复员计划》，1945年，第53页。藏于广西省档案馆，档案号：L008-008-3557-0039-0155。

⑦广西省建设厅技正雷秉三：《关于邕水电厂损失的报告》，第1—2页。藏广西省档案馆，档案号：L008-001-0017-0018。

二、大肆焚毁

日军对已占领地区还进行疯狂焚毁，火烧中方一切公私建筑设施（包括机关单位、平民房屋、商店炮楼等）、家庭用具、杂物（包括军需用品）、粮食等。桂南会战期间，仅邕宁一县就被炸毁和烧毁房屋24346间。[①]日军第二次入侵期间焚毁房屋更甚，桂林市受损最严重。史载，日军撤离桂林时对桂林城进行了焚烧，并且专门组织了烧杀队，专门负责烧杀破坏，随意焚烧。烧杀队之后还有检查队负责检查是否彻底，是否完成任务，否则要受处分。[②]日军的这一行径与战后桂林房屋损失惨重不无相关。战后实地调查显示，桂林城内外仅剩487间房屋，其中城外332间，城内155间[③]，且这些都不是完好无损的，多为残垣断壁。1944年春，全市还有房屋5.25万间，日军破坏后，剩下的房子不到原来的1%，被毁99%以上，破坏程度可谓冠绝全国，其他地方恐未有“如桂林损坏之大者也”[④]。美国驻桂新闻处发表言论称，中国没有任何一城较桂林所遭劫祸之深，犹如被罗马破坏的迦太基一样，堪比考文特里、鹿特丹和里狄。[⑤]

柳州也遭到了如桂林一般的命运。日军在撤退时，公开扬言要放火烧毁柳州城，并以烧毁劫掠一幢房屋可获3000元法币为诱饵收买汉奸实行焚城。汉奸们用汽油罐、烧夷弹、火焰喷射器等作引火之物，并用日军配给的化学药物来“有计划地运用科学方法普遍焚烧”[⑥]，导致柳州全城陷入一片火海之中。亲历者回忆当时的情形时说：“1945年日军撤退时，放火烧柳州城。那天下午约2点钟，日军在五角星街的碉堡上架了一挺机关枪，在人字街（即现市保险公司钟楼那地方）也架了一挺机关枪，不许人们救火。柳江路、庆云路、东大路一带房屋都被大火烧

①广西壮族自治区邕宁县地方志编纂委员会：《邕宁县志》，中国城市出版社1995年版，第12页。

②张春喜：《日军焚毁桂林城的暴行》，载广西壮族自治区委党史研究室：《广西抗日战争时期人口伤亡和财产损失》，中共党史出版社2014年版，第186页。

③政协桂林市委员会文史资料研究会：《桂林文史资料》（第五辑），1984年，第118—119页。

④易熙吾：《桂林市年鉴》，1949年，第3页。

⑤广西壮族自治区委党史研究室：《广西抗日战争时期人口伤亡和财产损失》，中共党史出版社2014年版，第186页。

⑥原载《桂桥旬刊》，1946年第2期。见黄铮：《广西抗日战争史料选编》（第一卷），广西人民出版社2005年版，第90页。

了。”[①]日军撤走后，1945年7月11日，中国陆军总司令何应钦公布了日军毁灭柳州城的暴行，当时的记者用“柳州浩劫，片瓦无存”为题做了报道：“（昆明7月11日中央电）此次敌军由柳州溃退时，纵火焚烧，民房遭彻底破坏，致成一片瓦砾，伤心惨目。查此种暴行，既非敌军因军事需要加以摧毁，亦非作战时为炸弹、炮弹所损毁，实由日军残酷成性，组织烧杀队，有计划地破坏。如此惨无人道之行动，实开历史上未有，使全城片瓦无存。记者特晋谒何兼总司令（应钦）探询详情，承告中国军队攻进柳州时，俱见一切建设及平民房舍，均遭破坏。”[②]日军在入侵广西期间不仅肆意焚烧各大城市及公私财物，还纵火焚烧广西沦陷区的城镇和村庄。如1944年11月17日，日军首次入侵融县长安镇（今融安县城）后，第二天便放火焚烧兴仁街菜市，导致附近民房大多着火，从兴隆街、三滩码头、大和街、兴仁街、兴盛街到柳树山一带都成为火海，整个长安街被烧毁房屋达三分之一以上。[③]由此看出，日军焚毁广西人民的房屋、财产之恶劣行径实在令人发指！

三、疯狂抢掠财物

日军入侵期间，还大肆掠夺物资，推行“以战养战”的政策。日军在占领区到处破门入户，翻箱倒柜搜寻其所需之物资，所抢掠的物资主要有：牛、马、猪、鸡、鸭、棉被、米、谷、杂粮、鸡蛋、白糖、食用油、蔬菜、钞票、金属物品等。“敌人对我桂南物资，满欲尽量掠夺利用……”[④]因此，从钦州湾登陆后不久在1939年11月18日，日军侵入邕宁县境，在雅王街（今良庆区南晓镇雅王村）劫走30多头牛，200多头猪，400多只鸡鸭。[⑤]此后，日军在占领区实行殖民政策，如发放“良民证”，在汉奸

①亲历者陈志荣2006年10月10日在座谈会上的发言材料：《我记忆中的日军侵犯柳州的罪行》，原件存中共柳州市委党史研究室。广西壮族自治区委党史研究室：《广西抗日战争时期人口伤亡和财产损失》，中共党史出版社2014年版，第190页。

②原载《广西日报》（昭平版），1945年7月13日。

③莫炳福：《日寇侵犯古镇长安的回顾》，载政协融安县学习文史委：《融安文史》（第五辑），1998年，第52页。

④第四战区司令长官司令部编纂委员会：《第四战区桂南战史旅行暨战地调查纪事》，1940年，桂林市图书馆藏。

⑤叶鸣平：《邕宁县第一次抗敌事略》，载《广西日报》（南宁版），1946年7月19日、26日第4版；见广西壮族自治区委党史研究室：《广西抗日战争时期人口伤亡和财产损失》，中共党史出版社2014年版，第100页。

带领下不断"扫荡"桂南各县的村庄，勒令各乡镇、各村直接上缴所需物资，这与直接抢夺没什么区别。在《广西在饥馑中》一书里提到，日军掠夺广西物资的暴行层出不穷："他们不仅劫夺粮食，并且还大量屠杀耕牛，连犊牛都不放过。他们来华多年，多半养成了老婆子的胃口，两片萝卜，一条干鱼，已经'不厌所欲'了，但敌人并不见得十分爱吃牛肉，他们宁愿吃鸡、鱼、瘦猪肉；日寇之胡闹，显然是别有用心的。在武鸣，敌人就曾异想天开地恶作剧，要乡长每天孝敬牛脑50副，鸡肝200副，猪脚100对。顺民在淫威下勉力支持了一两天，结果无法供应，只有出于拼命一途，真是'时日曷丧，予及汝偕亡'了！敌人既然要彻底贯彻其主张(指"以战养战"政策，笔者注)，对于衣物房舍当然也毫无例外地加以毁灭与破坏，他们每到一村，便大肆搜刮，先将衣物被铺堆置空地，将完好可穿的捡出，继以油泼入，再将家私堆上助火……起火后押壮丁将谷米运回其驻地……"[①]广西合作工作团在南宁37个乡镇的调查结果显示，桂南会战期间损失耕牛26978头，粮食451388担。[②]日军第二次入侵广西期间，由于其国内困难重重，更是变本加厉，每到一处便四处搜索粮食，将百姓仅存之口粮劫掠殆尽。如1944年日军侵入桂林市区期间，掠走谷物935779担，大米29964担，杂粮19056担，食油35523桶，耕牛3704头，生猪5800头，布匹126378丈，花纱10341担，衣物401447件。[③]日军第二次入侵广西期间，全省被抢夺屠杀的耕牛达48万多头，占全省耕牛总数的1/3，同时抢夺屠杀了马匹6.3万匹。这对农业产生了很大的影响，严重破坏了广西的农业生产。

此外，日军还大量使用伪币(伪造广西银行发行的桂钞)购买当地食品和日用品，间接抢夺广西的物资和财产[④]；同时还大量走私其所需之战争物资，据史料记载："敌人对桂南经济进攻的唯一手段为走私，尤以用贱价棉纱换取我粮食，造成内地粮食恐慌，动摇社会人心，并破坏其他区域物价的阴谋最为毒辣……"[⑤]，"龙州一带边境仍以水银交换橡皮，近谅山敌扬言存橡皮10吨，要求我方运出水银3

①广西省救济运动委员会：《广西在饥馑中》，广西省合作文化印刷厂，1946年，第5页。藏于桂林市图书馆，藏书号特D380019—301399；见《桂桥旬刊》，1946年第2期。另见黄铮：《广西抗日战争史料选编》(第一卷)，广西人民出版社2005年版，第89—90页。

②广西壮族自治区委党史研究室：《广西抗日战争时期人口伤亡和财产损失》，中共党史出版社2014年版，第102页。

③广西壮族自治区委党史研究室：《广西抗日战争时期人口伤亡和财产损失》，中共党史出版社2014年版，第104页。

④《邕敌兽行》，《中山日报》1940年4月25日；《邕敌暴行》，《中山日报》1940年5月21日。广西壮族自治区委党史研究室：《广西抗日战争时期人口伤亡和财产损失》，中共党史出版社2014年版，第100页。

⑤广西绥靖主任公署政治部：《桂南从沦陷到收复》，桂林青年书店，1941年，桂林市图书馆藏。广西壮族自治区委党史研究室：《广西抗日战争时期人口伤亡和财产损失》，中共党史出版社2014年版，第98页。

吨互换云”[①]。

另外,抗战期间,广西的工厂设备、车辆、船舶、交通设施等,都遭到日军的征用和破坏。至广西光复时,残存的汽车不足70辆,公路被破坏殆尽,广西交通陷入瘫痪状态。

四、残酷屠杀

日军在对广西的物资、财产等进行破坏和掠夺的同时,还对广西的百姓实施残酷的屠杀,手段极其残忍。据了解,十四年抗战中,日军对中国平民所采取的残杀手段高达250种以上。[②]日本的这些残酷行径,在两次入侵广西期间也大多数用到了广西人民身上。归结日军杀害广西人民的方式,主要有以下几种:

(1)枪杀。用步枪或手枪击杀,包括个别枪杀和集体枪杀。如日军进驻南宁白文坡后,家住白文坡而逃难到大岸坡的李晶兰夫妇和有身孕的儿媳3人回那拉表(地名)自家耕地干活儿,突然被驻扎在当地的日军开枪射击。李晶兰应声倒地,其妻子、儿媳跑来抢救亦被日军射杀,其子闻声跑来亦死于枪下,一家四口顿成亡灵。日军为掩饰罪行,将李晶兰一家四口埋在牛路槽中,用些泥土虚掩后便扬长而去。而乐贤村岭头坡的杨邓氏在白文坡的耕地挖红薯,也被日军当作活靶子射杀而死于红薯地。[③]日军不仅射杀成年人,对未成年人也惨无人道地射杀。1940年2月23日,日军由扶南窜到绥渌北乡岜楼村琴进屯,见幼女3人看牛,欲捉来奸淫,因捉不得,即开枪击毙2人,伤1人。[④]日军除了个人枪杀外,还制造了集体枪杀。1940年1月下旬,日军侵入上林县王丈村时,制造了“血泪窑事件”,

①黄铮:《广西抗日战争史料选编》(第一卷),广西人民出版社2005年版;广西壮族自治区委党史研究室:《广西抗日战争时期人口伤亡和财产损失》,中共党史出版社2014年版,第99页。

②卞修跃:《侵华日军暴行心理之解剖》,《中国社会科学院近代史研究所青年学术论坛》(1999年卷)。该文整理搜集出日军实施的170余种杀人手段,后来作者进一步搜集整理并统计出日军残杀中国人民的手段高达250种以上。

③南宁市地方志编纂委员会:《南宁市志》(政治卷),广西人民出版社1998年版,第847—848页。

④《抗战时代》,1941年第3卷第3期。见黄铮:《广西抗日战争史料选编》(第一卷),广西人民出版社2005年版,第93页。

把来不及逃避而躲在附近山沟和砖瓦窑里的60多名村民用机枪杀了。[①]1944年10月12日，日军更是在桂平县蒙圩万昌荣菜园和温家园（今蒙圩村）制造了骇人听闻的“蒙圩惨案”，枪杀村民300多人。[②]

（2）刀杀。用刺刀或指挥刀来“刺”“劈”“挖”“割”“剖”，也包括个别刀杀和集体刀杀。例如1940年2月24日，日军到东乡那肥村，欲强奸黎姓媳妇，其翁黎四，60多岁，以柴刀劈敌，因年老力衰，反被敌人以刺刀刺死。而在1939年12月23日，日军由龙州回窜绥渌，于右乡模范街，以指挥刀杀廖姓叔（刀由颈后背劈）侄（刀由颈前面劈）2人。刀杀是日军杀人取乐的重要手段，除了个别刀杀外，更是以杀人比赛来进行集体屠杀。1940年1月下旬，日军侵入上林王丈村后的第三天，又侵入石塞村烧杀，让巷贤乡的汉奸石璧坤两兄弟欺骗逃难的村民下山回村，并把回村的村民按男女老幼分别关押，然后把男性青壮年外衣脱光，一排排让其站到村口东门的鱼塘边，任日军用大板刀砍头后推入池塘，只有石园甫一人逃脱。当天日军就砍杀了72人，人们称此鱼塘为“血泪塘”。[③]此外，日军还以刀来挖眼，割舌、耳、鼻及生殖器，以刀剖腹、取肝等残忍手段虐杀广西民众。[④]

（3）棍杀。用木棍（担竿）或铁棍来打死、插死。如1939年12月23日，日军窜至右乡模范街，以木棍打死72岁之老妇。此外，“敌不顾人道，奸我同胞后，复以棍插入阴部致死”。[⑤]

（4）绳杀。用绳索来吊死或勒死。史料载，1939年12月27日，“敌回窜东门街，将俘虏的士兵或同胞，以绳索绑颈下吊于树上致死。或以绳索绑于树下，再以绳索勒颈致死”。[⑥]

（5）水溺。将人投入水中或以热水淋人致死。如1940年2月23日，敌军在左乡那白街，捉街民1人，以烧沸的热水由头淋到脚，幸挣逃得脱，不致毙命。[⑦]

---

①政协上林县委员会办公室：《上林文史》（第一辑），1987年，第57页。

②梁飞：《日军在桂平的暴行》，政协文史委员会贵港市文史委员会：《浔郁抗战》，2005年，第36页。

③政协上林县委员会办公室：《上林文史》（第一辑），1987年，第57—58页。

④《抗战时代》，1941年第3卷第3期。载黄铮：《广西抗日战争史料选编》（第一卷），广西人民出版社2005年版，第93页。

⑤叶鸣平：《日军的残暴兽行——奸、烧、杀》，载黄铮：《广西抗日战争史料选编》（第一卷），广西人民出版社2005年版，第93页。原载广西绥靖主任公署政治部：《抗战时代》，1941年第3卷第3期。

⑥叶鸣平：《日军的残暴兽行——奸、烧、杀》，载黄铮：《广西抗日战争史料选编》（第一卷），广西人民出版社2005年版，第93页。原载广西绥靖主任公署政治部：《抗战时代》，1941年第3卷第3期。

⑦叶鸣平：《日军的残暴兽行——奸、烧、杀》，载黄铮：《广西抗日战争史料选编》（第一卷），广西人民出版社2005年版，第93页。原载广西绥靖主任公署政治部：《抗战时代》，1941年第3卷第3期。

1942年4月22日，日本军舰在北海劫去货船一艘，把船上乘客10人绑好投入海中，仅有2人生还。①

(6)活埋。挖既深又宽的泥坑或深沟，将绑好两手两脚的同胞，活生生推入坑或沟中，填埋泥土使他们窒息而死。1945年4月，日军在灵川县塘西岭坪刀砍、刺杀和活埋了30余人，只有1人被活埋后逃脱。②

(7)熏杀。即用烟熏使人缺氧窒息而死，多是集体熏杀。广西素称“八山一水一分地”，山多岩洞多。抗战时期，各地百姓为躲避日军，多逃至山洞中。日军恨透了广西民众的顽强抵抗，用烟把躲在山洞中的老百姓熏死，桂北地区最甚。据载，1944年11月2日，日军在桂林市郊黄泥家村村东头的岳山黄洞内用米糠、辣椒粉堆放在洞口燃烧，烟熏洞内群众，一连几天，导致洞内群众被熏死137人。③同年11月5日，日军在阳朔县白沙岩塘村的硝岩发现洞内有百姓，便在洞口用稻谷、米糠混合毒药、辣椒粉等点火烟熏，洞内27人被熏死。④竹桥柑的牛岩洞、登子岩村的依夫岩、临桂县马埠江白骨岩、百寿县(今永福县)中村后山花岩、中渡县的凤凰岩等，都出现这一情况。

(8)毒杀。主要是施放毒气，目标包括中国军队和平民百姓。日军第二次入侵广西时，曾用毒气虐杀桂林守城军队和平民百姓。1944年11月7日，日军第40师团步兵第234联队把中国守军第391团逼入桂林七星岩，并封锁了洞窟入口，向洞内投放毒气弹。亲历者391团防毒排班长李文川回忆说：“日本鬼子向七星岩发射毒气弹时，有官兵中毒晕倒，防毒排就放出了毒气警报。但城防司令部没有在岩内配备必需的防毒设备，如大量的漂白粉或氯、胺成分的消毒剂。不过，那样大规模又是封闭性的放毒，有了设备也是防不到的。”⑤时任城防司令的韦云淞后来回忆说：“此时七星岩中，人员非常拥挤，也很混乱，伤病员啦，后勤人员啦，非战斗人员啦，以及一部退却进来的官兵，估计总共不下千余人。”⑥七星岩千余人中，除了391团团长覃泽文等少部分人从后岩突围逃生外，大部分中毒身亡。抗

①北海市地方志编纂委员会：《北海市志》，广西人民出版社2002年版，第32页。

②灵川县地方志编纂委员会：《灵川县志》，广西人民出版社1997年版，第736页。

③赵平：《白骨累累的黄泥岩》，载政协桂林文史资料委员会：《桂林文史资料》(第五辑)，1984年，第117页。

④政协阳朔县委员会：《阳朔文史资料》(第七辑)，1995年，第81页。

⑤赵平：《日军在桂林进行毒气战调查纪实》，载政协桂林市委员会文史资料委员会：《桂林文史资料》(第四十九辑)，2005年。

⑥韦云淞：《桂林防守军战斗要报》，1944年，载桂林市政府：《桂林市光复专刊》(第二册)，1946年，桂林市档案馆藏，档案号：03—1—4。

战胜利后，广西当局组织人员调查，仅七星岩内就清理出尸骸824具，于是将其合葬在普陀山博望坪，取名“八百壮士”。日军在申山（今屏风山东端）战斗中也用了毒气。据学者的研究统计，日军在桂林用毒烟和毒气弹攻击中国军民藏匿的岩洞达20次（处）以上，杀死军人约1000人，平民则高达1840人。①

（9）烧杀。叶鸣平在其回忆文章《日军的残暴兽行——奸、烧、杀》中，就提到了日军对广西人民的烧杀分“活烧”和“死烧”两种方式。该文指出，日军把捉到的人捆绑好并用火烧致死。如1939年12月26日，敌人窜至西长街，火烧西乡公所及民房，并捉住街民1人投入火中，幸获逃脱不致死；27日，日军在东门街，将俘获的士兵（中间有负伤不能走者）绑于树下，或绑于门板上，四围堆柴茅，放火烧死。也有被杀死后再用火烧，即所谓使他死二次也！②日军以此为乐，实在令人不忍目睹。

（10）五马分尸。如1945年5月16日，驻扎在柳城县上雷榴村的一队日军到上漏、下漏抢劫，返途中遭到农民自卫队伏击。日军迁怒村民韩三，将其“五马分尸”。日军将韩三用绳子套住脖子、双手和双脚，并把套住韩三的五条绳子分别绑在五匹马的马鞍铁环上，然后用力抽打马匹，活生生把韩三分了尸。其后，日军用同样的方法把另一名村民杀死。③

日军杀害广西民众的手段除了以上所列之外，还对手无缚鸡之力的广西百姓施以灌石灰水、剥皮、搽辣椒、破肚、吊飞机、活埋、蛇咬等手段，名目繁多，花样百出，惨不忍睹。④但两次入侵广西期间，日军对广西平民的滥杀更多地表现在制造大屠杀和大惨案上。根据所掌握的资料统计，日军两次入侵期间，在广西制造的大惨案和大屠杀共有28起。⑤

日军不仅对广西民众施以各种惨无人道的滥杀，还对广西民众强征劳力，奸淫妇女，掳掠儿童运至日本。据载，日军若遇见少年、青年、壮年及将老尚壮健的男同胞，都拉去挑运物品，或做筑路工人，或做带路的向导；若是遇见女人，则就地

①广西壮族自治区委党史研究室：《广西抗日战争时期人口伤亡和财产损失》，中共党史出版社2014年版，第123—124页。

②叶鸣平：《日军的残暴兽行——奸、烧、杀》，见黄铮：《广西抗日战争史料选编》（第一卷），广西人民出版社2005年版，第93—94页。

③柳城县政协文史委员会：《柳城文史资料》（第二辑），1987年，第18页。

④《日军洗劫广西》，《桂侨旬刊》，1946年第2期，第3页。

⑤注：这里的“大惨案”和“大屠杀”是指被杀和被残害的百姓超过百人的惨案，这28起是根据《广西抗日战争期间人口伤亡和财产损失》一书的记载估算的，具体参见广西壮族自治区委党史研究室：《广西抗日战争时期人口伤亡和财产损失》，中共党史出版社2014年版，第70—75页。

强奸或拉回营地轮奸，或拉到“青年妇女同乐会”做娼妓；若遇见四五岁以下的儿童，则偷运回日本，教读日语，使他们忘记是中国的主人翁，将来长大背叛祖国。[①]

总之，日军第一次入侵广西就造成桂南19个县沦陷，19个县的作战面积达到12967平方千米，占19个县总面积的39%；受灾面积达23965平方千米，占19个县总面积的70%。[②]日军盘踞桂南19县1年又13天里，前后连续作战多达589次，平均每天有1.5次战斗。[③]日军第二次入侵期间，全省101个县市，被日军侵占或蹂躏的有80个县市，1101个乡镇，9214个村街，679794户。[④]这些受蹂躏和损失的地域，占全省面积和人口的2/3以上。若是加上当时属于广东，现在属于广西的钦县、合浦、防城和灵山4个县，受害面积则更广。

第二节　日军在广西推行“适地产主义”

所谓“适地产主义”，即“适地适产主义”，它是日本内阁于1940年10月1日在其《国土计划设定纲要》中抛出的经济掠夺方针，目的在于进一步掠夺我国沦陷区的人力、物力、财力来支持侵略战争，以实现其“以战养战”的目标。它的主要内容就是在日本、伪满洲国和我沦陷区强制执行所谓“适当分业”：在工业上，日本着重发展军事工业、机械工业和精密机器工业，伪满洲国着重发展电气工业、矿业和部分机械及轻工业，我沦陷区则注重制盐和矿业的开发，仅允许有限度的轻工业发展。在农业上，内蒙古以发展羊毛业为主，华北发展棉花，华中则要限制能与日本农作物竞争的农产品。这就是说，沦陷区的工农业生产都必须服从日本帝国主义军事侵略的需要，通过“工业日本，农业中国”的办法，使中国成为日本帝国主义的原料供应地。

①叶鸣平：《日军的残暴兽行——奸、烧、杀》，载黄铮：《广西抗日战争史料选编》（第一卷），广西人民出版社2005年版，第95页。原载《抗战时代》，1941年第3卷第3期。

②韩启桐：《桂南十九县抗战损失的估计》，《经济建设季刊》，1943年第2卷第2期，第201、203页。

③韩启桐：《桂南十九县抗战损失的估计》，《经济建设季刊》，1943年第2卷第2期，第201页。

④白日新：《广西省抗战损失调查经过》，载广西省政府统计室：《广西省抗战损失调查统计》，1946年，第12页。

一、掠夺矿产资源

日军侵入广西期间，根据“适地产主义”的原则，加强了对广西工矿资源的掠夺。但是，日军在广西推行“适地产主义”的表现并不明显，一方面是因为日军侵占广西的时间相对而言不是很长；另一方面，与其未能在广西建立稳定的、长久的维持会以及要经常性地应对大小军事活动有关。即便如此，根据有限的史料记载，广西两次沦陷期间，日军掠夺和破坏广西矿产资源的主要方式是强征劳工开采和直接掠夺。史载，钦州裕钦公司本是民国初年由日本人设计勘探的企业，主要开采黄屋屯、大直、滩营等地的锰矿，矿石远销日本。九一八事变后，钦州裕钦公司停产。1939年11月15日，日军在钦州湾登陆后，即抓捕中国劳工重新开始采矿，把矿石运回日本，供其军工生产之用。[①]1944年日军占领合山时，不仅强迫该地区矿场进行生产，并且要求“每日至少出煤20吨……”[②]，且强“买”了煤4200余吨。[③]

多数矿场因入侵时间不定或战事不断而被日军破坏。例如里兰矿场，“敌军来去不定，公司器材……均告损失不赀”；大隆矿场“（民国）三十三年十一月十三日以后，常有敌军窜经矿场附近……所有房屋之窗框、门扇、楼板、楼梯及铁器等，均被撬拆取去，锅炉发电机等皆遭破坏”[④]。日军第二次入侵广西期间，广西公私营691个矿厂（场）共损失60487850千元（国币，下同），其中公营矿厂损失10个，共17969060千元；民营矿厂损失681个，共42518790千元。据上述史料反映，这些损失有一部分是由于日军的掠夺或破坏而造成的。此外，战事导致的间接损失也不容忽视。如1939年10月，合山煤矿股份有限公司总工程师邝兆安在香港购置的一批机器设备因桂南会战运至同登而不能运回，后来被日寇掠去，损失港值18022.05元及越币456.03元。[⑤]

---

①沈奕巨：《广西抗日战争史稿》，广西人民出版社1995年版，第135页。

②唐凌：《开发与掠夺——抗战时期的中国矿业》，广西师范大学出版社2000年版，第264页。

③唐凌：《抗战时期的合山煤矿》，《抗日战争研究》，2003年第4期，第101页。

④唐凌：《开发与掠夺——抗战时期的中国矿业》，广西师范大学出版社2000年版，第264—265页。

⑤合山煤矿公司管理处：《合山煤矿股份有限公司成立十周年纪念特刊》，柳州三民印务局，1948年，第17页。载唐凌：《抗战时期的合山煤矿》，《抗日战争研究》，2003年第4期，第101页。

二、掠夺农产品

在“适地产主义”的指导下，日本帝国主义还加紧了对广西农产品的搜刮。日军对广西农产品的搜刮主要是直接的实物掠夺，或派汉奸间接勒索军需物资，或走私战略物资等。这样的掠夺是日军“以战养战”策略的一种反映。从钦州湾登陆时，日本士兵只带一顿午饭，登陆后就地寻食。从钦州进军南宁，也只准备了6天粮食，打到哪里吃到哪里，所以日军所到之处，见男人就捉，见妇女则强奸，见牲畜家禽就掳杀，见粮食就抢夺，运不走的也毁掉，所有生活用品、食物等都在劫夺范围之内。[①]南宁市居民带不走的财产、货物，全部成了日军的猎物。日寇还派兵抢夺龙州边境的战略物资，带不走的就全部破坏，充分暴露了它的贪婪性和野蛮性，引起美、英、法的愤慨(其中有美国的货物)。[②]日本的这种强盗行为，我们还可以从沦陷各县的损失情况来了解。例如，日军第一次入侵邕宁期间，我们粮食损失46万多担，耕牛损失26978头；第二次入侵期间，我们损失粮食845797担，牛29967头，猪45858头。[③]龙州在抗战期间是大陆交通线的重要支点，对交通运输曾起着举足轻重的作用，因而日军对其进行狂轰滥炸和大肆破坏，三占其城。第二次入侵期间，龙州的农产品损失巨大，具体见表7-1：

表7-1　日军第二次入侵期间龙州农产品损失情况　(单位:国币千元)

	龙津县		上金县	
类别	数量(市担/头)	价值	数量(市担/头)	价值
谷	42190	69191	7117	12634
米	20847	41049	2675	5444
杂粮	20058	39511	22835	42720
油菜籽	6258	75095	2699	32392
牛	2020	54594	2934	85086
马	912	34872	285	7500

①沈奕巨:《广西抗日战争史稿》，广西人民出版社1995年版，第133页。
②沈奕巨:《广西抗日战争史稿》，广西人民出版社1995年版，第133—134页。
③广西壮族自治区邕宁县地方志编纂委员会:《邕宁县志》，中国城市出版社1995年版，第293页。

续表

	龙津县		上金县	
猪	8560	356538	4798	92166
其他家畜及出产品	-	37407	-	9824
总计	-	708257	-	287766

资料来源　广西省政府统计处:《广西省抗战损失调查统计》,1946年,第26—27页;广西省政府统计处:《广西年鉴》(第三回),1948年,第698—699页。

上表显示,龙津与上金两地的农产品损失猪、牛、马共19509头,价值630756千元;粮食124679市担,共318036千元。这两项损失加上其他家畜损失,共计996023千元。据初步统计,日军第二次入侵广西期间,掳掠破坏造成的农产品损失,80个县市的猪、牛、马损失1449978头,共46655054千元;其他家禽损失4398378千元;粮食损失17597430市担,共35445189千元。①可见,日军完全是一支以劫掠为生的军队。他们一方面大肆掠夺民众的粮食和其他农产品,以满足"以战养战"的需要;另一方面,为从根本上削弱广西军民的抵抗能力,破坏广西的社会生产力,对不能带走的粮食和其他农产品进行毁坏与糟蹋,以达到其战争目的。日军对当时极为贫穷的广西省如此,中国各沦陷省市亦大致如此,甚至被祸害得更深!

在日本帝国主义"适地产主义"的掠夺下,广西沦陷区的农业完全陷入破产的境地。日军入侵时,沦陷区的民众被迫疏散,有的地方疏散时间长达八九个月,大量土地因此荒芜。即使有的地方群众没有撤走,但由于日军大肆抢掠粮食、种子、耕牛,破坏生产工具,也无力恢复生产。据统计,当时广西全部沦陷的县份荒废的土地约占全县耕地总面积的80%,部分沦陷的县份荒废的土地约占全县耕地总面积的60%。1945年,全省稻谷产量为2500万担,大小麦为21万担。②1946年,政府和民众虽然努力恢复生产,但由于日军的入侵使农业生产元气大伤,粮食产量与战前相比仍然存在很大差距,水稻产量为38402731担,陆稻1303039担,玉米3673431担,红薯7809651担,芋头2009989担,木薯2017362担,高粱101901

①广西省政府统计室:《广西省抗战损失调查统计》,1946年,第12—13页。参见广西省政府统计处:《广西年鉴》(第三回),1948年,第684—685页。

②《一年来的广西》,《广西日报》(桂林版),1947年1月1日。

担，大小麦122305担，荞麦226227担，豆类1492541担。[①]这些粮食总计57159177担，以每担50公斤计算，则上述粮食总产量为2857958850公斤，约为战前粮食总产量的11.48%，全民食用粮食总量的15.83%。这是日军入侵给广西农业生产带来的间接损失，这种间接损失带来的破坏比战争造成的直接损失还要来得严重。最显著的体现便是战后的物价上涨及其所带来的社会问题，如粮荒、饥饿和由此带来的疾病等。由于粮食被日军大量掠夺，农业生产又受到日军入侵的制约，粮食大幅减产，粮价随之上涨。1937年，桂林白米每百斤的零售价为国币6.63元，1942年上升到289.59元，5年间上升了42.68倍，到了1945年更是上涨到每百斤4035.67元，比1942年上升了12.94倍[②]，而1946年2月，每百斤价格更是上涨至2.2万元，1947年1月上升到4.1万元，1948年2月上升到110万元，7月达到13000万元。[③]不仅桂北地区如此，桂南地区亦然。1937年，南宁市未沦陷前，每担中等白米价格为6.6元(国币，下同)；1941年，南宁每担米价上升到65.9元。此后，由于广西各地连年灾荒，米价一路攀升，第二次光复后南宁的米价更是暴涨得令人瞠目结舌。1946年6月，南宁每担中等白米价格52150元，至1947年涨到66000元。[④]

日军的入侵还带来了饥荒、疾病和死亡。如百色县，1943年“94个乡因灾卖儿女的有124户231人，卖田地2175户，卖耕牛1221户，卖家具2119户，饿死184人，外出讨饭267人”[⑤]；“仅四塘乡的新明、永靖、桂明、保安等四村，变卖房屋和全部家产的79户，逃荒讨饭103户453人，卖耕牛、土地382户，吃树皮度日263户，卖儿女29户30人，饿死11户32人。新明村黄绍基一家7口人就饿死4人，四村共受灾877户，占总户数89%”。[⑥]荔浦县也有类似情况，1946年，“全县大饥荒，饥民以野生植物充饥者达3万人，各乡饥民集中荔浦求赈者达2000余人，又加疟疾流行，当年全县饿、病死而达3000余人”。[⑦]与此类似的现象还出现在平乐、北流、博白等地。

---

①广西壮族自治区统计局:《晚清和民国时期广西统计史料摘编》，中国统计出版社1989年版，第248页。

②广西壮族自治区地方志编纂委员会:《广西通志·粮食志》，广西人民出版社1994年版，第135页。

③广西壮族自治区地方志编纂委员会:《广西通志·粮食志》，广西人民出版社1994年版，第135、137页。

④南宁市地方志编纂委员会:《南宁市志·粮食志》，广西人民出版社1986年版，第671页。

⑤梁名就:《百色市志》，广西人民出版社1993年版，第13页。

⑥梁名就:《百色市志》，广西人民出版社1993年版，第613页。

⑦荔浦县地方志编纂委员会:《荔浦县志》，生活·读书·新知三联书店1996年版，第11页。

三、利用维持会征税敛财

日军在占领比较稳固的、设有维持会的地方广征捐税，套取法币，夺取外汇，实行“统治财政”。日军在广西的金融掠夺方式主要有四种：(1)限定“顺民”使用军用票购买日货；(2)在各圩市设置军用票兑换所；(3)限制法币流通；(4)任意操纵币值比率。①日军在广西的捐税有课税和实物征发两种。课税有田亩税、良民证税、市商交易税、赌捐、烟捐税等多种。这些税捐是以日军发行的军用票来计算的，良民证5元1张，宰牛3元1头，猪则1元1头，菜摊每圩2至3角1个，赌摊每台6元1天。由于日军入侵，人民四处逃难，实际上能够征税的地方有限，因而日军在桂南地区实行“统治财政”，把捐税收入用于发放伪组织人员工资、活动经费、慰劳日军等，这是日军“榨取桂南人民之汗血金钱而支应统治桂南人民之一种方法”②。

日军对广西实行经济掠夺的手段还有对广西金融的操控和破坏以及倾销商品。桂南沦陷时，广西人民手握的是法币和桂钞。日军一方面规定只能用10元、5元两种法币流通，且旧的和褶皱的都不要，然后又大量发行军用票，规定只能用军用票购买生活用品。他们想方设法兑换军用票，并且操纵两种货币的比价。例如，第一阶段法币与军用票比价相等；第二阶段压低比价，3元法币换1元军用票；第三阶段压低军用票，1元军用票值7角法币。如此转换之后，日军就掠夺了法币约1000万元，达到了破坏我国经济的目的。桂南沦陷期间，日军发放了1亿元军用票，散存于群众手中的部分，在日军撤退后它就成了废纸一堆。③

抗战爆发后，中国人民抵制日货，英美国家也对日本实行经济制裁，因而日本货物卖不出去。桂南战场开辟后，日本便把积压的货物大量倾销到广西，如布匹、洋蜡、火柴、海产品、金属制品等。抗战时期，国内物资奇缺，见利忘义的奸商把日货走私至柳州、百色等地。④有的也通过海关走私，“敌人以高价收买桐油，最近在

---

①广西壮族自治区委党史研究室：《广西抗日战争时期人口伤亡和财产损失》，中共党史出版社2014年版，第105页。

②第四战区司令长官司令部编纂委员会：《第四战区桂南战史旅行暨战地调查纪事》，1940年，第325页。见广西壮族自治区委党史研究室：《广西抗日战争时期人口伤亡和财产损失》，中共党史出版社2014年版，第105页。

③沈奕巨：《广西抗日战争史稿》，广西人民出版社1995年版，第134页。

④沈奕巨：《广西抗日战争史稿》，广西人民出版社1995年版，第134—135页。

北海南康沿河一带利用渔船吸取我方桐油运沦陷区。据称，4月份内桐油自该地沿海一带走私者凡数千罐”①。这也是日军的一种经济掠夺方式。

总之，日军推行的“适地产主义”给广西工矿业、金融和农业生产带来了严重的破坏，也给广西百姓带来了极大的灾难。在战争初期，日本帝国主义对占领区进行了敲骨吸髓式的掠夺，妄图主宰中国，称霸东亚。随着战争的发展，日本帝国主义又幻想用加强掠夺的办法来摆脱困境，提出了所谓“适地产主义”政策。这种在物质上掠夺普通人民的衣食，使广大人民啼饥号寒；掠夺生产工具，使中华民族工业归于毁灭和“奴役化”的经济掠夺政策，是一种妄图灭亡中国的政策。但是，和这种掠夺政策制定者的愿望相反，它并没有也不可能挽救日本帝国主义覆灭的命运。②

第三节　广西抗战损失面面观

在论述广西抗战损失问题之前，有必要对抗战损失的概念做一个简单的界定。目前，学界对抗战损失的概念尚未形成一致意见，存在争议的一是时限问题，因时限不同，计算损失的结果也不同；二是对抗战损失的看法有分歧。③综合前人的研究，我们认为，广西地处大西南，直至全国抗战爆发后遭到日军的轰炸和威胁，时限问题比较明确。对抗战损失的界定，还需要考虑当时广西所管辖地域范围内的损失以及损失的内容、损失的成因等问题，并且考虑到广西抗战的间接损

①南宁关税务司霍启谦呈报：《中华民国三十三年十月份搜集敌伪财政动态资料调查报告书》（南宁关），原件存中国第二历史档案馆之《民国南宁海关档案》。见广西壮族自治区委党史研究室：《广西抗日战争时期人口伤亡和财产损失》，中共党史出版社2014年版，第99页。

②武克全：《抗日战争大事典》，学林出版社2005年版，第341—342页。

③孟国祥、喻德文认为，抗战损失分为直接损失和间接损失，主要内容包括人口和财产的直接、间接损失，区域包括国统区、沦陷区和中共解放区；袁成毅把抗战损失解释为军民伤亡和公私财产的直接或间接损失；白现锋则认为抗战损失应从时间、成因、内容和地域四方面把握；珞珈认为除了上述以外，精神损害也是一项不可忽视的损失内容；唐凌则根据前人的观点并结合国际标准认为，一个地方的抗战损失可界定为该地当时地域范围内各公私机关、学校、团体以及人民因日军入侵和抗战而遭受的直接和间接损失。具体可参见孟国祥，喻德文：《中国抗战损失与战后索赔始末》，安徽人民出版社1995年版，第156页；袁成毅：《浙江抗战损失初步研究》，陕西人民出版社2003年版，第1页；白现锋：《邢台抗战损失研究》，河北大学硕士论文；珞珈：《抗日战争时期日本侵华造成的损失问题述论》，《探求》，1995年第5期，第51—55页；唐凌，付广华：《战时桂林损失调查研究报告》，社会科学文献出版社2009年版，第10—11页。

失问题，例如战争的后果及其影响等。这些影响很可能比战争本身带来的破坏还要深远。

前文已经列举了一些损失的具体情况，但是损失的整体状况，还需要在统计的基础上予以分析，这样才能使我们的认识更加深化。

一、人口伤亡

战争不可避免地要产生伤亡，无论何种战争都是以人的伤亡为代价的。而人作为生产力中最为活跃的因素，是现代社会中最为重要的资源之一。任何社会、企业、组织和团体都离不开人，没有人，其存在的价值也就没有了。日本的侵华战争给中国人口发展带来了巨大的影响，处于西南边陲的广西尤甚。

在探究广西人口伤亡的时候，应“纯粹基于学术立场，以探讨事实为最终目的”①。因此，应坚持三项基本原则：一是体现中华民族对历史的宽容，不会把损失责任上升到整个日本人民层面；二是以史料为基础，用事实说话；三是以实际为准，必须做出推断时，则采取保守估算，以最低为限度。

桂南19县光复后，广西省赈济会调查沦陷期间的一切损失，并把调查结果整理后刊登在《广西统计月刊》第1卷第5期，目的是让当局和各界人士了解桂南沦陷后的损失情形。1946年，广西省政府统计室编制《广西省抗战损失调查统计》，在附录部分列“桂南19县沦陷损失”一节，从中可知，桂南沦陷的一年里，19个县的人民死亡11147人，受轻、重伤2161人，失踪3986人。详见表7-2。

①韩启桐：《中国对日战事损失之估计（1937—1943）》，载沈云龙：《近代中国史料丛刊续辑》，文海出版社1974年版，4页。

表7-2　桂南19县沦陷期间人员伤亡统计(1939年11月至1940年11月)

(单位:人)

项目	死亡人数			受伤人数			失踪人数
	小计	焚杀死亡	空袭死亡	小计	重伤	轻伤	
男	5500	4897	603	1181	492	689	556
女	3347	2896	451	721	291	430	156
幼	1405	1262	143	206	64	142	73
未名	895*	867	28	53	27	26	3201
总计	11147	9922	1225	2161	874	1287	3986

注:1.十五岁以下之小孩为幼童,不分男女。2.重伤:(1)损毁视、听、味、嗅觉;(2)损毁一肢以上之肢能及生殖技能;(3)其他重大不治或难治之伤害。3.轻伤:系不成为重伤之轻微伤害。4.空袭伤亡,系自抗战开始至桂南沦陷时止之空袭伤亡人数。5.表中带*号数据是对原数据做了计算上的修正。

资料来源　广西省政府统计室:《广西省抗战损失调查统计》,1946年,第76页;广西省政府:《广西年鉴》(第三回),1948年,第76页。

日军第二次入侵广西,约历时一年。这期间,广西死亡497453人,受轻重伤431662人,导致患病1291891人,失踪54470人。[①]见表7-3。

表7-3　桂柳会战期间广西省抗战人口伤亡统计(1944年9月至1945年8月)

(单位:人)

项目	死亡人数			受伤人数			患病人数	失踪人数
	小计	被敌杀害	染病死亡	小计	重伤	轻伤		
男	322095	138689	183406	300610	61357	239253	847316	43407
女	88381	39448	48933	61555	12086	49469	225621	4227
幼	63761	27183	36578	44763	9578	35185	159344	5850

①广西省政府统计室:《广西抗战损失调查统计》,1946年12月,第7页。

续表

项目	死亡人数			受伤人数			患病人数	失踪人数
	小计	被敌杀害	染病死亡	小计	重伤	轻伤		
未名	23126	9877	13339	24734	5053	19681	59610	986
总计	497453*	215197	282256	431662	88074	343588	1291891	54470

注:1.伤亡人口系1944年9月至1945年8月沦陷之80县市数字;2.因空袭被害者,包括在伤亡人数内;3.表中带*号数据是对原数据做了计算上的修正。

资料来源　广西省政府统计室:《广西抗战损失调查统计》,1946年,第7页。

需要强调的是,表7-2、表7-3中的损失数据的时间范围分别是1939年11月至1940年11月和1944年9月至1945年8月。这两个时间段以外的损失数据并没有统计在内。此外,表7-2中"空袭死亡"一项的时间包含从七七事变开始至桂南19县沦陷止的空袭伤亡情况。因此,即便把表7-2和表7-3合并,也不能反映抗战时期广西全省人口损失的完整情况。正如白日新在《广西省抗战损失调查统计经过》一文中指出的,在此期间的损失,可能"未申报或调查遗漏及三十年以后数年间,各地被敌空袭之损失尚未计入"①。况且,日军在这两个时间范围外,还曾多次派出飞机轰炸广西各县市,这些轰炸也会对广西的百姓和财产造成伤亡、破坏和损失。所以,要考察广西抗战期间的人口损失情况,至少还需要厘清:(1)1939年11月以前的损失情况;(2)1939年11月至1940年11月,桂南19县之外的地区的损失情况;(3)1940年12月至1944年8月的损失情况。简单地说,就是应把表7-2和表7-3之外的损失也计算在内,方可较为准确地反映广西抗战期间人口损失的情况。我们根据相关资料的记载,并参考卞修跃教授对广西人口损失的补充数据,对抗战期间广西人口损失情况的数据进行了增补。必须指出的是,增补只是依据目前所能找到的文献,未见于记载的伤亡情况仍没包含在内。因此,这些增补数据仍然是有限的。详见表7-4。

①白日新:《广西省抗战损失调查统计经过》,载广西省政府统计室编:《广西省抗战损失调查统计》,1946年,第2页。

表7-4 广西抗战期间因日军空袭人口伤亡增补表 （单位：人）

<table>
<tr><th rowspan="2">年份</th><th rowspan="2">日期</th><th rowspan="2">县/市别</th><th colspan="3">人员伤亡</th><th rowspan="2">资料来源</th></tr>
<tr><th>合计</th><th>死亡</th><th>受伤</th></tr>
<tr><td>1938</td><td>7—31</td><td rowspan="16">防城</td><td>22</td><td>6</td><td>16</td><td rowspan="3">中国人民政治协商会议防城各族自治县委员会文史资料研究委员会编:《防城文史资料(第1辑)》,1986年版,第3页。</td></tr>
<tr><td>1938</td><td>9—26</td><td>9</td><td>1</td><td>8</td></tr>
<tr><td>1938</td><td>10—21</td><td>5</td><td colspan="2">5</td></tr>
<tr><td>1939</td><td>7—31</td><td>22</td><td>6</td><td>16</td><td>中国人民政治协商会议防城各族自治县委员会文史资料研究委员会编:《防城文史资料(第1辑)》,1986年版,第9页。</td></tr>
<tr><td>1939</td><td>9—26</td><td>9</td><td>1</td><td>8</td><td>中国人民政治协商会议防城各族自治县委员会文史资料研究委员会编:《防城文史资料(第1辑)》,1986年版,第2—8页,432页。</td></tr>
<tr><td>1940</td><td>12—9</td><td>110</td><td>110</td><td></td><td rowspan="2">卞修跃:《抗日战争时期中国人口损失问题研究1937—1945》,华龄出版社2012年版,第187—188页;中国人民政治协商会议防城各族自治县委员会文史资料研究委员会编:《防城文史资料(第1辑)》,1986年版,第7页。</td></tr>
<tr><td>1941</td><td>3—17</td><td>35</td><td>35</td><td></td></tr>
<tr><td>1941</td><td>3—17、25、26</td><td>54</td><td colspan="2">54</td><td>防城县志编纂委员会编:《防城县志》,广西民族出版社1993年版,第10页。</td></tr>
<tr><td>1941</td><td>7—26</td><td>5</td><td>1</td><td>4</td><td>防城县志编纂委员会编:《防城县志》,广西民族出版社1993年版,第10页。</td></tr>
<tr><td>1941</td><td>11—30</td><td>35</td><td>35</td><td></td><td rowspan="2">中国人民政治协商会议防城各族自治县委员会文史资料研究委员会编:《防城文史资料(第1辑)》,1986年版,第6—7页;防城县志编纂委员会编:《防城县志》,广西民族出版社1993年版,第10页;卞修跃:《抗日战争时期中国人口损失问题研究1937—1945》,华龄出版社2012年版,第188页。</td></tr>
<tr><td>1939—1940</td><td></td><td>300余</td><td>300余</td><td></td></tr>
<tr><td>1940</td><td>3—13</td><td>3</td><td>3</td><td></td><td rowspan="5">中国人民政治协商会议防城各族自治县委员会文史资料研究委员会编:《防城文史资料(第1辑)》,1986年版,第7页;防城县志编纂委员会编:《防城县志》,广西民族出版社1993年版,第10页。</td></tr>
<tr><td>1940</td><td>5—20</td><td>1</td><td>1</td><td></td></tr>
<tr><td>1940</td><td>8—25</td><td>10</td><td>4</td><td>6</td></tr>
<tr><td>1941</td><td>3—25</td><td>9</td><td>9</td><td></td></tr>
<tr><td>1941</td><td>3—26</td><td>4</td><td></td><td>4</td></tr>
</table>

续表

年份	日期	县/市别	人员伤亡			资料来源
			合计	死亡	受伤	
1938—1939		北海及涠洲岛	310	310		《北海文史》第四期，第55—56页。
1939			136	136		中国人民政治协商会议广西省北海市委员会文史资料研究委员会编：《北海文史资料（第4辑）》，1987年版，第32页；卞修跃：《抗日战争时期中国人口损失问题研究1937—1945》，华龄出版社2012年版，第187页。
1938	9—13		80多	80多		中国人民政治协商会议广西省北海市委员会文史资料研究委员会编：《北海文史资料（第4辑）》，1987年版，第29—43页；《近代史资料》编辑部，中国人民抗日战争纪念馆编：《侵华日军暴行录4》，北京出版社1997年版，第434—435页。
1938	12—19		3	3		
1939	4月		9	9		
1940	6月		70余	70余		中国人民政治协商会议广西省北海市委员会文史资料研究委员会编：《北海文史资料（第4辑）》，1987年版，第55—63页。
1941	3—11		100余	100余		
1938—1939			约1000	约1000		
1938—1939		龙州上金	1200	1200		龙州县地方志编纂委员会编，余晋良主编：《龙州县志》，广西人民出版社1993年版，第348页。
1938	9—25		56	56		龙州县地方志编纂委员会编，余晋良主编：《龙州县志》，广西人民出版社1993年版，第348页；《近代史资料》编辑部，中国人民抗日战争纪念馆编：《侵华日军暴行录4》，北京出版社1997年版，第436页。
1939	6—26		7	7		龙州县地方志编纂委员会编，余晋良主编：《龙州县志》，广西人民出版社1993年版，第349页；《近代史资料》编辑部，中国人民抗日战争纪念馆编：《侵华日军暴行录4》，北京出版社1997年版，第435页。

续表

年份	日期	县/市别	人员伤亡			资料来源
			合计	死亡	受伤	
1939	8—22	龙州上金	16	13	3	龙州县地方志编纂委员会编，余晋良主编：《龙州县志》，广西人民出版社1993年版，第349页。
1941	3—29		34	31	3	龙州县地方志编纂委员会编，余晋良主编：《龙州县志》，广西人民出版社1993年版，第348—349页。
1941	4—25		34	31	3	龙州县地方志编纂委员会编，余晋良主编：《龙州县志》，广西人民出版社1993年版，第14页。
1938	12—7	桂平	10余	10		《桂平县志》编纂委员会编：《桂平县志》，广西人民出版社1991年版，第30—31页；卞修跃：《抗日战争时期中国人口损失问题研究1937—1945》，华龄出版社2012年版，第187页。
1938	9		9	9		
1939			106	106		
1938		柳州	82	34	48	中国人民政治协商会议柳州市委员会学习文史资料委员会编：《柳州文史资料汇编第4—7辑》，2016版，第101页。
1939			961	573	388	
1938	9—13		8	2	6	中国人民政治协商会议柳州市柳南区地方志编纂委员会编：《柳州市柳南区志》，广西人民出版社1997年版，第7页。
1939	7—15		629	384	245	
1939	7—22		280	151	129	梁鲁主编，《柳江县志》编纂委员会编：《柳江县志》，广西人民出版社1991年版，第12—13页。
1940	2—22		12	12		
1944	8—10	临桂	37	37		李荣典主编：《临桂县志》，方志出版社1996年版，第18页。
1938	10	全州	37	19	18	全州县志编纂委员会编，唐楚英主编：《全州县志》，广西人民出版社1998年版，第7页。
1940		永福	1	1		潘健康主编，永福县志编纂委员会编：《永福县志》，新华出版社1996年版，“大事记”。
1941	8	恭城	47	7	40	恭城瑶族自治县地方志编纂委员会编：《恭城县志》，广西人民出版社1992年版，第17页。

续表

年份	日期	县/市别	人员伤亡			资料来源
			合计	死亡	受伤	
1939	8—13	岑溪	2		2	陈旭相主编，岑溪市志编纂委员会编：《岑溪市志》，广西人民出版社 1996年版，第13页。
1938	9—11	合浦	100余	100余		潘乐远主编：《合浦县志》，广西人民出版社1994年版，第17—18页。
1938	9—24		10余	10余		
1942	1—29		25	2	23	
1940	2—10	钦州	132	132		周开日、李智主编，钦州市地方志编纂委员会编：《钦州市志》，广西人民出版社2000年版，第25—27页。
1940	3—13		5	5		
1940			5	5		
1941	12—9		200余	200余		
1942	4—22		600余	600余		
1938	11—21	贵县	12	8	4	罗甫琼主编，贵港市志编纂委员会编：《贵港市志》，广西人民出版社 1993年版，第21页。
1939—1940			185	85	100	中国人民政治协商会议广西贵县委员会文史资料研究委员会编：《贵县文史资料（第8辑）》，1987年版，第142页；卞修跃：《抗日战争时期中国人口损失问题研究》，华龄出版社2012年版，第187页。
1939	10—22	平南	6	1	5	中国人民政治协商会议平南县委员会编印：《平南文史资料（第5辑）》，1987年版，第29页。
1939	12—2		6	1	5	中国人民政治协商会议平南县委员会编印：《平南文史资料（第5辑）》，1987年版，第20页。
1939	夏	灵川	80多	80余		中国人民政治协商会议灵川县委员会编印：《灵川文史资料》（第1辑），1988年版，第62页。
1940	2—8		51	51		中国人民政治协商会议灵川县委员会编印：《灵川文史资料》（第1辑），1988年版，第70页。
1941	8—23		101	88	13	廖江主编，灵川县地方志编纂委员会编：《灵川县志》，广西人民出版社1997年版，第10页。

续表

年份	日期	县/市别	人员伤亡			资料来源
			合计	死亡	受伤	
1938	11—12	玉林	13	13		陈国河主编，玉林市志编纂委员会编:《玉林市志》，广西人民出版社 1993年版，第16—17页。
1939	1—20		4	4		
1939	7—8		1		1	
1939	9—11		130多	40多	90多	陈国河主编，玉林市志编纂委员会编:《玉林市志》，广西人民出版社 1993年版，第945—946页。
1939	12—4		21	21		陈国河主编，玉林市志编纂委员会编:《玉林市志》，广西人民出版社 1993年版，第17页。
1939	12—28		4		4	
1943	2—22		4	4		陈国河主编，玉林市志编纂委员会编:《玉林市志》，广西人民出版社 1993年版，第19页。
1940	2—14	那马	26	15	11	中国人民政治协商会议马山县委员会文史资料编辑组:《马山文史资料(第1辑)》，1985年版，第114—115页。
1939	8—12	博白	4	3	1	李建源主编，博白县志编纂委员会编:《博白县志》，广西人民出版社 1994年版，第18页。
1938—1939		百色	数十	5	数十	百色市志编纂委员会编:《百色市志》，广西人民出版社 1993年版，第12页。
1940		田阳	6	6		田阳县志编纂委员会编:《田阳县志》，广西人民出版社 1999年版，第624页。
1940	4—1	靖西	1	1		韦永健主编，靖西县县志编纂委员会编:《靖西县志》，广西人民出版社 2000年版，第24页。
1940	5—14		100	100余		
1940	7—8		12	5	7	
1941	10—22		5	5		
1940	秋	那坡	3	1	2	广西那坡县志编纂委员会编:《那坡县志》，广西人民出版社2022年版，第9页。
1941	5—30	田林	25	7	18	李懋椿主编，田林县地方志编纂委员会编:《田林县志》，广西人民出版社 1996年版，第7页。
1940—1944		东兰	58	58		黄相主编，东兰县志编纂委员会编:《东兰县志》，广西人民出版社 1994年版，第253页。

续表

年份	日期	县/市别	人员伤亡			资料来源
			合计	死亡	受伤	
1939	7	都安	3	3		都安瑶族自治县地方志编纂委员会编:《都安县志》,广西人民出版社1993年版,第13页。
1939	9—18		2	2		
1940	8—22		40	40		
1939	11	合山	3	3		合山市志编纂委员会编:《合山市志》,广西人民出版社1998年版,第3页。
1940	4—26		9	5	4	
1939		贺州信都	15	8	7	贺州市地方志编纂委员会编:《贺州市志》(上),广西人民出版社2001年版,第31页。
1939	8—14		24	14	10	
1940	5	大新	9	9		广西壮族自治区大新县志编纂委员会编:《大新县志》,上海古籍出版社1989年版,"大事记"。
1940	7—13		3	3		
1940	9		9	9		广西壮族自治区大新县志编纂委员会编:《大新县志》,上海古籍出版社1989年版,"第五十九章　兵燹·匪患"。
1941	3		数十	数十		
1939—1940	10—6	南丹	7	5	2	广西壮族自治区南丹县地方志编纂委员会编:《南丹县志》,广西人民社1994年版,第9—10页
1940	9—15	象州	80余	80余		韦文机主编,象州县志编纂委员会编:《象州县志》,知识出版社1994年版,第726页。
1939—1940		忻城	50余	40余	10余	忻城县志编纂委员会编:《忻城县志》,广西人民出版社1997年版,第13页。
1939	2—5	宜州	31	31		宜州市地方志编纂委员会编:《宜州市志》,广西人民出版社1998年版,第12页。
1938		昭平	4	3	1	昭平县志编纂委员会编:《昭平县志》,广西人民出版社1992年版,第20页。
1938	11—20		2	2		《钟山县志》编纂委员会编:《钟山县志》,广西人民出版社1995年版,第14页。
1939—1940	11—10	隆安	216	109	107	隆安县志编纂委员会编:《隆安县志》,广西人民出版社1993年版,第534页。

续表

年份	日期	县/市别	人员伤亡			资料来源
			合计	死亡	受伤	
1940—1942	3—12—7—13	田东平马	2100余	2100余		中国人民政治协商会议田东县委员会文史资料编辑组:《田东文史资料(第1辑)》,1987年版,第82—83页;《近代史资料》编辑部,中国人民抗日战争纪念馆编:《侵华日军暴行录4》,北京出版社1997年版,第444页;田东县志编纂委员会编:《田东县志》,广西人民出版社1998年版,第657页。
1940	6—2	马山	23	13	10	中国人民政治协商会议马山县委员会文史资料编辑组:《马山文史资料(第2辑)》,1987年版,第45—46页;卞修跃:《抗日战争时期中国人口损失问题研究》,华龄出版社2012年版,第187页。
1938	8—25	梧州	8		8	苍梧县志编纂委员会编:《苍梧县志》,广西人民出版社1997年版,第28—30页。
1938	9—17		48	48		
1939	7—26		500余	500余		
1942	12—31		300余	300余		
1943	9—4		49	49		
1943	10		8	8		
1944	8月		36	36		中国人民政治协商会议苍梧县委员会文史资料编辑室《苍梧文史(第1辑)》,1986年版,第11—16页。
1943	10月		8	8		
1939	8—14、23、28、30	南宁	430多	430多		南宁市新城区人民政府编:《新城区志》,广西人民出版社1998年版,第6页。
1939	9、10月	武鸣	5	4	1	黄庆勋主编,武鸣县志编纂委员会编:《武鸣县志》,广西人民出版社1998年版,第16页。
合计			11867	7938	3929	

注:1.表中数据不含1939年11月至1940年11月桂南19县及1944年9月之后广西人口伤亡数字,但包含1939年11月之前,及1939年11月至1940年11月桂南19县之外县份所遭受损失人口伤亡数据和1940年11月至1944年9月之前的广西各县市的人口伤亡数据。此外,还包含当时不属于广西辖境的钦廉四县数据。

2.表中“合计”一项的统计方法是：取最低限度，凡是“余”或“多”等皆取整数而未计余数；其中有15个数据未分清死亡和受伤数，一概以总数之半分计入死亡、受伤两项内。此外，还有两个数据为“数十”这样的记载，并未计算入内。

3.此表为不完全统计，有待修正。

资料来源　卞修跃：《抗日战争时期中国人口损失问题研究1937—1945》，华龄出版社2012年版，第186—188页；《日军暴行录·广西》，第430—474页；广西各地方志及文史资料，具体请参考表中“资料来源”一项。

从上表可以看出，广西各县市因日机轰炸造成的伤亡情况为：死亡约7938人，受伤约3929人，总计伤亡约11867人，失踪人数不详。值得注意的是，若考虑注中说到的“多”“余”或“数十”这样的数据，我们估计这三个时间段内，日军的空袭造成广西人口直接伤亡超过12000人。

据了解，从1937年7月24日日机轰炸广西梧州市区城东镇云盖街致使梁娅妹被炸死开始，至1944年7月，广西先后遭到敌机7620架1666次空袭，投弹564次。[①]这些轰炸中，恐怕仍有未记载或统计在册的人员伤亡情况。此外，《广西年鉴》（第三回）中还记载了广西从1938年至1942年被日军轰炸的情况及人员损失情况，具体见表7-5。

表7-5　广西历年被空袭损害统计

年别	被炸次数（次）	死亡人数（人）	受伤人数（人）	房屋受损（间）	财产损失（国币元）
1938	49	307	390	3746	59563500
1939	135	1540	1893	11085	17159564
1940	350	1473	1871	3562	-
1941	51	508	351	1498	480000
1942	30	242	616	2359	14378900
合计	615	4070	5121	22250	91581964

资料来源　广西省政府统计处：《广西年鉴》（第三回），1948年，第1357—1359页。

①《大公报》1944年3月31日，转载自广西壮族自治区委党史研究室：《广西抗日战争时期人口伤亡和财产损失》，中共党史出版社2014年版，第9页。

广西壮族自治区委党史研究室编的《广西抗日战争时期人口伤亡和财产损失》一书中显示，从1937年7月至1944年8月，日机轰炸广西造成的人口伤亡为：死亡3304人，受伤4493人，失踪人数不详。

如前所述，抗战时期，钦廉四属地区（钦县、灵山、合浦、防城，即今广西之北海、防城港、钦州三市）不属于广西的辖区，其抗战损失情况并没有记录在广西省的抗战损失调查统计中。现在根据广西壮族自治区委党史研究室编的《广西抗日战争时期人口伤亡和财产损失》中的数据，其情况如下：

表7-6　抗战时期北海、钦州、防城港三市人口伤亡统计表　（单位：人）

名称	直接伤亡人数	间接伤亡人数
北海市	4292	83606
钦州市	5106	96659
防城港市	1293	437
小计	10691	180702
合计	191393	

注：1.今广西之北海、钦州、防城港（除了上思县）三市，抗战时属于当时广东辖境的钦廉四属地区，此处为方便计，故而用今之名称；2.现属防城港市管辖的上思县，已在1946年12月广西省政府统计室编印的《广西省抗战损失调查统计》中统计，此处未计入上表中。

资料来源　广西壮族自治区委党史研究室：《广西抗日战争时期人口伤亡和财产损失》，中共党史出版社2014年版，第35页。

综上所述，按照抗战损失的定义，人口损失包括直接伤亡和间接伤亡。[①]因此，我们认为，广西抗战期间的人口伤亡情况应为1142443人。除去现在不属于

①人口直接伤亡主要是指因战争直接造成的死亡、负伤、失踪三大类。需要指出的是，战争中负伤会引起患病，例如因战争而导致的受伤并引起的疾病等，或因生化战争而患病死亡等；而失踪通常是指战场上军事人员失踪，战俘、壮丁或民夫和其他人员被掳走等情形，这些按照抗战损失的定义，也是属于抗战人员的损失。间接伤亡是指在战争环境中因战争而间接造成的人员伤亡，例如被俘、灾民难民和日军或国民政府征发的劳工中的伤亡，时广西当局只统计了战时环境造成的疾病伤亡一项的情况。

广西的怀集县的978人，则广西的总伤亡为1141465人，患病1281936人，失踪58456人(包括北海、钦州和防城港三市)。

对广西抗战期间人口损失的研究，至今出现了三个不同的数据，在此一一列举，以供阅者参考。具体如下：

(1)卞修跃认为，抗战期间，广西的人口损失据不完全统计，其情况分别是死亡512132人，受伤436045人。[①]

(2)《广西抗日战争时期人口伤亡和财产损失》中显示，抗战期间，广西人口损失情况为：伤亡人数为1141101人[②](包括当时不属于广西的北海、钦州、防城港三个地区)。

(3)笔者认为，抗战期间广西的人员损失情况应为1141465人(不包括军队伤亡)。此数据是根据表7-2至表7-6算出的，综合考虑并剔除了有重复的数据，是遵循保守估计原则得出的结果。

此外，抗战期间，广西籍将士的伤亡亦颇严重。据国民政府联合勤务总司令部总抚恤处编辑的《中华民国忠烈将士姓名录》(以下简称《将士姓名录》)中的统计，从1937年7月7日至1945年9月3日，广西阵亡将士有名录可考者共12707人，其中县份不明者未编入内。详见表7-7。

表7-7 广西省各县各期忠烈将士人数 (单位:人)

县名	第一期	第二期	第三期	总数	县名	第一期	第二期	第三期	总数
桂林	4	250	-	254	东兰	-	92	-	92
那马	-	128	-	128	雷平	-	72	-	72
凌云	1	55	-	56	桂平	1	396	-	397
昭平	-	69	-	69	镇结	-	87	-	87
迁江	-	72	-	72	扶绥	-	45	-	45
全县	6	283	-	289	兴业	1	128	-	129
富川	3	62	-	65	隆安	-	65	-	65
北流	-	390	-	390	来宾	-	123	-	123
融县	1	29	-	30	灵川	1	132	-	133
龙津	2	125	-	127	邕宁	7	346	-	353
阳朔	3	71	-	74	博白	4	415	-	419

①卞修跃:《抗日战争时期中国人口损失问题研究1937—1945》,华龄出版社2012年版,第188页。

②广西壮族自治区委党史研究室:《广西抗日战争时期人口伤亡和财产损失》,中共党史出版社2014年版,第29、30、35页。

续表

县名	第一期	第二期	第三期	总数	县名	第一期	第二期	第三期	总数
百寿	-	57	-	57	象县	1	158	-	159
万冈	-	78	-	78	宜山	-	245	-	245
容县	2	398	-	400	田东	2	100	-	102
榴江	1	35	-	36	永淳	-	217	-	217
都安	2	305	-	307	宾阳	7	201	-	208
龙茗	-	76	-	76	平乐	-	120	-	120
藤县	1	333	-	334	梧州	-	**4	-	**4
苍梧	4	283	-	287	武鸣	-	246	-	246
隆山	-	155	-	155	武宣	1	152	-	153
荔浦	1	126	-	127	玉林	3	430	-	433
柳江	2	321	-	323	田阳	1	125	-	126
天河	-	226	-	226	恭城	2	111	-	113
平治	-	67	-	67	罗城	-	49	-	49
上思	-	51	-	51	兴安	2	108	-	110
忻城	-	67	-	67	上林	-	253	-	253
天保	-	107	-	107	贺县	-	137	-	137
南丹	-	42	-	42	陆川	5	253	-	258
西林	-	26	-	26	怀集	1	264	-	265
上金	-	37	-	37	凭祥	-	21	-	21
中渡	2	58	-	60	龙胜	-	45	-	45
宜北	-	40	-	40	乐业	-	30	-	30
养利	-	30	-	30	临桂	-	76	-	76
思乐	-	41	-	41	凤山	-	32	-	32
西隆	2	58	-	60	百色	-	92	-	92
雒容	-	44	-	44	万承	1	39	-	40
宁明	-	34	-	34	果德	-	37	-	37
明江	-	21	-	21	资源	-	30	-	30
同正	-	25	-	25	天峨	-	20	-	20
信都	2	27	-	29	三江	1	60	-	61
义宁	-	57	-	57	镇边	-	56	-	56

续表

县名	第一期	第二期	第三期	总数	县名	第一期	第二期	第三期	总数
绥渌	-	47	-	47	镇山	-	77	-	77
灌阳	-	92	-	92	永福	-	67	-	67
向都	-	123	-	123	柳城	1	102	-	103
修仁	2	113	-	115	思恩	1	107	-	108
岑溪	-	157	-	157	靖西	-	231	-	231
平南	2	298	-	300	横县	2	282	-	284
贵县	3	340	-	343	南宁	-	2	-	2
左县	-	11	-	11	蒙山	-	121	-	121
敬德	-	21	-	21	河池	-	58	-	58
总计	12707								

注：表中带*号者指文献中看不清的。南宁只有两名士兵阵亡，这让人觉得不可思议。梧州市则是看不清数据，只看见尾数是“4”，因而不敢妄加判断，只能存疑待考。

资料来源　李强、任震：《抗战阵亡将士资料汇编》（第七册），国家图书馆出版社2012年版，第178—183页，华中师范大学馆藏本。原载联合勤务总司令部抚恤处：《中华民国忠烈将士姓名录》，1947年，北京图书馆藏，第2—7页。

上表是《将士姓名录》中广西将士阵亡情况的总体数据，在新编的一些广西地方志中，我们也可以看到阵亡将士的详细信息，但这些信息中反映的广西各县阵亡将士的损失情况与《将士姓名录》存在着差别。例如，《宁明县志》中记载的抗战阵亡将士有53人，而《将士姓名录》中的记载为34人。具体见7-8。

表7-8　宁明县抗日阵亡将士名录

姓名	籍贯	职位	牺牲时间及地点	姓名	籍贯	职位	牺牲时间及地点
巫君勋	那堪品好村	上尉连长	1937年，南京	巫懋蛟	那堪街	中校营长	1937年，江苏罗店
巫懋昆	那堪街	少尉排长	1937年，江苏罗店	陈烈章	那堪街	上尉连长	1937年，江苏罗店
陈　英	思州	少尉排长	1937年9月23日，江苏罗店	农惠堂	那陶村	二等兵	1937年10月23日上海

续表

姓名	籍贯	职位	牺牲时间及地点	姓名	籍贯	职位	牺牲时间及地点
刘松贤	潭澜村	上等兵	1937年11月,江苏	阮家锅	东闸村	不详	宁明
巫保功	那堪街	少尉排长	1938年,上海	何才安	良安村	上等兵	1938年6月4日寿县陈家村
戚少球	林贴村	少尉队副		戚冠球	林贴村	少尉连副	1938年7月8日安徽太湖
马绍贤	海渊驮零村	上等兵	1938年8月14日,湖北黄梅	黄正明	良安村	上等兵	1938年9月2日湖北
李元春		上等兵	1939年3月,湖北	黄木芳		上等兵	1939年3月,广东
邓如珍	峙北村	一等列兵	1939年3月,灵山	梁福兴		一等兵	1939年4月,广东
谭　雄	海渊正街	少尉连副	1939年5月10日,湖北随县	赵良才		中士	1939年9月,湖北
陆芝明	林贴村		1939年10月,湖北黄安关	覃林生	良安村	一等兵	1939年12月13日,灵山新平马鞍山
农恒皇	那陶村	一等兵	1939年12月13日,灵山	陆阳威	驮闾村	上等兵	1939年12月25日,绥渌县
陆达朝	海渊左明村	少尉排长	1940年1月1日,邕渌龙岭	陈少烈		下士	1940年元月,广西
苏世英		少尉	1940年3月广东	陈忠纯		中士	1940年5月,河南
龙佩吉		下士	1940年5月河南	农恒娘		下士	1940年5月,河南
韦汉清		下士	1940年5月湖北	周福天		上等兵	1940年5月,湖北
杨满清		一等兵	1940年5月16日,河北	林焕熙	古优村	上等兵	1941年5月安徽合肥
黄　龙		下士	1941年1月湖北	黄德贵		一等兵	1941年,湖南
谭　超	思州旧街	少尉排长	1943年安徽大安	黄福星		下士	1943年元月,湖北

续表

姓名	籍贯	职位	牺牲时间及地点	姓名	籍贯	职位	牺牲时间及地点
何恒金		一等兵	1943年1月湖北	黄恒四		二等兵	1944年元月,广西
阮言荣		二等兵	1944年2月广西	李恒以		二等兵	1944年2月,广西
黄达兴		二等兵	1944年2月广西	农恒元		二等兵	1944年2月,广西
周善仁		二等兵	1944年2月广西	韦恒士		二等兵	1944年2月,广西
李臣郁		二等兵	1944年2月广西	韦熙彩		二等兵	1944年2月,广西
何少雄		中尉排长	1944年7月湖南	潘汝祥		二等兵	1944年2月,广西
黄则繁		下士	1944年8月湖南	赵成桂		中尉连长	1945年6月,广西
黎相尧		连队文书	1937年11月上海	合计		53人	

资料来源　宁明县志编纂委员会:《宁明县志》,中央民族学院出版社1988年版,第717—718页。

类似情况还有《武鸣县志》中记载有243名,而《将士姓名录》则记载有246名;《龙胜县志》中亦如此,只单列了27名有姓名可考的将士的信息,具体如下:

表7-9　龙胜抗战阵亡将士名录

姓名	性别	民族	籍贯	年龄	职务	牺牲日期及地点
吴文仲	男	侗	龙胜	-	广西第七营营长	1937年10月上海市大场
梁风岗	男	壮	龙胜	30	172师574团中士	1936年1月安徽
粟桥明	男	侗	龙胜	25	170师590团二等兵	1940年11月广东
韦茂信	男	壮	龙胜	36	62师184团上等兵	1943年2月浙江
吴世法	男	-	龙胜	28	172师525团二等兵	1944年2月安徽
梁维干	男	-	龙胜	30	176师1056团上等兵	1939年9月安徽

续表

姓名	性别	民族	籍贯	年龄	职务	牺牲日期及地点
廖海林	男	壮	龙胜	32	131师781团一等兵	1938年5月安徽
廖国才	男	壮	龙胜	32	174师522团一等兵	1938年5月湖北
秦毓桂	男	汉	龙胜	30	172师1023团一等兵	1938年5月安徽
贲仁芳	男	-	龙胜	22	172师1027团二等兵	1937年1月安徽
胡庆云	男	-	龙胜	23	174师1040团一等兵	1937年10月上海
贺显珍	男	-	龙胜	22	131师781团上等兵	1938年5月安徽
石神佑	男	-	龙胜	28	新9师55团上等兵	1944年8月湖南
吴露有	男	-	龙胜	27	176师509团二等兵	1940年11月广西
吴子德	男	-	龙胜	27	171师509团二等兵	1940年11月广东
潘美风	男	-	龙胜	29	176师补团下士兵	1940年11月安徽
吴继庭	男	-	龙胜	42	99师296团上等兵	1944年6月湖南
莫必述	男	汉	龙胜	27	176师109团上等兵	1939年5月湖北
向鸿发	男	汉	龙胜	29	171师7814团上等兵	1938年5月安徽
周定武	男	-	龙胜	23	171师1021团上等兵	1938年5月安徽
石根元	男	-	龙胜	30	171师1027团中士	1938年5月安徽
陈文榜	男	-	龙胜	28	172师106团二等兵	1938年9月湖北
廖团财	男	-	龙胜	32	172师106团一等兵	1940年5月湖北
韦义昌	男	-	龙胜	22	131师21团二等兵	1940年5月广西
杨盛德	男	-	龙胜	27	175师523团一等兵	1944年11月广西
吴盛治	男	-	龙胜	29	171师1025团一等兵	1937年10月广西
徐国林	男	-	龙胜	30	113师319团二等兵	1944年5月湖南

注：抗日战争烈士尚有17人未查到姓名，加上上述27名，共44名。这44名的记载同样与《将士姓名录》中45名的记载稍有出入。

资料来源　龙胜县志编纂委员会：《龙胜县志》，汉语大词典出版社1992年版，第516—517页。

与此类似的还有雷平、凌云、镇结、来宾、全县、兴业、融县、龙州等各县市。广西各县志中“人物·革命烈士”一节多列有抗战时期阵亡将士名录及其详细信息，具体情况大多如表7-8和表7-9。

综上所述，我们认为广西抗战期间的军民伤亡已达1154172人，但这一数据仍有待修正。

抗战期间广西人口的间接损失是多少？这是一个难以明确回答的问题，但是可以肯定这种损失是存在的，不能忽略。简单举几个例子：

平南县：(1938年)8月至次年2月，征工14200人修筑荔蒙公路。在此过程中，死亡629人，重伤232人。①

上思县：调动民工6930多人，参加修筑湘桂铁路，因工地住食条件差，引起浮肿病，死亡甚多。②

临桂县：征民工2600人，修筑义宁县城至宛田公路，10月10日完工通车。11月下旬，征集桂林地区8县民工3.35万人，同时招募湖南石工1万余人，招揽包商210余家，日夜赶筑宛田至湖南青龙界的公路。施工中，死亡39人。次年7月7日试行通车。③

桂平县：(1937年7月)县政府奉令征集民工3000余名参加湘桂铁路修建工程。民工工作生活条件恶劣，患病及死亡者不少。④

诸如此类的记载在广西各县的县志中非常多。按照目前学界对抗战损失的界定，这些都是抗战导致的伤亡，也应算作抗战的人口间接损失。因目前掌握的资料有限，我们未对此项间接损失进行统计，还有待进一步研究。

二、直接财产损失

日军的两次入侵对广西的摧残是非常严重的。《广西经济建设手册》曾描绘了

①平南县志编纂委员会：《平南县志》，广西人民出版社1993年版，第29页。

②上思县地方志编纂委员会：《上思县志》，广西人民出版社2000年版，第10页。

③《临桂县志》编纂委员会：《临桂县志》，方志出版社1996年版，第17页。

④桂平县志编纂委员会：《桂平县志》，广西人民出版社1991年版，第30页。

日军撤退后广西惨败的景象:“抗战中,本省蒙难两次,尤以接近胜利前夕,全省精华所在之70余县市,仍遭日寇蹂躏,兽骑所至,田舍为墟,受灾之烈,损失之大,远非其他省份可比。致十余年来苦干、穷干,竭尽人力、物力、财力惨淡经营之建设成果,几已摧毁殆尽,幸获保存者,仅余贫瘠之西北角而已。”[①]日军入侵广西期间,大肆掠夺经济资源和人民财产,这是抗战时期广西财产损失巨大的原因之一。日军还对广西各地的房屋等建筑进行轰炸、烧毁,这是日军入侵期间广西财产损失巨大的又一重要原因(可参见前文“日军侵桂造成的破坏”和“日军在广西推行‘适地产主义’”部分,此处不再赘述)。目前学界对抗战时期中国财产损失的分类,主要有直接损失和间接损失两大类。直接损失一般是指日军的攻击、轰炸或掠夺造成的社会及人民财产损失。前文已介绍了一些广西抗战财产损失的情况,现在根据广西省政府统计室编的《广西省抗战损失调查统计》和《广西年鉴》(第三回)等资料,对财产损失的总体情况进行统计与分析。具体如下:

1.日军第一次入侵广西期间造成的财产损失

1939年11月至1940年11月,广西第一次沦陷期间,公私财产损失总值按照1940年币值计算,共计146628853元(国币元,下同),按照1945年10月币值,则为45095160千余元。[②]具体损失情形参见表7-10。

表7-10　日军第一次入侵广西期间桂南19县财产损失总计

(单位:国币元)

<table>
<tr><th colspan="2">项别</th><th>损失总值</th><th colspan="2">项别</th><th colspan="2">受损失数量/总值</th></tr>
<tr><td rowspan="3">机关损失</td><td>小计</td><td>5410335</td><td colspan="2">商店损失</td><td colspan="2">67326747</td></tr>
<tr><td>直接</td><td>4951944</td><td rowspan="5">公私营事业损失</td><td>工业部分</td><td>4个</td><td>109870</td></tr>
<tr><td>间接</td><td>458391</td><td>矿业部分</td><td>2个</td><td>9050</td></tr>
<tr><td rowspan="3">团体损失</td><td>小计</td><td>181695</td><td>农业部分</td><td>7个</td><td>10078</td></tr>
<tr><td>文化</td><td>85085</td><td>邮政部分</td><td>2个</td><td>2553</td></tr>
<tr><td>宗教</td><td>12768</td><td>公路部分</td><td>2个</td><td>1511000</td></tr>
</table>

①广西省政府建设厅统计室:《广西经济建设手册》,1947年1月,国立广西大学图书馆,“目次”,“战时损失”部分。

②广西省救灾运动委员会:《广西在饥馑中》,广西省合作文化印刷厂,1946年,第3页。桂林市图书馆藏,藏书号:特D380019—301339。

续表

项别		损失总值	项别		受损失数量/总值	
	慈善	23520		电讯部分	2个	250160
	其他	60322		航业部分	1个	218951
学校损失	小计	2503882		公用部分	3个	665960
	直接	2438885		小计	23个	2777622
	间接	64997		总计	146628853	
住户损失		68428572				

注:1.损失价值,系1940年之价值;2.《广西统计数字提要》中把“公私营事业损失”称为“公民营事业损失”,并具体分为矿业、工业、农业、邮政、公路、电讯、航业、公用8大部分记载损失情况,而《广西省抗战损失调查统计》则称为“公私营事业损失”,但两者所记载总损失数相同,此处把两者结合起来,绘制上表。

资料来源 广西省政府统计室:《广西省抗战损失调查统计》,1946年,第77、81页;广西省政府统计室:《广西统计数字提要》,1946年,第7页。

这里的损失数据的时间范围也是从1939年11月至1940年11月。在此之前,19县遭受日军轰炸的损失以及其他县市遭受日机轰炸造成的损失未统计在内。为了方便读者了解这期间19县的具体损失情况,按照《广西省抗战损失调查统计》和《广西年鉴》(第三回)以及《广西抗日战争时期人口伤亡和财产损失》等资料,编制了表7-11至表7-14。

表7-11 桂南19县第一次沦陷期间损失情况统计

(单位:国币元)

县别	总计	住户损失	商店损失	机关损失	学校损失	公私营事业损失	团体损失及其他
邕宁	101261773	33107174	62012117	2081546	1149280	2750106	161550
宾阳	8830304	7282285	871678	433411	241555	1375	-
上林	7265359	5818596	482149	760065	184596	18528	1425
上思	3862179	2933515	616254	241880	69256	-	1274

续表

县别	总计	住户损失	商店损失	机关损失	学校损失	公私营事业损失	团体损失及其他
扶南	3927656	3464720	146554	201255	115127	-	-
龙津	2845606	2181490	586141	27001	40974	-	10000
武鸣	2306048	1606849	242674	286907	159712	6606	3300
永淳	2116008	1564459	410442	99187	41642	-	278
宁明	2064647	1946677	4695	90565	22710	-	-
左县	1920126	622965	862373	198453	236335	-	-
绥渌	1657184	1207289	179321	251758	18816	-	-
凭祥	1607883	1410667	56633	109412	31171	-	-
横县	1585214	687609	680651	154202	60752	-	2000
明江	1410394	1369758	-	37966	2670	-	-
崇善	1311444	972408	146515	93319	99202	-	-
思乐	1227021	1083721	138550	4282	468	-	-
同正	608826	534782	36486	37090	468	-	-
上金	586106	499475	47216	30629	8786	-	
迁江	148953	84151	26325	31337	4749	553	1838
总计	146542731	68378590	67546774	5170265	2488269	2777168*	181665

说明:1.带*号者为笔者修正数据;2.《广西省抗战损失调查统计》中对机关损失和学校损失两项中都列有直接损失和间接损失。此外,团体损失还分有文化、宗教、慈善和其他四个小项。

资料来源 广西省政府统计室:《广西省抗战损失调查统计》,1946年,第78—79页;广西壮族自治区委党史研究室:《广西抗日战争时期人口伤亡和财产损失》,中共党史出版社2014年,第36—37页。

表7-12　桂南19县第一次沦陷期间机关及学校财产损失情况

（单位:国币元）

损失类型		总计	机关	学校
直接损失	受损机关数	1788	1197	591
	损失总值	6276195	4954944	1321251
	建筑物	3971898	2650647	1321251
	器具	526268	133320	392948
	现款	77987	62323	15664
	图书	335652	193320	140332
	仪器	109061	56611	52450
	文具	96443	75448	20995
	医药用具	20905	14701	6204
	机械及工具	201805	155169	46636
	运输工具	207981	201823	6158
	稻谷	979955	658816	321139
	米	106401	105328	1073
	衣物	12724	9924	2800
	枪弹	2038	780	1258
	材料	200000	200000	-
	其他	244665	134724	109941
间接损失	受损机关数	700	539	161
	损失总值	523388	458391	64997
	迁移费	117750	96587	21163
	放空费	57398	49484	7914
	疏散费	114928	90845	24083
	救济费	209745	200597	9148
	抚恤费	23567	20878	2689

资料来源　广西省政府统计室:《广西抗战损失调查统计》,1946年,第80—81页。参阅广西壮族自治区委党史研究室:《广西抗日战争时期人口伤亡和财产损失》,中共党史出版社2014年,第37页。

表7-13　桂南19县第一次沦陷期间住户及商店财产损失情况

（单位：国币元）

损失类型		住户	商店	总计/总值
受损乡镇数		274	142	416
受损村街数		2222	333	2555
受损户数		133054	5517	138571
房屋损失	间数	54866	4813	59679
	价值	22883701	4845913	27729614
器具		7783556	4567992	12351548
谷	数量	935470	3611	939081
	价值	35579	6313472	6349051
其他农产品		2877926	10947	2888873
米	数量	255208	7909	263117
	价值	2153134	15493	2168627
家畜		10688674	55823	10744497
家禽		1820751	5000	1825751
衣物		7142590	111477	7254067
古物书籍		1475733	7529	1483262
现款		1928984	981075	2910059
存货		——	55650434	55650434
运输工具		——	403478	403478
其他		3360051	636077	3996128

资料来源　广西省政府统计室：《广西抗战损失调查统计》，1946年，第80页。

表7-14　桂南19县第一次沦陷期间各团体财产损失情况

（单位：国币元）

项别	受损团体数	损失总值
文化团体	4	85085
宗教团体	4	12768
慈善团体	5	23520
其他人民团体	7	60322
总计	20	181695

资料来源　广西省政府统计室：《广西抗战损失调查统计》，1946年，第82页。

2.日军第二次入侵期间广西的财产损失情况

日军第二次入侵广西时，部队配备与第一次入侵广西时不同。他们既无辎重，亦无粮秣，还欠发士兵三四个月军饷。[①]因此，日军彻底执行“以战养战”策略，纵容部队烧杀劫掠，所到之处无一幸免。同时，由于战争末期日本国内也出现经济危机，因而此次入侵实行的经济掠夺规模更大。从1944年9月桂柳会战开始至1945年8月广西光复的约1年时间里，日军占领广西80县市，约占广西全境的80%，受害面积远超第一次入侵时期。根据相关资料，我们统计和分析了日军第二次入侵期间的损失情况，具体见表7-15。

表7-15　广西省第二次沦陷期间财产损失情况

类别		数量/单位	总值（千元）	备注
总计			827717665	
人民财产			363872196	包括80县市1101乡9214村679794户
机关团体	财产		110094131	计13128机关
	间接损失		28305490	包括迁移防空疏散救济抚恤等费
员役财产			14472033	员48173人
交通事业	公路	3724/千米	77882281	原有公路4247千米
	车辆及公路设施		7397469	损失公商车546辆
	县道及城市道路	26001/千米	99720979	原有道路32250千米
	船舶		23406145	损失电船111艘，拖艇21艘，民船11345艘
	电讯		5343140	
矿业			60487850	包括691个场厂
工厂		234/厂	31200332	
水厂		4/厂	1105508	
电厂		15/厂	4430111	

注：1.除机关兼列间接损失外，其余均为直接损失；2.交通部分所包括之民

①广西省救济运动委员会：《广西在饥馑中》，1946年，第5页，藏于桂林市图书馆，藏书号特D380019—301399；见《桂桥旬刊》1946年第2期。另见黄铮：《广西抗日战争史料选编》（第一卷），广西人民出版社2005年版，第89页。

船，系已经航政机关登记供运输者而言，水上住户的船舶数计入人民财产内；3.敌人未到之地方，其因空袭损失之财产未计在内；4.合作社财产损失于本刊全部资料整理完竣送到，约163亿元，未计入内。

资料来源　广西省政府统计室：《广西省抗战损失调查统计》，1946年，第10页。

对于以上数据，学界存在一些不同看法。据研究，日军第二次入侵广西期间，广西公私营矿业损失应为60536940千元，而不是60487850千元。[①]另外，广西省政府统计室编印出版的《广西省抗战损失调查统计》中有"合作社财产损失于本刊全部资料整理完竣送到，约163亿元，未计入内"的记载，[②]结合这些情况判断，日军第二次入侵广西造成的财产损失总值应为844066755千元。

还需要说明的是，这里只涉及1944年9月至1945年8月广西财产损失的大体情况。后来，桂林、恭城、玉林等20个县市对原来统计的损失数据又有所增补，其损失估计总值为14440002千元（1945年10月国币值），详见表7-16。

表7-16　广西省第二次沦陷期间各县市财产损失补报情况表

（单位：国币千元）

县/市别	补报损失	县/市别	补报损失	县/市别	补报损失	县/市别	补报损失
桂林	244051	恭城	66087	柳城	14667	宜山	31808
思恩	1261	融县	548847	岑溪	6024	武宣	7356
横县	147	宾阳	195251	武鸣	1881442	果德	5244608
隆安	5868122	同正	11968	扶南	10510	百色	100
东兰	13880	镇边	127085	雷平	11360	义宁	67685
玉林	55743	陆川	32000	合计	14440002		

资料来源　广西省政府统计处：《广西年鉴》（第三回），1948年，第83—86页。参考广西壮族自治区委党史研究室：《广西抗日战争时期人口伤亡和财产损失》，中共党史出版社2014年版，第39页。

①唐凌：《关于抗战期间广西矿业损失的调查》，载《历史档案》，1999年第4期，第131页。具体情况可参见广西省政府统计室：《广西省抗战损失调查统计》，1946年，第72页。

②广西省政府统计室：《广西省抗战损失调查统计》，1946年，第10页。

据前文统计，广西1944年9月至1945年8月的财产损失总计为：844066755+14440002=858506757（千元）。

3.1938年至1944年8月日军空袭造成的损失

据《广西抗日战争时期人口伤亡和财产损失》统计，1938年至1944年8月日军轰炸造成的财产损失值为22812518.4千元（1945年10月国币值）。[①]之所以把这项单独列出，是因为过去的统计没有涉及。

4.钦州、防城港和北海三地的抗战财产损失情况

后来的调研显示，钦州、防城港和北海三地的抗战财产损失情况为：钦州财产直接损失为75334.3562万元（人民币）；防城港为53212425千元（国币，1945年10月币值）；北海为32375千元（国币），同时北海还损失了银圆63万元和广东洋毫121万元。[②]之所以把这项损失计算在内，是因为这些地方在日军两次入侵广西期间都是重要的战场，而且目前属于广西。

综上所述，抗战时期日军入侵造成的直接财产损失有以下几项：第一项是日军第一次入侵造成的财产损失，为45095160千元；第二项是日军第二次入侵造成的财产损失，为858506757千元；第三项是日军第二次入侵前（1938年至1944年8月）日机轰炸造成的损失，为22812518.4千元；第四项是日军入侵钦州、防城港和北海造成的财产损失，为53244800千元。这四项的总值，还要减去怀集县（当时属于广西辖境，今属广东）的财产损失（1929.872千元，国币）。因此，抗战时期日军入侵给广西造成的直接财产损失共计：45095160（第一项）+858506757（第二项）+22812518.4（第三项）+53244800（第四项）-1929.872（怀集）=979657305.528千元（国币，1945年10月之币值）。[③]

根据白日新的著作及《广西统计数字提要》一书中的说明，以上所计算的广西抗战时期的财产损失只包括了直接损失的大部分，而间接损失几乎没有算入。并且，除了1939年11月至1940年11月和1944年9月至1945年8月这两段时间外，其他时间因日军轰炸而造成的直接损失和间接损失也没有算入。所以，上述

①此数据主要指房屋损失，并未包括田地、汽车、牲畜等的损失。广西壮族自治区委党史研究室：《广西抗日战争时期人口伤亡和财产损失》，2014年，第62、65页。

②广西壮族自治区委党史研究室：《广西抗日战争时期人口伤亡和财产损失》，2014年，第62、63、65页。

③注意，因货币价值换算较为复杂和困难，此总数未包含钦州市财产损失的75334.3562万元（国币）、北海市的63万元银圆和广东洋毫的121万元。

损失统计只能有限地反映广西抗战的损失情况。白日新在《广西省抗战损失调查经过》一文中就曾说过:“估计全省公私价值之损失总数当在一万亿元以上,再加抗战期间所动员之人力、物力、财力等之间接损失,当亦不在二万亿元以下。”[1]白先生的话不无道理。1938年至1944年8月之间,日军共轰炸广西615次,仅房屋一项就毁坏22250间,造成损失91581964元(其中1940年毁坏的3562间房屋当时并未估算其价值)。[2]同时,抗战期间“所动员之人力、物力、财力等之间接损失”也没有计算在内。

鉴于以上原因,我们根据已掌握的资料,做了一个不完全的增补表。此表统计的数据,是日军两次入侵之外造成的损失,其中还反映了钦州、北海和防城港的一些情况,虽没有换算其价值,但也能让读者了解以上数据之外的损失情形。具体见表7-17。

表7-17 广西抗战期间财产损失增补表

<table>
<tr><th>时间</th><th>县别</th><th>事件或损失类型</th><th>资料来源</th></tr>
<tr><td>1938—1939年</td><td>北海</td><td>渔船45艘</td><td rowspan="4">《北海文史资料》(第四期),第55-63页;《日军侵华暴行实录4》,第430-431页;1941年3月8日《粤南日报》,3月11日《粤南日报》</td></tr>
<tr><td>1937年9月11日</td><td>北海</td><td>北海港商船被扫射,房屋被炸毁,不少百姓被炸死,货船和渔船被抢劫</td></tr>
<tr><td>1938—1939年</td><td>钦廉四县</td><td>渔船被炸毁几百艘</td></tr>
<tr><td>1941年3月3日</td><td>北海</td><td>市区人民财物概被洗劫,渔船被毁不下百余艘;焚劫地角渔船三百余艘,这些船当时估价一千万元以上,全部损失无法估计</td></tr>
<tr><td>1938年9月13日</td><td rowspan="3">北海</td><td>军舰轰击天主教堂,投弹18枚</td><td rowspan="3">《北海文史资料》(第四期),第29-43页;《日军侵华暴行实录4》,第434-435页</td></tr>
<tr><td>1938年12月19日</td><td>400余条渔船被烧毁</td></tr>
<tr><td>1939年4月</td><td>死伤约9人;还制造了“万人坑”事件,后来估计有数百人;渔民等被杀一千多人</td></tr>
<tr><td>1938年3月29日</td><td rowspan="3">防城</td><td>白龙尾炮台被轰炸,投弹6枚</td><td rowspan="3">《防城文史》(第一期),第2-8页,《日军侵华暴行实录4》,第432页;《防城县志·大事记》,第8页</td></tr>
<tr><td>1938年9月21日</td><td>民房16间,学校1间</td></tr>
<tr><td>1938年10月21日</td><td>敌机1架,敌舰配合,炸毁民房5间</td></tr>
</table>

①白日新:《广西省抗战损失调查经过》,载广西省政府统计室:《广西省抗战损失调查统计》,1946年,第2页。

②广西省政府统计处:《广西年鉴》(第三回),1948年,第1357—1359页。

续表

时间	县别	事件或损失类型	资料来源
1938年7月31日	防城	投弹15枚，毁民房20余间，图书馆1枚，房屋旁3枚，街市2枚，继园和肇英堂3枚，体育场2枚，河边3枚，旷地1枚	《防城文史》(第一期)，第2-8页；《日军侵华暴行实录4》，第432页
1938年9月26日	防城	敌机1架，毁民房1间	
1939年3月28日	防城	日机轰炸企沙街	《防城县志·大事记》，第9页
1939年7月31日		日机轰炸防城街，投弹15枚，毁民房20余间	
1939年9月23日	防城	日舰炮轰企沙街，发射炮弹18枚，毁庙一角	《防城文史》(第一期)，2-8页；《日军侵华暴行实录4》，第432-433页
1939年9月26日		日机1架炸企沙街，毁屋1间	
1940年12月9日		敌机9架，投弹32枚，毁民房16间	
1941年3月17日	防城	敌机8架，投弹16枚	《防城文史》(第一期)，2-8页；《日军侵华暴行实录4》，第432-433页
1941年3月25日		敌机9架，毁民房7间	
1941年3月26日		敌机1架，轰炸东兴街，投弹4枚	
1941年3月17日、18日、25日	防城	敌机26架(次)轰炸企沙、东兴街和防城镇，先后投弹52枚，毁房屋40余间	《防城县志·大事记》，第9页
1941年7月26日		敌机2架，轰炸东兴、江平街，投弹5枚，毁房屋1间	
1941年8月18日		敌机1架，轰炸东兴街，投弹3枚	
1941年11月30日	防城	敌机8架，轰炸江平街，投弹110多枚，落于街中20余枚，毁民房35间，死伤35人(一说敌机8架，分2次，投弹40余枚)	《防城文史》(第一期)，第2-8页；《日军侵华暴行实录4》，第433页；《防城县志·大事记》，第10页
1942年9月6日	防城	敌机轰炸企沙、江平街，投弹17枚，毁小船2艘	《防城县志·大事记》，第10-11页
1942年10月2日		敌机轰炸企沙渔船，毁2艘	
1938年	龙州上金	敌机174次轰炸扫射，毁坏房屋1600多间	《龙州县志》，第348页；《日军侵华暴行实录4》，第435-436页
1938年		敌机3架，上金弄庙河边货场物资全被烧毁，爆炸的汽油和桐油烧了四昼夜	
1938年9月25日		敌机31架，炸死56人	
1938年9月26日		敌机12架轰炸新街、康平街、东街、西街、南街、兴仁街、仁义街、新填地等街道；房屋多被炸毁	

续表

时间	县别	事件或损失类型	资料来源
1941年3月2日		敌机9架，上金县窑头圩，炸毁民房80余间	《龙州县志·大事记》，第14页；《龙州县志》，第349页；《日军侵华暴行实录4》，第436页
1941年4月25日		敌机9架，炸毁小学校舍	
1941年3月29日		敌机9架，炸毁小学校舍	
1940年5月14日	田东	敌机轰炸平马，毁坏建筑价值约120万元，其他器具损失约2.5万元	《田东县志·大事记》，第12页；《田东县志》，第657页
1940年4月4日、5日	田东	27架敌机轰炸平马，街道变为废墟；仅环江筏一带就有14间民房被炸，沿江岸的船被炸毁数十只	《田东县志·大事记》，第12页；《田东县志》，第657页
1940年8月16日		敌机再次轰炸平马；国民兵团团部、县金库附近分别中弹数枚，附近房屋多被震塌、烧毁	
1941年3月12日（农历）		敌机9架轰炸平马，烧毁民房数十间	《田东文史》（第一期），第82-83页；《日军侵华暴行实录4》，第444页
1941年4月18日		敌机轰炸平马；26日再次轰炸田东	《田东县志》，第13页
1942年7月13日（农历）		敌机12架，南华街的民房均被炸毁，许多船艇被炸沉于江底；平时零星轰炸次数达12次	《田东文史》（第一期），第82-83页；《日军侵华暴行实录4》，第444页；《田东县志》，第657页
1942年4月26日		毁坏房屋248间，价值约80万元；民益米机电灯厂中弹，机器、厂房严重损坏，8月歇业	《田东县志》，第13页
1942年8月24日		12架敌机轰炸平马	
		从1940年4月4日开始的3次大轰炸加上12次零星的小轰炸，平马被毁房屋440多间，船艇600多艘	《田东县志》，第13页；《日军侵华暴行实录4》，第444页
1937年9月	梧州	敌机轰炸高旺飞机场	《苍梧县志·大事记》，第28-30页
1938年2月		敌机袭击梧州，投弹20余枚	
1938年6月		敌机袭击梧州，投弹10余枚，多落空地	
1938年8月25日	梧州	敌机8架袭击梧州，投弹25枚，河西工业区、大学区、梧州高中被炸，房屋被毁，损失重大，炸沉小艇2艘	《苍梧县志·大事记》，第28-30页
1938年9月2日		日机14架袭梧州三角嘴工业区及大学区，投弹21枚，并用机枪扫射，无伤亡	

续表

<table>
<tr><th>时间</th><th>县别</th><th>事件或损失类型</th><th>资料来源</th></tr>
<tr><td>1938年9月17日</td><td>梧州</td><td>敌机9架,在梧州市大东路、竹安路一带,投炸弹及燃烧弹80余枚,商务印书馆全被烧毁,损失30余万元(国币),炸毁民房300余间,震塌160间;思达医院中弹3枚,炸毁最高一层;培正中学中弹11枚,全校大部被毁,无家可归者3000余人</td><td>《苍梧县志·大事记》,第28-30页</td></tr>
<tr><td>1938年9月19日</td><td rowspan="6">梧州</td><td>敌机8架,在西大校区投弹30余枚,校舍被毁</td><td rowspan="6">《苍梧县志·大事记》,第28-30页</td></tr>
<tr><td>1939年7月26日</td><td>敌机18架2批次袭击梧州,轰炸1小时,共投弹268枚,遍及全市,炸毁房屋400余间,炸沉大小船只200余艘,受灾774户,难民9349人,财产损失难以计数</td></tr>
<tr><td>1942年10月18日</td><td>敌机7架,侵袭梧州市中心,在平民街、冰泉街及抚河、河西轰炸,炸毁民房多间,死伤多人</td></tr>
<tr><td>1942年12月31日</td><td>敌机31架,在市区投弹数十枚(一说100枚),多为燃烧弹,大中路红十字会全被炸毁,红十字会所属医院西药室中弹,西药全部损失</td></tr>
<tr><td>1943年9月4日</td><td>敌机16架,在梧州市投弹并用机枪扫射,九坊街百福堂、逢源银行中弹倒塌,水管被炸断</td></tr>
<tr><td>1943年9月19日</td><td>炸毁民房数间及民船10余艘</td></tr>
<tr><td>1943年10月</td><td rowspan="3">梧州</td><td>梧州女中商科实习商店被炸毁,死亡职员学生共8人</td><td>《苍梧文史资料》(第一辑),第11-16页;《日军侵华暴行实录4》,第444页</td></tr>
<tr><td>1943年12月7日</td><td>敌机7架,两次投弹轰炸梧州</td><td rowspan="2">《苍梧县志·大事记》,第30-31页</td></tr>
<tr><td>1943年12月31日</td><td>轰炸大中路梧州女中和商科实习商店,炸死员工及学生共8人</td></tr>
<tr><td>1943年12月</td><td>梧州</td><td>百福堂药房被炸毁</td><td>《苍梧县志·大事记》,第31页《日军侵华暴行实录4》,第444页</td></tr>
</table>

续表

时间	县别	事件或损失类型	资料来源
1944年7月29日	梧州	16架敌机在市郊投弹	《苍梧县志·大事记》，第31页
1938年1月18日	南宁	日机第一次轰炸南宁市	《邕宁县志·大事记》，第12页
1939年8月14日、23日、28日、30日，	南宁	这四天日机分批袭击，轰炸市区、郊区各处；临江街佛教水月庵被炸毁，中山路基督教道救医院和民房被炸毁	《南宁市新城区志·大事记》，第6页；《邕宁县志·大事记》，第12页
1942年1月18日	邕宁	25架敌机分批轰炸南宁市区民生路、兴宁路、西关路、德邻路、仁爱路、新华街、平等街等主要街道，为抗战期间南宁被敌机轰炸损失最严重的一次	《邕宁县志·大事记》，第13页
1939年7月22日	武鸣	标营飞机场被炸，广西中学生集训总队宿舍被炸毁，无人伤亡	《武鸣县志·大事记》，第16页
1939年9月		飞机3架连续3天轰炸永兴飞机场，毁房1间，耕牛死10余头	
1939年10月		日军4架飞机轰炸马头圩，投弹4枚，毁民房1间	
1939年4月8日	宾阳	日军飞机轰炸广西瓷器厂（现县人民政府驻地），投弹15枚，为本县被炸之始	《宾阳县志·大事记》，第6页
1939年11月6日	隆安	敌机8架，投弹16枚，毁房29间	《隆安县志·大事记》，第10-11页
1940年7月6日		敌机7架轰炸县城陈韦村至拱阁街沿河岸一带，空投炸弹42枚，毁房3间	
1939—1940年		从1939年11月至1940年10月，日军共出动飞机13批、41架次空袭隆安，轰炸21处，投弹194枚，炸毁房屋160间	《隆安县志》，第534页
1939年4月8日（农历）	隆山	敌机轰炸隆山县城	《马山县志·大事记》，第9页
1939年7月14日（农历）		敌机轰炸隆山县城	
1940年1月7日（农历）		敌机3架轰炸那马石塘街	

续表

时间	县别	事件或损失类型	资料来源
1940年4月27日（农历）	隆山	敌机1架，机枪扫射百慕村，轰炸永固街	《马山县志·大事记》，第9页
1938年夏	柳州	炸毁谷埠街东面（由20号至44号）10余间房屋	《柳州市柳南区志·大事记》，第7–8页
1938年9月13日		敌机13架袭击柳州机场，投弹数十枚，财产损失价值84万元	
1939年7月8日		敌机27架轰炸柳州机场，投弹100余枚，机场大部设备被毁坏	
1944年7月28日—10月5日	柳州	敌机14批87架次，袭击柳州机场和柳江铁桥，投弹500余枚，炸毁大小型飞机102架	
1939年7月15日		毁屋300余间，损失57.3万元（法币）	《柳州市柳北区志·大事记》，第13页；《柳江县志·大事记》，第12页
1939年8月14日		日机沿柳江投弹多枚，雅儒村被毁屋40余间	
1940年7月22日		日机轰炸鸕鸪江	
1939年7月22日	柳州	轰炸河北市区	《柳江县志·大事记》，第12–13页
1940年2月22日		敌轰炸机36架、驱逐机15架轰炸柳州，在羊角山投弹100余枚，毁坏房屋多间	
1944年8月10日	临桂	敌机6架分2批次轰炸义江两岸，将当时疏散到义宁县城的桂林女中校舍炸为平野	《临桂县志·大事记》，第18页
1941年8月23日	灵川	敌机53架轰炸灵川县城（三街镇），投弹160余枚，毁房屋334间；财产损失无数	《灵川县志·大事记》，第10页
1938年10月	全县	敌机9架轰炸县城及火车站，县城遭空袭3次，损坏房屋211间	《全州县志·大事记》，第7页
1940年	永福	敌机轰炸永福铁桥	《永福县志·大事记》
1941年8月	恭城	敌机轰炸栗木矿山	《恭城县志·大事记》，第17页
1939年8月13日	岑溪	敌机6架，其中1架向樟木圩底大坟垌投弹1枚	《岑溪市志·大事记》，第13页
1937年9月25日	合浦	1名战士遇难	《合浦县志·大事记》，第17–20页
1938年9月11日		日军侵占涠洲岛，100余民众遇难	
1938年9月24日		敌机轰炸廉州，合浦女子小学部分校舍被炸毁	

续表

时间	县别	事件或损失类型	资料来源
1942年1月29日		损失2艘货船	
1943年1月19日		日舰追击渔船，有3艘遭焚劫	
1943年2月12日、13日		日机轰炸廉州沙街尾、二甲社等处，毁屋多间	
1938年9月	灵山	敌机3架轰炸县城	《灵山县志·大事记》，第19页
1938年11月18日	上思	日机首次轰炸县城	《上思县志·大事记》，第10页
1938年7月—8月	钦州	7月—8月，日军飞机轰炸钦城，大较场兵营、中山路等处很多房屋被炸毁	《钦州县志·大事记》，第25-27页
1939年3月		敌机继续轰炸钦城内外，房屋被毁很多	
1940年2月10日		日军在贵台那冷村集体枪杀无辜村民132人	
1940年3月13日		烧店数间	
1940年		5人被害	
1941年12月9日		敌机9架，在大南路、鱼寮东街、二马路、中山路、宜兴街等投弹58枚，毁屋45间（钦县在沦陷前总共被日机轰炸17次，投弹480余枚，炸毁民房，死、伤军民无数）	
1942年4月22日		敌机轰炸钦城街道及江滨船只，投弹数十枚	
1938年11月7日	贵县	敌机1架投弹10枚，毁房屋18间，医院手术室被炸，损失万余元	《贵港市志·大事记》，第21-22页；《贵港文史资料》（第八辑），第142页
1938年11月21日		敌机12架，投弹3枚，毁房屋13间	
1939年1月15日		敌机8架，投弹18枚，炸毁房屋7间，仓库3座	
1939年1月17日	贵县	敌机9架，投弹3枚，罗泊湾糖厂被毁1/3机房，库房1间	《贵港市志·大事记》，第21-22页；《贵港文史资料》（第八辑），第142页
1940年3月3日		敌机6架，投弹4枚，炸塌房屋82间	
1939年1月15日—1940年5月15日		敌机133架次，先后空袭贵县25次，投弹468枚，炸毁房屋308间，财产损失569.06万元（当时国币值，下同）	《贵港市志·抗日战事》，第263-266页
1939年10月22日	平南	敌机6架，轰炸县城和上渡街，死1人，伤5人，毁民房16户，炸毁平南中学教室两间，校具一批，师生无恙	《平南县志·大事记》，第29-30页
1944年4月、5月		日机30多架次来袭丹竹机场	

续表

时间	县别	事件或损失类型	资料来源
1938年7月	桂平	敌机6架,轰炸县城2次	《桂平县志·大事记》,第29-32页
1938年9月		敌机9架,轰炸县城,驻桂山的中央军校四分校中弹多枚	
1938年12月7日		敌机6架,毁房屋10余间	
1939年		敌机轰炸5次,死伤民众106人	
1944年夏		日机轰炸县城,太平天国纪念堂被炸毁,堂内陈列之图书文物,毁于一旦	
1938年11月22日	玉林	敌机7架,投弹31枚,炸毁房屋百余间	《玉林市志·大事记》,第16-20页
1938年12月12日		敌机7架2次轰炸玉林,投弹22枚,炸毁房屋28间	
1939年1月12日		敌机9架,轰炸省立玉林初级中学,炸毁教室、礼堂及部分学生宿舍	
1939年1月20日		敌机2架3次轰炸玉林,投弹17枚,炸毁房屋12间,死平民4人	
1939年4月12日		敌机3架轰炸兴业	
1939年5月8日		敌机2架轰炸兴业,毁坏汽车1辆	
1939年7月8日		敌机4架,伤1人	
1939年8月7日		敌机5架轰炸兴业,投弹5枚	
1939年9月4日		敌机13架次,投弹21枚,炸毁房屋11间、汽车11辆	
1939年9月11日	玉林	敌机9架2次轰炸玉林,投弹89枚,炸毁房屋197间,大同书庄、利济堂一带被炸起火;玉林县船埠街亦遭日机9架轰炸,投弹13枚,炸毁房屋10多间,炸沉民船8艘,兴业县也遭轰炸	《玉林市志·大事记》,第16-20页
1939年9月12日		日机2次轰炸玉林县船埠街,第一次6架投弹16枚,第二次8架投弹10枚,共炸毁房屋16间	
1939年10月7日		日机2次轰炸玉林县城,第一次2架,第二次6架,共投弹20枚,炸毁房屋9间	
1939年10月14日	玉林	敌机7架,投弹8枚,炸毁民房25间	《玉林市志·大事记》,第16-20页
1939年11月14日		敌机轰炸玉林	

续表

时间	县别	事件或损失类型	资料来源
1939年12月4日		日机2次轰炸玉林县,第一次来机6架轰炸三山汽车站附近,投弹7枚,炸毁房屋1间;第二次来机6架轰炸玉林县城,投弹23枚,炸毁房屋76间	
1939年12月28日		敌机1架,投弹10枚,炸毁房屋13间,伤4人	
1940年5月3日	兴业	敌机7架轰炸兴业县	
1940年9月16日	兴业	敌机8架,投弹12枚,炸毁铺户3间	
1941年3月5日	兴业	敌机3架空袭兴业县	
1943年2月22日	玉林	敌机2架轰炸玉林	
1943年2月23日	玉林	敌机3架,国民中学等处12间房屋被炸坏或震坏	
1939年8月12日	博白	敌机6架,投弹12枚,汽车站、牛皮庄、博白中学、南流江边码头等处被炸,炸毁房屋10余间,炸死马1匹	《博白县志·大事记》,第18页
1938—1939年	百色	日机三炸百色城,文明街、中华街、东宁街多处被炸,房屋倒塌10多间,飞机场被炸后,场内主要设备被毁	《百色市志·大事记》,第12页
1940年	田阳	日机六炸田阳,先后投下11枚炸弹,造成群众死伤6人,毁房屋20多座,炸死耕牛5头,2艘木船被炸坏	《田阳县志》,第624页
1940年5月13日	德保	敌机9架,投弹52枚,炸毁县政府大堂、医院以及民房等,计损失折国币445万多元	《德保县志·大事记》,第11页
1940年6月13日	德保	财物受损折国币18万元	《德保县志·大事记》,第11页
1940年4月1日	靖西	敌机1架轰炸校场兵舍,投弹1枚	《靖西县志·大事记》,第24页
1940年5月1日	靖西	敌机1架轰炸城北,投弹11枚,烧毁汽车3辆、汽油11桶、盐数千斤	《靖西县志·大事记》,第24页
1940年5月14日	靖西	敌机1架轰炸化峒,投弹2枚	《靖西县志·大事记》,第24页
1940年6月	靖西	敌机1架两袭县城,投弹12枚,毁坏民房3间	《靖西县志·大事记》,第24页
1940年7月8日	靖西	敌机3架,投弹4枚,群众遇难5人,伤7人	《靖西县志·大事记》,第24页
1941年10月22日	靖西	敌机1架,群众遇难5人,1枚炮弹落入稻田中	《靖西县志·大事记》,第24页

续表

时间	县别	事件或损失类型	资料来源
1940—1945年		1940年到1945年对靖西县城及化峒、岳圩、湖润、旧州等地进行滥炸、扫射，共掷下炸弹76枚，炸死军民107人，伤20人，炸毁民房149间，收容所1栋、晒台1栋、兵舍4栋、汽车22辆，烧掉汽油89桶，白粗布95捆	《靖西县志》，第609页
1940年秋	那坡	敌机1架，投弹1枚，炸毁民房20多间	《那坡县志·大事记》，第9页
1941年5月30日	田林	敌机3批9架轰炸定安，投弹9枚，房屋损失21间，财产损失35万元	《田林县志·大事记》，第7页
1940年7月27日	东兰	敌机3架4次轰炸县城，投弹10余枚，县监狱中弹2枚，监舍全毁；五权街中弹5枚，炸毁民房2间	《东兰县志·大事记》，第6页
1940年8月22日		敌机9架，投弹20余枚，炸毁房屋7间	
1940年8月30日		敌机7架，投弹36枚，炸毁民房40多间，炸损益寿桥及马路	
1940—1944年	东兰	1940年至1944年间，尤其是1940年，日机先后轰炸县城及安篓、同乐等共18次，出动飞机63架次，投掷炸弹130多枚，被炸毁民房170多间，炸死炸伤58人	《东兰县志》，第253页
1939年3月	都安	敌机5架轰炸设于高岭龙州的第七航空站	《都安县志·大事记》，第13页
1939年7月		敌机投弹3枚，炸毁民房1间	
1939年9月18日		敌机轰炸第七航空站和县城，炸毁民房1间	
1940年8月22日		敌机8架轰炸县城，炸毁民房4间	
1939年11月	合山	敌机1架投弹2枚	《合山市志·大事记》，第3页
1940年4月26日		敌机轰炸合山煤矿股份有限公司原部址白鹤隘，投弹4枚，炸毁厂房、宿舍数间；接着轰炸河里火车站，炸毁运煤车厢3节	
1939年	贺州	日机两次轰炸县城贺街，毁房屋37间，损失财产50258元	《贺州市志·上·大事记》，第31-32页

续表

时间	县别	事件或损失类型	资料来源
1939年8月14日		敌机39架轰炸信都，毁房屋8间，贺街亦于同月被日机轰炸1次，毁房屋120间，损失财产76000元	
1943年7—8月		敌机5架，炸毁信都县中学教室及办公楼	
1938年7月16日	来宾	敌机17架2批次轰炸来宾县城，投弹200余枚，致使该县财产损失1000万元国币以上	《来宾县志·大事记》，第645页
1939年9月3日		敌机再次轰炸迁江县城	
1940年5月23日	大新	敌机3架，投弹15枚，炸毁房屋3间	《大新县志·大事记》
1940年5月26日		敌机轰炸宝圩街，投弹9枚，毁房4间	
1940年7月13日		敌机轰炸宝圩街，投弹6枚，毁屋7间	
1940年9月4日		敌机3架，轰炸养利县城中山街，毁屋多间	
1940年9月10日		敌机8架轰炸养利县城外周围山林，国民中学校舍被炸毁	
1940年9月23日	大新	敌机轰炸安平街，投弹1枚	《大新县志·大事记》
1941年3月		敌机数架轰炸万承县，炸毁楼房1座	
1941年3月		敌机数架轰炸昌明街	
1939年10月10日	南丹	敌机9架轰炸南丹机场	《南丹县志·大事记》，第9-10页
1939年10月下旬		炸毁镇长李瑞华家大院	
1940年5月2日		敌机2架	
1940年5月中旬		炸死农妇1人	
1940年6月		炸死炸伤各1人	
1940年9月15	象州	敌机9架，投弹40余枚，炸毁大小船只百余艘	《象州县志·大事记》，第726页
1939年7月18日	忻城	敌机9架，大塘客栈被炸起火。忻城被日机扫射轰炸，毁房23间	《忻城县志·大事记》，第13页
1940年5月14日		敌机1架，投弹4枚，毁房2间	
1939年2月5日	宜州	敌机18架轰炸县城	《宜州市志·大事记》，第12页
1938年	昭平	敌机1架，投弹8枚，炸坏房屋多处	《昭平县志·大事记》，第20页

续表

时间	县别	事件或损失类型	资料来源
1938年11月20日	钟山	敌机3架，轰炸西湾电厂，投弹15枚，厂房机器损失价值银毫4.6万多元	《钟山县志·大事记》，第14-15页
1942年4月		敌机扫射平八路望高段汽车	

注：1.本表的时间范围不包括1939年11月至1940年11月19县的情况，但包含19县之外的情况，也不包含1944年9月至1945年8月的情况；2.这里没有统计具体损失价值，主要目的就是让读者了解相关损失情形。

通过表7-17，我们可以具体地看到日军轰炸广西造成的财产损失情况。在抗战胜利后，广西当局虽做了大量的损失调查工作，但日军入侵造成的实际财产损失远非当时的损失调查所能全面核查清楚的。我们做的这一增补表，目的即是让读者更清晰地了解广西抗战财产损失的一些情形。

三、间接财产损失

日军在两次侵占广西的过程中，给广西带来了极大的破坏，不仅造成了非常严重的直接损失，也带来了非常严重的间接损失。从广西的实际出发，这里主要探讨对难民的救济及疏散所付出的代价。

桂南19县沦陷期间，机关和学校的间接损失分别为458391元和64997元，[①]总计523388元。具体见表7-18。

表7-18　桂南19县沦陷期间间接损失情况统计表　（单位：国币元）

项别	总计	机关	学校
受损机关数	700	539	161
损失总值	523388	458391	64997
迁移费	117750	96587	21163

①广西省政府统计室：《广西省抗战损失调查统计》，1946年，第77页。

续表

项别	总计	机关	学校
防空费	57398	49484	7914
疏散费	114928	90845	24083
救济费	209745	200597	9148
抚恤费	23567	20878	2689

资料来源　广西省政府统计室:《广西抗战损失调查统计》,1946年,第80-81页。参阅广西壮族自治区委党史研究室:《广西抗日战争时期人口伤亡和财产损失》,中共党史出版社2014年,第37页。

日军第二次入侵广西导致的间接损失总值为28305490千元(国币,1945年10月之价值),主要是用于80县市及机关团体的迁移、防空、疏散、救济和抚恤等费用。其中,迁移费损失10531813千元,防空费损失4772621千元,疏散费损失8058044千元,救济费损失3371642千元,抚恤费损失1571370千元[①]。具体见表7-19。

表7-19　日军第二次入侵期间广西80县市局机关团体间接损失情况表

(单位:国币元)

县/市别	损失价值	县/市别	损失价值	县/市别	损失价值
桂林	5266190	临桂	752840	阳朔	296846
永福	253069	百寿	129371	义宁	177530
灵川	139109	兴安	436146	龙胜	147444
资源	113837	全县	654784	灌阳	197188
平乐	577570	怀集	323657	信都	161158
钟山	184179	富川	249142	昭平	186257
恭城	127889	蒙山	305266	修仁	153173
荔浦	471932	柳江	1570591	来宾	151556
迁江	176504	忻城	153363	宜山	624429
河池	133659	南丹	169195	思恩	151842

①广西省政府统计室:《广西省抗战损失调查统计》,1946年,第42页。

续表

县/市别	损失价值	县/市别	损失价值	县/市别	损失价值
宜北	150790	天河	100110	罗城	199901
融县	183591	三江	133090	柳城	150604
中渡	112116	雒容	139390	榴江	132520
象县	140190	金秀	26375	苍梧	1652201
藤县	130985	岑溪	211048	容县	183564
平南	115323	桂平	718498	武宣	125650
贵县	289515	兴业	160106	玉林	318218
北流	264675	陆川	106946	博白	171988
邕宁	1949470	永淳	136671	横县	544126
宾阳	722240	上林	290670	武鸣	1060363
隆山	199890	都安	193423	那马	138536
平治	77212	果德	148395	隆安	368991
同正	23310	扶南	147690	绥渌	126380
上思	125464	靖西	20028	镇边	73412
龙津	777705	上金	158970	凭祥	154961
宁明	133130	明江	124506	思乐	110392
崇善	118486	左县	27966	总计	28305497

资料来源　广西省政府统计室:《广西省抗战损失调查统计》,1946年,第42—43页。

此外,全省各级学校和教育文化机关在抗战期间也有很大的直接和间接财产损失,其中间接财产损失总计140324.346千元,包括中等学校损失的74042.729千元,社会教育机构的66281.617千元,其他各级学校无数据可考。[①]

综上所述,日军两次入侵期间,广西的间接损失大致为28606777.1千元。

鉴于当时的统计存在一定局限,现据各县志的大事记部分的记载,对日军两次入侵广西时期之外的财产损失情况做一补充统计。详见表7-20。

①广西壮族自治区委党史研究室:《广西抗日战争时期人口伤亡和财产损失》,中共党史出版社2014年版,第56页。

表7-20　广西抗战间接损失情况补充表

时间	县别	事件	资料来源
1938年12月	防城	国民政府下令毁公路，炸桥梁，将城市与公路旁15里之内的碉楼，强行拆毁，以阻日军入侵	《防城县志》，第7页
1940年	龙州	国民党当局以阻止日军入侵为由，先后将水口铁桥、水口关合石河铁桥、霞秀弄喜铁桥、龙州铁桥炸毁	《龙州县志》，第13-14页
1939年11月24日	田东	南宁沦陷，田东县奉令破坏武平公路田东路段	《田东县志·大事记》，第12-14页
1940年1月		县政府征调民工5000多名，破坏武平、竹怀公路	
1940年3月		3月至10月，先后征调民工4500多人抢修河田公路	
1940年12月		12月，县政府征调民工1100多名修复武平公路	
1943年		县政府征集民工赴百色修建飞机场； 田东县捐“一县一机（飞机）”款134406元（国币）	
1944年8月		8月，县政府奉令征集民工4500人破坏天平公路	
1944年	田东	11月至12月，县政府征调民工4000人破坏邕色公路林逢至鹧鸪坳地段；田东县霍乱流行，全县患者397人，大多死亡	《田东县志·大事记》，第12-14页
1945年		5月，日军开始从广西撤退，县政府奉令征调民工5000人，修复邕色公路；6月，全线通车；7月至8月，县政府奉令征调民工4200人，修复平岳公路	

续表

时间	县别	事件	资料来源
1937—1938年	苍梧县	8月，梧州大规模挖建防空洞；1938年冬，在北山、岗岭、云盖山、螺山、河滨等地段挖建26个防空洞，至1944年夏，除私挖的供私人用的洞外，全城建成公用防空洞长6008米，面积6627.9平方米	《苍梧县志·大事记》，第27-28页
1938年7月	武鸣	7月间，全县征集9000多民工，历时半个多月建成标营飞机场	《武鸣县志·大事记》，第15-16页
1939年春	武鸣	全县调集民工七八万人，修筑永兴飞机场（今属华侨农场宁武分场），历时40余天始成，面积约180亩	《武鸣县志·大事记》，第15-16页
1938年7月	隆安	7月，成立湘桂铁路镇南段隆安征工处，分期征调民工共8000名赴上金（今属龙州县）筑路	《隆安县志·大事记》，第10-11页
1939年12月	隆安	12月，征调民工破坏通往敌占区的大小道路，以阻敌入侵	《隆安县志·大事记》，第10-11页
1943年	柳州	扩建柳州飞机场，柳江县出动民工17015名	《柳州市柳南区志·大事记》，第8页
1940年2月	柳州	黄村、雅儒、白沙等村居民踊跃捐献布鞋，响应县抗敌后援会号召；募集30万双布鞋，支援前方将士	《柳州市柳北区志·大事记》，第13-14页
1943年11月8日	柳州	守城军队破坏火车北站，炸毁铁路大桥，而后撤离	《柳州市柳北区志·大事记》，第13-14页
1940年1月3日	柳州	广西大学农学院组织学生到柳州、柳城慰劳伤兵并发动沙塘民众募捐劳军，共得国币700余元	《柳州市郊区志·大事记》，第11-12页

续表

时间	县别	事件	资料来源
1938年7月	融水	融县各界人士踊跃捐献。计捐桂钞6468元，大洋9元，白金戒指1对，黄金戒指1枚	《融水苗族自治县志·大事记》，第21页
1939年3月	临桂	国民政府赈济委员会拨款10万元，由李宗仁夫人郭德洁兴办桂林儿童教养院。至1940年11月，共收养全国15个省抗战难童1600多人	《临桂县志·大事记》，第17页
1940年8月12日		征民工2600人，修筑义宁县城至宛田公路，10月10日完工通车。11月下旬，征集桂林地区8县民工3.35万人，同时招募湖南石工1万余人，招揽包商210余家，日夜赶筑宛田至湖南青龙界公路。施工中死39人。次年7月7日试行通车	
1937年10月1日	灵川	湘桂铁路衡阳至桂林段兴建，县成立筑路总指挥部，共征调民工41907人，征调枕木7.85万根	《灵川县志·大事记》，第8-12页
1943年8月13日		灵川县征调民工3000余人修筑桂林防城工事	
1938年秋		为便于民众疏散，躲避日军飞机空袭，县府奉命拆除县城城墙	《灵山县志·大事记》，第19页
1940年3月17日	灵川	日军占领县城，对附近村庄以及灵石公路直至夏塘坳两旁农村进行烧杀抢掠，人民惨遭蹂躏	《灵山县志·大事记》，第19页
1938年	上思县	调动民工6930多人，参加修筑湘桂铁路，因工地住食条件差，引起浮肿病，死亡甚多	《上思县志·大事记》，第10页

续表

时间	县别	事件	资料来源
1938年7月—8月	钦州	驻军(国民革命军)下令拆毁石盘文塔、尖山文笔塔,将镇龙楼、中山图书馆等较高建筑物的上层拆去,并破坏金鸡塘大桥及钦防、钦董、钦合公路的部分路面和桥梁,以使入侵的日军交通受阻	《钦州县志·大事记》,第25页
1939年冬	贵县	贵县处于"准前线",县内各主要公路、桥梁尽毁	《贵港市志·大事记》,第21页
1938年8月—1939年2月	平南	8月至次年2月,平南征工14200人修筑荔蒙公路。在施工过程中,死亡629人,重伤232人	《平南县志·大事记》,第28-29页
1939年8月—冬	平南	征集民工2000人拆卸城垣;三次征工彻底破坏容武公路;冬,日军侵占南宁。平南划为空室清野区,强令拆除龚江两岸和容武公路两旁炮楼	《平南县志·大事记》,第28-29页
1939年	平南	征集民工23040人到来宾修建湘桂铁路,所征民工占18~45岁壮丁总数32.73%	《平南县志·大事记》,第28-29页
1937年9月	桂平	奉令征集民工3000余名参加湘桂铁路修建工程。民工工作生活条件恶劣,患病及死亡者不少;拆除县城城墙	《桂平县志·大事记》,第29-32页
1941年6月	桂平	6月,县府筹拨国币35000元,修复桂山校舍被敌机炸毁的部分房屋	《桂平县志·大事记》,第29-32页
1938年12月	玉林	奉令破坏玉陆、玉博公路	《玉林市志·大事记》,第16-20页
1939年2月	玉林	县政府奉令征集民工破坏玉陆、玉博公路及与公路平行乡道	《玉林市志·大事记》,第16-20页
1939年7月12日	玉林	奉令把县城城墙拆除	《玉林市志·大事记》,第16-20页
1939年	玉林	玉林县拆除附城及公路两旁2.5千米内的碉楼、城堡	《玉林市志·大事记》,第16-20页
1940年7月10日	玉林	县政府奉令破坏贵兴玉及玉北公路	《玉林市志·大事记》,第16-20页

续表

时间	县别	事件	资料来源
1944年7月7日		共获捐款国币4.48万元；报纸义卖获1.95万元，药品义卖获4233元	
1944年9月20日		死1人，伤2人，损失3辆汽车	
1939年8月	容县	8月，为避空袭便于疏散，政府下令拆除容城城墙	《容县志·大事记》，第16页
1938年冬	陆川	县府下令毁坏公路，拆毁县城城墙和高楼	《陆川县志·大事记》，第15页
1938年12月	博白	县政府奉命破坏玉博公路，汽车运输被迫停止	《博白县志·大事记》，第17-19页
1940年11月		征调玉林、博白、陆川的后备运输队共6000多名，抢运战备物资	
1939年7月	北流	因公路破坏，需肩挑粤盐供应湘桂两省，北流征调民工1250名同别县民工一起去陆川运盐	《北流县志·大事记》，第27页
1939年10月		为避免日军侵占时利用城垣作工事，北流县奉命拆城，至农历年底拆除，并将城东印岭七级聚奎塔和城西苍狗岭三级镇龙塔拆毁	
1938年2月	百色	省政府从各地抽民工7000余人，修建百色飞机场，从2月15日开工，5月16日完成，飞机场长1000米，宽300米，用款110970元	《百色市志·大事记》，第12页
1937年、1939年、1945年	田阳	县内先后三次征调民工共9892人次，参加兴建百色飞机场	《田阳县志·大事记》，第8页
1944年3月	德保	天保县成立劝募委员会，发动群众捐款购飞机抗日，全县共捐得国币18.841万元，上交省政府	《德保县志·大事记》，第26页
1944年6月29日		省令将田东至靖西段公路彻底破坏，其中经天保路段于7月2日完成了破坏工作	

续表

时间	县别	事件	资料来源
1944年6月29日	靖西	将靖西至天保公路、桥梁破坏	《靖西县志·大事记》,第25页
1943年	乐业	县政府征调民工3405人运送军粮	《乐业县志·大事记》,第12页
1944年		县政府征调民工300人运送军用品,2500人运送军粮	
1939—1940年	田林	征用民工4.1万人,用资190万光洋(中央拨款)	《田林县志·大事记》,第7页
1942年5月	崇左	左县中东、东南乡政府派出民工11831人,马206匹,为军队运送军需品	《崇左县志·大事记》,第13页
1939年7月	东兰	国民政府为后方战时需要开辟(车)河田(阳)公路,横贯东兰县东南,过境长110千米。全县出动民工20000余人修路	《东兰县志·大事记》,第5页
1937年7月	都安	征用接学乡德邦村田地1400多亩,征调民工24000多人,修建军用飞机场第七航空站。4个月后竣工使用	《都安县志·大事记》,第12-15页
1943年7月		县府征调民众拆毁城墙,开辟环城马路	
1937年、1941年	环江	1937年,思恩、宜北两县共抽调民工6896人,参加修筑湘桂铁路。1941年,再次抽调6295人	《环江毛南族自治县志·大事记》,第13页
1943年	来宾	迁江县征调民工6000人修筑飞机场	《来宾县志·大事记》,第646页
1937年—1941年	忻城	广西动员百万民工修筑湘桂黔铁路,至1941年止,忻城共出动民工12625人,完成路基土方柳南段10.13万立方,黔桂段41.81万立方,殉职37人	《忻城县志·大事记》,第14页
1938年5月—1939年2月	昭平	昭平民工8000人前往雒容参加修筑湘桂铁路,次年2月完工回县	《昭平县志·大事记》,第20-21页

续表

时间	县别	事件	资料来源
1939年	钟山	全县征集民工7000余人去榴江修湘桂铁路。8月又征集民工2000余人修黔桂铁路	《钟山县志·大事记》，第14-15页

注：本表反映的时间范围不包括1939年11月至1940年11月19县的情况，但包含19县之外的情况；同时，也不包含1944年9月至1945年8月的损失情况。此外，这里包含了当时不属于广西辖境的钦廉四县的情况；2.这里没有统计具体损失价值，主要目的是让读者了解相关损失情形；3.此表为不完全统计，还有待修正。

从1937年至1945年，广西各地政府因战事或上级政府命令等，征调了广西民众448486人，其中有1万人是从湖南征调过来的石匠。[①]除去这部分人，上述统计应为438486人，其中伤亡937人，患病397人。政府拨款救济方面，1939年10万余元（国币，按当年价值算，下同），1941年3.5万元。征调民工用款方面，1938年11.097万元，1939年190万光洋。群众捐款方面，1938年0.6468万元，大洋9元；1940年700余元；1943年13.4406万元；1944年25.6943万元。群众捐物方面，1938年，白金戒指1对，黄金戒指1枚；1940年捐布鞋30万双。这些财物都是因为应对战争而付出，所以可纳入间接损失的范畴。

第四节　广西抗战损失的历史影响

抗战时期，日军两次入侵广西，一路烧杀抢掠给广西造成极大损害，导致战后救济和灾荒、疾病等社会问题严重，也阻断了新桂系十年建设以来作为"模范省"高歌猛进的进程，最初的建设成就亦毁于战争，广西区域近代化进程戛然而止，从此衰落。

①《临桂县志》编纂委员会：《临桂县志》，方志出版社1996年版，第17页。

一、战后广西的大饥荒、疾病与社会动乱

一般情况下,农业生产的恢复比其他行业要容易一些。日军的入侵导致沦陷区的民众被迫长期疏散,或是被迫征调,不得不停产。在这样的情况下,广西战后出现了一系列严重的社会问题。

战后的广西,灾荒、饥荒的情景令人触目惊心。省府桂林“饿殍载道,街头及近郊有无数遗骸无主收埋……至贫苦民众婴孩无力抚养,而遗弃道旁者,亦屡见不鲜,情殊可怜”[①],“举目望去都是惊心动魄的一幅饥民图,因绝粮而病死者有之,受不起饥饿而自杀者有之。懦弱者卖儿鬻女,无力觅食,只有挨饿等死;强者结队抢粮,造成社会普遍不安”[②]。其他地区同样如此。

(一)桂北地区

灵川县:“1946年5—9月,县境粮荒、瘟疫流行,民众以草根、树皮充饥。而据11月7日《中央日报》公布:灵川灾荒严重,全县死亡8684人,病83684人,粮食奇缺,缺衣7830人,为广西重灾县之一。”[③]

临桂县:“同年(1945年),全县粮食减产六七成,次年春夏间出现饥荒,‘乡村绝粮户达十之八’。三十五年(1946年)三月,一批饥民在渡头乡拦截米贩,抢夺米粮。”[④]

永福县:“民国三十五年(1946年)春,由于上年遭日军践踏,民不聊生,以致次年发生粮荒。百寿县大路两旁田中长满蒿草。城乡群众成群结队到山间寻蕨菜、石蒜、草根充饥。”“永福县6万人口有5万以上靠山薯、野菜充饥。不少人被饿死。”[⑤]

---

①易熙吾:《桂林市年鉴》,1949年,第4页。载唐凌:《战时桂林损失调查研究报告》,社会科学文献出版社2009年版,第224页。

②广西壮族自治区地方志编纂委员会:《广西通志·民政志》,广西人民出版社1998版,第94页。

③廖江:《灵川县志》,广西人民出版社1997年版,第11页。

④《临桂县志》编纂委员会:《临桂县志》,方志出版社1996年版,第19页。

⑤永福县志编纂委员会:《永福县志》,新华出版社1996年版。

（二）桂东地区

岑溪县："民国三十五年（1946年）春，大旱，到4月27日（立夏前七天）始下大雨。不少旱区无法播种，谷米大贵，猪肉一斤仅折谷二斤，各地义仓施粥……"①

贺县："（1946年）春至夏，贺县、信都饥荒，贺县饥民达10万人。省善后救灾分署下拨贺县救济粮213.5万公斤，面粉38万公斤，种子24万公斤，耕牛238头和一批其他救灾的物资及国币150万元。"②

平南县："民国三十五年（1946年）春，大旱，全县受灾农田占60%以上，上渡、下渡、平田、畅岩、城厢、兆山、大成、镇隆、丹竹、李练、武林、大安、白马等13乡镇大部分田地颗粒无收。饥民28.97万人，占全县人口75%。饥民纷纷逃往鹿寨、柳城、雒融、柳江、象州一带，连同1941、1943年逃荒者超过万人。"③

钟山县："（1946年）春夏间，大饥荒，据县社会救济协会7月统计，全县饥民达14.2万余人，吃草根、树皮者5.3万多人，吃稀粥杂粮不能果腹者1.7万多人，卖妻子、儿女者仅附城等5乡具报有96人。灾情严重。"④

（三）桂南地区

贵县："（1946年）是年旱灾，粮荒严重……县内牛瘟病流行，损失耕牛5000余头。"⑤

桂平县："1945年11月，各地反饥饿、反内战、反迫害的民主运动蓬勃展开。"⑥

玉林县："（1946年）春，玉林县大旱，米价涨至每50公斤5.2万元国币，百姓靠竹籽、野菜、树皮充饥。""同年，玉林县城附近的新地村流行脑膜炎，死亡30多人，全村人惊慌恐怖，携老带幼，纷纷向外逃生。"⑦

---

①岑溪市志编纂委员会：《岑溪市志》，广西人民出版社1996年版，第14页。
②贺州市地方志编纂委员会：《贺州市志》（上），广西人民出版社2001年版，第31—32页。
③平南县地方志编纂委员会：《平南县志》，广西人民出版社1993年版，第31页。
④钟山县志编纂委员会：《钟山县志》，广西人民出版社1995年版，第15页。
⑤罗甫琼：《贵港市志》，广西人民出版社1993年版，第23页。
⑥桂平县志编纂委员会：《桂平县志》，广西人民出版社1991年版，第31页。
⑦玉林市志编纂委员会：《玉林市志》，广西人民出版社1993年版，第22页。

(四)桂西地区

百色县:"(民国)三十四年(1945年)七月,肠痛病在百色流行……冬,黄宝山、周建等几次从万冈县到百色龙川乡活动,发动农民起来反'三征'(征兵、征粮、征税)……"①

德保县:"三十五年(1946年),天保、敬德两县发生饥荒。天保县饥民4451人,占总人数3.15%;敬德县饥民2095人,占总人数4%。"②

都安县:"1945年春……百姓横遭溃退日军蹂躏,加之是年大水成灾,饥民嗷嗷待哺,当局始饬令赈济会拨发一些款、物,受济者仅904人……"③

靖西县:"(1947年)本年,夏涝秋旱,11乡受灾,粮食减收三四成,米价每市斤国币5000元,饥民3万余人……"④

(五)桂中地区

柳城县:"各乡灾情惨重,灾民面部菜色,衣不藏体,成群结队挖山薯,更有以树皮草根充饥者。全县灾民不下12万,饿毙者已有多人。"⑤

柳江县:"三十五年(1946年)五月七日,思贤、进德、广源3乡灾民1500多人到柳江县府、柳州专署请愿,强烈要求救济。后两日,思贤乡中心校全体教师因物价高涨,生活困难而罢教。"⑥

柳州市:"三十五年(1946年)三月,缺粮及旱灾,造成大部分农户靠吃树叶、芭蕉根和观音土等维持生命。5月7日,300余饥民到县府、专署、救济分署请愿。9日,国大代表林虎向记者介绍灾情:'柳州90%农户断粮,灾民唯一靠草根树皮拖延残生。'境内出现'饥民遍野,饿殍载道'的惨况。11月,米价每50公斤突破5万元。"⑦

从以上记载可以看到,战后广西出现的持续灾荒,给社会带来了饥荒、物价飞涨与社会动乱等问题。广西各地政府左支右绌,捉襟见肘,救济亦困难重重。那

---

①百色市志编纂委员会:《百色市志》,广西人民出版社1993年版,第13页。

②德保县志编纂委员会:《德保县志》,广西人民出版社1998年版,第13页。

③都安瑶族自治县志编纂委员会:《都安瑶族自治县志》,广西人民出版社1993年版,第604页。

④靖西县县志编纂委员会:《靖西县志》,广西人民出版社2000年版,第27页。

⑤柳城县志编辑委员会:《柳城县志》,广州出版社1992年版,第17页。

⑥柳江县志编纂委员会:《柳江县志》,广西人民出版社1991年版,第13页。

⑦柳州市地方志编纂委员会:《柳州市志》(第7卷),广西人民出版社2003年版,第426页。

么，这些问题是否与日本侵略有关？答案是肯定的。

首先，日军的入侵和掠夺是导致广西损失惨重的主要原因。从资源损耗方面说，日军的入侵造成了广西巨大的人力资源和社会资源的损失。生产力遭到破坏，随之而来的便是减产，进而导致饥荒和疾病，以及社会救济和社会动乱问题。

《广西经济建设手册》一书的序言就直接指出日军的破坏及其造成的损失对战后广西的巨大影响："复员以来，更因缺乏农具、种子及耕牛，致田园荒芜，造成空前未有之灾荒，尤以全省精华所在之数大城市，尽成一片焦土，恢复旧观，诚属不易，来日苦难，实正方兴未艾也。"①1946年，广西省主席黄旭初在《广西复兴建设问题》序言中，尽管对抗战胜利感到欢喜，但更多的是为战争留给广西的一个烂摊子忧心忡忡："我们的抗战已经胜利结束，应得到今日和平的局面。但环顾全省十余年来惨淡经营的建设事业，已因惨遭战祸破坏无余。"②

其次，连年天灾导致的粮食歉收则是广西灾荒与饥馑的重大原因。已有学者的研究表明，战后灾荒是整个广西乃至全国最普遍的社会问题。据统计，仅就1945年来说，广西遭受水灾的就有12个县市，春涝2次，夏涝6次，秋涝3次，受灾面积达6.4万亩；遭受旱灾的则有25个县之多，春旱4次，夏旱5次，秋旱11次，受灾面积5.89万亩，损失粮食8883.48万斤。1946年和1947年接着又发生各式各样的灾难，最主要的还是水灾和旱灾。其中1946年损失粮食1832万斤，1947年损失11788万斤。③这些自然灾害带来的损失，使广西人民在抵抗日寇入侵的"人祸"之后，还饱受"天灾"的折磨，使广西社会动荡不安。

最后，吏治腐败和国民政府的"三征"政策加剧了灾荒的严重程度。战后各地官员利用救济的名义贪污腐败，不顾百姓死活的例子比比皆是。如北流县："民国三十五年(1946年)一月，联合国救济总署广西救济分署拨给县救济现款国币920万元、大米942吨、化肥300吨，以及其他面粉、奶粉、罐头、故衣、种子等物资一大批，其中指定修复北宝公路赈工大米150吨。可是这些物资多被上层人士贪污，抗战阵亡将士亲属和真正受害者得救济甚少。"④又如都安县："1945年春，县境沦

①广西省政府建设厅：《广西经济建设手册》，1947年，广西大学图书馆藏。

②黄旭初：《广西复兴建设问题》，1946年，第67页。载广西壮族自治区委党史研究室：《广西抗日战争时期人口伤亡和财产损失》，中共党史出版社2014年版，第9页。

③转引自唐凌：《战时桂林损失调查研究报告》，社会科学文献出版社2009年版，第230页。原载《广西各县市历代水旱灾害纪实》，广西人民出版社1995年版，第423—448页。

④北流县志编纂委员会：《北流县志》，广西人民出版社1993年版，第29页。

陷。百姓横遭溃退日军蹂躏，加之是年大水成灾，饥民嗷嗷待哺，当局始饬令赈济会拨发一些款、物，受济者仅904人，名义上虽称发放价值6万余元（国币）款物，但其中十之八九中饱乡（镇）、村（街）长私囊，不少乡村农仓也乘日军侵扰报失报损。”[①]由于有些地区的官员或上层人士贪污，激起了民众的反抗或暴动。例如灌阳县发生了“抢米事件”，1946年6月13日，“县城发生抢米事件。国民党灌阳县党部书记长王化铝与官僚地主蒋余荪等人勾结，把粮食运往外地出售，牟取暴利，引起公愤，人民群众和青年学生在中共灌阳地下党的领导下，极力阻止这种不管人民死活的奸商行为，在阻止无效时，愤怒的群众和学生将准备外运的3船计18471市斤大米一抢而光”[②]。宜山县城群众也是为了抗议官商勾结外运米粮谋利而在城南街发生抢米事件，共计抢去大米1500余斤；德胜镇也发生了抢米事件。[③]而更多的反抗则是针对国民政府推行的“三征”政策。1946年6月，在中共党员的领导下，贵县、桂平、武宣和来宾等地区开展了乡村反独裁、反内战、反“三征”（征兵、征粮、征税）的农民武装斗争。[④]百色也发生了中共党员领导的反“三征”革命活动。[⑤]贺州发生了反内战、反饥饿、反迫害的群众示威游行活动。[⑥]全县群众则群起讨伐官绅囤积粮食谋取利益的行为，并捣毁了粮庄，掀起了声势浩大的“阻米风潮”。[⑦]不难看出，普遍的贪污行为和征购所带来的危害，加剧了战后灾荒带来的影响。

二、广西区域近代化道路的阻断

近代化是一个社会或区域发生社会变迁的表现之一，也是一个社会转型过程

①都安瑶族自治县志编纂委员会：《都安瑶族自治县志》，广西人民出版社1993年版，第604页。
②熊光焘：《灌阳县志》，新华出版社1995年版，第15页。
③宜州市地方志编纂委员会：《宜州市志》，广西人民出版社1998年版，第13页。
④罗甫琼：《贵港市志》，广西人民出版社1993年版，第23页。
⑤百色市志编纂委员会：《百色市志》，广西人民出版社1993年版，第13页。
⑥贺州市地方志编纂委员会：《贺州市志》（上），广西人民出版社2001年版，第33页。
⑦全州县志编纂委员会：《全州县志》，广西人民出版社1998年版，第9页。

中的必经之路。广西进入近代化道路的步伐相对较慢，比其他省较迟，但发展却较为快速。正当广西“四大建设”方兴未艾之际，抗日战争爆发了。广西当局为表明抗日决心，提出“焦土抗战”论，不遗余力地动员广西一切力量投入抗战。日军的入侵使整个广西遭到了毁灭性破坏，尤其是桂林、梧州、南宁、柳州等中心城市的建设成果几乎荡然无存，中断了广西的近代化进程。

我们还可以从战后广西恢复生产的艰难性中窥见战争对广西近代化发展的严重影响。据统计，到1946年全省复工工厂数共60家，其中公营14家，私营42家，公私合营4家，资本合计23391万元。[①]在当时物价飞涨的背景下，这些资本实际上影响有限。而且，在这60家工厂里，除了机械工业和水电工业外，其他主要是粮食工业、纺织工业、造纸工业、燃料工业等，工业门类极不齐全，战前的化学工业、建筑工业、金属冶制工业、交通器材工业等，此时无力恢复生产。

历史证明，没有国家、民族的独立，是无法实现近代化的，帝国主义的侵略和欺压是中国近代化的重大障碍。

第五节　关于广西抗战损失调查工作的基本估计

1945年8月15日，日本宣布无条件投降。次日9点，桂东门户梧州光复，这是广西抗日战争的最后一战。[②]17日，国民党20军133师进驻全县，广西全境已无敌踪[③]，广西取得了十四年抗战的胜利。

广西省政府为了“配合救济善后工作及备供中央根据向日寇索取赔偿损失，并供复兴建设之参考起见”[④]，根据国民政府内务部抗战损失调查委员会颁布的《抗战损失调查方法》和《抗战损失查报须知》的规定，并经提请广西省政府第772

①谭肇毅：《新桂系史探研》，中国文史出版社2005年版，第82页。原载广西省政府建设厅统计室：《广西经济建设手册》，1947年版。

②沈奕巨：《广西抗日战争史稿》，广西人民出版社1995年版，第320页。

③唐凌，付广华：《战时桂林损失调查研究报告》，社会科学文献出版社2009年版，第260页。

④白日新：《广西省抗战损失调查经过》，载广西省政府统计室：《广西省抗战损失调查统计》，1946年，第1页。

次委员会议议决，实施全省抗战损失调查。广西省政府第772次会议还决定拨243万元(国币)作为调查经费，并由省政府从各厅处选派8人任调查专员，到各县市调查损失情况。全省除了兴业、玉林、镇边、靖西、三江等少数县因损失相对较轻，采取通讯调查外，其余地区均是8位调查专员亲临各自负责的县市内调查。各调查专员调查的地区详见表7-21。

表7-21　广西省抗战损失调查专员负责调查区域表

姓名	调查县市
雷方伯	平乐、昭平、恭城、富川、蒙山、钟山、信都、怀集、荔浦
黄道辉	柳江、柳城、雒容、榴江、中渡、修仁、永福、武宣、融县、金秀(设治局)
陈应昆	苍梧、平南、藤县、桂平、贵县、容县、岑溪、北流、陆川、博白
磨金狱	邕宁、扶南、绥渌、上思、永淳、横县、来宾、迁江、宾阳
莫　明	宜山、罗城、天河、宜北、思恩、南丹、河池、忻城
辛升梓	武鸣、上林、果德、隆山、都安、那马、隆安、同正、平治
罗　俊	龙津、凭祥、宁明、明江、上金、思乐、崇善、左县
巴一挥	桂林、灵川、兴安、灌阳、义宁、临桂、全县、龙胜、百寿、阳朔、资源

资料来源　白日新:《广西省抗战损失调查经过》，载广西省政府统计室:《广西省抗战损失调查统计》，1946年，第1页。

表格中的次序是按照行政区排列的。各调查专员按照自己负责的区域，在当年的8月底从百色出发，到11月就陆续调查完毕，回到省府桂林，带回了大量的调查资料。没来得及整理资料的各县市，在整理好后自行寄到省政府。省政府共收到调查表1023120张。1945年11月6日，省政府成立了广西抗战损失调查统计资料整理委员会，由苏伯强、李耀华等7人任委员，雷方伯为总干事，苏伯强为常务委员。该委员会专门负责整理各地上报的损失调查资料。该委员会下分总务、整理、统计三组，每组设组长1人。总务组设干事6人，处理资料的收发保管及会计、出纳、庶务、文书等事项；整理组设审核干事32人，处理资料之分类编号、审核等事项；统计组设干事10人，处理统计事项。各组中，以整理组资料之分类编号、审核、计算、登记等工作较为繁杂。登记工作采用包办制，按照广西省政府第780次省委会的决议，登记人员共有300余人之多。资料整理的方法是由整理组印发村街、乡镇、县市三种财产损失整理表，这三种表的项目均相同，整理时，先将各户填报的调查表交给审核员审核，然后将经审核无误之各项损失整理表分类编号，提交给登记人员，将损失数量记录到村街整理表中，并计算村街损失情况。然后根据汇入乡镇整理表中的数据，计算乡镇损失总值。县市损失总值整理完毕后，即交统计组，或分析，或综合，编制成各种统计表。

由于当时的调查专员只有8人，每人负责数县至十数县的广袤地区，事情又繁杂，以一人之力实感困难。因此，调查专员在一县的调查时间有限，在发出调查表后，有少数村街调查未能及时完成，而调查专员不能久待，又须赴别县调查。在整理资料时，少数村街仍未能将调查表寄到省政府，它们的损失只能按照该县该乡的平均数估计。[①]当时的财产损失价值，原定用损失时的价值表示，但因各户填报不统一，有的用损失时的价值填报，有的用调查时的价值填报。为方便起见，工作人员一律用调查时的价值折算，方法是：把呈报时按照损失之时的价值呈报的，则按照调查物价指数折算成调查时的价值，即统一折算成1945年10月之币值。调查资料的整理统计工作从1945年11月开始，至1946年3月15日结束，整理费共用5045050元。[②]调查统计的结果则由当时广西省政府统计室编成《广西省抗战损失调查统计》一书，在同年的12月份刊行。此书分概况、人口伤亡、财产损失、人民财产损失、机关团体财产损失、公务员役财产损失、交通事业损失、工业及公用事业损失、矿业损失、合作社损失等10个部分，介绍广西损失情况。

需要注意的是，当时广西当局并没有把1942年桂南19县（邕宁、武鸣、上林、宾阳、永淳、横县、扶南、绥渌、上思、思乐、明江、上金、宁明、凭祥、龙津、崇善、左县、同正、迁江）损失调查的结果并入这次编印的《广西省抗战损失调查统计》中，而是附录于此书之后，作为第11部分。之所以没有把桂南19县的损失情况合并到《广西省抗战损失调查统计》一书中，是因为：一方面日军盘踞桂南达一年之久，在此期间，敌人洗劫抢掠，无恶不作，人民被敌人杀害与财产损失，数量颇巨大；另一方面是当时的币值与1945年10月的币值相差千倍以上，如果用战前币值表现当时的损失价值，换算方法烦琐。为了保存当时损失情况的原貌，所以在抗战胜利后的调查中，没有将桂南19县的损失情况一并计算进来。

①白日新：《广西省抗战损失调查经过》，载广西省政府统计室：《广西省抗战损失调查统计》，1946年，第2页.

②白日新：《广西省抗战损失调查经过》，载广西省政府统计室：《广西省抗战损失调查统计》，1946年，第1—2页。

桂南19县沦陷期间损失情况的调查，是由广西省赈济会着手调查办理的，并把调查结果汇编为《桂南沦陷十九县灾情统计》一书。韩启桐先生曾评价此次调查“是我国地方当局举办战区损失调查中较好的一次”[①]。这次调查的区域广大，内容详备，方法合理，行动迅速，这些特质是其他省份或地区无法兼备的。当然，它没有公布详细的调查经过，也有一些遗漏项目，调查结果不能反映全部损失情况。此外，它还存在分类不够详细缜密等问题，但也给广西后来的调查提供了经验。

抗战胜利后的损失调查中，广西当局开展这项工作不仅早，而且也比较扎实和有效，主要表现在：一是成立专门机构并投入较多的人力物力，整个调查及资料整理工作等共有专员和干事50多人，登记员300多人；二是调查地区涉及广西100个县市里的80个，占全省县市的80%。除了因受损相对不大的兴业、玉林、镇边、靖西和三江等少数县份采取通讯调查外，其余地区全都是派专员亲临调查；三是调查和整理资料的时间较长，工作程序较为规范。从1945年8月底至次年3月中旬结束，历时七八个月。各地上报的调查资料，不仅统一登记，还需要得到资料整理委员会的认可后，方可进行分类和整理。

综上所述，我们可以看出，战后广西当局对于损失情况的调查是迅速、认真和不遗余力的。指出这一点是为了说明，在当时的社会形势下，这实属不易。这为后人认识广西的抗战历程及损失情况创造了有利条件。

①韩启桐：《桂南十九县抗战损失的估计》，载《经济建设季刊》，第2卷第2期，第198页。

后 记

《抗战大后方的广西》是在西南大学“抗战大后方丛书”编委会的统一规划、指导下完成的。

本丛书以展现抗战时期中国大后方地区的政治、军事、经济和文化为宗旨。从地理上看，抗战时期的“大后方”主要是指西南和西北各省；就战争环境而言，大后方不同于前线，其任务以加强建设、为前方的斗争提供各种支撑为主。广西靠近东南沿海地区，邻近东南亚，与越南接壤。它是连接中原地区和西南地区的交通枢纽，战略地位独特而重要。抗战前期，广西的确是大后方的组成部分。抗战中期，由于桂南战役的爆发，广西的大后方地位被改变。日军撤离后，这一地位又得以恢复。到了后期，日军为了打通大陆交通线，发动了豫湘桂战役，桂林、柳州、南宁等成为中日争夺的重点，整个广西变成了战场。因此，准确地说，抗战时期的广西并非严格意义上的大后方，而是相对意义上的大后方，或者说是部分阶段具有大后方特征。

这种特征，决定了抗战时期的广西与其他大后方地区既有联系又有区别。根据“抗战大后方丛书”编委会确定的原则和广西的实际情况，本书在编写中努力贯彻如下意图：

以抗战时期的广西政区为范围，根据研究需要适当扩大涉及地区，特别是在编写一些重大事件时更是如此。

密切关注新的学术动态，吸纳新的研究成果，尤其是关于国际语境下世界反法西斯战争的理论，中国全民抗战以及正面战场与敌后战场关系的新理念和新观点，真正做到与时俱进，确保研究工作有新意。

以专题形式确定有关内容，各专题既相对独立，又要彼此照应，避免重复与疏漏，使《抗战大后方的广西》能全面、深入、灵活地反映历史的真相。

鉴于抗战时期广西具有许多特殊性，因此，在表现广西大后方建设及其对抗战所做的历史贡献时，要依据这一状况进行研究，注重与其他省区的共性及个性的比较。同时，鉴于新桂系集团是中国近现代史上十分强大的地方实力派，抗战期间，该集团在政治、经济、文化、军事等方面与蒋介石为首的中央政府存在着既相互依存又相互斗争的状况，因此，研究中要正确把握广西地方势力与中央势力的关系。另外，中国共产党领导广大民众在广西开展了各种各样的武装游击斗争，还通过八路军驻桂林办事处、桂林文化城建设等途径，以及靠近香港和东南亚地区等地缘优势，创造性地开展了统一战线工作，展现出颇具特色的大后方抗战工作的画面。据此，在研究中也要注重展现这种独特性。

本书以客观记事为主，叙述风格既要有志的特征，也要有史的意境。努力加强史实的呈现，尽量多用统计表和新的档案、文献资料来支撑观点的论述。注重民间历史记忆的合理运用，多展示生动而有价值的历史细节。

从抗战大后方研究的基本立场出发，建设方面的成果需要尽力凸显，因此，各章的详略不尽相同，内容的选择也各有侧重。

注重研究方法的科学与严谨,对涉及中日双方和其他国家的事件、人物等,充分依据各自的资料及立场开展分析研究,正确处理自证、旁证和反证的关系,以体现实事求是的中国立场。

由于资料、研究环境及条件等各方面的原因,上述意图有的得到了有效贯彻,有的则存在一定的差距。但无论如何,本书的作者都努力在创新的道路上进行探索,为抗战大后方历史的研究做出了自己的贡献,这是毋庸置疑的。

本书的编写工作从2013年6月正式开始,而事实上,许多专题的研究早就起步了。广西师范大学中国近现代史学科一直把广西抗战史作为研究的重点内容之一,多年来结合学科建设和研究生培养,围绕着"中共南方局与桂林八路军办事处""桂系在抗战中的作用""20世纪30年代的广西建设""广西抗战文化"等专题分别开展调查,并先后承担了"广西通史""抗战时期的广西经济""战时桂林损失调查研究报告"等重要课题的研究,取得了一批成果。本书的一些内容,就来自这些成果。

参加本书编写工作的单位及人员如下:广西师范大学历史文化与旅游学院唐凌;桂林学院潘济华;广西民族大学韦升鸿;桂林师范高等专科学校张旭杨;中共中央党史和文献研究院光新伟;浙江工业大学马克思主义学院李晓幸;广西师范大学马克思主义学院高蓉芳;广西兴业县高级中学杨光芬;深圳市龙岗区布吉中学高中部张晓明。需要特别说明的是,这些作者都有在广西师范大学工作和接受过研究生教育的经历,且均以广西抗战史研究为己任。

各章节具体的负责人如下:

第一章:潘济华;

第二章:杨光芬;

第三章第一节第一、二、三目唐凌，第四目张晓明；第二节第一、二目唐凌，第三目光新伟；

第四章第一、二节唐凌，第三节高蓉芳；

第五章第一、五节李晓幸；第二、四节韦升鸿，第三节唐凌；

第六章第一、二、四节韦升鸿，第三节唐凌；

第七章张旭杨。

全书由唐凌定稿。

西南大学中国抗战大后方研究中心不仅为本书的编写指明了方向，还提供了经费支持，从而确保了本书编写工作的顺利开展。对此，我们表示由衷的感谢。

我们还要感谢广西师范大学历史文化与旅游学院的领导和中国近现代史学科的教师，他们为本书的编写提供人力支持和时间保障，创造了宽松而严谨的工作氛围，使编写组的研究工作与学科建设活动融为一体，形成了强大的推动力。

最后，我们还要感谢广西人文社会科学研究中心、广西师范大学图书馆、桂林图书馆、柳州市图书馆的科研人员和管理人员，以及西南大学马克思主义学院的鲁克亮博士、历史文化学院的赵国壮博士，他们积极为编写组提供资料信息，同时帮助我们协调各部门，提供了十分周到的服务。西南大学出版社的编辑用出版人的眼光，帮助我们校正史实，修改文字表达方面存在的瑕疵，增强著作的严谨性，我们的成果也凝结着他们的心血。

编者

2023年12月18日